Ulrich Franke

Asset Securitization im Gesundheitswesen

GABLER EDITION WISSENSCHAFT

Ulrich Franke

Asset Securitization im Gesundheitswesen

Erfahrungen in den USA und anderen Ländern als Basis einer Abwägung von Einsatzmöglichkeiten in Deutschland

GABLER EDITION WISSENSCHAFT

Bibliografische Information Der Deutschen Nationalbibliothek
Die Deutsche Nationalbibliothek verzeichnet diese Publikation in der Deutschen Nationalbibliografie; detaillierte bibliografische Daten sind im Internet über <http://dnb.d-nb.de> abrufbar.

Dissertation Universität Kassel, 2007, Fachbereich Wirtschaftswissenschaften, Datum der Disputation: 27. September 2007

D 34

1. Auflage 2008

Lektorat: Frauke Schindler / Sabine Schöller

Der Gabler Verlag ist ein Unternehmen von Springer Science+Business Media.
www.gabler.de

Umschlaggestaltung: Regine Zimmer, Dipl.-Designerin, Frankfurt/Main
Gedruckt auf säurefreiem und chlorfrei gebleichtem Papier
Printed in Germany

ISBN 978-3-8350-0969-1

Vorwort

Die Arbeit lag dem Fachbereich Wirtschaftswissenschaften der Universität Kassel im Sommersemester 2007 als Dissertation vor.

Zunächst möchte ich meinem Doktorvater Herrn Prof. Dr. Rainer Stöttner ganz herzlich danken. Er hat mich in diesem Vorhaben unterstützt und mir die nötige Freiheit gelassen, was maßgeblich zum Gelingen dieser Arbeit beigetragen hat. Weiterhin danke ich Herrn Prof. Dr. Nutzinger ganz herzlich für die zügige Erstellung des Zweitgutachtens sowie der gesamten Prüfungskommission für die Flexibilität bei der Terminfindung für die Disputation.

Weiter danke ich den in der Arbeit genannten Interviewpartnern und allen Anderen, die mir wertvolle Informationen zur Verfügung gestellt haben.

Ganz besonderes möchte ich meinen Eltern danken, die mich sowohl während des Studiums als auch über die gesamte Promotionsdauer hin unterstützt haben. Schließlich danke ich meiner Freundin, die immer zu kritischen Diskussionen bereit war und mich bei der Erschliessung dieses Themenbereiches beraten hat.

Ulrich Franke

Inhaltsübersicht

i. Inhaltsverzeichnis

ii. Abbildungsverzeichnis

iii. Tabellenverzeichnis

iv. Abkürzungsverzeichnis

1M	1-Monats
3M	3-Monats
6M	6-Monats
ABCP	Asset-Backed Commercial Paper
ABS	Asset-Backed Security (-ies)
Abs.	Absatz
AG	Aktiengesellschaft
AHA	American Hospital Association
AIDS	Acquired Immune Deficiency Syndrome
AO	Abgabenordnung
AOK	Allgemeine Ortskrankenkasse
APT	Arbitrage Pricing Theory
AR	Advance Rate
Art.	Article (USA) bzw. Artikel (BRD)
ASL	Aziende Sanitarie Locali
Aufl.	Auflage
Basel II	Bezeichnung der neuen Eigenkapitalvorschriften für den internationalen Bankenmarkt. Der neue Basler Akkord (Basel II) wird vom Basler Ausschuss für Bankenaufsicht vorgeschlagen und dann durch nationale Gesetze umgesetzt.
BC	Bankruptcy Code
Bd.	Band
BGB	Bürgerliches Gesetzbuch
BGBl.	Bundesgesetzblatt
BIP	Bruttoinlandsprodukt
BKK	Betriebskrankenkasse
BMGS	Bundesministerium für Gesundheit und Soziale Sicherung
BP (bp)	Basis Points (Basispunkte: 100 BP = 1%)
BRD	Bundesrepublik Deutschland
BUPA	British United Provident Association
BVA	Bundesversicherungsamt
BVerfGE	Bundesverfassungsgerichtsentscheidung
bzgl.	bezüglich
bzw.	beziehungsweise
C.F.R.	Code of Federal Regulation (USA)
ca.	circa
CAPM	Capital Asset Pricing Model
CBO	Collateralized Bond Obligation
CDO	Collateralized Debt Obligation
CDS	Credit Default Swap
CHAMPUS	Civilian Health and Medical Program of the Uniformed Services
CHAMPVA	Civilian Health and Medical Program of the Veterans Administration
Cir.	Circuit
Civ. [„Zahl"]	Civil Court [„Docket Number"] (Prozessnummer einer Gerichtsent-

	scheidung in den USA)
CLN	Credit Linked Notes
CLO	Collateralized Loan Obligation
CMBS	Commercial Mortgage-Backed Securities
CMS	Centers for Medicare & Medicaid Services
Cong.	Congress
Corp.	Corporation
CP	Commercial Paper
CPA	Certified Public Accountants
CSFB	Credit Suisse First Boston (heute Credit Suisse)
CT	Connecticut
d. h.	das heißt
DASNY	Dormitory Authority of the State New York
DCOH	Days Cash on Hands
DESTATIS	Statistisches Bundesamt Deutschland
DHSA	Development & Health Service Agreement (Australien)
Diss.	Dissertation
DKFZ	Deutsches Krebsforschungszentrum
DKG	Deutsche Krankenhausgesellschaft
DRG	Diagnosis Related Groups
DSCR	Debt Service Coverage Ratio
EBI(T)DA	Earnings Before Interests, (Taxes), Depreciation and Amortization
EDV	Elektronische Datenverarbeitung
EK	Eigenkapital
EMEA	Europe, Middle East & Africa (Marktsegment der Banken und Rating Agenturen)
EPÜ	Europäisches Patentübereinkommen
et al.	et aliter (und andere)
etc.	et cetera (und so weiter)
EU	Europäische Union
EURIBOR	Euro Inter Bank Offered Rate
F2d	Federal Reporter, Second Series
FASB	Financial Accounting Standards Board
FDA	Federal Drug Administration (USA)
Fed. Reg.	Federal Register
FK	Fremdkapital
FRS	Financial Reporting Standards
GAAP	Generally Accepted Accounting Principles
GDP	Gross Domestic Product
G-DRG	German Diagnosis Related Groups
GewStG	Gewerbesteuergesetz
GG	Grundgesetz
GHG	General Healthcare Group
GKV	Gesetzliche Krankenversicherung
GmbH	Gesellschaft mit beschränkter Haftung
GrStG	Grundsteuergesetz
GSK	GlaxoSmithKline

GuV	Gewinn- und Verlustrechnung
H.R. Rep.	House of Representatives Report
HCFA	Health Care Financing Administration
HFG	Healthcare Finance Group
HGB	Handelsgesetzbuch
HIV	Human Immunodeficiency Virus
HMO	Health Maintenance Organisation
Hrsg.	Herausgeber
i. d. R.	in der Regel
i. V. m.	in Verbindung mit
IAS	International Accounting Standards
ICD	International Classification of Diseases
IdW	Institut deutscher Wirtschaftsprüfer
IFRIC	International Financial Reporting Interpretations Committee
IFRS	International Financial Reporting Standards
IK	Institutionenkennzeichen
IKK	Innungskrankenkasse
Inc.	Incorporated
InsO	Insolvenzordnung
IP	Intellectual Property
ISDA	International Swaps and Derivatives Association
IT	Informationstechnologie
Jg.	Jahrgang
KHBV	Krankenhausbuchführungsverordnung
KHG	Krankenhausfinanzierungsgesetz
KStG	Körperschaftssteuergesetz
KWG	Kreditwesengesetz
LBS	Leased-Backed Securities
LHO	Landeshaushaltsordnung (hier Baden-Württemberg)
LIBOR	London Inter Bank Offered Rate
LKHG	Landeskrankenhausfinanzierungsgesetz
Ltd.	Limited
m. w. N.	mit weiteren Nennungen
Max.	Maximum
MBS	Mortgage-Backed Securities
MDC	Major Diagnostic Category
MDK	Medizinischer Dienst der Krankenkassen
Min.	Minimum
Mio.	Millionen
MPG	Max-Planck-Gesellschaft
MPI	Max-Planck Institut
Mrd.	Milliarden
MRT	Magnet-Resonaz-Tomograph
MSKCC	Memorial Sloan-Kettering Cancer Center
Mt.	Mount
MTN	Medium Term Notes
N/A	Not available

NCFE	National Century Financial Enterprises
NCV	Net Collectible Value
NHS	National Health Service (UK)
NIH	National Institutes of Health (USA)
No.	Number
NP	Non-Profit
NPF	National Premier Financial (SPV von NCFE)
NPO	Not-For-Profit Organisation
Nr.	Nummer
NVA	Net Value Amount
NYC	New York City
o. ä.	oder ähnliche(s/m)
o. S.	ohne Seite
o. V.	ohne Verfasser
OECD	Organisation for Economic Co-Operation and Development
off bal.	Off-Balance Sheet
on bal.	On-Balance Sheet
p. a.	per annum (pro Jahr)
PIP	Periodic Interim Payment
PKV	Private Krankenversicherung
PPP	Purchasing Power Parity (Kaufkraftparität)
PPS	Prospective Payment System
RMBS	Residential Mortgage-Backed Securities
ROA	Return on Assets
ROE	Return on Equity
ROI	Return on Investment
RWI	Rheinisch-Westfälisches Institut für Wirtschaftsforschung
S&L	Savings & Loans
S&P	Standard & Poor's Rating Agency
S. D.	Southern District
S.	Seite
S.D.N.Y	Southern District of New York (US District Court)
SEC	Securities and Exchange Commission (USA)
Sess.	Session
SFI	Structured Finance International
SGB	Sozialgesetzbuch
SIC	Standing Interpretations Committee (siehe auch IFRIC)
sog.	sogenannte
SPE	Special Purpose Entity
SPV	Special Purpose Vehicle
Srl	Società a Responsabilità Limitata (Italien)
StGB	Strafgesetzbuch
THRFC	Towers Healthcare Receivables Funding Corporation
Tsd.	Tausend
TSI	True Sale Initiative
u. a.	unter anderem
u. U.	unter Umständen

U.S.	Unites States Reports
UCC	Uniform Commercial Code
UK	United Kingdom
Univ.	Universität
US	United States
USA	United States of America
USCCAN	United States Code Congressional and Administrative News
UStG	Umsatzsteuergesetz
usw.	und so weiter
VA	Veterans Administration
VAG	Versicherungsaufsichtsgesetz
Vbl.	Verbindlichkeiten
Vgl.	Vergleiche
Vol.	Volume (Band)
vs.	versus
WA	Weighted Average
WACC	Weighted Average Cost of Capital
WAL	Weighted Average Life
WB	Whole Business
WBS	Whole Business Securitization
WHO	World Health Organisation
z. B.	zum Beispiel
z. T.	zum Teil
zzgl.	Zuzüglich

Anmerkung zum Terminologie-Problem

Da viele in der Wirtschaftswissenschaft benutzten Begriffe aus dem Englischen übernommen sind und auch praktisch nur so als Termini der Wirtschaft benutzt werden, sind in mehreren Tabellen und Graphiken die englischen Begriffe benutzt worden.

1. Einführung

1.1. Fragestellung und Ziel der Arbeit

Die der Dissertation zugrunde liegende Frage ist, ob eine verbesserte Anbindung des Gesundheitswesens an den Kapitalmarkt unter Zuhilfenahme einer Finanzinnovation auch in Deutschland möglich ist, wobei diese Finanzinnovation die Struktur des deutschen Sozialversicherungswesens berücksichtigen muss, sie gleichzeitig aber auch als Stärke mit einbeziehen kann. Dabei soll außerdem untersucht werden, ob sich das Finanzierungsinstrument der Vermögensverbriefung auch in Deutschland zur Finanzierung der am Gesundheitswesen beteiligten Institutionen einsetzen lässt und inwieweit es zur Minderung der Finanzierungsprobleme dieser Institutionen beitragen kann, ohne jedoch die sozial und politisch gegebenen Strukturen grundsätzlich zu verändern. Da die Finanzierungsmöglichkeit durch eine gesicherte Verbriefung von Forderungen (Asset-Backed Securities, ABS) in anderen hochzivilisierten Staaten mit ausgeprägter Gesellschaftsstruktur wie den USA und dem UK generell weit verbreitet ist und dort z. T. bereits auch im Gesundheitswesen eingesetzt wurde, soll hier nach einer Analyse der betreffenden Märkte und der dortigen Erfahrungen die Möglichkeit einer ABS-Anwendung im deutschen Gesundheitssystem geprüft werden, wobei vor allem die hiesigen Einsatzmöglichkeiten zu erschließen und mögliche Vorteile zu ermitteln sind. Ziele dieser Untersuchungen sollen vor allem Antworten auf die folgenden Fragen sein:

1. Wann, d.h. unter welchen ökonomischen bzw. betrieblichen Umständen lohnt es sich für
2. Wen, d.h. für welchen Teilnehmer des Gesundheitssystems (Krankenhausarten wie private, kommunale, im Eigentum der Kirchen befindliche Krankenhäuser, Forschungseinrichtungen, indirekt auch Kommunen), das Finanzierungsinstrument ABS einzusetzen, und
3. Wie könnten bzw. müssten in Deutschland solche Strukturen für diese Finanzierungsform beschaffen sein.

Ein großes Problem bei der Evaluierung von ABS-Finanzierungen ist deren meist enorme Komplexität. Diese wird durch das Zusammenbringen bzw. Aufeinandertreffen mit dem – in Deutschland besonders großen – Themenkomplex „Gesundheit" noch mehr ausgeweitet. Während „Asset-Backed Securities" als eine der kompliziertesten und aufwendigsten Finanzierungsformen gelten, ist das Gesundheitswesen – besonders das deutsche – als einer der undurchsichtigsten Märkte bekannt, der zahllosen Sonderregelungen und Gesetzen unterworfen ist. Diese Konstellation bringt grundsätzlich – und insbesondere im internationalen Vergleich – eine Vielzahl diffiziler Probleme mit sich. So sind etwa die Gesundheitssysteme der einzelnen Länder verschieden und auch ihre Rechnungslegungs- und Bilanzierungsregeln sowohl für Unternehmen als auch für „Not-For-Profit-Organisationen" (NPOs) unterscheiden sich sehr. Abtretungsgesetze und -verbote sowie Datenschutzrichtlinien müssen beim Forderungsverkauf ohnehin berücksichtigt werden, dazu wirken die Gegebenheiten des Gesundheitswesens noch weiter komplizierend. Bei den Fragen nach der Finanzierung müssen außerdem die besonderen Finanzierungssituationen der Teilnehmer des Gesundheitswesens berücksichtigt werden, die durch Eigenarten der Gesundheitssysteme wie Steuerbefreiungen oder Krankenhausfördermittel stark beeinflusst werden und damit die Finanzierungsalternativen verändern. Auch die diversen Steuergesetze müssen bei der notwendigen Gründung von Finanzierungs-Zweckgesellschaften ebenso berücksichtigt werden wie Fragen des Insolvenz- oder Konkursrechts bei einer Strukturierung zu beachten sind. Schließlich können noch dadurch besondere Risiken entstehen, dass der staatliche Einfluss auf die Gesundheitssysteme Finanzierungsweisen stark verändern kann.

1.2. Aufbau der Arbeit

Um die so unterschiedlichen Bereiche Asset Securitization und Gesundheitswesen in Einklang zu bringen, ist es zunächst erforderlich, die ABS-Finanzierung als solche darzustellen. Der erste Abschnitt der Arbeit gibt daher einen Überblick über die Asset Securitization und anschließend über die Besonderheiten des Gutes Gesundheit und des Gesundheitswesens. Hierbei werden, soweit möglich, allgemeingültige Aussagen getroffen, jedoch sind die Gesundheitssysteme der Länder sehr verschieden, so dass teilweise die spezifischen Gegebenheiten eines Landes hervorgehoben werden müssen.
Problematisch bei der Darstellung sind zum einen sowohl die von Grund auf verschiedenen Gesundheitssysteme als auch die Unterschiede in der ABS-Finanzierung selbst, welche zu weiten Teilen durch die nationale Gesetzgebung sowie Bilanzierungs- und Steuerrichtlinien bestimmt werden. Erschwert wird eine solche Darstellung noch durch die häufigen Veränderungen, die in den meisten Ländern im Gesundheitswesen, aber auch in der Gesetzgebung zur Asset Securitization, stattfinden. Insbesondere in Deutschland ist derzeit auf beiden Feldern ein großer Wandel festzustellen.

Im zweiten Abschnitt wird dann eine ausführliche Darstellung des Einsatzes der Asset Securitization im Gesundheitswesen der USA sowie eine Betrachtung einiger ausgewählter Strukturen anderer Länder geboten. Da der Einsatz von ABS im Gesundheitswesen der USA am weitesten fortgeschritten und am besten dokumentiert ist, liegt hier der Schwerpunkt. Letztlich ist die Form der Verbriefung, wie sie im Gesundheitswesen der USA praktiziert wird, auch am besten auf das deutsche System zu übertragen. Um die Komplexität einer ABS-Finanzierung im Gesundheitswesen darzustellen, werden dabei z. T. auch Einzelheiten der US-amerikanischen Krankenhausfinanzierung und des ABS-Marktes vorgestellt.
Daran anschließend wird im dritten Teil das komplexe deutsche Gesundheitssystem vorgestellt und in den für ABS relevanten Aspekten beschrieben. Wie im zweiten Abschnitt für die USA ist es auch hier notwendig, sowohl das Gesundheitswesen als auch die Krankenhausfinanzierung an einigen Stellen detailliert darzustellen, um einerseits die Einsatzmöglichkeiten für ABS zu erläutern und andererseits bestimmte Schwierigkeiten zu erklären. Neben den wirtschaftlichen Überlegungen wird die Darstellung von ABS-Finanzierungen dadurch komplettiert, dass auch die Möglichkeiten der Umsetzung und die dabei möglicherweise auftretenden Schwierigkeiten betrachtet und Aussagen über die Sicherheit der jeweiligen Struktur getroffen werden. Daher

werden im Verlauf des dritten Abschnitts auch Probleme der Forderungsabtretung untersucht und die Finanzierungssituation der Krankenkassen – als Forderungsschuldner – analysiert.
Neben dem Einsatz von ABS zur Krankenhausfinanzierung werden dann auch Konzepte der sog. „Whole Business“ und „Intellectual Property“ Securitization vorgestellt, die von den ausländischen Beispielen des zweiten Abschnitts abgeleitet sind. Im letzten Kapitel werden die Risiken von ABS im Gesundheitswesen dargelegt, wobei auch die Erfahrungen des Auslandes – insbesondere der USA – aufgegriffen werden.
Sowohl im Krankenhauswesen als auch im Markt für Asset Securitization werden seit einigen Jahren massive Veränderungen festgestellt. Hier sind neben veränderten Vergütungssystemen im Gesundheitswesen vor allem auch verschiedene Gesetzesänderungen zu besprechen, die den Verbriefungsmarkt betreffen. In der Arbeit wurde dies zwar soweit wie möglich berücksichtigt, jedoch konnten die noch andauernden Entwicklungen im Krankenhauswesen – insbesondere die noch nicht vollständig abgeschlossene Entwicklung des DRG-Systems – nur zu einem gewissen Grad dargestellt werden. Auch die juristischen Probleme, die bei ABS-Finanzierungen schnell in den Vordergrund treten, konnten nur zum Teil abgebildet werden.

1.3. Methodik, Dokumenten- und Literaturerschließung

Weltweit hat das Thema „Asset Securitization im Gesundheitswesen“ bisher wenig Beachtung gefunden. Dies gilt zum einen für den Bestand an Literatur, zum anderen ist es auch in der Praxis bisher allenfalls eine Randerscheinung. Die an ABS-Transaktionen beteiligten Banken, Rating-Agenturen und Kanzleien beschäftigen sich bisher nur marginal mit diesem Sektor, was nicht zuletzt auch an den nur wenigen Transaktionen, die diesem Gebiet im weitesten Sinne zugeordnet werden können, zu erkennen ist.
Bei der ABS-Finanzierung handelt es sich immer noch – vor allem in Deutschland – um eine relativ neue Form der Unternehmensfinanzierung, und insbesondere ihre Anwendung außerhalb des bekannten Spektrums, d. h. z. B. für kleinere Unternehmen und bestimmte Wirtschaftszweige, stellt nach wie vor ein „Pionier-Gebiet“ dar. In den letzten Jahren hat die Zahl der Publikationen, die sich mit ABS-Finanzierungen und ihren Auswirkungen beschäftigen, zwar zugenommen, doch allein aus diesen – meist allgemeingültig gehaltenen oder formal-theoretischen bzw. rechtswissenschaftlichen – Abhandlungen und Aufsätzen ist es kaum möglich, Erklärungsansätze für den Einsatz und die Schwierigkeiten von ABS im Gesundheitswesen abzuleiten. Insbesondere sind Informationen, die praxisnahe Aussagen über eine Verknüpfung zwischen ABS und Gesundheitswesen zulassen, allein aus der öffentlich zugänglichen Literatur nicht zu gewinnen. Ein weiteres Problem ist, dass ABS-Emissionen im Gesundheitswesen zu großen Teilen in Form von Privatplatzierungen vorgenommen wurden, deren Daten kaum erhältlich sind.
Daher wurden zur Behandlung des Themas auch andere Informationen herangezogen. So wurden insbesondere während eines Forschungsaufenthaltes in New York im Herbst 2004 Interviews mit verschiedenen Experten des ABS- und Krankenhausmarktes der USA durchgeführt. Dabei konnten viele Informationen durch Gespräche

erlangt werden; gleichzeitig wurden von den Gesprächsteilnehmern sowie über von ihnen ermöglichte weitere Kontakte Dokumente zur Verfügung gestellt, die nicht regulär veröffentlich werden oder nur gegen Entgelt zu erwerben sind. So konnten viele Unterlagen wie Transaktionsdokumente, Berichte der Rating-Agenturen sowie Beiträge, Aufsätze und verschiedene Arbeitspapiere sowohl aus der ABS-Praxis als auch aus dem Gesundheitswesen bei der Erstellung dieser Arbeit herangezogen werden. Viele dieser Informationen sind nicht öffentlich zugänglich, werden aber zum Teil in kostenpflichtigen Datenbanken und Zeitschriften angeboten oder auf Spezial-Konferenzen vorgestellt, die meist Praktikern vorbehalten sind (allein schon wegen der hohen Teilnahmegebühren). Bei Interviews und Informationsanfragen wurden sowohl Banken-Vertreter (aus verschiedenen Abteilungen) als auch Rechtsanwälte, Mitarbeiter von Krankenhäusern und Rating-Agenturen berücksichtigt. Aufgrund des Wunsches einiger Gesprächsteilnehmer sind jedoch alle Zitate und Informationen anonymisiert wiedergegeben. Eine Liste der Interviewpartner sowie anderer Personen, die wertvolle Informationen zur Verfügung stellten, findet sich in Tabelle 1 (drei Vertreter von Rating-Agenturen, die Informationen bereitstellten, sind aus Diskretionsgründen und auf ihren Wunsch hin nicht mit aufgeführt). Allen diesen Kooperationspartnern danke ich an dieser Stelle bereits herzlich:

Tabelle 1: Verzeichnis der Interviewpartner und

Kooperanden (Dokumenten-Überlassung und Vermittlung)		
Name, Vorname (Position*)	**Abteilung, Firma**	**Ort, Kooperationsart**
Abraham, Elena (Senior Director)	Financial Division Mt. Sinai NYU Health	New York, Interview
Adelson, Mark (Director)	Structured Finance/Securitization Research Nomura Securities International	New York, Interview
Cooper, Raymond (Senior VP)	Healthcare Investment Banking Lehman Brothers	New York, Interview
Craig, James P. (Executive VP)	Marketing Healthcare Finance Group	New York, Interview
Crater, Richard (Senior VP)	Department of Finance NYU School of Medicine	New York, Interview
DeSear, Edward M. (Partner)	Securitization & Structured Finance McKee Nelson	New York, Interview
Dickey, Keith, Ph.D. (Principal)	Investment Banking & Financial Advisory Shattuck Hammond	New York, Interview
Behrends, Behrend, Dr. (Kaufmännischer Direktor)	Universitätsklinikum Hamburg-Eppendorf (seit Juli 2004 Direktor Charité, Berlin)	Hamburg, Interview
Siedler, Nina, Dr. (Partnerin)	Banking & Finance Luther Rechtsanwaltsgesellschaft	Berlin/Frankfurt, Interviews (Bereitstellung, Kontakte)
Eck, John (VP)	Asset-Backed Finance Citigroup	New York, Interview
Fischbeck, Kevin (Associate)	Equity Research (Healthcare) Lehman Brothers	New York, Interview
Gissmann, Lutz, Prof. Dr. (Abteilungsleiter)	Abteilung Genomveränderungen und Carzinogese Deutsches Krebsforschungszentrum	Heidelberg, Interview
Gutnick, Michael (Senior VP)	Department of Finance Memorial Sloan-Kettering Cancer Center	New York, Information und E-mail
Hoyt, Beth (Associate)	Fixed Income Nomura Securities International	New York, Interview
James LaVigne	Financial Consultant - Healthcare Tyll & LaVigne Inc.	New York, Interview (Telefonisch)
Janes, George W. (Senior VP)	Asset-Backed Securities Lehman Brothers	New York, Interview
Kaplan, Harold (Partner, Chair of the Firm)	Gardner Carton & Douglas Corporate Restructuring and Financial Institutions Practice Group	Chicago, Dokumentenüberlassung
Loughlin, Brendan C. (Executive VP, CFO)	Financial Affairs Continuum Health Partners	New York, Interview
Maier, Hans Peter (Verwaltungsleiter)	Diakonissen Krankenhaus Schwäbisch Hall	Schwäbisch Hall, Interview
Manson, Alex Managing Director	Origination, Deutsche Bank	Frankfurt, Interview (Bereitstellung, Kontakte)
Marvin Schwartz (Principal)	Neuberger Berman	New York, Interview (Bereitstellung, Kontakte)
Morriello, Henry G. (Partner)	Corporate & Finance, Structured Finance and Asset Securitization Kaye Scholer, LLP	New York, Interview
Olson, Richard (Director Finance)	Department of Finance, Special Projects NYU School of Medicine	New York, Interview

Salomon, Jerry	Healthcare Analyst BearStearns	New York, Interview (telefonisch)
Scanlon, Donald (CFO)	Financial Division Mt. Sinai NYU Health	New York, Interview
Schaber, Markus (Director)	Securitised Products Group Deutsche Bank	Frankfurt/London, Interview (mehrfach)
Ungerleider, Stephen, PhD	Integrated Research	Eugene, Oregon (E-mail/Telefon)
Whelan, Stephen T. (Partner)	Structured Finance Practice Group Thacher Proffitt & Wood	New York, Interview
Whetten, Michiko (Analyst)	Quantitative Credit Nomura Securities International	New York, Interview

* CFO: Chief Financial Officer; (VP) Vice President.

Darüber hinaus wurden auf – oder im informellen Gespräch am Rande von – Konferenzen ebenfalls interessante Erkenntnisse gewonnen. Die oben genannten Interviews können dabei zwar nicht als repräsentativ gewertet werden, da sie nur die persönlichen Erfahrungen der jeweiligen Experten widerspiegeln, aber sie haben doch viele Informationen geliefert, die einen Einblick in die Besonderheiten bzw. Schwierigkeiten von Finanzierungsweisen im Gesundheitswesen erlauben, und verdeutlichen, mit welchen Problemen eine ABS Finanzierung auf diesem Gebiet verbunden ist. Eine Befragung durch einen standardisierten Fragebogen war einmal wegen der funktionellen Heterogenität der Interview-Partner, zum anderen aber auch wegen des z. T. beträchtlichen vertraulichen Charakters bestimmter Informationen nicht möglich.

A. Grundlegung: „Asset Securitization“ und Gesundheitswesen

„Das Gesundheitswesen sieht sich, (...), mit einer zunehmenden Verknappung der Ressourcen konfrontiert. (...) Finanzknappheit dominiert zunehmend die Entscheidungen in der Gesundheitsversorgung.“[1]

„The process of meeting financing needs through securitization has expanded into additional fields with considerable rapidity. It seems to be most successful in markets where there is a vacuum, a shortage of funds and very high financing costs.“[2]

Im ersten Hauptteil der Arbeit wird zunächst die Asset Securitization im internationalen Rahmen und im Allgemeinen vorgestellt. Insbesondere sollen dabei nach einer Vorstellung der Begriffe und einem Überblick über die Struktur einer Verbriefung eine Einordnung in die Finanzierungstheorie gegeben und theoretische sowie empirische Erklärungsansätze behandelt werden. In Kapitel 2 folgt dann eine Betrachtung des Gesundheitswesens, seiner Beteiligten und Besonderheiten, insbesondere im Hinblick auf die Finanzierungsschwierigkeiten und Kapitalmarktbeziehungen. Daran anschließend wird im dritten Kapitel ein Überblick über die Möglichkeiten sowie die Vor- und Nachteile eines Einsatzes von Asset Securitization im Gesundheitswesen gegeben.

---

1 Amelung/Schumacher (2004), S. 3 - 4.
2 Fink (1998), S. 118.

2. Asset Securitization

Im ersten Kapitel werden die Grundlagen der Asset Securitization und der Ablauf einer ABS-Transaktion erläutert sowie die Beteiligten eingeführt. Daran anschließend wird die Entstehung der Verbriefung erklärt und Bestimmungsgründe für ihre Existenz gesucht.

2.1. Terminologie und Bedeutung

Der Ausdruck „Securitization" geht auf einen Artikel des Wall Street Journal aus dem Jahre 1977 zurück, in dem die Zeitung eine Transaktion der Bank Salomon Brothers beschrieb. Auf die Frage, wie man die besondere Struktur[3] beschreiben würde, antwortete der befragte Lewis Ranieri mit besagtem „Securitization".[4] Obgleich die Zeitung das Wort zunächst nicht akzeptieren wollte, druckte sie es doch, allerdings mit der Anmerkung, dass dies kein richtiges Englisch sei.[5] Den Unterschieden im englischen Sprachgebrauch entsprechend, ist neben „Securitization" heute auch oft die Schreibweise „Securitisation" zu lesen. Da der Ursprung des Wortes aber auf die USA zurückzuführen ist, wird im Folgenden die US-amerikanische Schreibweise beibehalten.[6]

In der deutschen Sprache findet der Ausdruck „Asset Securitization" verschiedene Übersetzungen, die treffendste und direkteste ist sicherlich „Vermögensverbriefung". Daneben existieren sowohl in der Theorie als auch in der Praxis noch andere Begriffe und Ausdrücke, die dasselbe meinen, wie etwa „Kreditverbriefung", „Forderungsverbriefung" oder „vermögensgesicherte Verbriefung".[7] Im Folgenden werden in erster Linie die angelsächsischen Ausdrücke verwendet, da es sich hier um ein aus dem angloamerikanischen Raum stammendes Finanzprodukt handelt und außerdem, weil die deutschen Übersetzungen zum einen nur teilweise das Richtige treffen bzw. umständlich lang sind und nicht zu einer Verbesserung des Textes beitragen.

Asset Securitization wird als Überbegriff für jede Art der Verbriefung von Vermögen gebraucht. In den letzten Jahren haben sich parallel zur Verbriefung unterschiedlichster Vermögensgegenstände („Assets") auch die Begriffsbildungen zur Beschreibung der einzelnen Finanzprodukte entwickelt. An dieser Stelle sei darauf hingewiesen, dass mehrfach Begriffe parallel verwendet werden, die jedoch unterschiedliche Bedeutungen haben. Während der Ausdruck Securitization immer einen Finanzierungsprozess darstellt bzw. jede Art der Verbriefung bezeichnen kann, meinen Begriffe wie Asset-Backed Securities (ABS) oder Mortgage-Backed Securities (MBS) die für diesen Prozess verwandten Finanzprodukte[8], von denen es mittlerweile eine ganze Reihe unterschiedlicher Formen gibt. Oft taucht in der Namensgebung ein Teil

---

[3] Es handelte sich um die Verbriefung von Hypotheken-Darlehen („Mortgages").

[4] Da sich das Wort durchgesetzt hat, widmete das Magazin „Business Week" Herrn Ranieri einen Artikel in ihrer Reihe „The Great Innovators" mit dem Titel: „Lewis S. Ranieri: Your Mortgage Was His Bond. The Bond Trader Turned Home Loans Into Tradable Securities." McNamee (2004), S. 18.

[5] Vgl. Ranieri (1998), S. 31.

[6] Vgl. auch Ohl (1994), S. 1.

[7] Vgl. dazu insbesondere Bär (2000), S. 36.

[8] Vgl. Bär (2000), S. 45; Ohl (1994), S. 16 - 17.

des verbrieften Vermögensgegenstandes auf, teilweise werden sie auch nach anderen – z. B. strukturrelevanten Gesichtspunkten – benannt.
Im Prinzip werden alle Arten im weiteren Sinne unter dem Begriff ABS geführt. Es gibt aber – insbesondere im angelsächsischen Raum – eine Abgrenzung zu den MBS, also mit Hypotheken o. ä. unterlegten Wertpapieren.[9] In diesem Zusammenhang ist bei ABS auch manchmal von „Non-Mortgage-Backed Securities" die Rede und es existieren verschiedene Arten von ABS, MBS und Zwischenformen. Eine vollständige Aufstellung von ABS-fähigen Aktiva ist nahezu unmöglich, da mit heutigen (finanzmathematischen) Methoden fast jede Vermögensart in ABS gewandelt werden kann.[10] Auch eine allen Kriterien gerecht werdende Einteilung ist kaum mehr möglich, da es mehrere Systeme gibt, nach denen ABS klassifiziert werden, etwa nach der zugrunde liegenden Sicherheit oder nach der Art der Amortisation bzw. Zahlungsstromcharakteristik.[11] Die folgende Aufstellung vermittelt einen Überblick über einige Arten und die möglichen Abgrenzungen.[12]

---

9 Dies ist vor allem aus ihrer Entstehungsgeschichte zu erklären, denn das Konzept der Securitization entstand zunächst aus der Verbriefung von Hypothekenkrediten.

10 *„Theoretically, any asset that has a revenue stream can be transformed into a marketable debt security."* The Bond Market Association (1998), S. 4; Ohl (1994), S. 4; Kroll (1993), S. 759.

11 Siehe dazu auch Kapitel 2.4.4.

12 Dies soll lediglich eine Übersicht der gängigen Abkürzungen und Einordnungen darstellen. Für eine Erklärung der einzelnen Beispiele siehe vor allem Bär (2000), S. 127 - 144, oder Laternser (1996), dort insbesondere das Glossar S. 305 - 362.

Abbildung 1: Einteilungen von Verbriefungstypen und -strukturen

Mortgage-Backed Securities:
(durch verschiedene Immobilien-Arten oder Immobilien-Kredite besicherte Wertpapiere)

- Arrears Mortgages
- CMBS (Commercial Mortgage -Backed Securities)
- RMBS (Residential Mortgage-Backed Securities)
- CMOs (Collateralized Mortgage Obligations)
- HELs (Home Equity Loans)
- HELOCs (Home-Equity Lines of Credit)
- Manufactured Housing Securities

Asset-Backed Securities:
(durch verschiedene Vermögens-Arten besicherte Wertpapiere)

- ALPs (Aircraft Lease Portfolio Securitization)
- Credit-Card Securitization
- CARs (Certificates of Automobile Receivables) bzw. Auto-Loan-Backed Securities
- Computer Leases
- Diversified Payment Rights
- Equipment Lease-Backed Securities
- Franchise Loans
- Future Export Receivables
- Healthcare Receivables
- Intellectual Property Rights
- Oil and Gas Receivables
- Student Loans
- Television Rental Receivables
- Trade Receivables
- Toll Road Receivables
- Treasury Strips
- Utility Receivables

Examples of Underlying Collateral:

- ALPs (Aircraft Lease Portfolio Securitization)
- CARs (Certificates of Automobile Receivables)
- CARDs (Certificates of Amortising Revolving Debts)
- CLEOs (Collateralized Lease Equipment Obligations)
- HELs (Home Equity Loans)
- NPLs (Non-Performing Loans)
- RMBS (Residential Mortgage Backed Securities)
- SBA Loan-Backed (Small Business Administration)

Types of Amortisation:

- APTs (Agency Pass-Throughs)
- IO-Strips (Interest Only)
- PACs (Planned Amortization Certificates)
- PO-Strips (Principal Only)
- PPTs (Private Pass-Throughs)
- TACs (Targeted Amortization Certificates)
- VADMs (Very Accurately Defined Maturity)
- Z-Tranche oder Accretion/Accrual Bond

Eigene Darstellung.

Weiterhin muss zwischen zwei Grundformen der Verbriefung unterschieden werden, der „True Sale" („echter Verkauf") Verbriefung und der synthetischen. Insbesondere am deutschen Markt waren bzw. sind aufgrund der rechtlichen Schwierigkeiten vor allem synthetische Transaktionen üblich, bei denen zwar das Risiko durch „Credit

Default Swaps" (CDS) bzw. „Credit Linked Notes" (CLN) an den Kapitalmarkt weitergegeben wird, das Vermögen selbst (bzw. die Forderungen) aber in der Bilanz bleiben.[13] Dem Originator fließt dabei auch i. d. R. kein Kapital zu; lediglich der Zweckgesellschaft werden bei Ausgabe von CLN Mittel zur Verfügung gestellt, die dann in Wertpapieren der höchsten Bonität angelegt werden. Beim „True Sale" hingegen fließt dem Unternehmen tatsächlich Liquidität zu und nahezu das gesamte Kapital wird freigesetzt. Aufgrund dieser Eigenschaften eignen sich synthetische Strukturen eigentlich nur für Banken, nicht für Industrie- oder andere Unternehmen, obgleich sie theoretisch denkbar und auch möglich wären. Vorteile der synthetischen Transaktionen liegen in der Möglichkeit, alle Risiken zu verbriefen, und in einer verminderten Dokumentationsstruktur bzw. -anforderung.

Die jüngste Entwicklung und Verteilung des ABS-Emissionsvolumens in Europa (bzw. Europe, Middle East & Africa, EMEA) zeigt Abbildung 2:

Abbildung 2: Entwicklung und Verteilung von ABS in EMEA

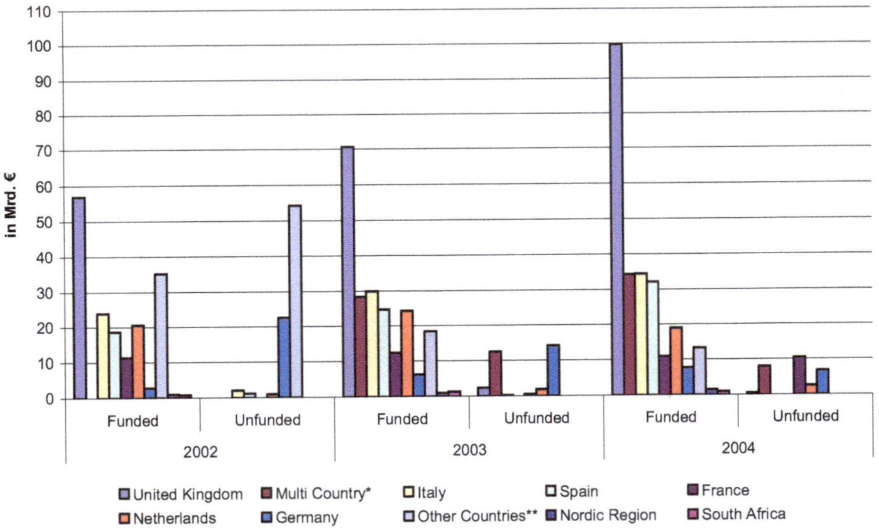

Eigene Darstellung; Daten Moody's (2005b), S. 5. Enthalten sind alle öffentlichen Transaktionen und von Moody's bewertete private Transaktionen (alle ABS-Klassen, ohne ABCP). *Euromarkt und weltweit (Werte von 2002 werden unter „Other Countries" aufgeführt). **Österreich, Belgien, Tschechische Republik, Griechenland, Irland, Litauen, Polen, Portugal, Schweiz, Türkei.

---

[13] Die synthetischen Verbriefungen lassen sich wiederum in finanzierungswirksame („funded") und finanzierungsunwirksame („unfunded") unterscheiden. Bei ersterer wird das Kreditrisiko über „Credit-Linked Notes" an den Kapitalmarkt weitergegeben, so dass dem Emittenten Kapital zufließt. Bei den „unfunded" Strukturen wird lediglich das Ausfallrisiko über den CDS abgesichert. Da Banken oft nicht auf einen direkten Mittelzufluss angewiesen sind, wurden in der Vergangenheit die meisten synthetischen Verbriefungen finanzierungsunwirksam durchgeführt. Vgl. Moody's (2005a), S. 3 - 4. Siehe auch Heimann/Kramer (2002): „Grundsätzliches zu synthetischen ABS" und für eine Übersicht Perridon/Steiner (2004), S. 456. Ferner Althaus (2003), S. 632 - 634 und Litten/Cristea (2003), S. 214, 216 und dort S. 218 - 221 zu den Vorschriften der Eigenkapitalunterlegungen bei ABS-Finanzierungen durch Banken.

Eine weitere Unterscheidung am Verbriefungsmarkt ist die Trennung zwischen „Term" ABS und „Asset Backed Commercial Paper" (ABCP). Während „Term" ABS vereinfacht als eigenständige Anleihen bezeichnet werden könnten, sind ABCP kurzfristige Geldmarktpapiere, die durch verschiedene Forderungsarten besichert sind. I. d. R. werden sie durch sog. „Conduits"[14] emittiert, die zum überwiegenden Teil von Banken gegründet sind. Die „Conduits" kaufen vor allem kurzfristige Forderungen mit Laufzeiten zwischen mind. 10 Tagen (meistens 30 Tage) und max. 365 Tagen (meistens 270 Tage) an. Auch in diesem Markt gibt es verschiedene Strukturen wie „Multi"- oder „Singleseller-Conduits", „Fully Enhanced" oder „Partially Enhanced Conduits". Der Markt für diese Programme ist mittlerweile sehr groß, wie Abbildung 3 verdeutlicht:

Abbildung 3: Entwicklung der ABCP (ausstehendes Volumen)

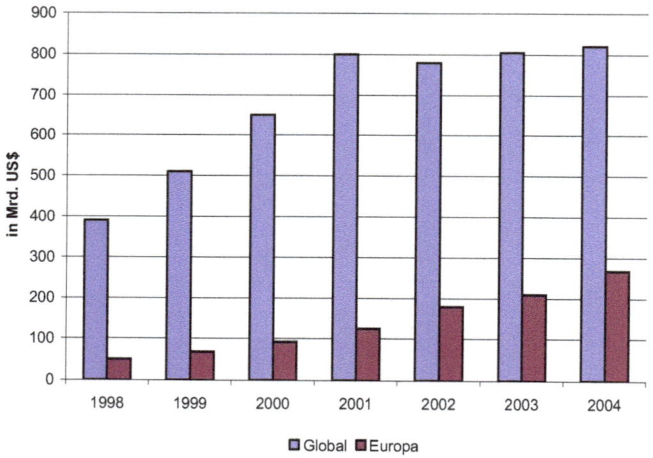

Quelle: Moody's (2005c), S. 2 (Die Daten für 2004 sind für „Global" von Moody's geschätzt, für „Europa" aus Moody's (2005d), S. 14, entnommen).

Obgleich es einige Unterschiede zu den „Term" ABS gibt, werden mit ABCP im Wesentlichen die gleichen Ziele verfolgt wie mit ABS (siehe Kapitel 1.3.). Zu den Vorteilen der ABCP „Conduits" gehört in erster Linie die geringere Volumenanforderung an das Finanzierung suchende Unternehmen. Dies ist insbesondere für deutsche Krankenhäuser ein entscheidendes Kriterium.[15]

---

14 Das Wort „Conduit" übersetzt sich mit Kabel, Leitung oder Leitungsrohr.

15 Siehe zum deutschen ABCP Markt bzw. Möglichkeiten der Finanzierung von Krankenhäusern über ABCP Conduits insbesondere die Kapitel 10.4 und 10.5.

2.2. Entwicklung und bisherige Einsatzfelder der Asset Securitization

Die Entstehung der Asset Securitization beginnt Anfang der 1970er Jahre in den USA, getrieben durch spezifische Strukturprobleme[16] des amerikanischen Trennbankensystems. Als erste Securitization wird die von der „Government National Mortgage Association" (GNMA, 1968 von der staatlichen „Federal National Mortgage Association" (FNMA) ausgegliedert) herausgegebene Wertpapierkonstruktion angesehen, die einen doppelt abgesicherten[17] Hypotheken-Pool verbriefte. Zusammen mit der „Federal Home Loan Mortgage Corporation" (FHLMC) waren diese drei staatlichen Agenturen[18] dafür verantwortlich, einen Sekundärmarkt für Hypothekenkredite aufzubauen. Dieser Markt ermöglichte es später auch den vor allem auf den Wohnungsbau spezialisierten „Savings & Loans Institutions" (S&L), sich eine neue Finanzierungsmöglichkeit zu erschließen. Denn die S&L waren durch verschiedene gesetzliche Bestimmungen[19] in ihrer unternehmerischen Freiheit stark beschränkt und suchten in einem für sie schwierigen Umfeld (während der andauernden S&L-Krise) nach neuen Wegen der Finanzierung. Da sie traditionell vom Zins- und Einlagengeschäft bzw. der Wohnungsbaukreditvergabe lebten, waren die ersten „Mortgage-Backed Securities"[20] für die „S&L-Institutions" geradezu wie geschaffen. So konnten die Banken ihre Forderungen gegen die Kreditnehmer aus der eigenen Bilanz auslagern, damit das Risiko der Kreditausfälle für sich verringern und gleichzeitig neue Liquidität gewinnen.[21] Anfangs wurden diese Strukturen hauptsächlich von den bereits erwähnten staatlichen Stellen gefördert, zum einen um das Risiko dieser Anlagen zu verringern und so das Vertrauen von Investoren zu gewinnen und zum anderen, weil die S&L-Institutions allein wahrscheinlich keinen Sekundärmarkt hätten etablieren können.

Als erste öffentliche[22] Emission, die nicht mit Hypotheken oder anderen Haus- bzw. Wohnungsbaukrediten in Verbindung stand („Non-Mortgage"), wird die Verbriefung des Computer-Herstellers Sperry aus dem Jahr 1985 genannt, der damals Leasing-Forderungen in der Höhe von US$ 192 Mio. am Kapitalmarkt verkaufte.[23] Diese Emission wird demnach als erste Asset-Backed Securities Transaktion in der Literatur angeführt. Danach entwickelte sich das ABS-Geschäft schnell (im gleichen Jahr

16 Hier sei auf die bestehende Literatur verwiesen, vor allem den Arbeitskreis „Finanzierung" der Schmalenbach-Gesellschaft (1992), S. 498 - 500; Ohl (1994), S. 23 - 31; Paul (1994), S. 121 - 122; Bhattacharya/Fabozzi (1996), S. 2 - 6; Ranieri (1998), S. 31 - 43; Gehring (1999), S. 13 - 17; Bär (2000), S. 373 - 380.

17 Vgl. Paul (1994), S. 122; Bär (2000), S. 370 m. w. N.

18 Auch bekannt als Ginnie Mae (GNMA), Fannie Mae (FNMA) und Freddi Mac (FHLMC). Vgl. auch Ohl (1994), S. 27 - 28; Paul (1994), S. 122; Bär (2000), S. 368.

19 In erster Linie: McFadden Act (1927) – Beschränkung der Geschäftstätigkeit auf den Bundesstaat und der Glass-Steagall Act (1933) – Trennung von Geschäfts- und Investment-Banken.

20 Auch aufgrund der hohen Standardisierung im Hypotheken-Geschäft boten sich diese Forderungen an.

21 Vgl. Bär (2000), S. 366 - 367; Ohl (1994), S. 16. Zur Entstehungsgeschichte von ABS siehe insbesondere Bär (2000), Kapitel 8.

22 Bär (2000) berichtet von Privatplatzierungen der Autohersteller bereits ab 1983. Vgl. Bär (2000), S. 374.

23 Vgl. Paul (1994), S. 125; Bhattacharya/Fabozzi (1996), S. 4; De Felice (1999), S. 114; Bär (2000), S. 375; Bartelt (1999), S. 7. (Heute ist die Firma unter dem Namen „Unisys" bekannt; vgl. De Felice et al. (1999), S. 114.) Einmal wird die Firma Comdisco genannt, die US$ 35 Mio. verbriefte, die ebenfalls durch Computerleasing gesichert waren. Vgl. Greenbaum/Thakor (1995), S. 405.

folgte die erste „Auto Loan-Backed"-Emission[24]), und es waren insbesondere die großen und namhaften Autohersteller, die in den folgenden Jahren ihre Leasing-Forderungen verbrieften und zusammen mit der zweiten großen Gruppe der ABS, den „Credit-Card Receivables"[25], die Asset Securitization zunächst in den USA als neuen Finanzierungsweg für Unternehmen etablierten.[26] Die Entwicklung und relative Häufigkeit der gängigsten Vermögensgegenstände ist in der folgenden Abbildung 4 dargestellt:

Abbildung 4: Entwicklung des Verbriefungsvolumens verschiedener Vermögensklassen in den USA

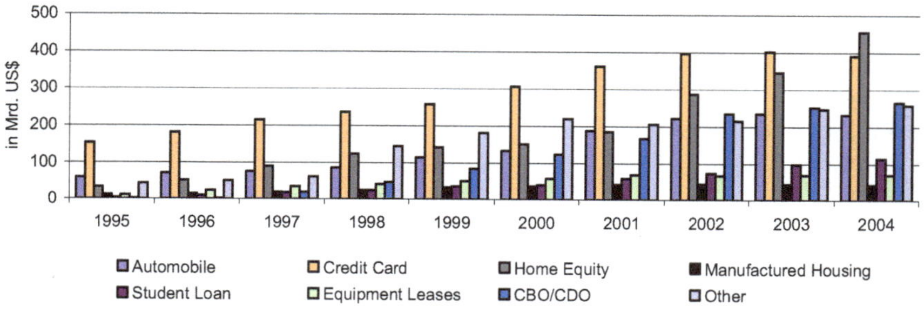

Eigene Darstellung; Daten: The Bond Markets Association 2005.

Mit der voranschreitenden Entwicklung in den USA fand ab 1990 Asset Securitization auch zunehmend in Europa Verbreitung. Nach jahrelangen Problemen kann man in den letzten Jahren eine starke Zunahme des Marktes für Verbriefungen aller Art feststellen.[27] So ist der europäische Markt (Region EMEA) an Term ABS Neuemissionen allein im Jahr 2005 um mehr als 40% gestiegen.[28]

Insbesondere das für ABS rechtlich-regulatorisch verbesserte Umfeld ist für das Wachstum mitverantwortlich gewesen.[29] Dazu zählt in erster Linie die Schaffung einer eigenen Gesetzgebung für Asset Securitization in verschiedenen europäischen Staaten. Wie wichtig dieses juristische Umfeld für die Entwicklung eines gut funktionierenden ABS-Marktes ist, lässt sich aus einem intereuropäischen Vergleich schlie-

---

24 Über die Valley National und Marine Midland Bank. Vgl. Bhattacharya/Fabozzi (1996), S. 4.

25 In den USA ist die Verwendung von Kreditkarten zum einen weitaus verbreiteter als in Deutschland und zum anderen wird ein von Deutschland verschiedenes System verwendet. So wird die Belastung auf der Karte nicht nach 30 Tagen über ein Konto ausgeglichen (Kontokorrentkredit), sondern es ist über viele Monate hinweg ein Kreditrahmen erlaubt, auf den dann entsprechende Zinsen verbucht werden. So sind i. d. R. viel höhere Beträge ausstehend, auf die auch über Monate hinweg Zinsen bezahlt werden. Vgl. Bartelt (1999), S. 2.

26 Dabei ist insbesondere General Motors zu nennen. Der Konzern brachte allein über seine Finanzierungsgesellschaft GMAC zwischen 1985 und 1994 34 Emissionen auf den Markt. Vgl. Bär (2000), S. 377, ferner Paul (1994), S. 128.

27 Vgl. Seibert/Plohr (2001), S. B5.

28 Vgl. o. V. (2006a), S. 21.

29 Vgl. Dorendorf (2004), S. 21.

ßen. So ist die Emissionshäufigkeit in den Ländern mit relativ klaren Regeln oder Gesetzen zur Securitization (z. B. Spanien[30], Frankreich[31] und Italien[32]) deutlich höher als bspw. in Deutschland, wo bisher noch kein eigenes Gesetz geschaffen wurde und sich die Beteiligten an anderen Rechtskonstrukten wie etwa beim Factoring orientieren.[33] Um die Emissionen von ABS international zu erleichtern und um der mangelnden Standardisierung auf dem Gebiet des Abtretungsrechts entgegen zu wirken, wurde von der UNCITRAL-Konvention[34] ein Regelwerk zur Forderungsabtretung entworfen.[35]

Allerdings darf bei einem solchen Vergleich nicht übersehen werden, dass es in Deutschland einen sehr gut entwickelten Markt für Pfandbriefe gibt, der die Emission von MBS oder ähnlichen durch Hypotheken besicherten Verbriefungen teilweise kompensiert.[36] Da die Verbriefung von Hypothekenkrediten einen großen Anteil am Markt ausmacht, kann die (magere) Position Deutschlands in Abbildung 2 etwas relativiert werden.

2.3. Grundkonzept und Ziele einer Verbriefung[37]

Das Grundkonzept einer Verbriefung lässt sich trotz der Heterogenität des Marktes für Asset Securitization und der vielen beteiligten Parteien immer wieder auf eine Grundform zurückführen, die in Abbildung 5 dargestellt ist:

---

30 Vgl. Royal Decree No. 926/1998 vom 14. Mai. Siehe Adell/Truan (1998), S. 138, 140 - 141.

31 In Frankreich existieren mehrere „Verordnungen"; z. B. schreiben Law No. 96-597 (1996) und Decree No. 97-919 aus dem Jahre 1997 bestimmte rechtliche Bedingungen für ABS-Transaktionen und die daran Beteiligten fest. Vgl. Sarrailhé (1998), S. 67 und 71 - 72.

32 Hier insbesondere Legge 30 aprile 1999, n. 130 veröffentlicht in der Gazetta Ufficiale Nr. 111 vom 14.05.1999, vgl. Troiano (2001), S. 337 - 357, Messina (2004), S. 333 - 337.

33 Vgl. Jaschinski/Schielke (2003), S. 644; Hommel (2005), S. 16; Bosten Consulting Group (2004), S. 3. Siehe z. B. auch Walter (2004): „Umsatzsteuer und Asset Backed Securitisation – Auswirkungen der Factoring-Rechtsprechung des EuGH". Es sei angemerkt, dass in jüngster Zeit verschiedene Veränderungen vorgenommen wurden. So ist im Zuge der Verabschiedung des „Kleinunternehmerförderungsgesetzes" 2003 ein Passus in das Gewerbesteuergesetz aufgenommen worden, der Zweckgesellschaften bei der „Kreditrisikoverbriefung" von der Gewerbesteuer befreit (§ 35c Abs. 1 Nr.2 Buchstabe e GewStG), siehe dazu Artikel 3 im BGBl. Jg. 2003, Teil I, Nr. 39, S. 1551. Dies war auch von vielen Banken gefordert worden (vgl. o. V. (2003a), S. 12), ist für einige Marktteilnehmer aber nicht umfangreich genug (vgl. Evans (2003), S. 24). Darüber hinaus ist 2005 ein neues Gesetz beschlossen worden, das die Schaffung eines „Refinanzierungsregisters" zulässt, in dem die Eintragung von Grundschulden stattfinden kann, so dass die Verbriefung von Wohnungsbau- und anderen Immobilienkrediten erleichtert wird. („Gesetz zur Neuorganisation der Bundesfinanzverwaltung und zur Schaffung eines Refinanzierungsregisters", verabschiedet durch den Bundestag (30.6.2005 und beschlossen durch den Bundesrat; 813. Sitzung; Drucksache 515/05). Vgl. dazu auch Kapitel 10.1.

34 United Nations Commission on International Trade Law (UNCITRAL).

35 Vgl. Danielewsky/Lehmann (2003), S. 227 - 230.

36 Vgl. dazu Reudelhuber (1998), S. 75.

37 Im Folgenden wird auf die sog. „True Sale" Verbriefung abgestellt.

Abbildung 5: Grundstruktur einer ABS-Transaktion

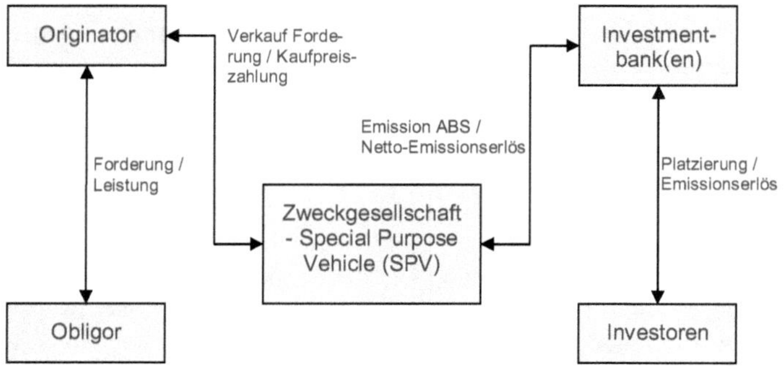

Eigene Darstellung.

Das Schaubild veranschaulicht den Prozess, der jeder Verbriefung zugrunde liegt. Dabei werden von einem Unternehmen (Originator) Teile der Aktiva, mit denen bestehende oder zukünftige Zahlungsansprüche gegen die Obligatoren behaftet sind, an eine Zweckgesellschaft („Special Purpose Vehicle" (SPV[38])) abgetreten. Das Kapital für den Ankauf der Forderungen bezieht die Zweckgesellschaft aus der Emission von Wertpapieren („Securities"), an die die Zahlungsansprüche der Forderungen gebunden sind. Die Emission der ABS erfolgt über ein Bankenkonsortium, das die geeigneten Investoren für eine öffentliche oder private Wertpapierplatzierung auswählt.

Die in Abbildung 5 dargestellten Teilnehmer sind immer Bestandteile einer Transaktion; daneben gibt es meist noch eine Reihe weiterer Parteien wie Rating-Agenturen, Sponsoren, Treuhänder oder Sicherungsgeber.[39] Die jeweilige Funktion der oben abgebildeten Parteien ist in der nachstehenden Tabelle festgehalten:

38 Wird auch als SPE („Special Purpose Entity") oder seltener als SPC („Special Purpose Company") bezeichnet.

39 Eine ausführliche Darstellung des genauen Aufbaus einer ABS-Struktur mit allen Beteiligten wird im Kapitel 2.4. vorgenommen.

Tabelle 2: Parteien und ihre Funktion in ABS-Transaktionen

Partei	*Beschreibung*
Obligor	Der (oder die) Schuldner der Forderungen.
Originator	Unternehmen, das die Forderungen (Aktiva) an das SPV verkauft.
Special Purpose Vehicle (SPV)	Rechtlich selbständige Zweckgesellschaft, die nicht zum Konsolidierungskreis des Originators gehört. Sie wird i. d. R. vom Originator oder der Investmentbank in einem steuerneutralen Gebiet gegründet und dient der rechtlichen Abgrenzung der Forderungen.
„Investment-Bank"	Die Bank kann mehrere Funktionen innerhalb einer ABS-Struktur übernehmen. I. d. R. übernimmt sie mindestens die Aufgabe des Intermediärs und vermittelt das Geschäft zwischen SPV und den Investoren.
Investoren	Erwerben die Rechte an den Forderungen bzw. den Zins- und Tilgungszahlungen.

Quelle: Franke (2002), S. 13; Bär (2000), S. 38; Bartelt (1999), S. 8, 9.

Asset-Backed Securities sind oft sehr unterschiedlich strukturiert. Trotzdem kann man allgemeingültige Grundfunktionen ausmachen, die von Bär (2000) wie folgt zusammengefasst wurden:

1. *„Ausdrückliche Kennzeichnung bestimmter Vermögenswerte durch rechtliche Verselbständigung und deren Trennung vom Geschäfts- (...) Risiko des Originators (...),*
2. *Nutzung der Aktiven und allfälliger Sicherheiten als Unterlage (Collateral) für die auszugebenden Wertpapiere (...),*
3. *Nutzung der „Cash Flow"-Ströme der Aktiven zur Befriedigung der Zins- und Tilgungszahlungen der ABS (...).“*[40]

Diese Definitionen zeigen auch, dass bei einer Finanzierung über ABS nicht das Vermögen des Unternehmens als Sicherheit dient, sondern nur ausgewählte Deckungswerte. Deshalb wird bei ABS-Finanzierungen auch von „objektgestützter Finanzierung" gesprochen.[41] Die Vorteile, die sich Unternehmen durch den Einsatz von ABS verschaffen können, sind umfangreich und hängen von der jeweiligen Situation ab, in der sich eine Firma befindet. Es lassen sich indirekte und direkte Motive[42] für den Einsatz von ABS ausmachen; exemplarisch seien hier die beständig genannten aufgeführt[43]:

Indirekte Motive

Zu den indirekten Beweggründen für den Einsatz von ABS können solche zählen, die dem Unternehmen insofern Nutzen bringen, als damit eine Veränderung des finanzpolitischen Umfelds und ein generell verbesserter Handlungsspielraum in Finanzierungsangelegenheiten geschaffen wird, ohne dass sich diese Änderungen unmittelbar auf das Unternehmen oder seine Kennzahlen auswirken, wie z. B.:

---

[40] Bär (2000), S. 36.

[41] Vgl. Benner (1988), S. 409; Arbeitskreis „Finanzierung" der Schmalenbach-Gesellschaft (1992), S. 498; Eisele/Neus (2003), S. 247. Siehe auch das Kapitel 2.5.

[42] Vgl. z. B. auch Turwitt (1999), S. 19, der von qualitativen und quantitativen Motiven bzw. Aspekten spricht.

[43] Vgl. u. a. Roever (1998), S. 3; Ohl (1994), S. 233, 240 - 241, 250; Bär (2000), S. 32; Turwitt (1999), S. 21.

- Erweiterung des Investorenkreises durch den Kapitalmarkt und/oder Diversifikation der bisher eingesetzten Finanzierungsformen;
- Höhere Flexibilität in der Mittel- bzw. Liquiditätsbeschaffung;
- Abbau oder Verminderung eines finanziellen Abhängigkeitsverhältnisses;
- Verlagerung oder Einschränkung von Geschäfts- und/oder Finanzrisiken.

Direkte Motive

Die direkten Motive für die Anwendung von Asset Securitization in der Unternehmensfinanzierung führen meist in irgendeiner Art und Weise zu quantitativ messbaren Veränderungen. Dazu zählen z. B.:

- Einflussnahme auf die Entwicklung bestimmter Unternehmenskennzahlen:
    - Eigenkapital- und Fremdkapitalquote (Verschuldungsgrad);
    - Rentabilitätskennziffern;
        - Gesamtrentabilität (ROA);
        - Kapitalrendite (ROI);
        - Eigenkapitalrentabilität (ROE);
    - Liquiditätskennziffern (Liquiditätsgrade);
- Generelle Bilanzverkürzung durch Schuldenrückführung;
- Geringere Finanzierungskosten bzw. Verminderung der Fremdkapitalzinsen;
- Veränderung der Steuerlast durch Bilanzierungsunterschiede.

Die Auswirkung einer ABS-Finanzierung auf die Kapitalstruktur bzw. die Bilanz eines Unternehmens kann vereinfacht als „Aktivtausch" beschrieben werden.[44] Denn anders als bei einer klassischen Eigen- oder Fremdkapitalfinanzierung, bei der dem Unternehmen nach der Durchführung tatsächlich mehr Kapital zur Verfügung steht, kommt es bei einer Finanzierung über ABS nicht zu einer Bilanzverlängerung, da lediglich nicht-handelbare bzw. illiquide Forderungen des Unternehmens in Kassenbestände umgewandelt werden.[45]

2.4. Die ABS-Transaktion: Beteiligte und Strukturen

Eine ABS-Transaktion weist einige Besonderheiten auf, die sie von Transaktionen anderer Finanzierungsformen unterscheidet. Durch Anpassungen solcher Transaktionen an die jeweilig geforderten Kriterien ist so ein relativ komplexer, heterogener Markt entstanden. Nichtsdestotrotz findet sich immer wieder eine innere homogene Struktur, die sich aus den gleich bleibenden Grundanforderungen ergibt, die eine solche Finanzierung aufweisen muss, damit sie am Kapitalmarkt akzeptiert wird und

---

[44] Zur unterschiedlichen Betrachtung der verschiedenen Kapitalstrukturtheorien im Hinblick auf die Auswirkungen der Securitization und ihre theoretischen Erklärungsansätze siehe vor allem das Kapitel 2.5.

[45] Zur Vertiefung der Einordnung von ABS als Finanzierungsart und -form siehe das Kapitel 2.5.

Investoren bzw. Abnehmer findet. Auch ABS-Finanzierungen aus dem „Gesundheitsmarkt“[46] sollten bzw. müssen nach der im Folgenden zu beschreibenden Grundstruktur konzipiert sein. Deshalb wird hier ein Überblick über die wichtigsten Teilnehmer einer solchen Finanzierungsstruktur und ihrer Aufgaben gegeben.

Zu den jeweiligen Besonderheiten zählen das Beziehungsgeflecht zwischen Originator, SPV und Investoren, aber auch Sicherungsmerkmale wie der Einsatz von Treuhändern, von „Credit Enhancements“ und von Rating-Agenturen. Viele Unterschiede lassen sich auf die notwendigen juristischen Anforderungen zurückführen, die entweder durch nationale Gegebenheiten oder der Transaktion zugrunde liegende Sicherheit beeinflusst sind. Diese Unterschiede sollen hier vorerst keine Rolle spielen.[47] Die folgende Abbildung 6 stellt das Konzept, die Teilnehmer sowie die Struktur der Zahlungsströme bzw. den Ablauf dar:

[46] Der Terminus „Gesundheitsmarkt“ soll die Gesamtheit aller finanzwirtschaftlich relevanter Gebiete und Aspekte des Gesundheitswesens umfassen.

[47] Für die unterschiedlichen rechtlichen Anforderungen vgl. insbesondere Baums/Wymeersch (1996), Glennie et al. (1998), Gehring (1999) und Klüwer (2001).

Abbildung 6: Gesamtdarstellung einer ABS-Struktur

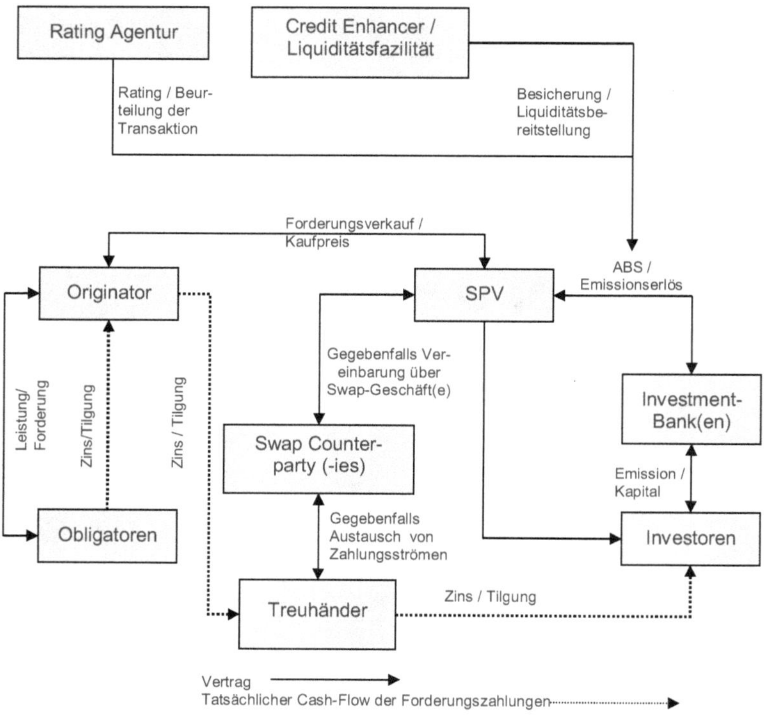

Eigene Darstellung.[48]

Im Kern der Transaktion steht die Veräußerung der Forderungen vom Originator an das SPV, das den Kaufpreis zahlt und sich über die Ausgabe der ABS (re-) finanziert. Die Einschaltung dieser Zweckgesellschaft ist aufgrund von rechtlichen Bestimmungen unabdingbar, denn sie stellt sicher, dass es sich beim Verkauf der Forderungen tatsächlich um einen Verkauf (sog. „True Sale") handelt, d. h. dass die Forderungen tatsächlich aus dem Einzugsbereich des Originators herausgelöst worden sind.[49]

48 Siehe zum Vergleich ähnlicher Darstellungen und Graphiken: Paul (1994), S. 131; Ohl (1994), S. 22; Kendall (1998), S. 3; Roever (1998), S. 13; Bartelt (1999), S. 8; Bär (2000), S. 33, 89; Hartmann-Wendels et al. (2000), S. 288.

49 Hierbei kommt es je nach Rechtssystem zu teilweise komplizierten juristischen Sachverhalten. Vgl. Flägel (2005), Fleckner (2004), Klüwer (2001), Gehring (1999), Glennie et al. (1998), Gögler (1996), Willburger (1996).

2.4.1. Originator, Zweckgesellschaft und Forderungsabtretung

Theoretisch kommt jedes Unternehmen als Emittent[50] von ABS in Betracht, solange ein genügend großer Forderungsbestand existiert oder in Zukunft Forderungen entstehen, die verbrieft werden können. Dabei ist auch offensichtlich, dass eine Verbriefung zu einem Großteil von den Forderungen selbst abhängt.

Das Problem des Originators beginnt schon mit der Überlegung, ob sich eine Finanzierung über ABS lohnen kann. Denn da es sich um eine komplexe Alternative zu herkömmlichen Finanzierungen handelt, werden bereits bei diesem allerersten Schritt Probleme bei der Bewertung der Vorteilhaftigkeit entstehen. Insbesondere ein Unternehmen, das den Weg einer ABS-Finanzierung noch nie gegangen ist, wird sehr schnell – und abhängig vom Kenntnisstand des Managements – auf die Hilfe anderer Parteien angewiesen sein. Wenn die eingeschalteten Berater, Banken, Rechtsanwälte und Rating-Agenturen keine grundsätzlichen Argumente gegen die Unmöglichkeit oder Unwirtschaftlichkeit vorbringen, beginnt die eigentliche Planung der Transaktion. Der Originator hat dann zwar Aufgaben zu erfüllen, die bei herkömmlichen Finanzierungsalternativen nicht anfallen und – je nach Zeitabschnitt der Transaktion und Vertragsgestaltung – unterschiedlich sind, aber letztlich handelt das Unternehmen rein exekutiv, indem es dafür Sorge trägt, dass die notwendigen Strukturen – wie z. B. für das „Servicing“ (vgl. Kapitel 2.4.3.) – eingerichtet werden. Die Struktur der ABS, die Einrichtung des SPV, die Vertragsgestaltungen und die Suche nach geeigneten Sicherungsmaßnahmen werden die anderen Parteien – in Absprache untereinander und gegebenenfalls nach Rücksprache mit dem Originator – bestimmen. Gerade die Komplexität und die notwendige Einschaltung vieler Anderer führen zu den hohen Kosten einer ABS-Finanzierung.[51]

Damit die Struktur (wirtschafts-)juristischen Ansprüchen gerecht wird, sind bestimmte Anforderungen hinsichtlich der Errichtung der Zweckgesellschaft zu beachten und bestimmte Bedingungen bei der Abtretung der Forderungen zu erfüllen. Denn z. B. kann die Verbriefung nur dann als „Off Balance Sheet“ eingestuft werden bzw. mit bilanzbefreiender Wirkung erfolgen, wenn ein echter Verkauf vorliegt und es zur wirtschaftlichen Übertragung des Eigentums kommt.[52] Hierbei kommen insbesondere die Vorschriften nationaler Rechtsformen und -systeme zum Tragen sowie die verschiedenen Regelungen der Bilanzierung (HGB, IAS, US-GAAP), so dass es nur schwer möglich ist, eine allgemeingültige Vorgehensweise zur Errichtung eines SPV und zur Abtretung der Forderungen vorzustellen. Problematisch ist dabei z. B. die Abgrenzung zwischen abgetretenen Forderungen und der Verfügungsmacht. Nach IAS darf die Verfügungsmacht für eine bilanzbefreiende Anerkennung nicht beim Originator verbleiben.[53]

50 Das Unternehmen ist – streng betrachtet – rechtlich nicht der Emittent, da die ABS letztlich vom SPV begeben werden. Dieser Umstand soll im Weiteren unbeachtet bleiben.

51 Siehe zu den Kosten auch Kapitel 2.4.5., Kapitel 6.2.2. und Kapitel 10.5.

52 Die Bilanzbefreiung lässt sich nur dann verwirklichen, wenn es bei dem Aktivtausch zu einer Mehrung der liquiden Mittel kommt und dabei keine weiteren Bemerkungen in der Bilanz oder dem Anhang notwendig werden (bspw. über die Haftungsverhältnisse). Vgl. Turwitt (1999), S. 39.

53 In den letzten Jahren wurden die Vorschriften zur Rechnungslegung, insbesondere bzgl. der Securitization, stark verändert. Damit soll dem Trend der Vermögensverbriefung (auch hinsichtlich

Eine Schwierigkeit bei ABS-Strukturen entsteht teilweise bei der Errichtung der Zweckgesellschaft, weil für das SPV – meistens durch den Originator selbst oder eine beteiligte Bank gegründet – eine geeignete Rechtsform mit dem Ziel gefunden werden muss, dass es später zum einen unter keinen Umständen zum Konsolidierungskreis des Unternehmens gezählt werden kann[54] und zum anderen nicht selbst insolvent wird (sog. „Bankruptcy Remoteness")[55]. Gleichzeitig muss die Struktur so konzipiert sein, dass keine Steuern anfallen, die die Wirtschaftlichkeit der Transaktion in Frage stellen würden. In angelsächsischen Systemen wird dazu meist die Rechtsform des Trust, manchmal der Corporation, seltener die einer Partnership oder Stiftung gewählt. Allerdings findet sich, gerade für die am häufigsten gewählte Rechtsform des Trusts, in Deutschland bzw. in Kontinentaleuropa dazu kein geeignetes Äquivalent.[56] Andere europäische Länder wie Italien, Frankreich oder Spanien[57] haben bereits eigene Gesetze bzgl. der Securitization erlassen, so dass sich die Einrichtung der Zweckgesellschaft mittlerweile einfacher gestaltet.[58] In Deutschland stellt sich die Situation dagegen als etwas kompliziert und schwierig dar: Unter den in der Literatur vorgeschlagenen und diskutierten Möglichkeiten findet man Ideen zur Einrichtung eines SPV in der Form einer Kommanditgesellschaft (KG), GmbH, nicht-rechtsfähigen Vereins, einer Gesellschaft bürgerlichen Rechts (GbR) oder einer Ge-

---

des neuen Baseler Akkords („Basel II") Rechnung getragen werden. Für die Securitization maßgebliche Vorschriften bzgl. der Anerkennung („Recognition") von Vermögensgegenständen sind je nach Rechnungslegung FASB 125, FRS 5 (UK GAAP) und FAS 140 (US GAAP). Darin werden unter anderem festgehalten: „Accounting Standards For Securitisation", „Criteria For Off-Balance Sheet Treatment", „Impact On An Originator's Balance Sheet" und der „Impact On Originator's Income Statement". Darüber hinaus sind IAS 27/SIC 12 bzgl. der Konsolidierung des SPV und IAS 39 hinsichtlich der Anerkennungsvorschriften bzw. Ausweispflicht („Recognition/De-Recognition") der Vermögenswerte in der Bilanz zu beachten. Vgl. insbesondere zu FASB 125 Rosenblatt (1998), S. 109 - 135. Siehe zur aktuellen Diskussion insbesondere „Accounting For Securitisation Under IAS", Deutsche Bank (2005), S. 1 - 7, Rosenblatt et al. (2005): „Securitization Accounting". In Deutschland sind darüber hinaus die Richtlinien des IdW zu beachten.

54 Vgl. Arbeitskreis „Finanzierung" der Schmalenbach-Gesellschaft (1992), S. 500; Klüwer (2001), S. 229; Willburger (1996), S. 158.

55 Siehe dazu auch Kapitel 6.2.4.

56 Vgl. Gehring (1999), S. 18 - 19, 149; Paul (1994), S. 239; Ohl (1994), S. 65; Troiano (2001), S. 339; Schäfer (2004), S. 935 (Band I) und S. 837 (Band II).

57 Vgl. dazu:
Frankreich: Law No. 96-597 von 1996 und Decree No. 97-919 von 1997, vgl. Sarrailhé (1998), S. 67, 71 - 72.
Italien: Legge 30 aprile 1999, n. 130, veröffentlicht in der Gazetta Ufficiale Nr. 111 vom 14.05.1999. In Bezug auf das SPV hat sich Italien dabei an der anglo-amerikanischen Idee orientiert, das übertragene Portfolio bildet danach ein Sondervermögen (im Besitz des SPV), vgl. dazu Troiano (2001), S. 337 - 357 m. w. N. und De Felice et al. (1999), S. 128 - 130.
Spanien: Royal Decree No. 926/1998 vom 14. Mai, die Bestimmungen zu den FTAs (Fondo de Titulización de Activos) festlegt, vgl. Adell/Truan (1998), S. 138 und 140 - 141 und zur Entwicklung der spanischen Gesetzgebung bzgl. Securitisation Hermida (1996), S. 207 - 222.
Portugal: Portuguese Securitisation Law (Decree Law 453/99, in Kraft 5.11.1999 erweitert durch Decree Law 82/2002; 5.4.2002), das Portugiesische Securitization Steuergesetz (Decree Law 219/2001 in Kraft 4.8.2001, verabschiedet durch Law 109-B/2001; 27.12.2001), die „Share Capital Regulations" (Regulation 284/2000 vom 23. Mai und Regulation 676/2002, in Kraft 19.6.2002), vgl. FitchRatings (2003a), S. 1.

58 Damit ist allerdings die steuerliche Behandlung nicht geklärt. Es sei aber angemerkt, dass die Gesetze vor allem auch zur vereinfachten steuerlichen Behandlung der SPVs erlassen wurden. Siehe dazu vor allem Glennie et al. (1998), die die einzelnen „Tax Positions" und „Legal Aspects of Vehicles" für die Länder beschreiben.

nossenschaft.[59] Im Allgemeinen wird aber – sofern eine Zweckgesellschaft überhaupt in Deutschland gegründet wird – die Rechtsform der GmbH gewählt.[60]

Nach Errichtung des SPV müssen die Forderungen vom Originator auf die Zweckgesellschaft übertragen werden. Der Gestaltung der Forderungsabtretung einer ABS-Transaktion kommt – wie auch der Errichtung des SPV – eine entscheidende Bedeutung zu, da hierbei zum einen die rechtswirksame Übertragung der Forderungen vom Originator an das SPV geregelt wird, und zum anderen, weil dies gleichzeitig zur Definition der zu verbriefenden Vermögensgegenstände führt. Damit die Transaktion erfolgreich am Kapitalmarkt platziert werden kann – und auch, weil sie nur dann ein besseres „Rating" (siehe zum Rating insbesondere auch das nachstehende Kapitel und für eine Übersicht der Rating-Noten auch Anhang Nr. 1) als der Originator erhält – muss sichergestellt sein, dass die Forderungen tatsächlich und unanfechtbar abgetreten wurden („echter Verkauf") und es muss klar sein, um welche Vermögensgegenstände es sich handelt.[61] Weil die genaue Bestimmung und Überprüfung der abgetretenen und bei revolvierenden Strukturen noch abzutretenden Forderungen in vielen Fällen ein komplizierter und zeitaufwendiger Vorgang ist und laufend überprüft werden muss, ist dafür die Einschaltung einer Rating-Agentur notwendig, die eine genaue Analyse des Forderungenpools vornimmt, eventuelle Ausfallraten (abgeleitet aus der Forderungshistorie) erkennt und bei Änderungen dieses „Pools" eine entsprechende Änderung der Rating-Klasse für die ABS vornimmt.
Grundsätzlich gilt, dass bei der Forderungsabtretung darauf zu achten ist, dass die Forderungen im Falle eines Konkurses des Originators nicht mehr zum Bestand desselben gezählt werden können. Wie dieser Vorgang im Einzelnen erreicht wird, hängt in erster Linie von dem Rechtssystem ab, in dem der Forderungsverkäufer seinen Gesellschaftssitz hat. In den USA kam es innerhalb von Healthcare ABS-Transaktionen zu komplizierten wirtschaftsjuristischen Problemen. Vor allem im Fall der Insolvenz des Originators wird die Übertragung der Forderungen oft angefochten. In der Literatur, insbesondere in angelsächsischen Rechtssystemen, wird dabei oft diskutiert, wann eine Transaktion als „True Sale" oder als „Secured Loan" einzustufen ist.[62]

---

59 Vgl. Gehring (1999), S. 149 - 155; Klüwer (2001), S. 226 - 229; Paul (1994), S. 239. - 242.

60 Vgl. dazu vor allem Gehring (1999), S. 149 - 155. So schließt Gehring (1999) z. B. den nichtrechtsfähigen Verein aus, da dieser auf unbestimmte Zeit angelegt sein muss – SPVs werden aber oft von vornherein nur für die Dauer bestimmter Transaktion geschaffen. Vgl. Gehring (1999), S. 150. Da die Gesetzeslage vor allem in Deutschland noch ständig Änderungen unterworfen ist und auch Änderungen des Steuerrechts damit einhergehen, ist eine Diskussion dieser (vor allem rein juristischen Problematik) zurzeit nur begrenzt sinnvoll. Vgl. auch Kapitel 10.7.

61 Dies kann z. B. bei der Abtretung von Forderungen, die sich aus „geistigem Eigentum" („Intellectual Property Rights") ableiten, schwierig sein. Vgl. dazu Bell (2002), S. 83 - 94 und Kapitel 6.4.

62 Dies ist in vielen Transaktionen ein Problem, das aber i. d. R. erst im Streitfall zum Vorschein tritt. Ein Einblick in die Diskussion wird für relevante Probleme bisheriger Transaktionen des US-amerikanischen Gesundheitssystems im Kapitel 6.3. gegeben. Vgl. auch Klee/Butler (2002), S. 49 - 58.

2.4.2. Bankenkonsortium, Rating und Investoren

Das Bankenkonsortium besteht je nach Art und Umfang der Transaktion aus mehreren Investmentbanken. Die Einschaltung der Banken erfolgt sehr früh, da i. d. R. nur mit ihrer Unterstützung eine Evaluierung des Forderungs-Pools vorgenommen werden kann. Sie können auch am besten abschätzen, zu welchen Konditionen (Laufzeit, Zinszahlungsperioden, Amortisierung, etc.) die Transaktion in den Markt gebracht werden kann (dies hängt jedoch auch stark vom Forderungsportfolio ab). Später werden die ABS in einer privaten („Private Placement") oder öffentlichen („Public Offering") Transaktion platziert. Die Entscheidung, in welcher Form die ABS strukturiert und platziert werden, ist dabei von mehreren Faktoren abhängig, da je nach Land oder gewünschtem Investorenkreis einige Reglementierungen und Gesetze zu beachten sind. In den USA sind dies vor allem die Vorschriften des „Securities Act" von 1933, aber auch eine Vielzahl weiterer Beschränkungen.[63] Werden die ABS privat platziert, fallen zwar einige dieser Beschränkungen weg – und verschiedene Dokumentationspflichten damit auch – gleichzeitig wird aber der Investorenkreis eingeschränkt, da viele Investoren nur in öffentlich emittierte Wertpapiere investieren dürfen.[64] Eine private Platzierung bietet generell den Vorteil, dass bestimmte administrative Pflichten und damit u. a. auch Kosten wegfallen, außerdem sind sie i. d. R. schneller zu verwirklichen.[65] Besonders für sog. „non-generic" oder „esoterische" Forderungsverbriefungen sind private Platzierungen oft der einzig gangbare Weg, da die Investoren besser in Dokumentation und Struktur der Transaktion einbezogen werden können und sich somit auch „ungewöhnliche" Vermögensgegenstände vermarkten lassen.[66] Außerdem können sie vertraulicher abgewickelt werden, d. h. ohne dass der Originator viele Interna der Öffentlichkeit preisgeben muss. Öffentliche Ausschreibungen sprechen dagegen einen größeren Investorenkreis an; die ABS sind dadurch i. d. R. auch liquider handelbar[67] und der Preis ist – für den Emittenten – etwas niedriger.[68]

An dieser Stelle sei aber auch schon auf die Besonderheiten des Gesundheitsbereichs hingewiesen. US-amerikanische Transaktionen aus dem „Healthcare"-Bereich

---

63 So etwa der „Investment Company Act" von 1940, der u. a. Registrierungspflichten regelt (siehe dazu insbesondere Klüwer (2001), S. 100 - 106 m. w. N.). Solche Beschränkungen finden sich in nahezu jedem Land. Sie beziehen sich zum einen auf die Bedingungen und Möglichkeiten ABS zu emittieren oder in diese Papiere zu investieren. Vgl. zu den Anforderungen der Angaben bei der Emission von ABS u. a. EU (2005), S. 4, 7 - 8,12, 49 - 55. Sowie zum Erwerb von ABS und CLN Auerbach/Roth (2003), S. 232 - 237.

64 Vgl. dazu Willburger (1996), S. 96. Zu den gesetzlichen Anforderungen in den USA vgl. besonders auch Gehring (1999), Kapitel 5 „Wertpapierrecht", S. 68 - 106 und für Deutschland siehe dort Kapitel 15, S. 163 - 170; ferner Gögler (1996), S. 90 - 91. Zu Beschränkungen hinsichtlich der Investitionsmöglichkeiten siehe auch Bartelt (1999), S. 87. Daneben gehen teilweise auch steuerliche Aspekte mit der Einstufung der ABS einher. Hier gibt es z. B. Unterschiede zwischen „Pass-Throughs" und „Pay-Throughs" (siehe dazu Kapitel 2.4.4.), vgl. Gehring (1999), S. 128 - 129 oder je nach dem Sitz der Zweckgesellschaft Umsatz-, oder Quellensteuerliche Fragen, vgl. Klüwer (2001), S. 107 - 110.

65 Vgl. Gögler (1996), S. 32 - 34; Roever (1998), S. 15; Gehring (1999), S. 85 m. w. N.

66 Vgl. Blum/DiAngelo (1996), S. 261.

67 Vgl. Weaver et al. (2000), S. 10.

68 Vgl. Willburger (1996), S. 97; Blum/DiAngelo (1996), S. 261 - 262; Bär (2000), S. 159; Roever (1998), S. 15. Blum/DiAngelo (1996) weisen allerdings darauf hin, dass öffentliche Transaktionen nicht immer eine kompliziertere Dokumentation aufweisen müssen (siehe dort S. 261, m. w. N.).

wurden zum überwiegenden Teil nach der sog. „Rule 144A" emittiert[69], einer besonderen Regelung zur Emission von „Private Placements". Diese besagt u. a., dass der Emittent einem Inhaber oder Käufer der Wertpapiere bestimmte Informationen zur Verfügung stellen muss, bei ABS also entweder der Treuhänder oder das SPV. Zu solchen Informationen gehört i. d. R. eine „Beschreibung der ausgegebenen Wertpapiere und des Verteilungsplanes, und *„(...) Informationen über die zugrunde liegenden Aktiva und die Kreditunterstützung."*[70] Außerdem dürfen nur sog. QIBs („Qualified Institutional Buyers")[71] die Wertpapiere handeln.[72] Die Beschränkungen haben aufgrund der Komplexität von ABS sicherlich ihre Berechtigung und sind hinsichtlich der Identifizierung potentieller Investoren nicht unbedeutend. So ist es beispielsweise immer noch nicht denkbar, eine ABS-Transaktionen am „Retail"-Markt zu verkaufen.[73]

Aufgrund der spezifischen Komplexität der ABS und den damit einhergehenden Beschränkungen investieren bisher hauptsächlich institutionelle Anleger in diese Art Wertpapiere.[74] Das sind in erster Linie Versicherungen, Investmentfonds und Banken.[75] Für sie gibt es eine Vielzahl von Gründen, in ABS zu investieren, da ABS ganz unterschiedlich ausgestaltet sein können und somit sehr unterschiedliche Ziele der Portfolio-Diversifikation erreichbar sind. Ausschlaggebend können hier z. B. die Frist, d. h. Zinszahlungsabstände bzw. Amortisationskriterien, Währungskriterien, eine angestrebte Länder-Diversifikation oder eine sektorale Diversifikation hinsichtlich des Vermögensgegenstandes sein.[76] Grundsätzlich kann man ABS mit einer Vielzahl anderer Papiere vergleichen, je nach unterlegter Sicherheit („Underlying"), Rating, Emittent, Land etc. Je nach Anlageziel müssen beim Vergleich mit anderen, ähnlichen Wertschriften immer wieder unterschiedliche Kriterien berücksichtigt werden.

Das Rating, im Deutschen vielleicht am besten mit „Bonitätsbeurteilung" übersetzt, ist zwingender Bestandteil jeder ABS-Transaktion. Denn damit diese platziert werden kann bzw. Investoren gewillt sind zu investieren, muss sichergestellt sein, dass die Struktur von einer unabhängigen Instanz beurteilt worden ist.[77] Die Rating-Agentur fungiert dabei einerseits als unabhängige Beurteilungsinstanz, andererseits wird sie in den operativen Ablauf der Transaktion eingebunden, um beratend zur Seite zu

---

[69] Dies wurde dem Autor von vielen Interviewpartnern bestätigt. Daran wird sich auch in Zukunft wenig ändern, da die Transaktionen nur einen kleinen Investorenkreis ansprechen und die Erläuterungen in einer öffentlichen Ausschreibung noch schwieriger und langwieriger wären, als sie es nach „Rule-144A" schon sind.

[70] Gehring (1999), S. 90. Vgl. für eine Übersicht und die Gründe der Einführung der Rule 144A auch Paul (1994), S. 78 - 82.

[71] *„Aktien- oder Personengesellschaften, die ein Wertpapierportfolio von mindestens US-$ 100 Millionen für eigene bzw. fremde Rechnung halten."* Gehring (1999), S. 91. Rosenblatt (1998), S. 111 spricht dabei von „Sophisticated Investors".

[72] Vgl. Gehring (1999), S. 91 - 99.

[73] Die Thematik der „144A-Regel" und ihre Besonderheiten sollen im Weiteren nicht ausgeführt werden. Es sei aber angemerkt, dass es inzwischen einige Fonds gibt, die in ABS investieren und die auch für Privat-Anleger zugänglich sind. Vgl. Scherff (2003), S. 43; o. V. (2005a), S. 19.

[74] Vgl. Willburger (1996), S. 96; Rezmer/Cünnen (2003), S. 32.

[75] Vgl. Bär (2000), S. 38; Bartelt (1999), S. 297.

[76] Siehe dazu auch Kapitel 3.4.1.

[77] Auf eine Diskussion der wirklichen Unabhängigkeit von Rating-Agenturen sei hier verzichtet.

stehen, damit der Originator weiß, welche Bedingungen für ein von ihm angestrebtes Rating erfüllt sein müssen.
Die Agentur stellt dabei sicher, dass den Investoren keine Gefahren einer Transaktion unbekannt bleiben, und dass die Risiken, die durch die Transaktion selbst entstehen, hinreichend bekannt sind. Dazu zählt neben der Kontrolle einer ordnungsgemäßen Durch- oder Weiterleitung der Zahlungen auch eine Überprüfung der juristischen Ausgestaltung der Transaktion. Die Überprüfung der Konstruktion beinhaltet auch die Prüfung der Frage, wie es um die Qualität und Ausfallrate der Forderungen bestellt ist oder inwiefern der Originator die bei ihm verbleibenden Aufgaben bewältigen kann. Daneben gibt die Rating-Agentur dem Originator und den Banken auch bekannt, welche Anforderungen an das „Credit Enhancement" (siehe dazu nachstehendes Kapitel) gestellt werden, um ein bestimmtes Rating zu erreichen.[78]
Je nach Einschätzung vergibt die Rating-Agentur dann eine Bewertung.[79] Diese Bewertung spiegelt allerdings nie eine Kauf- oder Verkaufentscheidung wider, sondern ist lediglich eine Einschätzung oder Meinung der Agentur, wie hoch die Wahrscheinlichkeit eines Ausfalls der Zahlungen ist bzw. sie stellt eine Einschätzung des immanenten Kreditrisikos der Emission dar.[80] Dabei werden auch unterschiedliche Bewertungen hinsichtlich der kurz- und langfristigen Bonitätserwartungen abgegeben.

2.4.3. „Credit Enhancement", „Swap Counterparty", Treuhänder und „Servicer"

Um ein möglichst gutes Rating zu erreichen, sind weitere Parteien an einer ABS-Transaktion beteiligt, die für den reibungslosen Ablauf sorgen. Dazu zählen vor allem ein Treuhänder und „Kredit- oder Liquiditätsverbesserer" („Credit Enhancer" oder „Liquidity Enhancement"), die dafür verantwortlich sind, dass die Zins- und Tilgungszahlungen zum vereinbarten Zeitpunkt gezahlt werden und eventuelle Zahlungsschwierigkeiten früh erkannt und dann möglichst kompensiert werden.
Die Form des „Credit Enhancement" hängt von den in die ABS-Struktur eingebrachten Forderungen ab sowie den historischen Ausfall- und Zahlungsverzögerungen in diesem Bereich.[81] Dabei kann man außerdem interne und externe „Enhancements" unterscheiden, je nachdem wer am Ende der Risikoträger ist, d. h. den Schaden des Ausfalls übernimmt. Im Normalfall wird bei internen Maßnahmen durch die Strukturierung eine Art „Polster" geschaffen, bei externen gibt es eine Drittpartei, die im Falle eines Zahlungsausfalls einspringt. Oft werden aber auch alle Sicherungsmaßnahmen, die vom Originator bereitgestellt werden, zu den internen gezählt.[82] Der Einsatz der jeweiligen Sicherungsmaßnahme ist nicht nur von der Art der Transaktion abhängig, sondern auch länderspezifisch unterschiedlich.[83] Im Folgenden seien nur die

---

78 Vgl. Whelan (2004), S. 1 -12.

79 Bei Asset-Backed Securities liegt dieses Rating i. d. R. im Investment-Grade Bereich. Für eine Liste der zu vergebenen Noten bzw. Skalen der großen Rating-Agenturen siehe Anhang Nr. 1.

80 Vgl. Bär (2000), S. 231 - 232.

81 Vgl. Hsu/Mohebbi (2001), S. 35.

82 So führt Huber (1998), S. 78 - 79, Bürgschaften, Patronatserklärungen oder Garantien des Originators unter den internen Maßnahmen auf. Sind sie von einer Drittpartei gestellt, zählt er sie zu den externen.

83 So gibt es den – vor allem in den USA und Deutschland genutzten – „Letter of Credit" in Öster-

häufigsten Formen genannt; meistens werden in einer Transaktion aus den nachstehenden Möglichkeiten mehrere Techniken kombiniert. Mögliche Sicherungsmaßnahmen für ABS-Transaktionen sind in Tabelle 3 dargestellt:[84]

Tabelle 3: Sicherungsmaßnahmen in ABS-Transaktionen

Externe:

„Letter of Credit" (Kreditbrief/Akkreditiv)[85]	*„Zahlungsversprechen (Verpflichtung) einer weiteren Bank, für den Forderungsausfall bis zu einem im Voraus vereinbarten Betrag aufzukommen."*[86]
„Surety Bonds" (Bürgschaft, Garantie, Patronats-Erklärung)	*Erklärung einer Versicherungsgesellschaft an das SPV, für Verluste aufzukommen. Sie kann auch für zukünftige Verbindlichkeiten abgegeben werden.*[87] *Bei der Patronats-Erklärung verpflichtet sich eine Muttergesellschaft o. Ä., dafür Sorge zu tragen, dass der Emittent bis zur Fälligkeit der Papiere „in die Lage versetzt wird, seine Verpflichtungen (...) zu erfüllen."*[88]
„Standby Commitments", „Cash Collateral Account", „Collateral Investment Account" (Liquiditätsfazilitäten)	Insbesondere bei ABCP verwandte Technik, bei der im Falle eines Liquiditäts-Engpasses die fehlenden Mittel durch eine Drittpartei zur Verfügung gestellt werden.[89]

Interne:

„Senior-Subordinated Structure"	Hierbei wird die Emission in unterschiedliche Tranchen geteilt; im Fall des Zahlungsausfalls oder der Verzögerung werden die Senior-Tranchen vor allen anderen bedient. Diese unterschiedliche Behandlung schlägt sich für die nachrangigen Tranchen mit einem schlechteren Rating und gleichzeitig höherem Zins nieder.
„Overcollateralization", (Übersicherung), Diskont	Eine Technik, bei der das abgetretene Vermögen größer als der Wert der ABS ist. Eine ähnliche Vorgehensweise ist die des Diskontierens, bei dem die Aktiva mit einem Abschlag vom SPV gekauft werden. In beiden Fällen kommt es praktisch zu einer Anhäufung von Zahlungen, die im Fall eines Ausfalls zur Deckung verwendet werden können.
„Spread Account"	Anlegen eines „Reserve-Kontos", auf das die Differenzen zwischen den Ein- und Auszahlungen eingezahlt werden; wird i. d. R. vom Treuhänder verwaltet.

Eigene Darstellung in Anlehnung an Franke (2002), S. 54; Bär (2000), S. 210; Ohl (1994), S. 99 - 111; Hsu/Mohebbi (1996), S 280 - 282.

In vielen ABS-Transaktionen ist auch die Vereinbarung über ein Zins- oder Wäh-

reich in dieser Form nicht. Vgl. Huber (1998), S. 19.

84 Vgl. zu „Credit Enhancement" vor allem Ohl (1994), S. 99 - 111; Kotecha (1998), S. 94 - 96; Bär (2000), S. 210 - 220; Hsu/Mohebbi (2001), S. 35 - 39.

85 Zu den juristischen Besonderheiten des „Letter of Credit" in Deutschland siehe vor allem Klüwer (2001), S. 128 - 130.

86 Franke (2002), S. 54.

87 Vgl. § 765 Abs. 2 BGB, und Ohl (1994), S. 105.

88 Lerbinger (1987), S. 312.

89 Diese Form der Besicherung wird teilweise unter die internen Techniken gezählt (siehe etwa Singer (2001), S. 18), da das Kapital vom Originator zur Verfügung gestellt wird. Aber, wie auch Bär (2000), S. 220, bemerkt, nimmt der Originator i. d. R. extra zur Einrichtung dieser Sicherung von einem Dritten dafür die Mittel auf. Auf diese Einzelheiten soll hier nicht weiter eingegangen werden.

rungsabsicherungsgeschäft („Swap“[90]) notwendig. Ein Swap wird u. a. dann benötigt, wenn der Zeitpunkt der eingehenden Forderungszahlungen bzw. der Zinszahlungen nicht mit den Auszahlungen der ABS übereinstimmen und sich daraus Zinsänderungsrisiken ergeben. In manchen Transaktionen unterscheiden sich auch die Währungen, in der die Forderungen beglichen und die ABS notiert bzw. bezahlt werden. Damit die Zweckgesellschaft keinen Zins- oder Währungsrisiken ausgesetzt ist, schließt sie mit einer Gegenstelle („Swap Counterparty“)[91] einen Swap, der sie vor Zinsänderungen oder Währungsschwanken schützt.

Die Aufgaben des Treuhänders sind die Überwachung der mit der Transaktion zusammenhängenden Verträge bzw. die Einhaltung der Zahlungsverpflichtungen.[92] Er verwaltet die Vermögenswerte für die Investoren und ist somit ein entscheidendes Bindeglied zwischen den Investoren und dem SPV. Weiterhin sorgt der Treuhänder im Allgemeinen für die Einhaltung der Rechnungslegungsvorschriften und überprüft die Berichte des Servicers (siehe unten), in manchen Fällen übernimmt er auch die Investition der eventuell anfallenden, überschüssigen Zahlungen. Im Fall der Insolvenz tritt der Treuhänder an die Stelle des Konkursverwalters und sorgt für eine Liquidierung der ABS.[93]

Der bereits erwähnte Servicer ist dafür verantwortlich, dass die Zahlungen ordnungsgemäß vom Schuldner an den Treuhänder geleitet werden. In den meisten Fällen ist der Originator (im Rahmen einer „stillen Zession“)[94] gleichzeitig auch „Service Agent“. Dies ergibt sich schon allein aus administrativen Gründen, da die Obligatoren ihre Schuld weiterhin an den Originator leisten. Das gesamte Debitoren-Management wie Inkasso- und Mahnwesen an einen anderen Dritten zu übertragen, wäre zwar theoretisch denkbar, würde aber allein aufgrund der technischen Schwierigkeiten in der Praxis zu einem hohen zusätzlichen administrativen Aufwand

---

90 Ein Swap ist ein derivatives Finanz-Instrument (Derivat), das überwiegend zur Absicherung gegen Zinsrisiken („Interest Rate Swap“) oder Währungsrisiken (sog. „FX Swap“, FX steht dabei für „Foreign Exchange“) eingesetzt wird. Bei einem Zins-Swap wird dabei eine Vereinbarung zwischen dem sog. „Fixed Payer“ (Festzinszahler) und „Fixed Receiver“ (Festzinsempfänger) getroffen, nach der auf einen festgelegten Nominalbetrag zu bestimmten Zeitpunkten z. B. eine fixe Zinszahlung gegen eine variable Zinszahlung getauscht wird (dabei wird jedoch nur die Differenz der Zahlungsströme bezahlt). Es ist auch möglich, zwei variable Zinszahlungsströme (z. B. den 1M-EURIBOR gegen den 6M-EURIBOR) zu tauschen (sog. „Basis Swap“). Siehe für eine Übersicht zur derivativen Finanzinstrumenten Stöttner (1998), Kapitel 8, hier insbesondere zu Swaps S. 367 - 371, sowie Eckl et al. (1991), S. 84 - 94.

91 I. d. R. ist dies eine international tätige Bank. Diese Bank muss dabei auch über ein entsprechend gutes Rating verfügen, um das Rating der ABS-Transaktion nicht zu mindern bzw. zu gefährden.

92 Die Aufgaben des Treuhänders dienen in erster Linie dem ordnungsgemäßen Ablauf einer Transaktion. Des Weiteren ergeben sich in der Literatur kaum Abweichungen in der Darstellung, gleichwohl wird immer auf die absolute Notwendigkeit des Treuhänders hingewiesen. Vgl. insbesondere Macaulay (2004): „US: The Role of the Securitisation Trustee“, Cook/Della Sala (1998): „The Role of the Trustee in Asset-Backed Securitizations“ sowie Hearn (1992): „The Role of the Trustee“. Ferner Paul (1994), S. 163; Bär (2000), S. 96, 161. Weiterführend siehe Klüwer (2001), S. 119 - 121, 145 - 146 vor allem zu der notwendigen Einhaltung von datenschutzrechtlichen Bestimmungen und einer möglichen Insolvenz des Treuhänders.

93 Vgl. z. B. Früh (1995), S. 106; Barth/Klein (2002), S. 4.

94 Vgl. dazu z. B. Bigus (2000), S. 465 und vor allem Kapitel 10.7.3.

führen.[95] Damit sich der Originator aber auch nach dem Verkauf der Forderungen ordnungsgemäß um die Servicing-Tätigkeiten kümmert, wird dies in einem separaten Service-Vertrag zwischen SPV und Originator festgelegt.[96] Wie bereits erwähnt, sind außerdem bestimmte Berichte über den Fortlauf der Transaktion zu erbringen, insbesondere über Zahlungsverspätungen oder Ausfälle. Aufgrund dieses besonderen Aufwands wird entweder ein höherer Verkaufspreis der Forderungen vergütet oder der Originator stellt dem SPV eine Gebühr in Rechnung („Servicing Fee“).[97]

2.4.4. Strukturen und Zahlungsstromcharakteristik

Heute kann man sehr viele verschiede Strukturen und Formen auf dem Markt für Verbriefungen finden. Sie unterscheiden sich vor allem in der Art des verbrieften Gegenstandes, aber z. B. auch in der Form der Zahlungsstromcharakteristik. Die unterschiedliche Strukturierung ist dabei auf die verschiedenen Forderungsformen, die Anforderungen der Unternehmen oder die Nachfrage der Investoren zurückzuführen. Oft hängt sie auch mit den juristischen Anforderungen und Dokumentationspflichten zusammen.

ABS werden in zwei unterschiedliche Strukturvarianten unterteilt, die „Pay-Throughs“ und die „Pass-Throughs“.[98] Diese Bezeichnungen werden dabei für die Form der Weiterleitung der Zahlungsströme verwendet.[99]

---

95 Vgl. Troiano (2001), S. 353.

96 Sog. „Servicing Agreement“. Vgl. Turwitt (1999), S. 55 - 56; Bär (2000), S. 92.

97 Vgl. Bär (2000), S. 93; Turwitt (1999), S. 56. Dass der Originator dabei der Erlaubnis nach dem Rechtsberatungsgesetz bedarf, weil er nach dem Verkauf „fremde“ Forderungen einzieht, wird dabei von der Literatur abgelehnt. Vgl. Rinze/Klüwer (2000), S. 2483, 2486 - 2487 (vgl. zur Diskussion vor allem auch Caliebe (2000)). Dies zeigt jedoch einmal mehr die Komplexität einer ABS-Transaktion und die vielen Schwierigkeiten, die damit einhergehen können.

98 Eine direkte Übersetzung der Ausdrücke ist wenig sinnvoll, in der Literatur sind daher Umschreibungen zu finden. Meistens werden jedoch die angelsächsischen Begriffe verwendet. Gemäß den Zahlungsstromkonzeptionen werden „Pay-Throughs“ oftmals als „Anleihekonzept“ (oder „Anleihe-Struktur“) umschrieben, während „Pass-Throughs“ als „Anteilskonzept“ (oder „Fondszertifikatsstruktur“) verstanden werden. Vgl. Lerbinger (1987), S. 313; Bär (2000), S. 130. In der juristischen Literatur auch unter den Bezeichnungen Treuhandkonzeption („Pay-Throughs“) und Bruchteilsgemeinschaft („Pass-Throughs“). Vgl. Wulfken (1993), S. 371; Gehring (1999), S. 30 - 33.

99 Bei einer Pass-Through-Struktur erwirbt der Investor einen Eigentumsanteil am Vermögen des SPV. Die Zahlungsstromkonzeption erfolgt dann gemäß dieser pro-rata-Beteiligung, bei der alle Zahlungen – also sowohl Zins- und Tilgung aber auch mögliche vorzeitige Rückzahlungen („Prepayments“) – unverändert und direkt an die Investoren geleitet werden. Vgl. Zimmermann/Burell (1996), S. 86. Dadurch ließ sich jedoch die Laufzeit der ABS (oder vielmehr, das für Investitions- und Reinvestitionsentscheidungen wichtige Zeitmass der Fälligkeiten (Duration, vgl. dazu Perridon/Steiner (2004), S. 200 - 207 und hinsichtlich ABS und MBS insbesondere Paul (1994), S. 174 - 178) oft nicht genau bestimmen. Diese Bewertungsproblematik und insbesondere die Schwierigkeiten, die mit einer vorzeitigen Rückzahlung einhergehen, haben letztlich auch zur Einführung des Pay-Through-Konzeptes geführt.
Das Pay-Through-Konzept sieht vor, dass die Investoren nach dem Kauf der Wertpapiere schuldrechtlichte Ansprüche im Sinne einer Fremdkapital-Anleihe gegenüber dem SPV besitzen. Die Zahlungseingänge des SPV bzw. in der Praxis beim Originator oder Treuhänder werden daher durch ein „Cash-Flow-Management“ so umgestaltet, dass die Anleihe ordnungsgemäß bedient werden kann. Die verschiedenen ABS lassen sich letzten Endes immer auf eine der beiden beschriebenen Kategorien zurückführen; es existieren aber sehr viele Möglichkeiten ihrer tatsächlichen Ausgestaltung. Dies bezieht sich in erster Linie auf deren Amortisation, also der Art der Zah-

Die Gestaltung der Zahlungsströme ist dabei auch stark vom verbrieften Vermögensgegenstand abhängig, wobei gewöhnlich zwischen zwei Formen differenziert wird, den „amortizing“ und den „non-amortizing“ Assets. Als amortisierende Vermögensgegenstände werden im Allgemeinen solche verstanden, bei denen die Schuldner festgelegte Zins- und Tilgungszahlungen leisten wie z. B. bei Hypothekenkrediten, Studentenkrediten oder beim Auto Leasing.[100] Verbriefungen, die solche Vermögensgegenstände als Sicherheit verwenden, werden i. d. R. amortisierend gestaltet, so dass den Investoren über die Laufzeit sowohl Zins- als auch Tilgungszahlungen bezahlt werden. Dabei nehmen die Zahlungen mit der Laufzeit kontinuierlich ab, bis mit der letzten Rate Zins und Tilgung vollständig beglichen sind.

Im Gegensatz dazu verhält sich die Schuldbegleichung bei den „non-amortizing Assets“ anders. Zu diesen Vermögensgegenständen zählen im Grunde alle, die Forderungsansprüche nach sich ziehen, bei denen der Schuldner seine Schuld entweder nur unregelmäßig begleicht, wie z. B. bei Forderungen gegen Kreditkarteninhaber, die nur durch bestimmte Mindest-Tilgungen reglementiert werden. Oder es handelt sich um Außenstände, die in wenigen Raten beglichen oder bei Begleichung vollständig bezahlt werden, wie dies z. B. bei Handelsforderungen der Fall ist.[101] Hierbei fallen auch oft keine Zinszahlungen der Schuldner an die Gläubiger an.

Ohne die Einführung sog. revolvierender Strukturen hätte man diese Art Vermögensgegenstände kaum in ABS-Strukturen überführen können, da zum einen die Laufzeiten der Forderungen von vornherein dafür zu kurz wären und zum anderen, weil die Rückzahlungsmodalitäten zu heterogen sind. Bei diesen „Revolving Structures“ werden in der „Reinvestment Period“ (auch als „Revolving Period“ oder „Interest-Only“ bezeichnet) nur Zinszahlungen an die Investoren geleistet; die anfallenden Tilgungen – normalerweise auch an die Wertpapierbesitzer ausgezahlt – werden hier benutzt, um neue Forderungen anzukaufen. Durch diese Umlaufperiode wird die Laufzeit der ausgegebenen Wertpapiere verlängert, bis der Zeitpunkt erreicht ist, an dem die Rückzahlung bzw. Tilgung („Amortization Period“) beginnt bzw. stattfindet. Der Beginn dieser „Amortization Period“ erfolgt entweder zu einem vorher definierten Zeitpunkt oder im Fall eines sog. „Trigger Event“ (auch „Early Amortization Event“), d. h. einem Zustand, der den weiteren Ankauf von Forderungen ausschließt. Die Definition solcher Zustände ist insbesondere bei revolvierenden ABS-Strukturen wichtig, da hier immer wieder neue Forderungen angekauft werden und, falls die Einhaltung der im Voraus definierten Güte der anzukaufenden Forderungen nicht mehr gegeben ist, gewährleistet sein muss, dass es in diesem Fall zur frühzeitigen Tilgung kommt.[102]

Die Rückzahlung bei revolvierenden ABS erfolgt entweder im Rahmen einer „Controlled Amortization“, bei der die Tilgung i. d. R. innerhalb eines Jahres in festgelegten Abständen erfolgt, oder sie wird in Form einer sog. „Bullet Structure“ („Soft Bullet“ oder „Hard Bullet“) zurückbezahlt, bei der die Tilgung durch eine einmalige

---

lungsstromcharakteristik, die – auch bedingt durch den hohen Grad der Computerisierung und den damit einhergehenden Möglichkeiten des Zahlungsverkehrs – unbegrenzt scheinen.

100 Vgl. The Bond Market Association (1999), S. 9.

101 Zu Handelsforderungen siehe insbesondere auch Kapitel 4.1.1.

102 Trigger Events können entweder Veränderungen beim Originator sein oder bei einer Drittpartei, etwa die Herabstufung des Credit Enhancers durch eine Rating-Agentur. Siehe dazu vor allem „Early Amortization Triggers“ bei Bhattacharya (1996), S. 285 - 289.

Zahlung erfolgt.[103] Die Strukturmöglichkeiten bei der Finanzierung über ABS können nahezu beliebig erweitert werden. Sie zeigen, dass es heute keine Forderungsart mehr gibt, die nicht in irgendeiner Form in den Rahmen von ABS verpackt werden könnte. Durch eine Vielzahl von Strukturmaßnahmen kann eine – sowohl für das Unternehmen als auch für die anvisierten Investoren – passende Struktur ausgearbeitet werden. Je nach Vermögensstruktur, werden die genannten Amortisationstypen so konzipiert, dass Wertpapiere mit entsprechenden Laufzeiten, Zinszahlungen und Tilgungsverpflichtungen generiert werden.
Insbesondere bei der Verbriefung von Forderungen mit unregelmäßigen und schwierig zu planenden Zahlungseingängen, wie sie im Gesundheitswesen vorkommen können, und bei der Securitization von kurzfristigen Handelsforderungen oder Krankenhausrechnungen ist die Gestaltung der Zahlungsstromcharakteristik zwar generell schwieriger, aber heute durchaus möglich.[104]

2.4.5. Komplexität, Aufwand und Kosten

Bei einer ABS-Finanzierung gibt es immer mehrere Beteiligte, und die Konstruktion einer passenden Struktur ist ein mühsamer, langwieriger und – im Vergleich zu Finanzierungsalternativen und insbesondere für Erst-Emittenten – relativ teurer Prozess. Die Organisation bzw. der operative Ablauf von der Idee einer ABS Finanzierung bis zum Abschluss der Transaktion kann so durchaus 6 -18 Monate dauern[105] und wird von vielen Faktoren beeinflusst. Sicherlich wird eine Emission in Deutschland – wo im Vergleich zu anderen Ländern wenig Erfahrungen mit ABS-Transaktionen vorliegen – von einem Erst-Emittenten in einer neuen und ungewohnten Asset-Klasse (etwa Krankenhausforderungen) deutlich mehr Zeit beanspruchen als die Emission von Auto-Leasing ABS in den USA, wo z. B. General Motors die Securitization schon seit ca. 20 Jahren als Finanzierungsinstrument einsetzen.[106] Die große Komplexität des Systems ist offensichtlich, überlegt man etwa, dass sich für jeden Originator eine andere Berechnung und Bewertung des Forderungs-Pools ergeben kann. Gleichzeitig müssen deutlich mehr Geschäftsbereiche der betreffenden

---

[103] Im Rahmen von „Hard Bullet“ Strukturen geschieht dies mit einer absoluten Zusicherung zum vereinbarten Zeitpunkt; dazu ist meistens die Hinzunahme eines Drittversicherers notwendig. Da damit eine geringere Rendite einhergeht und da auch bei „Soft Bullets“ (bei denen diese festgeschriebene Sicherheit fehlt) i. d. R. pünktlich getilgt wird, sind die meisten Revolving-ABS als „Soft Bullet“ konzipiert. Vgl. dazu z. B. Karr et al. (1996), S. 73 - 74; The Bond Market Association (1999), S. 10; The Bond Market Association (1998), S. 14; für ein Beispiel siehe auch Stone/Zissu (2000), S. 174 - 175.

[104] Daher spielt der Einsatz von hoch entwickelten EDV-Systemen beim Einsatz von ABS eine große Rolle. Dies gilt nicht nur für den Servicer oder Emittenten sondern auch für das Cash-Management bzw. den Treuhänder und die Investoren zur Berechnung der Zins- und Tilgungszahlungen. Vgl. dazu auch Damaske (2005).

[105] In der Literatur werden Zeitschienen von 8 Wochen (vgl. Morrison (2001a), S. 42 - 43) bis zu 2 Jahren (vgl. Bär (2000), S. 163.) genannt; gleichzeitig wird auch häufig festgestellt, dass die tatsächliche Dauer von zu vielen Faktoren abhängt, die es nicht erlauben allgemeingültige Aussagen zu machen. Bei erstmaligen Transaktionen gehen die Bankenvertreter mittlerweile von 6 - 12 Monaten (teilweise 24 Monaten) aus (was in Interviews immer wieder bestätigt wurde). Vgl. auch Bär (2000), S. 152.

[106] Hier wird heutzutage auch schon vom sog. „Flow Business“ gesprochen, da die Emissionen regelmäßig erfolgen und weder für den Emittenten noch für Investoren Besonderheiten darstellen.

Unternehmen in die Planung einer ABS-Finanzierung mit einbezogen werden.[107] In der wirtschaftlichen Analyse müssen ausserdem zahlreiche Berechnungen der Forderungs- „Cash In"- und „Cash Out-Flows" gemacht werden. Ferner müssen die Zins- und Tilgungszahlungen und die gewünschten Fristen der Wertpapiere „angepasst" werden. Daneben müssen eine Auswahl und Berechnung des Credit Enhancement und einer Liquiditätsfazilität sowie gegebenenfalls Swap-Berechnungen (um mögliche Zins- oder Währungsrisiken abzusichern) berücksichtigt werden. Schließlich muss die Transaktion in Verträgen fixiert werden, was aufgrund der teilweise unklaren Rechtslage von ABS, der oft mangelnden Vergleichbarkeit mit anderen Transaktionen und der vielen beteiligten Transaktionsteilnehmer einen großen Aufwand erfordert, der sich schließlich auch in dem langen Zeitraum vom Beginn bis zum tatsächlichen Abschluss der Transaktion zeigt und deshalb hohe Transaktionskosten verursacht.[108] Zu beachten ist weiterhin, dass bei ABS-Transaktionen aufgrund der Servicer-Funktion auch nach Abschluss und Emission der Wertpapiere weitere Aufgaben vom Originator zu erfüllen sind, die Zeit und Kosten verursachen.[109]

Die Kostenbetrachtung einer ABS-Finanzierung verursacht außerdem noch besondere Probleme, da ein Vergleich mit den Alternativen nicht ohne weiteres möglich ist. Dies liegt vor allem auch daran, dass ein statischer Vergleich oder eine bloße Kostengegenüberstellung den ABS deshalb nicht gerecht wird, weil es für die Vorteilhaftigkeit von ABS auch bzw. gerade darauf ankommt, wie die so gewonnenen Mittel verwendet werden. Es ist grundsätzlich schwierig, die Kosten einer ABS-Transaktion mit einer Alternative zu vergleichen. So dürfen nicht nur die Fremdkapitalkosten miteinander verglichen werden, sondern es sollten auch die Auswirkungen der jeweiligen Finanzierung auf die kalkulatorischen Eigenkapitalkosten berücksichtigt werden.[110] Offenkundig ist jedoch, dass die Komplexität, hervorgerufen durch die große Anzahl der internen und externen Beteiligten und die lange Dauer der Transaktionsplanung, zu hohen Transaktions-[111] und Verwaltungskosten führen und dadurch abschreckend auf Unternehmen wirken: *„Cost is undeniably a big concern in ABS deals."*[112] Zwar fallen einige der Gebühren bei anderen Finanzierungen auch an, dort

---

107 Aufgrund der Komplexität einer ABS-Transaktion muss der Ablauf vom obersten Management begleitet werden. Neben Finanzstab, Steuer- und Rechtsabteilung ist vor allem die Mitarbeit der EDV-Abteilung, des Rechnungswesens und des Controlling sowie die interne Kommunikation gefordert.

108 Siehe zur Einschätzung des Aufwands von ABS auch eine Umfrage unter deutschen Mittelständlern durch Dentz (2005), S. 14.

109 Vgl. insbesondere Bär (2000), S. 160. Vor allem die ständige Überwachung und das Management der Cash-Flows, die Berichterstellungen für die Treuhänder und die Rating-Agenturen gehören dazu.

110 Siehe dazu hinsichtlich der Teilnehmer im Gesundheitswesen vor allem Kapitel 3.4.4. Siehe ferner Rosenthal/Ocampo (1988), S. 231 - 242; Ohl (1994), S. 286; Gögler (1996), S. 100 - 101; Okabe (1998), S. 101 - 102; Bär (2000), S. 322 - 334. Wie in Kapitel 2.3. beschrieben, sind auch andere, indirekte Motive Gründe für die Finanzierung über ABS. Insbesondere bei der Securitization von Banken ergeben sich aufgrund der aufsichtsrechtlichen Bestimmungen weitere Effekte. Siehe dazu auch Wolfe (2000).

111 Vgl. zur Definition von Transaktionskosten Albach (1988), S. 1160. Dieser definiert die Transaktionskosten als Kosten für die Suche, Anbahnung, Verhandlung, Entscheidung, Vereinbarung, Abwicklung, Kontrolle und Beendigungskosten.

112 Morrison (2001a), S. 44. Und folgend: *„After all, a principal reason for undertaking an ABS offering is often the desire to obtain a lower cost of funds. It is a hollow victory at best if the benefits of a*

können die Unternehmen aber von der Standardisierung der Bankprodukte, vom Verständnis und Know-how aller Beteiligten sowie der Möglichkeit zur schnellen Umsetzung und Abwicklung profitieren. Bei ABS ist der Aufwand für alle Parteien ungleich höher, so dass die Kosten für Rechtsanwälte, Rating-Agenturen und Banken deutlich höher liegen; hinzu kommen Kosten für den Treuhänder und das Credit Enhancement.[113] Daneben fallen Kosten an, die durch die Bindung interner Ressourcen entstehen, entweder als reine Opportunitätskosten, oder direkt sichtbar – etwa durch die Notwendigkeit der Einführung eines neuen EDV-Systems – um die Aufgaben als Servicer wahrnehmen zu können.[114] Letzteres zeigt jedoch, dass auch einige positive Effekte durch eine ABS-Finanzierung erreicht werden können, da das Unternehmen sich mit grundsätzlichen Fragen und Problemen – etwa des Inkassos oder der Risikoanalyse – beschäftigt[115] und so im Rahmen der Strukturierung einer ABS-Transaktion oft zu ungeplanten Verbesserungen interner Abläufe und Prozesse gelangen kann (Effizienzgewinne).[116] Diese Problematik würde wohl bei Unternehmen des Gesundheitswesens besonderes Gewicht bekommen.

2.5. Einordnung der Asset Securitization: Theorie und Empirie

Die geradezu explosionsartige und außerdem vielverzweigte Entwicklung des Asset Securitization Komplexes ist gewissermaßen immer noch in einer Art experimenteller „Trial and Error“ Phase, so dass verständlicherweise noch kein hinreichend fundiertes und geprüftes Hypothesen-Gebäude entstanden ist. Dennoch sollen im Folgenden – nach einer grundlegenden Einordnung von Asset-Backed Securities in die Finanzierungsinstrumente – einige der hauptsächlich herangezogenen Erklärungsansätze der hierzu entstehenden Literatur kurz besprochen werden.

Die finanzwissenschaftliche Einordnung und die Bedeutung der Asset Securitization im Spektrum der Möglichkeiten der Kapitalaufbringung eines Unternehmens und ihre Stellung zwischen anderen Finanzierungsformen sind noch nicht eindeutig geklärt. Je nach Betrachtungswinkel und Abgrenzungsschärfe kann man Asset Securitization als „Asset Sale“, „Direct Finance“, Außenfinanzierungsalternative, Kreditsubstitut, Aktivtausch oder Fremdfinanzierungsvehikel verstehen.[117] So bedeutet die Investition in ABS aus Sicht eines Kapitalgebers i. d. R. eine klassische Form der Fremdfinanzierung, zumindest was die Zahlungsmodalitäten betrifft. Denn ihm stehen, abhängig von der Ausgestaltung der Wertpapiere, eine im Voraus vereinbarte, festgesetzte

---

lower interest rate (lower than obtainable through a more conventional financing) are offset by a substantially higher expenditure for legal and other fees and expenses.“ Und auch Bär (2000), S. 328: *„Die Komplexität solcher Transaktionen und die Vielzahl zusätzlicher Kostenkomponenten (...) schrecken derzeit noch viele Unternehmen ab, sich intensiver mit der Thematik zu beschäftigen.“*

113 Welche Kosten eine ABS-Transaktion verursacht, wird u. a. in Kapitel 6.2.2. und 10.4. dargestellt.

114 Vgl. Paul (1994), S. 252 - 253; Damaske (2005), S. 1005 - 1006.

115 *„Securitization makes you ask questions about the collateral you never asked before“*, Dugan (1990), S. 100.

116 Vgl. Bär (2000), S. 329

117 Vgl. auch Ohl (1994), S. 241 - 242.

Zinszahlung[118] und Tilgung zu.[119] Dabei wird auch offensichtlich, dass es sich – unabhängig von der Ausgestaltung des einzelnen Wertpapiers – bei ABS um eine für den Investor erfolgsunabhängige Investition handelt.

Die Betrachtung des Originators weist verschiedene Facetten auf. Vereinfacht betrachtet stellt die Finanzierung über ABS einen Aktivtausch dar, der auch als „Schaffung von disponiblem Kapital durch Vermögensumschichtung"[120] bezeichnet und daher in die Innenfinanzierung eingeordnet[121] wird. Diese Form des Aktivtauschs ist aber – genau genommen – bei einer ABS-Finanzierung nicht gegeben, denn hier werden Aktiva auf dem bzw. über den Kapitalmarkt „getauscht" und nicht innerhalb des Unternehmens. Da der Mittelzufluss dabei in jedem Fall von außen erfolgt, werden ABS in die Außenfinanzierung eingeordnet.[122]

Klassisch wird die Außenfinanzierung in Eigen- und Fremdfinanzierung unterteilt, wobei ABS offensichtlich zu letzteren zählen. Während Wöhe/Bilstein (2002) ABS neben andere kurzfristige Fremdfinanzierungen einordnen, wie etwa auch den Lieferantenkredit, das Factoring, sowie CP und „Medium Term Notes" (MTN)[123], bezeichnen Perridon/Steiner (2004) ABS als Kreditsubstitut, wie Factoring und Leasing.[124] Hartmann-Wendels et al. (2000) sprechen bei ABS ebenfalls von einer „Alternative zur Kreditfinanzierung"[125], ordnen diese dann aber nicht unter die Kreditsubstitute ein[126] – wie Factoring und Leasing – sondern sehen ABS als eigenständiges Bankprodukt[127], wie etwa die Wertpapierleihe.

Die Asset Securitization wird dementsprechend auch vielfach mit Produkten, die als Kreditsubstitute eingestuft werden – wie das Factoring und die Forfaitierung[128] – oder mit deutschen Pfandbriefen[129] verglichen. Letztere werden insbesondere mit MBS verglichen, und manchmal auch als früheste Form der Asset Securitization bezeichnet.[130] Mit der zunehmenden Diskussion von ABS/MBS und ihren Vor- und Nachteilen hat es auch immer wieder Abgrenzungen insbesondere zum Factoring und zu Pfandbriefen gegeben (siehe dazu ausführliche Literatur[131]).

---

118 Bzw. eine festgelegte „variable" Zinszahlung: Bei ABS-Anleihen wird oft ein variabler Zins bezahlt, der an einen Referenzzinssatz – etwa den 3M-LIBOR (oder EURIBOR) geknüpft ist. Zusätzlich wird dann ein Fixzins als Aufschlag bezahlt, z. B. 1,25%. Dem Investor steht dann bei einem aktuellen LIBOR von 2,0% eine Zinszahlung von 3,25% zu. Vgl. auch Stöttner (1998), S. 359 - 363.

119 Sicherlich gibt es sehr viele Möglichkeiten der Strukturierung, etwa einer vorzeitigen Rückzahlung oder fortwährenden Tilgung.

120 Perridon/Steiner (2004), S. 363 (Fettdruck des Originals nicht übernommen).

121 Vgl. Perridon/Steiner (2004), S. 361 - 363.

122 Vgl. auch die Einordnung bei Perridon/Steiner (2004), S. 455 - 458; Wöhe/Bilstein (2002), S. 241 - 244.

123 Vgl. Wöhe/Bilstein (2002), S. 297 - 332.

124 Vgl. Perridon/Steiner (2004), S. 362 und 452 - 455.

125 Hartmann-Wendels et al. (2000), S. 265.

126 Vgl. Hartmann-Wendels et al. (2000), S. 208 - 209.

127 Vgl. Hartmann-Wendels et al. (2000), S. 287 - 294.

128 Im Französischen à forfait = „in Bausch und Bogen" oder „Pauschalverkauf". Unter diesem Begriff wird im weitesten Sinn der „Kauf von Wechseln mit Verzicht auf Regress" oder „Verkauf einer Forderung ohne Rückgriff" verstanden. Bei der Forfaitierung können im Gegensatz zum Factoring auch Einzelforderungen verkauft werden. Vgl. dazu Wöhe/Bilstein (2002), S. 326 - 328; Häusermann (1973), S. 11.

129 Vgl. zum Vergleich deutscher Pfandbriefe mit denen anderer europäischer Länder Paul/Fehr (1996a), S. 352, 356.

130 Vgl. Ihle (1996), S. 88.

131 Vgl. dazu Walter (2004), S. 136 - 139; Peterek (2003), S. 30, 76 und 121; Klüwer (2001), S. 133 -

In der Praxis des letzten Jahrzehntes ist aufgefallen, dass ABS – insbesondere im Ausland – immer häufiger verwendet werden, aber nicht zur Folge hatten, dass ein anderes Produkt vom Markt verdrängt wurde. Das liegt letztlich auch daran, dass Asset Securitization nur in bestimmten Unternehmenssituationen und aufgrund ganz spezifischer Zielsetzungen der Unternehmen zur Finanzierung verwendet wird. Man könnte vermuten, dass ABS auf der Finanzierungsebene potentieller Originatoren das Factoring aufgrund einer starken Ähnlichkeit verdrängt. Das konnte aber in Ländern, in denen sowohl Factoring als auch ABS weiter verbreitet sind als in Deutschland (USA, UK, Italien), nicht beobachtet werden. Eine teilweise Begründung dafür mag auch darin liegen, dass ABS den Factoring-Unternehmen eine Finanzierungsalternative bietet[132], die wiederum an die Anschluss-Kunden[133] weitergegeben werden kann.

Letztlich muss man ABS bzw. Asset Securitization als Teil der sog. „strukturierten Finanzierungen" verstehen, obgleich es für diesen Begriff keine einheitliche Definition oder Abgrenzung gibt[134] und sich darunter viele Finanzierungsformen subsumieren lassen. Auch ABS zählen zu jenen *„maßgeschneiderten, auf die Kundenbedürfnisse zugeschnittenen Kombinationen von Standardfinanzierungsinstrumenten (...), die sich nach den zukünftigen, erwarteten Cash-Flows aus dem zu finanzierenden Geschäft (...) richten und denen lediglich die die Cash-Flows generierenden Aktiva als Sicherheiten zur Verfügung stehen."*[135]

Angesichts des beträchtlichen ABS-Marktes in einigen Ländern, gilt es Erklärungsansätze für die Wirkung der Asset Securitization zu finden. Dabei ist zu prüfen, ob für die Asset Securitization ein „raison d´être" in den bekannten Theorien der Kapitalmärkte gefunden werden kann und inwieweit sich durch den Einsatz der Verbriefungs-Produkte spezifische Vorteile für Unternehmen erzielen lassen. Auswirkungen einer ABS-Finanzierung im Unternehmen wurden in den letzten Jahren auch in empirischen Untersuchungen überprüft, wobei teilweise konträre Ergebnisse zu den aus der Theorie abgeleiteten Hypothesen gefunden wurden.[136] Als weiterer Erklärungsansatz für die Genese und Wirkung der ABS werden in der Literatur auch die Theorien zu Finanzinnovationen herangezogen.[137] Auch die Unterschiede in der Finanzierung über besicherte Schuldverschreibungen („Secured Debt") im Vergleich zur Asset Securitization werden teilweise kontrovers diskutiert.[138] Aufgrund der Komplexität der Verbriefungsstrukturen kommen neben den verschiedenen Theorien und Erklä-

---

134, 140 - 141, 158 - 159; Bigus (2000), S. 465 - 467; Hartmann-Wendels et al. (2000), S. 287; Bär (2000), S. 53 - 58; Gehring (1999), S. 37 - 40; Bartelt (1999), S. 49, 56; Rinze/Klüwer (1998), S. 1701 - 1703; Wiese (1998), S. 1716 - 1717; Paul/Fehr (1996a), S. 351 - 356; Paul/Fehr (1996b), S. 404 - 407; Willburger (1996), S. 138 - 140; Paul (1994), S. 223 - 226; Arbeitskreis „Finanzierung" der Schmalenbach-Gesellschaft (1992), S. 498. Jedoch muss man feststellen, dass sich gerade im juristischen sowie bilanziellen und steuerrechtlichen Umfeld in den letzten Jahren einige grundsätzliche Änderungen ergeben haben, wie etwa das neue Pfandbriefgesetz (22. Mai 2005, BGBl. I S. 1373), Siehe dazu auch Kapitel 2.2.

132 Vgl. dazu im Hinblick auf den Factoringmarkt für Deutschland Hommel (2005), S. 68 - 76.

133 Als Anschlusskunde wird beim Factoring der Verkäufer von Forderungen bezeichnet.

134 Vgl. Wolf (2003), S. 14; Bär (2000), S. 37.

135 Wolf (2003), S. 14. Daher ist bei ABS auch immer wieder von „objektgestützter" Finanzierung die Rede. Vgl. dazu auch Kapitel 2.3.

136 Vgl. z. B. Lang et al. (1995), Lockwood et al. (1996) und Thomas (1999).

137 Vgl. Bartelt (1999), S. 18.

138 Siehe dazu insbesondere van Ngo (2002), S. 413 - 470.

rungsansätzen der finanzökonomischen Literatur auch noch die Betrachtungsweisen anderer Bereiche dazu, z. B. die juristische und bilanzielle. Dabei gibt es auch immer wieder interdisziplinäre Unterschiede bei der Betrachtung der Effekte der Asset Securitization: sogar innerhalb des gleichen Fachgebietes divergieren die Vorstellungen und Aussagen.

Ein grundsätzliches Problem bei der theoretischen Einordnung der Securitization stellt aber auch heute noch der Mangel an akademischer Literatur dar, wie z. B. Thomas (1999) feststellt: *„Although several professional books have dealt with the topic of securitization, the academic literature on securitization is not well developed."* [139] Auch Li (2003) stellt fest: *„Despite its rapid growth and extensive application in practice, asset securitization has received little academic attention until recently."* [140] Und wie Eisele/Neuss (2003) feststellen, fällt es bei Betrachtung der Literatur schnell auf, dass es bei vielen Beiträgen zur Asset Securitization häufig an der *„theoretischen Fundierung mangelt"*.[141] Das Hauptproblem ist dabei sicherlich die hohe Komplexität von ABS-Transaktionen, die i. d. R. einerseits auf den Originator und andererseits auf die potentiellen Investoren maßgeschneidert sind, was zur Folge hat, dass eine Vergleichbarkeit selten gegeben ist. Weiterhin sind die Ziele, die mit dem Einsatz von ABS verfolgt werden, sehr unterschiedlich und die Antwort auf die Frage, unter welchen Umständen ABS im Unternehmen effizient eingesetzt werden können, hängt sehr von der jeweiligen Finanzierungssituation des Originators und seinen Finanzierungsalternativen bzw. -möglichkeiten ab. So erscheint eine generelle Darstellung der Asset Securitization in einem Gesamtmodell, aufgrund der Komplexität bisher unmöglich.[142]

Letztlich mögen sich Erklärungsansätze für ABS wohl nur innerhalb der neoinstitutionellen Theorie finden lassen, welche den Rahmen für eine mathematisch-theoretische Fundierung aufgrund ihrer stärkeren Annährung an die Realität[143], einzuschränken scheint.[144] Nichtsdestotrotz wird der Vollständigkeit halber im Folgenden auch eine kurze kapitalmarktorientierte Betrachtung der Asset Securitization dargelegt, u. a. auch deshalb, weil die neoklassische Theorie teilweise fälschlich zu Existenz-Erklärungen der Asset Securitization ausgelegt wird.

2.5.1. Kapitalmarktorientierte oder neoklassische Theorie

Es erscheint nahe liegend, dass sich der Einsatz von ABS – wie auch der anderer Finanzierungsmaßnahmen – auf vollkommenen Kapitalmärkten nach dem Irrelevanztheorem von Modigliani/Miller (1958) als bedeutungslos für die Wertsteigerung eines Unternehmens darstellt.[145] Denn danach hat eine Änderung der Kapitalstruktur – unabhängig auf welcher Seite der Bilanz sie stattfindet – letztlich keinen Einfluss auf den (Markt-)Wert des Unternehmens.[146] Die gleiche Argumentation kann auch auf

[139] Thomas (1999), S. 323.
[140] Li (2003), S. 3.
[141] Eisele/Neuss (2003), S. 235.
[142] Vgl. Eisele/Neuss (2003), S. 235.
[143] Vgl. Schmidt/Terberger (1997), S. 383.
[144] Vgl. Bartelt (1999), S. 39; Stöttner (1998), S. 345 - 446.
[145] Vgl. z. B. Hartmann-Wendels et al. (2000), S. 290.
[146] Vgl. Modigliani/Miller (1958), S. 268 und z. B. Brealy/Myers (2000), S. 475 - 477.

Kapitalbeschaffungs- bzw. Refinanzierungskosten angewandt werden. Obwohl eine Verbesserung (Vergünstigung) der Finanzierung durch die Ausgabe von ABS zunächst vorteilhaft erscheint, so wird sie – weiterhin unter der Annahme des perfekten Marktes – eine Verteuerung der (Alt-) Gläubigerposition beim Originator nach sich ziehen.[147] Das zeigen auch Eisele/Neuss (2003) für die Auslagerung des Teilportfolios einer Bank. Es kann zwar zunächst zu einem Finanzierungskostenvorteil durch den Einsatz von ABS kommen; der damit einhergehende Bonitätsverlust der verbliebenen Einlagen wird aber auf einem vollkommenen Markt – mit symmetrischer Informationsverteilung und mit rational handelnden Marktteilnehmern – durch die Forderung nach einer erhöhten Ausfall- bzw. Risikoprämie kompensiert: im Fall der Auslagerung risikoarmer Aktiva werden die übrigen Fremdkapitalgeber entweder eine erhöhte Prämie verlangen oder sich vorher das Recht einräumen lassen, kündigen zu dürfen. Gleichzeitig werden die Eigentümer verlangen, dass über ihre Eigenkapitaleinlage entsprechend neu verhandelt wird.[148] Prinzipiell sind dabei auch die Gedanken zur Verwendung der gewonnenen Liquidität und ihrer möglichen Auswirkungen auf die Altgläubiger irrelevant, denn alle negativen Möglichkeiten würden antizipiert.[149]

Bei der Auseinandersetzung mit der Irrelevanz der Kapitalstruktur im Zusammenhang mit Asset Securitization kommt außerdem immer wieder das Argument, die Verteuerung der Refinanzierungskosten durch die antizipierenden Altgläubiger sei durch die Praxis widerlegt – ein Argument für die Vorteilhaftigkeit einer ABS-Finanzierung.[150] Hier liegt aber wohl ein Argumentationsfehler vor, denn mit einem Argument aus der Realität kann ein neoklassisches Theorem nicht widerlegt werden.[151] Mit dieser Art der Argumentation kann man lediglich zeigen, dass die Neoklassik als Theorie nicht zur Erklärung der Vorteilhaftigkeit von ABS-Finanzierungen verwendet werden kann.

Wie bereits erwähnt, müssen die Gründe für die Verwendung der Asset Securitization woanders liegen. Es muss in diesem Zusammenhang aber auch darauf hingewiesen werden, dass – obwohl die Neoklassik keinen Beitrag für die Vorteilhaftigkeit und so für die Existenz von ABS liefert – sie umgekehrt mit Sicherheit auch keine Argumente gegen ihren Sinn und ihre Verwendung erlaubt. Die kapitalmarktorientierte Sichtweise ist in diesem Punkt wertneutral. Lassen sich also an anderer Stelle positive Argumente ausmachen, so sind vom neo-klassischen Standpunkt aus betrachtet keine Einwände zu erwarten. Die Asset Securitization ist letztlich nur unter Zuhilfenahme des Gedankengebäudes der neo-institutionellen Theorie zu erklären.[152]

---

[147] Vgl. Altrock/Rieso (1999), S. 281; Klüwer (2001), S. 38.

[148] Vgl. Eisele/Neuss (2002), S. 243 - 246.

[149] Vgl. Stöttner (1998), S. 100.

[150] Vgl. Klüwer (2001), S. 38.

[151] Es ist selbstverständlich in der Praxis nicht irrelevant, ob sich das Unternehmen über Eigen- oder Fremdkapital finanziert. Die Neoklassik geht aber davon aus, dass es eine symmetrische Informationsverteilung, keine Transaktionskosten etc. gibt. Sie ist – nicht unerwartet – fast immer durch Beispiele aus der Praxis zu widerlegen.

[152] *„Vorteile von ABS sind in einer neo-institutionalistischen Welt zu suchen, die asymmetrische Informationsverteilung, Transaktionskosten sowie Markt-Unvollkommenheiten berücksichtigt.“* Hartmann-Wendels et al. (2000), S. 290.

2.5.2. Neo-institutionelle Theorie

Der Begriff des Neo-Institutionalismus umfasst im Wesentlichen vier Theorierichtungen: die Property Rights Theorie, die Agency Theorie, die Transaktionskosten-Theorie und die Informationsökonomie.[153] Die unterschiedlichen Theorien nähern sich dabei den Problemen, die bei der Aufweichung der Annahme der symmetrischen Informationsverteilung entstehen und versuchen die Beziehungen zwischen Marktteilnehmern und Institutionen zu ergründen.[154] Die Property Rights Theorie, in bestimmter Weise Vorläufer der anderen Theorien, beschäftigt sich z. B. mit der genaueren Analyse und den Unterschieden von Eigentums- oder Handlungsrechten, sie bleibt allerdings durch diese Begriffsverfeinerung noch stark in der Neoklassik verankert.[155] Die Informationsökonomie zeigt in erster Linie auf, dass es durch die unterschiedliche Informationsverteilung zu den Erscheinungen von „Adverse Selection"[156] und „Moral Hazard"[157] kommen kann. Unterschiede der theoretischen Ansätze lassen sich auch in der Definition der „Transaktionskosten" ausmachen, ebenso in den Argumentationen zur verbalen oder formalen[158] Darstellung. Die Agency Theorie untersucht die Probleme der asymmetrischen Informationsverteilung im Sinne einer „Principal-Agent"-Beziehung, in der (verallgemeinernd) eine Analyse der Ausgestaltung von Kontrollmechanismen zwischen den Eigentümern, Gläubigern und Managern eines Unternehmens erfolgt. Das bereits in der Betrachtung der Neoklassik diskutierte Problem des „Moral Hazard" wird dabei unter dem Gesichtspunkt der Informationsasymmetrie untersucht.
Im Weiteren sei aber auf die genaue Zuordnung zu den verschiedenen Theorien verzichtet, da dadurch i. d. R. keine besonderen Erkenntnisse für die Existenz von ABS und ihre Typunterschiede hergeleitet werden können. Wesentlich ist hier nur, dass sich die Theorien auf verschiedene Art und Weise mit der Aufweichung des vollkommenen und vollständigen Marktes – wie er in der Neoklassik beschrieben ist – beschäftigen und somit einen realitätsnäheren Rahmen für die Erklärung der am Markt existierenden (Finanzierungs-)Zustände bereitstellen.

Trotz der Schwierigkeiten, die sich durch die Komplexität von ABS-Strukturen ergeben, stellt man zunehmend Versuche fest, ihre Auswirkungen auf eine Unternehmung und deren Investoren bzw. Kapitalgeber formal-theoretisch zu erklären. Ansätze gibt es dabei zum einen in der Literatur über „Security Design" bzw. das „Pricing" von Wertpapieren, etwa bei Boot/Thakor (1993), Riddiough (1997), DeMarzo/Duffie

---

153 Vgl. Schmidt/Terberger (1997), S. 396.

154 Vgl. Schmidt/Terberger (1997), S. 398 - 399. *„Gemeinsam ist allen Ansätzen, dass in den Mittelpunkt Transaktionssituationen gestellt werden, bei denen die institutionelle Ausgestaltung der Transaktionsbedingungen zum Problem wird, weil Informationsprobleme und „Transaktionskosten" eine reibungslose Koordination über Märkte verhindern."* Schmidt/Terberger (1997), S. 399.

155 Vgl. Bartelt (1999), S. 30; Schmidt/Terberger (1997), S. 397.

156 Phänomen des Marktversagens aufgrund einer Informationsasymmetrie am Markt, der zuerst zum Ausscheiden der qualitativ besseren Marktteilnehmer führt und dann einen Marktzusammenbruch zur Folge haben kann. Vgl. Akerlof (1970), S. 488 - 500.

157 „Moral Hazard" steht als Begriff für das Risiko, das aus einer Verhaltensänderung des Kreditnehmers bzw. Schuldners aufgrund eines (oder nach einem) Vertragsabschlusses resultieren kann.

158 Z. B. lassen sich innerhalb der Agency Theorie die formalere Principal-Agent-Theorie und die verbale Agency-Theorie unterscheiden. Vgl. Schmidt/Terberger (1997), S. 396.

(1999) und Rosar (2000). Diese Arbeiten versuchen die Gestaltung von Wertpapieren zu modellieren und deren Auswirkungen auf die asymmetrische Informationsverteilung oder Diversifikationseffekte zu erklären.[159] Andere Erklärungsansätze entstammen der Literatur um „Loan Sales" und den Verbriefungsmöglichkeiten von Banken (Gorton/Pennacchi (1995), Benveniste/Berger (1987), Greenbaum/Thakor (1987)), wobei die spezielle Finanzierungsstruktur (Einlagenfinanzierung sowie Versicherungsaspekte bzgl. der Einlagen) und das „Moral Hazard"-Problem der Kreditvergabe von Banken berücksichtigt werden. Weitere Ansätze finden sich in der Literatur um das Management von „Accounts Receivable" („Sale of Accounts" bzw. „Factoring"), bei Sopranzetti (1998) und insbesondere bei Sopranzetti (1999) in seiner Arbeit „Selling Accounts Receivable and the Underinvestment Problem"[160] sowie bei Palia/Sopranzetti (2004): „Securitizing Accounts Receivable". Hier erwähnen die Autoren auch explizit die Bedeutung der Verbriefung als Finanzierungsmöglichkeit für Krankenhäuser.[161] Skarabot (2001) untersucht in seiner Arbeit „Asset Securitization and Optimal Asset Structure of the Firm", unter welchen Umständen der Einsatz von Securitization vorteilhaft im Hinblick auf die Kapitalstruktur einer Unternehmung sein kann.

Bartelt (1999) führt als Erklärungsversuche für die Existenzberechtigung von ABS verschiedene Modelle auf, die er unter der „Agency Theorie" subsumiert und mit deren Hilfe er die Existenz von ABS direkt als Teil der Entwicklung der Disintermediation[162] abzuleiten versucht.[163] So versucht er, die Existenz von ABS aus dem Modell von Diamond (1991) abzuleiten.[164] Die Verbriefung dabei als Form der direkten Finanzierung zu interpretieren, ist zwar generell richtig, doch ist der Grundgedanke Diamonds ein anderer, der selbst von „Directly Placed Debt" bzw. von „Borrowing Directly"[165] spricht, was die Aufnahme von neuem Fremdkapital bezeichnet und daher eigentlich eine Form der klassischen Fremdkapitalfinanzierung darstellt, die lediglich ohne Bank-Intermediär[166] vollzogen wird. Denn vergibt ein Gläubiger einen Kredit direkt an ein Unternehmen, so muss er sich selbst um die Überwachung („Monitoring") kümmern. Die Intention des Modells von Diamond zielt dementsprechend auch auf die Frage nach diesem „Monitoring" des Unternehmens ab, da ihm ein Anreiz zu „Moral Hazard" unterstellt wird.[167] Bei einer ABS-Finanzierung soll die Beglei-

---

159 Vgl. auch Li (2003), S. 7; Skarabot (2001), S. 13.

160 Zum „Underinvestment Problem" und speziell zu dieser Arbeit, siehe die Beschreibung auf den nachfolgenden Seiten.

161 *„(...) for many firms, such as hospitals (...) the securitization of accounts receivables has become an important financing tool (...)."* Palia/Sopranzetti (2004), S. 29. Die Arbeit zeigt formaltheoretisch wie dem „Moral Hazard" Problem, das aufgrund des Verkaufs der Forderungen zwischen Originator (und seiner „Servicer"-Funktion) und dem Käufer entsteht, begegnet werden kann. Die Autoren kommen dabei zu dem – auch in der Praxis oft angewandten – Ergebnis bzw. System der „Tranchierung" oder Subordination der ABS, wobei der Originator die unterste Tranche (die erste Verluste abfängt) selbst behält. *„The model's implications are (...) similar to what is happening in practice (...)."* Palia/Sopranzetti (2004), S. 36.

162 Siehe zur Begriffsbestimmung und zu den Zusammenhängen zwischen ABS und Disintermediation vor allem Kapitel 3.4.5.

163 Siehe zur Diskussion der Literatur vor allem Li (2003), Skarabot (2001), Thomas (1999), Carlstrom/Samolyk (1993).

164 Vgl. Bartelt (1999), S. 32.

165 Diamond (1991), S. 689.

166 Siehe zum Begriff der Intermediation und Disintermediation vor allem Kapitel 3.4.5.

167 *„One necessary condition for monitoring to be used is that monitoring is needed."* Diamond (1991),

chung der Schuld aber losgelöst vom Unternehmen erfolgen, ein Monitoring (im Sinne Diamonds) des Unternehmens wäre dann eigentlich auch nicht mehr erforderlich (allenfalls noch für die Altgläubiger).[168] Auch der Schluss von Diamond, dass Unternehmen mit einer guten Reputation es sich leisten können, direkt am Markt Kapital aufzunehmen, da bei ihnen kein Monitoring betrieben werden muss, widerspricht eigentlich der Grundidee einer ABS-Finanzierung und Beobachtungen in der Praxis.[169] Gerade Unternehmen mit einer schlechte(re)n Reputation (Rating) versuchen, sich über ABS zu finanzieren. Bartelt (1999) bemerkt denn auch dazu: *„Dieser Ansatz ist nicht direkt auf die ABS übertragbar, weil es gerade eines der Ziele der ABS-Finanzierung ist, das Rating der ABS unabhängig von dem des verbriefenden Unternehmens zu machen.“*[170]

Sopranzetti (1999) beschäftigt sich mit dem „Underinvestment Problem“ (Myers 1977) und den Möglichkeiten, dieses Problem durch den Verkauf von Forderungsbeständen zu vermindern.[171] Das „Underinvestment Problem“ existiert dort, wo sich die Eigentümer eines Unternehmens gegen eine Investition mit einem positiven „Net Present Value“ (NPV) entscheiden, obwohl sich zwar der Wert des Unternehmens allgemein durch diese Investition erhöhen würde, dies aber zu Gunsten der Fremdkapitalgeber und zu Lasten der Eigenkapitalbesitzer.[172] Das grundsätzliche Problem – des Unterlassens einer Investition durch die Eigentümer – ist dabei unabhängig von der Art der Finanzierung (Fremd- oder Eigenkapital-Finanzierung). Entscheidend ist hier vielmehr, ob die Eigentümer durch die Investition einen Vermögenstransfer (Verlust) an die Fremdkapitalgeber erleiden könnten. Dies geschieht dann, wenn das Risiko durch die neue Investition vermindert wird, ohne dass über die Renditen von Eigentümern und Schuldnern neu verhandelt werden kann.
In seinem Zwei-Perioden-Modell zeigt Sopranzetti formal-theoretisch, wie dieses Problem durch Asset Securitization vermindert werden kann. In seinem Modell existiert eine Unternehmung mit einer Forderung und der Möglichkeit, in ein neues Projekt zu investieren, welches zu $e mit Eigenkapital und $(1-e) durch Fremdkapital finanziert wird. Der NPV ist positiv und die erwartete Auszahlung größer als $1+r_f$.[173] Eine bestehende Schuld ist mit fixem Zins zu tilgen und alle Schuldner besitzen die gleichen Rechte. Er geht von Risikoneutralität beider Seiten (Firma und Käufer) aus. Nachdem Sopranzetti das „Underinvestment Problem“ modelliert hat, zeigt er, dass es vorteilhaft sein kann, ein neues Projekt durch den Verkauf von hochwertigen For-

---

S. 698.

168 Das führen auch Hartmann-Wendels et al. (2000), S. 290 an: *„Die Käufer der ABS müssen sich nicht um den Originator, sondern nur um die Qualität des Forderungspools kümmern.“*

169 Siehe dazu Meinungen über die jüngste Finanzierungssituation von General Motors und Ford. Vgl. Dries (2005), S. 32.

170 Bartelt (1999), S. 33.

171 Sopranzetti (1999), S. 291 - 301.

172 Dies wird von Brealy/Myers auch als „Error of Omission“ im Kontext der Investitionspolitik einer angeschlagenen („Levered Firm“) Firma bezeichnet. Vgl. Brealy/Myers (2000), S. 518. Obwohl theoretisch immer denkbar, entsteht diese Situation vor allem dann, wenn ein Unternehmen in Zahlungsnot gerät („Financial Distress“), da, je größer die Not, die Fremdkapitalgeber immer in einem stärkeren Ausmaß von der Steigerung des Firmenwertes profitieren. Vgl. Sopranzetti (1999), S. 292; Brealy/Myers (2000), S. 516 - 520.

173 r_f= risikoloser Marktzins.

derungen zu finanzieren – anstelle von neuem Eigen- oder Fremdkapital – da so der Vermögenstransfer von den Eigentümern zu Fremdkapitalgebern eventuell gering gehalten wird und damit auch das „Underinvestment Problem".[174]
Er beweist damit formal eine zunächst offenkundig erscheinende Bedingung: dass ein bestimmtes Qualitätsniveau der Forderungen existiert, welches es dem Unternehmen erlaubt, seine Forderungen zu verkaufen, um damit kostengünstiger ein neues Projekt zu finanzieren. Nur wenn diese Qualität erreicht ist, kann mit dem Verkauf der Forderung der Vermögenstransfer zwischen Eigentümern und Fremdkapitalgebern vermindert werden.[175] Die notwendige Forderungsgüte hängt dabei von den bestehenden Kapitalverhältnissen zwischen Eigentümern und Gläubigern, den bereits bestehenden Forderungen, dem Zins für neues Fremdkapital sowie dem Marktzins ab.
Die Aussage des Modells ist weitreichend. Es zeigt, wie entscheidend die Qualität der zu verkaufenden Forderungen ist. Diese Erkenntnis ist zwar – betrachtet man bisherige Verbriefungen – nicht überraschend[176], aber sie wird hier auch formal nachgewiesen. Die Idee, Forderungen des Gesundheitswesens zu verbriefen, basiert vor allem auf gerade dieser Erkenntnis, denn wie in Kapitel 3.2. dargestellt, sind der Großteil der Forderungsschuldner staatliche oder staatsnahe Unternehmen, so dass die Qualität der Schuldner i. d. R. als sehr gut einzustufen ist, die geforderte Forderungsgüte also erreicht wird. Dies gilt insbesondere im Vergleich zur Bonität der Teilnehmer am Gesundheitsmarkt – vor allem der Krankenhäuser – selbst.

Skarabot (2001) versucht zu klären, ob die Kapitalstruktur für den Wert einer Unternehmung von Bedeutung ist. Er geht von einer „Multi-Asset"-Unternehmung aus, die die Möglichkeit hat, alle ihre Vermögensgegenstände zu halten („Jointly Incorporated")[177] oder sie auszulagern. Bei einer Ausgliederung stehen wiederum zwei Möglichkeiten zur Verfügung, die Verbriefung oder ein „Spin-Off". Die Vermögensgegenstände werden dabei als verschieden volatil und nicht vollständig korreliert angenommen und es werden verschiedene Szenarien der Korrelation und Volatilität untersucht. Auf die Darstellung der Vorgehensweise sei hier verzichtet.
Skarabots Arbeit ist unter mehreren Gesichtspunkten von Bedeutung, denn zum einen liefert sie Ergebnisse, die teilweise mit der Praxis wie auch mit anderen Arbeiten übereinstimmen. Zum anderen zeigt sie – wie Skarabot selber feststellt –, wie kompliziert eine Modellierung des ABS-Finanzierungsprozesses ist und wie limitiert dabei die formal-theoretischen Aussagen sind. Zunächst stellt Skarabot fest, dass es – je nach Korrelation und Volatilität der gehaltenen Assets – durchaus von Vorteil sein kann, dass die Firma einen Teil ihrer Werte verbrieft. Insbesondere dann, wenn die

---

174 Vgl. Sopranzetti (1999), S. 295; Eisele/Neus (2003), S. 250; Altrock/Rieso (1999), S. 282.

175 *„(...) Firms with sufficiently high credit-quality accounts receivable can choose to sell these accounts receivable in lieu of using debt financing to finance their new projects. (...) Selling receivables of sufficiently high quality will permit the firm to finance positive NPV projects that it would have otherwise chosen to forego because of the wealth transfer to existing debt-holders."* Sopranzetti (1999), S. 296.

176 Auch Sopranzetti verweist auf diese beobachteten Ergebnisse: *„(...) and in the receivable securitization market, where firms pool their receivables, decompose the cash flows into tranches, and then sell off the less risky (high-credit-quality) tranches while retaining the more risky ones."* Sopranzetti (1999), S. 292.

177 Skarabot (2001), S. 3.

gehaltenen Vermögensgegenstände eine unterschiedliche Volatilität aufweisen, ist es sinnvoll, den Vermögensgegenstand mit geringer Volatilität zu verbriefen und den anderen zu halten. Diese Erkenntnis schließt wiederum an die Ergebnisse von Sopranzetti (1999) an – der von einem bestimmten Level in der Forderungsqualität ausgeht – und stimmt auch mit Erfahrungen in der Praxis überein.[178] Nähert sich die Volatilität des Vermögensgegenstands jedoch 0, was in der Praxis also einem sehr sicheren, vorhersehbaren Cash-Flow entspräche, dann kommt Skarabot zu dem Ergebnis, dass die Firma den Vermögenswert halten sollte, was in der Realität nicht beobachtet wird.[179]
Das Ergebnis von Skarabot (2001) ist bezeichnend für Versuche, die Vorteilhaftigkeit einer ABS-Finanzierung von Unternehmen zu modellieren. Es ist zwar notwendig, bestimmte Annahmen zu machen, um die Finanzierung mathematisch darzustellen; dadurch werden jedoch die tatsächlichen Zustände stark verfremdet. Da die Ziele und Motive von ABS-Finanzierungen sehr unterschiedlich sein können und viele „Nebenbedingungen" zu beachten sind, ergeben sich für formal-theoretische Modelle begrenzte Aussagemöglichkeiten. So ist etwa das Halten eines Anteils der verbrieften Vermögensgegenstände durch den Originator – wie dies mehrfach aufgrund des damit einhergehenden Abbaus von Informations-Asymmetrien in Modellen entwickelt wird[180] – in der Praxis nur schwer möglich. Zwar kann der Originator einen kleinen Teil halten, jedoch grenzen Bilanzierungsvorschriften bzw. wirtschaftsjuristische Reglementierung den Teil ein, den der Originator des ausgelagerten Risikos selbst hält.[181] Auch Annahmen über einen Eigenkapital-Anteil und etwaige Steuerzahlungen des SPV[182] weichen vielfach von tatsächlichen Gegebenheiten ab. Ferner wird davon ausgegangen, dass ein Unternehmen alle seine Vermögensgegenstände verbriefen könne[183], eine i. d. R. recht realitätsferne Annahme.[184] Auch grundsätzliche Annahmen, etwa dass die Unternehmen aus allen möglichen Finanzierungsweisen wählen können, verfremden die System-Erklärungen. Teilweise werden ABS-Finanzierungen durchgeführt, weil es keine anderen Möglichkeiten für das Unternehmen gibt, oder es wird auf die momentane Finanzierungssituation am Kapitalmarkt – etwa niedrige zu zahlende Risikoaufschläge („Spreads") für eine bestimmte „Asset"-Klasse – reagiert.

Zusammenfassend kann man bei der Analyse der theoretischen Modelle bzgl. ihrer Aussagekraft für die Erklärung von Asset Securitization feststellen, dass sie einige Erklärungen liefern, in welchen Situationen es vorteilhaft sein kann, wenn sich ein

---

178 Vgl. Skarabot (2001), S. 36. Skarabot merkt dazu an: *„This result is broadly aligned with the main concept of asset securitization, which states that securitized assets are the ones which have relatively predictable stream of future cash flows, therefore lower volatility."*

179 Vgl. Skarabot (2001), S. 36: *„As one of the volatility parameters approaches zero, our model predicts a different optimal structure as we might expect from real world securitization scenarios. Instead of the outcome where securitization is the optimal structure for lowest levels of volatility, we see that there is a reversal in the optimal choice."*

180 Vgl. auch Palia/Sopranzetti (2004), S. 30, 36.

181 Diese Problematik räumt Skarabot (2001), S. 35, selber ein. Seine Modellierung berücksichtigt auch keinerlei Subordination, und er merkt richtig an, dass der Teil, der vom Originator gehalten wird, in der Praxis sehr klein ist („a few percent") bzw. sein muss.

182 Vgl. Skarabot (2001), S. 7, 28.

183 Vgl. Skarabot (2001), S. 4 (Fußnote 2).

184 Skarabot (2001), S. 4 merkt dazu an: *„For the purpose of the model, we assume that each of the assets (...) can be (...) securitized. We analyze the more realistic case (...) in our future work."*

Unternehmen über ABS finanziert. Die Ergebnisse – etwa bei Skarabot (2001), Sopranzetti (2001) oder Palia/Sopranzetti (2004) – stimmen darüber hinaus mit einigen Beobachtungen in der Praxis überein. So zeigen die formal-theoretischen Erkenntnisse vor allem, dass sich ABS-Finanzierungen dann lohnen, wenn „Assets“ existieren, die eine hohe Qualität aufweisen und dass Informationsasymmetrien durch Verbriefungen abgebaut werden können.

2.5.3. Empirische Nachweise

Die Frage, die sich unmittelbar an die Betrachtung der theoretischen Erklärungsansätze der Asset Securitization anschließt, ist, inwiefern empirisch gesicherte Aussagen die Theorie entweder bestätigen oder widerlegen. Es sind verhältnismäßig wenige Arbeiten erschienen, in denen die Effekte der Unternehmensverbriefung gemessen wurden. Das liegt u. a. auch an der Schwierigkeit solcher Evaluationen. Denn es haben – für empirische Auswertungen – noch nicht genug Verbriefungen stattgefunden, aus denen man brauchbare Datensätze herausfiltern könnte, vor allem wenn man die Verbriefungen der Banken und MBS weglassen möchte[185], von den i. d. R. nicht zu gebrauchenden Privatplatzierungen (mangels Datenverfügbarkeit) absieht und außerdem berücksichtigt, dass man gesicherte Aussagen über den „Wert“ der jeweiligen Firma vor und nach der Transaktion benötigt. Letzteres ist eigentlich nur über die Beobachtungen börsennotierter Unternehmen zu erlangen. Drei Arbeiten, die sich mit der Evaluierung der Effekte von Asset Securitization auf Unternehmen beschäftigen, sollen hier betrachtet werden.

Die Arbeit von Lang et al. (1995) schließt direkt an die zuvor vorgestellte Problematik des „Underinvestment Problems“ an bzw. geht auf die Frage ein, unter welchen Umständen eine Firma dazu neigen könnte, Vermögenswerte zu verkaufen, und wie das Unternehmen danach vom Markt bewertet wird. Dabei ist allerdings festzuhalten, dass hier nicht Fälle von Asset Securitization betrachtet werden, sondern „Asset Sales“, also wirkliche Verkäufe von Vermögenswerten. Zwar bestehen teilweise große Diskrepanzen zwischen beiden Finanzierungsformen[186], aber dennoch existieren grundlegende Gemeinsamkeiten, so dass die Ergebnisse dieser Arbeit sinnvoll auf die Verwendung von Asset Securitization übertragen werden können. Beim Asset Sale wird – vereinfacht dargestellt – ein Teil des Unternehmens verkauft, bei einem Autozulieferer bspw. die Produktion von Autositzen. Bei der Asset Securitization würden dagegen nur die bestehenden – oder zu erwartenden – Forderungen aus dem Verkauf der Autositze veräußert, das Produkt und die Produktionsmittel blieben weiter Vermögen des Unternehmens.
Die Gemeinsamkeit der Finanzierungsformen liegt in der Kapitalbeschaffung „über die Aktivseite“ der Bilanz. Denn beiden ist gemein, dass es sich um einen Liquiditätszufluss handelt, der nicht zu einer Bilanzverlängerung – wie bei einer klassischen

---

[185] Die Verbriefung von Bankkrediten und MBS ist teilweise nicht mit anderen Unternehmensverbriefungen zu vergleichen, wenn es um die Auswirkungen auf den Unternehmenswert geht.

[186] Z. B. sind reguläre Vermögensverkäufe i. d. R. einmalige Transaktionen, dagegen findet Securitization oft auf einer „wiederkehrenden“ Basis statt. Vgl. auch Thomas (1999), S. 324.

Fremd- oder Eigenkapitalaufnahme – führt. Deshalb können aus den Ergebnissen über die Beweggründe des Einsatzes von Asset Sales auch Erkenntnisse für den Einsatz einer Asset Securitization abgeleitet werden.[187] Dafür sprechen auch die drei Finanzierungsprobleme, die Lang et al. (1995) in ihrer „Financing Hypothesis" für den möglichen Einsatz von Asset Sales ausmachen. Eine Firma, die neue Mittel braucht um ein Projekt zu finanzieren, könnte so konfrontiert sein: 1. mit dem „Underinvestment Problem", 2. damit, dass herkömmliche Kapitalbeschaffungsmaßnahmen aufgrund von Kosten der „Adverse Selection" (Myers/Majluf 1984) teuer sind oder 3. dass diese Kosten aufgrund von „Agency Costs" (Jensen/Meckling 1976, Jensen 1986, Jensen 1988) zu hoch sind.[188]

Die Möglichkeiten, die ein Asset Sale der Firma bietet, können teilweise auch von Asset Securitization geleistet werden. Lang et al. (1995) führen drei Vorteile an: 1. Die asymmetrische Informationsverteilung spielt bei einer Finanzierung über Asset Sales respektive Securitization eine geringere Rolle, daher wird die Finanzierung billiger. 2. Bei hohen ausstehenden Verbindlichkeiten können Mittel, die über Sale bzw. Securitization beschafft werden, die Refinanzierungskosten senken. Und 3: die über Sale bzw. Securitization beschafften Mittel können ohne oder mit deutlich weniger Einschränkungen eingesetzt werden.[189]

Lang et al. (1995) untersuchten (nach bestimmten Kriterien[190]) 93 Asset Sales von 77 „non-financial" Unternehmen, die zwischen 1984 und 1989 stattgefunden haben. Ihre Ergebnisse beziehen sich zum einen auf die Verwendung der gewonnen Mittel (Auszahlung oder Reinvestition) und zum anderen auf die Frage, inwiefern die sog. „Financing Hypothesis" gestützt wird, d. h. dass die Firmen, die sich neues Kapital über Asset Sales verschaffen, ansonsten hohe Kosten am Kapitalmarkt zu erwarten hätten. Die Autoren stellten dabei fest: Das Ergebnis der Untersuchung ist mit der „Financing Hypothesis" kompatibel.[191] Ein „typischer" Verkauf wurde nicht unternommen, um eine Firma vor dem Konkurs zu retten; die Firmen litten i. d. R. aber unter einer schlechten Ertragslage, und ihre Aktienkurse verliefen deutlich schlechter als der Markt. Außerdem waren die Aktienkursreaktionen nur für die Unternehmen positiv, die ihre gewonnenen Mittel ausbezahlten. Im Durchschnitt profitierten die Firmen von der Verkündung erfolgreicher Verkäufe.[192]

Die Arbeit von Lang et al. (1995) bestätigt damit auch empirisch die grundlegende Annahme, dass Securitization dann eingesetzt werden kann bzw. soll, wenn es für ein Unternehmen schwierig ist, sich auf anderem Wege Mittel über den Kapitalmarkt zu besorgen. Dies sind dann natürlich oft Firmen, deren Leistung zu diesem Zeitpunkt als schlecht(er) angesehen wird.

Lockwood et al. (1996) untersuchten die „Vermögenseffekte der Asset Securitization" aus einer Menge von 294 öffentlichen Verbriefungen.[193] Verschiedene Auswirkungen

---

[187] Vgl. Thomas (1999), S. 323.
[188] Vgl. Lang et al. (1995), S. 5.
[189] Vgl. Lang et al. (1995), S. 5.
[190] Es wurden z. B. keine Verkäufe unterhalb von US$ 1 Mio. bzw. bei Firmen untersucht, die überschuldet waren oder Insolvenz beantragt hatten. Vgl. Lang et al. (1999), S. 6 - 7.
[191] Lang et al. (1995), S. 22.
[192] Vgl. Lang et al. (1995), S. 12, 22; ferner Thomas (1999), S. 324.
[193] Vgl. Lockwood et al. (1996), S. 151 - 164.

wurden dabei überprüft, so u. a., ob (A) ein genereller Vermögenseffekt für die Eigentümer besteht; ob es (B) möglicherweise unterschiedliche Auswirkung auf das Aktienvermögen je nach Industrie gibt und (C) die Vermutung, dass der Effekt in Abhängigkeit zum verbrieften Vermögensgegenstand steht.[194] Lockwood et al. (1996) konnten dazu Folgendes feststellen:

A. Es existiert insgesamt ein statistisch signifikanter Vermögenseffekt auf die Aktionäre – nämlich ein Gewinn von 0,13%.[195]

B. Dieser Effekt ist industriespezifisch. Im Durchschnitt verloren die Bankaktionäre, Eigentümer von „Finance Companies"[196] erfuhren einen Vermögensgewinn, und für die Aktionäre von Autofirmen und anderen Unternehmen konnte kein signifikanter Vermögensunterschied festgestellt werden.

C. Die Art des verbrieften Gegenstandes hatte keine Auswirkung auf den Vermögenseffekt.[197]

Die Ergebnisse von Lockwood et al. (1996) sind viel versprechend, sowohl für das generelle Erklärungsverständnis der Asset Securitization als auch für deren Verwendung bei Unternehmensfinanzierungen im Gesundheitswesen. Insbesondere die Punkte A (Zuwachs des Aktionärsvermögens durch Verbriefungen) und C (Unabhängigkeit des verbrieften Vermögensgegenstandes) sind ermutigend, da es empirische Belege für die Vorteilhaftigkeit von ABS sind. Lockwood et al. (1996) selbst kommen zu der Schlussfolgerung: *„(...) Securitization may reduce the need for financing, offer fee income, and increase earnings even more in cases where securitization is used to retire existing debt. ABS also may lead to a decrease in risk through a decrease reliance on debt financing and through earnings smoothing by an appropriate timing of receivables sales."*[198]

Eine ähnliche Untersuchung nimmt Thomas (1999) vor, der die Vermögensveränderungen von Aktionären (Eigentümern) und Gläubigern bzw. Fremdkapitalgebern beim Einsatz von Asset Securitization untersucht. Die von ihm untersuchte Menge bestand aus 236 Verbriefungen von Banken, Finanzunternehmen, Industrie- und Gewerbebetrieben sowie Einzelhandelsfirmen, die zwischen 1991 bis 1996 stattfanden. Nach Thomas' Untersuchungen kann man folgende Schlüsse ziehen: Im Durchschnitt wurde das Aktionärsvermögen – im Zeitraum 50 Tage vor und 1 Tag nach Ankündigung (oder Emission) einer Verbriefung – mit 4,9% über der Marktrendite gehandelt.[199] Bei

---

194 Vgl. Lockwood et al. (1996), S. 152 - 153.

195 Dieser setzt sich aus dem „Announcement Intervall" zusammen: Am Tag vor der Verbriefung ein Verlust von 0,32% und danach ein Gewinn von 0,45%. Vgl. Lockwood et al. (1996), S. 157.

196 Mit „Financing Companies" sind auf Finanzierungen spezialisierte Unternehmen, wie z. B. auf Autofinanzierung spezialisierte Unternehmen oder Kreditkartenunternehmen gemeint. Vgl. Zimmermann/Burell (1996), S. 90; Thomas (1999), S. 325.

197 Vgl. Lockwood et al. (1996), S. 162.

198 Lockwood et al. (1996), S. 163.

199 Vgl. Thomas (1999), S. 330.

allen Untergruppen – außer dem Einzelhandel[200] – gab es statistisch signifikante, positive Auswirkungen der Verbriefung auf die Eigentümer. Die Auswirkungen auf die Fremdkapitalgeber waren zwar messbar und auch positiv, aber nicht in einem signifikanten Bereich, weshalb die Aussagekraft hier ungenügend ist.[201] Gleichzeitig wurde festgestellt, dass die Transaktionen keine negativen Auswirkungen auf die Fremdkapitalgeber der Unternehmen gehabt hatten.[202] Insgesamt fasst Thomas seine Ergebnisse so zusammen: *„(...) At least for our sample of large, frequent and recent securitizers, significant positive returns are available to shareholders and no negative returns are evident for bondholders."*[203]

Zusammenfassend kann man feststellen, dass die Theorie verschiedene Erklärungsansätze für die Existenz und den Erfolg von ABS bereithält, die teilweise von empirischen Erkenntnissen unterstützt werden. Man findet aber sowohl in theoretischen Arbeiten als auch in empirischen Untersuchungen einzelne Ergebnisse, mit denen Verbriefungen aus der Praxis nicht zu erklären sind. Dies liegt zum einen an der hohen Komplexität der ABS-Strukturen, die eine formal-theoretische Darstellung erschwert, und in der großen Heterogenität der Transaktionen, deren Vorteile oft nur innerhalb des jeweiligen regulatorischen, bilanziellen und juristischen Umfelds zu finden sind. Darüber hinaus ergeben einige Transaktionen nur im Hinblick auf die spezifische Unternehmenssituation einen Sinn, d. h. unter Berücksichtigung der vorhandenen Vermögenswerte und ihrer praktischen Verbriefbarkeit und der übrigen Finanzierungssituation des Unternehmens, wobei die bereits eingegangenen Fremd- und Eigenfinanzierungsmaßnahmen ebenso betrachtet werden müssen wie die Zins- und Rendite-Erwartungen, die beim Zeitpunkt der Entscheidung für eine ABS-Finanzierung am Markt herrschten.

---

200 Beim Einzelhandel konnte zwar 3% Vermögenszuwachs gemessen werden, aber die Gruppe war mit 13 Verbriefungen für statistisch signifikante Aussagen zu klein. Vgl. Thomas (1999), S. 331.

201 Thomas nutzte den „Fixed Income Data Base Finance Intermediate Bond" Index, um die Erträge zu messen. Vgl. Thomas (1999), S. 330. Es ist unklar, inwieweit dieser Index bzw. diese Methode geeignet ist, solche Erträge zu messen.

202 Vgl. Thomas (1999), S. 332.

203 Thomas (1999), S. 332.

3. Das Gesundheitswesen

Der Sektor Gesundheitswesen bzw. seine Märkte und Produkte weisen einige Eigenheiten im Vergleich zu anderen Ökonomie-Bereichen auf, so dass es zunächst notwendig ist, die Besonderheiten dieses Bereichs und der Gesundheitsökonomie darzulegen, da diese die Grundlage bzw. das Rückgrat für „Healthcare-ABS" bilden. In Kapitel 3.1. werden daher das Gut Gesundheit und einige Besonderheiten vorgestellt, anschließend wird das Zusammenspiel der Gesundheitsmärkte mit den Kapitalmärkten betrachtet.

3.1. Das Gut Gesundheit, die Ökonomie und einige Besonderheiten

Gesundheit ist ohne Zweifel ein besonderes Gut. Die WHO definiert Gesundheit als *„(...) Zustand des vollkommenen physischen, geistigen und sozialen Wohlbefindens (...).“*[204] Nach dieser Definition ist Gesundheit somit ein *„Gut, das Menschen erstreben, aber nie wirklich erlangen“*[205], daher auch nicht messbar und als ein normatives Gut einzuordnen ist.[206] Aber, obwohl quantitativ nicht messbar, räumt die Gesellschaft jedem Individuum das Recht auf eine gewisse Grundversorgung mit dem Gut Gesundheit ein, die durch die Bereitstellung medizinischer Leistungen und Einrichtungen gewährleistet wird.[207]
In der Gesundheitsökonomie wird dabei die Produktion des Gutes als Transformationsprozess der medizinischen Maßnahmen in das Gut beschrieben.[208] Dieses produzierte Gut („Asset") bildet die Grundlage für Asset-Backed Securities im Gesundheitswesen, da sich die zu verbriefenden Forderungen auf die „Produktion" oder den Handel dieses Gutes oder seiner Komplemente (Medikamente, Diagnostik, Rehabilitation, usw.) zurückführen lassen. Jedoch weist die Gesundheitsökonomie bzw. die „Gesundheitsdienstleistung" einige Besonderheiten auf, die auch für den Einsatz von ABS – direkt oder indirekt – von Bedeutung sind.
Ein Aspekt ist dabei die ethisch-moralische Einstellung der Gesellschaft, das Gut Gesundheit allen Individuen, auch den Leistungsschwachen, zur Verfügung zu stellen, so dass *„dem Sozialstaats- und Bedürfnisprinzip (...) vor dem Leistungsprinzip Vorrang eingeräumt“* [209] wird. Dies leitet sich aus einem Gerechtigkeitsbegriff ab, nach dem einem Menschen bestimmte Grundrechte wie das Recht auf Leben, körperliche Unversehrtheit, Freiheit oder Gleichheit vor dem Gesetz eingeräumt werden. Dazu wird gemeinhin auch das Recht auf Gesundheitsversorgung gezählt.[210] Davon

---

204 *„Health is a state of complete physical, mental and social well-being and not merely the absence of disease or infirmity.“* WHO (1946), S. 100.
205 Kickbusch (1999), S. 274.
206 Vgl. Kickbusch (1999), S. 274. Als vergleichbares Gut nach dieser Formulierung nennt Kickbusch z.B. „Glück". Die Definition der WHO wird i. d. R. auch als eine „politische Formel verstanden, mit dem Auftrag zur Schaffung gesundheitsförderlicher Lebenswelten." Vgl. Beitrag Fülgraff in der Diskussion bei Haverkarte (1999), S. 139.
207 Vgl. Schwartz (1997), S. 11.
208 Vgl. Phelps (1997), S. 16.
209 Schwartz (1997), S. 12.
210 Vgl. Toepffer (1996), S. 85. Für Deutschland bzgl. der Verantwortung für Gesundheit als Verfassungsproblem siehe Haverkarte (1999), S. 119 - 143.

leitet sich weiterhin ab, dass die Gesellschaft für die Bereitstellung der dazu notwendigen Ressourcen aufkommt, da die Inanspruchnahme an Gesundheitsleistungen *„(…) nicht von der ökonomischen Position einer Person abhängen darf.“*[211] So stellen auch Schulenburg/Greiner (2000) fest: *„Seit alters her wurde die Krankenversorgung als eine gesellschaftliche Aufgabe betrachtet.“*[212]

Deshalb existieren heute in den entwickelten westlichen Industriestaaten überall organisierte Versicherungsstrukturen, sei es in der Form von staatlichen Gesundheitsdiensten, staatlichen und privaten Kranken- oder Sozialversicherungssystemen, Zwangs- oder Pflichtversicherungen und mit verschiedenen Arten von Zusatzversicherungsmöglichkeiten. Die Formen dieser Dienste sind vielfältig, aber *„keines der Gesundheitssysteme ist [einem anderen] völlig gleich.“*[213]

Das stellt aber nur einen Teil der Schwierigkeiten auf dem Securitization-Markt für Gesundheitsproduktion dar. Je nach Ausgestaltung dieser Systeme kann man Gesundheit als eine Art öffentliches Gut begreifen, das der Staat seinen Bürgern zur Verfügung stellt. Gleichzeitig dient die Bereitstellung und Sicherung der gesundheitsmedizinischen Versorgung dem Staat als Legitimation für massive Eingriffe und Regulierungen im Gesundheitssektor. Die Kontrolle des Staates zählt auch Phelps (1997) zu den ökonomischen Besonderheiten[214], die im Gesundheitsmarkt besonders merklich in Erscheinung treten, und auch Schulenburg/Greiner (2000) zählen die vielfachen Arten des Staatseinflusses zu den Kernfragen der Gesundheitsökonomie.[215] Graumann (2002) spricht bei der Gesundheit von einem meritorischen Gut, *„das mit öffentlichen Mitteln gefördert wird. Dies induziert ein erhebliches Ausmaß an staatlichen Eingriffen, einen hohen Regulierungsgrad, und (zumindest in der Vergangenheit) eine niedrige Wettbewerbsintensität.“*[216]

Regulierung und staatliche Eingriffe in den Markt werden gemeinhin als störend angesehen, da dadurch *„die distributiven und allokativen Mechanismen des Marktes weitgehend außer Kraft gesetzt werden.“*[217] Jedoch gibt es diese Eingriffe des Staates in den Markt überall und sie sind auch notwendig, insbesondere an Stellen, an denen die Marktmechanismen an ihre Grenzen stoßen (Marktversagen) oder nicht gewollt sind.[218] Z. B. wäre die Reduzierung des Angebotsbestandes medizinischer Leistungen aufgrund einer momentanen Nachfrageschwäche nur in bestimmten Fällen angebracht bzw. hat eine *„(…) aus erwerbswirtschaftlicher Sicht optimale Lagerhaltung (…) keine Bedeutung.“*[219] Auch eine einseitige geographische Entwicklung

---

[211] Toepffer (1996), S. 85, siehe auch Simon (2005), S. 108.
[212] Schulenburg/Greiner (2000), S. 2.
[213] Schneider (1999), S. 206.
[214] Dazu zählt Phelps (1997), S. 2: 1. das Ausmaß staatlicher Kontrolle, 2. das „dominierende“ Vorherrschen von Unsicherheit auf allen Ebenen, 3. die Diskrepanz im Wissensstand („Asymmetric Knowledge“) zwischen den Doktoren und allen anderen Teilnehmern und 4. Externalitäten. Phelps meint hier eine Verhaltensweise der Teilnehmer, bei der die Vorteile (Nachteile) den eigenen „Private Benefit“ („Costs“) übersteigen. Vgl. Phelps (1997), S. 9.
[215] *„Warum ist gerade das Gesundheitswesen Objekt staatlicher Regulierung und besonderer institutioneller Ausgestaltungen der Märkte?“* Schulenburg/Greiner (2000), S. 4.
[216] Graumann/Schmidt-Graumann (2002), S. 3. Siehe zu Gesundheitsleistungen als meritorisches Gut auch Blankart (2003), S. 68 - 69.
[217] Schwartz (1997), S. 12.
[218] Vgl. zur Notwendigkeit von Staatseingriffen in den Markt insbesondere Blankart (2003), S. 55 - 84 und im Hinblick auf meritorische Güter dort S. 68 - 70.
[219] Eichhorn (1979a), S. 6.

des Auf- oder Abbaus von Kapazitäten wäre im Gesundheitswesen nicht erwünscht. Schließlich ist auch die von anderen Märkten bekannte reguläre Preisentwicklung über Angebot und Nachfrage bei medizinischen Leistungen und Produkten nur bedingt erwünscht, da es – wie oben beschrieben – nicht vertretbar wäre, das Gut Gesundheit einem Teil der Gesellschaft vorzuenthalten.
Allerdings ist in kaum einem Marktsegment der Staatseinfluss so groß wie im Gesundheitswesen. Dies gilt für alle Industrieländer gleichermaßen, auch wenn sich die Art und Weise, in der Staat und Regierungen eingreifen, vielfach unterscheiden. Der Einfluss des Staates erstreckt sich auf alle Bereiche des Marktes und betrifft den gesamten Sektor.[220] Es existieren zahlreiche Zulassungsbeschränkungen und -kontrollen für Medikamente und medizinische Geräte, Niederlassungsbeschränkungen und staatliche Arbeitsauflagen für das Personal, insbesondere für Ärzte, Krankenschwestern und Apotheker.[221] Weiterhin gibt es Bewilligungs- und Genehmigungspflichten, spezielle Bauvorschriften und Kontrollen für Krankenhausbauten, Apotheken sowie Pflegeheime und andere medizinische Einrichtungen.
Besonders von staatlichen Kontrollen und Eingriffen betroffen ist die Finanzierung der Systeme. Hier existieren unzählige Maßnahmen und Beschränkungen hinsichtlich der Preisgestaltung von Medikamenten, Arztleistungen und Krankenhauskosten. Diese sind teilweise an das Versicherungssystem und die Zahlungsverpflichtungen gekoppelt, die der Bevölkerung auferlegt werden. Außerdem gibt es Vergünstigungen in Form von steuerlichen Freistellungen für Krankenhäuser und andere medizinische Einrichtungen, die aufgrund ihrer Aufgabe für die Gesellschaft oft den Status der Gemeinnützigkeit innehaben (vgl. dazu auch Kapitel 3.4.3.). So gibt es in den USA etwa auch einen eigenen „AICPA Audit and Accounting Guide“[222] für „Health Care Organizations“. Daneben gibt es auch private Steuervergünstigungen: So können in einigen Ländern verschiedene Ausgaben für medizinische Leistungen von der Steuer abgesetzt werden.[223] Schließlich gibt es auch finanzielle Eingriffe bei den Versicherungsinstanzen, etwa in Deutschland den Sonderfinanzausgleich zwischen den Sozialversicherungsträgern, um strukturelle Unterschiede auszugleichen.[224] So haben sich in den verschiedenen Ländern komplizierte Systeme mit vielen Beteiligten herausgebildet, die an der Erbringung von Gesundheitsleistungen – direkt und indirekt – beteiligt sind.

3.2. Asset Securitization: Das „Vermögen“ des Gesundheitswesens

„In den demokratisch verfassten Industrieländern hat das Gesundheitswesen (...) wesentlich zum Anstieg der Staatsquote, des Anteils der Staatsausgaben an der Wirtschaftsleistung eines Landes, beigetragen.“[225] Dieses Zitat deutet schon auf die besondere Stellung des Gesundheitswesens in den Industrieländern hin und zeigt, dass für die Erhaltung der Gesundheit viele Mittel aufgewandt werden und dieser

220 Vgl. Augurzky et al. (2004a), S. 25.
221 Vgl. Schulenburg/Greiner (2000), S. 67.
222 American Institute for Chartered Public Accounts (AICPA). Vgl. dazu Gross et al. (2000), S. 357.
223 Vgl. Toepffer (1996), S. 16.
224 Vgl. Grossekettler (1999), S. 569 - 570.
225 Schmidt (1999), S. 287.

Sektor eine große Bedeutung in der Wirtschaft hat.
Die Möglichkeit, Asset Securitization – Vermögensverbriefung – in einem Unternehmen einzusetzen, setzt zunächst ein ausreichendes Angebot von „Assets", also von „Vermögen", voraus. Im Wege einer makroökonomischen Betrachtung soll das Vermögen hier als die Größe eines Landes verstanden werden, die in Form von Ein- und Auszahlungen in den Unternehmen für deren Cash-Flow verantwortlich ist und aus der später die verbriefungsfähigen Forderungen zu separieren sind. Bei einer allgemeinen Betrachtung ergibt sich der Zahlungsstrom des Cash-Flows aus der Differenz zwischen Einzahlungen und Auszahlungen.[226]
Die Einzahlungen in die Unternehmen des Gesundheitssektors lassen sich bei einer Gesamtmarkt-Betrachtung aus den Ausgaben der Bevölkerung für die Gesundheit ableiten, die – je nach System – in Form von staatlichen und privaten Auszahlungen, auch über die hier oft beteiligten Versicherungen, an die Unternehmen (Gesundheitsdienstleister) fließen. Im Folgenden soll deshalb ein Überblick über das „Vermögen" der internationalen Gesundheitsmärkte gegeben werden.[227] Gleichzeitig sind die Gesundheitsausgaben ein Indikator für die Bedeutung und Größe des gesamten Sektors in den jeweiligen Volkswirtschaften. Für die Anwendung von ABS ist ferner die Existenz zahlreicher, möglichst großer Forderungs-Pools, die verbrieft werden können[228], eine Voraussetzung.
Daneben müssen zwei grundlegende Charakteristika des zu verbriefenden Vermögens, die als begünstigend für den Einsatz von ABS angesehen werden, hier auf einer übergeordneten Ebene betrachtet werden. Das erste Charakteristikum sind die stabilen, d. h. vorhersagbaren Zahlungsströme, wobei sich die jeweilige Vorhersehbarkeit zu einem großen Teil aus den historischen Zahlungsgegebenheiten des Landes bzw. der Region ableitet. Das zweite Charakteristikum ist eine i. d. R. hervorragende Bonität der Schuldner.[229] Beide Kriterien können aus einer allgemeingültigen Marktbetrachtung heraus abgeleitet werden, indem die bisherige Entwicklung des Gesundheitswesens untersucht und die Herkunft der Mittel betrachtet wird, vor allem, ob es sich um staatliche oder private[230] Forderungen handelt.
Ein erster Indikator für die Bedeutung, Größe und die historische Entwicklung der Gesundheitsausgaben ist der Anteil, den diese Ausgaben am Bruttoinlandsprodukt (BIP) eines Landes ausmachen.

---

226 Vgl. Wolf et al. (2003), S. 15.

227 Die Zugehörigkeit bei der Mittelaufwendung für Gesundheitsausgaben sowie die Einteilung bzw. Unterscheidung in private und staatliche Ausgaben unterliegt dabei der ICHA Klassifikation (International Classification of Health Accounts) der OECD. Hierbei treten oftmals Schwierigkeiten auf, da die Zuteilung insbesondere bei den privaten Ausgaben viele Schwierigkeiten bereiten kann.

228 Vgl. Bär (2000), S. 393; Arbeitskreis „Finanzierung" der Schmalenbach-Gesellschaft (1992), S. 511.

229 Im speziellen Fall werden dabei natürlich auch viele andere Faktoren des Schuldners berücksichtigt, als nur die bloße Zugehörigkeit zum Staat. Auch bei der Evaluierung stabiler Zahlungen müssen im Einzelfall mehrere Tests bzgl. der historischen Zahlungseingänge etc. gemacht werden.

230 Privat beinhaltet dabei aber auch alle Zahlungen von nicht-staatlichen Versicherern und nicht nur sog. Selbstbeteiligungen („Out-of-Pocket Payments").

Abbildung 7: Anteil der Ausgaben für Gesundheit in % des BIP

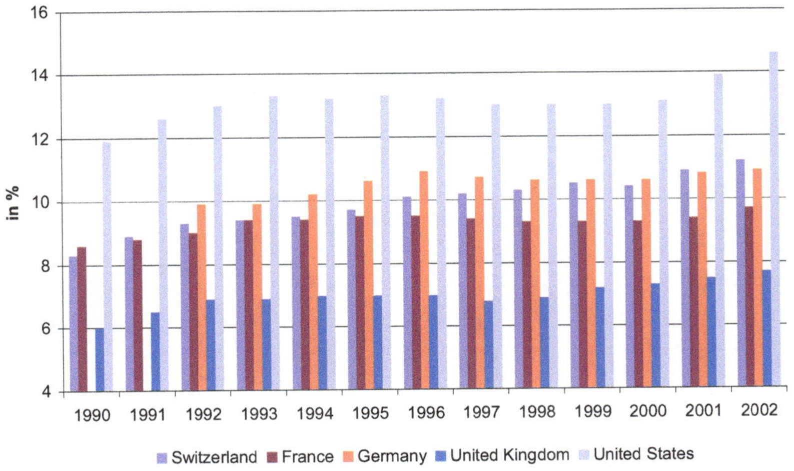

Eigene Darstellung; Daten: OECD (Daten für Deutschland sind aufgrund der Wiedervereinigung erst ab 1992 verfügbar).

Auffällig ist insgesamt die große Bedeutung des Gesundheitswesens an der Volkswirtschaft. In den USA, in der Schweiz und in Deutschland machen die Ausgaben für Gesundheit mittlerweile deutlich mehr als 10% des BIP aus, Frankreich lag im Jahr 2002 nur knapp darunter. In Großbritannien ist dieser Anteil zwar geringer, aber auch hier ist die Entwicklung – wie in den anderen Ländern – steigend. In absoluten Zahlen bedeutet dies für Deutschland, dass im Jahr 2002 € 235 Mrd. für Gesundheit ausgegeben wurden. In den 10 Jahren zwischen 1992 und 2002 betrug die Steigerung der nominalen Ausgaben fast 70%. Die gleiche Entwicklung ergibt sich bei den Ausgaben pro Kopf[231]; siehe Abbildung 8:

[231] Für einen generellen Zusammenhang zwischen den Pro-Kopf-Ausgaben aus dem Blickwinkel der Nachfragetheorie siehe Schmidt (1999). Die Pro-Kopf-Gesundheitsausgaben sind tendenziell um so höher, *„je wirtschaftlich höher entwickelt (…) ein Land ist, (…) je leichter dort viele oder alle Zugang zum Gesundheitswesen haben, (…) und (…) je höher die Seniorenquote ist (…).“* Schmidt (1999), S. 298.

Abbildung 8: Entwicklung der Pro-Kopf-Ausgaben* für Gesundheitsleistungen

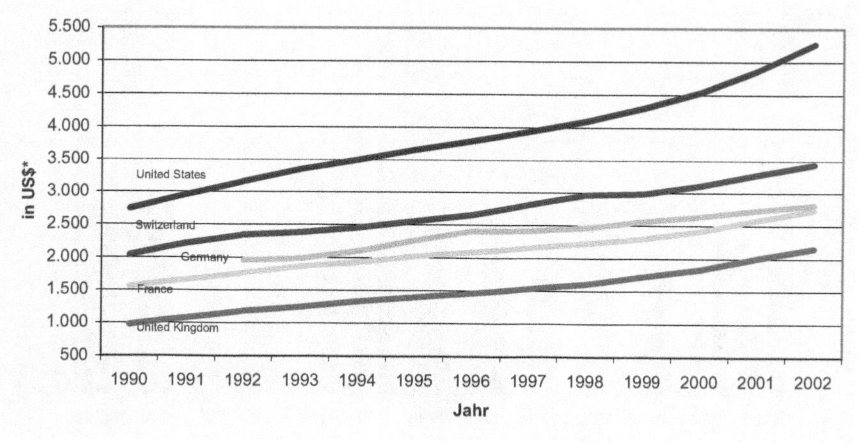

Eigene Darstellung; Daten: OECD (Daten für Deutschland aufgrund der Wiedervereinigung erst ab 1992 verfügbar); *PPP=Purchasing Power Parity (Kaufkraftparität).

Im Hinblick auf die Entwicklung und das Volumen der Ausgaben der Bevölkerung pro Kopf ist offensichtlich, dass es sich bei Ausgaben von über US$ 5.000 pro Kopf pro Jahr in den USA, knapp US$ 3.500 in der Schweiz oder ca. US$ 2.700 in Deutschland um einen sehr großen Markt handelt. Vor dem Hintergrund des Einsatzes von Asset Securitization ist die historische Stabilität bzw. Zunahme der Ausgaben sehr positiv zu werten, da sie – zumindest aus einer makroökonomischen Perspektive – einen kontinuierlichen Einnahmenstrom bei den Unternehmen bedeutet. Sowohl die Gesamtausgaben als auch die stetig ansteigenden Ausgaben pro Kopf weisen ein stabiles Wachstum in den letzten Jahrzehnten auf. Das ist im Hinblick auf ABS vor allem deshalb wichtig, weil eine möglichst konjunktur-unabhängige Nachfrage nach dem verbrieften Gut als begünstigend für Asset Securitization betrachtet wird. Vor allem bei allen revolvierenden Strukturen ist dies wichtig, denn es muss sichergestellt sein, dass dem Originator immer genügend Forderungen zur Abtretung zur Verfügung stehen.[232] Insbesondere bei „Whole Business"- und „Future Flow"- Verbriefungen (siehe dazu Kapitel 4.1.2. und Kapitel 4.1.3.) ist es für ein Gelingen von essentieller Bedeutung, dass die Erträge krisenfest sind, die Originatoren sich also in einem rezessionssicheren Umfeld bewegen.[233]

Dass dieser Markt von der allgemeinen Konjunkturentwicklung zu einem Großteil abgekoppelt ist und sich das Wachstum der pro-Kopf Gesundheitsausgaben deutlich überproportional zum pro-Kopf Wachstum des BIP erhöht, zeigt die nachstehende Abbildung:

---

232 *„(...) erscheint das Instrument ABS besonders für Unternehmen mit – konstant oder saisonal – hohen Forderungsbeständen geeignet (...).“* Arbeitskreis „Finanzierung“ der Schmalenbach-Gesellschaft (1992), S. 511.

233 Vgl. Dittrich/Kölb-Vogt (2002), S. 180.

Abbildung 9: Pro-Kopf-Wachstum in % (BIP und Gesundheitsausgaben im Vergleich)

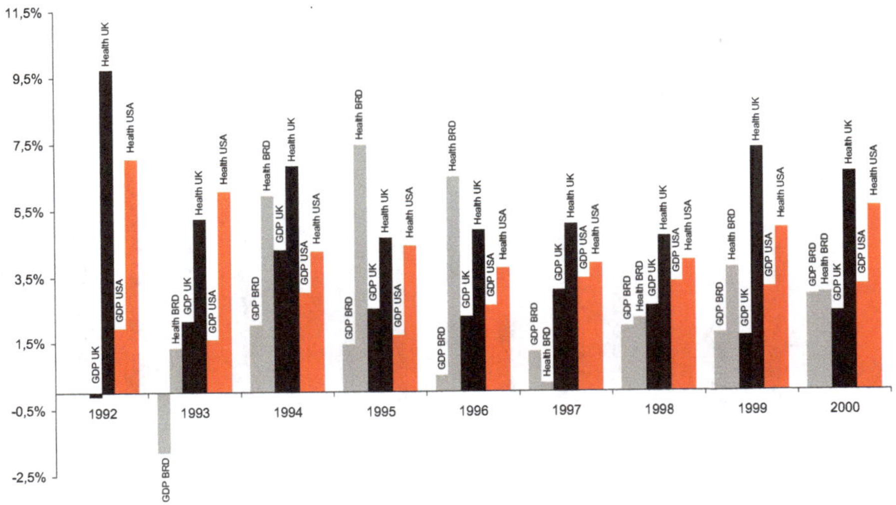

Eigene Darstellung; Daten: OECD (Daten für Deutschland aufgrund der Wiedervereinigung erst ab 1993 verfügbar).

Diese Entwicklung zeigt, dass die Wachstumsrate der Gesundheitsausgaben pro Kopf in jedem Jahr[234] in den betrachteten Ländern höher als die Wachstumsrate des BIP lag. Letztlich können diese Entwicklungen auf den jeweiligen Stellenwert der Gesundheit zurückgeführt werden.[235] Zum anderen spielen auch allgemeine demographische Faktoren eine Rolle bei der Zunahme der Gesundheitsausgaben.

Ein entscheidender Faktor bei der Verbriefung von Forderungen ist auch die Bonität der Schuldner der verbrieften Forderungen. In diesem Punkt kommt die besondere Bedeutung des Gesundheitswesens zum Tragen, vor allem eine gewisse „Leistungsgarantie" und Fürsorge des Staates. Die Ausgaben für Gesundheit werden schließlich zu einem großen Teil aus öffentlichen Mitteln (Steuern, Sozialversicherungen, etc.) bezahlt, wie Abbildung 10 verdeutlicht:

---

234 Die einzige Ausnahme bildet das Jahr 1997 in Deutschland (was eventuell auf das Gesundheitsstrukturgesetz von 1996 zurückgeführt werden könnte).

235 Vgl. dazu insbesondere Kapitel 3.1.

Abbildung 10: Anteil der öffentlichen Mittel an den Gesundheitsausgaben

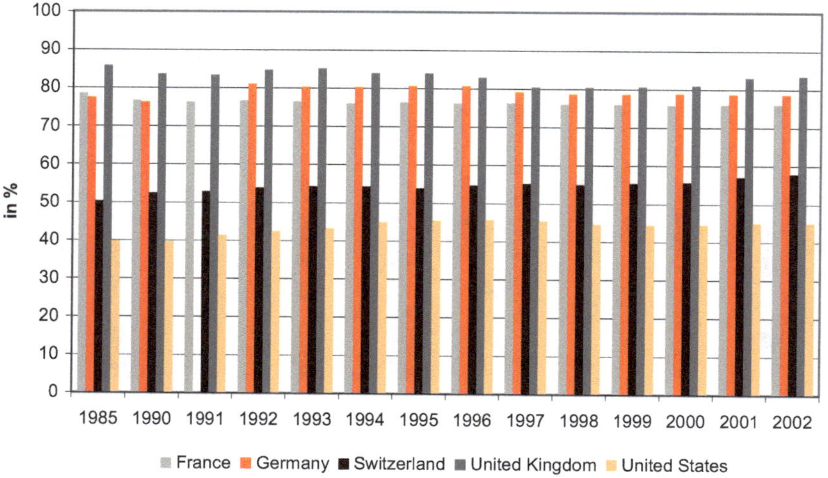

Eigene Darstellung; Daten: OECD.

Eine Ausnahme bilden hier die USA, bei denen der Anteil der öffentlichen Gesundheitsausgaben weniger als die Hälfte ausmacht. Unter den Mitgliedsstaaten der OECD stellen sie damit eine einzigartige Besonderheit dar.[236] Nichtsdestotrotz sind die USA das Land, in dem bisher am häufigsten die Asset Securitization im Gesundheitswesen zum Einsatz kam. Da aber in diesen Verbriefungen zum überwiegenden Teil Forderungen gegen öffentliche Schuldner verbrieft wurden[237], kann man bereits an dieser Stelle feststellen, dass eine hohe Quote öffentlicher Mittel positiv zu bewerten ist, da die potentiellen, einer Verbriefung zur Verfügung stehenden Forderungsbestände der Unternehmen dadurch zunehmen. Das folgende Schaubild veranschaulicht die Höhe und Verteilung der pro-Kopf-Gesundheitsausgaben aus dem Jahr 2002:

236 Die Schweiz, die in Europa mit Abstand den geringsten Anteil an öffentlichen Mitteln für Gesundheit ausgibt, wird deshalb auch als die „europäischen USA" bezeichnet. Vgl. Bernardi-Schenkluhn (1992), S. 179.

237 Vgl. zu einer ausführlichen Betrachtung Kapitel 6.

Abbildung 11: Gesundheitsausgaben pro Kopf, Verteilung öffentlich vs. privat

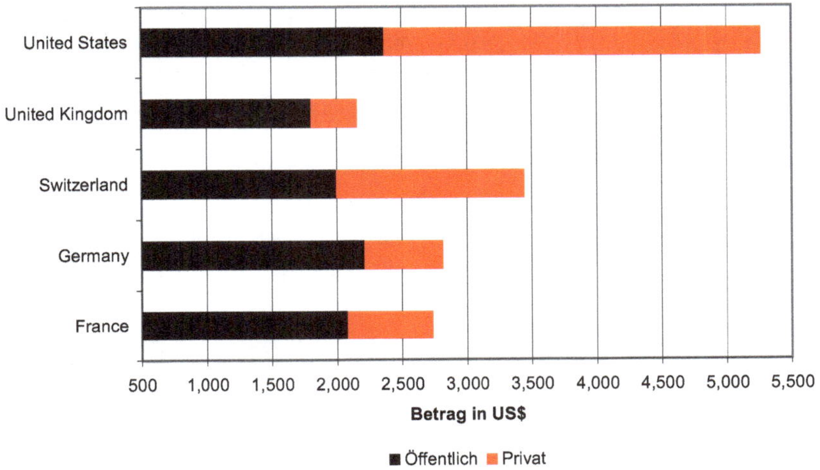

Eigene Darstellung; Daten: OECD.

Vor dem Hintergrund einer ABS Transaktion ist jedoch nicht nur die Verteilung zwischen den öffentlichen und privaten Mitteln sondern auch der absolute Betrag von Bedeutung, da er Auswirkungen auf die Größenordnung der Umsätze der Gesundheitsdienstleister hat bzw. ein Indikator dafür ist. So ist es in den USA auch für kleinere Krankenhäuser leichter, das für ABS-Strukturen notwendige Volumen zu erreichen, das benötigt wird, um eine Transaktion am Kapitalmarkt zu platzieren bzw. um an einer „Multi-Seller" Struktur (oder ABCP-Programm) teilzunehmen.

Zusammenfassend lässt sich feststellen, dass der Markt für Gesundheitsleistungen in den Industrieländern (dies gilt auch für alle hier nicht berücksichtigten Staaten) einen erheblichen Anteil des BIP ausmacht.[238] Die Entwicklung der Ausgaben in den letzten Jahren ist bzgl. der Asset Securitization als positiv zu werten, da eine stetige und auch eine gewisse konjunktur-unabhängige[239] Steigerung zu beobachten ist. Aus dieser Marktübersicht heraus stellt sich das „Vermögen" des Gesundheitssektors – hier in Form der Ausgaben, die als Maßstab für den Cash-Flow der Unternehmen dienen – als beachtliche Größe dar. Die Mittel werden zu einem erheblichen Maß vom Staat oder von staat-ähnlichen Institutionen aufgebracht bzw. bereitgestellt[240], was Asset Securitization im Gesundheitswesen besonders interessant erscheinen lässt.

---

238 Vgl. insbesondere Schmidt (1999), S. 290.

239 Konjunktur-Unabhängigkeit in dem Sinn, dass die Ausgaben immer über der Steigerung des BIP lagen und auch – teilweise sehr hohe – positive Wachstumsraten der Pro-Kopf-Ausgaben erzielt wurden, wenn die Wachstumsrate des BIP sehr gering oder negativ war. Ein umgekehrtes Verhältnis war nicht zu beobachten. Ein genereller Zusammenhang zwischen den Wachstumsraten des BIP und den Pro-Kopf-Gesundheitsausgaben wurde hier nicht untersucht. Vgl. dazu z. B. Schmidt (1999): „Die Gesundheitsausgaben und die Staatsquote".

240 Für weiterführende Angaben – auch zu anderen OECD Staaten – siehe Schmidt (1999), S. 293.

3.3. Gesundheitsversorgung: Beteiligte

Der Markt für Gesundheit lässt sich in zwei Bereiche unterteilen, die Versorgung („Health Services") und die Produkte („Health Goods"). Abbildung 12 gibt einen Überblick über die Teilnehmer und die Versorgung einer Gesundheitsökonomie der Angebotsseite:

Abbildung 12: Versorgungsstrukturen des Gesundheitswesens

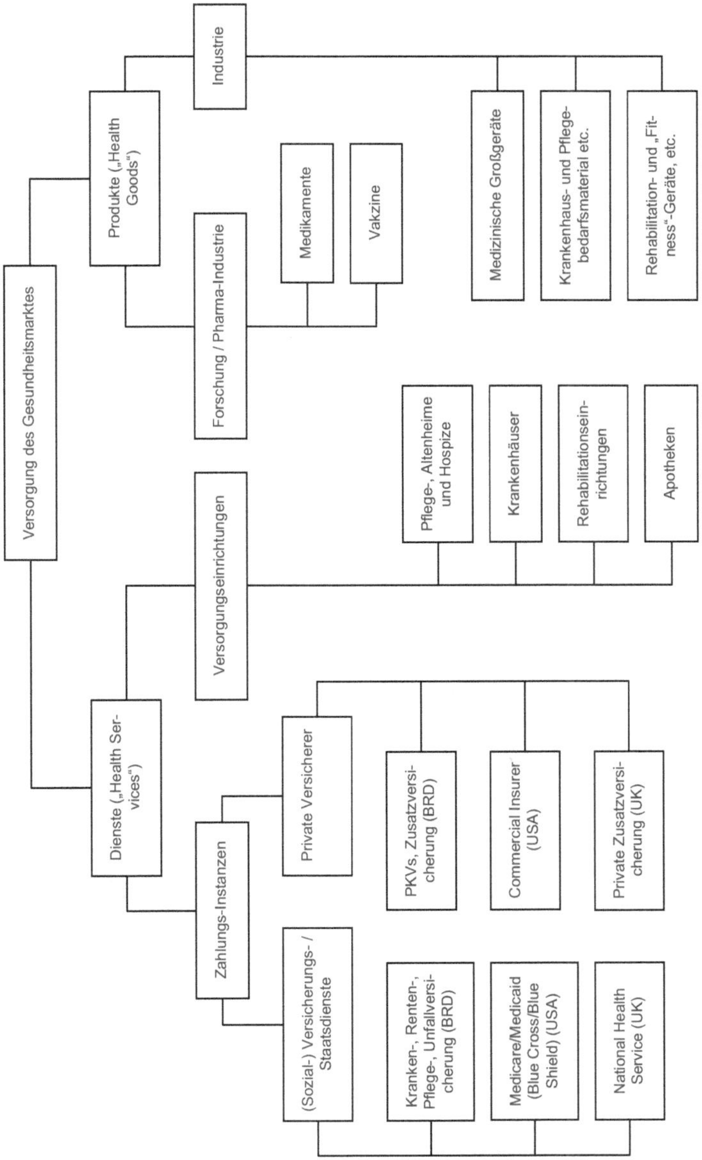

Eigene Darstellung.

Die einzelnen Gesundheitssysteme und Versorgungsstrukturen sind zu heterogen, als dass man sie in einem Gesamtüberblick differenzierter darstellen könnte. Dies trifft vor allem auf die Gestaltung und Finanzierung der Versicherungsstrukturen zu. So weichen bei den hier dargestellten Ländern USA, BRD und UK die Finanzierungs-Strukturen der staatlichen Versorger in Art und Leistungsumfang stark voneinander ab. Insbesondere die Finanzierung der Versorgungsunternehmen ist dabei in einem hohen Maße von der Gestaltung des jeweiligen Gesundheitssystems abhängig.[241] Gleichzeitig beruht keines der Systeme auf einer durchgehenden Struktur, sondern es existieren in allen Ländern neben dem öffentlichen Sektor auch private Versorgungsunternehmen, die wiederum von den Gesetzen und Reglementierungen des Staates abhängig sind. Die Unterschiede und Konsequenzen für den Einsatz von ABS werden in späteren Kapiteln erörtert.

3.4. Securitization im Gesundheitswesen

Nachdem die grundlegende Struktur und wesentliche Ziele bei der ABS-Finanzierung vorgestellt worden sind und der Gesundheitsmarkt in seinen wesentlichen Bestandteilen dargestellt wurde, soll im Folgenden untersucht werden, inwiefern es zwischen ABS-Finanzierung und dem Gesundheitsmarkt Berührungspunkte gibt und wo die Besonderheiten in der Verknüpfung dieser beiden Märkte liegen. Dabei werden zunächst aus der Entstehung von Finanzinnovationen Erklärungsansätze für den Einsatz von ABS im Gesundheitswesen abgeleitet. Danach erfolgt eine Analyse der Teilnehmer der Gesundheitsmärkte und ihrer besonderer Finanzierungssituation. Abschließend wird diskutiert, inwiefern die Disintermediation und ein „Trend zur Verbriefung“ vorteilhaft für Gesundheitsdienstleister sein können.

3.4.1. Betrachtung von ABS als Innovation im Gesundheitswesen

„With financial innovations, very seldom do we observe the introduction of something entirely new. Rather, innovation typically involves modification of an existing idea, either a product or a process. The dramatic technological breakthroughs that occur in the product markets usually are not found in the financial markets.“[242]

Obwohl die erste Emission einer ABS-Transaktion über 20 Jahre zurückliegt und es seitdem etliche weitere gab, wird bei Asset Securitization immer wieder von einer Finanzinnovation gesprochen, und im Hinblick auf den deutschen Markt scheint dies immer noch gerechtfertigt (vgl. auch Kapitel 2.2. und 10.1.). An dieser Stelle sollen allgemeine Erklärungen zu Finanzinnovationen herangezogen werden, um die Entstehung von ABS einerseits und ihre Daseinsberechtigung für die Verwendung im Gesundheitswesen andererseits darzustellen.

---

[241] Folgt man etwa der Einteilung nach Simon (2005), S. 68, so liegen gerade die drei in Abbildung 12 genannten Systeme in unterschiedlichen Kategorien. Während das System der USA marktwirtschaftlich strukturiert ist, gilt das des UK als staatliches System. Die BRD liegt mit einem staatlich regulierten Sozialversicherungssystem „dazwischen“.

[242] Van Horne (1985), S. 621; siehe dazu auch Paul (1994), S. 227.

Die Teilnehmer des Finanzmarktes sind aufgrund ihrer jeweiligen Finanzierungssituation und aufgrund der unvollkommenen Funktionsweise der Märkte damit beschäftigt, neue Finanzierungswege zu finden. Dies geschieht in einer wechselseitigen Beziehung, auf der einen Seite getrieben durch die Finanzintermediäre bzw. Produktanbieter (z. B. Investment-Banken), die sich auf die Probleme und Bedürfnisse der Kunden einstellen, und auf der anderen Seite durch den Drang der Unternehmen, sich durch Innovationen neue Wege der Finanzierung – vor allem Kosten sparende – zu erschließen. Häufig tauchen Innovationen am Kapitalmarkt dann auf, wenn Firmen nach Möglichkeiten suchen, die ihre Finanzierungsprobleme besser als die bestehenden Instrumente lösen könnten.[243] Schließlich sind auch die Investoren an neuen Finanzprodukten interessiert, um sich mehr Diversifikationsmöglichkeiten und Investitionsmöglichkeiten zu schaffen.
So erklären Greenbaum/Haywood (1971) die Entstehung von Finanzinnovationen damit, dass durch ihre Existenz ein steigender „non-human" Reichtum pro Kopf erreicht werden kann. Ein Effekt, der durch die Hinzunahme eines weiteren „Assets" in ein Portfolio ausgelöst wird. D. h., die Möglichkeiten der Diversifikation eines Portfolios steigen durch Finanzinnovationen und können die gleichzeitig steigenden Managementkosten rechtfertigen.[244] Im Sinne der nachfrageorientierten Betrachtung und für die Anwendung auf ABS bedeutet dies, dass die Innovation von ABS dadurch zu erklären ist, dass es durch ihre Entwicklung möglich wurde, Portfolien weiter zu diversifizieren, *„(...) weil ABS das Risiko spezieller Aktiva verkörpern, die so bisher nicht gehandelt (...)"*[245] werden konnten.

Die aktuellen Entwicklungen am Kapitalmarkt scheinen diese Interpretation zu untermauern: *„(...) die Investoren haben Zugang zu weit größerer Diversifikation, als es Aktien oder Anleihen einzelner Unternehmen bieten könnten."*[246] Im Hinblick auf das Gesundheitswesen ist diese Erkenntnis auch deshalb bedeutend, weil sie zeigt, dass Verbriefungen von Forderungen aus dem Gesundheitswesen, den Investoren bzw. dem Kapitalmarkt neue Investitions- bzw. Diversifikationsmöglichkeiten eröffnen bzw. bereits eröffnet haben.[247] Solche Diversifikationsmöglichkeiten können zum einen einer Sektor-spezifischen Diversifikation folgen, also dem einfachen Verlangen in das Gesundheitswesen als neuen Sektor zu investieren. Zum anderen mag aber auch das Zusammenspiel zwischen Forderungssicherheit, Laufzeit und/oder Rendite reizvoll erscheinen, d. h. ein Risiko/Rendite-Profil, das am Markt so bisher nicht existiert.[248]

---

[243] Vgl. Dufey/Giddy (1981), S. 33. Dabei können diese Innovationen in „aggressive", d. h. ohne äußeren Impuls entwickelte, und „defensive", also durch exogene Änderungen der Umweltzustände (z. B. durch staatliche Regulation, Preisänderungen), unterteilt werden. Vgl. Dufey/Giddy (1981), S. 34 - 35. Eine ähnliche Unterteilung ist die Unterscheidung in angebots- oder nachfrageinduzierte Innovationen. Vgl. auch Dufey/Giddy (1981), S. 34; diese Unterscheidung findet sich auch bei Bartelt (1999), S. 19 - 22.

[244] Vgl. Greenbaum/Haywood (1971), S. 574, 586 - 587.

[245] Bartelt (1999), S. 20.

[246] Dorendorf (2003a), S. 23; siehe auch Scherff (2003), S. 43.

[247] Vgl. auch Kapitel 4.3.

[248] Vgl. Weaver et al. (2000), S. 4. Siehe z. B. auch o. V. (1999), o. S.: *„Mayne Nickless adds a hospital to Australia's ABS mix": (...) the deal broke new ground for the Australian bond market, offering the rare combination of a long maturity, high margin and lack of prepayability. The deal confirmed our expectations that investors would buy long dated securities (...)."*

Dazu fasst van Horne (1985) zusammen: *„(...) there is an unfilled desire for a particular type of security on the part of an investor clientele.“*[249]

So kann man die Innovation von ABS oder ihre Anwendung im Gesundheitswesen auch als Form von „Unbundling“[250] oder „Repackaging“[251] verstehen. Das „Entkoppeln“ von Zahlungsströmen ermöglicht es Investoren, in Aktiva eines Unternehmens zu investieren, zu denen sie vorher keinen Zugang hatten oder allenfalls nur im Verbund mit den anderen Aktiva des Unternehmens.[252]
So ermöglichen „Healthcare ABS“ zum einen die Investition in den Gesundheitssektor, indem man z. B. „Bestände“ eines Krankenhauses – unabhängig von dessen Bonität – erwirbt. Zum anderen können Forderungen gegen staatliche Versicherer gekauft werden, zu denen Investoren ohne ABS sonst keinen „Einzel-Zugang“ hätten.[253] Für die Entstehung der ABS waren daher hier auch gewisse Fortschritte der Finanzwissenschaft – insbesondere in der Portfoliotheorie und der Zeitreihenanalyse – erforderlich, um einzelne Finanzprodukte besser anhand ihrer Basiselemente bewerten zu können.[254] Die Bewertung wiederum konnte dabei teilweise nur durch bestimmte innovative EDV-Anwendungen realisiert und günstig angewandt werden.[255]
Wichtig für das System der Forderungsverbriefungen im Gesundheitswesen ist auch das „Neugestalten“ („Repackaging“) von Zahlungsströmen. Ross (1989) hat gezeigt, dass es sich lohnen kann, Wertpapiere durch „Repackaging“ in unterschiedliche Risikoklassen – risikolose Wertpapiere und „Low Grade Securities“ – aufzuteilen[256]. Wichtig ist in dem Zusammenhang auch, dass bei der Asset Securitization oft durch die Subordination der Tranchen ein ähnlicher Vorgang vollzogen wird, d. h., dass ein Teil des Unternehmens über ABS quasi „risikolos“ verkauft wird (die „oberste Tranche“). Dieses „Unbundling“ und „Repackaging“ im Gesundheitswesen ist in gewisser Weise bereits in den USA zu sehen. Hier wurden kurzfristige („non-amortizing“) Krankenhausforderungen in eine langfristige Zahlungsstruktur mit geregelter Zinszahlung übergeführt, was nur durch die Innovation der Pay-Through ABS-Strukturen möglich war, die durch ein „Credit Enhancement“ als Subordination so an die Investoren weitergegeben wurden. Es wurden also vom Krankenhaus Aktiva „abgetrennt“, in verschiedene Tranchen neu „verpackt“ und dann an Investoren verkauft, die je nach Risiko- bzw. Rendite-Erwartungen die gewünschte Tranche erwarben.
Dufey/Giddy (1981) haben eine Reihe von Finanzinnovationen, die nach den 1950er Jahren entstanden sind, analysiert und versucht, deren jeweiligen Erfolg oder Misserfolg zu erklären. Als Gründe für die Entstehung von Finanzinnovationen geben sie

---

249 Van Horne (1985), S. 622.

250 *„Securitization, (...), implies that some of these functions can be more profitably unbundled.“* Thomas (1999), S. 322. Siehe auch Dufey/Giddy (1981), S. 35; Bartelt (1999), S. 21, 23 - 24.

251 Vgl. Ross (1989), S. 554.

252 Vgl. Rosenthal/Ocampo (1988), S. 9; Bartelt (1999), S. 24.

253 Dies wurde auch in Interviews bestätigt. Es gibt für Investoren – insbesondere im deutschen Markt – kaum eine Möglichkeit, gezielt in den Gesundheitsmarkt außerhalb der Produktseite (vgl. Abbildung 12) zu investieren.

254 Vgl. Bartelt (1999), S. 23, 66.

255 Zur Bedeutung von EDV und technischem Fortschritt im Hinblick auf Finanzinnovationen vgl. van Horn (1985), S. 623 - 625, in Bezug auf Asset Securitization siehe Bär (2000), S. 178 - 179 sowie Bartelt (1999), S. 56 - 57, 66.

256 *„(...) that it pays to crack the security into a high grade and a stripped off low grade component.“* Ross (1989), S. 554.

zum einen den Anreiz an, staatliche Restriktionen umgehen zu können. Außerdem haben sie betont, dass Innovationen das Ergebnis von Anpassungsmechanismen an die „Veränderungen der relativen Preise oder Risiken" sind, die durch bestehende Finanzinstrumente nicht abgedeckt sind.[257]
Während die Umgehung staatlicher Restriktionen bei der ABS-Finanzierung im Gesundheitswesen eher eine kleine Rolle spielt, ist die zweite Begründung ein entscheidendes Argument für die Entstehung von ABS im Allgemeinen und deren Verwendung im Gesundheitswesen im Besonderen. Die Innovation der Asset Securitization und ihre Ausweitung auf das Gesundheitswesen haben es ermöglicht, einige „Lücken" der bestehenden Finanzinstrumente zu schließen, da durch ABS neue Formen von Risiko-Allokationen[258] erreicht werden können, weitere Arten von Zahlungsströmen bzw. Liquidität für die Investoren erschlossen und andere Möglichkeiten der Diversifizierung – sowohl für die Investoren als auch für die Originatoren – geschaffen werden.[259] Insbesondere im Gesundheitswesen, wo die Möglichkeiten zur Finanzierung über die bekannten Eigen- und Fremdkapitalprodukte für die Teilnehmer teilweise limitiert sind (vgl. auch Kapitel 3.4.3.), bieten ABS eine neue Finanzierungsalternative: Als die „Erfindung" von ABS bereits gemacht war, hat die Unvollkommenheit der Märkte die Teilnehmer ermutigt, das Produkt ABS zu modifizieren und es anderen Marktteilnehmern – wie etwa denen des Gesundheitswesens – zur Verfügung zu stellen. *„A profitable innovation, of course, invites others to enter the marketplace with a like product or process."*[260]

Auch Silber (1983) nennt als Anreiz für die Innovation von Finanzinstrumenten sich ändernde exogene Umstände, die dafür verantwortlich sind, dass eine Firma beginnt, neue Finanzierungsmöglichkeiten zu suchen oder – im Fall einer Bank – anzubieten.[261] Als exogene Verursacher des Marktes nennt er z. B. sich ändernde Zinssätze und Preisänderungen oder eine generell hohe Volatilität der Zinsen.[262] Im Zusammenhang mit der Innovation von ABS bedeutet dies letztlich, dass nicht nur staatliche Restriktionen zu Innovationen führen, sondern auch die Veränderungen des Marktes selbst Firmen neue Finanzierungswege suchen lassen.[263]
Die Gesundheitsmärkte sind aufgrund der sich verändernden demographischen Lage und zunehmender Finanzierungsprobleme – nahezu jeder Staat hat eigene Vorstellungen von der Finanzierung des Krankenhaus- und Pflegemarktes entwickelt – auf neue Finanzierungswege angewiesen. Umstellungen der Finanzierung, Privatisierungen, Zusammenlegungen oder Schließungen von Einheiten verändern den Markt des Gesundheitswesens nachhaltig und verlangen von den Betreibern, sich neue Finanzierungsmöglichkeiten zu öffnen bzw. machen das Angebot für Banken interessanter. So schreibt Silber (1983): *„New sources and uses of funds are innovated*

---

257 Vgl. Dufey/Giddy (1981), S. 35.
258 *„Den Investoren bieten ABS-Anleihen generell eine vergleichsweise hohe Ratingstabilität. Außerdem können sie dadurch unterschiedlich geartete Tranchen in verschiedene Risikokategorien investieren."* Arendt/Kölbl-Vogt (2002), S. B8.
259 Vgl. auch Bartelt (1999), S. 21.
260 Van Horne (1985), S. 622.
261 Vgl. Silber (1983), S. 89 - 90.
262 Vgl. Silber (1983), S. 91.
263 Vgl. Bartelt (1999), S. 19.

when exogenous changes in the environment stimulate the search for new policy tools."[264] Diese Entwicklungen kann man im Zuge der Entstehung von ABS im Gesundheitswesen der USA deutlich erkennen. (vgl. dazu insbesondere Kapitel 5.4.).
Es lassen sich im Hinblick auf die ABS-Entstehungen einige Erklärungsansätze finden, die den Sinn und den Einsatz von ABS im Gesundheitswesen untermauern. Ein Faktor bei der Entwicklung neuer Finanzierungsinstrumente bzw. des Einsatzes bestehender Instrumente in neuen Sektoren ist die sich ändernde Landschaft der Unternehmen, die durch exogene Umstände beeinflusst wird. Daneben sind aber vor allem auch die Anbieter von Investment-Produkten an der Innovation von Lösungen und der Erschließung neuer Sektoren interessiert, um sowohl den Unternehmen als auch den Investoren verbesserte Finanzierungs- bzw. Investitionsmöglichkeiten zu bieten. Der Diversifikations-Aspekt spielt hier eine große Rolle, und Healthcare-ABS bieten die Möglichkeit, in neuartige Zahlungsströme zu investieren, was eine Diversifikation des Portfolios der Investoren erlaubt.

3.4.2. Gesundheitsdienstleister am Kapitalmarkt

Das Verhältnis zwischen Gesundheit und Kapital und die Wechselwirkung von Gesundheitswesen und Kapitalmärkten sind von besonderem Charakter. Die Schwierigkeiten lassen sich auf die grundsätzliche Problematik zurückführen, dass die Grundprinzipien der beiden Märkte nicht miteinander vereinbar sind, nämlich auf der einen Seite eine möglichst hohe Rendite auf das eingesetzte Kapital zu erzielen bzw. ein gutes Risiko/Ertrags-Verhältnis einzugehen, und auf der anderen Seite der Vorrang der bedarfswirtschaftlichen vor einer erwerbswirtschaftlichen Zielsetzung. Das Hauptproblem leitet sich aus den Besonderheiten – die sich aus dem Gut und der Ökonomie ergeben[265] – ab, da das Gesundheitswesen die Rendite-Forderungen der Kapitalgeber, die sich wiederum aus dem Angebot anderer Branchen ableiten, nicht erfüllen kann.
Im Folgenden werden die Unterschiede dieser Märkte und die Besonderheiten des Gesundheitsmarktes hinsichtlich der Kapital-Akquisition erörtert und die Schwierigkeiten der Verknüpfung beider Märkte dargelegt. Anschließend kann evaluiert werden, warum gerade Asset Securitization bzw. ABS diese Probleme mindern können und warum sich das Gesundheitswesen vielleicht besonders für ABS anbietet.

Die vielen verschiedenen Beteiligten der Gesundheitssysteme erfüllen unterschiedliche Aufgaben und weisen auch sehr verschiedene Formen der Organisation und Zielsetzung auf. Einer der zentralen Unterschiede zwischen dem Gesundheitswesen und anderen Wirtschaftssektoren wird durch die Frage nach der gewinnwirtschaftlichen Ausrichtung der in Abbildung 12 dargestellten Teilnehmer des Gesundheitssystems verdeutlicht. Während die Produktseite und ihre Beteiligten, also die pharmazeutische Industrie und Anbieter von Medizinprodukten, aus einem internationalen Markt vieler verschiedener Anbieter besteht, die in Konkurrenz zu einander stehen und gewinnwirtschaftlich orientiert sind, findet man auf der Dienstleistungsebene un-

[264] Silber (1983), S. 89.
[265] Vgl. Kapitel 3.1.

terschiedliche Strukturen der diversen Anbieter. Sowohl bei den Zahlungsinstanzen als auch bei den Versorgungseinrichtungen findet man ein breites Spektrum an Unternehmensformen und Marktstrukturen. Sie können der direkten staatlichen Kontrolle unterliegen, gemeinnützig oder privat organisiert, erwerbs- oder bedarfswirtschaftlich arbeiten bzw. unzählige weitere Kriterien oder Kombinationen miteinander vereinen. Die Unterschiede der einzelnen Versicherungsanbieter werden dabei maßgeblich von den Regierungen und einem historisch gewachsenen Sozial- oder Krankenversicherungsgefüge mit nationalen Besonderheiten beeinflusst. Während etwa in Deutschland das Sozial- und Krankenversicherungsnetz durch viele Anbieter zu einem Großteil durch Abgaben auf Löhne und Gehälter gespeist wird, wird der „National Health Service" (NHS) in Großbritannien oder das System in Italien[266] fast ausschließlich aus Steuermitteln finanziert. Aber auch die Ausgestaltung des Krankenhaus- und Pflegemarktes ist durch die jeweiligen Staats- und Rechtsformen sowie die Entstehungsgeschichte geprägt.
Bezüglich ihrer Beziehung zum Kapitalmarkt können die Anbieter der Versorgung der Gesundheitsmärkte in drei Gruppen unterschieden werden. Die erste Gruppe wird von den staatlichen oder quasi-staatlichen Versicherungsinstanzen gebildet. Sie werden entweder durch den Staat direkt oder über besondere Abgaben und Gebühren finanziert bzw. getragen. Ihre Stellung und Beziehung bzgl. der Kapitalmärkte ist in jeder Hinsicht exzeptionell.
Die zweite Gruppe stellen herkömmliche Unternehmen mit gewinnwirtschaftlicher Ausrichtung und den bekannten Finanzierungsbedürfnissen eines Wirtschaftsunternehmens dar. Hier sind in erster Linie die Produktanbieter und die privaten Versicherungsanbieter anzusiedeln. Sie bewegen sich in einem kompetitiven, oft internationalen Markt und werden i. d. R. von Banken und Kapitalmärkten nach ihrem Erfolg und Risiko (Verschuldung, Rendite etc.) verglichen und beurteilt. Zu dieser Gruppe kann man auch Apotheken und einen gewissen Teil der – i. d. R. die privatwirtschaftlich organisierten – Krankenhaus-, Alten-, und anderen Pflege-Einrichtungen zählen. Dieser Teil der Gruppe weist allerdings bereits wieder einige Besonderheiten auf, denn die Anbieter arbeiten zumeist in einem nationalen Umfeld und werden teilweise durch Sonderkonditionen und Zahlungen des Staates und der Gemeinschaft unterstützt. Bezüglich ihrer Beziehung zu Finanzdienstleistern und Kapitalmärkten sind sie aber zum überwiegenden Teil den dort vorherrschenden Anforderungen unterworfen.
Zur dritten Gruppe gehören alle anderen Unternehmen und Versorgungseinrichtungen, insbesondere die Krankenhäuser, Pflege- und Altenheime, Rehabilitationszentren und dergleichen, aber auch Teile der Versicherungsstrukturen (etwa Blue Cross/Shield in den USA) fallen darunter. Sie können zwar sehr unterschiedlich organisiert sein und eine enorme Heterogenität bzgl. Größe, Träger oder Rechtsform aufweisen, ihnen gemein ist jedoch der Status oder die Organisation als „Not-for-profit" (oder „Non-profit", NP) Unternehmen, wodurch sich auch ihre besonderen Schwierigkeiten in der Beziehung zu Banken und Kapitalmärkten ergeben. Das Gesundheitssystem zeichnet sich so i. d. R. durch einen hohen Anteil an „Not-for-Profit" Unternehmen („Not-for-profit Organisation", NPO) aus, und innerhalb der Non-profit Gruppe nehmen die des Gesundheitswesens den größten Anteil ein.[267]

---

[266] Vgl. Nuscheler (2005), S. 2.
[267] Vgl. Maßmann (2003), S. 24 - 25; Gross et al. (2000), S. 356; Sloan (1998), S. 151.

Die Definitionen von NPO sind sehr unterschiedlich und Löwe (2003) stellt fest: *„In der NPO-Forschung existieren – selbst innerhalb der gleichen Forschungsrichtung – keine einheitlichen Begriffsdefinitionen.“*[268] So verstehen sehr eng gefasste Begriffsbestimmungen die NPOs als Einrichtungen, die nicht die Absicht einer Gewinnerzielung haben. Etwas weiter gefasst sind Definitionen, die den NPOs ein höheres Ziel als bloße Gewinnerzielung einräumen. Oft wird der NPO Begriff auch missverstanden, indem ein Gewinnentstehungsverbot oder die mangelnde Gewinnerzielungsfähigkeit subsumiert wird.[269] Vollständiger ist jedoch vielmehr die Definition von Wendel (2001): *„Der Zweck einer Nonprofit-Organisation besteht (...) nicht darin, Gewinne zu vermeiden, sondern bestimmte bedarfswirtschaftliche sowie karitative, diakonische, humanitäre oder weltanschauliche Ziele zu verwirklichen.“*[270] Wendel (2001) spricht daher auch von einer meta-ökonomischen Zielsetzung der Organisation, an der sie ihre Aktivitäten ausrichtet und mit der letztlich die implizite Verpflichtung einhergeht, *„eventuell erwirtschaftete Gewinne nicht an die Eigenkapitalgeber auszuschütten, sondern im Sinne der meta-ökonomischen Ziele zu reinvestieren, was einem Gewinnverteilungsverbot entspricht.“*[271] Maßmann (2003) spricht dabei von der Gewinnausschüttungssperre („Nondistribution Constraint“) als dem „vereinenden Element“ der NPOs.[272]

Man kann die Teilnehmer der Gesundheitsversorgung daher letztlich in zwei Kategorien einteilen, die „For-Profits“ und alle anderen, also „Not-for-Profits“ und Teilnehmer der staatlichen Versicherungssysteme. Sowohl innerhalb als auch zwischen den Gruppen gibt es zum einen gravierende Unterschiede, zum anderen aber keine erkennbare Trennung aus Kapitalmarktsicht.[273] Dies gilt für den gesamten NPO-Sektor, aber auch im Hinblick auf die Unterscheidung zwischen Krankenhäusern verschiedenen Typus.[274] Der größte Unterschied zwischen NPOs und gewöhnlichen For-Profit Unternehmen liegt letztlich in ihren Zugangsmöglichkeiten zum Kapitalmarkt.

Im Hinblick auf den Einsatz von – oder den Rückgriff auf – die Eigenkapitalfinanzierung[275] kann man eine scharfe Abgrenzung zwischen den NPO des Gesundheitswesens und anderen, d. h. For-Profit Unternehmen erkennen.[276] Hervorgerufen wird sie zum einen durch die in Kapitel 3.1. vorgestellte Besonderheit des Gutes Gesundheit,

268 Löwe (2003), S. 12.

269 Vgl. Wendel (2001), S. 30 - 39; Löwe (2003), S. 9 - 18.

270 Wendel (2001), S. 31. Siehe zur Verwendung etwaiger Gewinnrücklagen deutscher Krankenhäuser auch Hentze/Kehres (2005), S. 92 - 93.

271 Wendel (2001), S. 32. Für eine genauere Abgrenzung zwischen Non-Profit Organisation und Non-Profit Unternehmen siehe auch Wendel (2001), S. 30 - 38.

272 Vgl. Maßmann (2003), S. 9, 41 - 43, 57. So auch Hansmann (2000), S. 228.

273 Betrachtet man die For-Profit Gruppe unter drei klassischen Rentabilitätsgesichtspunkten, der Umsatz- und Eigenkapitalrentabilität sowie dem Return on Assets, fallen große Unterschiede auf. Im US-amerikanischen Industrievergleich nimmt die Pharmazeutische Industrie mit 18,5% Umsatzrentabilität, 16,6% ROA und 39,6% ROE jeweils den ersten Platz ein (von 39 Industriekategorien), während die Gruppe „Gesundheitswesen“ (alle andern For-Profit Teilnehmer) nur 1,3% Umsatzrentabilität, 0,8% ROA und 7,3% ROE erreichen und damit nie über den 35. Platz hinaus kommt. Vgl. Maßmann (2003), S. 26 - 29. Es lässt sich aber andererseits auch nicht feststellen, dass eine generelle Überlegenheit von For-Profit Unternehmen in der Erzielung eines monetären Gewinns im Vergleich zu NPOs vorliegt. Vgl. dazu Maßmann (2003), S. 22 - 32.

274 Vgl. dazu Sloan (1998), S. 156 - 157.

275 Im Sinne der Beteiligungsfinanzierung (Einlagenfinanzierung).

276 Die Eigenkapitalfinanzierung (Einlagenfinanzierung) ist zwar nicht unmöglich, aber unüblich. Vgl. Finkler (2001), S. 169.

die den Staat dazu veranlasst, sich in großem Maße in der Bereitstellung der Gesundheitsversorgung zu engagieren. Daher sind viele Einrichtungen der Gesundheitsversorgung staatlich oder unter staatlicher Kontrolle, was auch bedeutet, dass der Staat (oder staatsnahe Institutionen) die Eigentümer sind.[277] Die vollständige Auslagerung bzw. die Übertragung des Angebots an Gesundheitsversorgung an weitere oder andere externe Eigentümer über eine Eigenkapitalfinanzierung ist aus den in Kapitel 3.1. genannten Gründen abzulehnen.[278]
Zum anderen verfolgen NPOs – wie weiter oben beschrieben – oftmals andere Ziele als die bloße Gewinnerzielung bzw. Profitmaximierung. Ein potentieller Eigenkapitalgeber sucht aber gerade nach einem möglichst guten Risiko-Rendite-Profil. Aber selbst wenn NPOs einen Gewinn erzielen, schütten sie ihn nicht an die Eigentümer aus oder investieren ihn nicht in gewinnwirtschaftlicher Absicht.[279] So stellt z. B. auch Hansmann (2000) fest: *„(...) the critical characteristic of a nonprofit firm is that it is barred from distributing any profits it earns to persons who exercise control over the firm (...).“*[280]
Es existieren demnach verschiedene – oft auch verkettete – Gründe, die dafür verantwortlich sind, dass NPOs und damit ein Großteil des Versorgungssystems des Gesundheitssystems von der Eigenkapital-Finanzierung nahezu ausgeschlossen sind. *„One of the distinguishing features of nonprofit hospitals is that they are precluded from obtaining capital funds from the sale of equity.“*[281] Gleichzeitig muss man feststellen, dass Investoren deshalb nur in begrenztem Maße in die Gesundheitsversorgung investieren (können) und sich ihr Engagement daher in erster Linie auf die Produktseite beschränkt, von der ein gewinnwirtschaftliches Verhalten und Rendite erwartet werden kann. Hier gibt es sowohl Fremd- als auch Eigenkapitalinvestitionen. Im NPO-Versorgungsbereich gibt es dagegen kaum Investitionsmöglichkeiten (BRD oder UK) oder sie liegen im Fremdkapitalbereich (USA, vgl. dazu auch Kapitel 5.3.). Generell ist die Finanzierung von NPOs über Fremdkapital stark vom jeweiligen Gesundheitssystem abhängig. In den USA ist sie am weitesten verbreitet, in Deutschland dagegen noch weitgehend ungebräuchlich. In England ist der Großteil der Häuser im Besitz des NHS, der die Krankenhäuser auch finanziert, so dass eine Finanzierung über den Kapitalmarkt eher unüblich ist.

Zusammenfassend kann also festgestellt werden, dass der Gesundheitsmarkt aus Kapitalmarktsicht radikal heterogen ist, da er einerseits aus einem For-Profit Sektor besteht, der überwiegend die Produktseite und einige Versicherungsunternehmen umfasst und andererseits Unternehmen, die durch Staatsbeteiligungen geprägt sind oder als NPOs geführt werden. Der Kapitalmarktzugang, insbesondere bezüglich der Eigenkapitalfinanzierung, ist dabei für NPOs deutlich erschwert. Die Aufnahme von

---

[277] Vgl. Gross et al. (2000), S. 356 und Kapitel 3.3.
[278] Vgl. für Deutschland auch Reding (1994), S. 192, 196 - 197.
[279] Vgl. Maßmann (2003), S. 32 - 33.
[280] Hansmann (2000), S. 228.
[281] Sloan (1998), S. 163 und weiter: *„All their equity is generated either externally in form of philanthropic contributions or internally in the form of retained earnings.“* Siehe auch Pauly (1987), S. 260: *„Another aspect (...) is related to the observation that (...) equity capital for nonprofit hospitals typically comes from philanthropic donations.“* Siehe auch Hansmann (2000), S. 240: *„Nonprofit firms, by definition, are incapable of obtaining equity capital.“*

externem Eigenkapital im Sinne der Einlagenfinanzierung ist aufgrund einer übergeordneten staatlichen Aufgabe, einer teilweisen staatlichen Eigentümer-Vorherrschaft sowie einer nicht-gewinnwirtschaftlichen Zielsetzung der Versorgungsunternehmen oft ausgeschlossen und für Investoren uninteressant.
Asset Securitization ist daher in diesem schwierigen Finanzierungsumfeld von besonderem Interesse, da sie eine Möglichkeit der Einbeziehung des Kapitalmarktes in die Finanzierung bietet, aber keinen Eigenkapitalcharakter aufweist. Gleichzeitig bietet sie den Investoren im Vergleich zur herkömmlichen Fremdkapitalfinanzierung – entsprechenden Forderungsbesitz vorausgesetzt – eine erhöhte Form der Sicherheit. Während ABS für die For-Profit Unternehmen eine Alternative oder Ergänzung zu den herkömmlichen Finanzierungswegen darstellen, sind sie für NPOs bzw. NPO-Krankenhäuser zum Großteil die einzige unternehmerische Möglichkeit, sich über den Kapitalmarkt zu finanzieren.

3.4.3. „Not-for-Profit"-Unternehmen und Finanzierungsmöglichkeiten

Die Sonderstellung des Gutes Gesundheit und die Besonderheiten der Gesundheitsökonomie haben dazu geführt, dass Organisationen, die Gesundheitsleistungen im Sinne einer NPO bereitstellen, umfangreiche Finanzierungserleichterungen gewährt werden. So sind z. B. in Deutschland die Leiter von Krankenhäusern gewohnt, Mittel des Staates abzurufen bzw. haben Anspruch auf die Bereitstellung von Investitionskapital.[282] In den USA können Krankenhäuser und andere soziale Einrichtungen oft über die örtliche Gebietskörperschaft steuerbefreite Fremdkapitalinstrumente emittieren.[283]
Die sicherlich notwendigen und teilweise umfangreichen Sonderkonditionen und Ausnahmeregeln haben jedoch auch zur Folge, dass sich NPOs in ganz anderer Art und Weise um die Beschaffung von Kapital bemühen (müssen). Zusammen mit den Problemen der Kapitalbeschaffung, die sich aus den mangelnden Rentabilitäts- und Gewinnerzielungsfähigkeiten oder -absichten ergeben, führen diese Umstände dazu, dass sich NPOs und insbesondere Dienstleister des Gesundheitswesens mit anderen Finanzierungsfragen konfrontiert sehen und sich mit alternativen Finanzierungsweisen befassen müssen.[284] So ist die Kenntnis über die verschiedenen Kapitalbeschaffungswege und Finanzierungsinstrumente bei NPOs meist anders gelagert. Ihr Finanzierungs-Know-How liegt naturgemäß verstärkt in Kenntnissen über die Erlangung und Ausschöpfung der für sie speziell bereitgehaltenen Mittel sowie in der Einwerbung und Verwendung von Kapitalersatzinstrumenten und -alternativen.[285] Dazu zählen etwa die Möglichkeiten des „Fundraising" und „Sponsoring" bzw. der Einwerbung von Stiftungs- und Fondskapital oder die Aufnahme in einen „Social Venture Capital Fund".[286] Sowohl die Ausnutzung der von der Regierung oder dem jeweiligen Gesundheitssystem zur Verfügung gestellten Ressourcen als auch die eben genannten Instrumente erfordern dabei andere Kenntnisse und Management-Qualitäten, als

---

282 Vgl. dazu insbesondere Kapitel 9.1. und 9.2.
283 Vgl. vor allem Kapitel 5.3.
284 Vgl. Littich (2002), S. 362 - 365.
285 Vgl. Littich (2002), S. 368 - 373.
286 Vgl. Littich (2003), S. 175, 197 - 201; Littich (2002), S. 373 - 378.

die der Finanzierungsabteilung eines „herkömmlichen“ bzw. erwerbswirtschaftlichen Unternehmens. So ist die Überlegung hinsichtlich der Rentabilität aus den genannten Gründen für ein NPO nicht zwangsläufig ein Kriterium bei der Prüfung verschiedener Kapitalbeschaffungsmöglichkeiten.[287]

Diese Sonderstellung der NPOs hat zur Folge, dass sie einen anderen Beratungsbedarf als gewöhnliche Unternehmen haben, wenn Fragen einer Finanzierung außerhalb ihres eigentlichen Unternehmensspektrums gestellt sind. Dazu kommt das generelle Problem, dass Bankdienstleistungen schon von vornherein eine hohe Erklärungsbedürftigkeit aufweisen, die sich aus ihrer Immaterialität und Komplexität ableitet.[288] Abbildung 13 zeigt exemplarisch den Zusammenhang zwischen der Beratungsintensität eines Unternehmens und Bankprodukten:

Abbildung 13: Beratungsintensität bei Bank-Dienstleistungen

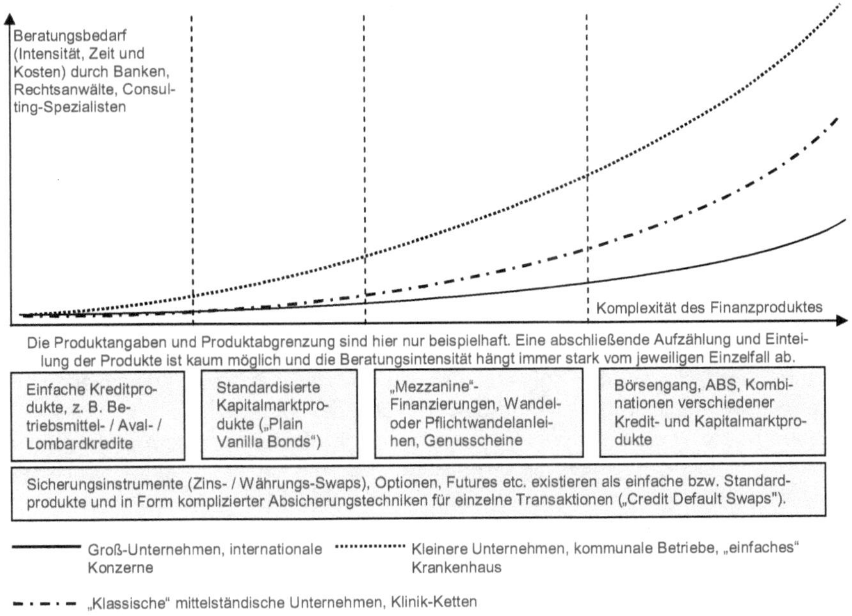

Eigene schematische Darstellung.

Vor allem ABS bzw. der Securitization Prozess müssen als sehr komplexe Bankprodukte eingeordnet werden. Bartelt (1999) stellt daher fest: *„ABS sind (...) aufgrund der Anzahl und Interdependenzen der Elemente ihrer Struktur als hoch komplex einzustufen und zudem als Finanzinnovation den Kunden oft noch nicht geläufig, so dass die Erklärungsbedürftigkeit und der Grad der Interaktion der Bank mit dem*

---

[287] Vgl. Littich (2003), S. 175; Littich (2002), S. 368 - 369.

[288] Vgl. Süchting/Boening (1971), S. 364. Nach Dufey (2003) besteht das generelle Problem, *„(...) dass das „Funktionieren“ vieler (komplizierter) Finanzinstrumente von den potentiellen Kunden nur selten vollständig verstanden wird.“* Dufey (2003), S. 10.

Kunden sehr hoch sind.“[289] Auf dieses Problem wurde auch in Kapitel 2.4.5. hingewiesen und es ist bereits bei der ABS-Finanzierung von gewöhnlichen For-Profit Unternehmen beträchtlich. Die Beratungsintensität – und der damit verbundene Zeitaufwand, d. h. auch Kosten – müssen bei ABS-Vertragsgestaltungen von NPOs als äußerst aufwendig angesehen werden.[290]

3.4.4. ABS-Finanzierung: NPOs und Eigenkapitalkosten

Die Frage, unter welchen Bedingungen sich eine Finanzierung über ABS für ein Unternehmen als günstigste Finanzierungsart darstellt, kann letztlich nur für den spezifischen Einzelfall beantwortet werden.[291] Die Unmöglichkeit einer allgemeingültigen oder umfassenden Antwort liegt darin begründet, dass zu viele Aspekte in einem Finanzierungsvergleich zu berücksichtigen wären. Dazu zählen eben auch die Fragen nach den Finanzierungsalternativen, die einem Unternehmen zur Verfügung stehen.[292] Diese sind wiederum von der momentanen finanziellen Situation des Unternehmens abhängig, etwa der bisherigen Verschuldungssituation, von seiner Größe, der Rechtsform, seinem Marktumfeld und der bisherigen „Lebensdauer“ des Unternehmens. Darüber hinaus müssen der Standort und das Kapitalmarktumfeld berücksichtigt werden, ebenso wie nationale und internationale Steuer- und Bilanzierungsvorschriften sowie andere juristische Gegebenheiten. Ein weiteres Kriterium in der Praxis ist die Zeit bzw. Dauer der Planung bzw. Durchführung einer Finanzierung. Denn werden die Mittel relativ kurzfristig benötigt, so sind ABS aufgrund der typischerweise langen Planungs- und Umsetzungsphase denkbar ungeeignet.
Erschwert wird der Vergleich zwischen ABS und anderen Finanzierungsmöglichkeiten i. d. R. auch dadurch, dass man für einen aussagekräftigen Vergleich wissen müsste, wofür die Mittel eingesetzt werden, da sich durch eine verschiedene Verwendung der Mittel Unterschiede der Situation des Unternehmens ergeben.[293] Die Kostenvorteile verschiedener Finanzierungsmöglichkeiten in einem statischen Vergleich zu messen, ist eigentlich unvollständig, da dabei u. a. „Agency-Konflikte“ unberücksichtigt bleiben oder positive wie negative Veränderungen einiger Kennzahlen und ihre Auswirkungen nicht betrachtet würden.[294] Darauf verweist auch die bestehende Literatur, in der mehrere Ansätze geschildert sind, um etwaige Vorteile von ABS-Finanzierungen aufzuzeigen.

---

289 Bartelt (1999), S. 166. In einer Umfrage unter 100 mittelständischen Unternehmen in Deutschland konnten zwar viele etwas mit dem Begriff ABS anfangen. Schon die Angabe einer Kurzdefinition war aber bei ca. 40% der Befragten falsch oder nicht vorhanden. Vgl. Dentz (2005), S. 12. Siehe allgemein zur Produktion von Bank-Dienstleistungen auch Büschgen (1979), S. 992 - 998.

290 Dieses Problem wurde von vielen Interviewpartnern genannt. Auch Gesprächspartner aus dem Gesundheitsmarkt bestätigten die Schwierigkeiten, die sich bei der Erklärung der Finanzprodukte ergeben. Andererseits ist die Unkenntnis der Teilnehmer des Kapitalmarktes über den Gesundheitsmarkt und seine Sonderregeln ebenfalls hoch.

291 Vgl. Hommel (2005), S. 32; Kroll (1993), S. 762.

292 Vgl. Bär (2000), S. 328 - 330.

293 Vgl. Hommel (2005), S. 32, 37 - 38; Paul (1994), S. 257; Gögler (1996), S. 101; Bär (2000), S. 330.

294 Die Abhängigkeit von einer Vielzahl unternehmensspezifischer Komponenten verursacht auch Schwierigkeiten bei der formal-theoretischen Modellierung. Vereinfachungen und Annahmen über Unternehmensstrukturen können dann gerade die spezifischen Vorteile, die eine ABS-Finanzierung bietet, außer Acht lassen. Vgl. dazu die Aussagen im Kapitel 2.5.2.

Bartelt (1999) untersuchte verschiedene Finanzierungsalternativen (aus dem Fremdkapitalbereich) nach ihren Finanzierungskosten, die er aus risikoloser Verzinsung, Risikoprämie und Transaktionskosten ableitet. Er vergleicht dabei den Betriebsmittelkredit und die Finanzierung über „Commercial Paper" (CP) sowie das Factoring und ABS.[295] Dabei geht er z. B. davon aus, dass dem Unternehmen sämtliche Möglichkeiten der Finanzierung zur Verfügung stehen, eine Annahme, die für die hier betrachteten NPOs ungeeignet ist. Darüber hinaus müssten bei einer vergleichenden Betrachtung von Finanzierungsmöglichkeiten eines Krankenhauses zusätzliche Alternativen wie etwa die Fördermittel nach dem Krankenhausfinanzierungsgesetz (KHG) in Deutschland oder die Emission sog. „Tax-exempt" Bonds (USA)[296] berücksichtigt werden. Bartelt (1999) kommt jedoch auch nicht zu einem absoluten und einheitlichen Ergebnis hinsichtlich der Vorteilhaftigkeit einer Finanzierungsform, sondern diskutiert verschiedene Szenarien. So stellt er u. a. fest, dass eine ABS-Finanzierung vor allem dann lohnend ist, wenn das Unternehmen hohe Eigenkapitalkosten aufweist.[297]
Die Möglichkeit der Einsparung von Eigenkapitalkosten haben auch Rosenthal/Ocampo (1988) schon bei einem Vergleich gezeigt, in dem sie eine ABS-Finanzierung mit einer herkömmlichen Fremdkapitalfinanzierung anhand einer Berechnung der gewichteten Durchschnittskapitalkosten (WACC[298]) verglichen.[299] Dieses Konzept hat auch Bär (2000) aufgegriffen, der ebenfalls zeigte, dass sich ABS-Finanzierungen vor allem dann lohnen, wenn *„Eigenkapital knapp und teuer ist und als Kostenvergleichskriterium die Eigenkapitalrendite genommen wird (...)."*[300] Ähnlich auch Ohl (1994), der feststellte, dass im *„Vergleich auf die Gesamtbelastung, d. h. bezieht man die kalkulatorischen Kosten des Eigenkapitals mit ein, so kommt man zu einem anderen Ergebnis. (...) In der Mehrzahl der Fälle werden die zusätzlichen Strukturierungskosten durch die Eigenkapitalkosteneinsparungen überkompensiert."*[301] Auch Kroll (1993) diskutierte die Vor- und Nachteile einer ABS-Finanzierung und folgert, dass *„Securitization primär dann lohnend ist, wenn man als Grundlage der Beurteilung die Eigenkapitalrendite nimmt (...)."*[302]

Rückblickend auf Kapitel 3.4.2. und 3.4.3. ergeben sich aber für den NPO Bereich im Allgemeinen und das Gesundheitswesen im Besonderen dadurch Probleme, dass sich die Finanzierungssituation dieser Organisationen deutlich von der anderer Unternehmen unterscheidet. Die Gewinnausschüttungs-Sperre oder das Gewinnverteilungsgebot einer NPO hat theoretisch zur Folge, dass dann eben keine Nachfrage

---

295 Vgl. Bartelt (1999), S. 46 - 66.
296 Siehe dazu Kapitel 5.3. für die USA sowie Kapitel 9.1. und 9.2. für Deutschland.
297 Vgl. Bartelt (1999), S. 65.
298 Die „Weighted Average Cost of Capital" (WACC) werden dadurch berechnet, dass die Kosten des Eigen- und des Fremdkapitals mit ihrem jeweiligen Anteil am Gesamtkapital gewichtet werden. Siehe dazu weiterführend die folgenden Seiten.
299 Rosenthal/Ocampo (1998), S. 90 - 95, 206, 232 - 242. Siehe zur Kritik an Rosenthal/Ocampo und insgesamt zu einer kritischen Stellungnahme des Eigenkapitalvorteils Paul (1994), S. 248 - 257 und Gögler (1996), S. 100 - 103.
300 Bär (2000), S. 327.
301 Ohl (1994), S. 286. Vgl. zu den Berechnungen bzgl. der Eigenkapitalbelastung dort S. 276 - 286.
302 Kroll (1993), S. 762. Vgl. auch Peters (1995), S. 752. Siehe insgesamt zu einer kritischen Stellungnahme des Eigenkapitalvorteils Paul (1994), S. 248 - 257 und Gögler (1996), S. 100 - 103.

einer Beteiligung an dieser Unternehmung durch externes Eigenkapital (EK) entsteht[303] und die Knappheit daher – zumindest theoretisch – unendlich hoch ist. Die einzige externe EK-Finanzierungsmöglichkeit ergibt sich so i. d. R. bei einem Krankenhaus aus der Erhöhung der Einlagen des Trägers, d. h. des Staates oder einer Gesellschaft von Spendern.[304] Die EK-Finanzierung durch diese Träger oder Spender ist offensichtlich begrenzt, da auch sie keine Rendite erwarten können, eine Einlage somit niemals einen für die Eigentümer relevanten Mehrwert schafft und deshalb ausschließlich Kosten (in jedem Fall Opportunitätskosten) verursacht.[305] Die Vermeidung von Eigenkapitalkosten bzw. ihre Einsparung ist daher i. d. R. als besonders wichtig einzuschätzen.

Betrachtet man jedoch die Berechnung der durchschnittlichen Kapitalkosten (WACC) eines Unternehmens, stellt man fest, dass sich bei der Berechnung der einzelnen Kostenkomponenten einige Schwierigkeiten ergeben. Die durchschnittlichen Kapitalkosten errechnen sich mit:

$$WACC = \frac{k_{EK} * EK + k_{FK} * FK}{EK + FK} * (1 - s)^1$$

1: s ist der Steuersatz auf Unternehmensebene, der im Folgenden unberücksichtigt bleibt; k_{EK}: Kostensatz des Eigenkapitals, k_{FK}: Kostensatz des Fremdkapitals
Nach Perridon/Steiner (2004), S. 232.

Zur Ermittlung sind folglich die einzelnen Kapitalkostensätze für Eigen- und Fremdkapital zu berechnen. Die Berechnung der Fremdkapitalkosten leitet sich aus den Zinssätzen des Marktes ab[306], die der Eigenkapitalkosten aus der geforderten Rendite der Marktteilnehmer bzw. Eigentümer. Dabei werden ein risikoloser Zins und eine Risikoprämie zugrunde gelegt, die sich aus dem Marktrisiko und dem unternehmensspezifischen Risiko ergeben[307]:

303 Vgl. Heshmat (1992), S. 465; Sloan et al. (1988), S. 28, 39.
304 Vgl. Gapenski (1993), S. 238.
305 Abgesehen von einem Mehrwert, der sich in den jeweiligen humanitären oder weltanschaulichen Zielen der NPO widerspiegelt. Vgl. Gapenski (1993), S. 238, 240; Heshmat (1992), S. 466; Sloan et al.(1988), S. 38 - 39.
306 Steuern werden hier nicht berücksichtigt.
307 Hier dargestellt anhand des klassischen Ansatzes der Kapitalmarkttheorie „Capital Asset Pricing Model" (CAPM). Vgl. zur Theorie und zur Vorgehensweise Stöttner (1998), S. 231 - 258; Perridon/Steiner (2004), S. 272 - 284. Für detaillierte Angaben über die formale Ableitung von β und seine Aussagekraft siehe z. B. Stöttner (1998), S. 145 - 148, 175 - 185, 242 - 246; Brealy/Myers (2000), S. 195 - 204. Das CAPM und insbesondere die Aussagekraft von β werden seit der ersten „Entwicklung" (Sharpe (1964), Lintner (1965)) immer wieder diskutiert. Siehe dazu z. B. Vandell (1981), Fama/French (1992), Chan/Lakonishok (1993), Black (1993), Wagner (1994).

$$k_{EK} = E(R_i) = r_0 + (r_m - r_0) * \beta_i \text{ mit } \beta_i = \frac{Cov_{im}}{\sigma^2_m}$$

k_{EK}: Rendite des Eigenkapitals; $E(R_i)$: Erwartungswert der Rendite eines Wertpapiers i; r_0: risikoloser Zinssatz; r_m: Rendite (Zinssatz) des Marktes; β_i: Ertragskoeffizient zwischen dem Wertpapier (i) und dem Marktportfolio (m); Cov: Kovarianz; σ^2: Varianz. Vgl. Stöttner (1998), S. 242, 248; Perridon/Steiner (2004), S. 279 - 280; Brealy/Myers (2000), S. 195 - 204.

Prinzipiell sind r_0, r_m und β aus „bekannten" Marktdaten zu ermitteln. Offensichtlich ergeben sich aber Probleme bei der Bestimmung des β-Faktors einer NPO. So kann die Berechnung der Eigenkapitalkosten nicht wie bei anderen Unternehmen erfolgen: *„Given that the only source of private external equity to nonprofits is philanthropy, it is difficult to know what their cost of capital is."*[308] Grundsätzlich ist die Ableitung von Eigenkapitalkosten einer NPO bzw. eines Krankenhauses über die bekannten finanzierungstheoretischen Verfahren möglich. So wird argumentiert (Herzlinger/Krasker, 1987), dass die Eigenkapitalkosten von NPOs der Rendite vergleichbar riskanter, steuerbefreiter Wertpapiere entsprechen müssen. Allerdings stellt sich die Frage, was „entsprechend riskant" ist.[309] Sloan et al. (1988) berechneten die Kosten für NP-Krankenhäuser der USA für die Jahre 1972 - 1983, indem sie sowohl das CAPM als auch die APT zugrunde legten.[310] Dabei errechnen sie um 1,1 - 2,5 Prozentpunkte niedrigere Eigenkapitalkosten[311] für NP-Krankenhäuser im Vergleich zu For-Profit Unternehmen.[312] Diese Berechnungen haben allerdings für die Praxis nur eine eingeschränkte Aussagekraft, da sie lediglich zeigen, welche Rendite Eigenkapitalgeber fordern würden, wenn eine Ausschüttung erfolgte.

Fries (2003) stellt die Problematik der Bewertung des Eigenkapitalkostensatzes auch am Beispiel deutscher Krankenhäuser dar.[313] Er errechnet den Eigenkapitalkostensatz für ein zu privatisierendes Krankenhaus aus dem β-Mittelwert zweier börsennotierter Krankenhäuser, was vor dem Hintergrund der geplanten Privatisierung als ei-

---

[308] Sloan (1998), S. 165. Die Berechnung der Eigenkapitalkosten stellt generell einen schwierigen Abschnitt bei einer Unternehmensbewertung dar. Für börsennotierte Unternehmen kann der β–Faktor über das CAPM oder die Arbitrage Pricing Theory (APT) errechnet werden (siehe zur APT z. B. Ross, 1976). Für andere Unternehmen muss er anhand eines Vergleichs zu möglichst ähnlichen Unternehmen geschätzt werden. Vgl. dazu Perridon/Steiner (2004), S. 522 - 530 und bzgl. ABS siehe Bär (2000), S. 325. Schon für die Berechnung des ABS-Vorteils ihres Beispiels merken Rosenthal/Ocampo (1988) an, dass die Berechnung der Eigenkapitalkosten einige Schwierigkeiten verursacht. Vgl. Rosenthal/Ocampo (1988), S. 235 - 236. Siehe zur Kritik des CAPM und β hinsichtlich der Bewertung der Vorteilhaftigkeit von ABS auch Paul (1994), S. 249 - 250.

[309] Vgl. Sloan (1998), S. 165.

[310] Die Berechnung erfolgte aus dem β-Wert von Publikumsgesellschaften, der um die Fremdkapitaleinlagen bereinigt wurde. Anschließend wurde das bereinigte β mit dem FK/EK-Quotienten von NPOs multipliziert. Ferner wurde die Tatsache berücksichtigt, dass NPOs i. d. R. steuerbefreit sind. Vgl. Sloan et al. (1988), S. 29 - 40.

[311] Die Durchschnittskosten berechneten diese Autoren für die NPOs um 0,5% - 1% niedriger. Vgl. Sloan et al. (1988), S. 40. Siehe dazu auch die Ausführungen des Beispiels in Kapitel 6.2.2., in dem Berechnungen von Sloan et al. (1988) teilweise übernommen wurden.

[312] Inwieweit diese Ergebnisse für die heutigen Finanzierungsstrukturen des US-amerikanischen Gesundheitssystems noch Gültigkeit haben, bleibt offen. Vgl. Dazu auch Heshmat (1992), S. 465 - 466.

[313] Vgl. Fries (2003), S. 69 - 72, 79 - 80.

ne annehmbare Schätzung im Beispiel erscheint. Jedoch merkt Fries auch an: *„Die Ermittlung der Eigenkapitalkosten bleibt (...) ein großes Problem bei der Bewertung von Akutkliniken. Aufgrund der großen Einflussnahme, die der Beta-Faktor auf die Höhe der Eigenkapitalkosten nimmt, wird dieses Problem um so gewichtiger. Eine intersubjektive Nachvollziehbarkeit bei der Bestimmung des Beta-Faktors ist damit nicht immer gewährleistet.“*[314]

Schließlich sei hierzu noch angemerkt, dass bei der Betrachtung des WACC grundsätzlich auch steuerliche Gesichtspunkte betrachtet werden müssen. So sind etwa die Kosten für Zinsen steuerlich abzugsfähig. Dass die steuerliche Komponente für eine ABS-Finanzierung eine entscheidende Rolle spielen kann, geht auch aus der Untersuchung von Hommel et al. (2005) hervor. Diese vergleichen die Vorteilhaftigkeit von ABS mit anderen Finanzierungsalternativen und gehen in den Vorüberlegungen davon aus, dass sich ein Unternehmen dann für ABS entscheidet, wenn eine positiver „Finanzierungs-Spread“[315] vorliegt. Gibt es keine Alternative für das Unternehmen, so ist der „Spread“ unendlich und eine Verbriefung in jedem Fall vorteilhaft.[316] Sie vergleichen die Finanzierungskosten einer ABS-Finanzierung mit der Aufnahme eines Kredites nach Steuern und untersuchen die Möglichkeiten des Einsatzes der freigesetzten Mittel.[317]

Ohne hierbei auf ihre weiteren Ergebnisse einzugehen, kann man feststellen, dass sich auch hier aus NPO-Sicht und insbesondere aus Krankenhausfinanzierungsgesichtspunkten erhebliche Abweichungen ergeben. Das ergibt sich einmal schon daraus, dass NPOs bzw. Krankenhäuser – insbesondere wenn sie einer öffentlich-rechtlichen Körperschaft angehören – im Vergleich zu herkömmlichen Unternehmen günstigere Kreditkonditionen erwarten können.[318] Außerdem sind NPOs, die als gemeinnützige Organisationen geführt werden, zu großen Teilen steuerbefreit. Die Ablösung bestehender Kredite durch eine ABS-Finanzierung und der damit einhergehenden Rückführung von Verbindlichkeiten bzw. Dauerschulden mit anschließend vermindertem Gewerbesteueraufkommen – ein Vorgehen, das eine ABS-Finanzierung vorteilhaft erscheinen ließe – wäre bei einem deutschen Krankenhaus anders zu beurteilen.[319]

Wie eingangs erwähnt, kann die mögliche Vorteilhaftigkeit des Einsatzes von Asset Securitization nur im Einzelfall beurteilt werden, wobei die spezifischen Alternativen der Kapitalaufbringung berücksichtigt werden müssen. Für den NPO-Sektor bzw. Krankenhäuser ergeben sich aus dem Mangel externer Eigenkapitalfinanzierung hier jedoch besondere Möglichkeiten, da ABS dazu genutzt werden können, den Kapi-

---

314 Fries (2003), S. 72. Vgl. ferner auch Oberender/Ecker (2002), S. 855 - 856.

315 Der „Spread“ ist hier zu verstehen als *„(...) Differenz der Finanzierungskosten zwischen verbriefungsbasierter Lösung und klassischem Bankkredit (...).“* Hommel et al. (2005), S. 2 (siehe dazu auch Hommel et al. (2005), S. 32 - 33).

316 Vgl. Hommel (2005), S. 32.

317 Vgl. Hommel (2005), S. 33 - 34 und dort insbesondere S. 96 - 107. (Untersucht werden in erster Linie die möglichen Auswirkungen der Rückführung von Fremdkapital durch ABS und die damit – theoretisch – einhergehende Minderung des Gewerbesteueraufkommens).

318 Vgl. dazu Augurzky et al. (2004b), S. 18 und die Kapitel 9.4.1., 9.6.2. und 10.5.

319 Vgl. zur steuerlichen Behandlung von deutschen Krankenhäusern Kapitel 9.4.3. und bzgl. der Rückführung von Verbindlichkeiten zur Verminderung von Dauerschulden (bzw. der Gewerbesteuer) Kapitel 10.6. und 10.9.

talmarkt mit in die Finanzierung einzubeziehen. Schwierigkeiten ergeben sich jedoch bei einer Berechnung des Finanzierungskostenvorteils. Zwar sind die Eigenkapitalkosten eines NP-Krankenhauses rechnerisch nicht zwangsläufig hoch, aber aufgrund der Tatsache, dass letztlich kein Renditeziel formuliert wird, ergibt sich eine „unendliche Knappheit" an Eigenkapital. Jedoch gilt grundsätzlich: Die Möglichkeit sich über den Kapitalmarkt und gleichzeitig (Eigenkapital-)kostensparend zu finanzieren, kann auch für NPOs über ABS erfolgen. Die gewinnwirtschaftliche Orientierung eines Unternehmens ist für den Einsatz von ABS irrelevant, da es in erster Linie darauf ankommt, dass Forderungen entstehen, die durch einen bonitätsstarken, solventen Schuldner gedeckt sind und zu Zins- und Tilgungsströmen führen.

3.4.5. Disintermediation, Basel II und Securitization im Hinblick auf das Gesundheitswesen

Eine Entwicklung, die immer wieder im Zusammenhang mit Asset Securitization genannt wird, ist die Disintermediation.[320] Um den Zusammenhang zwischen diesem „Trend" der Entwicklung des Verbriefungsmarktes und den Möglichkeiten des Gesundheitsmarktes zu untersuchen, sei an dieser Stelle zunächst eine Erklärung zum Begriff (Dis-)Intermediation gegeben.
Intermediation[321] bezeichnet hier die Funktion der Finanzintermediäre, i. d. R. Banken (aber z. B. auch Rating-Agenturen) und ihre zugedachten Transformationsleistungen[322] zwischen Kapitalnehmer und -geber. Für die Intermediation ist in der Welt der „Neoklassik" eigentlich kein Raum, da ihre Existenz letztlich durch das Vorhandensein von Informationsasymmetrien und anderen Marktunvollkommenheiten begründet ist, die von den Finanzintermediären ausgeglichen werden. Ein Markt ohne eine Existenzberechtigung für Finanzintermediäre wie in der Neoklassik ist im Prinzip sogar eine Form der reinen Disintermediation („totale Disintermediation"[323]). Die vielen Friktionen und Unvollkommenheiten in den Kapitalmärkten schaffen aber eben doch immer wieder eine Grundlage der Erfordernis von Finanzintermediären.[324] Trotzdem ist ein Trend zur Disintermediation bzw. zur „direkten Finanzierung" zu erkennen, bei dem die Banken mehr in der Rolle des Beraters und als Bereitsteller von Marktplätzen und Handelstechnologien fungieren (Marktintermediation).[325] Der Begriff Disintermediation soll im Folgenden den Weg von der Intermediation zur Marktintermediation beschreiben, bei der zwar ein Finanzintermediär in irgendeiner Form vermittelnd beteiligt ist, aber Kapitalgeber und -nehmer ein eigenes Geschäft abschließen.[326]

---

320 Vgl. Dufey (2003), S. 7; Sengera (2002), S. 238 - 242; Klee/Butler (2002), S. 23 - 24; Bieg/Krämer (2001), S. 31; Bär (2000), S. 22 - 24; Turwitt (1999), S. 4; Bartelt (1999), S. 28 - 66; Paul (1994), S. 3 - 4, 55 - 61, 232 - 233; Arbeitskreis „Finanzierung" der Schmalenbach-Gesellschaft (1992), S. 495.

321 Engl. intermediate = Vermittler.

322 Insbesondere: Risikotransformation, Losgrößentransformation und Fristentransformation.

323 Vgl. Hartmann-Wendels et al. (2000), S. 21 - 22; Bartelt (1999), S. 28; Bär (2000), S. 25.

324 Hartmann-Wendels et al. (2000), S. 22.

325 Bartelt sieht den Beginn der Disintermediation in der Bankintermediation, bei der *„die Bank ein eigenständiges Vertragsverhältnis mit dem Investor und Schuldner aufbaut."* Vgl. Bartelt (1999), S. 28. Siehe auch Schmidt/Terberger (1999), S. 467.

326 Nur in einem solchen Marktumfeld – wie es letztlich die neo-institutionelle Finanzierungstheorie

Die Begriffe Disintermediation und Securitization haben nicht nur die Gemeinsamkeit, Beschreibungen eines Trends am Kapitalmarkt zu sein, sie stehen vielmehr reziprok zueinander.[327] Denn durch Asset Securitization wird die Disintermediation vorangetrieben[328] insofern, als es in der Finanzierung eine Verlagerung von den Banken zu den Kapitalmärkten gibt und die Transformationsleistungen der Banken immer mehr von den Kapitalmärkten erbracht werden.[329]
Dieser Wandel wird auch durch die veränderte Geschäftspolitik vieler Banken noch beschleunigt. Aufgrund der Eigenkapital-bindenden Eigenschaft des Kreditgeschäfts und der daraus resultierenden schmalen Rendite auf das gebundene Eigenkapital[330] ziehen sich immer mehr Banken aus dem klassischen Fremdfinanzierungsgeschäft zurück bzw. selektieren noch.[331] Diese Entwicklung könnte sich – so die Erwartung einiger Beteiligter – vor dem Hintergrund der generell niedrigen Eigenkapitalquote deutscher Unternehmen und der Einführung des neuen Basler Accords („Basel II") – mit den damit veränderten Eigenkapitalanforderungen an die Banken – noch beschleunigen. So wird es gerade für Unternehmen mit schlechter Bonität schwieriger, sich über den klassischen Fremdkapitalkredit zu finanzieren, denn die Banken verlangen von diesen Unternehmen eine entsprechende risikosensitive Zinsmarge, um die Kosten des gebundenen Eigenkapitals zu erwirtschaften.
Die Versorgungsunternehmen im Gesundheitswesen sehen sich daher vor allem mit zwei Problemen konfrontiert: Zum einen sind sie als Investitionsobjekte bei Eigenkapitalgebern unbeliebt, da sie kaum eine marktadäquate Marge erzielen können (vgl. dazu Kapitel 3.4.4.). Zum anderen sind sie als Schuldner nicht erwünscht, da ihre oft schlechte Bonität (siehe dazu insbesondere Kapitel 9.6.) ein weiterer Kostenfaktor für Banken ist und so bei einer Kreditvergabe an diese Unternehmen überdurchschnittlich viel Eigenkapital gebunden wird.[332]
Während die Basel II-Richtlinie in allen Ländern (relativ) gleichermaßen Anwendung findet, hängen die Krankenhausfinanzierung und der Bonitäts-Status der Einrichtungen maßgeblich von den staatlichen Gegebenheiten ab. In den USA müssen Krankenhäuser ihr Kapital für Investitionen (Abschreibungen, Mieten, neues „Equipment", etc.) selber aufbringen[333] (diese Kosten müssen dann über die Betriebsausgabener-

---

beschreibt – gibt es eine Existenzberechtigung für die Asset Securitization. Vgl. Eisele/Neuss, (2003), S. 246; Bartelt (1999), S. 29.

327 Vgl. von Boehm-Benzig (1999), S. 2.

328 Vgl. Arbeitskreis „Finanzierung" der Schmalenbach-Gesellschaft (1992), S. 495; Bär (2000), S. 22 - 24; Turwitt (1999), S. 4; Dufey (2003), S. 6 - 14 und insbesondere Bartelt (1999), S. 28 - 66.

329 Dies ist durchaus gewünscht: *„(...) waren Kredite in Deutschland über Jahrzehnte hinweg zu billig und dienten oft als Eigenkapitalersatz. Eine Folge sei, dass in Deutschland immer noch 90 Prozent der Unternehmensfinanzierung über die Bankbilanz erfolge. Deshalb gelte es, die Unternehmensfinanzierung näher an den Kapitalmarkt zu rücken."* Hans W. Reich in: o. V. (2004a), S. 15.

330 Sengera (2002) führt dazu folgendes Beispiel an: Will man eine – im internationalen Bankengeschäft übliche – Eigenkapitalrendite von mindestens 15% erwirtschaften, so muss man eine Marge von 1,2% nach Kosten erwirtschaften, da der Kredit 8% Eigenkapital bindet (unter Basel I). (Von Ausnahmen, wie Kredite an OECD Staaten u. ä. sei hier abgesehen.) Zusammen mit den Kosten benötigt man schon eine Marge von ca. 2%, die kaum erreicht werden kann. Vgl. Sengera (2002), S. 238.

331 Vgl. Sengera (2002), S. 239.

332 Siehe dazu Gronemann/Fuchs (2001): „Basel II ist auch eine Herausforderung für die Kliniken" und Kapitel 9.6.1.

333 *„U.S. hospitals must raise their own funds, usually through equity or borrowing, (...)."* U.S. Congress (1995), S. 16. Siehe dazu vor allem auch Kapitel 5.3.

stattung der Patienten mitfinanziert werden[334]). Daher ist sowohl die Kreditaufnahme als auch die Emission von Anleihen allgemein üblich und stellt keine Besonderheit dar. Die Rating-Agenturen Fitch, Moody's und Standard and Poor's beschäftigen sich intensiv mit diesem Sektor und haben die Finanzierungssituationen sowie die Kreditwürdigkeit von Krankenhäusern detailliert beschrieben.[335]

In Großbritannien (UK) dagegen sind die Krankenhäuser bzw. Betten (der öffentliche Anteil macht dabei ca. 90% aus[336]), kaum auf die Aufnahme externer Mittel angewiesen, denn sie werden vom National Health Service (NHS) getragen, der überwiegend aus allgemeinen Steuermitteln finanziert wird.[337] Kreditvergaben an Krankenhäuser oder andere Versorgungseinrichtungen des Gesundheitssystems sind in Großbritannien (für NHS-Anbieter) daher eher unüblich.

In Deutschland stellt sich die Situation wiederum anders dar. Zwar werden Krankenhäuser zum Großteil über die Kassen und Länder finanziert – nach dem Prinzip der Dualistik[338] –, diese Mittel reichen aber bei weitem nicht aus, so dass immer häufiger andere Finanzierungsquellen gesucht werden. Bisher war die Kreditaufnahme durch Krankenhäuser selten, sie nimmt aber zu. Zum einen, um die genannten Investitionen vornehmen zu können, und zum anderen, weil immer häufiger Betriebsmittelkredite benötigt werden, um Zahlungsrückstände der Kassen zu überbrücken. Ein Vorteil einiger Krankenhäuser in Deutschland ist dabei ihr öffentlich-rechtlicher Status, der es ihnen aufgrund der Gewährträgerhaftung erleichtert, Kredite zu einem günstigen Zinssatz in Anspruch zu nehmen.[339] Andererseits ist erkennbar, dass wegen der finanziellen Probleme der öffentlichen Hand immer mehr Krankenhäuser privatisiert werden und auch der Wegfall der Gewährträgerhaftung wird wegen möglicher Konflikte mit dem EU-Wettbewerbsrecht diskutiert.[340] Die Änderung der Krankenhausfinanzierungslandschaft, insbesondere der Wegfall weiterer Krankenhausfinanzierungsmittel und der Umbau der Versicherungslandschaft, werden so generell dazu führen, dass auch deutsche Krankenhäuser in Zukunft erheblich mehr auf Kredite angewiesen sein werden.[341]

Der Wunsch oder der Bedarf eines Krankenhauses, das keinen expliziten Konkursschutz durch Garantien o. ä. genießt, Kapital in Form eines Kredites aufzunehmen, kollidiert jedoch deutlich mit den Vorstellungen der Banken von entsprechenden Zins- bzw. Risikomargen und dieser Ziel- bzw. Erwartungskonflikt könnte sich in Zukunft – getrieben durch die Basel II-Vorschriften – noch verstärken. Dem entgegenwirken kann der Trend zur Disintermediation unter Verwendung der Securitization.

Krankenhäuser, Gesundheitsdienstleister, „Not-For-Profits" und andere bonitätsschwache Unternehmen, die aufgrund ihrer besonderen finanziellen Situation (vgl.

---

334 Vgl. U.S. Congress (1995), S. 13 und vgl. Kapitel 5.3.

335 Siehe z. B. FitchRatings (2005a), FitchRatings (2004a), FitchRatings (2003b), FitchRatings (2003c), FitchRatings (2000a), Moody's (2003a), Moody's (2000a), Standard & Poor's (2004a).

336 Vgl. Busse/Wörz (2003), S. 24.

337 *„NHS hospital capital expenditures are currently funded in the same way as NHS operating expenditures: from general tax revenues, the NHS component of national insurance contributions and income from NHS service charges (…)."* U.S. Congress (1995), S. 50.

338 Siehe dazu insbesondere Kapitel 9.

339 Vgl. dazu und zur Finanzierung deutscher Krankenhäuser insbesondere auch Kapital 9.

340 Vgl. Scheerer (2005), S. 1; o. V. (2005b), S. 7; Augurzky et al. (2004b), S. 18.

341 Vgl. Augurzky et al. (2004b), S. 24 - 25. Siehe zur deutschen Krankenhauslandschaft und der Veränderung der Finanzierung vor allem Kapitel 9.6.

Kapitel 3.4.3.) keinen Zugang zu Eigenkapital besitzen oder auch, da sich Banken wegen aufsichtsrechtlicher Eigenkapitalanforderungen bzw. wegen eigener Renditeanforderungen nicht in der Lage sehen, diese Unternehmen zu finanzieren, können sich über Asset Securitization einen direkten Zugang zu den Kapitalmärkten erschließen.[342] So stellt auch Singer (2001) fest: *„Securitization thus represents a form of disintermediation because it allows for direct market contact between borrowers and investors."*[343] Diese Unternehmen können über eine Verbriefung marktfähiger Forderungen aktiv an der Disintermediation teilhaben, wobei ihre eigene Bonität dann nur noch eine untergeordnete Rolle spielt. Thomas (1999) spricht von solchen „verbrieften Assets" auch als „partial disintermediation".[344]

Möglich ist dies jedoch nur dann, wenn die Unternehmen über verbriefungsfähige[345] Forderungen verfügen, die eine bestimmte Höhe und Qualität (siehe auch relevante theoretische Erkenntnisse in Kapitel 2.5.2.) erreichen müssen. An diesem Punkt tritt eine Besonderheit des Gesundheitswesens – vor allem auch des deutschen – zu Tage. Krankenhäuser und Gesundheitsdienstleister verfügen über Forderungen, die sich zu großen Teilen gegen den Staat, gegen Teilnehmer staatlicher Versicherungssysteme oder andere hochgradig bonitätsstarke Schuldner richten. Unternehmen, die über solche Forderungsbestände verfügen, haben Möglichkeiten sich direkt an den Kapitalmarkt zu wenden, um sich neben der traditionellen Kreditfinanzierung über Banken eine weitere Finanzierungsquelle zu erschließen. Fahrholz (1998) geht dabei noch weiter: So kann *„der Erlös aus dem Forderungsverkauf (...) wirtschaftlich die traditionelle Kreditaufnahme des Unternehmens"* ersetzen.[346]

Vorteilhaft kann dies insbesondere auch dann sein, wenn das so freigesetzte Kapital zur Rückführung bestehender Verbindlichkeiten eingesetzt wird, was durch die daraus resultierende Bilanzverkürzung zu einer besseren Eigenkapitalquote – und letztlich besseren Bonität – führt.[347] Asset Securitization kann also von Unternehmen dazu benutzt werden, *„(...) ihren Kapitalbedarf mit Hilfe von Wertpapieremissionen unterschiedlichster Konstruktion („Finanzinnovation") unter teilweiser oder sogar vollständiger Ausschaltung von Kreditinstituten durch direkte Platzierung an den Finanzmärkten („Disintermediation")* [zu decken]."[348]

---

342 Vgl. Brillen (2003), S. B5; Siegert/Hühn (2003), S. 18.
343 Singer (2001), S. 13.
344 Thomas (1999), S. 324.
345 Zu den Einzelheiten der Anforderungen an die Verbriefungsfähigkeit von Forderungen, siehe vor allem auch Kapitel 4.2.
346 Fahrholz (1998), S. 216.
347 Vgl. auch die Kapitel 2.3., 6.1.2. und 10.6; ferner Lohneiß (2002), S. 25.
348 Arbeitskreis „Finanzierung" der Schmalenbach-Gesellschaft (1992), S. 495.

4. Asset-Backed Securities im Gesundheitswesen

Nachdem die Asset Securitization, das Gesundheitswesen und die grundlegenden Zusammenhänge zwischen diesen Gebieten erörtert worden sind, soll in Kapitel 3 eine genauere Analyse des Einsatzes bzw. der Einsatzmöglichkeiten von ABS im Gesundheitswesen erfolgen. Darüber hinaus werden die Anforderungen an verbriefungsfähiges Vermögen erörtert und der Beginn der Healthcare Securitization der einzelnen Gebiete vorgestellt.

4.1. Identifikation ABS-fähiger Forderungsarten im Gesundheitswesen

Die Identifikation potentieller Forderungsarten, die für ABS in Betracht zu ziehen sind, kann anhand der am Gesundheitswesen Beteiligten erfolgen (vgl. Kapitel 3.3.). Im Wesentlichen handelt es sich um zwei Gruppen, die „Health Services" und die „Health Goods". Den verschiedenen Gruppen und Unternehmen entstehen dabei unterschiedliche Forderungsarten, die im Wesentlichen in die folgenden vier Gruppen eingeteilt werden können:

1. Die erste Forderungsart des Gesundheitssystems, die für ABS besonders interessant erscheint, sind die „Trade Receivables" der Gruppe der „Health Services" (vgl. auch Kapitel 4.1.1. und Abbildung 14). Da bei den Krankenhäusern und Pflege-/ Altenheimen fast ausschließlich Forderungen aus Gesundheitsdienstleistungen entstehen, wird hier von „Healthcare Receivables" gesprochen. Dabei handelt es sich eigentlich um die Forderungen gegen den Versicherer des Patienten, im US-amerikanischen Recht daher auch „Healthcare Insurance Receivable Security Interest" genannt.[349] Im Folgenden werden diese Forderungen als Healthcare Receivables bezeichnet.
2. Zweitens sind Möglichkeiten der Verbriefung aus dem Cash-Flow immaterieller Vermögensgegenstände zu prüfen. Pharmaunternehmen, aber auch andere Einrichtungen mit Forschungsbezug – staatliche Forschungseinrichtungen oder Universitäten – weisen aufgrund ihrer Entwicklungstätigkeiten im medizinisch-pharmazeutischen Bereich, zum Teil Einkommen bzw. Ansprüche aus dem geschützten, d. h. patentierten Verkauf von Medikamenten bzw. Verfahrensleistungen auf. Die zweite Art der ABS, die für Teilnehmer des Gesundheitswesens deshalb interessant sein kann, sind die mit sog. „Intellectual Property Rights" besicherten ABS (siehe für eine genaue Begriffsbestimmung Kapitel 4.1.2.).
3. Die dritte Forderungsart, die für ABS verwendet werden kann, leitet sich aus dem Leasing-Geschäft ab. Da viele Krankenhäuser und andere Versorgungsinstanzen einen Teil ihrer Gebrauchsgüter nicht kaufen sondern bei den Herstellern bzw. Zwischenunternehmern leasen, können auch ABS, die durch Equipment-Leasing Zahlungen besichert sind – sog. Leasing-Backed Securities (LBS) – in Betracht gezogen werden. Die Funktionsweise des „Medical" Equipment-Leasing und der

---

[349] Vgl. dazu allgemein Swift/Chervokas (2002), S. 27-4 – 27-7, 27-25 – 27-26 und für „Healthcare Receivables" Margolies et al. (2002), S. 13-2 und 13-6. Verallgemeinernd bezeichnet „Security Interest" dabei letztlich jede Form eines „Nutzungs- oder Verwertungsrechts."

Überführung in ABS-Strukturen unterscheidet sich grundsätzlich nicht von der anderer Vermögensgegenstände. Auch die Vorteile[350], die für den Leasing-Geber mit der Finanzierung über die Emission von ABS einhergehen, sind die bekannten.[351] Hinsichtlich der ABS Überlegungen stellt sich vielmehr die Frage, wo die Sicherheiten bestehen, denn Leasingnehmer und damit auch Forderungsschuldner der Leasingraten sind zumeist Krankenhäuser, radiologische Praxen oder andere Gesundheitsdienstleister, die i. d. R. keine gute Bonität genießen und über kein oder ein schlechtes Rating verfügen.
Ein Vorteil bei der Verbriefung von Leasingraten für medizinisches Equipment liegt vor allem im deutschen Krankenhaus-Finanzierungssystem. Denn nach dem dualen Finanzierungssystem stehen einem deutschen Krankenhaus für Medizinprodukte, die als Anlagegut klassifiziert werden[352], staatliche Subventionszahlungen zur Verfügung, wodurch sich ein anderes Schuldverhältnis konstruieren ließe. Da dies aber nur für die Finanzierung der Gerätehersteller von Bedeutung ist, soll auf eine weitere Ausführung dieses Bereiches verzichtet werden. In den USA wurden seit Mitte der 1980er Jahre viele Verbriefungen aus dem Bereich „Medical Equipment"-Leasing beobachtet[353], jedoch kam es hier auch zu einem der größten Ausfälle am ABS-Markt, als die Firma DVI Inc. Insolvenz bzw. Gläubigerschutz (nach „Chapter 11" des US-amerikanischen Bankruptcy Codes, BC) anmeldete. Bis dahin hatte die Firma über 30 ABS Transaktionen am Markt platziert.[354]

4. Eine spezielle – im Prinzip aber auch ihre einzige – Forderungsart weisen die Versicherungsunternehmen auf. Im Wesentlichen besteht ihr Cash In-Flow aus den Einzahlungen der von ihnen mit den Kunden abgeschlossenen Versicherungsbeiträge. Die „Insurance Premiums" kann man dabei auch als Zahlungsverpflichtungen („Payment Obligations") der Versicherten verstehen. Es ist aufgrund vieler juristischer Probleme, insbesondere versicherungsaufsichtsrechtlicher Regelungen und Geheimhaltungsverpflichtungen mehr als fraglich, ob Forderungen von Krankenkassen oder anderen Versicherungsunternehmen verbrieft werden können. Theoretisch ist es jedoch denkbar. In den USA können die „Payment Obligations" durchaus als Sicherheit für eine Transaktion dienen, jedoch hängt es von der Art der Zahlungsverpflichtung ab, ob diese als Forderung („Account"), als Urkunde zum Nachweis von Geldforderungen („Chattel Paper"), oder als immaterieller Vermögensgegenstand („General Intangible") gewertet wird.[355] Es wurden hier aber durchaus auch schon sog. „Insurance Premium Finance Receivables" verbrieft.[356]

---

350 Vgl. FitchRatings (2001a), S. 2.

351 Zu einer umfassenden Darstellung der Refinanzierungsmöglichkeiten über ABS von Leasinggesellschaften in Deutschland siehe insbesondere Küpper (2002).

352 Vgl. Knappe et al. (2000), S. 35.

353 Als eine der ersten Firmen bezog General Electric den „Medical" Bereich mit in einer Transaktion ein. Die erste LBS Transaktion, die allein durch Medical Equipment besichert war, stammte von Copelco („Lease Funding 1993-A") über ein Volumen von US$ 94,7 Mio. und AAA bzw. Aaa Ratings von S&P und Moody's. Vgl. Lucas/Zimmermann (1996), S. 151 - 152; Siehe dazu auch Standard & Poor's (1996).

354 Siehe zum Ausfall der Transaktionen von DVI vor allem Anhang Nr. 2.

355 Vgl. Veatch (2004), „Payment Obligations – A Special Case", S. 16-12.

356 Vgl. Greenbaum/Thakor (1995), S. 439.

Auch in Deutschland wurden schon Überlegungen zur Verbriefung von Versicherungsbeiträgen angestellt; diese scheiterten aber auch an den Schwierigkeiten des Forderungsmanagements und den EDV-Anforderungen, die nicht erfüllt werden konnten.[357]
Diese Form der Verbriefung im Gesundheitswesen soll jedoch im Folgenden ausgeklammert werden. Die Möglichkeiten des ABS Einsatzes hängen derzeit noch zu stark von versicherungsrechtlichen bzw. aufsichtsrechtlichen Fragen sowie vom Zusammenspiel und Aufbau von Versicherungssystem und Gesundheitssystem im jeweiligen Staat ab.

Neben der Art der Forderungen ist außerdem die Form bzw. die Vorgehensweise bei der Verbriefung von Bedeutung. Traditionell werden bei der Securitization bestimmte Forderungen des Unternehmens verbrieft. In den letzten Jahren hat sich aber auch die Form der „Whole Business" Securitization (WBS) durchgesetzt, bei der alle operativen Erträge eines Unternehmens verbrieft werden.[358] Diese Form der Securitization kann gerade für Teilnehmer aus dem Gesundheitsmarkt von Interesse sein, denn *„grundsätzlich sind (...) nur solche Unternehmen für WBS geeignet, deren Erträge weitgehend krisenfest sind. Diesen Anforderungen genügen in der Regel nur Unternehmen, die in einem reifen, rezessionssicheren (...) Markt tätig sind und die historisch über stabile und vorhersehbare Erträge verfügen".*[359] Diese Form der Verbriefung beinhaltet auch Elemente der sog. „Future Flow" Securitization, da hier Forderungen gewissermaßen im Voraus verbrieft, d. h. Ansprüche verkauft werden, die noch gar nicht entstanden oder Forderungen, die dem Schuldner noch nicht zugegangen sind.[360]

Zusammenfassend kann man festhalten, dass Gesundheitssysteme aufgrund der vielen verschiedenen Beteiligten und den mit ihnen verbundenen Zahlungsströmen ein großes Potential von ABS-Nutzern und eine Vielzahl an ABS-Formen anbieten. In den folgenden Abschnitten werden die Erklärungen einzelner Gebiete eingehender behandelt.

4.1.1. Besonderheiten der ABS von „Trade Receivables" und „Healthcare Receivables"

Eine Handelsforderung entsteht grundsätzlich dann, wenn ein Lieferant *„(...) seine Ware verkauft, ohne sofort deren Gegenwert zu erhalten (...)."*[361] Darin eingeschlossen sind auch Forderungen, die durch Bereitstellung von Dienstleistungen entstanden sind. Dies drückt sich auch im Umlaufvermögen der Bilanzen durch die Namensgebung „Forderung aus Lieferung und Leistung" aus.[362] Dabei können ver-

---

357 Gemäß Aussage eines Interviewpartners.
358 Vgl. Ramgarhia et al. (2004), S. 329 - 330.
359 Dittrich/Kölbl-Vogt (2002), S. 180.
360 Vgl. zur Abgrenzung der einzelnen Arten von ABS auch Batchvarov et al. (2004), S. 19 - 28.
361 Vgl. Engelen (1965), S. 1. Vgl. bzgl. ABS Danielewsky/Lehmann (2003), S. 222.
362 *„Zu den Forderungen aus Lieferung und Leistung zählen Ansprüche aus gegenseitigen Verträgen (...), die vom bilanzierenden Unternehmen durch Lieferung oder Leistung bereits erfüllt sind, de-*

schiedene Formen von Forderungen entstehen. Die hier relevante und gängigste ist die „offene Rechnung", im angelsächsischen Sprachgebrauch als „Book Account" oder „(Trade) Account Receivable" bezeichnet.[363]
Nach den bereits gegebenen Definitionen gehören offensichtlich auch „Healthcare Receivables" zu den „Trade Receivables" und Verbriefungen solcher Forderungen werden im Allgemeinen unter die Handelsforderungsverbriefungen geordnet: *„A healthcare receivables securitization is essentially a special type of trade receivables securitization."* [364] Solche oder ähnliche Feststellungen existieren mehrfach.[365] Sie zeigen aber auch, dass die Healthcare Receivables nicht automatisch zu den Trade Receivables gezählt werden können, sondern eben einen „Special Type" bzw. eine „Form of Trade Receivables" darstellen.
Diese Unterschiede zwischen Healthcare Receivables und Trade Receivables resultieren in erster Linie aus den Besonderheiten der US-amerikanischen Abrechnungsmethode von Krankenhaus- oder anderen Gesundheitsrechnungen. Ähnliches ist aber auch in anderen Ländern festzustellen. Sie beruhen letztlich auf den Abrechnungsmodalitäten des jeweiligen Gesundheitssystems. Denn anders als bei normalen Handelsforderungen zahlt bei den Healthcare Receivables i. d. R. nicht der Kunde, sondern eine dritte Instanz wie Staat oder Versicherung. Außerdem sind Forderungen aus Gesundheitsdienstleistungen fast immer mit einer Geheimhaltungspflicht verbunden, weswegen die Abtretung dieser Forderungen nicht immer unproblematisch ist. Schließlich sind diese Forderungen den teilweise willkürlichen Änderungen der Gesundheitspolitik ausgesetzt, z. B. Budgetverhandlungen oder Änderungen der Kostenübernahme der Versicherer. So ist in den USA der Rechnungsbetrag einer Krankenhausforderung nie mit der tatsächlich zu erwartenden Zahlung des Versicherers gleichzusetzen.[366]

Trotz vieler Probleme stellt die Trade bzw. Healthcare Securitization die interessanteste Möglichkeit des ABS-Einsatzes im Gesundheitswesen dar. Entsprechend sind in diesem Bereich die Märkte in der Anwendung des ABS-Konzeptes am weitesten fortgeschritten. Die Verbriefung von Forderungen aus Lieferung und Leistung bietet vor allem den Gesundheitsdienstleistern wie Krankenhäusern – die der zentrale Gegenstand dieses Bereiches sind – und Arztpraxen sowie Alten- und Pflegeheimen die Möglichkeit, sich über die „Veräußerung" ihrer Forderungen zu finanzieren. Die folgende Abbildung veranschaulicht die grundlegenden Zahlungsströme von den Zahlungsinstanzen eines Staates zu Krankenhäusern, Pflegeheimen, usw.[367]

---

ren Erfüllung durch den Schuldner (Zahlung oder Kaufpreis) aber noch aussteht." Coenenberg (2005), 231.

363 Dabei werden nach US-GAAP die „Receivables" je nach Schuldner differenziert und die Aufstellung nach IAS/IFRS bzw. US-GAAP muss „sachgerecht" erfolgen. Vgl. Coenenberg (2005), S. 244, 252.

364 Adelson/Hoyt (2002), S. 1.

365 Z. B.: *„The securitization of health care receivables is a form of trade receivables securitization."* Standard & Poor's (2004b), S. 136.

366 Problem des Errechnens des sog. „Net Receivable Amount". Zu dieser und anderen Problematiken siehe insbesondere das Kapitel 6.2.1.

367 Hierbei gibt es je nach Land sehr unterschiedliche, komplexe Systeme.

Abbildung 14: Zahlungsinstanzen und Krankenhaus- „Cash In-Flows"

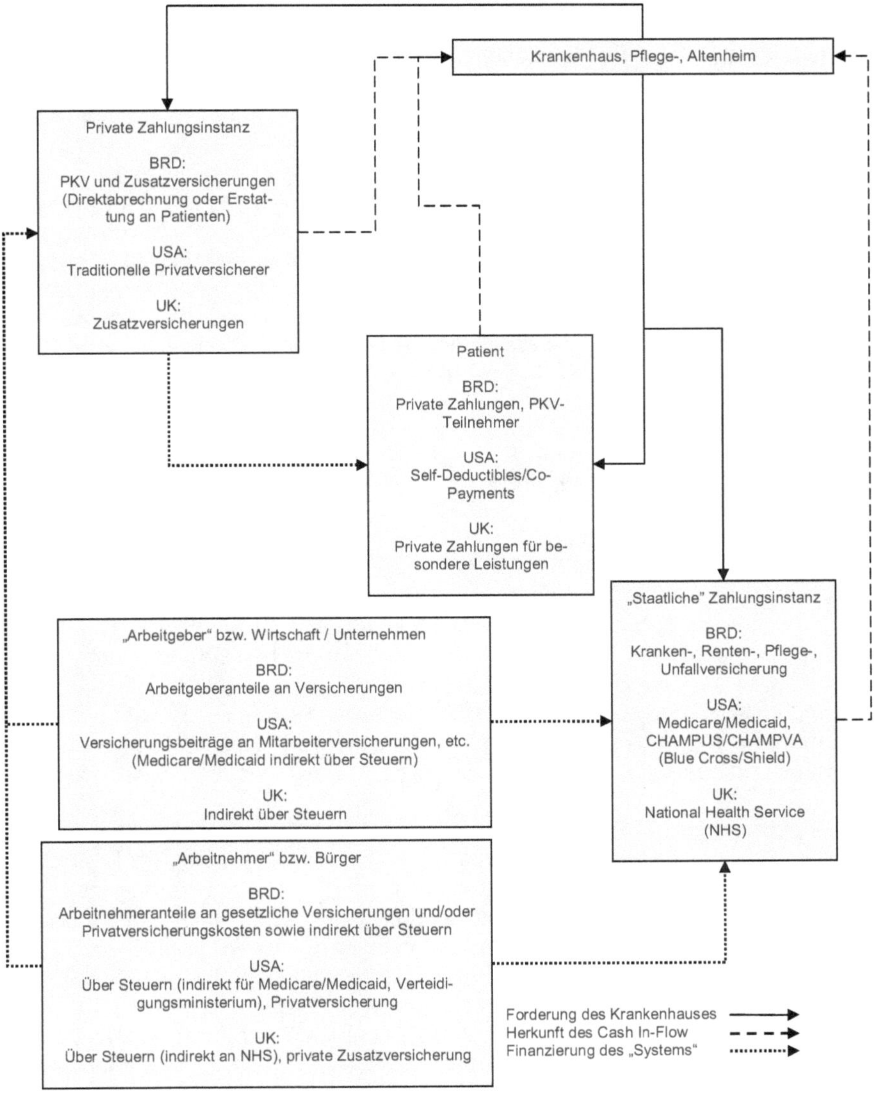

Eigene Darstellung.

Das Besondere an den Forderungen aus Lieferung und Leistung eines Krankenhauses ist, dass Leistungsempfänger und Leistungszahler in den meisten Fällen nicht dieselben sind. Je nach Land übernimmt eine staatliche Organisation, wie etwa Medicaid bzw. Medicare (USA), der NHS (UK) oder eine gesetzliche Krankenversicherung (BRD) die Zahlung an das Krankenhaus. Oder eine private Versicherungsgesellschaft wie etwa eine der PKVs (Private Krankenversicherung)[368] (BRD) oder eine der vielen „Health Maintenance Organizations“ (HMOs) (USA) begleichen die Schuld. Seltener – im Sinne einer Volumenbetrachtung – dagegen sind die Fälle, in denen der Patient allein die Kosten für die Behandlung trägt. Lediglich Zuzahlungen („Co-Payments“, „Self-Deductibles“) sind oft üblich, sie machen aber den kleineren Anteil aus.

Wie generell bei Überlegungen zu ABS ist vor allem die Differenz der Gläubigerbonität zwischen Besitzer und Schuldner einer Forderung von Interesse. Bei Healthcare Receivables bzw. Krankenhausforderungen handelt es sich demnach vorrangig um die Differenz der Bonität des Krankenhauses und der einer staatlichen (oder quasistaatlichen) Organisation bzw. eines kommerziellen Versicherungsunternehmens. Je größer dieser Unterschied – d. h. je schlechter die Bonität des Krankenhauses und je höher die Bonität des Forderungsschuldners – desto größer kann der Finanzierungsvorteil aus ABS sein. Diese „Bonitäts-Arbitrage“ ist der Grundstein aller Healthcare Receivables Transaktionen.

4.1.2. „Intellectual Property“ und „Whole Business“ Securitization

Sowohl die „Intellectual Property“ als auch die „Whole Business“ Securitization sind Novitäten auf dem ABS-Markt und erst wenige Jahre alt: *„UK whole business securitisation is one of the asset backed market's most radical innovations. Its power to make ordinary, predictable assets exciting and profitable sent venture capital firms scrabbling for pubs, motorway service areas, ports and other businesses they would not previously have touched.“*[369]

Der Begriff WBS erklärt sich in gewisser Weise selbst. Hierbei werden nicht – wie bei anderen ABS-Transaktionen – bestimmte Vermögenswerte verbrieft, sondern *„alle operativen Erträge eines Unternehmens“*[370] (siehe dazu weiterführend vor allem Kapitel 7.1.).

Der Begriff „Intellectual Property“ (IP) stammt aus dem Patentrecht und beinhaltet i. w. S. die Rechte am „geistigen Eigentum“. Die „Intellectual Property Rights“ sind dabei eine Kategorie der sog. „General Intangibles“ (Immaterielle Vermögensgegenstände)[371]. Zu den Intellectual Property Rights gehören demnach: *„rights such as copyrights, patents, trademarks, licenses of each of the foregoing, mask works and trade secrets (...)“.*[372] Darunter fallen bspw. die Rechte, Lieder, Bücher und Filme zu vermarkten oder Sportveranstaltungen zu veranstalten. Aber auch Rechte des „Merchandising“ bzw. Lizenzrechte gehören dazu, ebenso wie das Recht *„to manufacture and sell a particular medicine.“*[373] Letztgenanntes – die Patent- und Vertriebsrechte eines Pharma-Herstellers oder einer anderen Institution, etwa einer Universitätsklinik

---

[368] Hier zahlt der Patient entweder erst selbst und lässt sich den Betrag erstatten, oder die private Versicherungsgesellschaft rechnet direkt mit dem Gesundheitsdienstleister ab. Vgl. dazu auch Kapitel 10.7.3. und 10.8.2.
[369] Hay (2002), o. S., siehe auch Sengera (2002), S. 242.
[370] Dittrich/Kölbl-Vogt (2002), S. 180.
[371] Vgl. U.C.C. § 9 - 102.
[372] Veatch (2004), S. 16-5.
[373] Bell (2002), S. 84.

oder anderen Forschungseinrichtung – sind hier von besonderem Interesse (siehe dazu Kapitel 6.4. für Beispiele aus den USA und Kapitel 12 für Einsatzmöglichkeiten in Deutschland).
Die Bereiche IP und WB Securitization sind auch Beispiele dafür, wie schwer es ist, Grenzen zwischen den einzelnen ABS-Märkten zu ziehen. Z. B. werden die sog. „Formula One"-Verbriefung (in der es sich um die Verbriefung der Rechte an den „Formel 1"-Veranstaltungen handelt) und die Verbriefung von Marne et Champagne Cie. (Verbriefung von den Erträgen aus der Champagnerherstellung) einerseits als ein Beispiele für IP Securitization herangezogen, an anderer Stelle dienen sie als Beispiel für WB Securitizations.[374] Es bleibt grundsätzlich fraglich, ob ein Unternehmen, das als einzige Einnahmequelle z. B. Lizenzrechte besitzt und diese über eine Verbriefung abtritt, eine IP Securitization oder eine Form der WBS vollzieht. Während die Umschreibung von Transaktionen als Intellectual Property in erster Linie auf die Art des Assets abzielt, ist die WBS mehr als Strukturbeschreibung zu sehen. Beide schließen sich aber gegenseitig nicht aus.

4.1.3. „Future Flow" und „Future Receivables" Securitization

Bei der Securitization von „Future Flows" handelt es sich um die Verbriefung von noch nicht existenten Forderungen: *„The cash flow typically derives from a specific line of business in which the company has a history of participation and that is expected to continue for the foreseeable future."*[375] Bisher wurde diese Art der Verbriefung vor allem von Entwicklungsländern durch Regierungen bzw. regierungsnahe Organisationen in Anspruch genommen, die durch die Verbriefung zukünftiger Rohstofferträge einen Teil des Währungs- und Länderrisikos von ihrer Finanzierung ablösen konnten und sich somit eine günstigere Refinanzierungsmöglichkeit verschafften.[376]
Zu unterscheiden sind mehrere Arten von „Future Receivables":

1. „Unbilled Receivables": Forderungen aus einem bestehenden Vertrag, für den die Leistung erbracht wurde, dessen Rechnung aber noch nicht gestellt ist.
2. „Future Contracted Receivables": Forderungen aus einem bestehenden Vertrag, dessen Leistung noch nicht erbracht wurde.
3. „Future Uncontracted Receivables": Forderungen aus noch nicht bekannten (zukünftigen) Verträgen.
4. „Future Cash Flows": Bar-Einnahmen aus zukünftigen Geschäften, z. B. aus Ticketverkäufen (Fußball, Kino, Theater, etc.). Diese sind jedoch keine „Receivables" im eigentlichen Sinn, da keine förmliche Forderung generiert wird.

Theoretisch bietet sich das Gesundheitswesen aufgrund seiner relativen Konjunktur-Unabhängigkeit für eine Verbriefung von „Future Healthcare Receivables" an. Auch die Vertragsgestaltung zwischen deutschen Krankenhäusern und den Krankenkas-

---

374 Vgl. Bell (2002), S. 85, 86 sowie Dittrich/Kölbl-Vogt (2002), S. 180.
375 FitchRatings (2000b), S. 1. Siehe auch Batchvarov et al. (2004), S. 22, 23.
376 Vgl. Ketkar/Ratha (2001), S. 5. Bis 1999 wurden bereits über US$ 36 Mrd. solcher Forderungen verbrieft.

sen könnte für Verbriefungen vorteilhaft sein. Insbesondere die ersten beiden oben genannten Forderungsarten könnten möglicherweise verbrieft werden. Der Fall einer „Unbilled Receivable" entsteht im Prinzip schon dann, wenn ein Patient z. B. operiert worden ist – die eigentliche Hauptleistung also erbracht worden ist, er aber weiter im Krankenhaus verbleibt. Auch Verbriefungen in der zweiten Fallgruppe, der „Future Contracted Receivables", wären theoretisch denkbar. Darunter fielen z. B. zukünftige Operationstermine, die zwischen Patient und Krankenhaus bzw. Kasse fest vereinbart sind. Forderungen aus noch nicht bekannten Verträgen sind dagegen die eigentliche Idee der Verbriefung von „Future Receivables". Der Gesundheitsbereich bietet sich aufgrund seiner einmaligen Daseinsform dafür an, aber im Einzelfall stellt sich hier vor allem die Frage, was bei Konkurs eines Krankenhauses passieren würde, da dann die schon verbrieften zukünftigen Forderungen ausblieben. Die vierte Kategorie („Future Cash Flows") gibt es im Healthcare Bereich kaum.
Die Verbriefung solcher Forderungen wird zwar oft unter dem Stichwort Securitization geführt, gleichzeitig gibt es aber viele Kritiker, die feststellen, dass sich hier die Idee der Securitization verliert: *„(...) a working capital loan that helps a company generate future receivables may be called securitization because it is expected later to be secured by receivables, but in fact no existing asset is securitized. Such securitizations are simply loans."*[377] Auch einige Interviewpartner standen der „Future Flow" Securitization sehr skeptisch gegenüber, da die Ursprungsform von ABS, nämlich bestehende Werte des Unternehmens als Sicherheit für den Investor – auch für den Fall der Insolvenz des Originators – nicht mehr gegeben ist bzw. nur noch mit zusätzlichen Maßnahmen erreicht werden kann. Andererseits sehen viele in der „Future Receivables" oder „Future Flow" Securitization durchaus ein Geschäftsfeld, insbesondere in der Export-Finanzierung.[378] Es bleibt jedoch fraglich, ob speziell im Gesundheitswesen eine Form der „Future Receivables" Securitization angewendet werden kann. Im US-amerikanischen Markt führte jedenfalls die Verbriefung von zukünftigen Forderungen bereits zu großen Problemen bei ABS-Transaktionen.[379]

4.2. Notwendigkeiten bezüglich der Forderungen

Damit Forderungen verbrieft werden können, müssen sowohl die Forderungen selbst als auch der Originator bestimmte Kriterien aufweisen und das Marktumfeld, einschließlich Rechtsfragen, Bilanzierungsumfeld und Steuerfragen, berücksichtigt werden. Bezüglich der Ansprüche, die an die Forderungen bei einer ABS-Transaktion gestellt werden, kann man zwei Charakteristika unterscheiden, die unabdingbaren und die begünstigenden.[380] Das folgende Schaubild gibt einen Aufschluss über diese Anforderungen.

---

[377] Feldkamp (1999), S. 9.
[378] Z. B. hat Wachovia ein eigenes Team für die Future Flow Securitization angestellt, vgl. Wachovia (2003), o. S.
[379] Allerdings war dabei die Verbriefung von „Future Receivables" gar nicht vorgesehen, sondern wurde entgegen der eigentlichen Transaktionsstruktur durchgeführt (vgl. Kapitel 6.3.).
[380] Vgl. Bär (2000), S. 169.

Abbildung 15: Forderungsanforderungen für Verbriefungen

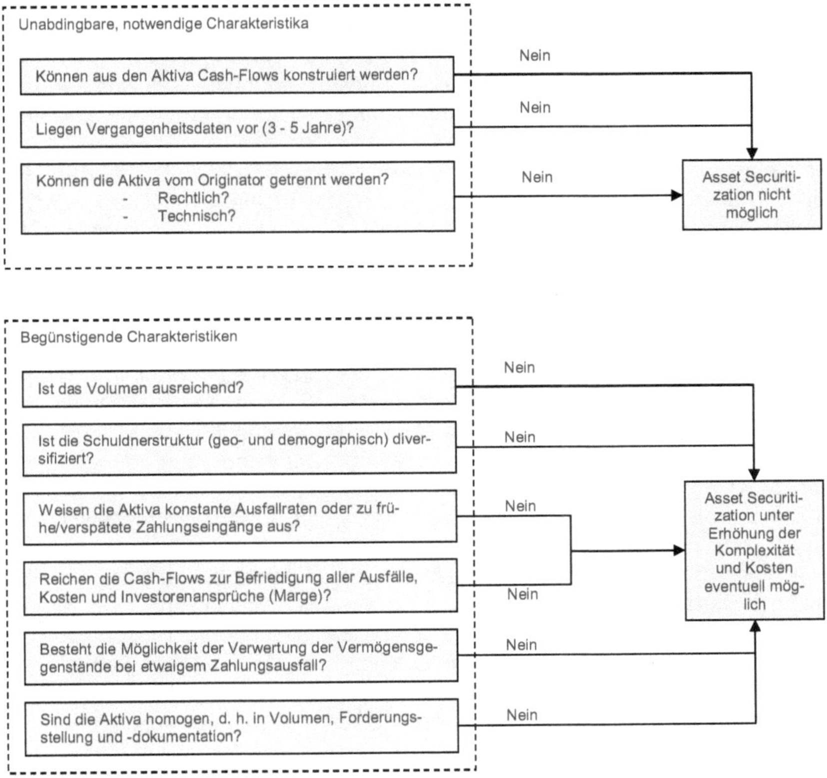

Quelle: Leicht modifizierte Darstellung nach Bär (2000), S. 169, siehe ferner Paul (1994), S. 192 sowie Ohl (1994), S. 137 - 138.

Dieser Katalog veranschaulicht die in der Praxis grundsätzlich zu klärenden Fragen, die hinsichtlich einer ABS-Finanzierung möglichst alle mit „ja" beantwortet werden sollten. Dass allein die Evaluierung von geeigneten Forderungen eine solche Flut von Fragen verursacht, erschwert die Überlegungen bzw. Abwägung bzgl. einer ABS-Finanzierung in der Praxis enorm.
Die Ableitbarkeit von Cash-Flows ist heutzutage bei fast allen Forderungsarten, auch bei kurzfristigen Aktiva, möglich. Insbesondere die Erfahrungen in den USA zeigen, dass es möglich ist, Forderungen aus verschiedenen Bereichen des Gesundheitswesens zu verbriefen.[381] Die Frage nach der Prognostizierbarkeit kann im Gesundheitswesen im Allgemeinen als sehr gut angenommen werden[382], im Einzelfall kann es aber doch Schwierigkeiten geben, da Vergangenheitsdaten nur je nach Vermö-

381 Die Kreation eines ausreichenden Cash-Flows erfolgt bei Handelsforderungen oder Kreditkarten-Forderungen „künstlich" durch einen dafür geeigneten Strukturmechanismus.
382 Vgl. Kapitel 3.2.

gensgegenstand und nach Originator vorliegen. So ist bei einer Verbriefung von Krankenhausforderungen etablierter Krankenhäuser in dieser Hinsicht kein Problem zu erwarten, allerdings gibt es teilweise Schwierigkeiten bei der Datenaufbereitung. Bei einer Verbriefung aus dem „Intellectual Property" Bereich sind aufgrund mangelnder Erfahrungen weniger Vergangenheitsdaten verfügbar, und eine Prognose aufgrund des besonderen Vermögensgegenstandes stellt sich i. d. R. als kompliziert dar.[383]

Da in mehreren anderen Ländern bereits Verbriefungen im Gesundheitswesen stattgefunden haben, lässt sich feststellen, dass die Abtretbarkeit grundsätzlich möglich erscheint. Eigentlich handelt es sich hier jedoch zum einen um rein juristische Fragen, die nur in seltenen Fällen aus den Erfahrungen anderer Länder beantwortet werden können. Zum anderen ist die technische Separation ein individuelles Problem des Originators und seiner EDV und anderer Betriebssysteme. Eine technische Separation ist zwar eigentlich immer möglich, jedoch sind dafür eventuell neue EDV-Systeme bzw. Programme nötig, deren Kosten den potentiellen Vorteil einer Verbriefung schnell zunichte machen können. Mindestanforderung an die IT und EDV-Systeme ist eine zuverlässige Separation der abgetretenen von den nicht-abgetretenen Forderungen (Vermeidung des sog. „Commingling Risk"), was in der Praxis durch das EDV-System des Originators angezeigt werden muss („Flagging").[384] Um diese Anforderungen erfüllen zu können, bedarf es hoch entwickelter Software und eines sehr gut vernetzten Computersystems im Krankenhaus.[385]

Die angeführten begünstigenden Charakteristika bedeuten zwar selbst bei einer Verneinung nicht, dass eine Securitization gar nicht möglich ist, sie kann dann aber nur unter erschwerten Bedingungen, d. h. durch kostenintensivere Strukturvarianten, durchgeführt werden. Die einzelnen Charakteristika werden im Verlauf genauer untersucht. Man kann jedoch feststellen, dass etwa bei den „Healthcare Trade Receivables" Securitization-Transaktionen in den USA fast keines der angeführten Kriterien direkt bejaht werden kann.

Ein – zumindest auf den ersten Blick – kleines Problem ist der sog. „Critical Mass Test"; denn wenn eine „Stand-Alone" Lösung nicht erreicht werden kann, so sind zumindest einige Krankenhäuser[386] groß genug für eine Teilnahme an sog. „Multi-Seller" Transaktionen. Voraussetzung ist dann jedoch, dass mehrere Krankenhäuser an einer Transaktion teilnehmen.[387] Die diversifizierte Schuldnerstruktur stellt dage-

---

383 Siehe zu Schwierigkeiten bei US-amerikanischen IP-Securitization Transaktionen auch Kapitel 6.4.

384 Vgl. Bär (2000), S. 177 - 179; Damaske (2005), S. 1005 - 1007.

385 So weist Bär (2000), S. 178 - 179, darauf hin, dass in der Praxis viele ABS-Transaktionen aufgrund technischer Probleme bzw. wegen der Kosten für die Etablierung neuer Systeme nicht stattfinden können. Zwar gibt es in den USA immer mehr Anbieter für diese speziellen Systeme; in Deutschland ist das EDV-Problem aber immer noch ein großes Hindernis für Securitization-Vorhaben. Dies wird auch von Dorendorf (2003b), S. 22 bestätigt: *„(…), und es gibt umfangreiche Daten- und Informationsanforderungen der Ratingagenturen. Zu allem Überfluß müssen die Unternehmen oft auch noch in ihre Datenverarbeitungssysteme investieren."* Siehe dazu auch Damaske (2005): „Verbriefungssoftware – noch in den Kinderschuhen!" Dorendorf (2003b), S. 22, merkt aber auch an, dass *„auch die Zahl der Anbieter für geeignete Abwicklungs-Software, die den Forderungsverkauf und die Qualitätsentwicklung des Portfolios exakt abbildet, wächst."*

386 Kleinere Gesundheitsdienstleister (Praxen, Diagnostik-Labors, etc.) erreichen die kritische Größe für eine „Multi-Seller"-Transaktion nicht.

387 Ausnahmen bilden die ABCP Conduits, die Forderungen verschiedener Originatoren verbriefen.

gen oft eine größere Hürde dar. Die Schuldnerstruktur in Krankenhäusern hängt zunächst in hohem Maße vom Gesundheitssystem ab. So stehen sowohl im gesetzlichen als auch im privaten Krankenversicherungsbereich in Deutschland nur eine begrenzte Zahl Schuldner zur Verfügung – mit abnehmender Tendenz. Zum anderen sind die Forderungsschuldner eines Krankenhauses oft die gleichen Versicherer, da die Krankenhäuser im Allgemeinen eine bestimmte Region versorgen und die Bewohner dann eine hohe Dichte bei einem bestimmten Regionalversicherer darstellen, was in Verbriefungsstrukturen zu sog. „Klumpenrisiken" führt. Zwar existiert kaum eine Gefahr durch frühzeitige Zahlungen und damit einhergehenden Zinsänderungsrisiken, und auch der Zahlungsausfall kann hinreichend genug geschätzt werden. Problematisch sind aber verspätete Zahlungseingänge durch Versicherungszahlungen im Gesundheitswesen (siehe dazu für Deutschland Kapitel 10.8.).

Bezüglich der Marge zwischen Cash In- und Cash Out-Flow kann man hier feststellen, dass diese bei nicht zinstragenden Forderungen ohnehin konstruiert werden muss, so dass dieser „Nachteil" im Weiteren vernachlässigt werden soll. Darüber hinaus kann man auch keine allgemeingültigen Aussagen über die entsprechende Ausgestaltung der Cash Out-Flows machen, da nach Bär (2000) die *„(...) Zahlungspriorität grundsätzlich ein Resultat der Vertragsverhandlungen ist und deshalb je nach Transaktion unterschiedlich ausfallen kann."*[388]

Ein Zugriff auf die Aktiva und die Verwertung von Sicherheiten ist bei Handelsforderungen kaum gegeben.[389] Hier zeigt sich im besonderen Maße die Problematik des Einsatzes von Gesundheit als Vermögenssicherheit: Das „Asset" Gesundheit als Vermögenssicherheit bei Asset-Backed Securities zu verwenden, erscheint auf den ersten Blick absonderlich. Denn Idee und Vorgehensweise von ABS beruhen auf dem Konzept, dass die Investoren dieser Wertpapiere durch bestimmte Vermögenswerte besichert sind, die – falls die Schuldner nicht zahlen können – liquidiert werden, so dass die Gläubiger der ABS, also die Investoren, befriedigt werden können. Bei der Verbriefung von Hypothekenforderungen ist z. B. die zugrunde liegende Sicherheit eine Immobilie oder ein Grundstück, bei Auto-Leasing ABS ist es eben das Auto. Aus diesem Vorgehen leitet sich schließlich auch der Name Asset-Backed ab, also „vermögensbesichert". Es stellt sich dann aber die Frage, wo die Sicherheit im Gesundheitswesen liegt.

Betrachtet man das „Kern-Geschäft" eines Krankenhauses, so ist offensichtlich, dass der Großteil der Forderungen durch irgendeine Form der Behandlung entsteht. Im Rahmen einer ABS-Transaktion stellt sich dann die Frage, wo die Sicherheit des Investors liegt, wenn die Forderung nicht beglichen wird. Die Liquidierung eines Vermögensgegenstandes ist hier nicht möglich, da der Forderung kein fassbares Vermögen gegenübersteht, sondern lediglich eine Zahlungsforderung bzw. Anspruch nach erbrachter Dienstleistung. Sind Patient oder Versicherung aber zahlungsunfähig, so ist die Forderung faktisch wertlos. An dieser Stelle tritt die Besonderheit des Gesundheitswesens zu Tage, denn dem Gut Gesundheit wird eine so hohe Bedeutung zugemessen (siehe Kapitel 3.1.), dass die Versicherungsleistungen zu einem

---

388 Bär (2000), S. 185.

389 Vgl. auch Ohl (1994), S. 156: *„Ein gravierender Nachteil der Verbriefung von Forderungen aus Lieferungen und Leistungen liegt in der Tatsache, dass den Forderungen zwar dingliche, aber unter Umständen nicht verwertbare Sicherheiten zugrunde liegen."*

Großteil vom Staat entweder direkt erbracht werden oder entsprechende Gesetze und Verordnungen erlassen sind, die die Begleichung der Krankenhausforderungen sicherstellen. Durch die Staatskomponente in der Verbriefungsstruktur ist die fehlende Möglichkeit der Sicherheitsverwertung praktisch irrelevant. Es muss jedoch sichergestellt sein, dass der Versicherer höchste Bonität genießt und Zahlungen nicht ohne weiteres verweigern kann.
Auch was die Homogenität der abgetretenen Forderungen betrifft, ergeben sich im Gesundheitswesen besondere Probleme, da die Verträge der Versicherungsanbieter mit den Leistungserbringern sehr viele verschiedene Formen annehmen können. Die Erfahrungen aus den USA zeigen jedoch, dass dies kein Hindernis für eine Verbriefung darstellt. Eine Vertragsgestaltung in Deutschland dürfte, vor allem nach Abschluss der Einführung des DRG-Systems (voraussichtlich im Jahr 2008) einheitlicher werden.[390]
Zusammenfassend lässt sich feststellen, dass von den aufgeführten Charakteristika, die als notwendig oder begünstigend für eine Verbriefung ausgemacht werden, im Gesundheitswesen – und hier insbesondere in der Krankenhausforderungsverbriefung – viele spezifische Schwierigkeiten erkennbar sind. Mit einem erhöhten Aufwand lassen sich solche Probleme jedoch i. d. R. bewältigen, doch verursacht dies wiederum hohe Kosten, die eine Finanzierung über ABS in vielen Fällen unwirtschaftlich erscheinen lassen.

4.3. Beginn und Entwicklung der „Healthcare Securitization“

Die Securitization von Healthcare Receivables begann Anfang der 1990er Jahre in den USA, als die Forderungsabtretung im Rahmen von Factoring-Verträgen auf den Kapitalmarkt übertragen wurde.[391]
Die Entstehung von Healthcare-ABS war damals die Konsequenz verschiedener geänderter Rahmenbedingungen. Zum einen kam es durch eine Änderung von Teilen des US-amerikanischen Krankenversicherungssystems – insbesondere der Zahlungsweisen von staatlichen Stellen – zu Liquiditätsproblemen bei einigen Krankenhäusern.[392] Zum anderen entwickelten sich damals viele ABS-Strukturen in anderen Bereichen. Nach über 20 Jahren MBS und sehr erfolgreichen ABS-Transaktionen ab Mitte der 1980er Jahre wurden immer häufiger neue „Asset“-Klassen für den Securitization-Markt entdeckt. Insbesondere die Klasse der „Trade Receivables“ war zu dieser Zeit bereits im Markt etabliert und erfolgreich.[393]
Allerdings ist es letztlich nicht möglich, einen genauen Zeitpunkt der Entstehung von Healthcare-ABS anzugeben. Das ergibt sich aus einigen nicht eindeutig nachvollziehbaren Finanzierungs-Strukturen und Ereignissen der damaligen Zeit. Zwar wurden teilweise schon „Hospital Accounts Receivable“ an bestimmte Finanzierungsunternehmen verkauft, aber diese nicht sofort verbrieft, so dass es sich dabei zunächst um eine Form des Factorings handelte.

---

[390] Siehe dazu genauer für die USA Kapitel 6.2.1 und für Deutschland Kapitel 9.2.).
[391] Vgl. Spiegel (1991), S. 3; Ferconio/Lane (1991), S. 74; Pallarito (1992a), S. 96; Pallarito (1992b), S. 40; Pallarito (1993), S. 54.
[392] Vgl. Harrel/Folk (1994), S. 47; Salathé (1994), S. 553. Siehe vor allem auch Kapitel 5.4.
[393] Vgl. Pica/Bhattacharya (1996), S. 180; Sen/Lawler (1995), S. 32.

Die ersten eigentlichen Healthcare-ABS wurden von der Towers Financial Corporation über ihre Tochtergesellschaft[394] Towers Healthcare Receivables Funding Corporation (THRFC) emittiert. Zwischen Juli 1990 und Dezember 1991 gab die Gesellschaft insgesamt 5 privat platzierte Serien[395] „Healthcare Receivables Asset-Backed Bonds" (THRFC I - THRFC V) mit einem Gesamtvolumen von ca. US$ 196 Mio. heraus.[396] An anderer Stelle werden aber auch die US$ 40 Mio. MTN von National Premier Financial Services (NPF III)[397] als erste „Healthcare Receivables Backed"-Transaktion genannt, die 1992 über die Investment-Gesellschaft Prudential Securities an den Markt gebracht wurde. Diese Transaktion war in eine US$ 38,8 Mio. „Senior Note" mit AAA-Rating von Standard & Poor's sowie eine US$ 1,2 Mio. „Subordinated Note" mit AA-Rating unterteilt und verbriefte die Forderungen von insgesamt 21 Krankenhäusern und anderer „Health Care Provider" gegen Medicare/Medicaid und private Versicherungsunternehmen.[398] Die unterschiedlichen Nennungen von Towers und NCFE als Erst-Emission sind dabei wahrscheinlich auf die Unterscheidung von „public" und „private" Emissionen zurückzuführen. NPF III gilt demnach als erste „public" Emission.[399]
Schon bald nach diesen ersten Emissionen kam es auch zu ersten Problemen auf dem Healthcare ABS Markt. Sowohl die Towers Funding Corporation als auch später National Century Financial Enterprises Inc. mussten Insolvenz anmelden.[400] Beide Fälle sind wegweisend für die Entwicklung der Healthcare Securitization und für den gesamten ABS Markt. (Siehe dazu insbesondere Kapitel 6.3.). Die Möglichkeiten von Healthcare-ABS in den USA werden nicht zuletzt wegen dieser Negativ-Beispiele von einigen Marktteilnehmern als recht gering eingeschätzt.

Die Whole Business Securitization wurde bisher überwiegend im UK eingesetzt und dort auch im Gesundheitswesen. Als erste Transaktion in diesem Bereich galt lange „Care Homes No. 3", aus dem Jahr 1998, eine WBS, die durch die Mieteinnahmen von Pflegeheimen besichert war. Allerdings wird diese Transaktion wie auch „Craegmoor Funding" (1999), ebenfalls „backed by a nursing home business", heute

394 „Wholly-owned Subsidiary". Vgl. Cohen/Kaplan (1997), S. 9-29. Hier lag aber ein Fehler der Struktur vor, der Probleme mit der „True Sale" Betrachtung nach sich zog. Zum Konkurs von Towers siehe vor allem auch Kapitel 6.3.

395 Sog. „Private Placement Indentures", vgl. auch Cohen/Kaplan (1997), S. 9-29; Rosenberg (1994), S. 135.

396 Vgl. FitchRatings (1998), S. 1; FitchRatings (1997), S. 1; Cohen/Kaplan (1997), S. 9-29 (diese sprechen von ca. US$ 200 Mio.) wie auch Pica/Bhattacharya (1996), S. 185. An anderer Stelle wird von US$ 450 Mio. berichtet (Macaulay (2004), S. 267). Diese Zahlen beziehen sich auf sämtliche von Towers begeben „Notes" und „Bonds", die beim späteren Konkurs ausfielen. Als eigentliche „Health Care Receivables Bonds" werden aber nur die ca. US$ 210 Mio. gezählt. Vgl. Rosenberg (1994), S. 135.

397 Eine Tochtergesellschaft von National Century Financial Enterprise. Siehe dazu vor allem Kapitel 6.3.

398 Vgl. Pallarito (1992a), S. 96; Sen/Lawler (1995), S. 32; Pica/Bhattacharya (1996), S. 180. Auffallend sind die etwas widersprüchlichen Angaben zu dieser Transaktion. Einmal ist von 14 „Healthcare Providers" die Rede, andere nennen 21.

399 Vgl. Pica/Bhattacharya (1996), S. 180.

400 Towers meldete offiziell am 25. März 1993 Konkurs an; (Case No. 93-41511, NY - Southern), NCFE am 18. Nov. 2002 (nach Chapter 11). In re National Century Financial Enterprises, Case No. 02-65235 (S. D. Ohio).

den CMBS zugeordnet[401], da es sich hier um eine Verbriefung von Hypothekenkrediten handelte. Diese Kredite werden zwar durch Einnahmen aus dem Gesundheitssektor zurückbezahlt, aber die Forderungen des Gesundheitsdienstleisters sind nicht der Sicherungsgegenstand selbst.
Die Transaktion der General Healthcare Group (GHG) aus dem Jahr 2001 mit einem Volumen von € 1.598 Mrd., emittiert über die GHG Finance Limited, gilt demnach als die erste WBS mit dem „Asset Type" Healthcare. Verbriefungsgegenstand sind hier die Einnahmen von 44 Krankenhäusern und 12 psychiatrischen Einrichtungen der GHG: *„The primary revenue source of payment for the notes are receipts generated from the provisions of private acute hospital services (...)."*[402] Der Markt um WBS ist aber noch verhältnismäßig klein – zumindest was die Zahl der Transaktionen und auch die teilnehmenden Länder betrifft.[403] Bis Ende 2003 gab es in Europa außerhalb des UK nur wenige andere Transaktionen. In Deutschland gilt die Tenovis-Transaktion, bei der Leasing-Gebühren aus dem Telekommunikationsgeschäft verbrieft wurden, als WBS.[404]

Der Bereich „Intellectual Property" (IP-) Securitization gehört zu den neueren Bereichen des ABS-Marktes. Bisher sind noch nicht viele Transaktionen vollzogen worden. Insbesondere die Rechte an Einnahmen aus Verkäufen im Musik- und Plattengeschäft waren zu Beginn Verbriefungsgegenstände.[405] Auch im medizinisch-pharmazeutischen Bereich sind bisher nur wenige Verbriefungen bekannt. So konnte bei der „BioPharma Royalty Trust"-Transaktion eine US-amerikanische Universität die Rechte an Lizenzeinnahmen verbriefen, die aus der Mitentwicklung eines HIV Medikaments stammen. Die Universität konnte ca. US$ 100 Mio. durch diese Verbriefung einnehmen.[406] Zur dieser Transaktion siehe insbesondere Kapitel 6.4.
Da der weltweite Pharmamarkt auf ca. US$ 300 Mrd. geschätzt wird, gehen einige Banken und Rating-Agenturen von einem großen Potenzial für die medizinische IP Securitization aus. Die IP Securitization im medizinisch-pharmazeutischen Bereich ist aber sehr schwierig zu vollziehen, da der sog. „Due Diligence" Prozess, also die Überprüfung des zu verbriefenden Vermögensgegenstandes, viele Fragen aufwirft.[407]

Der weltweite Markt um Verbriefungen aus dem Gesundheitswesen ist noch sehr klein und hat sich seit seinem Beginn Anfang der 1990er Jahre nur langsam entwickelt. Problematisch bei der Darstellung eindeutiger Angaben über das Marktvolumen ist hier insbesondere die in Kapitel 2.4.2 angesprochene Besonderheit, nach der die meisten Verbriefungen aus dem Healthcare Bereich als Privatplatzierungen emit-

---

401 Moody's (2004a), S. 7.
402 Standard & Poor's (2001), S. 2.
403 Ramgarhia et al. (2004), S. 331, zählen seit Beginn der WBS 1997 bis September 2003 insgesamt 41 Transaktionen.
404 Vgl. zur Tenovis-Transaktion insbesondere Dittrich/Kölbl-Vogt (2002), S. 180 - 183 sowie Ramgarhia et al. (2004), S. 332 - 334.
405 Vgl. Borod (2004), S. S. 1; Hillery (2004), S. 19; o. V. (1997), S. 110.
406 Vgl. Dorris (2003), S. 79 - 80.
407 Siehe zur Beschreibung von IP Securitization im Pharma Bereich Dorris (2003), S. 80 - 84. Siehe auch Kapitel 6.4. und Kapitel 12.

tiert wurden und nach wie vor werden, so dass kaum öffentliche Informationen erhältlich sind bzw. die Transaktionen oft auch nicht in Marktstatistiken aufgenommen werden.[408] Darüber hinaus ist die Zuordnung der Verbriefungen teilweise schwierig. So gibt es Transaktionen, die sowohl durch Healthcare Receivables als auch durch Leasingzahlungen von Krankenhäusern besichert sind, aber auch ABS, bei denen „Krankenhaus-Kredite" verbrieft wurden, die wiederum durch deren Forderungen und Immobilienwerte besichert sind. Die Verbriefungen aus dem Krankenhausbereich Großbritanniens werden z. B. meist unter die WBS eingeordnet und fallen damit nicht unter das Segment Healthcare.

Die Rating-Agentur Moody's zählte in den USA zwischen 1993 und 2003 12 „Deals" mit 32 „Securities", die sie als „Healthcare Receivables" ABS klassifizierte.[409] Weiterhin kann man bis 2004 auch 3 Transaktionen aus dem medizinischen Bereich der IP Securitization zählen sowie weltweit einige Strukturen, die unter Healthcare ABS subsumiert werden könnten, jedoch meist in eine klassische Sparte oder unter „Others" gezählt werden. Verbriefungen aus dem Bereich „Medical Equipment Leasing" werden dabei unter die LBS gezählt und sind nicht Bestandteil des Healthcare ABS Marktes.

In den Jahren 2000 bis 2002 wurde vermutet, dass die Anzahl der Healthcare ABS ansteigen würde, da einige Transaktionen Ende der 1990er Jahre erfolgreich auf den Markt gebracht werden konnten und die Verbriefungsmöglichkeiten allein aufgrund der Größe des Gesundheitsmarktes als hoch eingestuft wurden.[410] Zwar war 2001 noch ein Rekordjahr und auch 2002 konnten noch Transaktionen beobachtet werden, aber nach dem Kollaps von NCFE 2002 (vgl. dazu insbesondere Kapitel 6.3.) gab es 2003 und 2004 keine Emissionen im Bereich der Healthcare ABS.[411] Eine Transaktion der Krankenhaus- und Rehabilitations-Kette Beverly Enterprises Inc. wurde nicht refinanziert und nach der geplanten Amortisationsstruktur beendet (vgl. auch Kapitel 6.2.6.).

In Europa gab es bisher nur vereinzelt Transaktionen, die dem Healthcare Bereich zugeordnet werden konnten:

[408] Auch Gesprächspartner aus der ABS-Praxis können dabei meist nur auf Informationen zurückgreifen, wenn sie selbst an einer Transaktion mitgewirkt haben.

[409] Darin dürften auch die fünf Emissionen von Towers enthalten sein, da die Studie alle Verbriefungen berücksichtigt, die 1993 am Markt gehandelt wurden. Vgl. Moody's (2004b), S. 9.

[410] Vgl. Moody's (2001a), S. 5: *„Moody's expects that the market will continue to grow as more issuers in the healthcare finance industry turn to securitization for financing. (...) Issuance will remain small relative to the $ 1 trillion U. S. healthcare industry."*

[411] Vgl. Moody's (2004c), S. 5: *„No new healthcare receivable-backed ABS paper came to the public term markets in 2003."* Siehe auch Moody's (2005e), S. 13.

Abbildung 16: EMEA Transaktionen 2004 (eingeteilt nach Volumina)

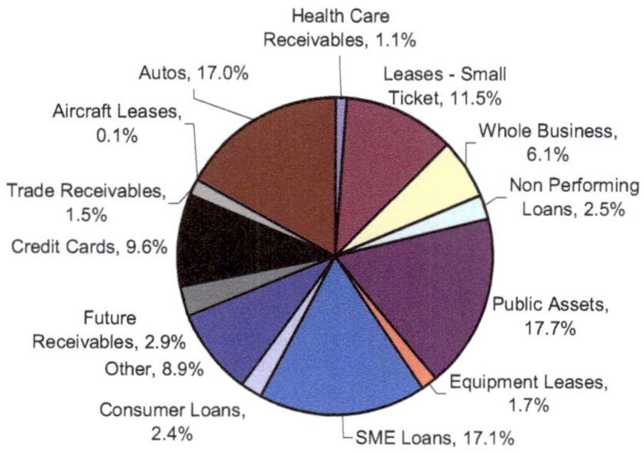

Quelle: Darstellung leicht modifiziert nach Moody's (2005f), S. 2. (Addiert aufgrund von Rundungen eventuell nicht auf).

Die Nennung der Health Care Receivables ist auf zwei italienische Transaktionen zurückzuführen, bei denen Zuwendungen des Staates für Gesundheitseinrichtungen verbrieft wurden. Die Sparte „Whole Business“ enthält eine Transaktion der General Healthcare Group (GHG) (eine britische Krankenhauskette, vgl. dazu auch Kapitel 7.1.).

Neben dem Term-Markt wurden einige Healthcare Receivables auch über APCP Conduits finanziert.[412] Aufzählungen der Bestandteile einzelner Conduits sind dabei kaum verfügbar, jedoch kann man anhand einiger Berichte feststellen, dass der Anteil der Healthcare Receivables in US-amerikanischen ABCP Conduits sehr gering ist. Die von der Rating-Agentur FitchRatings überwachten „Multi-Seller” Programme der USA setzten sich danach wie in Abbildung 17 zusammen, wobei die Healthcare Receivables mit einem Anteil von 0,13% des Gesamtmarktes unter der Kategorie „Other“ aufgeführt werden:

412 Vgl. Moody's (2005e), S. 13.

Abbildung 17: ABCP Portfolio Zusammensetzungen (FitchRatings)

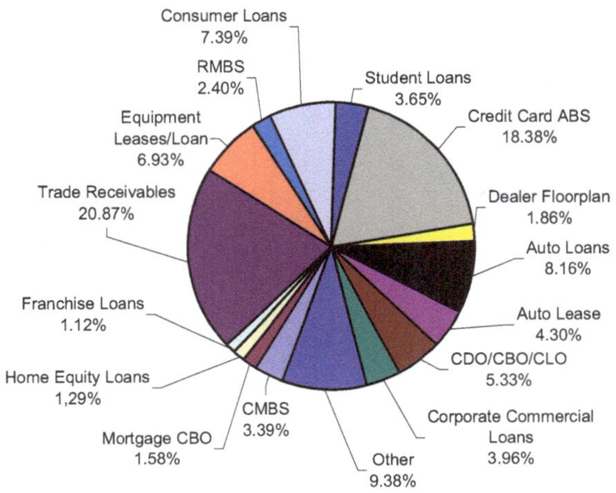

Quelle: FitchRatings (2005b), S. 6. Stand: 31. Oktober 2004. (Addiert aufgrund von Rundungen eventuell nicht auf). Healthcare Receivables haben einen Anteil von 0,13% und werden unter „Other" geführt.

Insgesamt bleibt festzuhalten, dass die Verbriefungen von Forderungen aus dem Gesundheitswesen bisher eine Randerscheinung des ABS Marktes sind. Das liegt vor allem auch an der Komplexität solcher Transaktionen und den damit einhergehenden hohen Anforderungen an die Unternehmen.[413] Die Entwicklung der Healthcare ABS wurde in den USA auch durch viele Ausfälle gebremst (vgl. dazu insbesondere Kapitel 6.3. sowie Kapitel 13.).

---

[413] Vgl. auch Moody's (2002a), S. 4: *„While the financing of healthcare receivables represents a vast opportunity in terms of volume, there are relatively few entities capable of expending resources in the valuation, processing and collection of receivables and managing the legal and credit risks peculiar to the healthcare industry."*

B. Securitization im Gesundheitswesen: Verwendung von „Asset-Backed Securities“ als Finanzierungsvehikel im Gesundheitswesen der USA und ausgewählte Finanzierungs-Strukturen in einigen anderen Ländern

Sowohl Asset Securitization als auch deren Einsatz im Gesundheitswesen haben ihren Ursprung in den USA. Verschiedene Umstände des Gesundheits- und des ABS-Marktes, die im Folgenden dargestellt werden, haben dazu geführt, und einige Entwicklungen dieser Märkte sind inzwischen auch in Deutschland zu beobachten.

Dass in den USA mit Verbriefungen im Gesundheitswesen begonnen wurde, erstaunt nicht. Hier waren zum einen die ABS-Märkten am weitesten entwickelt, und das Gesundheitssystem der USA – insbesondere die Reformen Mitte der 1980er Jahre – nötigten die Krankenhäuser und andere Dienstleister des Sektors, sich nach neuen Geldquellen umzusehen.

Nach einer kurzen Vorstellung der Funktionsweise des US-amerikanischen Gesundheitssystems und der Krankenhausfinanzierung werden die Umstände beschrieben, die in den frühen 1990er Jahren das Entstehen von Healthcare-ABS begünstigt haben. Daran anschließend werden mögliche Auswirkungen eines Einsatzes von ABS hinsichtlich der Finanzierungssituation eines Krankenhauses erörtert. Dabei wird insbesondere die Verbriefung von „Accounts Receivables“ untersucht, und auch die Probleme der Abtretbarkeit und die besonderen Anforderungen an die „Healthcare“ ABS Strukturen erörtert. In einem zweiten Teil erfolgt die Betrachtung von ABS Einsätzen in anderen Gesundheitssystemen.

5. Das US-amerikanische Gesundheitswesen

„In many respects, those who seek to understand the U.S health care system and U.S. health care are like the blind (…) who try to describe the proverbial elephant based on the part that they alone 'observe'. In a country as diverse as the United States, both health services delivery and health care policy-making are complex processes that cannot be fully understood from any single perspective.“[414]

Das Gesundheitswesen der USA ist sowohl auf der Seite der Versicherungsstrukturen als auch auf Seiten der Versorgungseinrichtungen sehr vielfältig. Allgemein existieren marktwirtschaftliche Strukturen mit heterogenen Märkten. Neben kleinen „Not-for-Profit“ Krankenhäusern existieren auch private Krankenhausketten, die mit einem Portfoliobestand von mehreren hundert Krankenhäusern oder Pflegeheimen teilweise sogar an der Börse notiert sind. Daneben gibt es viele staatliche Gesundheitsprogramme und -Versicherer sowie viele Krankenhäuser, die gemeinnützig arbeiten.

Im Folgenden sollen die Strukturen des Marktes erläutert werden, da sie den Grundstein für die Verbriefungen bilden.

5.1. Der Aufbau des Versicherungssystems

Das US-amerikanische Versicherungssystem wird im Allgemeinen als marktwirtschaftlich organisiert bezeichnet, in dem die Krankenversicherung zum größten Teil privat, d. h. ohne staatliche Hilfe organisiert wird. Eigentlich handelt es sich aber um ein Mischsystem, das ein sehr *„pluralistisches, diversifiziertes und innovatives“*[415] ist und in dem die privat strukturierten Organisationen – oft mit kommerziellem Hintergrund – den größten Teil ausmachen.[416]

Im Prinzip steht das US-System auf zwei Grundpfeilern: Den staatlichen Programmen und den privaten Organisationen. Staatliche Programme[417] sind:

---

[414] Shortell (1993), S. ix.

[415] Rothfuß (1997), S. 77 und weiter: *„Das amerikanische Gesundheitssystem besteht eigentlich aus fünfzig verschiedenen Gesundheitssystemen. Vor allem die Zusammensetzung der USA aus fünfzig Einzelstaaten führt zu dem (…) pluralistischen, diversifizierten und innovativen Gesundheitswesen. (…) Die Einzelstaaten haben die Möglichkeit, verschiedene Ideen auszuprobieren. Die dezentrale Struktur erlaubt es dabei relativ einfach, neue Wege zu gehen, Experimente zu initiieren und Pilotprojekte durchzuführen.“*

[416] Vgl. Schulenburg/Greiner (2000), S. 208.

[417] Die Verwaltung (Medicare, Medicaid, CHIP) wurde bis Juli 2001 durch die HCFA („Health Care Financing Administration“ übernommen) und wird seitdem vom CMS („Centers for Medicare & Medicaid Services“) durchgeführt. CHAMPUS/VA wird über das Verteidigungsministerium verwaltet.

- Medicare für die Versorgung von Personen über 65 Jahre,
- Medicaid für die „Armen"[418],
- CHAMPUS/CHAMPVA (Civilian Health and Medical Program of the Uniformed Services/Veterans Administration) für die Versorgung des Militärs,
- (S)CHIP (State) Children's Health Insurance Program für Kinder und Jugendliche und der
- IHS (Indian Health Service), das Versicherungsprogramm für die Indianer und andere „Native Americans".

Bei den privaten Strukturen findet man sowohl gemeinnützige als auch kommerzielle Anbieter. Die gemeinnützigen („Not-for-Profits") und deshalb von der Steuer befreiten Versicherungen sind in erster Linie die sog. „Blues" (Blue Cross und Blue Shield), aber auch einige Programme der sog. „Managed Care Organizations" gehören dazu. Daneben existieren die traditionellen Privatversicherer, die in erster Linie die Krankenversorgung der Angestellten bestimmter Unternehmen übernehmen und die Selbstversicherer („Self-Insured Health Plans"). Letztere sind am ehesten mit den deutschen BKKs zu vergleichen[419], allerdings sind die Systeme zu unterschiedlich, um echte Parallelen beschreiben zu können. Die Abbildung 18 gibt einen Überblick über die verschiedenen Versicherungsstrukturen und -zusammenhänge.

418 Problematisch ist auch die Definition, nach der ein Bürger Medicaid-berechtigt ist, da hierbei verschiedene Einkommens- und Vermögensgrenzen zu beachten sind, und diese von Staat zu Staat differieren. Vgl. Rothfuß (1997), S. 13.

419 Mühlenkamp (2000), S. 20.

Abbildung 18: Krankenversicherungssysteme der USA

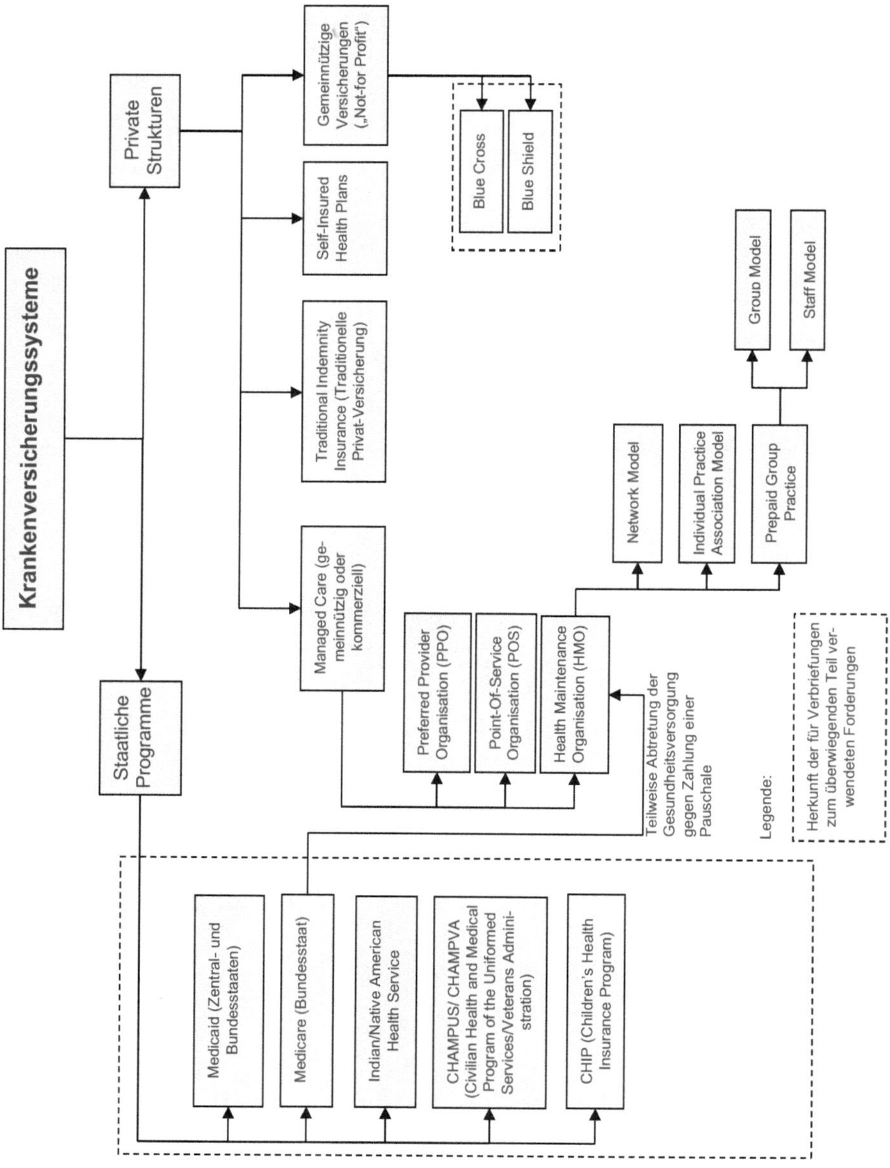

Eigene Darstellung.

In den letzten Jahren sind vor allem viele verschiedene „Managed Care"-Systeme entstanden: Zuerst wurden „Health Maintenance Organizations" (HMO)[420] gegründet, später die Preferred Provider Organizations (PPO) und die Point-Of-Service-Organizations (POS).[421] Insbesondere bei den Ausgestaltungen der HMO-Systeme gibt es heute unzählige Varianten, von denen nur zwei Hauptgruppen in der Abbildung 18 enthalten sind.[422]
In den US-amerikanischen „Healthcare Securitization"-Transaktionen werden zum überwiegenden Teil die Forderungsansprüche gegen Medicare und Medicaid, sowie gegen CHAMPUS/CHAMPVA verbrieft. Das verwundert kaum, da diese Forderungen Ansprüche gegen den Staat verbriefen und somit die höchsten Anforderungen hinsichtlich der Bonität erreichen. Daneben werden zu einem kleinen Teil Forderungen gegen große private Versicherungsunternehmen verbrieft. Wie bereits erwähnt, versichern diese Gesellschaften i. d. R. nur die Belegschaft ganzer Unternehmen, wobei der Arbeitgeber die Zahlungen an die Versicherungsgesellschaft vollständig übernimmt.[423]

5.2. Eckdaten der Versorgungsstrukturen

Die amerikanischen Ausgaben im Gesundheitssektor waren mit US$ 1,6 Billionen im Jahr 2002 die höchsten der Welt. Auch im prozentualen Verhältnis zum BIP (2002: 14,6%) liegen die USA damit im Vergleich vor anderen Ländern (vgl. auch Abbildung 7). Im Jahr 2002 wurden in den USA pro Kopf US$ 5.267[424] ausgegeben, davon entfielen US$ 737 auf direkte private Ausgaben („Out-of-Pocket-Payments")[425].
Kennzeichnend für das US-amerikanische Gesundheitssystem ist der große Anteil, den die private Versicherungswirtschaft an den Gesamtausgaben ausmacht. Dieser betrug z. B. im Jahr 2002 zwischen 35% und 36%.[426] Im Vergleich dazu ist der deutsche Privatversicherungsanteil an den Ausgaben im Gesundheitswesen mit 8,6% eher gering. Teilweise delegiert Medicare einen Teil der Gesundheitsfürsorge an HMOs, diese erhalten im Gegenzug eine Kopfpauschale für jeden aufgenommen Medicare-Versicherten. Im Jahre 2003 gab es ca. 41,1 Mio. US-Bürger, die Medicare berechtigt waren, sowie 53,3 Mio. „Nutznießer" („Beneficiaries") bei Medicaid (auch

---

420 *„HMOs sind Organisationen, die für die medizinische Versorgung des Gesundheitsrisikos ihrer Mitglieder zuständig sind und dabei ein finanzielles Risiko auf die Ärzte verlagern; ursprünglich – und immer noch häufig – geschah dies durch Capitation. Innerhalb dieses Budgets müssen die Ärzte die Versorgung der Versicherten sicherstellen. Für die Versicherten besteht der Versicherungsschutz nur innerhalb der HMO, andere Ärzte können sie nicht ohne vorherige Überweisung durch HMO-Ärzte konsultieren."* Lankers (1997), S. 37.

421 Siehe dazu weiterführend Lankers (1997), S. 42.

422 Für einen Überblick und Erklärungen der einzelnen HMO und anderer Managed Care-Systeme siehe z. B. Phelps (1997), S. 378 - 400; Lankers (1997), S. 21 - 48; Schulenburg/Greiner (2000), S. 215 - 220; Rothfuß (1997), S. 22 - 42; Kathmeyer (1994), S. 3 - 5, 22 - 28.

423 Allerdings muss der Versicherte i. d. R. einen gewissen Betrag jeder Rechnung selber zahlen, oder andere Zuzahlungsvereinbarungen gelten.

424 Vgl. OECD Health Data (2004). Angaben berechnet nach der Kaufkraftparität bzw. PPP („Purchasing-Power Parity").

425 Vgl. OECD Health Data (2004). Angaben in PPP. Zum Vergleich: In Deutschland betrugen diese Ausgaben im gleichen Jahr US$ 292.

426 Eine geringe Abweichung der Zahlen ergibt sich aus den unterschiedlichen Quellen. Diese Abweichungen sind aber für die Betrachtung irrelevant.

Leistungen für Menschen, die offiziell keine Medicare- oder Medicaid-Berechtigung haben, werden teilweise aus diesen staatlichen Programmen bezahlt, die für Notfallbehandlungen aufkommen). Das „Total Federal Entitlement Spending“ wurde für das Jahr 2003 mit US$ 437,8 Mrd. angegeben. Darin enthalten sind Medicare und Medicaid Ausgaben, aber auch andere staatliche Programme wie CHIP. Die Ausgaben für CHAMPUS/VA werden dem Verteidigungsministerium zugerechnet.[427] Diese staatlichen Ausgaben dienen bei den US-amerikanischen Healthcare Receivables Securitization in erster Linie als Sicherheiten.

5.3. Grundzüge des Krankenhausmarktes und der Finanzierung

In den USA gab es im Jahre 2002 5.794 Krankenhäuser mit 976.000 Betten sowie 16.491 Pflege- bzw. Altenheime. Der überwiegende Teil – ca. 85% – der Kranken- und Pflegeeinrichtungen sind NPOs. Darunter existieren einige private, oft börsennotierte Krankenhaus- und Pflegeheim-Ketten wie HCA Inc., Tenet Healthcare, Triad Hospitals, Province Healthcare, Beverly Enterprises oder Genesis Healthcare Corp. Diese Krankenhaus-Ketten sind durchaus in der Lage, gewinnwirtschaftlich zu arbeiten, und erreichen im Durchschnitt zweistellige EBITDA-Margins (Earnings before Interests, Taxes, Depreciation and Amortization, bzw. EBIDA bei NPOs).[428] Der überwiegende Teil der US-amerikanischen Krankenhäuser verdient jedoch kaum Geld oder ist defizitär, im Jahr 2002 z. B. war dies bei einem Drittel der US-Krankenhäuser der Fall.[429] Da der Krankenhausmarkt in den USA sehr marktwirtschaftlich strukturiert ist, kommt es auch immer wieder zu Insolvenzen. Die Funktionsweise des US-amerikanischen Krankenhausmarktes ist dazu außerordentlich kompliziert, was vor allem durch die vielen verschiedenen Einflüsse, denen die Krankenhäuser ausgesetzt sind (insbesondere staatlichen Regeln und Gesetzen) verursacht wird.[430]

Um beurteilen zu können, warum sich US-amerikanische Krankenhäuser teilweise über Asset Securitization finanzieren und welche Krankenhaustypen dies in erster Linie tun, soll im Folgenden das Prinzip der amerikanischen Krankenhausfinanzierung vorgestellt werden.
Im Unterschied zum dualen Finanzierungssystem in Deutschland, in dem die Betriebskosten von den Kassen und die Investitionskosten vom Träger und Land getragen werden (siehe dazu vor allem Kapitel 9), muss ein Krankenhaus in den USA die Mittel für seine Investitionsausgaben eigenständig aufbringen. Das geschieht über verschiedene Kanäle und zu einem großen Teil über den Kredit- und Kapitalmarkt.[431] Andere Finanzierungsquellen sind „Fundraising“ oder „Philanthropy“. Im Jahr 2001 betrug die Aufnahme von externem Kapital durch Krankenhäuser US$ 36,5 Mrd., im Jahr davor waren es noch US$ 51,4 Mrd. (siehe auch nachstehende Abbildung 19).[432]

---

427 Vgl. CMS Financial Data, U.S. Department of Health & Human Services, 2004.
428 Im Durchschnitt 12% nach Aussage und Berechnungen eines Interviewpartners.
429 Vgl. Healthcare Financial Management Association (2003), S. 13.
430 Für einen Überblick über die verschiedenen Einflüsse siehe Anhang Nr. 3.
431 Vgl. U.S. Congress (1995), S. 13; Rothfuß (1997), S. 66; Schneider et al. (1993), S. 442.
432 Vgl. Healthcare Financial Management Association (2003), S. 3 - 4.

Abbildung 19: Externe Finanzierungsquellen US-amerikanischer Krankenhäuser

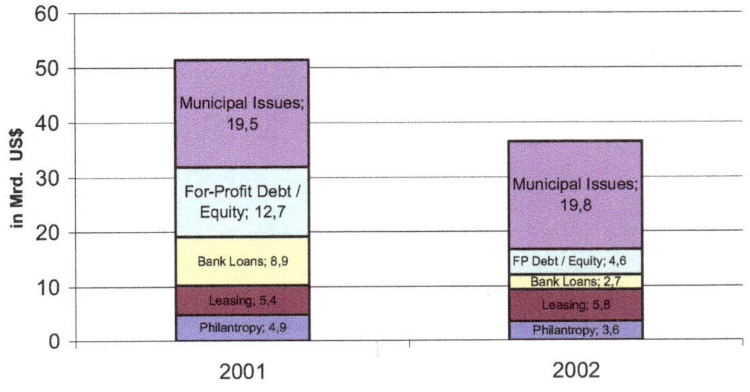

Quelle: Healthcare Financial Management Association (2003), S. 4 (darin Angabe der Daten: Banc of America Securities, CMS Acute Care Hospitals Report, Juli 2003; Association for Healthcare Philanthropy; Equipment Leasing Association).

Der Rückgang in der Bereitstellung von externem Kapital stellt die US-Krankenhäuser zunehmend vor Finanzierungsschwierigkeiten. Mit über 50% wird der größte Anteil dieser externen Finanzierungsquellen durch die sog. „Muni Issues" (Municipal) getragen. Dies ist eine Finanzierungsmöglichkeit für Krankenhäuser oder andere „gemeinnützige" Einrichtungen mit einem „Not-for Profit" Status. Der Hauptunterschied zwischen den „For-" und „Not-for-Profits" ist ihr Status bzgl. der Steuern. Dieser hat zwei grundlegende Effekte auf die Finanzierungsmöglichkeiten. Ein „For-Profit" Krankenhaus unterliegt sämtlichen Einkommens- (Federal, State und Local) sowie Grund- und Verkaufssteuer-Vorschriften, hat aber das Recht, seine Patienten frei zu wählen bzw. abzulehnen. Die NPOs besitzen dagegen den Status des „501(c)(3) Internal Revenue Code" (der die Befreiung von Steuern regelt) und sind damit von diesen Steuern befreit.[433] Sie müssen jedoch jeden Patienten (auch „Nicht-Versicherte") behandeln, bekommen aber den Aufwand oft nicht erstattet („Uncompensated Care").

Hinsichtlich des Kapitalmarktzugangs besitzen die NPOs die Möglichkeit, sog. „Tax-exempt Bonds" (die als „Municipal Bonds" emittiert werden) zu begeben. Bei diesen Schuldtiteln, die über eine staatliche „Authority" (örtliche Gebietskörperschaft, Kreis- oder Regierungsstelle) begeben werden, sind die Zinszahlungen von der staatlichen („Federal") Einkommenssteuer (oft aber auch von „State" und „Local" Steuern) freigestellt.[434] Auf der anderen Seite haben sie das Problem, kaum Finanzierungen durch Venture Capital oder andere Eigenkapitalfinanzierungen vornehmen zu können. Die Krankenhäuser mit dem Status einer sog. „C-Corp." werden dagegen wie

---

[433] Vgl. Herman (1998), S. 22.

[434] Vgl. auch Rothfuß (1997), S. 66. Dabei kann man zwei Formen der Municipal Bonds unterscheiden. Die „General Obligations Bonds" sind durch die Zugriffsmöglichkeiten der staatlichen Institution auf Steuereinnahmen quasi garantiert, während die „Revenue Bonds" durch die Sicherheiten der Kapitalsuchenden Institution teilweise abgesichert sind.

gewöhnliche Unternehmen behandelt und können sowohl Eigenkapital aufnehmen als auch „taxable“ Bonds emittieren. Durch diese Besonderheiten kommt es zu großen Unterschieden in den Bilanzen der Häuser: *„The primary source of asset financing for nonprofit hospitals is long-term tax-exempt bond debt, while forprofit hospitals utilize both equity offerings and long-term taxable bond debt. The capital structures of nonprofit and for-profit hospitals vary greatly.“*[435]

Die Finanzierung über „Municipal Issues" nimmt einen großen Anteil der Kapitalmarkt-Fremdfinanzierung von Krankenhäusern ein. Die gesamte „Health Care Debt Issuance“ der NPOs in den USA belief sich im Jahr 2002 auf US$ 26,2 Mrd., wovon ca. US$ 20 Mrd. über Municipal Bonds finanziert wurden, was einem Anteil von 7,3% der gesamten Municipal Bond Emissionen entsprach.[436]
Die DASNY („Dormitory Authority of New York“), die entsprechende Finanzierungsstelle des Staates New York, emittierte im Fiskaljahr 2003/2004 knapp US$ 3 Mrd. zur Finanzierung von Gesundheitseinrichtungen.[437] Allerdings kann sich nicht jedes Krankenhaus über „Tax-exempt Bonds“ finanzieren, da die „State Authorities“ i. d. R. ein „Investment Grade Rating“[438] verlangen oder andere Sicherheiten (i. d. R. Immobilien-Zugriffsrechte). So verlangt die DASNY z. B. mindestens ein A-Rating, wenn keine anderen Sicherheiten gestellt werden. Da die wenigsten Krankenhäuser in New York ein solches Rating besitzen, müssen sie irgendwelche andere Sicherheiten aufbringen.[439] Der Anteil, den die „Tax-exempt Bonds“ in den USA bei der Krankenhausfinanzierung ausmachen, ist zwar stark gestiegen, wie die nachstehende Abbildung 20 verdeutlicht. Aber der absolute Betrag, d. h. das finanzierte Volumen, ist von US$ 21,2 Mrd. (1997) auf US$ 19,8 Mrd. (2002) gefallen.

---

435 Herman (1998), S. 25 - 26. Rothfuß (1997), S. 66 berichtet, dass ca. drei Viertel aller Krankenhausinvestitionen über den Kapitalmarkt finanziert werden.

436 Vgl. FitchRatings (2004a), S. 5 - 6.

437 *„$2.87 billion in bonds were sold for health-care institutions, and $127.13 million worth of medical and computer equipment was leased.“* DASNY (2005), S. 13. Allerdings werden einige Krankenhausbauten o. ä. teilweise auch unter die „Construction Financing“ subsumiert, so dass es teilweise zu Abweichungen in den Angaben kommt. Die DASNY war im Jahr 2003 mit einem Emissionsvolumen von US$ 2,8 Mrd. der größte Emittent von Health Care Bonds, vgl. Thomson Financial Health Care, Rankings 2003, Issuers.

438 Siehe zur Unterscheidung zwischen „Investment-Grade“ und „Non-Investment-Grade“ Anhang Nr. 1. Nahezu jedes Krankenhaus ist daher bemüht, ein Rating zu bekommen. Allerdings wurde in einigen Interviews auch bestätigt, dass diese Bemühungen dann eingestellt werden, wenn das Rating nicht in eine bestimmte Mindestkategorie fällt.

439 Vgl. Healthcare Financial Management Association (2004a), S. 10.

Abbildung 20: Prozentuale Verteilung externer Kapitalquellen von US-Krankenhäusern

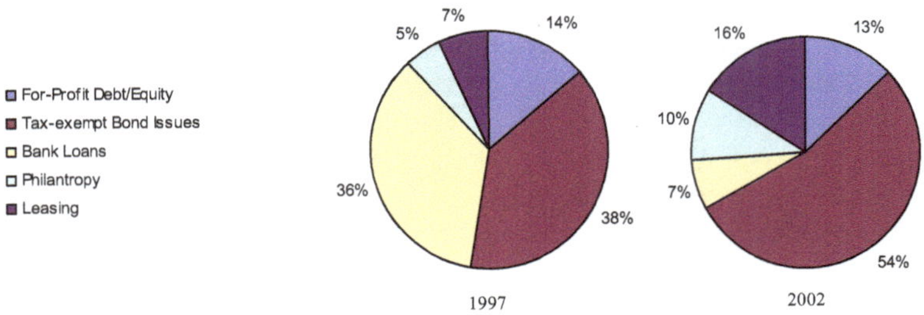

Quelle: Healthcare Financial Management Association (2003), S. 4; Daten: Banc of America Securities, CMS Acute Care Hospitals Report, Juli 2003; Association for Healthcare Philanthropy, Equipment Leasing Association.

Auffallend ist auch der stark gesunkene Anteil der Finanzierung über „Bank Loans" und – auf der anderen Seite – der Anstieg alternativer Finanzierungsquellen, wie Leasing und „Philanthropy". Dies weist darauf hin, dass sich Banken aufgrund der verschlechterten Finanzierungslage der Krankenhäuser immer weiter aus der Kreditvergabe zurückziehen. Der Zugang zu allen möglichen Finanzierungsformen war für US-amerikanische Krankenhäuser schon immer wichtig und ist in den vergangenen Jahren noch wichtiger geworden. Für sie ist es von entscheidender Bedeutung, welche Bonität und Reputation ihnen von den Kredit- und Kapitalmärkten zugemessen wird, da zum einen die Zugangsmöglichkeiten zu bestimmten Finanzierungsquellen davon abhängen, und zum anderen die Kapitalkosten selbst. Wie im Abschnitt A der Arbeit mehrfach beschrieben, stellt die Asset Securitization keine Aufnahme von neuem Kapital im eigentlichen Sinn dar, sondern vielmehr eine „Umstrukturierung" bestehender Vermögensgegenstände. Der Einsatz der „Healthcare Receivables" Securitization in US-amerikanischen Krankenhäusern wird daher auch in erster Linie dazu verwandt, die Bilanz bzw. bestimmte Kennzahlen so zu verbessern, dass damit der Zugang zu anderen Finanzierungsquellen ermöglicht wird. Man kann daher an dieser Stelle bereits festhalten, dass sich deshalb Krankenhäuser mit einem relativ schwächeren Kredit-Status bzw. Bonität über ABS-Finanzierungen finanzieren bzw. Krankenhäuser die Schwierigkeiten bei der Kapitalaufnahme über die „herkömmlichen" Wege haben. Vor dem Hintergrund des späteren Vergleiches mit dem deutschen System sollen im Folgenden der Beginn und die Gründe, die zum Einsatz der Forderungsverbriefung im Gesundheitswesen der USA geführt haben, beschrieben werden.

5.4. Veränderung der Zahlungsmodalitäten

Sieht man einmal von der Möglichkeit ab, zukünftige Forderungen zu verbriefen, so ist die Verwendung von Asset Securitization bzw. die Verbriefung von „Accounts Receivables" im Krankenhaus nur dann möglich und sinnvoll, wenn genug Forderungen existieren, die man verbriefen kann. Würde jede Forderung umgehend bezahlt, wäre eine Verbriefung kaum möglich und auch weniger sinnvoll. Es ist daher leicht nachzuvollziehen, dass der Einsatz der Forderungsverbriefung als Finanzierungsmöglichkeit im Gesundheitswesen in den USA begann, als es für die Krankenhäuser immer schwieriger wurde, ihre ausstehenden Forderungen in einer angemessenen Zeit einzutreiben. Ursächlich für die Probleme waren verschiedene Veränderungen in der Zahlungsweise der Versicherungen.

Die ersten grundlegenden Änderungen waren die Einführung des „Prospective Payment Systems" (PPS) bei den Medicare Zahlungen im Jahr 1983 und im Jahre 1987 die starke Einschränkung der Berechtigung, nach „Periodic Interim Payment" (PIP) bezahlt zu werden.[440] PPS war die Einführung der Bezahlung einer Krankenhausrechnung nach Entlassung eines Patienten durch einen fixen Betrag, i. d. R. wird dafür das sog. System der „Diagnosis Related Groups" (DRGs) verwendet, ein Katalog, in dem feste Zahlungsbeträge für jede Behandlung festgeschrieben sind, unabhängig von den tatsächlichen Kosten, die dem Krankenhaus durch die Behandlung entstanden sind.[441] (Heute werden in US-amerikanischen Krankenhäusern 90% aller Behandlungen durch Fix-Beträge beglichen, allerdings basieren diese nicht immer auf DRG, sondern es können auch Kopfpauschalen, Tagessätze und direkt ausgehandelte Beträge zwischen Kasse und Krankenhaus sein).[442]
Die DRG-Zahlungsweise hat jedoch den Nachteil, dass zum einen die Anfechtungen seitens der Kassen zunehmen, da die richtige Klassifikation oftmals in Frage gestellt wird. Zum anderen nötigt sie Krankenhäuser, nur solche Behandlungen vorzunehmen, die gute Fallerlöse versprechen bzw. von vornherein kostendeckend erscheinen. I. d. R. werden auch Fälle, die vom festgelegten Standard abweichen, schlechter bezahlt, darüber hinaus werden die Krankenhäuser angehalten, Patienten früh zu entlassen, da längere Liegezeiten nicht vergütet werden. Shen (2003) beschreibt diese Umstellung folgendermaßen: *„The Medicare Prospective Payment System (PPS), introduced in 1983, forced hospitals to become price-takers instead of price setters."*[443] Auch die notwendige Einführung neuer IT und neuen Personals verursachte in den USA bei einigen Krankenhäusern besondere Kostenprobleme.
Die Einschränkung der PIP-berechtigten Krankenhäuser durch den Kongress hatte zur Folge, dass die Krankenhäuser nicht mehr alle zwei Wochen, sondern in unregelmäßigen Abständen bezahlt wurden. Dies führte zu einem deutlichen Anstieg der Forderungsbestände bei den Krankenhäusern.[444] Da in fast allen Krankenhäusern die Zahlungen der über die Regierung kontrollierten Stellen wie etwa Medicare einen Großteil ausmachen[445], erfolgte der Anstieg der Forderungsbestände in vielen Kran-

---

440 Vgl. Harrell/Folk (1994), S. 47; Salathé (1994), S. 553.

441 Hier sei angemerkt, dass in Deutschland an der Einführung von G-DRG (German Diagnosis Related Groups) zurzeit noch gearbeitet wird. Siehe dazu Kapitel 9.2. und das Beispiel in Anhang Nr. 10.

442 Vgl. Lehman Brothers (2004), S. 52. Vgl. dazu insbesondere auch Kapitel 6.2.1.

443 Shen (2003), S. 243. Der Autor kommt in seiner Studie über den Effekt des finanziellen Drucks auf die Qualität der Krankenhäuser (gemessen an der Todesrate von Herzinfarktpatienten) – wie auch durch andere Studien – zu dem Ergebnis, dass *„the substantial cut in Medicare reimbursement shifted time of death closer to date of discharge."* Shen (2003), S. 265.

444 Vgl. Salathé (1994), S. 553.

445 Vgl. Healthcare Financial Management Association (2004b), S. 6. Siehe auch Herman (1998), S. 22 - 23: *„Hospital revenue is typically dominated by Medicare (...) and Medicaid (...). These government programs provide the majority of payments to the providers via a prospective Diagnosis-*

kenhäusern. Bei Pflegeheimen ist der Anteil der staatlichen Forderungszahler noch größer, da Medicare – wie bereits erwähnt – die Ausgaben für die Personen, die das 65. Lebensjahr überschritten haben, übernimmt.[446]
Die damals (wie heute immer noch) steigenden Versicherungskosten veranlassten auch die privaten Versicherungsunternehmen bzw. sog. „Third-party payers", die Forderungen genauer zu untersuchen, um damit einen Zahlungsaufschub zu erreichen: *„Third-party payers, in turn, slowed their payment cycles by using intense retroactive reviews of medical records, among other means. Modified payment methods by health maintenance organizations and preferred provider organizations have brought additional cash flow delays."*[447] Problematisch war und ist dies vor allem deshalb, weil durch diese Zahlungspolitik der gehaltene Cash-Bestand eines Krankenhauses immer geringer wurde. Diese Barmittel sind aber hinsichtlich ihrer Bedeutung für einige Finanz-Kennzahlen besonders wichtig.

An dieser Stelle sei auch schon auf die Veränderungen in Deutschland seit dem Jahr 2003 verwiesen. In diesem Jahr begann die Einführungsphase eines DRG-basierten Zahlungssystems. Außerdem zeichnet sich derzeit immer deutlicher eine Finanzierungsentwicklung ab, wie man sie in den USA seit Mitte der 1980er Jahre und nach Einführung des DRG-Systems beobachten konnte. Die im folgenden Abschnitt beschriebenen Probleme US-amerikanischer Krankenhäuser könnten daher auch für deutsche Krankenhäuser relevant werden. Vor allem die zunehmende Zurückhaltung staatlicher und kommunaler Stellen bei der Finanzierung verschärft die Lage (siehe dazu vor allem Abschnitt C der Arbeit).

---

related group (DRG) payment system, (...)." FitchRatings berechnet in ihrem Portfolio einen Durchschnitt von 53% für 2002, vgl. FitchRatings (2003b), S. 6.

446 Der besonderen Wichtigkeit der Medicare-Ausgaben und der Zahlungsmoral werden z. B. auch im Industry Outlook der Healthcare Facilities 2004 von Lehman Brothers Rechnung getragen. Die Analyse der Aktiengesellschaften im Pflegesektor bezieht sich zu einem Großteil auf Medicare-Ausgaben und „Reimbursements". Vgl. Lehman Brothers (2004), S. 69 - 77.

447 Spiegel (1989), S. 40.

6. Healthcare Securitization

Aufgrund der beschriebenen Umstände bei den Versicherungsunternehmen in den 1980er Jahren gerieten immer mehr Krankenhäuser, aber auch andere Versorgungseinrichtungen des medizinischen Sektors finanziell unter Druck. Für die Entstehung einer neuen „Asset" Klasse im ABS-Markt war diese – für die Versorgungseinrichtungen nachteilige – Entwicklung jedoch vorteilhaft. Das Wachstum und die Entstehung der Healthcare Receivables Securitization sind eindeutig auf diese Phase zurückzuführen. Vorteilhaft dafür – vielleicht sogar notwendig – war das Aufeinandertreffen dieser Umstrukturierungsphase im Gesundheitswesen mit dem sich schnell entwickelnden ABS-Markt in dieser Zeit, für den Ende der 1980er bzw. Anfang der 1990er Jahre nach neuen Verbriefungsgegenständen gesucht wurde. Für Krankenhäuser mit finanziellen Problemen wurde es immer schwieriger, sich extern Kapital zu beschaffen: *„Spiraling expenses, declining profits, and continued cutbacks from third-party payers increasingly limit a healthcare facility's access to capital."*[448]
Die Kriterien, die für Kredit- und Kapitalgeber ausschlaggebend sind, und inwiefern der Forderungsbestand oder die Barmittel etwaige Kennzahlen beeinträchtigen, soll im Folgenden betrachtet werden. Daraus kann abgeleitet werden, welche Vorteile die Verbriefung von Healthcare Receivables für Krankenhäuser haben kann. Im Anschluss daran werden die Strukturen der Healthcare Receivables Securitization vorgestellt.

6.1. Beurteilung der Bonität und Solvenz bei US-Krankenhäusern

Die Krankenhäuser sahen sich ab Mitte der 1980er Jahre zunehmend mit dem Problem konfrontiert, ihre Forderungen gegen Versicherungsunternehmen in angemessener Zeit einzutreiben, so dass es häufiger zur Verknappung von Barmitteln kam. Im Gegenzug wuchs der Anteil an „Account Receivables" an. So stellt z. B. Larkin (1988) fest: *„Days in accounts receivable are likely to go up."*[449] Die Industrie der Gesundheitsdienstleister ist dabei immer mit dem Problem konfrontiert, dass sie sich einerseits ihre Schuldner kaum aussuchen kann, andererseits säumigen Zahlern aber auch keine zukünftigen Geschäfte verweigern kann. Die Gewährleistung einer ausreichenden Liquidität kann daher nur bedingt über eine Schuldnerselektion erfolgen, mit dem Ergebnis, dass Krankenhäuser oft in Zahlungsengpässe geraten: *„Maintaining sufficient cash flow is a constant challenge in an industry fraught with payment delays and uncollectible accounts."*[450]
Die veränderten Zahlungsmodalitäten hatten weitreichende Konsequenzen: *„The working capital needs of hospitals often can be significant, and those needs have been increasing in recent years."*[451] Denn wie jedes andere Unternehmen benötigt auch ein Krankenhaus liquide Mittel, um den eigenen Zahlungsverpflichtungen nachkommen zu können. Der dauerhafte Mangel an Liquidität, letztlich die Illiquidität,

---

[448] Ferconio/Lane (1991), S. 74.
[449] Larkin (1988), S. 34.
[450] Pallarito (1992b), S. 40.
[451] Kincaid (1993), S. 27.

zieht zwangsläufig die Insolvenz nach sich.[452] Auch wenn es nicht sofort zu einer Solvenzkrise kommt, verursachen Liquiditätsmängel massive Probleme, denn – wie oben beschrieben – sind die US-Krankenhäuser auf ein gutes Rating angewiesen, um sich externe Finanzierungsquellen erschließen zu können. Das Rating oder jede andere Bewertung eines potentiellen Kreditgebers zur Einschätzung der Bonität und Solvenz des Krankenhauses richtet sich nach bestimmten Unternehmenskennzahlen und Größen, bei deren Berechnungen die vorhandenen Barmittel eine nicht zu vernachlässigende Rolle spielen. Auch bei der Bereitstellung einer Kreditlinie („Line of Credit") wird die finanzielle Situation des Krankenhauses zu Grunde gelegt, und ein schwaches Abschneiden kann dann zur Verweigerung führen. Dazu Kincaid (1993): *„(...) Since such lines of credit are based, in part, on the financial health of a borrower, a weakened financial statement is likely to reduce the availability of these lines of credit."*[453]

Die Krankenhäuser sind demnach immer wieder Untersuchungen ihrer finanziellen Situation ausgesetzt, wobei die Kredit- und Kapitalgeber bestimmte Kennzahlen betrachten. Für die finanzielle Analyse eines Krankenhauses stellt daher Herman (1998) grundsätzlich fest: *„When analyzing the financial condition of a hospital, three important areas to review are the hospital's cash flow, balance sheet liquidity and leverage."*[454] Die Möglichkeiten für ein Krankenhaus, erfolgreich am Kredit- bzw. Kapitalmarkt Mittel aufzunehmen, hängen letztlich von *„profitability, liquidity and debt burden"* ab, *„the most pervasive measures of capital access."*[455]

6.1.1. Rating und „Financial Ratios" US-amerikanischer Krankenhäuser

Das Erreichen eines guten, d. h. hohen Ratings ist für Krankenhäuser aus zwei Gründen von Bedeutung. Zum einen verlangen die staatlichen Behörden, über die die „Tax-exempt Bonds" emittiert werden, eine bestimmte Rating-Klasse, und zum anderen verlangt der Kapitalmarkt je nach Güte des Ratings Zinsen für die Risikoabgeltung: je schlechter das Rating, desto teurer ist die Kapitalaufnahme. Die Bedeutung der Rating-Kategorie für die Kosten der Kapitalaufnahme eines Krankenhauses ist in der folgenden Abbildung dargestellt:

[452] Vgl. Perridon/Steiner (2004), S. 552.
[453] Kincaid (1993), S. 27.
[454] Herman (1998), S. 24.
[455] Healthcare Financial Management Association (2003), S. 5.

Abbildung 21: Krankenhaus-Mehrkosten im Verhältnis zum Rating

Spreads to "AAA" G.O. Bonds
by Rating Category*

AAA →	AA	=	50 basis points
AAA →	A	=	95 basis points
AAA →	BBB	=	160 basis points

Quelle: AHA (2002a), S. 9 (Daten: Morgan Stanley Dean Witter, Juni 2001). *G.O.: Government Obligation; 100 basis points (bp) = 1% increase to a hospital's interest rate.

Im Jahr 2003 wurden in 413 Emissionen aus dem Akutklinik-Bereich US$ 19,9 Mrd. emittiert, was einer durchschnittlichen Emissionshöhe von US$ 48,8 Mio. einer „Krankenhausanleihe" entspricht.[456] Daraus errechnet sich bei einem Unterschied von 160 BP eine Größe von ca. US$ 780.000, die ein Krankenhaus an Zinszahlungen p. a. mehr aufbringen muss, wenn es statt AAA nur ein BBB-Rating erreicht. Auf weitere Ausführungen zur Bedeutung von Ratings für US-Krankenhäuser wird im Folgenden verzichtet. Grundsätzlich werden Krankenhäuser vom Kapitalmarkt nicht viel anders betrachtet als andere Unternehmen auch; lediglich die Bedeutung einzelner Aspekte oder die Gewichtung von Daten wird bei Krankenhäusern vor dem Hintergrund ihrer Stellung etwas differenziert beurteilt.[457]

Damals wie heute werden, um die finanzielle Situation des Krankenhauses zu ergründen und um Ratings festzulegen, in den genannten Bereichen verschiedene Kennzahlen bzw. „Financial Ratios" berechnet. Das Argument, dass „nichtquantifizierbare Größen und informale Aspekte unerfasst bleiben"[458], ist dabei nur teilweise richtig, denn die Rating-Agenturen machen sich neben den finanziellen Aspekten auch ein Bild von anderen Umständen. So heißt es z. B. in Moody's *„Approach to Rating Not-For-Profit Health Care Organizations": „When analyzing a health care entity's credit quality, Moody's examines several broad credit factors: governance/management, medical staff, services and service area, competition, financial resources, and legal structure."*[459] Die drei wichtigsten Kennzahlen, die Herman (1998) für die Analyse der finanziellen Situation eines Krankenhauses nennt, sind für die Situation des Cash-Flow das DSCR (Debt Service Coverage Ratio), um die Liquidität zu messen, die Kennzahl DCOH (Debt Cash on Hands) und die Berechnung des Verschuldungsgrades („Leverage").[460] Eine Studie der Healthcare Financial Management Administration nennt als wichtige Bedingung – für gute Möglichkeiten des

---

456 Eigene Berechnungen mit Angaben von Thomson Financial (2004) Health Care, S. 140. Die AHA hat auf der Grundlage der Daten von Merrill Lynch und Bloomberg für 2001 eine durchschnittliche Emissionshöhe von US$ 49 Mio. berichtet.

457 Siehe zur Betrachtung von Krankenhaus-Ratings z. B. FitchRatings (2000a), FitchRatings (2003b), FitchRatings (2003c), FitchRatings (2004a), FitchRatings (2005a), Moody's (2000a), Moody's (2003a), Standard & Poor's (2004a).

458 Beck (1992), S. 273.

459 Moody's (2000a), S. 1.

460 Vgl. Herman (1998), S. 24 - 25.

Kapitalmarktzugangs eines Krankenhauses – das Erreichen bestimmter Werte der folgenden Kennzahlen[461]:

- Operating Margin: Profitabilitätsmaß für den betriebsbedingten Ertrag
- Debt Service Coverage Ratio (DSCR): (langfristiges) Liquiditätsmaß; misst die Fähigkeit, Verbindlichkeiten zu zahlen
- Days Cash on Hand (DCOH): Liquiditätsmaß; Anzahl der Tage, die das Krankenhaus seine betriebsbedingten Ausgaben zahlen kann, wenn keine Forderungen beglichen werden (im Jahresdurchschnitt)
- Current Ratio: Liquiditätsmaß; misst das Verhältnis des Umlaufvermögens zu kurzfristigen Verbindlichkeiten und zeigt die Fähigkeit an, Verbindlichkeiten auszugleichen
- Debt to Capitalization: Maß der Verschuldung; misst das Verhältnis von Verbindlichkeiten zur Kapitalausstattung

Weitere Indikatoren, die bei der Analyse von Krankenhäusern zugrunde gelegt werden, sind[462]:

- Days in Accounts Receivable
- Unrestricted Cash to Long-Term Debt,
- Payment Period,
- Payer Mix,
- Debt to Cash-Flow,
- Cushion Ratio,
- Return on Assets,
- Average Age of Plant.

Es existieren daneben zahlreiche weitere Indikatoren, insbesondere in der Betriebsergebnisrechnung („Statement of Operation").[463] Diese sollen im Folgenden vernachlässigt werden, da die Verwendung der Asset Securitization nur eine sehr begrenzte bzw. indirekte Auswirkung auf diese Werte hat.

Damit ein Krankenhaus vom Kapitalmarkt oder einer der „State Authorities" als solventer Schuldner akzeptiert wird, muss es ein bestimmtes Rating erhalten. Bekommt ein Krankenhaus nicht mindestens ein sog. „Investment Grade" Rating, muss es in

---

461 Vgl. Healthcare Financial Management Association (2003), S. 5, sowie Moody's (2000a), S. 9 - 13; Standard & Poor's (2004a), S. 4; FitchRatings (2003b), S. 19. Zur Berechnung siehe auch Kapitel 4.2.1.2.

462 Vgl. Healthcare Financial Management Association (2003), S. 5, sowie Moody's (2000a), S. 9 - 13; Standard & Poor's (2004a), S. 4; FitchRatings (2003b), S. 19.

463 Dies sind z. B.: „Net Patient Revenues" (Netto Patienten-Erlös), „Non-Operating Revenues" (außerbetriebliche Erlöse), „Operating Cash Flow Margin" (Betriebsbezogene Cash-Flow Marge), „Profit Margin" (Gewinn Marge).

der Regel eine andere Form der Sicherheit bieten, etwa eine Hypothek. Die folgende Tabelle 4 zeigt die Relation zwischen den wichtigsten Kennzahlen und den Ratings der drei großen Rating-Agenturen (2002)[464]:

Tabelle 4: Finanz-Kennzahlen im Verhältnis zum Rating

Rating Category	AA / Aa	A	Baa / BBB	Below Investment Grade
2002 Medians				
Operating Margin				
Moody's	2,5%	1,9%	0,5%	-2,9%
Fitch	2,8%	1,8%	0,7%	-3,0%
S&P	2,3%	1,7%	0,8%	-2,9%
Days Cash on Hand:				
Moody's	226	160	97	32
Fitch	195	155	112	40
S&P	221	152	108	N/A
Debt Service Coverage				
Moody's	6,6	4,1	2,9	1,3
Fitch (EBITDA DSC)	3,5	2,9	2,2	1,3
S&P (max annual)	3,8	3,2	2,7	N/A
Debt to Capitalisation				
Moody's	29,9%	38,2%	45,6%	68,9%
Fitch	36,2%	39,3%	48,8%	78,6%
S&P	31,5%	34,8%	41,7%	N/A

Quelle: Healthcare Financial Management Association (2003), S. 12.

Der Zusammenhang zwischen diesen sog. „Key Ratios" und den erteilten Ratings ist klar ersichtlich: Die als schwächer eingestuften Krankenhäuser sind in allen Kategorien schlechter, auch ist eine klar abgegrenzte Struktur in allen Bereichen zu erkennen. Auffallend ist vor allem der große Unterschied bei den DCOH, der bei den als bonitätsstärker eingestuften Krankenhäusern ca. 5 - 7-mal so groß ist. Insbesondere die Liquidität ist ein zentraler Punkt bei der Analyse von Krankenhäusern, und den Liquiditätskennzahlen wird von den Rating-Agenturen sehr große Bedeutung beigemessen. Die folgende Tabelle zeigt die Mediane des FitchRatings Portfolios der „Non-Profit Krankenhäuser und Gesundheitssysteme" des Jahres 2002:

Tabelle 5: Finanz-Kennzahlen im Verhältnis zum Rating - 2

	Median	AA	A	BBB	Below BBB
Sample Size	208	34	92	64	18
Total Operating Revenue ($ Mil.)	266,1	1229,4	256,6	145,5	136,4
Days Cash on Hand	133,2	194,6	155,2	112,1	39,8
Days in Accounts Receivable	57,6	58,3	57,3	56,2	59,4
Cushion Ration (x)	9,8	16,6	11,4	6,0	2,8
Days in Current Liabilities	65,5	67,1	62,1	63,7	62,4
Cash to Debt (%)	91,6	120,0	99,5	65,9	27,8
Operating Margin (%)	1,5	2,8	1,8	0,7	-3,0
Excess Margin (%)	2,0	3,0	2,9	1,4	-1,6

Quelle: FitchRatings (2003b), S. 8.

---

464 Es ist allerdings nicht zwingend, dass man alle diese Werte erreicht, da die Rating-Agenturen sich ein Bild über das gesamte Unternehmen machen. Aber im Durchschnitt weisen US-Krankenhäuser, die über ein Rating verfügen, diese Werte auf.

6.1.2. Verbesserung der Bonität durch Accounts Receivable Securitization?

Aufgrund der geschilderten Finanzierungs- und Solvenzkrisen Anfang der 1990er Jahre gab es bei amerikanischen Krankenhäusern immer häufiger Überlegungen, Forderungsbestände zu verbriefen. So schreibt Kincaid (1993): *„The sale of accounts receivable by hospitals and other healthcare providers – and the securing of those receivables – has been the subject of considerable recent discussion."*[465] Das Factoring oder die Verbriefung der „Handelsforderungen" eines Krankenhauses ist insofern nahe liegend, als diese Vermögensposition einen großen Posten in der Bilanz einnimmt.[466]
Die Verbriefung von Forderungsbeständen hat verschiedene Auswirkungen auf Finanzkennzahlen eines Unternehmens. Dabei werden einige Kennzahlen durch die Veränderung direkt beeinflusst, andere können nur indirekt beeinflusst werden, je nach Verwendung der Mittel. Salathé (1994) spricht von drei Vorteilen: *„First, it will lower dramatically its costs of borrowing. Second, cash on hand will increase, allowing the hospital to operate more efficiently. Finally, securitization will result in a more favourable balance sheet (…)."*[467]
Da es sich bei der Securitization von Healthcare Receivables um einen Aktivtausch zwischen „Accounts Receivable", also einem Teil des kurzfristigen Umlaufvermögens, und dem Kassenbestand handelt, werden vor allem Liquiditätskennzahlen direkt durch die Securitization beeinflusst. Die Kennzahlen, die sich auf die gesamten Vermögensgegenstände beziehen, sind vorerst nicht von einer Transaktion berührt. Erst wenn die freigesetzten Mittel etwa für den Abbau von Verbindlichkeiten eingesetzt werden, verändern sich diese Kennzahlen. Ein Krankenhaus kann so z. B. den Verschuldungsgrad ändern und sich somit eine verbesserte Position hinsichtlich eines Ratings verschaffen.

Durch Anwendung von „Accounts Receivables" Securitization im Krankenhaus direkt beeinflussbare Kennzahlen:

---

[465] Kincaid (1993), S. 27.

[466] Vgl. Ferconio/Lane (1991), S. 74 und Kincaid (1993), S. 27: *„The two largest asset groups of most hospitals are their accounts receivable and their property (…)."*

[467] Salathé (1994), S. 554.

Kennzahl (Ratio)	Berechnung
Cash on Hands (Days):	$\frac{\text{(Kassenbestand + barnahe Mittel) x 365}}{\text{(Betriebliche Gesamtaufwendungen – Wertminderungen und Abschreibungen)}}$
Accounts Receivable (Days):	$\frac{\text{Netto Patientenforderungen x 365}}{\text{Netto Patienten-Erlös}}$
Cash to Debt (%):	$\frac{\text{Kassenbestand + Wertpapiere}}{\text{Langfristige + kurzfristige Verbindlichkeiten}}$
Unrestricted Cash / Long-Term Debt (x):	$\frac{\text{Liquide Mittel (1. Grad)}}{\text{Langfristige Verbindlichkeiten}} \times 100$

Quelle: FitchRatings (2003b), S. 19; Moody's (2000a), S. 18; Healthcare Financial Management Association (2004b), S. 23 - 25.

Die Kennzahl DCOH kann durch die Verbriefung von Accounts Receivables verbessert werden, da dem Unternehmen direkt mehr liquide Mittel zur Verfügung stehen. Die Wichtigkeit eines hohen Wertes dieser Kennzahl (in Abhängigkeit zum Rating) soll durch den folgenden Auszug aus Standard & Poor's „Median Ratios" von „U.S. Not-for-Profit Health Care Systems" des Jahres 2003 gezeigt werden:

Tabelle 6: „Days Cash On Hands" (DCOH) im Verhältnis zum Rating

Rating	AA+/AA	AA-	A+	A	A-	BBB+	BBB	Speculative
DCOH	222,3	158,4	147,6	113,9	113,4	127,5	101,0	37,0

Quelle: Standard & Poor's (2004a), S. 4; Daten für das Jahr 2003.

Die hohen Unterschiede wurden auch schon in den Tabelle 4 und Tabelle 5 verdeutlicht und werden hier nochmals bestätigt. Die Kapitalmärkte messen dieser Zahl naturgemäß eine hohe Bedeutung bei: *„(...) Hospitals that have a large amount of cash (...) are viewed as the most desirable borrowers, because their cash serves as collateral for financing."*[468] Um heute ein A-Rating zu bekommen, werden von den Rating-Agenturen i. d. R. zwischen 152 und 160 DCOH verlangt.[469]

Auf der anderen Seite ist ein hoher Wert der „Days in Account Receivables" ein Negativfaktor. Als Messfaktor für die durchschnittliche Dauer des Forderungseinzugs bedeutet ein schlechter (hoher) Wert, dass entweder die Struktur der Schuldner wenig geeignet ist, die Fähigkeit des Krankenhauses die Forderungen einzutreiben, als

468 Healthcare Financial Management Association (2003), S. 13. Siehe auch Ponton/Sandrick (2002), S. 55.

469 Vgl. Healthcare Financial Management Association (2003), S. 13.

gering eingeschätzt wird oder dass – im schlechtesten Fall – beides gilt. Ende der 1980er Jahre war der Durchschnitt dieses Wertes in US-amerikanischen Krankenhäusern bei 75 - 80 Tagen. Aber je nach Krankenhaus lag er teilweise auch unter 60 oder über 90.[470] Ein Hauptunterschied zwischen den Krankenhäusern war damals z. B. auch die Verfügbarkeit von Computer-Systemen. Heute sind die Zahlen aber kaum anders, obwohl die Abrechnungssysteme in technischer Hinsicht deutlich verbessert wurden. Das liegt zum einen an geänderten gesetzlichen Bestimmungen, die den staatlichen Kassen mehr Zeit geben; zum anderen werden viele Rechnungen von den Kassen angefochten und zurückgeschickt.[471]

Aufgrund dieser Schwierigkeiten wird bei der Evaluierung der Finanzsituation eines Krankenhauses auch immer die Schuldnerstruktur („Payer Mix") betrachtet. Dabei ist offensichtlich, dass ein Großteil der Forderungen von den staatlichen Institutionen kommt. Diese werden zwar im Bezug auf das reine Ausfallrisiko („Credit Risk") als gering angesehen, ihnen haften aber andere Risiken an.[472] Bei den Healthcare ABS Transaktionen werden i. d. R. nur „Klumpenrisiken" („Concentration Risk") für andere, d. h. „Third-party Payers" angegeben.[473] Medicare-Forderungen machen immer einen Großteil der Forderungen aus, oft ca. 40%.[474]

Der Payer Mix wird durch eine Verbriefung allerdings eher geschwächt, da i. d. R. die Forderungen der „besten", d. h. bonitätsstärksten Schuldner verbrieft werden[475], also die von Medicare und Medicaid. Nach der Auslagerung eines Teils dieser Forderungen ergibt sich für die verbleibende Schuldnerstruktur ein ungünstigeres Profil, was Nachteile für das Krankenhaus mit sich bringen kann.

Auch die drei anderen Kennzahlen können durch die Verbriefung von Accounts Receivables direkt positiv beeinflusst werden. Sowohl beim „Cushion Ratio" und „Cash to Debt" (%) als auch bei der Verhältniszahl „Unrestricted Cash/Long-term Debt" wird durch die Verbriefung jeweils der Zähler, in dem die Cash-Komponente enthalten ist, vergrößert, da Forderungen des Umlaufvermögens in liquide Mittel gewandelt werden, während der Nenner unberührt bleibt.

Um beispielsweise einmal Anhaltspunkte für die unterschiedliche Höhe der Werte der „Cushion Ratio" und „Cash to Debt" zu geben, sei hier auf die Situation der New Yorker (State und NYC) Krankenhäuser verwiesen. Diese sind im Vergleich zum

---

470 Vgl. Larkin (1988), S. 34.

471 Dies wurde auch immer wieder in den Interviews bestätigt. Da die Abrechnungen im Gesundheitswesen teilweise sehr kompliziert sind, ist es für die Kassen relativ leicht, zunächst einen „Fehler" zu finden um so eine Zahlung zu verweigern, bis die korrigierte Version wieder vom Krankenhaus eingereicht ist. Durch dieses Vorgehen ist es für die Schuldner möglich, ohne viel Aufwand einen Zahlungsaufschub von mehreren Monaten zu erreichen. Vgl. zur Problematik der Krankenhausforderungen in den USA auch Kapitel 6.2.1.

472 Zum Beispiel das sog. „Set off Risk" und politische Risiken. Siehe dazu vor allem auch Kapitel 6.2.1.

473 Vgl. dazu Kapitel 6.2.1. und Standard & Poor's (1999), S. 37.

474 Vgl. Salathé (1994), S. 555; Moody's (2003a), S. 6.

475 Siehe dazu Carlstrom/Samolyk (1993), S. 34: *„(...) that higher quality assets will tend to be securitized, while lower-quality assets will tend to be held on-balance sheet."* Siehe außerdem Sopranzetti (1999), S. 297 in Verbindung mit dem „Underinvestment Problem". Vgl. dazu vor allem aber auch Kapitel 2.5.2.

restlichen Land aufgrund vieler Einflüsse[476] in einer schwierigen finanziellen Situation. Das äußert sich auch in den beiden genannten Kennzahlen: Der „Cushion Ratio"-Wert überstieg in den Jahren 1998 - 2002 nie 5,8, während der nationale Medianwert bei 10,5 lag. Die Verschuldungssituation, gemessen am „Cash to Debt" lag in der gleichen Zeit zwischen 50% und 53%, während der nationale Wert (Median) 91% betrug.[477]

Die Verbriefung von Healthcare Accounts Receivables hat aber weitere Auswirkungen auf die Finanzsituation des Krankenhauses, vor allem bei Berücksichtigung der Verwendung der Mittel. Es bieten sich mehrere Möglichkeiten, die wiederum verschiedene Auswirkungen auf die Finanzierungssituation des Krankenhauses haben. So können die Mittel dazu benutzt werden, eigene Verbindlichkeiten aus Lieferung und Leistung („Accounts/Notes Payable") schneller zurückzuzahlen, um die Verhandlungsposition bei den Geschäftspartnern zu verbessern, was spätere Kostensenkungen nach sich ziehen kann.[478] Insbesondere die dauerhafte Rückführung von Verbindlichkeiten kann die gesamte Finanzsituation des Krankenhauses verändern, denn dadurch kommt es zu einer Bilanzverkürzung. Vor allem das so viel beachtete Maß „Leverage" wird dadurch positiv beeinflusst, denn es misst den Verschuldungsgrad am Verhältnis von Fremd- zu Eigenkapital. Auch der „Return on Assets" (ROA) verbessert sich. Gleiches gilt – in der Praxis eher wahrscheinlich –, wenn für ein geplantes Projekt die Finanzierungsalternative ABS oder Kredit zur Verfügung stehen. Das folgende Beispiel eines fiktiven Krankenhauses soll das verdeutlichen[479]:

Das Krankenhaus arbeitet „not-for Profit" und nahe am „Break-Even". Es erreicht lediglich einen Jahresüberschuss von US$ 2 Mio. (bei einer Bilanzsumme von US$ 100 Mio., woraus sich hier ein ROA von 2% ableitet)[480] und plant eine Investition von US$ 25 Mio. in den Ausbau eines Gebäudes. Die Bilanz liest sich wie folgt:

[476] Dazu zählen: *„(...) high cost of teaching and research, large state and local budget deficits, strong unions, high cost of living, physical space constraints (Manhattan in particular), governmental investigations, weak demographics (...), Payer concentration and a large uninsured population."* Moody's (2003a), S. 1.

[477] Vgl. Moody's (2003a), S. 6.

[478] Vgl. dazu direkt Spiegel (1989), S. 42; Salathé (1994), S. 556; Sen/Lawler (1995), S. 33.

[479] In Anlehnung an Salathé (1994), S. 574.

[480] Diese Annahme (2%) wurde aufgrund der Daten der Rating-Agenturen und aus den Befragungen in den Interviews gewählt. Je nach Krankenhaus variiert dieser Wert stark und kann von negativen Beträgen bis hin zu 7% oder 8% alles erreichen. Der nationale Medianwert wurde von Moody's mit 3,2% angegeben. In New York lag er in den Jahren 1998 - 2002 zwischen -0,5% und 2,4%. Vgl. Moody's (2003a), S. 6.

Krankenhausbilanz (vor Kapitalmaßnahme)

Aktiva (in US$ Mio.)		Passiva (in US$ Mio.)	
Anlagevermögen	60	Eigenkapital	50
Umlaufvermögen		Verbindlichkeiten	
Forderungen	30	Anleihen	30
Kasse	10	Bank	20
Summe	100	Summe	100

Krankenhausbilanz (Kreditaufnahme von US$ 20 Mio., inkl. Jahresüberschuss)

Aktiva (in US$ Mio.)		Passiva (in US$ Mio.)	
Anlagevermögen	85	Eigenkapital	52
Umlaufvermögen		Verbindlichkeiten	
Forderungen	30	Anleihen	50
Kasse	7	Bank	20
Summe	122	Summe	122
Jahresüberschuss	2,0		
ROA	1,63%		
FK/EK	1,35		

Krankenhausbilanz (Securitization von 20 Mio., inkl. Jahresüberschuss)

Aktiva (in US$ Mio.)		Passiva (in US$ Mio.)	
Anlagevermögen	85	Eigenkapital	52
Umlaufvermögen		Verbindlichkeiten	
Forderungen	10	Anleihen	30
Kasse	7	Bank	20
Summe	102	Summe	102
Jahresüberschuss	2,0		
ROA	1,96%		
FK/EK	0,96		

Eigene Darstellung in Anlehnung an Salathé (1994), S. 574.

Das Beispiel [481] verdeutlicht vor allem, wie durch die Verwendung von ABS der Grad der Verschuldung relativ konstant gehalten werden kann. Durch die verminderte Verlängerung der Bilanz wird außerdem die Gesamtkapitalrentabilität (ROA) nicht so stark belastet. (Bei Krankenhäusern, insbesondere bei „Not-for Profits" mag dies allerdings ein zu vernachlässigender Faktor sein.) Auch der „Return on Equity" (ROE) kann durch den Einsatz von ABS verbessert werden, wenn die freigesetzten Mittel für die Rückführung von Fremdkapital eingesetzt werden.

Es darf allerdings nicht vergessen werden, dass es bei einer derartigen Transaktion bzw. nach der Verbriefung qualitativ hochwertiger Forderungen dazu kommen kann, dass andere Gläubiger aufgrund des für sie gestiegenen Risikos – das nun durch das verbliebene Unternehmensvermögen besichert wird – eine höhere Risikoprämie

[481] Siehe vor allem auch das nachstehende Kapitel 6.2.2. und Kapitel 6.4. So konnte etwa die Yale Universität durch die Verbriefung der Patenteinnahmen aus der Entwicklung eines Medikamentes Mittel freisetzen, die zum Bau eines neuen Gebäudes verwendet wurden (vgl. Kapitel 6.4.).

verlangen könnten. Die statische Betrachtung der Auswirkungen einer ABS-Transaktion ist daher nur bedingt vollständig und zeigt lediglich die Einmaleffekte, die theoretisch möglich sind. Gleichzeitig können aber andere Indikatoren negativ beeinflusst werden.[482] So kann sich z. B. der „Current Ratio“-Wert (Verhältnis von Umlaufvermögen zu kurzfristigen Verbindlichkeiten), der zunächst von einer ABS-Transaktion unberührt bleibt (da bei einem Tausch innerhalb des Umlaufvermögens offensichtlich keine Veränderung an diesem Wert stattfindet) dann verschlechtern, wenn mit den freigesetzten Mitteln langfristige Verbindlichkeiten zurückgeführt werden, da die Verringerung des Umlaufvermögens („Current Assets“) durch eine unveränderte Größe (kurzfristige Verbindlichkeiten bzw. „Current Liabilities“) geteilt würde.

Im nächsten Kapitel werden die Besonderheiten der US-amerikanischen Krankenhausforderungsverbriefung detailliert beschrieben und die Vor- und Nachteile einer ABS-Finanzierung im Vergleich zur Emission eines „Tax-exempt Bonds“ (vgl. Kapitel 5.3.) dargelegt.

6.2. Verbriefung von Healthcare Account Receivables

„If you find a way to standardize healthcare receivables securitization like you have it with student loans or mortgages that would be a goldmine.“ [483]

Die Verbriefung von Healthcare Account Receivables ist mit vielen Schwierigkeiten verbunden, und es haben daher – im Vergleich zu Verbriefungen anderer Forderungsbestände – erst wenige Transaktionen stattgefunden.[484] Auch heute existiert immer noch kein „Standardverfahren“ in diesem Bereich, das Banken oder banknahe Finanzdienstleister ihren Kunden anbieten können. Vielmehr ist fast jede Transaktion „einzigartig“ und – über die ohnehin komplexe Natur einer ABS-Transaktion hinausgehend – sehr schwierig zu strukturieren. Dies betrifft auch die juristischen Besonderheiten, die letztlich auch immer ökonomische Auswirkungen auf eine Transaktion haben. Deshalb ist eine gewisse Scheu der Investoren auf diesem Gebiet festzustellen, die ihrerseits wieder kostentreibend wirkt.

Es gibt nur wenige Transaktionen, bei denen Krankenhäuser allein den Weg einer ABS-Finanzierung gegangen sind (sog. „Stand alone“-Lösung); i. d. R. waren das Krankenhaus- oder Pflege-Ketten.[485] Im Allgemeinen verbrieft kein Krankenhaus seine Forderungen allein bzw. direkt, sondern das geschieht über ein Finanzie-

---

482 Siehe zu dieser Problematik Avery (2001).

483 Interviewaussage eines Investment-Bankers.

484 Vgl. dazu die Angaben in Kapitel 4.3. Bisher konnten ca. 10 - 15 Transaktionen mit ca. 30 - 40 „Tranchen“ (je nach dem, wie die Transaktionen zugeordnet bzw. eingeteilt werden) gezählt werden.

485 Z. B. Beverly Rehabilitation Service 1999, vgl. dazu Moody’s (1999), S. 2; Jersey Medical Center 1994, vgl. Sen/Lawler (1995), S. 32 oder Wendt-Bristol Health Services Corp. 1993, vgl. Harrell/Folk (1994), S. 48 m. w. N.

rungsunternehmen, das die Forderungen vieler Krankenhäuser und anderer Gesundheitsdienstleister (Arztpraxen, Radiologie-Institute etc.) bündelt und sich dann am Kapitalmarkt über die Verbriefung refinanziert.[486] Diese Finanzdienstleister sind entweder große All-Finanzunternehmen oder auf Finanzierungsfragen des Gesundheitssystems spezialisiert und werden im Allgemeinen als „Sponsor" (Organisator)[487] bezeichnet. Eine ABS-Transaktion im Healthcare-Bereich ist so im hohen Maße abhängig von der Güte dieses Organisators.[488] Dies liegt vor allem an den vielen Besonderheiten des Gesundheitssystems, die der Organisator bei der Verbriefung in Betracht ziehen muss.[489]

Man kann verschiedene Formen der Accounts Receivable Securitization unterscheiden. In der „reinsten" Form (wie in Kapitel 6.2.2. dargestellt) veräußert das Krankenhaus bzw. der Krankenhauskonzern seine Forderungen über ein Forderungsankaufsprogramm („Receivables Purchase Facility") an das SPV. Das SPV zahlt den Kaufpreis an das Krankenhaus, der Forderungseinzug wird aber vom Krankenhaus vollzogen. Das SPV finanziert sich schließlich durch die Ausgabe der ABS. (Diese „Stand alone"-Lösung ist allerdings selten, da es neben anderen Problemen oft schwierig ist, die erforderliche Größe bzw. das notwendige Transaktionsvolumen zu erreichen.) Eine zweite Variante – die bisher in den USA meistverbreitete – ist die Bündelung der Forderungen mehrerer Krankenhäuser, die an ein Finanzunternehmen verkauft werden, welches dann das SPV gründet und sich über die Ausgabe der ABS refinanziert. Eine dritte Möglichkeit ist die Finanzierung des Krankenhauses über einen durch die Forderungen besicherten Kredit. Diese – von einem spezialisierten Finanzdienstleister vergebenen – Kredite werden dann wiederum gebündelt und über ein SPV als ABS am Kapitalmarkt platziert. Dabei verliert sich allerdings ein Teil der hier betrachteten Securitization-Idee, da die Finanzierung dann in Form eines Kredites erfolgt und nicht mehr als Forderungsverkauf: Dies entspricht dann eher einer sog. „loan-backed"-Verbriefung. Damit sind schließlich auch die Vorteile der „Off-Balance Sheet"-Finanzierung für das Krankenhaus verloren, und die eigentliche Securitization findet dann beim bzw. durch das Finanzunternehmen statt. Unabhängig von der tatsächlichen Variante liegt allen drei Transaktionsschemata die Idee zugrunde, die Kreditwürdigkeit des Krankenhauses von der Finanzierung abzukoppeln und stattdessen die Bonitätsstärke der Forderungsschuldner auszunutzen.[490]

---

486 Vgl. Adelson/Hoyt (2002), S. 1.

487 Vgl. Bartelt (1999), S. 8; Bär (2000), S. 39, 285; Adelson/Hoyt (2002), S. 5. Da der Ausdruck „Sponsor" im Deutschen teilweise missverständlich ist (da hier kein „Gönner" oder „Spender") gemeint ist, wird im Folgenden der Ausdruck „Organisator" verwendet.

488 Vgl. Adelson/Hoyt (2002), S. 5.

489 Gerade diese Besonderheiten sind aber auch der Garant dafür, dass es nur wenigen Marktteilnehmern möglich ist, in diese Art der Krankenhausfinanzierung einzusteigen.

490 *„Either way, the ultimate security for the deal is the underlying healthcare receivables themselves."* Adelson/Hoyt (2002), S. 1.

6.2.1. Die Forderungsauswahl und Forderungsfinanzierung

„Healthcare accounts receivables – although they have been around for a long time – are still pretty complex.“[491]

In Healthcare ABS-Transaktionen werden verschiedene Arten von Forderungen verbrieft, in erster Linie solche gegen staatliche Organisationen und bekannte, bonitätsstarke, private Versicherungsunternehmen. „Out-of Pocket Payments“, „Self-pay Receivables“, „Deductibles“ oder „Co-Payments“ wurden bisher kaum verbrieft.[492] Das Krankenhaus bekommt dabei bei der Abtretung der Forderung nicht den vollen Rechnungswert bezahlt, sondern nur einen Teilbetrag. Der Kaufpreis der Forderungen wird entweder als prozentualer Betrag des Nennwertes oder als geschätzter Erwartungswert angegeben. Dabei richtet er sich zum einen nach der Art der Besicherung der Struktur und zum anderen nach der Bonität des Schuldners. Hier sind vor allem dessen Erstattungspraxis hinsichtlich der Höhe der Forderung und des Zeitablaufs der Zahlungseingänge von Interesse. Die Berechnung dieses „Advanced Funding“ ist ein zentraler Bestandteil bei allen Transaktionen.

Die Auswahl und Finanzierung der Forderung in einer ABS-Transaktion unterliegt verschiedenen Problemen. Diese leiten sich zu einem Großteil aus den Besonderheiten des Gesundheitswesens der USA und seiner Erstattungsmodalitäten ab. Die Finanzierung eines Forderungspools hängt in erster Linie von den „Eligibility Criteria“ (Auswahlkriterien), der „Net Receivable Valuation” (Netto-Forderungsberechnung) und der „Advance Rate“ (Forderungsvorausfinanzierungsrate) ab. Abbildung 22 veranschaulicht den Prozess, wie er im Folgenden eingehend geschildert ist:

491 Aussage eines Interviewpartners aus dem Krankenhauswesen.

492 Vgl. Flaum/Klyman (2000), S. 25 - 26; Pica/Bhattacharya (1996), S. 182; Sen/Lawler (1995), S. 32. Weiterführend zu Gründen, weshalb Forderungen nicht verbrieft werden (können), siehe Hill (1996), S. 1087 - 1089. Eine Ausnahme stellt hier eine Transaktion der Healthcare Finance Group (HFG) dar, bei der im verbrieften Portfolio bis zu 2% „Self-pay Receivables“ enthalten sind bzw. sein können. Vgl. Moody's (2003b), S. 1.

Abbildung 22: Kriterien der Forderungsfinanzierung über „Net Receivable Valuation" – ein zusammenfassendes Schema

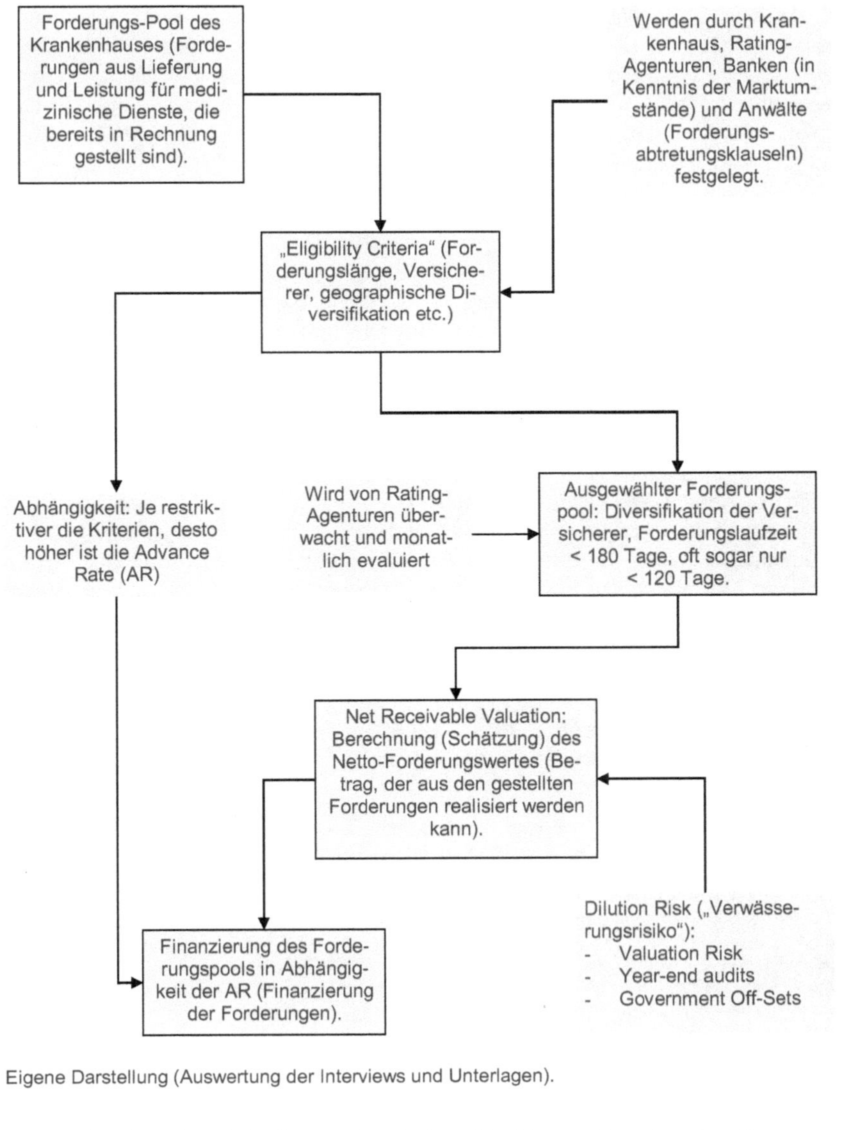

Eigene Darstellung (Auswertung der Interviews und Unterlagen).

Das größte Problem bei US-amerikanischen Healthcare Securitization-Programmen ist die Berechnung des Nettowertes des Forderungs-Pools. Denn in den USA hat – erstaunlicherweise – der Wert der vom Krankenhaus in Rechnung gestellten Forderung recht wenig mit dem später von der Versicherung bezahlten Betrag zu tun, und auch der Zeitpunkt der Bezahlung ist oft ungewiss.[493] Dieses Problem ist als „Dilution Risk“[494] („Verwässerungsrisiko“ oder „Verdünnungsrisiko“) bekannt und hat verschiedene Ursachen.[495] Der größte Teil der „Dilution“ wird durch die „Valuation Dilution“ verursacht. Sie ergibt sich aus der Differenz zwischen gestellter Rechnung („Gross Medical Bill“) und dem tatsächlich bezahlten Betrag. Um den Effekt dieser Verwässerung zu beschränken, wird mittels der „Net Receivable Valuation" versucht, die erwarteten „Netto“-Forderungen zu berechnen. Die Differenzen zwischen Brutto- und Netto-Forderungen entstehen durch einige Eigenheiten des amerikanischen Gesundheits- und Versicherungssystems.

Ein Hauptproblem ist dabei die Komplexität der Abrechnung und Kodierung der Krankenbehandlung. Denn *„das amerikanische Gesundheitssystem kennt außerhalb des staatlichen Versicherungsbereiches keine einheitliche Regelung der Abrechnungsmodalitäten.“*[496] Dass für Preiskalkulation und Forderungs-Pool-Berechnung besser geeignete DRG-System wird nur von Medicare systematisch eingesetzt.[497] Bei „Managed Care“-Verträgen, Medicaid-Abrechnungen, Arbeitgeberverträgen mit Krankenhäusern und bei Selbstzahlern werden verschiedene Tagessätze verhandelt, Fixbeträge festgelegt, Kopfpauschalen veranschlagt oder die „üblichen und gebräuchlichen Sätze“[498] bezahlt (diese richten sich wiederum nach verschiedenen Benchmark-Preisen, die teilweise von den DRG-Medicare-Sätzen, Tagessätzen oder historischen Kosten abgeleitet werden).[499] Daneben variieren die Preise und Abrechnungsmethoden auch noch zwischen stationärer und ambulanter Behandlung. Problematisch ist auch die Beteiligung der verschiedenen Parteien an der Bezahlung: Einen Teil der Rechnung wird i. d. R. die erste bzw. reguläre Krankenkasse des Patienten zahlen. Daneben kann dieser aber auch eine oder mehrere Zusatzversicherungen in Anspruch nehmen, oder er muss einen Teil selber zahlen.[500]

Aufgrund der unterschiedlichen Zahlungssysteme kommt es immer wieder zu Missverständnissen zwischen Patient, Kasse und Krankenhaus bzgl. der Übernahme der Kosten, auch ist die Fehlerquote der Bürokratie enorm.[501] Dies alles führt zu un-

---

493 *„The reality is that the amount ultimately collected on a receivable may bear little resemblance to its face amount, and the timing of reimbursement is, at best, uncertain.“* Moody's (1995a), S. 3. Siehe auch Pica/Bhattacharya (1996), S. 182 - 183; Standard & Poor's (1999), S. 33 - 35; McPherson/Fasanella (2000), S. 213 - 214.

494 *„Dilution is a major risk in health care receivable transactions.“* Moody's (1995a), S. 3; McPherson/Fasanella (2000), S. 212.

495 Es gibt mehrere Faktoren, die zur „Dilution“ führen können. So werden beispielsweise auch am Jahresende die Zahlungen gekürzt, wenn die staatlichen Versicherer festgestellt haben, dass vorher zuviel bezahlt wurde („Government Off-Set“).

496 Mansky (2000), S. 151.

497 Allerdings gibt es gerade bei DRGs oft Streitigkeiten darüber, in welche Gruppe ein Fall einzuordnen ist. Vgl. Moody's (1993a), S. 5.

498 Pica/Bhattacharya (1996), S. 182.

499 So wird auch in den Bilanzen (oder Anhängen) immer wieder auf die Abrechnungsmethoden hingewiesen. *„Payment arrangements for major third-party payers may be based on prospectively determined rates, reimbursement cost[s], discounted charges, per diem payments, predetermined rates per HMO enrolee per month or other methods. Payments may also vary according to patient clinical diagnosis.“* Providence (2005), S. 11.

500 Vgl. Standard & Poor's (1999), S. 33; McPherson/Fasanella (2000), S. 213.

501 Ein weiteres Problem ist die Behandlung und Abrechnung der Nicht- oder Unter-Versicherten. Derzeit beträgt diese Zahl in den USA etwa 40 Mio.

durchsichtigen Rechnungen und fehlerhaften Zahlungen.[502] *„Im US-Gesundheitssystem ist ein solches Abrechnungschaos offenbar alltäglich."*[503] Schätzungen gehen davon aus, dass acht von zehn Rechnungen fehlerhaft sind.[504] Da die Krankenhäuser nicht auf eigene Kosten behandeln wollen, sind die Rechnungen in den meisten Fällen deutlich zu hoch und verursachen dadurch letztlich die enormen Differenzen zwischen Brutto- und Netto-Forderung und schließlich auch das „Verwässerungsrisiko" („Dilution").

Die Berechnung dieses Wertes, des sog. „Net Collectible Value" (NCV), ist so verständlicherweise ein zentraler Bestandteil einer jeden Verbriefung und aufgrund der beschriebenen Probleme mit Schwierigkeiten verbunden.[505] Es hat sich aber auch gezeigt, dass die Berechnung des zu erwartenden Betrags bei DRG-Erstattungen deutlich einfacher ist.[506] Vor diesem Hintergrund ist die Einführung der German DRG (G-DRG) grundsätzlich als vorteilhaft anzusehen, insbesondere, weil in Deutschland damit über 90% der Krankenhausrechnungen unter die DRG-Erstattungen fallen. Jedoch wird es gerade am Anfang wohl zu vielen Problemen bei der neuen DRG-Abrechnung kommen.[507]

Die typische USA-Krankenhausrechung kann in mehrere Teile zerlegt werden. Um den NCV zu erhalten, wird von der Rechnung zunächst der Teil abgezogen, der vom Patienten selbst bezahlt werden muss („Co-Payment"). Der restliche Betrag wird als „Gross Amount" bezeichnet. Da die Versicherer – wie beschrieben – nicht den ganzen Betrag zahlen werden, ist es notwendig, die sog. „Contractual Allowance" („vertraglicher Skonto") zu berechnen. Der „Gross Amount" abzüglich der „Contractual Allowance" ergibt den NCV. Es existiert aber keine einheitliche Formel für die Berechnung des NCV (bzw. der „Contractual Allowance"), und letztlich bleibt dies immer eine Schätzung auf Basis vergangener Werte, die das Krankenhaus den Banken und Rating-Agenturen zur Verfügung stellt.[508] Dabei werden in erster Linie historische Angaben zur Häufigkeit von Zahlungsverweigerungen und Zahlungsverspätungen bzgl. des „Payer Mix" gesammelt, mit denen dann das Kreditrisiko des Forderungs-Pools bestimmt wird.[509] Dies wird auch von der Bewertung der Kompetenz

---

502 Dies wurde auch von allen dazu befragten Interviewpartnern bestätigt. Ein Grund für die Zurückhaltung einiger Banken bei der Finanzierung von Krankenhäusern ist eben das undurchsichtige Abrechnungssystem.

503 Siegle (2004), S. 45.

504 Siegle (2004), S. 45; Oldag (2005), S. 23.

505 Manchmal auch als ENV („Estimated Net Value") bezeichnet. *„By far, the most significant credit concern in health care transactions is net receivable valuation."* Standard & Poor's (1999), S. 33. Siehe auch Pica/Bhattacharya (1996), S. 182; Flaum/Klyman (2000), S. 26; FitchRatings (1998), S. 2 - 3; Adelson/Hoyt (2002), S. 3.

506 Vgl. Sen/Lawler (1995), S. 36; Adelson/Hoyt (2002), S. 3.

507 Vgl. dazu auch Kapitel 10.7.1.

508 Vgl. dazu Moody's (1996), S. 28: *„When the appropriate time series are available, it may be possible to draw meaningful inferences from historical collection rates achieved by a health care provider for different payor classes."* Siehe auch Moody's (2000b), S. 1: *„Historical performance data allows us to estimate the future performance of a pool of loans or other receivables."*

509 Vgl. Spradling (2003), S. 58; Adelson/Hoyt (2002), S. 3; Moody's (1996), S. 28. In einer Transaktion, in der ausschließlich Medicaid „Receivables" und Forderungen gegen das Verteidigungsministerium (sog. „Veterans Administration Receivables") verbrieft wurden, wird eine Berechnung des NCV mit 98,5% angegeben. Das ist möglich, da Medicaid in diesen Staaten i. d. R. nach Tagessätzen bezahlt, die am Jahresanfang festgelegt werden, und weil hier hinreichend Daten über

und Funktionsfähigkeit des Rechnungswesens eines Krankenhauses sowie des Standes der Computersysteme etc. abhängig gemacht.[510] Die Ermittlung des verbriefungsfähigen Forderungsanteils ist in Abbildung 23 schematisch zusammenfassend dargestellt:

Abbildung 23: Aufteilung einer US-amerikanischen Krankenhausrechnung

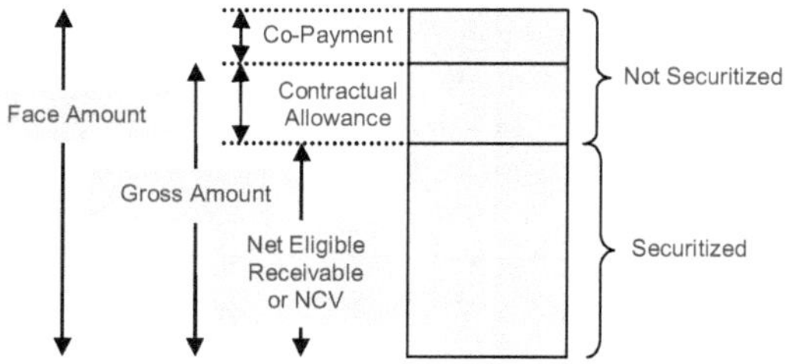

Darstellung nach McPherson/Fasanella (2000), S. 214 (Wegen der Besonderheiten dieses Rechnungssystems und der USA-typischen Begriffe sind hier die englischsprachigen Termini übernommen worden).

Dabei wird der Quotient zwischen NCV und „Face Amount“ (Wert der Rechungsstellung) auch als „Collection Rate“ benannt.[511] Er zeigt an, wie hoch der durchschnittlich zu erwartende prozentuale Betrag einer gestellten Rechnung ist. Der NCV stellt dann die eigentliche Basis für die Finanzierung der Forderung dar, d. h. es wird die „Advance Rate“ (AR) bezahlt.[512] Diese AR wird in Prozent des NCV angegeben und beziffert so die Höhe der „Vorfinanzierung“ des Forderungsportfolios (da es sich aber bei Healthcare Receivables-Verbriefungen um einen revolvierenden Forderungsankauf handelt und sich während der Laufzeit der Transaktion auch meist die Güte des Portfolios ändert, schwankt die AR während der Laufzeit). Bei der Finanzierung von Krankenhausforderungen wird im Rahmen von Securitization-Programmen zwischen 75% und 90% bezahlt[513], eine Größenordnung, die auch von vielen Interviewpartnern bestätigt wurde. An anderer Stelle ist von 90% - 97% die Rede[514], dies erscheint aber ungewöhnlich hoch.[515] In einer bestimmten Transaktion werden für die wichtigsten Schuldner folgende AR-Werte genannt: Medicare 92%, Medicaid 89%, Blue Cross/Shield 87%, „Commercial Insurers“ 87% und „Self Pay“ 75%.[516] Somit

---

die historischen Zahlungseingänge vorliegen. Vgl. Moody's (1999), S. 3.

510 Vgl. Ferconio/Lane (1991), S. 78.

511 Vgl. Moody's (1996), S. 28: *„The fraction, expressed as a percentage, equal to the net collectible value divided by the face amount of the medical bill is the collection rate of the receivable.“*

512 Vgl. Pica/Bhattacharya (1996), S. 182.

513 *„Net accounts receivable eligible for sale will be advance-funded at a level between 80 percent and 90 percent, depending on the quality of the collateral.“* Ferconio/Lane (1991), S. 78.

514 Vgl. Kincaid (1993), S. 28.

515 Siehe dazu auch Kapitel 6.3.

516 Vgl. Moody's (2001b), S. 3. Bei der Transaktion „HFG 2002-1“ heißt es: *„The current advance rates range from 70% - 90% of the expected net value of the funded eligible receivables.“* Moody's (2003b), S. 3. Bei einer Transaktion von NCFE wurden auch Advance Rates von 97% vergeben. Vgl. Moody's (2001c), S. 3.

ergeben sich für die sog. Übersicherung („Over-Collateralization") Werte von 8,7% - 33,3%.[517] Zahlungseingänge aus dieser Übersicherung bleiben im „Besitz" des Krankenhauses, dürfen aber nicht für Finanzierungszwecke eingesetzt werden, sondern dienen als „Credit Enhancement".[518]

Die Werte der Advance Rates sind vor allem auch von der Auswahl der Forderungen abhängig, den sog. „Eligibility Criteria". Dieser Kriterienkatalog legt fest, welche Forderungen überhaupt für das zu verbriefende Portfolio in Frage kommen. Je restriktiver hierbei die Auswahl erfolgt, desto höher können später die „Advance Rates" gewählt werden.[519] Die Auswahlkriterien können dabei unterschiedlicher Natur sein.[520] Ein Hauptkriterium ist aber immer die Länge des Forderungsausstandes in Tagen. Forderungen, die über 180 Tage alt sind, werden i. d. R. aus dem Portfolio ausgeschlossen bzw. gelten dann als ausgefallen. Zwar könnte man prinzipiell alle Forderungen in das Portfolio aufnehmen, die Rating-Agentur berücksichtigt diese dann aber nicht. Das heißt, je höher der Anteil an „schlechten" Forderungen ist, desto höher sind die Anforderungen und Kosten an das „Credit-Enhancement", so dass der Originator diese Forderungen von vornherein aus dem zu verbriefenden Portfolio ausschließen wird. In der laufenden Transaktion wird das Portfolio durch die Rating-Agentur überwacht und Forderungen werden nach 180 Tagen voll abgeschrieben.[521]

Weitere Ausschlusskriterien sind Begrenzungen des prozentualen Anteils verschiedener Versicherungsunternehmen im Portfolio. Diese sind notwendig, da die „natürliche" Diversifizierung der Schuldner bei Healthcare-Transaktionen um ein Vielfaches geringer ist als bei gewöhnlichen Handelsforderungs-Verbriefungen.[522]

Bei der Betrachtung der Forderungsauswahl in der Praxis fällt eine recht gute Übereinstimmung mit den theoretischen Vorhersagen der Literatur auf. Wie in Kapitel 2.5. besprochen, geht die theoretische und empirische Literatur davon aus, dass bei der Forderungsverbriefung eines Unternehmens generell die besten bzw. die qualitativ hochwertigen Forderungen verbrieft werden, während die Forderungen minderer Qualität im Unternehmen verbleiben. Die Festlegung der „Eligibility Criteria" in der Praxis kommt so den theoretischen Schlüssen von Sopranzetti (1999) nahe, nach denen ein bestimmtes Niveau der Forderungsqualität existiert, bei dem die Finanzierung über den Forderungsverkauf vorteilhaft erscheint. Der Kriterienkatalog dient dabei eben der Festlegung der Mindestanforderungen an die Qualität der Forderungen.

---

517 Bei einigen Transaktionen ist der Anteil der Over-Collateralization auf ein Mindestmaß festgeschrieben. Bei der Transaktion „HFG 2002-1" muss dieser im Durchschnitt 16,28% betragen (die Advance Rate darf im Schnitt also 86% nicht übersteigen). Andernfalls tritt ein sog. „Early Amortization Event" („Trigger Event", vgl. dazu Kapitel 2.4.4.) ein. Vgl. Moody's (2003b), S. 3.

518 Vgl. Ferconio/Lane (1991), S. 80. Siehe zum „Credit Enhancement" Kapitel 2.4.3.

519 *„There is a trade-off between the advance rate and the eligibility criteria; stringent inclusion requirements are likely to result in a high advance rate."* Pica/Bhattacharya (1996), S. 182.

520 Dabei werden auch grundlegende Bedingungen festgelegt, so z. B., dass nur Forderungen aus der gewöhnlichen Geschäftstätigkeit in den Forderungs-Pool aufgenommen werden. Vgl. Bär (2000), S. 181.

521 Vgl. Standard & Poor's (1999), S. 37.

522 Vgl. Standard & Poor's (1999), S. 37.

Neben dem Bewertungsrisiko sind ABS im Healthcare Account Receivables Bereich aufgrund des ihnen zugrunde liegenden Vermögensgegenstandes noch speziellen „Verwässerungsrisiken" ausgesetzt. Dazu gehören die „Set-off"-Risiken, Änderungen der DRG-Klassifikationen bei Medicare, gravierende Änderungen der Tagessätze von Medicaid und andere Veränderungen, die durch Staatsinstitutionen und Gesetzesänderungen verursacht werden und den Forderungs-Pool eines Krankenhauses nachhaltig beeinträchtigen können. Set-off-Risiken entstehen durch das Recht der staatlichen Zahler, eventuell zu viel bezahlte Krankenkosten („Overpayments") oder andere Zahlungen des Krankenhauses (wie etwa Steuern, Gebühren oder Strafen) mit den Zahlungen für das nächste Jahr zu verrechnen.[523] In einem solchen Fall wäre die Erstattungsrate für die Forderungen des folgenden Jahres deutlich geringer.[524] Dieses Risiko wird entweder durch ein erhöhtes Credit Enhancement oder durch eine spezielle sog. „Off-Set Reserve" berücksichtigt.

6.2.2. ABS-Finanzierung oder „Tax-exempt Bond"? Ein gedanklicher Vergleich am Beispiel der Mt. Sinai Group

Wie eine ABS-Finanzierung im US-amerikanischen Krankenhauswesen strukturiert sein kann und ob sich für ein Krankenhaus Finanzierungsvorteile im Vergleich zu einer klassischen „steuerbegünstigten" („Tax-exempt") Anleihe („Municipal Bond") ergeben, soll im Folgenden am Beispiel eines großen Krankenhauskomplexes (Mt. Sinai Group) untersucht werden. Dazu wird ein Vergleich der Mt. Sinai Group-Finanzierungssituation des Jahres 2000 und der emittierten Anleihe („Municipal Bond") einerseits und einer fiktiven ABS-Struktur andererseits durchgeführt. Hierzu wird eine vereinfachte, aber plausible ABS-Maßnahme konstruiert, die dann hinsichtlich der Kosten mit der von Mt. Sinai tatsächlich durchgeführten Anleihe verglichen wird. Anschließend werden die Vor- und Nachteile einer solchen ABS-Finanzierung für den Fall diskutiert, dass diese noch zusätzlich zur klassischen Anleihe durchgeführt würde.[525] Bei der Konstruktion der fiktiven ABS-Struktur wurden folgende Annahmen getroffen:

Um einen Vergleich zu den von Mt. Sinai im Jahr 2000 über die DASNY begebenen Municipal Bonds (hier sog. „Revenue Bonds") zu ermöglichen, wurden bei der Berechnung bzw. der Abschätzung der Höhe der Zinsen, der Risikoaufschläge („Spreads") und der Kosten für Zinsrisikoabsicherungsinstrumente („Swaps") Werte des Jahres 2000 herangezogen.[526] Ebenso werden als Grundlage für die Konstrukti-

[523] Zu „Dilution" und „Set-off Risk" Adelson/Hoyt (2002), S. 3; Moody's (1993a), S. 4 - 5; Moody's (1999), S. 3; Moody's (2003b), S. 5; Pica/Bhattacharya (1996), S. 183; Flaum/Klyman (1998), S. 26; Sen/Lawler (1995), S. 36; Standard & Poor's (1999), S. 35 - 36.

[524] Z. B. in HFG, Series 2002-1: *„Dilution, arguably the most significant risk, includes several possible causes (...)."* Moody's (2003b), S. 4. Siehe auch Moody's (1999), S. 3.

[525] Dabei kann auf die bestehende Bilanz und GuV des Jahres 2000 zurückgegriffen werden, die jedoch die Finanzierung über die angesprochene US$ 681,24 Mio. Anleihe beinhaltet.

[526] Dabei wurden die Werte des 14. April 2000 als Referenz gewählt, da die Anleihe – zu der die ABS verglichen werden soll – Zinszahlungen ab dem 15. April beinhaltet (für diesen Tag (Samstag), sind jedoch keine Kurse erhältlich). Offizieller Emissionstermin des Verkaufsprospektes war

on der ABS bzw. zur Bestimmung des potentiellen Volumens sowie für die Berechnungen der Auswirkungen einer ABS-Finanzierung auf die Bilanz die Bilanzdaten zum Jahresende 2000 verwendet.[527] Die Struktur des Mount Sinai Hospitals bzw. der sog. „Mount Sinai NYU Health Obligated Group“ ist in Abbildung 24 dargestellt:

Abbildung 24: Struktur der Mt. Sinai Obligated Group

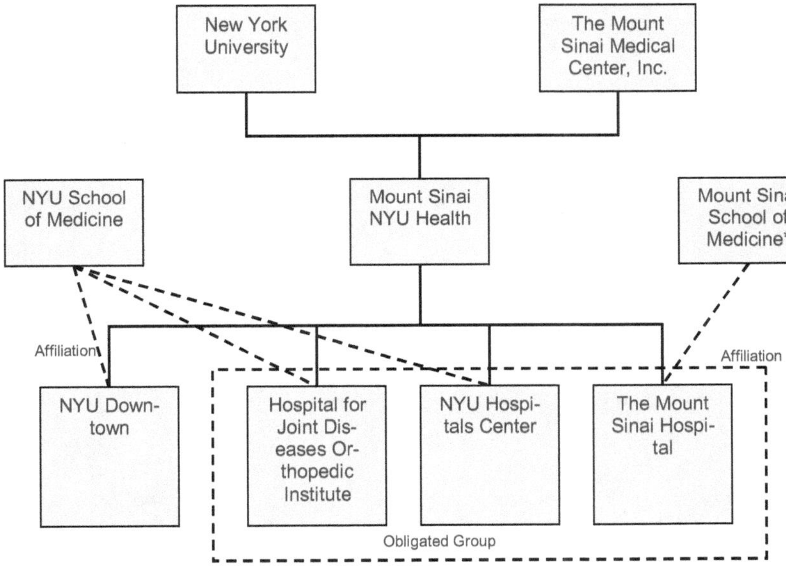

* Mt. Sinai School of Medicine ist akademisch verbunden mit der New York University.
Darstellung nach: DASNY (2000), Offering Circular Mt. Sinai Health Obligated Group Revenue Bonds, Series 2000, S. 28 und DASNY (2002), Re-Offering Circular, S. 28.

Zu der Gruppe zählen demnach drei Institute, die im Jahr 2002 zusammen über 2.405 Betten verfügten. Alle Mitglieder sind nach §501(c)(3) des „Internal Revenue Code“ von den Steuern befreit (vgl. Kapitel 5.3.). Zusammen belief sich die Bilanzsumme zum Jahresende 2000 auf US$ 1.630.316.000 und die Gruppe verfügte über „Patient Accounts Receivables“ in der Höhe von US$ 266.625.000.[528]

Für die Konstruktion einer ABS-Finanzierung ist es zunächst notwendig, eine Volumenabschätzung vorzunehmen. Das ABS-Transaktionsvolumen kann hier auf US$[529] 115 Mio. festgesetzt werden, was sich aus dem Jahresumsatz der Gruppe ableitet, wobei verschiedene Abschläge auf den Umsatz (vgl. Kapitel 6.2.1.) vorgenommen wurden:

---

der 28. April. Vgl. DASNY (2000).

527 Vgl. dazu auch Anhang Nr. 4.

528 Siehe zur Bilanz und zur Gewinn- und Verlustrechnung Anhang Nr. 4 und Nr. 5.

529 Im weiteren Verlauf der Darstellung sei auf die Angabe von Währungsbezeichnungen verzichtet.

Tabelle 7: Abschätzung eines Krankenhaus-ABS-Portfoliovolumens am Beispiel der Mt. Sinai Group

Umsatz p. a.	1.457.402.000			
Umsatz pro Monat	121.450.167			
"Accounts Receivables" (Tage)	66,78			
Durchschnittliche Forderungslaufzeit (Wochen)	9,5			
"Portfolioumschlag" (p. a.)	5,5			
Sicherheitsabschläge ("Haircuts") auf den monatlichen Umsatz:				
1. "Co-Payments" (10%)[1]	-12.145.017			
2. "Uncollectibles" (20%)[2]	-24.290.033			
Zwischenergebnis:	85.015.117			
3. Reduzierung auf "staatliche" und andere bonitätsstarke Zahler:				
Forderungszahler	Anteil der Forderungen	Monatlicher Umsatz	Anrechenfaktor für Verbriefung[3]	
Medicare	34%	28.905.140	100%	28.905.140
Medicaid	18%	15.302.721	100%	15.302.721
Blue Cross	10%	8.501.512	50%	4.250.756
Commercial/Other	13%	11.051.965	30%	3.315.590
Managed Care	25%	21.253.779	30%	6.376.134
Verbriefbares Forderungsvolumen ("eligible" NCV) pro Monat				58.150.340
NCV-Umsatz p. a.				697.804.078
Abschätzung des maximalen ABS-Volumens (NCV-Umsatz p. a. / "Portfoliodrehungen")				128.010.764
Da 10% des Forderungsvolumens in die Reserve eingebracht werden, werden 90% von 128 Mio. (bzw. 115 Mio.) als Transaktionsvolumen festgelegt				

Eigene Berechnung; Daten: DASNY (2002), S. 40 und DASNY (2000), Appendix B, Combined Financial Statements, S. 2.

[1]: Die Höhe der „Co-Payments", also privater Zuzahlungen, die grundsätzlich nicht verbrieft werden, wurde nach Aussagen verschiedener Interviewpartner hier mit 10% angenommen.

[2]: Der Sicherheitsabschlag für „Uncollectibles" wurde anhand vergangener Bilanzdaten geschätzt, was hier zur Veranschaulichung genügen soll.

[3]: Hier wird unterstellt, dass nach den durchgeführten Abschlägen für die „Co-Payments" und nach den ausgefallenen oder verspäteten Zahlungen („Uncollectibles") die Forderungen gegenüber staatlichen Schuldnern zu 100% verbriefbar sind, die gegenüber Blue Cross/Blue Shield zu 50% und dass auch kommerzielle Schuldner zu 30% die Bonitäts-Kriterien erfüllen (vgl. dazu auch Kapitel 6.2.1.).

Das potentielle Volumen kann man anhand des Jahresumsatzes, geteilt durch den Portfolioumschlag pro Jahr (der Portfolioumschlag ergibt sich aus der Jahreswochenzahl geteilt durch die durchschnittliche Forderungslaufzeit; hier 52/9,5 bzw. 365/66,78) bestimmen. Da nicht der ganze Forderungsbestand für eine Verbriefung verwendet werden kann, sondern das Portfolio und die zukünftig anzukaufenden Forderungen den „Eligibility Criteria" (vgl. Abbildung 22) entsprechen müssen, wurden entsprechende Abschläge vorgenommen, aus denen sich der sog. „Net Collectible Value" (NCV)-Umsatz berechnet (vgl. dazu vor allem auch Kapitel 6.2.1. und Abbildung 23).

Wie in Kapitel 2.4.5 bereits diskutiert, entstehen bei einer Verbriefung diverse Kosten, die sich aus fixen, quasi-fixen und laufenden Kosten zusammensetzen. Tabelle 8 zeigt diese für die Beispieltransaktion exemplarisch auf:

Tabelle 8: Beispiel der Transaktions-Kosten einer ABS-Finanzierung

Fix-Kosten		Laufende Kosten	
Bank(en)	500.000	Rating-Agenturen	
Anwälte	200.000		20.000
Rating-Agenturen (2 von 3)			20.000
Standard & Poor's	100.000	SPV Administration	25.000
FitchRatings	100.000	Prüfungsberichte /	
Moody's		Testate ("Reporting")	5.000
Rechts-Beratung der Banken	50.000		
SPV Gründung	10.000	Bankführung / Zahl- und Rechnungsstellen; Andere	25.000
Treuhänder, Gebühren für die Börseneinführung o. ä. ("Listing"), Andere	75.000		
		Treuhänder	15.000
Emissionsgebühren*	649.750		
Summe	1.674.750	Summe	110.000

Eigene Darstellung, Auswertung von Interviews; *sog. „Underwriting Placement Fees"; die Berechnung erfolgt über die in Tabelle 9 angegebenen Gebühren.

Die Fixkosten hängen dabei in erheblichem Maße von den Gebühren ab, die Banken und Anwälte sowie die Rating-Agenturen für die jeweilige Transaktion verlangen. Grundsätzlich sind diese bei neuartigen Strukturen etwas höher, da der Aufwand größer ist. Variable Fixkosten sind die Erlöse für die Platzierung der ABS am Markt („Underwriting Placement Fees"), die sich aus dem gewichteten Transaktionsvolumen und den von der Bank erhobenen Gebühren zusammensetzen (siehe Tabelle 9). Die hier aufgeführten laufenden Kosten beinhalten nur den administrativen Teil, zu dem etwaige Kosten für Zinsrisikoabsicherungs-Instrumente („Swaps") und die Bereitstellung einer Liquiditätsfazilität o. ä. (vgl. dazu Tabelle 3) noch addiert werden müssen. Die aufgeführten Kosten sind dabei relativ unabhängig vom Volumen der Transaktion, eine Ausnahme stellen hier die „Underwriting Fees" dar. Auch kleinere Transaktionsvolumen können teurer sein, wenn etwa komplizierte Strukturen geplant werden, wodurch sowohl die Gebühren für die arrangierenden Banken und Anwälte als auch für die Rating-Agenturen höher ausfallen. Die folgende Tabelle 9 zeigt ein fiktives Transaktionsschema, bei dem die Kosten über das „Weighted Average Life" (WAL) in Basispunkten des Volumens ausgedrückt sind:

Tabelle 9: Schema-Darstellung einer möglichen ABS-Transaktion

Transaktionsvolumen: 115 Mio. Laufzeit 6 Jahre, "Revolving", "Bullet" Amortisation[1]

Tranche	Anteil der Tranche in %	Rating	Nominal in Mio.	Over-Coll. (%)[2]	WAL (Jahre)[3]	Spread (in BP)[4]	"Underwriting Fees" (in BP)[5]
A	80	AA	92,00	20	5	60	50
B	15	AA-	17,25	5	6	80	70
C	5	BBB	5,75	0	6	110	120
		Gewichteter Durchschnitt			5,2	65,5	56,5

Kosten annualisiert	
WAL	5,2
Fixkosten umgerechnet auf WAL	322.067
Laufende Kosten	110.000
Gesamt	432.067
In BP des Volumens	37,57

Eigene Darstellung.

1: Vgl. dazu Kapitel 2.4.4. Die Tilgung der jeweiligen Tranchen erfolgt in Form einer Einmalzahlung.

2: „Over-Collateralization" meint in diesem Fall die Übersicherung der einzelnen Tranchen, die durch die Subordination entsteht. Bei einem Zahlungsausfall würde zunächst Tranche A bedient. Erst wenn diese vollständig bedient wäre, würden Mittel für Zins und Tilgung für Tranche B bzw. dann C verwendet.

3: Das WAL entspräche hier für die einzelnen Tranchen ihrer Laufzeit (aufgrund der „Bullet Amortisation"), das der gesamten Transaktion 5,2 Jahren.

4: Der „Spread" (Risikoaufschlag gemessen in BP), der zusätzlich zu dem entsprechenden Referenzzinssatz (hier LIBOR) bezahlt wird. Er ist grundsätzlich auch abhängig vom aktuellen Marktgeschehen bzw. Zinsumfeld.

5: „Underwriting Fees": Gebühren, die für die Emission (bzw. für die Risikoübernahme) der Banken zu zahlen sind. Da hierbei oft eine Garantie der Bank für die Übernahme nicht platzierter Anleihen bzw. Tranchen erfolgt und das Risiko, Teile der Anleihen eventuell nicht platzieren zu können, mit zunehmend schlechterem Rating steigt, steigen auch die „Underwriting Fees" entsprechend.

Hierbei wurden drei Tranchen gebildet (in Anlehnung an andere Healthcare Transaktionen). Die Tranche A macht mit 80% den größten Teil aus und erreicht durch die nachrangigen Tranchen B und C eine Subordination (interne Over-Collateralization) von 20%.

Die von der Mt. Sinai Gruppe bei einer ABS-Finanzierung zu zahlenden Risikoaufschläge (Spreads) wären zwar relativ niedrig, da die verbrieften Forderungen zu einem Großteil durch staatliche Zahler besichert wären, aber sie wären sicherlich höher als bei Transaktionen, bei denen verschiedene Krankenhäuser die Forderungen eingebracht hätten. Darüber hinaus würde einer solchen Transaktion – im Vergleich zu „Credit-Card"-ABS, Auto-ABS oder MBS-Emissionen – eine gewisse Liquidität im Sekundärmarkt fehlen, die vergütet werden müsste.[530] Außerdem verlangt der Markt in der Regel eine Risikoprämie für die Emission eines neuen Originators.[531] Die folgende Tabelle 10 veranschaulicht schematisch den Transaktions- und Amortisationsablauf sowie das dazugehörige Kostenprofil:

---

530 Als Anhaltspunkt wurden vergangene Transaktionen und die Auswertungen von Interviews zu den Überlegungen nach der Höhe der Spreads herangezogen. In vergangenen Transaktionen lagen diese zwischen LIBOR+ 55 BP und LIBOR+ 135 BP (bei Ratings zwischen AAA und A. Zwei Tranchen wurden auch mit fixem Coupon ausgestattet (allerdings im Jahr 2001): NCFE Class A Notes 2001 5,52% p. a., Class B 6,01% p. a. Grundsätzlich hängen die „Spreads" auch von der aktuellen Marktlage (Zinsniveau, Erwartungen, Nachfrage etc.) ab.

531 Vgl. Borgmann (1994), S. 146.

Tabelle 10: Amortisations- und Kostenprofil am Beispiel einer fiktiven ABS-Transaktion (Mt. Sinai Group)

Amortisationsfaktor		0	0	0	0	0.8	0.2
Jahr Volumen zum Jahresende		1	2	3	4	5	6
Vol. Ausstehend	115,000,000	115,000,000	115,000,000	115,000,000	115,000,000	23,000,000	0
Amortisation	0	0	0	0	0	92,000,000	23,000,000
Cumul. Am. Vol.	0	0	0	0	0	92,000,000	115,000,000
A	92,000,000	92,000,000	92,000,000	92,000,000	92,000,000	0	0
B	17,250,000	17,250,000	17,250,000	17,250,000	17,250,000	17,250,000	0
C	5,750,000	5,750,000	5,750,000	5,750,000	5,750,000	5,750,000	0
Summe	115,000,000	115,000,000	115,000,000	115,000,000	115,000,000	23,000,000	0
Swap in BP[1]	83.33	82	82	82	82	82	90
WA Spread in BP[2]	69.17	65.50	65.50	65.50	65.50	65.50	87.50
Transaktionskosten in BP	37.57	37.57	37.57	37.57	37.57	37.57	37.57
Liquiditätsfazilität u. ä. in BP[3]	20	20	20	20	20	20	20
Gesamtkosten in BP	210.07	205.07	205.07	205.07	205.07	205.07	235.07

Eigene Darstellung.

[1]: Die Kosten der „Swap Rate" sind hier vereinfacht definiert als Differenz zwischen dem Swap-Satz (den das SPV zur Absicherung gegen steigende Zinsen zahlen muss) und dem zu zahlenden Referenzzinssatz der Transaktion (hier der 1M-LIBOR). Da der Swap-Satz für längere Laufzeiten i. d. R. höher ist (wenn man eine „normale" Zinsstrukturkurve unterstellt), sind auch die Kosten für die länger laufenden Tranchen B und C höher. Für die A-Tranche wurden sie mit 80 BP, für die B- und C- Tranchen mit 90 BP angenommen.[532]

[2]: Der durchschnittlich zu zahlende Risikoaufschlag „Weighted Average (WA) Spread" ergibt sich aus den Angaben zu den Spreads der Tabelle 9.

[3]: Die Bereitstellung einer externen Liquiditätsfazilität (vgl. Tabelle 3) ist zwar bei ABS (im Gegensatz zu ABCP) nicht üblich (vgl. Dornhofer/Rutan (2004), S. 273; Moody's (2002b), S. 5), sie kann aber dennoch notwendig sein (vgl. Moody's (2002b), S. 23). Die Kostenangabe soll hier auch vielmehr als Äquivalent für alle weiteren Kosten dienen, die bei einer Strukturierung – insbesondere bei „exotischen" Forderungsklassen – entstehen können, da eventuell zusätzliche Sicherungsmaßnahmen gefordert werden. Sie werden mit konstanten 20 BP angenommen.

Aus Tabelle 10 lässt sich ablesen, dass die Gesamtkosten der Transaktion bei durchschnittlich ca. 210 BP pro Jahr liegen. Da die erste oder „oberste" Tranche das beste Rating erhält bzw. für sie die geringsten Risikoaufschläge zu zahlen sind und sie auch früher getilgt wird als die anderen Tranchen, erscheinen die Kosten im letzten Jahr der Transaktion höher.

In diesem Beispiel würde während der ersten Jahre keine Tilgung erfolgen („Non Amortizing"), zum Ende des 5. Jahres würde die A-Tranche getilgt, die beiden anderen Tranchen am Ende des letzten Jahres. Da ein Zinsanstieg nicht über die Einnahmenseite kompensiert werden kann, weil die Entwicklung der Krankenhausbudgets und die Zahlungen der Kassen unabhängig von der Zinsentwicklung erfol-

---

532 Zur ungefähren Abschätzung wurden die folgenden Swap-Sätze der International Swaps and Derivatives Association (ISDA) und die Angaben zum LIBOR der British Bankers Association (BBA) zu Grunde gelegt (dabei wurden die Kurse zum 14. April 2000 als Referenz gewählt, da die Anleihe – zu der die ABS verglichen werden soll – Zinszahlungen ab dem 15. April beinhaltet (für diesen Tag (Samstag), sind jedoch keine Kurse erhältlich): Die 5-Jahres-Swap-Rate lag bei 7,156% (ISDA); 3M-LIBOR bezahlte 6,28% (1M-LIBOR 6,13%; BBA). Die standardisierte Tauschrate nach ISDA ist festgelegt auf den Tausch „fix" gegen 3M-LIBOR (vgl. dazu Federal Reserve, Statistical Release H.15). In der hier beschriebenen Konstruktion würde eigentlich der 1M-LIBOR bezahlt werden, es müsste demnach ein Swap „fix" gegen 1M-LIBOR vereinbart werden bzw. ein sog. „Basis Swap", der 3M-LIBOR gegen 1M-LIBOR tauscht. Auf diese Einzelheiten soll verzichtet werden, da die angegebenen Werte in Tabelle 10 lediglich eine Abschätzung der Kosten vermitteln sollen und sich solche Differenzen nur geringfügig auf die tatsächliche Höhe auswirken würden. Die zu zahlende Swap Rate des SPV wurde mit 705 BP (Tranche A) und 715 BP (Tranchen B und C) festgelegt.

gen, ist es für das Krankenhaus wichtig, dass eine fixe Zinszahlung erfolgt.[533] Daher vereinbart das SPV ein Zinsrisikoabsicherungsgeschäft (Swap) mit einer dritten Gegenstelle (Swap „Counterparty"). In diesem Fall würde das SPV einen Zins Swap („Interest Rate" Swap) vereinbaren, so dass das SPV über die Laufzeit der Transaktion bzw. der Tranchen fixe Zahlungen (nach der Höhe der Swap Rate) an die Swap „Counterparty" leistet und im Gegenzug den 1M-LIBOR erhält):

Abbildung 25: Transaktionsschema und -parteien der Mt. Sinai ABS-Finanzierung

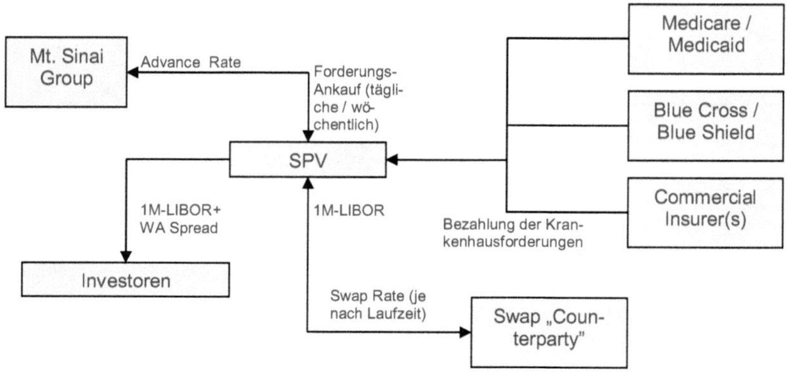

Eigene Darstellung. Siehe zur genauen Zahlungsweise und rechtlichen Problemen insbesondere auch Kapitel 6.2.

Die ABS-Konstruktion sähe demnach vor, dass das SPV täglich oder wöchentlich Forderungen der Mt. Sinai Group ankauft und dafür die entsprechende „Advance Rate" (vgl. Kapitel 6.2.1.) bezahlt. Die Forderungen werden von den Forderungsschuldnern, d. h. den „Krankenkassen" bezahlt. Die ABS-Investoren erhalten jeden Monat die Zahlung des 1M-LIBOR und je nach Tranche den entsprechenden Risikoaufschlag (Spread). Zur Absicherung gegen einen steigenden 1M-LIBOR vereinbart das SPV (als sog. „Festzinszahler") einen Swap. Allerdings profitiert das SPV bzw. das Krankenhaus damit auch nicht von fallenden Zinsen. Die Zahlungsstruktur einer solchen Transaktion bzw. die Auszahlungen des SPV sind in den folgenden Tabellen schematisch dargestellt:

533 Es sei jedoch darauf hingewiesen, dass Krankenhäuser in den USA in den letzten Jahren vermehrt dazu übergegangen sind, auch variable Zinszahlungsvereinbarungen einzugehen. Vgl. Ponton/Sandrick (2002), S. 55.

Tabelle 11: SPV Zahlungsstruktur der fiktiven Mt. Sinai Transaktion

Amortisationsfaktor				-	-	-	-	…	-	1	-	…	-	0	-	…	-	-	0
Monat			-	1	2	3	4	…	59	60	61	…	65	66	67	…	71	72	73(*)
Ausstehendes Volumen ABS			115.000.000	115.000.000	115.000.000	115.000.000	115.000.000	…	115.000.000	23.000.000	23.000.000	…	23.000.000	5.750.000	5.750.000	…	5.750.000	5.750.000	-
Amortisation		Cumul. Am. Vol.	-	-	-	-	-	…	-	92.000.000 / 100.000.000	100.000.000	…	- / ##########	17.250.000 / ##########	- / ##########	…	- / ##########	- / ##########	5.750.000 / ##########
		A	92.000.000	92.000.000	92.000.000	92.000.000	92.000.000	…	92.000.000	-	-	…	-	-	-	…	-	-	-
		B	17.250.000	17.250.000	17.250.000	17.250.000	17.250.000	…	17.250.000	17.250.000	17.250.000	…	17.250.000	-	-	…	-	-	-
		C	5.750.000	5.750.000	5.750.000	5.750.000	5.750.000	…	5.750.000	5.750.000	5.750.000	…	5.750.000	5.750.000	5.750.000	…	5.750.000	5.750.000	-
Zinsberechnung:		Summe	115.000.000	115.000.000	115.000.000	115.000.000	115.000.000	…	115.000.000	23.000.000	23.000.000	…	23.000.000	5.750.000	5.750.000	…	5.750.000	5.750.000	-
Tage im Monat/365**		Tage		31	28	31	30	…	30	31	31	…	31	30	31	…	30	31	31
Zins (LIBOR geswapt)	Spreads		0	0	0	0	0	…	0	0	0	…	0	0	0	…	0	0	
Swap Rate	Spreads							…				…				…			
705	80	A		597.748	539.901	597.748	578.466	…	578.466	597.748	-	…	-	-	-	…	-	-	-
715	100	B		116.473	105.201	116.473	112.716	…	112.716	116.473	116.473	…	116.473	112.716	-	…	-	-	-
715	130	C		40.289	36.390	40.289	38.990	…	38.990	40.289	40.289	…	40.289	38.990	40.289	…	38.990	40.289	-
	Zinsen Gesamt	Summe		754.510	681.493	754.510	730.171	…	730.171	754.510	156.762	…	156.762	151.705	40.289	…	38.990	40.289	-
	Tilgung	A		-	-	-	-	…	-	92.000.000	-	…	-	-	-	…	-	-	-
		B		-	-	-	-	…	-	-	-	…	-	17.250.000	-	…	-	-	-
		C		-	-	-	-	…	-	-	-	…	-	-	-	…	-	-	5.750.000
		Summe		-	-	-	-	…	-	92.000.000	-	…	-	17.250.000	-	…	-	-	5.750.000
Kosten (Transaktionskosten, Liquiditätsfazilität)***				55.172	55.172	55.172	55.172	…	55.172	55.172	39.839	…	39.839	39.839	36.964	…	36.964	36.964	
Gesamtauszahlung im Monat				809.683	736.665	809.683	785.344	…	785.344	92.809.683	196.601	…	196.601	17.441.544	77.253	…	75.954	5.827.253	

Gesamt (Zins+Tilgung+Kosten)		
davon:	in %	in bp
Kosten pro Jahr für Spreads	1,53%	152,63
Kosten pro Jahr (andere)	0,55%	54,65
	2,07%	207,28

Um die Zahlungsstruktur und Rückzahlungsmodalitäten besser zu veranschaulichen, wurde in Erweiterung zu Tabelle 9 bzw. Tabelle 10 eine minimale Änderung vorgenommen, die sich in der Tilgung der Tranche B nach 66 Monaten (anstatt nach 72 Monaten) zeigt. Dadurch erscheinen die Kosten hier mit 207 BP ca. 3 BP niedriger als in Tabelle 10 angegeben, da die Zinskosten gesenkt werden (Anpassungen für den Swap wurden hierbei nicht gemacht). Die Gesamtauszahlung ist der Betrag, den das SPV im jeweiligen Monat an die Investoren bzw. die „Swap Counterparty" und andere Beteiligte insgesamt zu leisten hat. Tabelle 12 veranschaulicht den Ablauf des Forderungsankaufs und des Forderungsrücklaufes sowie die damit einhergehende Berechnung der Over-Collateralization und die Rückzahlungen an das Krankenhaus.

* Dient nur der Übersicht, die Tilgung wird im 72. Monat eingerechnet

** Die Zinsberechnung erfolgt Tag-genau, jedoch ohne Berücksichtigung des Schaltjahres im Nenner (insgesamt wurde nur ein Schaltjahr während der Laufzeit berücksichtigt)

*** Die Transaktionskosten wurden über die gesamte Laufzeit gleichverteilt. In der Praxis würde i. d. R. zu Beginn der Transaktion ein Diskont in der Höhe der Fixkosten auf den an das Krankenhaus zu bezahlenden Betrag vorgenommen.

Tabelle 12: Zahlungsströme einer fiktiven Transaktion (vereinfachte Darstellung)

(Zahlen addieren eventuell aufgrund von Rundungen nicht auf).

Monat	1	2	3	4	5	6	7	8	9	10	11	12	13
Verlustschätzung[1]	46,531%	98,012%	97,103%	22,093%	42,297%	67,887%	93,685%	3,802%	60,690%	61,432%	42,953%	64,251%	...
Auszahlung Krankenhaus[2]	115.000.000,00	54.180.742,60	47.914.422,96	43.272.660,79	43.670.546,92	48.799.642,52	44.718.749,13	48.855.331,87	46.659.866,20	49.019.355,74	49.123.779,78	49.227.799,64	...
Forderungswert	128.000.000,00	58.150.339,80	51.743.706,85	51.553.811,84	52.244.820,11	58.150.339,80	53.081.423,25	58.150.339,80	55.550.143,54	58.150.339,80	58.150.339,80	58.150.339,80	...
Forderungsrücklauf[3]													...
0 - 30 Tage	12.783.481,60	18.755.158,12	13.383.599,47	15.352.113,90	20.272.191,26	12.178.644,55	14.342.197,91	15.272.418,04	14.217.824,37	17.537.704,57	16.016.417,06	15.065.511,63	...
31 - 60 Tage	36.423.385,62	10.228.425,78	28.763.987,41	24.968.694,74	19.293.070,74	22.825.649,45	32.413.140,72	22.244.909,62	28.425.912,23	24.383.044,39	21.377.993,73	28.406.866,44	...
61 - 90 Tage	22.983.152,77	18.246.377,62	7.522.344,15	7.738.146,25	11.664.202,06	9.733.545,59	8.102.590,66	9.475.143,36	14.359.896,94	11.072.147,78	12.624.389,16	13.229.703,18	...
91 - 120 Tage[4]	3.422.042,53	52.022,61	270.314,14	1.141.924,84	1.669.369,24	554.653,97	453.089,71	1.004.680,96	1.605.173,09	823.206,66	1.928.103,86	1.546.105,56	...
Ausfall / Dilution	(2.977.957,47)	(2.564.824,62)	(9.059.922,62)	(323.823,63)	(1.223.678,77)	(1.172.556,61)	(6.721.991,89)	(39.707,78)	(2.478.238,07)	(1.311.212,12)	(1.451.757,88)	(2.778.780,06)	...
Zins und Kosten	809.682,55	736.665,43	809.682,55	785.343,51	809.682,55	785.343,51	809.682,55	809.682,55	785.343,51	809.682,55	785.343,51	809.682,55	...
Zahlungseingang	75.612.062,52	47.281.984,13	49.940.245,17	49.200.879,73	52.898.833,31	45.292.493,56	55.311.019,01	47.997.151,98	58.608.806,63	53.816.103,40	51.946.903,80	58.248.186,81	...
Anspruchnahme Reserve (Zinsen, Kosten)	(809.682,55)	(736.665,43)	(809.682,55)	(785.343,51)	(809.682,55)	(785.343,51)	(809.682,55)	(809.682,55)	(785.343,51)	(809.682,55)	(785.343,51)	(809.682,55)	...
Reserve nach Abzug Kosten	12.190.317,45	11.453.652,02	14.613.566,67	16.043.940,38	20.471.468,50	20.788.929,69	21.541.014,73	20.552.991,57	21.509.664,42	21.080.594,79	21.345.640,55	21.216.877,47	...
Überschuss Reserve[5]	-	-	1.613.566,67	3.043.940,38	7.471.468,50	7.788.929,69	8.541.014,73	7.552.991,57	8.509.664,42	8.080.594,79	8.345.640,55	8.216.877,47	...
Reserve nach Auszahlung	12.190.317,45	11.453.652,02	13.000.000,00	13.000.000,00	13.000.000,00	13.000.000,00	13.000.000,00	13.000.000,00	13.000.000,00	13.000.000,00	13.000.000,00	13.000.000,00	...
Tilgung	-	-	-	-	-	-	-	-	-	-	-	-	...
Vortrag aus Vormonat	-	4.461.722,72	-	-	-	-	-	-	-	-	-	-	...
SPV Konto	62.612.062,52	51.743.706,85	51.553.811,84	52.244.820,11	60.370.301,80	53.081.423,25	63.852.033,75	55.550.143,54	67.118.471,05	61.896.698,19	60.292.544,35	66.465.064,28	...
SPV Konto nach Tilgung	62.612.062,52	51.743.706,85	51.553.811,84	52.244.820,11	60.370.301,80	53.081.423,25	63.852.033,75	55.550.143,54	67.118.471,05	61.896.698,19	60.292.544,35	66.465.064,28	...
Rückzahlung an Krankenhaus[6]	-	-	-	-	2.219.962,00	-	5.701.693,95	-	8.968.131,25	3.746.358,39	2.142.204,55	8.314.724,48	...
SPV Konto nach Auszahlung Überschuss	62.612.062,52	51.743.706,85	51.553.811,84	52.244.820,11	58.150.339,80	53.081.423,25	58.150.339,80	55.550.143,54	58.150.339,80	58.150.339,80	58.150.339,80	58.150.339,80	...

Siehe für Legende bzw. Erläuterungen die folgende Seite.

Monat	56	57	58	59	60	61	62	63	64	65	66	67	68	69	...	71	72
Verlustschätzung[1]	52,600%	5,864%	8,233%	72,796%	52,334%	90,789%	59,479%	63,277%	60,831%	45,632%	69,713%	69,104%	88,004%	10,314%	...	16,793%	41,158%
Auszahlung Krankenhaus[2]	52.275.558,55	-	-	-	-	25.712.001,92	6.658.313,04	-	-	-	-	16.097.423,14	-	-	-	-	-
Forderungswert	58.150.339,80	-	-	-	-	34.695.242,99	8.993.653,47	-	-	-	-	22.459.920,41	-	-	-	-	-
Forderungsrücklauf[3]															...		
0 - 30 Tage	11.826.384,96	-	-	-	-	8.993.653,47	3.543.239,95	-	-	-	-	4.918.557,17	-	-	...	-	-
31 - 60 Tage	30.310.754,90	32.031.016,10	-	-	-	-	12.912.157,92	3.242.860,40	-	-	-	-	9.098.735,50	-	...	-	-
61 - 90 Tage	12.193.849,87	8.331.851,05	8.717.088,66	-	-	-	-	7.679.405,56	1.734.054,39	-	-	-	-	6.761.125,74	...	-	-
91 - 120 Tage[4]	2.258.702,46	8.494.219,71	4.364.445,23	1.516.844,69	-	-	-	-	2.001.529,20	257.433,37	-	-	-	-	...	-	-
Ausfall / Dilution	(2.506.493,95)	(529.097,52)	(391.537,65)	(4.059.005,39)	-	-	-	-	(3.108.496,85)	(216.065,35)	-	-	-	-	...	-	-
Zins und Kosten	809.682,55	785.343,51	809.682,55	785.343,51	809.682,55	196.601,27	181.430,72	196.601,27	191.544,42	196.601,27	191.544,42	77.253,33	77.253,33	75.953,67	...	75.953,67	77.253,33
Zahlungseingang	56.589.692,19	48.857.086,86	13.081.533,90	1.516.844,69	-	8.993.653,47	16.455.397,87	10.922.265,96	3.735.583,60	257.433,37	-	4.918.557,17	9.098.735,50	6.761.125,74	...	-	-
Anspruchnahme Reserve (Zinsen, Kosten)	(809.682,55)	(785.343,51)	(809.682,55)	(785.343,51)	(809.682,55)	(196.601,27)	(181.430,72)	(196.601,27)	(191.544,42)	(196.601,27)	(191.544,42)	(77.253,33)	(77.253,33)	(75.953,67)	...	(75.953,67)	(77.253,33)
Reserve nach Abzug Kosten	18.856.703,35	18.089.437,74	12.190.317,45	11.404.973,94	10.595.291,39	10.398.690,12	19.200.500,47	15.138.739,15	12.808.455,58	12.611.854,31	12.420.309,89	12.343.056,56	18.628.300,51	12.924.046,33	...	12.770.839,34	12.693.586,01
Überschuss Reserve[5]	5.856.703,35	5.089.437,74	-	-	-	-	6.200.500,47	2.138.739,15	-	-	-	-	5.628.300,51	-	...	-	-
Reserve nach Auszahlung	13.000.000,00	13.000.000,00	12.190.317,45	11.404.973,94	10.595.291,39	10.398.690,12	13.000.000,00	13.000.000,00	12.808.455,58	12.611.854,31	12.420.309,89	12.343.056,56	13.000.000,00	12.924.046,33	...	12.770.839,34	12.693.586,01
Tilgung	-	-	-	-	92.000.000,00	-	-	-	-	-	17.250.000,00	-	-	-	...	-	5.750.000,00
Vortrag aus Vormonat	-	58.150.339,80	112.096.864,40	125.178.398,30	126.695.242,99	-	-	22.655.898,34	35.716.903,45	39.452.487,04	39.709.920,41	-	4.918.557,17	19.645.593,18	...	27.757.269,86	27.757.269,86
SPV Konto	62.446.395,54	112.096.864,40	125.178.398,30	126.695.242,99	126.695.242,99	8.993.653,47	22.655.898,34	35.716.903,45	39.452.487,04	39.709.920,41	39.709.920,41	4.918.557,17	19.645.593,18	26.406.718,91	...	27.757.269,86	27.757.269,86
SPV Konto nach Tilgung	62.446.395,54	112.096.864,40	125.178.398,30	126.695.242,99	34.695.242,99	8.993.653,47	22.655.898,34	35.716.903,45	39.452.487,04	39.709.920,41	22.459.920,41	4.918.557,17	19.645.593,18	26.406.718,91	...	27.757.269,86	22.007.269,86
Rückzahlung an Krankenhaus[6]	4.296.055,74	-	-	-	-	-	-	-	-	-	-	-	-	-	...	-	-
SPV Konto nach Auszahlung Überschuss	58.150.339,80	112.096.864,40	125.178.398,30	126.695.242,99	34.695.242,99	8.993.653,47	22.655.898,34	35.716.903,45	39.452.487,04	39.709.920,41	22.459.920,41	4.918.557,17	19.645.593,18	26.406.718,91	...	27.757.269,86	22.007.269,86

1 Um einen (fiktiven) Verlust zu erzeugen, wurde eine Zufallszahl (zwischen 0 und 1, bzw. 0% und 100%) erzeugt. Dieser Wert wird dann als Verlustfaktor auf den Forderungskorb „91 - 120 Tage" angewandt. D. h., dass Forderungen dieses Korbes in der Höhe zwischen 0% und maximal 100% ausfallen. Siehe dazu auch 3. und 4.

2 Die Auszahlung an das Krankenhaus berechnet sich aus dem Forderungswert, multipliziert mit der Advance Rate, die sich aus dem (simulierten) historischen Forderungseingang berechnet (siehe dazu Anhang Nr. 6).

3 Die Verteilung des Anfangsportfolios auf die 4 verschiedenen Forderungskörbe (0 - 30 Tage, 31 - 60 Tage, 61 - 90 Tage und 91 - 120 Tage) wurde mit 25%, 50%, 20% und 5% festgelegt. Der Forderungsrücklauf wurde, wie die Schätzung des Verlusts, durch die Erzeugung von Zufallszahlen bestimmt (diese sind aus Platzgründen in der Tabelle nicht aufgeführt). Die angegebenen Werte in der Tabelle stellen dabei den minimalen und maximalen Forderungseingang dar, bezogen auf die jeweiligen Außenstände. D. h., dass von einem Forderungswert in Höhe von 100 im ersten Monat mindestens Forderungen in Höhe von 20 und maximal von 40 eingehen, im nächsten Monat – von dem dann noch ausstehenden Betrag – mindestens 50% und maximal 75%, usw. Dadurch errechnet sich für den letzten Forderungskorb (91 - 120 Tage) ein Maximum an noch ausstehenden Forderungen von 20% und ein Minimum von 1,5% (bezogen auf die ursprünglich abgetretenen Forderungen), von denen dann 0% bis 100% ausfallen (siehe dazu 1.).

4 Im letzten „Forderungskorb" sind alle Forderungen enthalten, die seit ihrer Entstehung der Forderungen 3 Monate zuvor noch nicht eingegangen sind. Dabei wurde in diesem Beispiel kein Unterschied zwischen tatsächlichen Ausfällen und verlängerten Zahlungsrückständen (bzw. im weitesten Sinn von „Dilution") gemacht. D. h., alle Zahlungen, die bis 120 Tage nach dem geplanten Forderungseingang nicht beglichen wurden, werden als Ausfall für die ABS-Struktur gewertet.[534] Der tatsächliche Zahlungseingang dieses „Forderungskorbes" entspricht diesen restlichen Zahlungen, multipliziert mit dem Faktor (1-Verlust-schätzung).[535] Der entsprechende Verlust wird eine Zeile darunter notiert und dient der Berechnung des „Credit Enhancements" für die nachfolgenden Monate (vgl. dazu auch Anhang Nr. 6).

5 Wenn durch den Forderungsrückfluss die Reserve – aufgrund des „Credit Enhancements" – die geforderten 10% des Transaktionsvolumens übersteigt, werden die überschüssigen Mittel vom SPV dazu verwendet, neue Forderungen anzukaufen.

6 Wenn die Mittel des SPV größer sind als die maximal möglich anzukaufenden

---

534 In der nachfolgenden Endabrechnung wird unterstellt, dass das Krankenhaus 50% dieser Ausfälle wiedergewinnen kann (sog. „Recovery").

535 So errechnet sich z. B. der Forderungseingang für den Monat 11 aus der Forderungsabtretung des Monates 8 (58.150.340), abzüglich der daraus eingehenden Forderungen des gleichen Monats (15.272.418), des Monats 9 (28.425.912) und10 (11.072.148), d. h. 3.379.862 multipliziert mit (100-42,953)%.

Forderungen eines Monats (58.150.340; vgl. dazu Tabelle 7), dann werden diese überschüssigen Mittel an das Krankenhaus ausgeschüttet.

Die ersten Forderungszahlungen werden dafür verwendet, die Reserve aufzubauen (ca. US$ 13 Mio.). Im Verlauf der Transaktion werden überschüssige Mittel dazu verwendet, die Reserve auf diesem Niveau zu halten. Übersteigen diese Mittel die geforderte Reserve, werden sie vom SPV für den zusätzlichen Forderungsankauf verwendet.

Der Forderungsankauf erfolgt revolvierend, wobei die „Advance Rate" je nach Ausfallrate der zurückliegenden Forderungseingänge dynamisch angepasst wird (die „Advance Rate" kann jedoch maximal 94% erreichen, wodurch ein Mindestmaß an Sicherheit garantiert ist).[536]

Die Over-Collateralization, hier definiert als der Faktor, der den Abschlag auf den monatlichen Forderungsankauf bzw. die Höhe der „Advance Rate" bestimmt, wird in diesem Beispiel an die Berechnung der „Dynamic Reserve" für „Trade Receivables" Securitizations von FitchRatings (2001b) in einer vereinfachten Form angelehnt.[537]

Endabrechnung:

Anfängliche "Advance Rate"	89,84%
Mittel insgesamt bereitgestellt	3.026.269.929
Forderungen insgesamt abgetreten	3.408.467.657
Durchschnittliche Mittelbereitstellung	50.437.832
Durchschnittliche Forderungsabtretung	56.807.794
Durchschnittliche "Advance Rate"	88,79%
Effektive "Advance Rate"*	96,42%
Ausfall über gesamte Laufzeit	145.197.294
Ausfall über gesamtes abgetretenes Forderungsvolumen	4,26%
*Unter Berücksichtung einer 50%-Rückgewinnungsquote des Ausfalls ("Recovery-Rate") und den Rückzahlungen aus den Überschüssen, des SPV und der Reserve	

Die „Endabrechnung" des Beispiels zeigt, dass das Krankenhaus zunächst eine Forderungsfinanzierung (Advance Rate) von ca. 90% erhält. Während der Laufzeit

536 Diese setzen sich aus einem festgelegten Minimum von 5% und „Kostenreserve" von 1% zusammen.

537 Eine dynamisch angepasste Reserve als Credit Enhancement erfüllt dabei ähnliche Funktionen wie die Overcollateralization. Die dynamische Reserve legt fest, wie viel Mittel auf einem Reservekonto zu halten sind, um die Risiken des Portfolios (gemessen an den Vergangenheitsdaten der laufenden Transaktion) abzusichern. In diesem Beispiel liegt die Reserve anfangs bei 10% des Transaktionsvolumens und wird aus dem Überschuss zwischen Forderungsabtretung und „Advance Rate" gespeist. Die Anforderung an die Höhe dieser Reserve bleibt jedoch über die Laufzeit unverändert. Überschüssige Mittel, die oberhalb der Reserve von US$ 13 Mio. liegen, können dann wieder zum Forderungsankauf verwendet werden. Eine dynamische Komponente, die das sich ändernde Portfolio und dessen Ausfallrate berücksichtigt, entsteht im Verlauf der Transaktion durch die Anpassung der Over-Collateralization, die die Höhe der „Advance Rate" bestimmt. Die Berechnungen dieser Quote wurden von den Berechnungen der dynamischen Reserve von FitchRatings (2001b), S. 6 - 10 abgeleitet. Siehe dazu Anhang Nr. 6.

beläuft sich diese auf durchschnittlich 88,79%. Nach der Rückzahlung der überschüssigen Mittel des SPV und der Mittel aus der Reserve sowie einer angenommenen Rückgewinnungsquote („Recovery-Rate") von 50% der bereits abgeschriebenen Forderungen errechnet sich eine effektive Advance Rate über die Laufzeit von ca. 96,4%.

Die nachstehende Abrechnung dient dem Nachweis der Verwendung der Mittel, die das SPV aufgrund der Advance Rate „zuviel" vom Krankenhaus erhalten hat. Addiert man zu den Mitteln, die das Krankenhaus bereits erhalten hat, die entsprechenden Rückzahlungen während der Transaktion, die Rückzahlung des SPV und der Reserve sowie die Zinskosten und Ausfälle, stellt man fest, dass das Krankenhaus exakt den Gegenwert seiner abgetretenen Forderungen erhalten hat.

Vergleichsrechnung nach Transaktion		
Mittel insgesamt bereitgestellt:		3.026.269.929
+ Rückzahlung aus Überschuss*	+ 152.930.908	3.179.200.837
+ SPV Konto nach Transaktion	+ 22.007.270	3.201.208.107
+ Zinsen und Kosten	+ 49.368.670	3.250.576.777
+ Ausfall bzw. "Dilution"	+ 145.197.294	3.395.774.071
+ Rückzahlung der Reserve	+ 12.693.586	3.408.467.657
* bereits während der Transaktion		

Abbildung 26: Darstellung der Zahlungsströme einer konstruierten ABS-Finanzierung

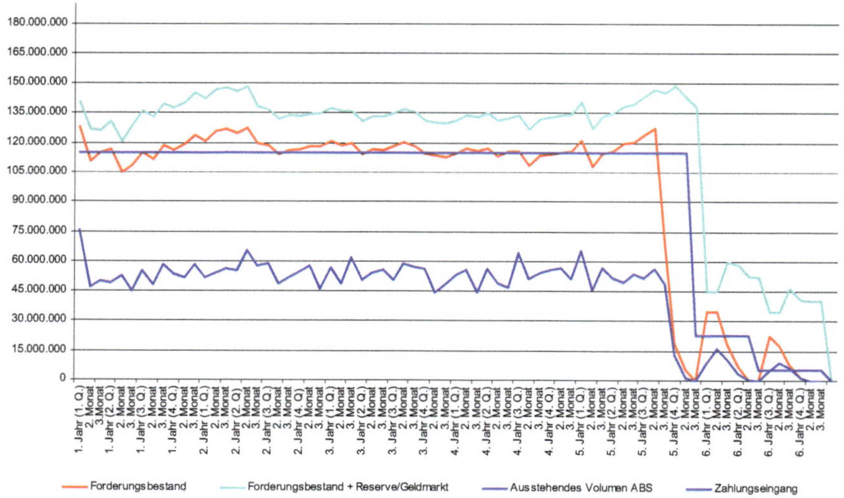

Die Abbildung gibt einen Überblick über den Ablauf der Zahlungen dieser (fiktiv) konstruierten Transaktion. Dabei schwanken die Zahlungseingänge je nach Forderungsrücklaufquote und Ausfallquote. Vor Tilgung der Tranche A zum Ende des 5. Jahres wird der Forderungsankauf gestoppt, damit genügend Mittel zur Tilgung auf dem SPV-Konto verbleiben. In der Praxis würde der Forderungsankauf jedoch täglich oder wöchentlich erfolgen bzw. könnte den Bedürfnissen des Krankenhauses und dem Verlauf der Transaktion entsprechend angepasst werden. Gegen Ende der Transaktion, d. h. während des letzen Jahres, würden eventuell auch gar keine Forderungen mehr angekauft.

Anmerkung: Zur besseren Veranschaulichung sind die einzelnen Datenpunkte durch Linien verbunden (prinzipiell sind z. B. Zins/Tilgung als senkrechte Linie im jeweiligen Monat zu verstehen).

Wie eingangs des Kapitels erwähnt, soll nun zunächst ein Kostenvergleich der dargestellten ABS-Transaktion und der tatsächlich emittierten Anleihe der Mt. Sinai Group erfolgen, danach eine (vereinfachte) Bilanzanalyse für den Fall, dass die Mt. Sinai Group die ABS-Transaktion zusätzlich zur emittierten Anleihe durchgeführt hätte.

Der Vergleich der fiktiven ABS-Finanzierung mit der Emission des erwähnten Municipal Bonds ist schwierig, da sich beide massiv in Höhe und Laufzeit unterscheiden. Grundsätzlich wird die Mt. Sinai Group bei der ABS-Finanzierung durch den Forderungsbestand bzw. dessen Eigenheiten beschränkt (vgl. Tabelle 7), während bei der Begebung von Municipal Bonds theoretisch keine Grenzen gesetzt sind. Bei „normalen" Fremdfinanzierungsanleihen können außerdem längere Laufzeiten gewählt bzw. gewährt werden.

An dieser Stelle bleibt daher auch festzustellen, dass ABS in vielen Fällen kaum eine herkömmliche Finanzierung ablösen können, sondern dass sie lediglich eine zusätzliche Finanzierungsalternative darstellen.

Die tatsächlichen Kosten für die Anleihen betrugen ca. US$ 7,83 Mio. für die Gebühren des New York State Departement of Health sowie US$ 6,26 Mio. für den „Underwriter Discont", d. h. ca. US$ 14 Mio. oder 1,8% des Volumens.[538] Die Gesamtkosten des ABS-Finanzierungs-Beispiels würden sich auf ca. US$ 3,8 Mio. und damit 3,3% auf das ausstehende Volumen belaufen. Selbst wenn man weitere Kosten der Bonds, die der Mt. Sinai-Gruppe entstanden sind und die nicht gesondert aufgeführt wurden, berücksichtigt, sind die Gesamtkosten doch nicht viel höher als 2%, und die Anleihe ist damit deutlich günstiger als die ABS-Konstruktion, insbesondere, wenn man berücksichtigt, dass eine ABS-Finanzierung ebenfalls Zusatzkosten für EDV o. ä. verursacht. Außerdem sind auch die Zinszahlungen bei der Anleihe niedriger:

Die Anleihen sind mit Laufzeiten von ca. 25 Jahren ausgestattet und tragen Coupons zwischen 5,25% und 8%, wobei der Großteil dieser Bonds eine Zinszahlung von ca. 6% beinhaltet.[539] Die Ratings sind A- (S&P) und Baa1 (Moody's), bzw. BBB+ (Fitch-Ratings).[540]

Die Zinszahlungen des obigen ABS-Beispiels lägen bei ca. 7,8% (Swap Rate plus den jeweiligen „Spread"), obgleich sie höhere Ratings tragen würden als die Municipal Bonds. Vor dem Hintergrund der Rendite für Unternehmensanleihen (Ende April 2000), die zwischen 7,73% für AAA und 8,57% für Baa (5-Jahres-Horizont)[541] lag, rangieren die ABS aber damit – gemäß der Intention – auf dem Niveau sehr guter Unternehmensanleihen. Das Krankenhaus könnte sich über die ABS demnach wie

---

538 Vgl. DASNY (2000), Offering Circular Mt. Sinai Health Obligated Group Revenue Bonds, S. 27. Das Volumen setzt sich aus den Bonds für US$ 681,24 Mio. und „Other Sources" in Höhe von US$ 90,26 Mio. zusammen. Da sowohl die Gebühren der DASNY als auch die „Underwriting Fees" vom Volumen abhängen, wären die prozentualen Kosten auch bei einem niedrigeren Transaktionsvolumen ähnlich.

539 Auf die Ausführung der genauen Ausstattung sei hier verzichtet, da teilweise jährlich steigende Coupons, Wandelkündigungsrechte u. ä. vereinbart ist. Siehe dazu: DASNY (2000) Offering Circular, Mt. Sinai Health Obligated Group Revenue Bonds.

540 Vgl. DASNY (2000), Offering Circular Mt. Sinai Health Obligated Group Revenue Bonds, S. 94.

541 Vgl. Federal Reserve, Statistical Release June 2000, Moody's Seasoned Corporate Bonds.

ein sehr gut bewertetes Unternehmen (etwa auf einem Niveau von AAA/AA) finanzieren, obwohl es selbst über kein Rating verfügt.

Die Diskrepanz der Zinsen bzw. die Zinsdifferenz zwischen den ABS und den Anleihen erklärt sich aus dem Umstand der Steuerbefreiung. Da die Municipal-Bonds steuerbefreit sind (siehe Kapitel 5.3.), ist es für einen Emittenten möglich, einen Zins unterhalb des Zinsniveaus für Unternehmensanleihen („Corporate Bonds") anzubieten. Denn berücksichtigt man beim Rendite-Vergleich die Einkommenssteuersätze der USA, so erwirtschaftet eine Unternehmensanleihe mit 8,5% Rendite (was etwa dem Rating-Niveau der Krankenhaus-Municipal-Bonds entspricht), z. B. bei einem Steuersatz von 30%[542] soviel wie der Municipal Bond mit 5,95% (8,5% x (1 - 0.30) = 5.95%). Dies lässt einen Rückschluss auf die Preisbildung bzw. den niedrigeren Coupon der Anleihe zu.[543] Das hat zur Folge, dass die Emission eines Municipal Bond für ein Krankenhaus hinsichtlich der Zinsen i. d. R. sehr günstig ist, da die Investoren einen Abschlag im Coupon wegen der Steuerbefreiung akzeptieren.[544] Dieser Vorteil geht bei ABS verloren, da diese nicht von der Steuer befreit werden.[545] Ein weiterer Grund dafür, dass bei ABS keine günstigeren Zinsen geboten werden können, ist eine gewisse Ähnlichkeit der Municipal Bonds mit den ABS. Denn Municipal Bonds sind auch – aus den in Kapital 5.3. angeführten Gründen – durch bestimmte Hypotheken oder technische Großgeräte („Medical Equipment") besichert (d. h. die DASNY hat bestimmte Zugriffsrechte auf diese Werte)[546], was sich risikomindernd und damit günstig auf den geforderten Zins auswirkt. Darüber hinaus stellt das seit Jahrzehnten bekannte Prozedere und die Institution der „Dormitory Authorities"-Anleihen eine gewisse Sicherheit für Investoren dar, was sich aus Krankenhaussicht positiv auf deren Rendite- bzw. Zinsforderungen auswirkt.

An dieser Stelle sei auch ein kurzer Vergleich mit Kosten für einen Bankkredit angestellt. Ferconio/Lane (1991) und Salathé (1994) berichten von ABS-Finanzierungskonditionen für Krankenhäuser der USA, die sich auf dem Niveau von 50 - 150 BP unterhalb der sog. „Prime Lending Rate"[547] bewegen.[548] Im April 2000 lag die „Prime

---

542 Im Jahr 2000 lagen die US-amerikanischen „Tax Brackets" bei 15%, 28%, 31%, 36% und 39,6%.

543 Die Anleihe hat höhere Coupons, da sie deutlich länger läuft und dem Krankenhaus eine Kündigungsmöglichkeit einräumt. Die genaue Preisbildung hängt von vielen Details ab, wie etwa dem Volumen, Zinslevel während der Auktionsperiode, den Möglichkeiten für die Investoren, in ähnliche Anleihen zu investieren, etc.

544 Letztlich ist das auch die Funktion der Steuerbefreiung. Damit NPOs mit ihren Anleihen trotz schlechten Ratings konkurrenzfähig am Kapitalmarkt auftreten können bzw. damit Investoren die Anleihen dieser Emittenten trotz einer niedrigen Verzinsung (bezogen auf das Rating) kaufen, wird NPOs oder ähnlichen Institutionen dieser Vorteil eingeräumt.

545 An dieser Stelle sei jedoch auf eine Transaktion des Adventist Health System/Sunbelt Inc. (eine NP-Krankenhaus-Kette mit ca. 8.000 Betten) verwiesen, bei der im Jahr 2000 über die „Highlands County Health Facility Authority" (Florida), ein US$ 70 Mio. „Accounts Receivable Program" errichtet wurde, das ähnlich wie die beschriebene ABS-Struktur strukturiert ist. Diese „Bonds" sind als „Tax-exempt Revenue Bonds" eingestuft und daher steuerbefreit. Vgl. dazu Moody's (2001b), S. 1 - 6.

546 Vgl. DASNY (2000), Offering Circular Mt. Sinai Health Obligated Group Revenue Bonds, S. 6.

547 Die „Prime Lending Rate" ist der Zinssatz amerikanischer Banken, den sie ihren „besten" bzw. bonitätsstärksten Kunden anbieten. Er ist natürlich stark an den Leitzins der Notenbank der USA gekoppelt.

Lending Rate" bei 9% (zum Vergleich: März: 8,83%; Mai: 9,24%)[549], somit hätte sich ein sehr bonitätsstarkes Krankenhaus mit der dargestellten ABS-Maßnahme ca. 120 BP günstiger finanzieren können, als über einen Kredit.[550] Für die Mt. Sinai Gruppe oder andere bonitätsschwächere Krankenhäuser wäre die Ersparnis jedoch ungleich höher. So stellt auch Salathé (1994) fest: *„Because the credit ratings of most hospitals force them to borrow money at a premium over prime, these cost savings alone make securitization an attractive option."*[551]

Wie in Kapitel 3.4.4. beschrieben, sollten die Finanzierungskosten auch anhand ihres Beitrages zu den kalkulatorischen Eigenkapitalkosten miteinander verglichen werden. Um die Kosten des Eigenkapitals schätzen zu können, wird ein β-Faktor benötigt.[552] Sloan et al. (1988) berechneten diesen für „For-Profit"-Krankenhäuser mit 1,41 und für NP-Krankenhäuser mit 1,46, wobei sie bei ihren Berechnungen auch Anpassungen hinsichtlich des Verschuldungsgrades („Levered/Unlevered" β) berücksichtigten.[553] Um einen β-Wert für Mt. Sinai zu berechnen, werden folgende Werte angenommen:

- β_L^{FP}: 1,0;
- FK/EK Verhältnis: 0,85[554];
- Steuerrate t_c von 35%[555].

Daraus lässt sich ein β_U^{FP} von 0,64 berechnen.[556] Mit der FK/EK-Quote der Mt. Sinai Group von 74/26 bzw. 2,85 ergibt sich dann β_L^{MS} (MS: Mt. Sinai) von 2,46. Für die Berechnung der gesamten Eigenkapitalkosten (nach CAPM) wird ferner als risikofreie Anlage der Satz der 90-Tage „Treasury-Bills" der USA (sog. „T-Bills"; Juni 2000 ca. 5,7%)[557] und als Marktprämie (r_m - r_0) 8% angenommen.[558] Damit errechnen sich

---

548 Vgl. Ferconio/Lane (1991), S. 78; Salathé (1994), S. 556.

549 Vgl. Federal Reserve, Statistical Release, „Average majority prime rate charged by banks on short-term loans to business, quoted on an investment basis".

550 Diese Feststellung kann darüber hinaus auch als Plausibilität der konstruierten ABS-Finanzierung verstanden werden.

551 Salathé (1994), S. 556.

552 Vgl. Sloan et al. (1988), S. 35 und Heshmat (1992), S. 470. Siehe auch Kapitel 3.4.4. zur Diskussion um EK-Kosten bei NPOs. Die Schätzung der EK-Kosten bei NP-Krankenhäusern ist sehr schwierig (vgl. Kapitel 3.4.3. und 3.4.4.). Die folgenden Annahmen beruhen auf den Berechnungen von Sloan et al. (1988): „Cost of Capital to the Hospital Sector". Die Autoren berechneten unter Zuhilfenahme des CAPM und APT die Eigenkapitalkosten für „Profit-„ und „NP"-Krankenhäuser (vgl. dort insbesondere S. 30 - 40).

553 Vgl. Sloan et al. (1988), S. 39 und Heshmat (1992), S. 470. Die Umrechnung erfolgt nach Conine/Tamarkin (1985) mit: $\beta_U = \beta_L / (1+ (1 - t_c) * D)$ mit U: "Unlevered", L: „Levered", t_c: Corporate Tax (angenommen mit 0,22), D: Debt/Equity (angenommen mit 1,12).

554 Die ersten beiden Werte beruhen auf Schätzungen bzw. Aussagen einiger Interviewpartner. FK/EK bezeichnet dabei vereinfacht die Gesamtverschuldung (kurz- und langfristig) zum gesamten EK.

555 Vgl. z. B. Reinhardt (2000), S. 178; Benenda (2003), S. 67 (dort Abbildung 1).

556 Einen ähnlichen Wert für das „unlevered" β (0,72) bestimmt Benenda (2003), S. 68 bzw. Abbildung 1 auf S. 67 (Daten des Anbieters „Value Line" für 9 „For-Profits").

557 Vgl. Sloan et al. (1988), S. 33.

558 Diesen Wert verwendet auch Heshmat (1992), S. 470, mit der Anmerkung: *„(...) the figure most often used for the market-risk premium, is about 8 percent (...)."* Dieser Wert basiert auf Beobach-

zunächst EK-Kosten in Höhe von 19,71%.[559] Da aber Spenden o. ä. („Philantropy Contribution") der Einleger von ihrer Steuer abgezogen werden können, müssen die EK-Kosten bereinigt werden. Nach Sloan et al. (1988) errechnen sich die EK-Kosten als: EK-Kosten x (1-t) (als t wurde beim Rendite-Vergleich des Municipal Bonds ein Satz von 30% unterstellt, der hier übernommen wird), so dass sich EK-Kosten in Höhe von 13,8% errechnen.[560]
Damit ergibt sich bei der Betrachtung der kalkulatorischen Eigenkapitalkosten folgendes Bild[561]:

Kosten:		Kosten der Eigenkapitalunterlegung
Kredit	6,0%	
EK	13,8%	2,03%
FK Anteil	74	
EK Anteil	26	
ABS	8,0%	
EK	13,8%	0,29%
FK Anteil	95	
EK Anteil	5	

Dabei wurde angenommen, dass bei der ABS-Finanzierung 5% des (Finanzierungs-)Volumens über Eigenkapital finanziert werden müssen, da die „erwarteten" Ausfälle bzw. der „First Loss" in ABS-Transaktionen i. d. R. vom Originator getragen wird (vgl. dazu die Endabrechnung der Tabelle 12 auf Seite 156, in der ein Verlust von 4,26% angegeben ist, der vom Krankenhaus getragen würde). Dieser Vergleich zeigt, dass die Kosten der EK-Unterlegung bei einer ABS-Finanzierung etwas günstiger sind.

Betrachtet man jedoch nicht nur die Kosten der Eigenkapitalunterlegung, sondern die durchschnittlichen Kapitalkosten (WACC) für beide Finanzierungsarten, ergibt sich folgendes Bild:

$$\text{WACC (on bal)} = \frac{13{,}8\% * 26 + 6\% * 74}{26+74} = 8{,}03\%$$

$$\text{WACC (off bal)} = \frac{13{,}8\% * 5 + 8\% * 95}{5+95} = 8{,}29\%$$

tungen über 50 Jahren und soll für die Betrachtung hier genügen.

559 Vgl. zur Berechnung auch Kapitel 3.4.4. Berücksichtigt man die höhere Verschuldung von Mt. Sinai im Vergleich zum Durchschnitt von Sloan et al. (1988), scheint dies gerechtfertigt, denn Sloan et al. (1988), S. 39, berechnen 18,2%.

560 Vgl. Sloan et al. (1988), S. 35 und S. 39 - 40, die bei etwas höheren Steuern EK-Kosten von 10,9% berechnen. Heshmat (1992), S. 471, unterstellt eine risikofreie Prämie von 13% und erhält ohne Steuerausgleich EK-Kosten in Höhe von 25%, was einen vergleichbaren Wert bedeutet.

561 Nach: $(k_{EK} - k_{FK})/((EK+FK)/EK))$, vgl. zur Berechnung Rosenthal/Ocampo (1988), S. 236; Ohl (1994), S. 278; Paul (1994), S. 244 - 251; Bär (2000), S. 325.

Da die EK-Kosten relativ niedrig, der Risikoaufschlag (Spread) zwischen traditioneller FK-Finanzierung (bzw. Municipal Bond) und ABS groß und die Verschuldung hoch ist, wäre es nach Betrachtung der WACC beider Finanzierungen sogar günstiger, eine herkömmliche Fremdkapital-Finanzierung vorzunehmen, obgleich ein aussagekräftiger Unterschied fast nicht mehr festzustellen ist. Müsste man dagegen mit geringfügig höheren Eigenkapital-Kosten von 14,5% rechnen, ergäbe sich praktisch kein Unterschied. Ebenso bei einer Verringerung der ABS-Kosten auf 7,5%.[562] Je nach Fremd- und Eigenkapital-Kosten und je nach dem Grad der Verschuldung ergeben sich demnach unterschiedliche Betrachtungen, und ABS können für NP-Krankenhäuser vor allem dann eine Alternative darstellen, wenn ihnen andere Zugänge zum Kapitalmarkt verwehrt sind. Eine direkte und nennenswerte Kostenersparnis ist im oben genannten Beispiel jedenfalls nicht nachweisbar.

Diesem Kostenvergleich soll eine Diskussion folgen, bei der Möglichkeiten und Auswirkungen beschrieben werden, für den theoretischen Fall, dass die beschriebene ABS-Struktur zusätzlich (bzw. kurz nach der Emission der Municipal Bonds) durchgeführt worden wäre. Dabei soll der Effekt einer solchen Transaktion auf die Bilanz bzw. einige Kennzahlen untersucht werden. Ausgangspunkt ist die Bilanz für das Jahr 2000 (vgl. Anhang Nr. 4). Die Kennzahlen für das Krankenhaus errechnen sich wie folgt:

Tabelle 13: Kennzahlen Mt. Sinai vor einer fiktiven ABS-Transaktion

Days Cash on Hand (x)[1]	40,31
Accounts Receivable (days)	66,78
Current Ratio (x)	1,83
Average Payment Period (days)	78,52
Debt to Cash Flow (x)	4,70
Cash to Debt (%)	31,0%
Debt/Capitalization (%)	68,3%
Return on Assets (%)	3,44%
Leverage (x)	2,79

Eigene Berechnung. [1] Die Mt. Sinai Group selbst errechnet die DCOH für das Jahr 2001 mit 77. Dabei wurden aber sämtliche „Marketable Securities" mit in die Bewertung aufgenommen, auch Aktien, Anteile an „Hedge Funds", „Limitied Partnerships" etc. Die Kennzahl „Debt/Capitalization" wird als „Long-Term Debt/Unrestricted Net Assets" gerechnet, das „Leverage" als Quotienten FK/EK (Da hier die Begriffe bzw. Verhältniszahlen verwendet wurden, die die Rating-Agenturen für Krankenhäuser der USA berechnen, sind hier die englischsprachigen Termini übernommen worden).

Vergleicht man diese Zahlen mit den Durchschnittsgrößen der Rating-Agenturen, kann man einige Auffälligkeiten feststellen:

[562] Für die Diskussion um Kostenvor- oder nachteile bei ABS-Finanzierungen siehe auch Paul (1994), S. 244 - 257; Ohl (1994), S. 276 - 304; Bär (2000), S. 328 - 334.

- Die DCOH sind sehr niedrig und entsprechen nicht einmal 50% des Durchschnittswertes eines BBB Krankenhauses.
- Der Quotient Debt/Capitalization liegt mit ca. 68% in der Höhe der Krankenhaus-Kategorie „Below Investmentgrade".
- Das Verhältnis Cash/Debt ist mit 31,0% etwa so hoch wie der Durchschnittswert von FitchRatings „Below Investmentgrade" Krankenhäusern.
- Debt/Cash Flow ist mit 4,7 deutlich über dem nationalen Median (Moody's 2002: 3,9).
- Der Wert des „Current Ratio" liegt für die USA im Schnitt bei 2,0: auch hier ist die Mt. Sinai Group unter dem nationalen Median und erreicht nur den Status zwischen Baa und Ba (Moody's Median Ratios 2002).

Insgesamt sind die Kennzahlen des Krankenhauses schlecht und würden kaum für ein gutes Rating reichen (es würde wahrscheinlich nicht einmal die Kategorie „Investment Grade" erreicht).[563]

Eine ABS-Transaktion wie die beschriebene hätte – je nach Verwendung der Mittel – verschiedene Effekte. Direkt nach der Transaktion wäre die Bilanzsumme die gleiche, nur einzelne Positionen wären verändert.[564] Die Kennzahlen wären damit folgendermaßen verändert:

563 Nach Interview-Aussagen ist dies auch der Grund, warum sich die Mt. Sinai Group momentan nicht um ein Rating bemüht. Denn das Ergebnis würde kaum eine bessere Finanzierungsmöglichkeit eröffnen.

564 Die Reserve (10% des Transaktionsvolumens), die dem Originator am Ende der Laufzeit wieder zufließen – sofern sie nicht in Anspruch genommen wird – wurden bei der Berechnung dieses Beispiels unter der Position der Bilanz „Assets limited as to use" verbucht. Dabei könnte das Reservekonto als Vermögensgegenstand des Originators verstanden werden, den er selber hält, aber nicht „kontrolliert". In der Praxis ist die Handhabung, d. h. die Bilanzierung etwaiger Reservekonten und Abschläge sehr komplex und hängt stark von den jeweiligen Bilanzierungsvorschriften ab (vgl. dazu auch Fußnote 53). Dabei muss auch immer in Betracht gezogen werden, inwieweit Risiken zurückbehalten oder verkauft wurden. Siehe für Beispiele nach der für die USA maßgeblichen Vorschrift FASB 140 des US-GAAP, insbesondere Rosenblatt et al. (2005), S. 32 - 39. Für eine ausführliche Diskussion der gesamten Problematik siehe Turwitt (1999). Zu der Arbeit von Turwitt (1999) sei angemerkt, dass seither einige neue bzw. veränderte Rechnungslegungsvorschriften gelten). Da das Beispiel der Mt. Sinai Group lediglich einen Überblick über die wesentlichen Vor- und Nachteile einer solchen Transaktion verschaffen soll, sei im Folgenden auf die Beantwortung von speziellen Bilanzierungsfragen verzichtet. Wie auch die Arbeit von Turwitt (1999) zeigt, werfen allein die Schwierigkeiten, die bei der Bilanzierung von ABS entstehen, genug Fragen auf, die in einer gesonderten Dissertation zu beantworten wären.

Tabelle 14: Kennzahlen der Mt. Sinai Group direkt nach der möglichen ABS-Transaktion (nach Veränderung der Bilanz des Jahres 2000)

Days Cash on Hand (x)	63,94
Accounts Receivable (days)	37,13
Current Ratio (x)	1,83
Average Payment Period (days)	78,52
Debt to Cash Flow (x)	4,70
Cash to Debt (%)	32,9%
Debt/Capitalization (%)	68,0%
Return on Assets (%)	3,44%
Leverage (X)	2,79

Eigene Berechnung (Da hier die Begriffe bzw. Verhältniszahlen verwendet wurden, die die Rating-Agenturen für Krankenhäuser der USA berechnen, sind die englischsprachigen Termini übernommen worden.)

Erwartungsgemäß ist die Kennzahl DCOH stark gestiegen, während sich die Forderungsausstände verringert haben. Da die Mittel, die für die Reserve bereitgestellt werden, aus dem kurzfristigen Umlaufvermögen herausgenommen wurden, ist die „Current Ratio" leicht gefallen. Hier kann man erkennen, dass ein Aktivtausch, der theoretisch keine Auswirkungen auf die Finanzierungssituation eines Unternehmens hat, durchaus relevant sein kann, wenn Verhältnisse bestimmter Kennzahlen berücksichtigt werden.

Würden die Mittel zu 90% für den Abbau langfristiger Schulden und zu 10% als Barmittel (Cash) verwendet, ergäbe sich etwa folgendes Bild:

Die indirekten – da aus dem Forderungsbestand bezahlten – ABS-Aufwendungen (Zins/Kosten) für das Krankenhaus betragen insgesamt ca. 49,4 Mio. ca. 8,2 Mio. pro Jahr. Gleichzeitig wies die Krankenhausgruppe Ende 2000 langfristige Verbindlichkeiten in Höhe von ca. 704 Mio. aus. Für diese Verbindlichkeiten müssen bis in das Jahr 2026 hinein jedes Jahr ca. 55,5 Mio. Zins und Tilgung bezahlt werden.[565] Bei Verwendung der durch die ABS gewonnenen Mittel nach dem erwähnten Verhältnis 90/10 würde die Verschuldung auf ca. 600 Mio. zurückgeführt (704 - (90% x 115) und das jährliche Zins- und Tilgungsprofil somit um ca. 14,7% entlastet (90% x 115 / 704 x 100). Geht man davon aus, dass im gleichen Maß die jährlichen Zins- und Tilgungszahlungen sinken, ergibt sich eine Verminderung von ca. 8,2 Mio. p. a. Die Aufwendungen für die ABS entsprechen demnach in etwa der Zinsersparnis. Jedoch könnte man für die Folgejahre (20 Jahre) – bis die Municipal Bonds vollständig getilgt sind – eine Zinsersparnis von ca. 8,5 Mio. p. a. (55,5 x 14,7%) errechnen, wenn man unterstellt, dass sich die Zins- und Tilgungszahlungen – entsprechend der Rückführung der Schulden – vermindern. Dabei wird natürlich unterstellt, dass wegen der ABS-Finanzierung keine anderen Finanzierungsmaßnahmen – etwa die Aufnahme kurzfristiger Verbindlichkeiten – vollzogen werden müssen.

Unter Berücksichtigung der dargestellten Verwendung der Mittel würden sich über eine modifizierte Bilanz für das Jahr 2000 folgende Kennzahlen errechnen:

---

[565] Vgl. DASNY (2000), S. 26.

Tabelle 15: Kennzahlen der Mt. Sinai Group nach möglicher ABS-Transaktion (zum Jahresende 2000)

Kennzahlen vor Transaktion		Kennzahlen nach Schuldenrückführung[1]	
Days Cash on Hand (x)	40,31	Days Cash on Hand (x)	43,17
Accounts Receivable (days)	66,78	Accounts Receivable (days)	37,97
Current Ratio (x)	1,83	Current Ratio (x)	1,51
Average Payment Period (days)	78,52	Average Payment period (days)	78,21
Debt to Cash Flow (x)	4,70	Debt to Cash Flow (x)	4,01
Cash to Debt (%)	31,0%	Cash to Debt (%)	38,2%
Debt/Capitalization (%)	68,3%	Debt/Capitalization (%)	64%
Return on Assets (%)	3,44%	Return on Assets (%)	3,68%
Leverage (x)	2,79	Leverage (x)	2,53

[1]: Dabei wurde die Bilanz des Jahres 2000 (vgl. Anhang Nr. 4) auf der Aktivseite in den Werten der „Cash and Cash Equivalents“ und der „Accounts Receivables“ sowie auf der Passivseite in den Werten der „Current Portion of Long Term Debt“, „Long Term Debt“ und „Net Assets“ verändert.[566] (Wie bereits in Tabelle 13 und Tabelle 14 angemerkt, werden die englischsprachigen Termini der Rating-Agenturen übernommen, da die Begriffe bzw. Verhältniszahlen für Krankenhäuser der USA dort klar definiert sind.)

Die DCOH konnten – nur – um knapp 7% erhöht werden, obwohl der tatsächliche Barmittelbestand von ca. 2,4 Mio. auf 13,8 Mio. um mehr als 500% gestiegen ist. Da jedoch auch große Teile der marktfähigen Wertpapiere („Marketable Securities“) als „barnahe Mittel“ angesehen werden, ändert sich der gesamte Barbestand lediglich von 161,9 Mio. auf 173,3 Mio. oder ca. 7%. Die Forderungsbestände („Accounts Receivables“) nahmen – gemäß der Intention der ABS – stark ab. Generell erscheint das Kennzahlenprofil hinsichtlich der Verschuldung deutlich verbessert. Negativ wirkt sich jedoch die Verringerung des Umlaufvermögens (bei gleich bleibenden kurzfristigen Verbindlichkeiten) aus, da sich die „Current Ratio“ verschlechtert und die Zahlungsperiode etwas verlängert hat. Durch die Rückführung der Schulden kommt es daneben zu einer Bilanzverkürzung, so dass sich der ROA erhöht. Die Veränderung der Kennzahlen reichen jedoch noch nicht für ein gutes Rating, da damit wohl maximal BBB-Charakteristika erfüllt würden. In den folgenden Jahren könnten dann aber die Einsparungen für Zins- bzw. Tilgung zu einem verbesserten Ergebnis führen.

An dieser Stelle sei angemerkt, dass es in der Praxis in den meisten Fällen zu großen Schwierigkeiten käme bzw. teilweise unmöglich wäre, langfristige Schulden – insbesondere in diesem Ausmaß – frühzeitiger zu tilgen. Zumindest aber ist mit weiteren Kosten zu rechnen. So werden in der Praxis die Einsatzmöglichkeiten von ABS dadurch beschränkt, dass eine Ablösung alter Verbindlichkeiten – sofern es sich um am Kapitalmarkt emittierte Anleihen handelt – nur dadurch möglich ist, die alten Anleihen am Markt zu erwerben, wobei dann die Preisgestaltung bzw. Kursbildung der Anleihen maßgeblich, durch die Nachfrage des Originator selbst, negativ beeinflusst wird.

566 Der Forderungsbestand wurde entsprechend verringert (um 128 Mio.). Die Barmittel („Cash and Cash Equivalents“) um 10% des Anfangserlöses (115 Mio. x 10%) erhöht. Auf der Passivseite wurden die langfristigen Schulden („Long Term Debt“) um 103,5 Mio. (90% x 115) verringert und die entsprechende Änderung (Rückführung der Schuldenlast für das Jahr 2000 um 14,7% an dem Wert des „Current Portion of Long Term Debt“ vorgenommen. Die „Ersparnis“ aus dieser Buchung wurde – praktisch als „Gewinn“ – dem Netto-Vermögen hinzugerechnet.

Es wäre auch denkbar, dass die erhaltenen Finanzmittel in einer anderen Form eingesetzt würden, etwa für eine Investition und/oder um die kurzfristigen Verbindlichkeiten zu senken. So würden z. B. bei der Verwendung von 84,375 Mio. oder 75% für eine Investition, etwa für den Bau eines neuen Krankenhausflügels, und eine Rückführung kurzfristiger Verbindlichkeiten von 25%, in erster Linie der Verschuldungsgrad und die durchschnittliche Zahlungsfrist („Payment Period") verbessert, doch würde die „Current Ratio" hier ebenfalls sinken. So könnte möglicherweise eine Investition finanziert werden, ohne direkt weitere Schulden aufzubauen. Allerdings darf nicht vergessen werden, dass dafür ein Teil der Forderungen abgetreten wird und eventuell Mittel kurzfristig anders aufgebracht werden müssen. Im günstigen Fall können diese von der Investition mindestens kompensiert werden.

Schließlich bleibt noch anzumerken, dass das Krankenhaus, unabhängig von der Verwendung der Mittel, auch das Risiko eines Zahlungsausfalls – zumindest ab einer bestimmten Größe – an den Kapitalmarkt abgegeben hat, was je nach Einstufung des Risikos von großer Bedeutung sein kann. Allerdings ist der Einsatz von ABS im Krankenhaus unter dem Gesichtspunkt der Risikosteuerung, im Vergleich zum Einsatz bei Banken, eher unbedeutend.

Zusammenfassung:

ABS können im Krankenhaus in den USA durchaus sinnvoll eingesetzt werden, jedoch ist der Aufwand enorm und der Finanzierungsvorteil im direkten Vergleich mit anderen Möglichkeiten – insbesondere den Municipal Bonds – häufig nicht sehr ausgeprägt. Die Kosten sind i. d. R. ungleich höher und, da eine Steuerbefreiung fehlt, kann meist – wenn überhaupt – nur ein marginaler Zinsvorteil erzielt werden.

Asset Securitization – insbesondere die „Accounts Receivables Securitization" – wurde seit Beginn Ende der 1980er Jahre – und wird auch heute – von Krankenhäusern in den USA vor allem dazu eingesetzt, die Liquidität zu steuern und „totes Vermögen in profitable Anlagen umzuwandeln".[567] Durch dieses (Finanzierungs-) Instrument können die Krankenhäuser vor allem auch gezielt Einfluss auf ihre Finanzkennzahlen nehmen, was ihnen dann teilweise günstigere Kreditmöglichkeiten einräumt. Die Risikosteuerung, wofür ABS oft von Banken verwendet wird, spielt bei Krankenhäusern hingegen kaum eine Rolle. Wie in Kapitel 3.4.2. bereits angemerkt, können ABS vor allem dann eine erwägenswerte Alternative sein, wenn keine andere Möglichkeit der Kapitalaufnahme zur Verfügung steht.

Einige Besonderheiten des US-amerikanischen Gesundheitswesens und juristische Probleme verändern zudem häufig das hier vorgestellte – idealtypische – Beispiel. So sind teilweise etwa die Advance Rates deutlich niedriger und rechtliche Schwierigkeiten komplizieren den Abtretungsprozess. Im folgenden Kapitel sollen einige rechtliche Hürden und Schwierigkeiten der Forderungsabtretung von Healthcare Securitization beschrieben werden.

---

[567] Vgl. Ponton/Sandrick (2002), S. 55.

6.2.3. Abtretbarkeit und „Lock-Box"

Ein zusätzliches Problem, das es bei der Verbriefung von Forderungen zu beachten gilt, ist die korrekte Abtretung der Forderung. Das ist vor allem bei allen Forderungen problematisch, die von staatlichen Behörden beglichen werden, und ist besonders wichtig bei der Gestaltung von US-amerikanischen Healthcare ABS-Transaktionen. Insbesondere die Zusammenhänge zwischen Abtretung und „True Sale" werden im Falle der Insolvenz eines Originators bedeutsam. Problematisch ist auch, dass mit wachsender Rechtsunsicherheit auch die Kosten einer Transaktion steigen. Zum einen müssen Mehraufwendungen für die juristische Beratung berücksichtigt werden, und zum anderen werden die Investoren einen Risikoaufschlag bei der Verzinsung fordern.[568]

Es stellt sich hier natürlich die Frage, ob und in wieweit man von den amerikanischen Erfahrungen lernen kann. Ließen sich Schwierigkeiten bei der Abtretung von Krankenhausforderungen in Deutschland ausschließen bzw. klare rechtliche Regelungen finden, so würde dies eine erhebliche Erleichterung und Kostensenkung für die Einführung von Healthcare-ABS in Deutschland bedeuten.

Bei der Abtretung von Forderungen innerhalb des Gesundheitssystems der USA muss zunächst unterschieden werden, ob sich eine abzutretene Krankenhausforderung gegen einen staatlichen oder privaten Schuldner richtet. Probleme hinsichtlich der Abtretung finden sich hier insbesondere bei staatlichen Schuldnern, was im Folgenden dargestellt wird. Im Anschluss daran wird ein kurzer Überblick über die Forderungsabtretung von Krankenhausforderungen, die sich gegen private Schuldner richten, gegeben.

Bei Finanzierungs-Transaktionen im Gesundheitswesen der USA müssen bei der Forderungsabtretung von Forderungen, die sich gegen staatliche Stellen (Medicare, Medicaid etc.) richten, die „Federal and State Medicare and Medicaid Anti-Assignment Provisions", d. h. eben auch Restriktionen bzw. Verbote der Abtretbarkeit oder des Verkaufes von Forderungen, beachtet werden.[569]

Dabei sind für die Medicare in erster Linie die Bundesgesetze verantwortlich, während für Medicaid Regelungen der einzelnen Staaten gelten, die jedoch einer Rahmengesetzgebung des Bundes unterworfen sind.[570] Allerdings regeln die Gesetze (42 U.S.C. Sections 1395g(c) und 1396a(a)(32) i. V. m. 42 C.F.R. § 424.71, 42 C.F.R. § 424.80 und 42 C.F.R. § 447.10[571]) im Prinzip nur, dass Medicare und Medi-

---

568 Vgl. Harrell/Folk (1994), S. 96.

569 Neben den staatlichen Zahlern Medicare und Medicaid gibt es, wie weiter oben angeführt, auch weitere Staatsprogramme für Gesundheitsdienstleistungen. Dazu zählen vor allem CHAMPUS/CHAMPVA und der IHS. Die Problematik der Abtretbarkeit von Forderungen verhält sich hier im Wesentlichen wie die bei Medicare und Medicaid. Zur genaueren Betrachtung und für juristische Einzelheiten sei insbesondere auf Harrell/Folk (1994), S. 68 - 70, sowie auf Margolies et al. (2004), S. 13-22 - 13-24, verwiesen.

570 Vgl. Harrell/Folk (1994), S. 52.

571 Für die genaue Bezeichnung der Gesetze und Bestimmungen sei hier auf das Abkürzungsverzeichnis verwiesen. Diese Gesetze betreffen verschiedene Zahlungssysteme von Medicare und Medicaid (Part A und Part B). Vgl. Kincaid (1993), S. 29; Folk/Roest (1995), S. 75 - 76.

caid Zahlungen an niemanden als den „Provider“, also das jeweilige Krankenhaus, leisten dürfen.[572] Verkauf, Abtretbarkeit oder andere Formen des Forderungstransfers sind jedoch durch das Gesetz zunächst nicht betroffen[573], mit der Ausnahme eines Verbotes der Zahlung an einen Handelsagenten („Factor“).[574] Die Gründe für diese – zunächst etwas seltsam erscheinenden – Regeln ergeben sich aus Erfahrungen im Gesundheitswesen der USA.

Die „Anti-Assignment Provisions“ wurden im Jahre 1972 durch die „Social Security Amendments“ in den „Social Security Act“ aufgenommen, um explizit den damals merklichen Missbrauch durch Factoring-Gesellschaften zu unterbinden. Bis zu diesem Zeitpunkt, seit der Einführung von Medicare und Medicaid im Jahre 1965[575], war es für Gesundheitsdienstleister allgemein üblich, ihre Forderungen gegen Medicare und Medicaid an Factoring-Gesellschaften mit Diskont zu verkaufen. Die Factoring-Unternehmen wurden nach einigen Jahren allerdings vom Kongress dafür verantwortlich gemacht, dass ihr Inkassowesen der Grund für falsche und überzogene Forderungen war und es zu administrativen Fehlern und manchmal auch betrügerischen Abrechnungen kam.[576] Da die Factoring-Gesellschaften das Gesetz durch die Einschaltung von sog. „Powers of Attorney“ (Vollmachten) umgehen konnten, wurde das Gesetz 1977 durch die „Medicare-Medicaid Antifraud and Abuse Amendments“[577] erweitert, wodurch diese Praxis untersagt wurde. Diese Entwicklung zeigt zunächst einmal, dass Abtretung und Verkauf von Forderungen aus dem Gesundheitssystem eine lange Tradition hat.[578] Gleichzeitig ist sie ein Beleg dafür, dass seit über 30 Jahren fortwährende Probleme bei den Abrechnungen und dem Forderungseinzug auftreten.

Nach der Verschärfung der Gesetze 1977 kamen die Geschäfte mit Abtretungen und Verkäufen von Medicare und Medicaid Forderungen zum Erliegen.[579] Das lag unter anderem auch daran, dass den Gesundheitsversorgern drastische Strafen drohten, sollten sie gegen diese Gesetze verstoßen. So kann ihnen z. B. von der HCFA (Health Care Financing Administration, heute „Centers for Medicare and Medicaid Services“, CMS) die Genehmigung entzogen werden, für Medicare oder Medicaid rechnungs- bzw. zahlungsberechtigt zu sein, was u. a. zur Folge hätte, dass ein Krankenhaus keine Patienten dieser Kategorie mehr behandeln könnte.[580]

---

572 Vgl. Kincaid (1993), S. 29; Salathé (1994), S. 558; Sen/Lawler (1995), S. 36; Flaum/Klyman (1998), S. 27; Spradling (2003), S. 59; Margolies et al. (2004), S. 13-8.

573 Vgl. Margolies et al. (2004), S. 13-8.

574 42 C.F.R. § 447.10(h). Übernommen von Margolies et al. (2004), S. 13-8.

575 Vgl. Rothfuß (1997), S. 13.

576 Siehe dazu Margolies et al. (2004), S. 13-8: *„Congress was concerned that direct payments of funds to these factoring agencies was resulting in fraudulent billing practices and incorrect and inflated claims.“* Und Harrell/Folk (1994), S. 56: *„(...) Congress realized that the factoring system was a source of incorrect and inflated claims for services and ... created administrative problems with respect to determinations of reasonable charges and recovery of overpayments.“* Die Quellen berufen sich dabei auf oder zitieren dazu aus: H.R. Rep. No. 231, 92d Cong., 2d Sess. (1972), reprinted in 1972 USCCAN 4989, 5090.

577 H.R. Rep. No. 393, 95th Cong., 1st Sess. 49 (1977), reprinted in 1977 USCCAN 3039, 3052. Übernommen aus Harrell/Folk (1994), S. 56.

578 Siehe weiter zur damaligen Situation: „Analysis of the Justification for the Current Restrictions on Securitization“, Salathé (1994), S. 561 - 564.

579 Obwohl die Gesetze immer wieder – insbesondere von den Factoring-Gesellschaften – angefochten wurden. Vgl. Margolies et al. (2004), S. 13-9 m. w. N.

580 Vgl. Harrell/Folk (1994), S. 57.

Eine Änderung kam erst wieder im Jahre 1985/86 zustande, als der Fall Wilson vs. First National Bank, Lubbock Texas (In re Missionary Baptist Foundation of America, et al. 796 F2d 752, 5th Cir. 1986) verhandelt wurde. Dieser Fall[581] gilt als wegweisend für die Entwicklung der heute gültigen gesetzlichen Bestimmungen zum Forderungstransfer hinsichtlich staatlicher Gesundheitsprogramme; auch heute noch werden die ABS-Transaktionen nach den Erkenntnissen, die in diesem Fall gewonnen wurden, strukturiert. Deshalb soll kurz auf die Problematik dieses Falls und seine Bedeutung für die Verbriefungen von Healthcare Accounts Receivables eingegangen werden.
In der Sache „Missionary Baptist" wurde verhandelt bzw. geklärt, ob es einem Betreiber für Pflegeheime erlaubt ist, das Sicherungsrecht („Security Interest")[582] an seinen Medicaid-Erstattungszahlungen einem Kreditgeber als Sicherheit für eine Kreditfazilität oder ein Darlehen zur Verfügung zu stellen bzw. ob eine Bank dieses Recht erwerben kann.[583]
Das Gericht entschied, dass dieser Vorgang nicht gegen die Anti-Assignment Gesetze verstoße. Allerdings wurde nicht explizit geklärt, dass diese Vorgehensweise legal sei. Vielmehr machte das Gericht darauf aufmerksam, dass die Landesgesetze des Staates Texas in Konflikt mit den Bundesgesetzen standen.[584] Es wurde vor allem betont, dass die Gesetze von 1972 und 1977 die Abtretung nicht generell verbieten, solange kein „Factoring Arrangement" stattfindet.[585] Die Interpretation dieses Falls und einiger nachfolgender Fälle[586] wird folgendermaßen ausgelegt: Solange die Zahlungen für die entsprechenden Medicare/Medicaid Receivables an einen „Agenten" des „Healthcare Provider" erfolgen, also z. B. an eine Bank, die im Auftrag des Providers handelt, verstößt diese Praxis nicht gegen die „Anti-Assignment Provisions". Das gilt auch für den Fall, dass die Gelder auf ein Konto im Namen des Gläubigers (also i. d. R. des Krankenhauses) fließen. (Im Fall Missionary Baptist gehörte das Konto juristisch betrachtet zum Pflegeheim, auch wenn es bei genau der Bank ange-

---

[581] Da das sog. „Case Law" im angelsächsischen Recht eine maßgebliche Rolle spielt, findet dieser Fall in den juristischen Publikationen eine besondere Würdigung. Eine ausführliche Darstellung findet sich in Margolies et al. (2004), S. 13-9 - 13-17. Vgl. auch Salathé (1994), S. 558 - 559; Harrell/Folk (1994), S. 58 - 59; Spradling (2003), S. 59 - 60.

[582] Ein „Security Interest" wird im Recht der USA definiert als (vertraglich vereinbartes) Pfand- oder Nutzungsrecht (Sicherungsrecht oder Verwertungsrecht) von persönlichem Eigentum oder Grundstücksbestandteilen, das eine Zahlung oder Erfüllung einer Verbindlichkeit besichert. Vgl. Schäfer (2004), S. 815 (Band I).

[583] Die Sache wurde verhandelt, weil ein Pflegeheim-Betreiber Konkurs angemeldet hatte und der zuständige Konkursverwalter argumentierte, die Abtretung des „Security Interest" verstoße gegen die „Anti-Assignment Provision". Missionary Baptist hatte eine Vereinbarung mit der First National Bank über eine Kreditlinie sowie über ein Darlehen getroffen, für das die Bank im Gegenzug als Sicherheit ein „Security Interest" an den Forderungen gegen Medicare und andere Staatsprogrammen für Gesundheitsleistungen (in erster Linie Medicaid) übernahm. Die Erstattung der Zahlung erfolgte direkt an die Bank durch eine komplizierte Struktur (vgl. dazu Harrell/Folk (1994), S. 58 und Margolies et al. (2004), S. 13-9 - 13-10.), bei der mehrere Parteien (Banken, Staatsbehörden) mit verschiedenen „non-negotiable" und „negotiable" Garantien („warrants") beteiligt waren.

[584] Siehe dazu und zu den genauen Umständen Harrell/Folk (1994), S. 58; Margolies et al. (2004), S. 13-10.

[585] Denn im entsprechenden Text heißt es: *„Nothing contained in this paragraph shall be construed ... to preclude an agent of (...) from receiving any such payment as long as factoring arrangement is not used."* Entnommen aus: Margolies et al. (2004), S. 13-10 (Original aus: Missionary Baptist, 796 F2d at 758).

[586] Siehe zu Entscheidungen bzgl. „Security Interests in Medicare Receivables" vor allem Margolies et al. (2004), S. 13-11.

siedelt war, die den „Security Interest" erworben hatte.) Auf die genauen juristischen Begründungen und diffizilen Gesetzesauslegungen sei hier verzichtet.[587] Die HCFA stellte aufgrund der fortwährenden Unsicherheit nach der Missionary Baptist-Entscheidung und weiteren Anfragen (so z. B. 1988 von Merrill Lynch) 1990 klar: *„Medicaid payments must be sent directly to the provider at its own address, not that of a bank, and negotiated and in the control of the provider before being turned over to the financing institution. Direct payment to the financing institution is not permitted."*[588]

Seit dem Fall Missionary Baptist und den sich daran anschließenden Diskussionen stand aber auch fest, dass ein „Security Interest" an Medicare und Medicaid Receivables erworben werden kann. Allerdings müssen – aufgrund der beschriebenen Gesetzeslage – bestimmte Regeln in Bezug auf die Zahlungsabwicklung eingehalten werden, da die Zahlungen von Medicare und Medicaid immer an den jeweiligen Provider geleistet werden müssen.[589]

Deshalb hat sich für die Errichtung einer Securitization-Struktur die Verwendung eines „Double Lock-Box"[590]-Konzeptes durchgesetzt, das auch vom CMS anerkannt wird.[591] Dazu wird zunächst ein neues Konto (Lock-Box No. 1) eröffnet, das dem Einzugsbereich des Krankenhauses zugerechnet wird bzw. werden muss. Die staatlichen Zahlstellen werden angewiesen, alle Zahlungen auf dieses Konto zu leisten. Daneben wird ein zweites Konto (Lock-Box No. 2) eröffnet, welches unter der Kontrolle des Forderungskäufers steht, hier also des SPV, bei administrativer Kontrolle durch den Treuhänder. Der Krankenhausbetreiber weist dann seine kontoführende Bank an, die auf das Konto No. 1 eingehenden Zahlungen täglich auf das Konto No. 2 zu transferieren („Sweep Account").[592] Der Betreiber muss aber immer das Recht behalten, diese Anweisung widerrufen zu können. In ABS-Transaktionen würde ein Widerruf dieser Anweisung jedoch einen sog. „Trigger Event" bedeuten und die Struktur vorzeitig aufgelöst werden („Early Amortization Trigger").[593]

Durch diese Besonderheit kann es allerdings zu weiteren Risiken kommen. Denn da Medicare und Medicaid alle Forderungen an das gleiche Konto bezahlen, entsteht hier ein sog. „Commingling Risk" (Vermischungsrisiko), da zunächst nicht zwischen verbrieften Forderungen und anderen, nicht abgetretenen Forderungen unterschieden wird[594] (siehe dazu Kapitel 6.2.4. sowie Kapitel 6.3.).

Zusammenfassend kann man feststellen, dass es im Rechtsystem der USA möglich

587 Siehe dazu weiter Margolies et al. (2004), S. 13-10 - 13-17; Spradling (2003), S. 59.
588 Margolies et al. (2004), S. 13-17,
589 Vgl. Moody's (1995a), S. 2; Kincaid (1993), S. 29; Flaum/Klyman (1998), S. 27.
590 Zu verschiedenen Strukturen von Lock-Boxes („Springing Lock-Box" oder „Leaping Lock-Box") bezüglich unterschiedlicher Rechtssysteme siehe Ambery (2002), S. 43. Da in den USA ein Großteil der Zahlungen mit Schecks erfolgt, bieten die Banken einen Lock Box-Service an. Dieser ermöglicht es den Kunden, Zahlungen direkt an die Lock-Box der Bank zu senden. Dann reicht die Bank die Schecks ein und sendet die Daten elektronisch an den Zahlungsempfänger.
591 Vgl. Spradling (2003), S. 59.
592 Vgl. zur Struktur der Lock-Box Konten in Healthcare ABS-Transaktionen insbesondere Margolies et al. (2004), S. 13-17; Spradling (2003), S. 59; Adelson/Hoyt (2002), S. 4; Standard & Poor's (1999), S. 38; Sen/Lawler (1995), S. 36; Salathé (1994), S. 559; Kincaid (1993), S. 29.
593 Vgl. Spradling (2003), S. 59; Adelson/Hoyt (2002), S. 5.
594 Vgl. Adelson/Hoyt (2002), S. 4; Standard & Poor's (1999), S. 38.

ist, einen Zahlungsanspruch im Sinne eines Sicherungsrechtes („Security Interest") an Medicare und Medicaid Forderungen zu erwerben. Die bestehenden Anti-Assignment-Gesetze erfordern es jedoch, eine „Double-Lock-Box"-Struktur einzurichten. Diese Vorgehensweise ist anerkannt, es können aber Probleme auftreten, wenn es etwa tatsächlich zum Konkurs des Originators kommt oder andere „Trigger Events" die Auflösung der ABS-Struktur erfordern (siehe hierzu Kapitel 6.2.4. und Kapitel 6.3.).

Die Abtretung der Forderungen eines Krankenhausbetreibers privaten Versicherungsunternehmen und Privatpersonen gegenüber ist in Bezug auf Abtretungsverbote – insbesondere nach der Revision des Art. 9 UCC[595] (siehe dazu auch Kapitel 6.2.4.) unbedenklich.[596] Die Versicherungsgesellschaften werden in einer Transaktion angewiesen, die Zahlungen direkt auf das 2. Konto der Lock-Box Struktur zu leiten.

6.2.4. „True Sale" und „Automatic Stay"

Die Idee und der gesamte wirtschaftliche Hintergrund bzw. Vorteil einer ABS-Transaktion liegt letztlich darin, dass die Investoren einen Teil am Eigentum bzw. an den Aktiva des Originators erwerben – und zwar i. d. R. einen bonitätsstarken Anteil – und im Falle der Insolvenz des Originators den Erlös dieser Forderungen zugesprochen bekommen, d. h. diese Forderungen also nicht in die Konkursmasse fallen. Wird diesem Vorteil im Falle des Konkurses widersprochen, ist die Idee eines „vermögensgesicherten" (asset-backed) Wertpapiers hinfällig. Gerade bei US-amerikanischen Healthcare-Transaktionen ergeben sich an dieser Stelle aber einige Probleme.
Um die Trennung der Forderungen zu erreichen, sollten bei USA-Verbriefungen vier Schritte streng getrennt und eingehalten werden: Erstens der „True Sale" der Forderungen, zweitens die Errichtung eines SPV in der Form, dass es selbst vom Konkurs ausgeschlossen ist („Bankruptcy Remote"); drittens muss die Verbindung zwischen SPV und Originator so gestaltet sein, dass das SPV nicht zum Konsolidierungskreis des Originators gerechnet werden kann („no substantive Consolidation"), und viertens muss die Übertragung der Rechte an den Forderungen vom SPV an das Rechtssubjekt, welches die Investoren vertritt, sichergestellt sein („First Priority Security Interest").[597] Die Errichtung eines „bankruptcy remote" SPV, das nicht zum Konsolidierungskreis des Originators gehört, ist unter der Beachtung bestimmter Anforderungen relativ unproblematisch.[598]
Schwieriger ist der wichtigste Teil einer Transaktion, die Sicherstellung der „True Sale"-Bedingung. Ist sie nicht erfüllt, handelt es sich bei der Transaktion nicht mehr um

---

595 Vgl. Moody's (2002c): „Revised article 9: The Benefits are many but diligence is warranted."
596 Vgl. Spradling (2003), S. 59 - 60; Harrell/Folk (1994), S. 69; Sen/Lawler (1995), S. 36.
597 Vgl. Whelan (2004), S. 1-26; Harrell/Folk (1994), S. 87 - 88.
598 Vgl. zu den Anforderungen Whelan (2004) S. 1-26; Flägel (2005), S. 197. Siehe insbesondere auch Klee/Butler (2002), S. 38: *„Although an SPV can never be truly „bankruptcy proofed", (...), certain techniques are commonly used in an attempt to make the SPV as bankruptcy remote as possible."*

eine Securitization im klassischen Sinn, sondern eher um einen besicherten Kredit, eine Verpfändung o. ä., und der Käufer hat keinen echten Eigentumsanspruch an den Forderungen. Das Hauptproblem ist, dass es keine klar definierte Vorgehensweise zur Strukturierung eines „True Sale“ gibt. Daher ist die vierte Bedingung, die Anmeldung eines Treuhänders des Nutzungsrechts an den Forderungen („to perfect an interest security“), sehr wichtig. Insbesondere die Rating-Agenturen verlangen diesen Schritt.[599]
Nachdem in Kapitel 6.2.3. geklärt wurde, dass es für einen Krankenhausbetreiber möglich ist, seine Medicare- oder Medicaid-Forderungen abzutreten, ohne dabei gegen geltendes Recht zu verstoßen, stellt sich hier die Frage, ob ein SPV im Falle der Insolvenz des Originators den bevorrechtigten Zugriff auf die Forderungen geltend machen kann. Denn nur dann ergibt sich für den Investor ein Vorteil aus den ABS. Es muss also stets geklärt sein, was im Falle des Konkurses eines Originators mit der ABS-Struktur geschehen könnte.

In den USA wird im Falle eines Konkurses bzw. einer bevorstehenden Insolvenz im Allgemeinen ein „Antrag nach Chapter 11“[600] beim jeweils zuständigen Gericht eingereicht (Ziel ist der „Schutz“ vor den Gläubigern, um dann einen Vergleich zu erreichen).[601] Das Verfahren ist von Fall zu Fall verschieden, meist auch äußerst kompliziert und oftmals langwierig. Zunächst tritt aber immer die sog. „Preservation of the Status Quo“ in Kraft, also die „Bewahrung des gegenwärtigen Zustandes“, die u. a. mit dem sog. „Automatic Stay“ („Vollstreckungssperre“[602]) sichergestellt wird. Diesem Automatic Stay (Section 362(a) BC) kommt in der Praxis eine große Bedeutung zu[603], denn er schützt die Schuldner bzw. verbietet den Gläubigern einen Zugriff auf das Eigentum („Property of the Estate“ (Konkursmasse)).[604] Er bleibt in Kraft, bis ein Plan zur Reorganisation oder Liquidierung aufgestellt worden ist.[605] Davon betroffen sind zunächst auch alle sog. „Secured Creditors“, die sich erst eine Genehmigung des für die Restrukturierung eingesetzten Gerichts einholen müssen, um einen bevorrechtigten Zugriff vornehmen zu können.[606]

Für ABS-Transaktionen kann dieser „Automatic Stay“ in der Praxis – insbesondere bei revolvierenden Strukturen wie im Healthcare-Bereich – ein großes Problem darstellen, da die Zins- bzw. Tilgungszahlungen oft nicht wie geplant durchgeführt wer-

---

599 *„The perfection issue is important in health care securitization arrangements (...)“* Moody's (1993a), S. 6; FitchRatings (1998), S. 4; Moody's (2003b), S. 5. Siehe auch Bär (2000), S. 96 - 97.

600 *„The objective of Chapter 11 is to realize the maximum economic value of a business enterprise, usually by the continuation of business operations on a reorganized, restructured or recapitalized basis, and the distribution of that economic value to satisfy the claims of creditors and the interests of equity security holders. A central policy of Chapter 11 is the equality of treatment of similarly-situated creditors.“* Wallander et al. (2004), S. 35-6.

601 Eine zweite Form ist die Antragstellung nach „Chapter 7“ (Liquidation).

602 Siehe dazu Klüwer (2001), S. 48 m. w. N.

603 *„The automatic stay provisions of Section 362 are among the most important and contested provisions of the Bankruptcy Code.“* Wallander et al. (2004), S. 35-45.

604 Die Insolvenzmasse wird nach Sec. 541 BC klassifiziert. Siehe dazu Whelan (2004), S. 1-26; Klüwer (2001), S. 48; Gehring (1999), S. 51.

605 Vgl. Wallander et al. (2004), S. 35-7; Flägel (2005), S. 196.

606 *„(...) die „Automatic Stay“ Vorschrift, bestimmt, dass ab Stellung des Konkursantrages keine Einzelzwangsvollstreckungen von Gläubigern in verpfändete Sicherheiten mehr erfolgen dürfen.“* Gehring (1999), S. 50 m. w. N.

den können und es dem SPV dann bis auf weiteres verboten sein kann, jegliche Vermögenswerte an die Investoren weiterzuleiten.[607]

Auch wenn der bevorrechtigte Zugriff auf die Forderungen durchgesetzt werden kann – vorausgesetzt der „True Sale“ wurde korrekt durchgeführt –, bleibt ein großes finanzielles Risiko, da sich die Abwicklung eines Konkurses bzw. die Restrukturierung des Unternehmens über Jahre hinziehen kann.[608] Eine ABS-Anleihe kann dann entweder ganz zum Scheitern führen, oder die Investoren müssen während dieser Zeit auf ihre Zahlungen warten.[609] Dieses Problem kann nur dadurch behoben werden, dass die Übertragung der Vermögenswerte juristisch einwandfrei als „True Sale“ klassifiziert ist und so die Forderungen aus der Konkursmasse des Originators herausgelöst werden können.[610] *„The purchase of health care receivables also must constitute a true sale of the receivables in order to further insulate the purchaser from the bankruptcy risk of the seller.“*[611] Denn kann das SPV darlegen, dass die Forderungen ordnungsgemäß abgetreten, d. h. „verkauft“ wurden, so kann es sich auf Section 362(c) bzw. 362(d) des Bankruptcy Codes berufen[612], nachdem *„das Konkursgericht den Automatic Stay sofort aufheben muss, wenn sich das Eigentum an den Vermögenswerten nicht länger in der Konkursmasse des Originators befindet.“*[613] Das Konkursgericht wird diesen Antrag aber oftmals ablehnen (§ 362(d)(2)(B) BC), *„falls das Sicherungseigentum für die Fortführung des Betriebes erforderlich ist.“*[614] Und auch wenn es sich um Kundenforderungen handelt, *„wird das Konkursgericht den Freigabeantrag ablehnen, weil die Zahlungseingänge aus den Forderungen erforderlich sind, um regelmäßige Verbindlichkeiten zu tilgen.“*[615] Diese Bestimmungen wurden insbesondere bei Healthcare Receivables ABS-Transaktionen zum Verhängnis (siehe dazu Kapitel 6.3.).

Problematisch ist hier zum einen – dies betrifft alle ABS-Transaktionen, dass es keine eindeutigen Vorschriften oder Regeln für eine Abtretung im Sinne des „True Sale“ gibt. Es wird immer von Fall zu Fall unterschieden, ob es sich um einen „Secured Loan“ oder „True Sale“ handelt.[616] Letztlich werden immer verschiedene Abgrenzungskriterien des Gerichtes berücksichtigt, wie die Regresshaftung, Bestimmung

---

607 Vgl. Gehring (1999), S. 50.

608 Ein weiteres Problem stellt die Möglichkeit des Sicherheiten-Austausches dar. Denn der Konkursverwalter hat grundsätzlich die Möglichkeit, einem besicherten Gläubiger „angemessene“ Sicherheiten („Adequate Protection“) im Austausch zur Verfügung zu stellen. Eine genaue Festlegung dieses Terminus existiert allerdings nicht. Die Sicherheit könnte aber bspw. irgendein Pfandrecht darstellen. Vgl. Flägel (2005), S. 196; Gehring (1999), S. 50; Kincaid (1993), S. 29.

609 Vgl. Klüwer (2001), S. 49 - 50; Rosenthal/Ocampo (1988), S. 43.

610 *„(...) under section 362(c) of the Bankruptcy Code, the automatic stay of lien enforcement continues in effect as to property of the estate only so long as the property is property of the estate. Thus, if the property is sold by the debtor it is no longer protected by the stay.“* Wallander et al. (2004), S. 35-51.

611 Flaum/Klyman (1998), S. 28.

612 Vgl. Flägel (2005), S. 196; Gehring (1999), S. 51.

613 Gehring (1999), S. 51.

614 Flägel (2005), S. 196.

615 Flägel (2005), S. 196.

616 Das juristische Problem, zwischen „True Sale“ und „Secured Loan“ zu unterscheiden, ist sehr diffizil und wird von Fall zu Fall unterschiedlich gesehen. Zur Behandlung der gesamten Problematik siehe vor allem auch Klee/Butler (2002), S. 49 - 58; Klüwer (2001), S. 46 - 65; Gehring (1999), S. 51 - 59; Luke/Burke (1998), S. 213 - 224; Weil (1996), S. 2 - 20; Gögler (1996), S. 45 - 50.

des wirtschaftlichen Risikoträgers, der Servicing-Ablauf (Dokumentation), die Preisbestimmung der Vermögenswerte und die bilanzielle wie steuerliche Behandlung.[617] Das zweite Problem hängt mit der durch die schon beschriebenen Anti-Assignment-Gesetze und den damit verbundenen Lock-Box-Verfahren zusammen. Denn kommt es zum Konkurs und dem damit verbundenen Automatic Stay, dann wären alle Mittel, die auf dem ersten Konto der Lock-Box-Struktur stehen, aber vor allem alle, die danach dort eingehen, von diesem Automatic Stay betroffen.[618] Bei Healthcare-ABS gilt deshalb vor allem zu beachten, dass das SPV in jedem Fall eine „Erklärung über die Begründung des Sicherheitsrechts" („Filing a Financing Statement") nach dem UCC abgibt[619], um seinen Anspruch an den Forderungen zu schützen und um dem Gericht anzuzeigen, dass die Zahlungen an das SPV – ungeachtet des Automatic Stay – geleistet werden. Dies ist vor allem dann relevant, wenn die Transaktion nicht als „True Sale" eingestuft wird. Ob der Erwerber des Vermögensgegenstands (hier also das SPV) ein Sicherungsrecht geltend machen kann, wird durch Art. 9 UCC geregelt.[620] Eine große Erleichterung bzgl. Healthcare-ABS ist die Revision des UCC, die in den meisten Staaten seit 1. Juli 2001 in Kraft ist: Aufgrund vieler Unstimmigkeiten beim Verkauf oder der Finanzierung von Healthcare Receivables wurden diese ausdrücklich in der Überarbeitung des UCC berücksichtigt.[621] Frühere Bedenken[622] in juristischen Publikationen haben daher heute in dieser Hinsicht keine Bedeutung mehr.[623] Auf die Vorgehensweise bei der entsprechenden Abgabe der Erklärung sei hier verzichtet. Es bleibt allerdings anzumerken, dass die Abgabe einer solchen Erklärung mit einem teilweise hohen administrativen Aufwand verbunden ist – ein weiterer Kostenfaktor jeder Healthcare-ABS-Transaktion.[624]

6.2.5. Datenschutz („Privacy Issues")

Im Gesundheitswesen sind aufgrund der persönlichen Informationen, die während der Behandlung eines Patienten gesammelt werden, oftmals datenschutzrechtliche Probleme zu berücksichtigen. Allerdings spielt dieses Thema in den USA im Rahmen

---

617 Für eine Aufstellung dieser Kriterien siehe Whelan (2004), S. 1-26, und Gehring (1999), S. 54. Da die wirksame Übertragung bzw. der korrekte „True Sale" für eine ABS-Struktur so wichtig ist, achten die Rating-Agenturen auch auf diese Anforderungen. Besteht eine zu große Unklarheit hinsichtlich der Abtretung der Forderungen, so kann die ABS-Transaktion kein besseres Rating erhalten als das Kredit-Rating des Originators selbst, da die Struktur dann als besicherter Kredit und nicht als echte ABS angesehen wird. Vgl. Rosenthal/Ocampo (1988), S. 43.

618 *„Medicare and Medicaid payments made after a healthcare provider's bankruptcy can be trapped by the Bankruptcy Code's automatic stay."* Adelson/Hoyt (2002), S. 4. Siehe auch Flaum/Klyman (1998), S. 28.

619 Vgl. Pica/Bhattacharya (1996), S. 184 („Perfection of Security Interest").

620 Vgl. auch Klüwer (2001), S. 54 - 55; Gehring (1999), S. 52 - 53.

621 Davor waren sog. „Insurance Claims" ausgeschlossen. *„Thus, when Article 9 (...) was totally revised (...), healthcare-insurance receivables were expressly added to its scope to bring certainty to these transactions."* (Margolies et al. (2004), S. 13-25). Dies war insbesondere für Forderungen gegen private Versicherer wichtig. Medicare- und Medicaid Forderungen galten auch davor als „Accounts" und wurden im UCC berücksichtigt. Vgl. Moody's (1993a), S. 6 - 7; FitchRatings (1998), S. 4.

622 Siehe z. B. Flaum/Klyman (1998), S. 27; Harrell/Folk (1994), S. 88 - 96.

623 Vgl. Spradling (2003), S. 59 - 60; Margolies et al. (2004), S 13-06.

624 Siehe dazu Margolies et al. (2004), S. 13-06.

von Healthcare-ABS-Transaktionen kaum eine Rolle und wird im Schrifttum nur marginal behandelt. Bis in die 1990er Jahre war die Abtretung von patientenbezogenen Forderungen relativ unkompliziert, lediglich in einigen Staaten musste sichergestellt sein, dass das Krankenhaus eine schriftliche Einwilligung des Patienten dafür einholte.[625] Insbesondere Änderungen der bundesgesetzlichen Datenschutzregelungen durch das „Department for Health and Human Services" bezüglich der „Privacy Standards" aus dem Jahr 2000 schränken die Abtretung dieser Forderungen etwas mehr ein. Danach dürfen bestimmte Gesundheitsinformationen nicht mehr ohne Patienteneinwilligung benutzt, weitergegeben oder offen gelegt werden, es sei denn, es handelt sich dabei um eine „Ausnahme". Interessanterweise billigt das neue Gesetz die Abtretung bzw. den Verkauf von „Accounts Receivable" explizit.[626] So kommt Spradling (2003) zu dem Ergebnis, dass zwar die Einhaltung einer sorgfältigen Dokumentation über die notwendigen Vereinbarungen wichtiger geworden ist, aber die „Privacy Standards" einer Securitization-Transaktion nicht im Wege stehen.[627]

6.2.6. Weitere Strukturelemente von Healthcare Accounts Receivable ABS

Im Rahmen einer Finanzierung über ABS müssen noch weitere Strukturelemente betrachtet werden, die beim Ablauf einer Transaktion von Bedeutung sind. Dazu zählen die Diversifizierung des Forderungs-Pools, die Form des „Credit Enhancement", die Kosten, die Auswahl der Investoren und das Transaktionsvolumen.

Ein breit diversifizierter Forderungs-Pool ist keine unabdingbare Voraussetzung für eine Verbriefung, aber sein Fehlen erhöht die Komplexität der Struktur und damit auch die Kosten einer Transaktion.[628] Die ideale Gestaltung eines Forderungs-Pools, bei der die Forderungen vielen verschiedenen Branchen und Anbietern entstammen, kann bei einer reinen Healthcare-Transaktion naturgemäß nicht gegeben sein, da es sich eben um eine „Single-Asset Securitization" handelt.[629] Deshalb stellt, wie bereits erwähnt, die Diversifizierung bei Verbriefungen von Healthcare Accounts Receivable meist ein Problem dar. Es wird i. d. R. zwischen zwei Arten von Diversifikation unterschieden, der Anzahl der an der Transaktion beteiligten Krankenhäuser bzw. Gesundheitsdienstleister („Provider Limits") und der Anzahl der zahlenden Versicherungsgesellschaften („Obligor Limits").[630]
Um eine vernünftige Risikoverteilung auf die Versicherungsgesellschaften zu gewährleisten, werden Obergrenzen festgelegt, die im Falle der Überschreitung eine frühzeitige Amortisation auslösen. Diese Obergrenzen („Concentration Limits") gelten vor allem für private Versicherungsfirmen, da diese im Wesentlichen das „Kreditrisi-

---

625 Vgl. Kincaid (1993), S. 30 m. w. N.
626 *„We recognize that (...) entities sometimes make (...) uses and disclosure for purposes that are permitted under the rule without authorization. For example, a (...) health care provider may sell its accounts receivable to a collection agency for payment purposes (...)"* 65 Fed. Reg. at 82514.
627 Vgl. Spradling (2003), S. 61.
628 Vgl. Bär (2000), S. 169.
629 Vgl. Bär (2000), S. 181.
630 Vgl. Adelson/Hoyt (2002), S. 6, Pica/Bhattacharya (1996), S. 185, Standard & Poor's (1999), S. 37; McPherson/Fasanella (2000), S. 216 - 217.

ko“[631] ausmachen. Eine Grundregel dabei ist, dass der Anteil der Versicherer begrenzt wird, deren Rating geringer ist als das der Healthcare ABS selbst.[632] Da Medicare/Medicaid mit AAA bewertet werden und große private Versicherungsfirmen vergleichbar gut, erhalten Healthcare-ABS-Transaktionen oftmals Noten der höchsten Rating-Kategorien. Um diesen Vorteil nicht zu gefährden, muss der Anteil an schlechteren Schuldnern über die Forderungsauswahlkriterien begrenzt werden.[633]
Je nach Struktur der Transaktion ist die Diversifizierung der Gesundheitsdienstleister verschieden, i. d. R. aber ist sie gering. Bei einer „Stand-Alone" Lösung kann es demnach vorkommen, dass ein einzelnes Krankenhaus als Originator der Forderungen fungiert, allein würde es allerdings das Mindestvolumen für eine Transaktion kaum erreichen. Die Stand-Alone-Lösung kann daher nur von großen Krankenhaus- oder Pflegeheimketten praktiziert werden – wie etwa Beverly Enterprises. Die Kette betreibt 561 Pflegeheime und ähnliche Institutionen in 30 Staaten.[634] Durch die Beverly Funding Corporation wurden 1999 „Healthcare Receivables-Backed Notes“ in der Höhe von US$ 70 Mio. ausgegeben – mit einer Laufzeit bis 15. März 2005. Die Diversifikation ist hier nur bzgl. der Versicherungszahler gegeben, die aufgrund der 30 Staaten beträchtlich ist. Obwohl zwar über 500 verschiedene Krankenhaus-Institutionen der Beverly Enterprises an der Forderungsgenerierung beteiligt sind, ist eine Diversifikation der Forderungs-Anbieter nur bedingt gegeben, da fraglich ist, was bei einem Konkurs der Holding dieser Krankenhäuser geschehen würde.
Auch bei anderen Transaktionen wird der Vermeidung von zu hohen Konzentrationen bei Healthcare ABS nur bedingt Rechnung getragen. So sind mitunter Anteile einzelner Krankenhäuser bis zu 30% eines Forderungs-Pools zugelassen, oder es gibt nur geringe Beschränkungen, so dass zwei Anbieter bis zu 50% der Forderungen ausmachen können.[635] Da normalerweise bei ABS-Transaktionen bereits Konzentrationen von 2 - 4% als groß gelten[636], erscheinen hier Healthcare ABS eine besondere Problem-Gruppe darzustellen.

Das „Credit Enhancement“ in bisherigen Healthcare-ABS-Transaktionen der USA gleicht den von anderen ABS-Transaktionen bekannten und wird überwiegend durch interne Maßnahmen erreicht. Dazu zählt die bereits erwähnte Übersicherung (Over-Collateralization), die i. d. R. zwischen 3% und 30% liegt und dynamisch[637] angepasst wird. Weitere Sicherungen erfolgen durch die Gestaltung von „Senior-

---

631 Unter dem sog. „Credit Risk“ versteht man den Ausfall eines Schuldners aufgrund von Insolvenz (nicht die Zahlungsverweigerung o. ä.). Da die staatlichen Zahler davon nicht betroffen sind, liegt das Kreditrisiko allein bei den privaten Versicherern. Dies ist auch einer der großen Vorteile von Healthcare ABS gegenüber andern Verbriefungen.

632 Vgl. Pica/Bhattacharya (1996), S. 185.

633 Vgl. Standard & Poor's (1999), S. 37; McPherson/Fasanella (2000), S. 216 - 217.

634 Vgl. Moody's (1999), S. 3 - 4.

635 Vgl. Moody's (2003b), S. 1; Moody's (2001c), S. 1. Siehe zu den „Provider Limits“ auch McPherson/Fasanella (2000), S. 217 - 219. Ähnliche Beschränkungen finden sich bei einer Transaktion der HFG (HFG 2002-1), bei der das einzelne „Provider Concentration Limit“ mit 30% angegeben wird. Für verschiedene Kategorien der „Payor“ gelten unterschiedliche Restriktionen. So darf ein einzelner kommerzieller AAA-Versicherer maximal 10% des Portfolios ausmachen, ein BBB-Versicherer maximal 3%. Vgl. FitchRatings (2002), S. 6.

636 Vgl. Bär (2000), S. 181.

637 D. h., dass die Rate der Over-Collateralization von Zeit zu Zeit (etwa monatlich) angepasst wird, je nach Performance des Forderungseinganges. Vgl. dazu auch Kapitel 6.2.2.

Subordinated Structures"[638]. Bei einer HFG-Transaktion wurde das Volumen der ABS dazu auf drei Tranchen verteilt, wobei „Class C" und „Class B" der obersten „Class A" nachgeordnet bedient werden. Dieses Sicherungsinstrument findet sich inzwischen auch bei den meisten anderen Emissionen.[639]

Deal Name	Class	Amount in US$ Mio.	WAL*	Spread**	Rating (M/F)***
Healthcare Finance Group; Series 2002-1A	A	70	4,0	L+110	Aa2/AA
	B	23,5	4,0	L+130	Aa3/AA-
	C	6,5	4,1	L+150	A2/A

* Weighted Average Life, ** L = Libor, *** M/F: Moody's bzw. FitchRatings

6.3. Zum Scheitern von „Healthcare Account Receivables"-Verbriefungen in den USA

Die Anwendung von Asset Securitization ist im Gesundheitswesen der USA – wie dargestellt – inzwischen eine bekannte Finanzierungsform. Auch gelten ABS gemeinhin als recht sichere Investition, der überwiegende Teil der Emissionen erhält Ratings der besten Bonität, und Herabstufungen sind selten.[640] Zum ABS-Markt allgemein stellte Bär (2000) fest, dass bis 1997 noch kein ABS-Investor einen Verlust aufgrund von Kreditausfällen erlitten hat.[641] Damals war dieser Markt allerdings noch jung (12 Jahre). Aber auch heute (20 Jahre nach der ersten Transaktion) gelten ABS immer noch als sehr sichere Anlagen, auch wenn mit der Zunahme von Transaktionen – und vor allem bei solchen mit „exotischen" Verbriefungsformen – die Ausfallwahrscheinlichkeiten gestiegen sind.[642] Teilweise wird die Sicherheit des Marktes aber immer noch – auch von Experten – überschätzt.[643] An dieser Stelle ist deshalb kritisch anzumerken, dass es im Markt für Verbriefungen im Gesundheitssektor bereits mehrfach zu Ausfällen von ABS-Anleihen kam.[644]
Den ersten bedeutenden Ausfall gab es im Jahre 1993, als 5 Emissionen der Firma Towers Financial Inc. (siehe auch Kapitel 4.3.) nicht bedient werden konnten und die

638 Siehe dazu auch Kapitel 2.4.3 und Hsu/Mohebbi (1996), S. 280.

639 Vgl. FitchRatings (2002), S. 1 und Adelson/Hoyt (2002), S. 1.

640 Siehe Bär (2000), S. 253. Da bei ABS-Transaktionen viele verschiedene Parteien beteiligt sind, kann es auch vorkommen, dass eine Herabstufung erfolgt, weil z. B. eine sicherungsgebende Dritt-Partei in Schwierigkeiten geraten ist. Auch kommt es vor, dass die unteren Tranchen bei subordinierten Strukturen runtergestuft werden. Ein weiteres Problem sind nicht berücksichtigte oder plötzlich auftretende Probleme im juristischen Bereich, die eine Herabstufung nach sich ziehen. Die Herabstufung von ABS aufgrund einer Verschlechterung der verbrieften „Assets" ist im Vergleich zu herkömmlichen Unternehmensanleihen weitaus geringer.

641 Vgl. Bär (2000), S. 206. Die Ausfälle, die es bis dahin gegeben hat, waren auf betrügerisches Verhalten zurückzuführen. Bär zitiert dabei auch den im Folgenden besprochenen Fall von Towers. 1998 schreibt Baron (1998), S. 89 von drei Fällen (Towers Financial, Days Inn und EPIC). Allerdings bleibt dabei auch anzumerken: *„From an investor's standpoint, a default attributable to fraud hurts no less than one attributable to anything else."* Adelson/Bartlett (2004), S. 22.

642 *„Asset-backed securities (ABS) today display a higher frequency of defaults and downgrades than they did a few years ago."* Adelson/Bartlett (2004), S. 1.

643 Bezeichnend dafür ist der Bericht über die „ABS Credit Migrations 2004"; vgl. Adelson/Bartlett (2004).

644 Siehe für eine Auflistung der ausgefallen ABS-Transaktionen auf dem „Healthcare" Gebiet Anhang Nr. 2.

Firma Insolvenz anmelden musste. 1983 gegründet, war Towers Ende der 1980er Jahre der bekannteste und größte Finanzdienstleister[645], der sich auf das Geschäft beim Inkasso und die Finanzierung von Krankenhausforderungen spezialisiert hatte.[646] Im Wesentlichen bestand das Geschäftsmodell aus vier Feldern: Inkasso von Forderungen, Forderungsankauf gegen Diskont, Kreditfinanzierung von Gesundheitsdienstleistern und Versicherungsservice.[647] Beim Forderungsankauf bediente Towers ca. 250 Kunden, von denen i. d. R. Forderungen mit 5% Diskont angekauft wurden. 50% der Mittel wurden sofort zur Verfügung gestellt, die anderen 45%, sobald Forderungen bezahlt waren. Teilweise wurde den Krankenhäusern aber auch ein Diskont von nur 2% eingeräumt. Zur Finanzierung emittierte die Firma zwischen 1989 und 1992 insgesamt 10 verschiedene Fremdkapital-Anleihen („Notes" und „Bonds"); 5 davon waren die ersten „Health Care Receivables Backed Bonds" (siehe Kapitel 4.3.).[648]

Das Scheitern hatte mehrere Gründe. Zunächst war die Finanzierung der Forderungen zu diesen Konditionen eigentlich unmöglich, da die Höhe des tatsächlichen Forderungsbetrages deutlich unter dem diskontierten Betrag lag. Vor allem war aber das betrügerische Management für den Konkurs verantwortlich. In der Regel wurden Forderungen der schlechtesten Qualität angekauft und dann zum Nennbetrag verbucht. Z. B. gab es nach Aussagen des Insolvenzverwalters einen Vorgang, bei dem eigentlich schon wertlose Forderungen mit einem Buchwert von US$ 29 Mio. für US$ 300.000 angekauft wurden, dann aber ein Gewinn von US$ 19 Mio. ausgewiesen wurde, obwohl lediglich US$ 200.000 aus den Forderungen erzielt werden konnten.[649] Forderungen, die nach 90 Tagen immer noch nicht beglichen waren, wurden mittels eines extra dafür angefertigten Computerprogramms umdatiert und so als neue Forderungen geführt.[650] Außerdem wurden von den US$ 210 Mio. nur US$ 114 Mio. zur Finanzierung des Unternehmens bzw. zum Ankauf neuer Forderungen verwandt, der Rest wurde für Management und Mitarbeitergehälter ausgegeben.[651] Ein Teil der Gelder wurde auch an Krankenhäuser im Sinne eines Kredites vergeben, ohne dass dafür entsprechende Forderungen gekauft wurden.[652] Außerdem wurden die Bilanzen über Jahre hin systematisch manipuliert. Später wurde vom Insolvenzverwalter festgestellt, dass Towers eigentlich seit 1988 insolvent war.[653] In den 1990er Jahren galt der Betrug von Towers als „largest Ponzi Scheme"[654] der USA-

---

[645] Zitat des Wall Street Journals: „The leading hospital bill factoring firm"; entnommen aus Rosenberg (1994), S. 135. Siehe auch Christenfeld/Melzer (1997), o. S.

[646] Vgl. Pallarito (1992b), S. 40.

[647] Vgl. Rosenberg (1994), S. 128.

[648] Heute FitchRatings.

[649] Vgl. Rosenberg (1994), S. 137.

[650] Eine andere Methode war die „Erfindung" neuer Forderungskonten, indem Patientennamen von Krankenhaus A einfach auch zu Patienten des Krankenhauses B gezählt wurden. Teilweise wurden auch einfach wahllos Namen aus dem Telefonbuch genommen. Vgl. Christenfeld/Melzer (1997), o. S.

[651] Vgl. Rosenberg (1994), S. 137.

[652] Vgl. In re Leslie Danish, SEC Release 34-39931 (30. April 1998).

[653] In der Gewinn- und Verlust-Rechnung waren 1988 Gewinne von US$ 4 Mio. ausgewiesen. Tatsächlich aber wies das Geschäft einen Verlust von über US$ 29 Mio. auf. 1992 lag das Verhältnis dann bei US$ 17 Mio. Gewinn bei einem tatsächlichen Verlust von US$ 95 Mio. Vgl. Rosenberg (1994), S. 130.

[654] Vgl. Macaulay (2004), S. 267; Norris (1997), S. 5; Rosenberg (1994), S. 126. „Ponzi Scheme" bezeichnet in den USA ein „Schneeballsystem" (benannt nach Charles Ponzi, der 1920 tausende

Geschichte. Das Geschäftsmodell beruhte letztlich vor allem darauf, alte Investoren mit dem Geld neuer Investoren zu bezahlen. [655]
Nach dem Konkurs kam es zu mehreren Gerichtsverfahren.[656] Problematisch in diesem Fall war für die ABS-Investoren, dass so gut wie keine Forderungen existierten, die als Sicherheit hätten dienen können. Deshalb wurden sofort Fragen nach den Aufgaben des Treuhänders laut, und auch die Verantwortung der Wirtschaftsprüfer von Towers wurde diskutiert.[657] Dem Treuhänder wurde u. a. vorgeworfen, Kenntnis vom „Reporting" und von bestimmten Vertragsverletzungen des Originators gehabt und diese nicht an die Investoren gemeldet zu haben. Außerdem wurde vorgeworfen, nicht dafür Sorge getragen zu haben, dass die Zahlungen an die richtigen Konten („Lock-Box Accounts") geleistet wurden.[658] Schließlich einigten sich die Parteien vor Gericht. Allerdings hätten viele lieber erfahren, wie das Gericht ohne Einigung entschieden hätte, da so viele Fragen nach Aufgaben und Verantwortung eines ABS-Treuhänders hätten geklärt werden können. (Die Ergebnisse der Einigung wurde nicht veröffentlicht.)[659]
Nach diesem fatalen Anfang bei der Verbriefung von Forderungen im Gesundheitswesen kam das Geschäft zunächst zum Erliegen. *„Following the Towers default, the pace of healthcare receivable securitization nearly ground to a halt."* [660] Allerdings war offensichtlich, dass nicht die schlechte Bonität der Forderungen bzw. der Versicherer für das Scheitern verantwortlich war. Letztlich war es auch nicht die betrügerische Geschäftsidee, sondern es hatten einfach alle Kontrollmechanismen versagt.

Da sich die Krankenhäuser weiter mit Finanzierungsproblemen und steigenden Liquiditätsschwierigkeiten konfrontiert sahen, die Forderungen und die Versicherer aber immer noch als beste Bonität eingestuft wurden, gab es Mitte der 1990er Jahre wieder die ersten Transaktionen. Das Unternehmen, das sich darauf besonders spezialisiert hatte und erst 1991 gegründet worden war, war National Century Financial Enterprises, Inc. (NCFE). NCFE finanzierte die Forderungen seiner Kunden (ca. 2.000) und verbriefte sie. Diese Verbriefung sollte ähnlich dem Schema der Abbildung 22 vollzogen werden und ist in der Abbildung 27 dargestellt:

Anleger betrog). Siehe dazu etwa Polleit (2005), S. 28.

655 Zur Geschichte von Towers, den Umständen und Abläufen siehe vor allem Rosenberg (1994): „The Amazing Towers Financial Affair". Außerdem Moody's (1993b): „Seller/Servicer Fraud and the Towers Situation."

656 Insbesondere gegen das Management, siehe Hoffenberg v. U. S., 00 Civ. 1686 (S.D.N.Y. 13. Oct. 2000). Der Gründer und Chef des Unternehmens, Steven Hoffenberg, wurde zu 20 Jahren Gefängnis verurteilt. Ihm wurden u. a. Betrug und Verstoß gegen verschiedene Wertpapiergesetze vorgeworfen.

657 Vgl. dazu In re Leslie Danish, SEC Release 34-39931 (30. April 1998).

658 Vgl. Macaulay (2004), S. 267 und LaSalle National Bank v. Duff & Phelps Credit Rating, 93 Civ. 4692 S.D.N.Y. 12. Juli, 1993.

659 Vgl. Macaulay (2004), S. 267, und Cohen/Kaplan (1998), S. 9-32.

660 Adleson/Hoyt (2002), S. 2.

Abbildung 27: Modell der Forderungsfinanzierung durch NCFE

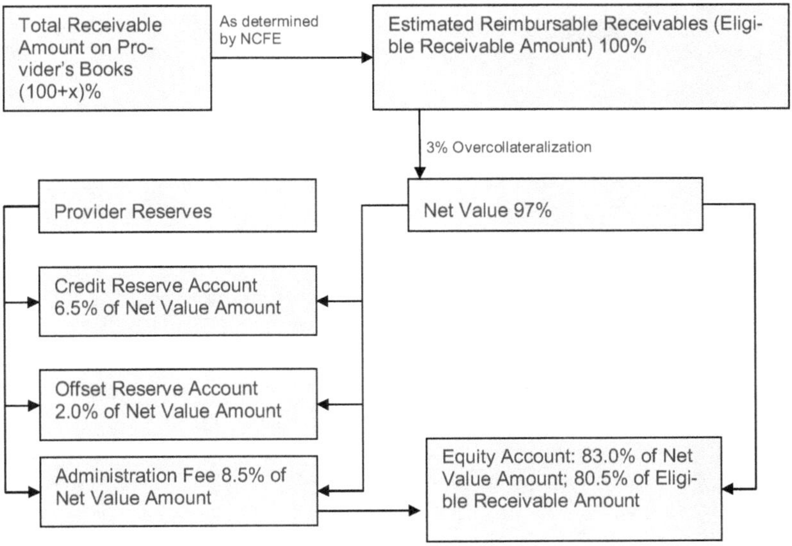

Darstellung modifiziert nach NCFE (2001), S. 39. Vgl. auch McPherson/Fasanella (2000), S. 215 und Moody's (2001c), S. 3 - 4.

Das Finanzierungsmodell sah vor, dem Krankenhaus für seine Forderungen einen Betrag zu zahlen, der sich vom geschätzten Nettowert der Forderung ableitete. Ein Diskont von 3% wurde als Sicherheit einbehalten und gemeinhin als „Over-Collateralization" klassifiziert. Daraus ergab sich ein „Net Value Amount" (NVA) der Forderungen in Höhe von 97%. Allerdings zeigen sich bei einer heutigen Betrachtung einige Unklarheiten, denn die Einstufung bzw. Verwendung der Übersicherung war nicht eindeutig. Im Nachhinein finden sich drei unterschiedliche Angaben über die Verwendung dieser Sicherheit für den gesamten Forderungs-Pool („Cross-Collateralization") oder als Sicherheit für den Ausfall eines einzelnen Schuldners.[661] In diesen beiden Fällen wären die Mittel bei Nicht-Verwendung wieder an den „Provider" (also das entsprechende Krankenhaus) zurückgeflossen. Die dritte Variante war die Buchung dieses Diskonts als Gewinn bei NCFE.[662] Neben der Over-Collateralization wurden weitere Mittel in Reservekonten, einem sog. „Equity-Account" (beim SPV) und einem Konto für mögliche „Set-Off"-Risiken, zurückbehalten.[663] Im Equity-Konto wurden eine Gebühr („Administration Fee" von 8,5% auf NVA) und ein „Program Fee" (1,0% auf NVA) angesammelt. Auf den „Off-Set Reser-

661 *„(...) the over-collateralization for one provider does not furnish protection for shortfalls on receivables from another provider."* Adelson/Hoyt (2002), S. 6. Daraus ergibt sich eine Abnahme der prozentualen Sicherheit des Pools.

662 Vgl. Harner et al. (2003), S. 11.

663 Die Bildung von Reservekonten ist eine gängige Praxis der Kredit-Besicherung bei ABS-Transaktionen. Siehe zum Credit Enhancement auch Kapitel 2.4.3.

ve Account“ wurden 2,0% (auf NVA) als Absicherung eingezahlt. Das Modell sah vor, während der „Interest-only-Period“ (ca. 3 Jahre) die Reservekonten durch den Ankauf von neuen Forderungen zu speisen und alle Mittel, die nach Ablauf der Amortisationsphase nicht verbraucht waren, wieder an das jeweilige Krankenhaus zurückzuführen.[664]

Schon Mitte der 1990er Jahre zogen sich die ersten aus dem Geschäft mit NCFE zurück, wie etwa die Rating-Agentur Standard & Poor's, da sie einige Ungereimtheiten erkannten. Auch im Jahre 1999 und 2000 gab es Schwierigkeiten, als anonyme Briefe bei der Rating-Agentur Duff & Phelps und beim „Asset Sales Report“ eingingen, in denen NCFE beschuldigt wurde, außerhalb der Verträge zu operieren[665] und wertlose Forderungen in den Portfolien zu halten. Der Konkurs auch von NCFE und die anschließenden Probleme bei der Liquidation waren schließlich auf mehrere Umstände zurückzuführen.

Ein Hauptfehler war sicherlich eine völlige Fehleinschätzung des NVA bzw. eine bewusst falsche (gewollt aggressive) Preisbestimmung der anzukaufenden Forderungen, so dass immer öfter weniger Mittel aus den Forderungen erlöst wurden, als an die Provider weitergereicht wurden, was zum „Over-Funding“ führte. Zwei andere Umstände trugen ebenfalls zum Scheitern bei. Für die meisten Kunden waren die Mittel von NCFE das letzte Geld, das ihnen zur Verfügung gestellt wurde, denn es handelte sich dabei meist um kleinere Dienstleister und Krankenhäuser mit schlechter Finanzlage, die absolut auf NCFE angewiesen waren. Ein weiterer sehr problematischer Umstand lag darin, dass das Management und andere Besitzer von NCFE auch Mitbesitzer oder alleinige Besitzer vieler bzw. großer Kunden von NCFE waren und deshalb auch ein persönliches Interesse an dem „Over-Funding“ der Krankenhäuser hatten.
Da viele der Krankenhäuser und kleineren Gesundheitsdienstleister immer mehr Kapital benötigten, fing NCFE ab Mitte der 1990er Jahre an, sich einerseits Kapital gegen „Future Receivables“ zu leihen[666], und zum anderen systematisch Gelder der Reservekonten an Krankenhäuser zu vergeben. Solange NCFE weiteres Geld am Kapitalmarkt aufnehmen konnte, war es möglich, die ABS zurückzuzahlen; allerdings beruhte dieses Geschäft zunehmend mehr auf einem – bereits aus dem Towers-Skandal bekannten – „Ponzi Scheme“[667], also einem Schneeballsystem.[668] Die Ver-

---

664 Vgl. Harner et al. (2003), S. 9 - 11 und NCFE (2001), S. 38 - 47.

665 Dies wurde beschrieben als *„(...) outside the scope of its indentures and normal business practices.“* Asset Sales Report (2000), S. 7.

666 Z. B. hatte 1999 die Coastel Physician Group (später dann PhyAmerica) US$ 117 Mio. gegen „Future Receivables“ geliehen und nur US$ 79 Mio. gegen bereits ausgeschriebene Rechnungen. Im Dezember 2000 hatte sich dieses Verhältnis sogar auf US$ 167 Mio. zu US$ 71 Mio. verschlechtert. Vgl. O'Neal (2002), S. 1.

667 Vgl. dazu auch Kaplan/Wickouski (2003), S. 29. So auch die Mitteilung eines New-Yorker Interviewpartner: „NCFE was the largest Ponzi scheme ever!“

668 Ab Mitte der 1990er Jahre fing NCFE auch an, Bilanzen und andere Dokumente, insbesondere Papiere für neue Investoren, zu fälschen und zu beschönigen. *„(...) Gibson admitted that, beginning in 1995, she prepared or directed others to prepare investor reports containing false financial information. Ms. Gibson further admitted that these actions defrauded investors in the Notes. Gibson has not yet been sentenced in connection with her guilty plea, but she faces a potential prison*

weigerung von Deloitte & Touche, Wirtschaftsprüfer von NCFE, die Bilanz des Jahres 2001 zu unterschreiben[669], führte dann schnell zu Finanzierungsproblemen bei NCFE, da keine neuen Investoren gefunden werden konnten. Sofort bekam NCFE Liquiditätsprobleme. Zu diesem Zeitpunkt stellte Bank One, Trustee von SPV NPF XII, fest, dass sich im Credit Reserve Account am 1. Oktober 2002 statt US$ 145 Mio. nur US$ 851.993 befanden, im Off-Set Reserve Account US$ 498.321 anstelle von US$ 44 Mio. und im Equity Reserve Account nur US$ 10 Mio. statt US$ 217 Mio.[670]

Die Probleme von NCFE hatten auch zur Folge, dass viele der Kunden von NCFE in große Finanzierungs- und Liquiditätsnöte gerieten. Am 18. November 2002 beantragte NCFE Gläubigerschutz nach Chapter 11. Problematisch waren die Verträge, die die Kunden mit NCFE eingegangen waren. Denn diese sahen einen fortwährenden Verkauf sämtlicher Forderungen vor, so dass alle Mittel, auch die der aus Kundensicht nicht abgetretenen Forderungen, weiterhin auf das Lock-Box-Konto von NCFE bzw. des SPVs geleitet wurden. Da der Cash-Flow dieser Forderungen die einzige Kapitalquelle für die Krankenhäuser waren, kam es zu zwei Problemen: Erstens mussten viele Kunden von NCFE aufgrund massiver Liquiditätsprobleme selbst Konkurs anmelden. Dann verlangten sie, die Zahlungen an die Lock-Box einzustellen, bzw. fingen an, die Gelder der Forderungen zurückzufordern, weil diese Mittel Eigentum ihres Konkursverfahrens seien, also vor einer Auszahlung geschützt. Weiterhin stellten sie den True Sale in Frage und verlangten eine Aufhebung des „Automatic Stay"-Status im Konkursverfahren von NCFE.[671] Letzteres Ziel verfolgten aber auch die Gläubiger der ABS, die ein Recht auf Weiterzahlungen der Gelder an das SPV geltend machten.

So entstand die bizarr anmutende Situation, dass sich hunderte Krankenhäuser und andere „Provider" um die Forderungen stritten, vor allem aber auch um den noch zu erwartenden Cash-In-Flow. Jede Entscheidung über diese Forderungen hätte aber gleichzeitig in mindestens einen weiteren Konkursfall eingegriffen.[672] Die Kranken-

---

term of five years and a $250,000 fine. (…) Stucke admitted that, beginning no later than July 15, 1999, with guidance and direction from other executives and owners of the Debtors, he prepared or directed others to prepare investor reports containing false financial information. Stucke further admitted that these actions defrauded investors in the Notes. (…). In addition, the SEC filed a civil injunctive action against Stucke alleging that Stucke participated in a scheme to defraud investors in the Notes." NCFE Final Disclosure Statement (Case No. 02-65235) (2004), S. 38.

669 Aufgrund des Enron-Skandals in dieser Zeit, lag das Augenmerk von Deloitte & Touche auch auf den „Off-Balance-Sheet" Finanzierungen. Da hier und an anderen Stellen Ungereimtheiten in den Bilanzen entdeckt wurden, konnte Deloitte & Touche keinen ordentlichen Bilanzabschluss attestieren.

670 Vgl. Harner et al. (2003), S. 13.

671 Hier wurde auch in Frage gestellt, inwieweit man von einer Konsolidierung der SPVs bzw. der Unwirksamkeit der „Bankruptcy Remoteness" ausgehen kann. Siehe dazu auch Kapitel 6.2.4. Vgl. direkt zu NCFE vor allem Kaplan/Wickouski (2003), S. 29 und 56; zur „Bankruptcy Remoteness" in den USA siehe auch Gehring (1999), S. 42 - 49; Klüwer (2001), S. 82 - 89; Luke/Burke (1998), S. 215 - 216; Flägel (2005), S. 195 - 197.

672 Es wurden hier viele juristische Fragen aufgeworfen: *„When two counterparties are in bankruptcy, presumably the Bankruptcy Code and Rules apply equally to both. Novel and complex conflicts arise, however, that were understandably not considered by the drafters of the statue and the rules. (…) The Bankruptcy Code does not, however, explicitly address situations in which two counterparties, in this case the receivables purchaser and the receivables seller, are both in bankruptcy. Any action taken in the NCFE bankruptcy court may impact another debtor's case (…)."* Harner et al. (2003), S. 19 - 20. Über 500 verschiedene Unternehmen bzw. deren angegliederte

häuser machten geltend, dass ohne die Bereitstellung der Barmittel aus den Forderungen die Versorgung nicht mehr gewährleistet sei. An diesem Punkt traten dann wieder die Besonderheiten des Gesundheitswesens, d. h. seine gesellschaftlichen und ethischen Verpflichtungen, in den Vordergrund. Denn aufgrund des bevorstehenden Szenarios, dass im Falle der Nicht-Freigabe des Cash-Flows aus den umstrittenen Forderungen Krankenhäuser geschlossen und Patienten nicht weiter hätten behandelt werden können, wurde vielen Krankenhäusern der Zugriff gewährt: *„In light of the „parade of horribles" presented, cash collateral usage was nearly universally granted."*[673] Das zeigt, dass im Markt für Gesundheitsdienstleistungen immer wieder unerwartete Probleme und spezifische Risiken auftreten können.[674]

Schließlich meldeten mindestens 30 „Health Care Companies" in 13 verschiedenen Staaten Konkurs an. Der Plan[675] vom 16. April 2004, – NCFE und alle beteiligten Firmen zu liquidieren, sah vor, dass von den ca. US$ 3 Mrd. an die ABS-Investoren 12% - 14% direkt ausbezahlt werden könnten[676]; sofern dann noch Restmittel zur Verfügung stünden, sollten diese zwischen allen Gläubigern verteilt werden.

Die Ausfallquote von Healthcare und Medical Equipment Leasing ABS in den USA ist – verglichen mit dem gesamten ABS – enorm. Die beispielhaft geschilderten Fälle sind zwei besonders große Betrugs- bzw. Insolvenzverfahren im Bereich der Healthcare ABS-Verbriefungen. Weitere Fälle (etwa die Insolvenz von DVI, einem Anbieter von Medical Equipment Leasing ABS) sind verzeichnet, jedoch handelte es sich dabei um Equipment Leasing ABS und nicht um Handelsforderungsverbriefungen.

Eine Lehre, die aus diesen Konkurs- und Betrugsfällen zu ziehen ist, ist die Forderung nach einer gründlichen und klaren Absicherung von ABS-Systemen vor ihrer Einführung, eine Forderung und Erfahrung, die auch für eventuelle ABS in Deutschland als Voraussetzung erfüllt sein müsste.

6.4. Verbriefung von „Intellectual Property" im Gesundheitswesen der USA

Die Verbriefung geistigen Eigentums („Intellectual Property") stellt eine noch sehr junge „Asset-Klasse" auf dem ABS Markt dar, jedoch wird ihr großes Potential zugeschrieben.[677] Die Vorteile für Originator und Investoren sind ähnlich wie in den zuvor

---

Töchter waren bzw. sind in diesen Fall verwickelt.

673 Harner et al. (2003), S. 22.

674 Die Situation wurde in mehreren Konferenzen zwischen den an allen Konkursverfahren beteiligten Richtern, Bankiers, Krankenhausmanagern und Anwälten diskutiert. Gemäß der Aussage einiger Interviewpartner wäre z. B. im Falle des Konkurses eines Autohauses anders entschieden worden, da dieses z. B. temporär hätte geschlossen oder von einer anderen Firma verwaltet werden können. So wurden die Forderungseingänge auf die Konten der SPV, nach Konkurs von NCFE, zum Großteil zunächst an die Krankenhäuser ausgezahlt. Von US$ 46 Mio. wurden so ca. US$ 40 Mio. an die vor dem Konkurs stehenden „Provider" bezahlt. Harner et al. (2003), S. 23.

675 Vgl.: In re National Century Financial Enterprises, Inc., Bankruptcy Court Southern District of Ohio Eastern Division, Case No. 02-65235 (2004), „Fourth amended joint plan of liquidation of National Century Financial Enterprises, Inc. and its debtor subsidiaries". Der Plan trat am 30. April in Kraft, das Verfahren ist damit jedoch nicht endgültig abgeschlossen, da noch weitere Einwände geprüft werden müssen und andere Gerichtsverfahren anhängig sind.

676 *„Roughly $3.35 billion of outstanding securities have defaulted, and estimates of ultimate losses to investors have run higher than 85%."* Adelson/Bartlett (2004), S. 27; o. V. (2004b), S. 4.

677 Vgl. Fishman (2003), S. 6 - 7; Hillery (2004), S. 5 - 8; Dorris (2003), S. 79.

beschriebenen Bereichen. Allerdings ergeben sich aus dem Wesen dieser „Intangibles" zusätzliche Vorteile und Strukturierungsmöglichkeiten. Wie bei allen ABS-Klassen existieren aber auch hier besondere Schwierigkeiten. So erscheint etwa im Gegensatz zur Situation bei Handelsforderungen der Finanzierungsvorteil des Originators als deutlich höher, da die zusätzliche Liquidität, die durch die Verbriefung generiert werden kann, bereits Jahre im voraus entsteht.[678] Jedoch wird der gesamte „Due Diligence"-Prozess bei IP-ABS-Transaktionen als höchst aufwendig angesehen. Problematisch ist insbesondere die Evaluierung des zu verbriefenden Vermögens, zum einen in der Berechnung des zu erwartenden Cash-Flows und zum anderen in Bezug auf die rechtliche Spezifizierung des Vermögensgegenstandes.[679] Zu den „Intellectual Property Rights", die für ABS in Frage kommt, zählen Einnahmen aus dem Film- und Musikgeschäft, Lizenzeinnahmen aus „Merchandising"-Unternehmungen oder Fernsehrechten und aus Patenten (vgl. zur genauen Definition auch die Ausführungen in Kapitel 4.1.2.).

Im Gesundheitswesen der USA waren bis zum Jahr 2004 nur zwei Transaktionen von IP-ABS bekannt.[680] Im Jahr 2000 verbriefte der BioPharma Royalty Trust Einkommensströme der Yale University, die dieser an der Entwicklung eines HIV-Medikaments, das von Bristol-Myers Squibb unter dem Namen Zerit vertrieben wird, entstanden waren.[681] In der Transaktion wird die Sicherheit beschrieben als: *„Royalty interest in the patent and licensing agreement between [Yale] University and Bristol-Myers Squibb Company (...) pertaining to the anti-retroviral use of 2', 3'- dideoxy, 2'3'-didehydrocytidine, and 2', 3'-didehydro-thymidine and compositions described in the U.S. patent applications serial numbers 911,200 (9/24/86) and 942,686 (12/17/86)."*[682]

Durch die Transaktion erhielt die Yale University knapp US$ 100 Mio. über das SPV „BioPharma", die die Universität dazu verwendete, ein neues Gebäude zu errichten, das sonst erst zu einem deutlich späteren Zeitpunkt finanziert worden wäre.[683] BioPharma refinanzierte sich dabei am Kapitalmarkt mit der Ausgabe von ABS. So wurden ca. US$ 57 Mio. über „Senior Notes", US$ 22 Mio. über „Mezzanine Notes" und der Rest über einen „Equity Interest" finanziert.[684] Dadurch wurde ein klares Beispiel geliefert, dass auch ABS an Investoren ausgegeben werden können, die nicht ausschließlich vereinbarte Zinszahlungen nach sich ziehen, sondern erst bei Erreichen bestimmter Verkaufszahlen eines Medikamentes Zahlungen versprechen. Die Mezzanine-Tranchen und insbesondere die Equity-Tranche sind daher mit am (bzw. nur am) Überschuss des Erlöses (hier des Gewinns von BioPharma aus dem Verkauf von Zerit nach Abzug der ABS-Verbindlichkeiten) beteiligt. Bei der Verbriefung

---

678 Vgl. Fishman (2003), S. 6.

679 Vgl. Bell (2003), S. 83, 85 - 88, Dorris (2003), S. 80, Borod/Hutton (2003), S. 57 - 59, Borod (2004), S. 1. Für eine detaillierte juristische Abhandlung (US Problematik) siehe insbesondere Ruff (2003).

680 Vgl. Dorris/Wilkes (2004), S. 6 und Dorris (2003), S. 79.

681 *„The Company holds an exclusive patent license for ZERIT from Yale University pursuant to which it pays a royalty based on product sales."* Bristol-Myers Squibb (2005), S. 7.

682 Vgl. Auszug des "Deal-Sheets" in Edwards (2001), S. 7.

683 *„It's the difference between taking the money as it comes in, versus taking the money and readily investing it"*, so E. Jonathan Soderstrom, Managing Director des „Yale Office of Cooperative Research". Entnommen aus: Blumenstyk (2001), o. S.

684 Vgl. Borod (2004), S. 1, Dorris (2003), S. 80, Hillery (2004), S. 28, WestLB (2000), S. 1 und den Auszug des „Deal-Sheets" in Edwards (2001), S. 7.

musste jedoch auch berücksichtigt werden, dass die Yale University mit den eigentlichen Entdeckern des Wirkstoffes (Mitarbeitern der Universität im Jahr 1985) bereits 1988 eine Vereinbarung getroffen hatte, wonach ihnen 30% aller Erlöse zustehen. So waren nur 70% der Erlöse, die Yale aus den Verkäufen von Zerit zustanden, als „Collateral" zu berücksichtigen. Das folgende Schaubild stellt die Entwicklung des Gesamtvorgangs schematisch dar:

Abbildung 28: Beispiel einer IP-Verbriefung der Yale University

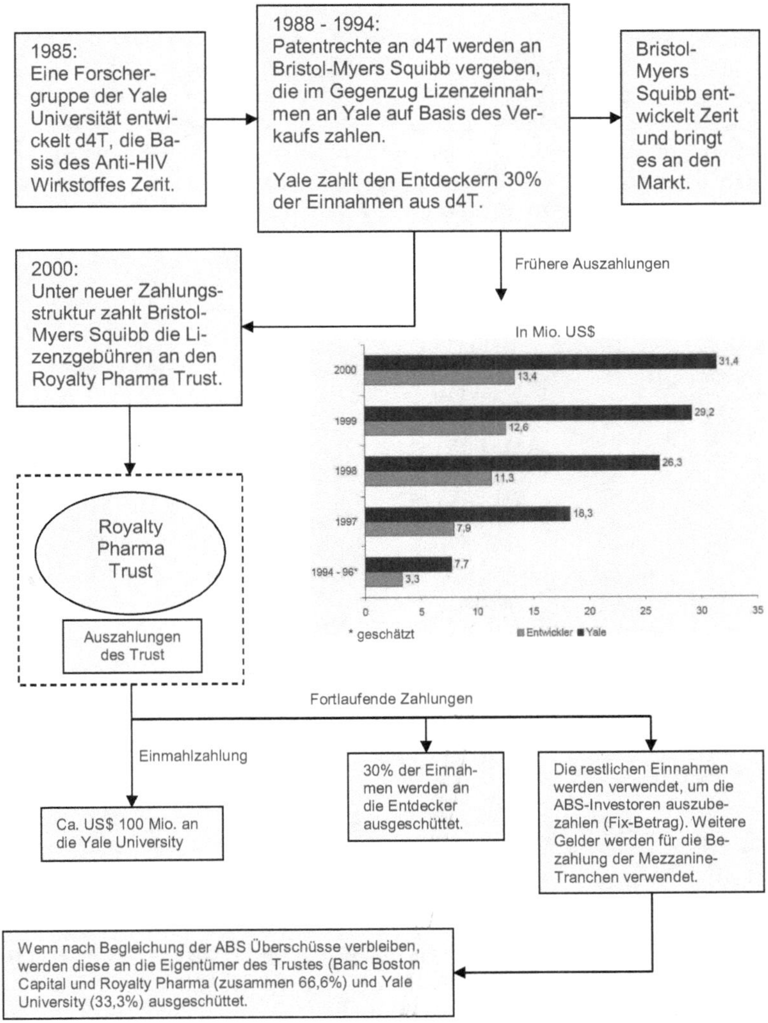

Quelle: Modifizierte Darstellung nach einer Abbildung des Yale Office of Cooperative Research (Graphik: Jamie Baylis) und WestLB (2000), S. 2.

Wie schon bei anderen Verbriefungen im Gesundheitswesen der USA kam es auch bei dieser ABS-Struktur zu Problemen und sie wurde in eine „Early Amortization" überführt, nachdem der Treuhänder zum dritten Mal in Folge gemeldet hatte, dass die geforderten Testwerte der „Coverage Ratios", die dem A-Rating der „Notes" zugrunde lagen, nicht eingehalten werden könnten.[685] In der subordinierten Mezzanine-Tranche gab es bereits einige Ausfälle, diese wurden aber durch eine Versicherung (deshalb hatte diese Tranche auch ein AA Rating) ausgeglichen.[686] Durch die „Early Amortization" gab es zwar einige veränderte Zins- und Tilgungszahlungen, Ausfälle gab es aber nicht. Die Zerit-Verkaufszahlen sanken zwar, aber nicht so, dass die ABS nicht mehr davon hätten bedient werden können. Der Struktur lagen die folgenden Prognosen zugrunde:

Tabelle 16: Schätzungen der Einnahmen und tatsächliche Verkäufe von Zerit

Schätzungen* aus dem Jahr 2000 über den Verkauf von Zerit (in Mio. $)

Analyst / Bank	1999	2000	2001	2002	2003
Merrill Lynch	605	637	664	689	686
Bear Stearns	605	665	732	805	885
Deutsche Bank	605	625	770	878	1000
Morgan Stanley	605	672	739	813	894
Cowen	605	600	625	700	750
Lehman Brothers	605	695	850	900	950
JP Morgan	605	625	640	655	670
ING Barings	605	600	639	665	681
Median	605	631	698	753	818
Tatsächlicher Verkauf**	605	618	515	443	354
Differenz zu Median in Mio. $	--	-13	-183	-310	-464
Differenz zu Median in %	--	-2%	-26%	-41%	-57%

* Aus Hillery (2004), S. 30. Daten bereitgestellt von Royalty Pharma.

** Aus Bristol-Myers Squibb (2004), Annual Report, SEC Filing 10-K, S. 5, 41 und 94.

Darstellung nach Hillery (2004), S. 30.

Warum sich die Verkaufszahlen des Medikaments so schlecht entwickelten, kann hier nicht erörtert werden. Ein Grund war u. a., dass Bristol-Myers Squibb Zerit im Jahr 2001 mit großen Nachlässen an einige Großhändler verkauft hatte (die Gründe dafür sind nicht genau bekannt, wahrscheinlich sollten interne Unternehmenskenn- oder Vergleichszahlen erreicht werden).[687]

Im Folgenden soll kurz eine Überlegung zu den wirtschaftlichen Auswirkungen dieser

685 O. V. (2004c), o. S.; o. V. (2002a), S. 1, 3; Hillery (2004), S. 28.
686 O. V. (2002a), S. 1, 3; Hillery (2004), S. 28.
687 Vgl. Hillery (2004), S. 28 - 29. Die Firma merkt dazu an: *„Sales of ZERIT (...) decreased 20%, including a 5% favourable foreign exchange impact, to $354 million in 2003, primarily as a result of decreased demand due to potential adverse side effects."* Bristol-Myers Squibb (2004), S. 41.

Transaktion gemacht werden. Aus Tabelle 16 sowie den Angaben für die Jahre 2004 - 2006 lassen sich folgende Schätzungen für Einnahmen der Universität (und der Entdecker) angeben:

Tabelle 17: Einnahmen der Universität Yale aus dem Zerit-Patent

Jahr in US$ Mio.	2000	2001	2002	2003	2004*	2005e**	2006e**
Prognose Gesamteinnahmen	44,17	48,86	52,68	57,23	63,35	60,20	57,19
davon 70% für die Universität	30,92	34,20	36,87	40,06	44,35	42,14	40,03
davon 30% Erfinderanteil	13,25	14,66	15,80	17,17	19,01	18,06	17,16
Tatsächliche Einnahmen	43,26	36,05	31,01	24,78	19,04	14,00	9,45
davon 70% für die Universität	30,28	25,24	21,71	17,35	13,33	9,80	6,62

Eigene Darstellung. Die Aufteilung der Einnahmen wie in Abbildung 28 dargestellt, lassen auf einen Gesamtanteil für die Universität von ca. 7% schließen. Der Universität verbleiben nach Abzug des Anteils für die Erfinder somit ca. 4,9%.
*Daten für 2004 aus Bristol-Myers Squibb (2004), S. 4 und 42.
**Schätzung der Verkaufszahlen aus WestLB (2000), S. 3 (dort wird auf die Daten von 9 „Brokern" bzw. Banken hingewiesen (vgl. dazu auch Tabelle 16).

Bei den ABS wurde das WAL der Senior- und Mezzanine-Tranche mit 3,5 Jahren angegeben, aber der Zeitpunkt der juristischen Fälligkeit (sog. „Legal Maturity") als September 2006[688], so dass die Universität Yale mindestens bis zu diesem Zeitpunkt alle Lizenzeinnahmen abgetreten hat. Nicht bekannt gegeben ist die Aufteilung der überschüssigen Lizenzeinnahmen auf die Mezzanine-Tranche und den „Equity Interest". An letzterem hält die Universität über eine Einlage von US$ 9.914.799 einen Anteil von 33,3%, die anderen Investoren zahlten US$ 19.829.598 für 66,6%.[689]
Um die Höhe des „Verbriefungsdiskonts" zu schätzen, wurde ein Diskontierungsfaktor gebildet, der das entsprechende Risiko darstellen soll. Die geschätzte Zinsstrukturkurve, mit der die erwarteten Lizenzeinnahmen diskontiert wurden, setzt sich aus dem Zinsniveau der „US Treasury Notes" und einem geschätzten Risikoaufschlag zusammen. Für den Risikoaufschlag wurden 180 BP unterstellt (die Struktur sah vierteljährliche Auszahlungen in der Höhe des US$ 3M-LIBOR + 135 BP für die „Senior Note" vor und einen nicht veröffentlichten Risikoaufschlag für die Mezzanine Tranche[690]).

688 Vgl. WestLB (2000), S. 1.
689 Vgl. WestLB (2000), S. 3.
690 Vgl. WestLB (2000), S. 1.

Tabelle 18: Abschätzung eines etwaigen Einnahmeverzichtes durch „Zerit"-ABS

US Treasury*: 6,10% Geschätzter Risikoaufschlag in BP: 180

Jahr	2001	2002	2003	2004	2005	2006
Prognose Einnahme (abzgl. Erfinderanteil)**:	34,20	36,87	40,06	44,35	42,14	40,03
Diskontierte Einnahmen (Diskontzins: 7,9%):	31,70	31,67	31,89	32,72	28,81	25,37

	182,15	Ertragswert der Lizenzeinnahmen
-	98,90	Kaufpreis (ABS-Investoren und "Equity Interest" der übrigen Investoren)
=	83,26	
-	27,75	Auszahlung des 33,3% Equity Interest an die Yale Universität***
	55,50	Auszahlung des 66,6% Equity Interest an übrige Investoren***

Diskont bezogen auf den Ertrageswert / Effekt der Verbriefung: 30% Werte in US$ Mio.

Eigene Berechnung. *Die Zinskurve der „US Treasury Bills" zeigte im April 2000 einen unnormalen Verlauf in Form einer „buckligen" Zinsstrukturkurve (dabei lagen die Werte für 2000 bei 6,19%, für 2001 bei 6,27% und fielen dann für längere Laufzeiten (2006: 6,07%)[691]. Der Einfachheit halber wurde hier eine flache Zinsstruktur mit einem konstanten Zinssatz von 6,10% unterstellt. **Siehe zur Einnahmen-Schätzung Tabelle 17. ***Siehe dazu die Angaben der vorherigen Seite. Um den Kapitalwert zu errechnen wären von dem Ertragswert des Eigenkapitalanteils der Yale Universität eigentlich auch die Anschaffungskosten abzuziehen. Dies sind wären im Prinzip die Forschungskosten. Diese Überlegung ist hier unbedeutend, da keine Rechnung für die „wirtschaftliche" Vorteilhaftigkeit der Forschung gemacht werden soll.

Unter der Annahme der dargestellten Zinsstruktur bzw. Diskontrate ergibt sich ein Ertragswert der Lizenzeinnahmen von ca. US$ 182 Mio. Dafür wurde der Yale Universität eine Einmalzahlung in der Höhe der ABS und der Einlage der Eigenkapitalanteilseigner gezahlt (US$ 98,9 Mio.). Von dem restlichen Ertragswert (US$ 83,26 Mio.) stehen der Yale Universität allerdings aufgrund der 33,3% Einlage ca. US$ 28 Mio. zu. Danach errechnet sich eine Aufgabe von zukünftigen Einnahmen von US$ 55,5 Mio. bzw. ein Diskont von ca. 30%. So merkt denn auch Fishman (2003) zu IP-Transaktionen an: *„Often the buyer's discount rate is high, like a junk bond's."*[692] Siehe dazu vor allem auch die Ausführungen in Kapitel 12.3.

Für die ABS hätte sich bei Annahme der obigen Zinsen eine geplante Zahlung (eigentlich aufzuteilen pro Quartal) wie in Tabelle 19 ergeben:

691 Daten: Federal Reserve Statistical Release (H.15).
692 Fishman (2003), S. 6.

Tabelle 19: Zahlungsstruktur der „Zerit"-ABS (stark vereinfachte Darstellung)

Jahr	2000	2001	2002	2003	2004
ABS ausstehend*	79.150.000	61.558.989	42.578.287	22.098.111	0
Zins		6.252.850	4.863.160	3.363.685	1.745.751
Tilgung		17.591.011	18.980.701	20.480.177	22.098.111
Zins+Tilgung		23.843.861	23.843.861	23.843.861	23.843.861
Prognose Lizenzeinnahmen**	30.919.000	34.202.000	36.872.500	40.057.500	44.345.000
Tatsächliche Lizenzeinnahmen**	30.282.000	25.235.000	21.707.000	17.346.000	13.328.000

Eigene Berechnung. *Es wurde eine gleichmäßige Annuität unterstellt. Siehe für die zugrunde gelegten Annahmen der Zinszahlungen Tabelle 18; **Daten vgl. Tabelle 17.

Man kann erkennen, dass die Einnahmen aus den Lizenzen im Verlauf des Jahres 2002 nicht mehr für Zins und Tilgung gereicht haben. Dies deckt sich mit der oben erwähnten Meldung vom November jenen Jahres, dass die sog. „Coverage Ratios" nicht eingehalten werden konnten und die Struktur frühzeitig aufgelöst wurde.[693] Daraus entstanden zum überwiegenden Teil Verluste durch verspätete Zahlungen, die eingehenden Einnahmen sollten jedoch ausreichen, um die ABS zu tilgen.

Unter reinen ABS-Funktions-Gesichtspunkten – und auch für Yale Universität – verlief die Transaktion aber erfolgreich. Der Cash-Flow aus einem definierten Vermögensgegenstand wurde vom Originator abgetrennt und an die Investoren veräußert. Diesen oblag nur das Risiko, dass sich der Einkommensstrom des Vermögensgegenstandes nicht wie angenommen entwickelt, die Bonitäten sowohl der Universität als auch von Bristol-Myers Squibb waren hier ohne Bedeutung (im Fall der Insolvenz hätte lediglich ein anderes Unternehmen den Verkauf von Zerit übernehmen müssen). Es lagen keine strukturellen Probleme vor, die Funktion des Treuhänders wurde korrekt ausgeführt, und es gab keinen Betrug o. ä. Den Investoren wurde allein das bekannte Risiko einer IP ABS-Investition zum Verhängnis. Auf der anderen Seite konnte Yale das Risiko eines Einkommensverlustes an Dritte abgeben und mit den Mitteln ein Projekt frühzeitiger verwirklichen. Bei einem positiven Verlauf der Verkaufszahlen hätte die Universität dafür auf einen Teil der erwirtschafteten Gewinne verzichten müssen.[694]

So verwundert es auch nicht, dass bei einer weiteren ABS-Finanzierung der augenscheinliche Fehler der ersten Transaktion vermieden wurde: Es wurde ein diversifiziertes Portfolio verbrieft. Im Sommer 2003 verbriefte der Royalty Pharma Finance Trust US$ 225 Mio. über die Credit Suisse First Boston (CSFB), besichert durch ein Portfolio aus 13 verschiedenen Medikamenten[695] bzw. den Rechten am Verkaufserlös der zugrunde liegenden Patente bzw. Produkte.[696] Die Struktur dieser ABS-

---

693 Vgl. o. V. (2002a), S. 1, 3; Hillery (2004), S. 28.

694 An dieser Stelle sei auch angemerkt, dass es zu keinen Rechtsstreitigkeiten kam.

695 Davon sind nur 9 wirklich in die Transaktion mit eingebunden, bei 4 steht die endgültige FDA Zulassung noch aus. Vgl. Hillery (2004), S. 31 - 32.

696 Die Transaktion hat eine revolvierende Periode von 3 Jahren und eine geplante Laufzeit („Sche-

Maßnahme stellt sich wie im Schaubild der Abbildung 29 dar und erhielt aufgrund einer MBIA Versicherung ein AAA-Rating von Standard & Poor's und Aaa von Moody's[697]:

Abbildung 29: Struktur einer Royalty Pharma ABS-Transaktion

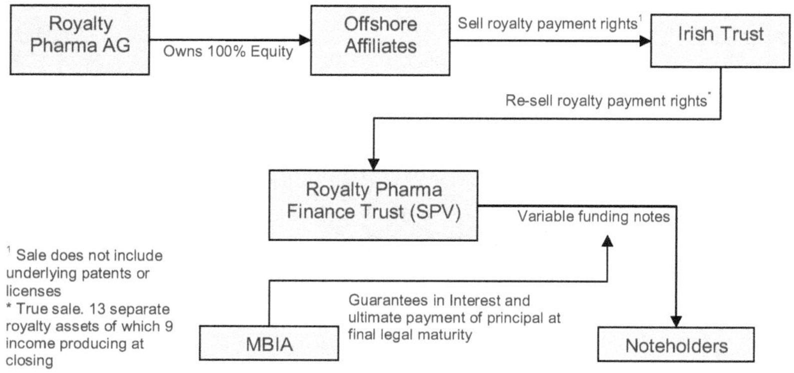

Darstellung nach Borod/Hutton (2004), S. 76.

Bis auf eine Ausnahme sind die Teilnehmer an dieser Struktur bzw. die Besitzer der Lizenzrechte industrielle Pharmaunternehmen, die hier nicht weiter betrachtet werden sollen. Das von der Firma AMGEN Inc. entwickelte und vertriebene Medikament Neupogen bzw. Neulasta beruht auf Patenten einer Forschergruppe der 80er Jahre des Memorial Sloan-Kettering Cancer Center (MSKCC) in New York. MSKCC hatte mit AMGEN ein Abkommen über die Entwicklung und den Vertrieb des Medikaments geschlossen, das die Firma 1991 auf den Markt brachte[698] und das MSKCC seitdem – aufgrund des Besitzes am Ursprungspatent – Lizenzeinnahmen einbringt. Royalty Pharma hatte bereits 2003 einen Anteil der MSKCC-Lizenzrechte an Neupogen/Neulasta[699] erworben, der im Januar 2004 auf US$ 263 Mio. aufgestockt wurde. MSKCC erhielt diese Mittel sofort und erhält darüber hinaus noch zusätzliches Kapi-

---

duled Maturity") von 7 Jahren. Auf die Schilderung der genauen rechtlichen Ausgestaltung der Verbriefung sei im Folgenden verzichtet. Siehe dazu auch Hillery (2004), S. 32 - 33 und allgemein zu Problemen bei Patentabtretungen bei IP Securitization: Bell (2002), S. 83 - 94.

697 Vgl. Hillery (2004), S. 30 - 31; Moody's (2004c), S. 6 - 7.

698 In den USA wurde 1980 der „The Trademark Law Amendments Act" (P.L. 96-517, besser bekannt als Bayh-Dole Act) verabschiedet, der die Interaktion zwischen Universitäten und Industrie verbessern sollte: *„The Act brought a fundamental change to how universities deal with their inventions, and carried a new mandate that these inventions shall be owned and managed by the university in an effort to bring those inventions to commercial partners for the benefit of the public. The Act included stipulations that a preference be given to small businesses when licensing, and required that inventors receive a share of the royalty income, although the percentage was left to the discretion of individual universities."* Technology Alliance Study Group (2005), S. 2.

699 Diese werden seit 1991 von AMGEN Inc. (bzw. Kirin-Amgen Inc.) vertrieben. Auf die genaueren Ausführungen hinsichtlich der Lizenzvereinbarungen sei hier verzichtet. Siehe dazu insbesondere AMGEN (2005), S. 14, F-14.

tal für den Fall, dass die Verkaufszahlen bestimmte Werte überschreiten. Teil der Vereinbarung war auch, dass MSKCC für US$ 7 Mio. einen Anteil am Portfolio von Royalty Pharma erwarb.[700]
Diese zwei instruktiven Beispiele der Yale University und des MSKCC zeigen, dass insbesondere für Forschungseinrichtungen IP-ABS einen lukrativen und effizienten Weg der Kapitalaufnahme darstellen können. Da sie – wie auch andere NPOs – in ihrer Kapitalaufnahme sonst teilweise begrenzt sind, bieten sich ABS gerade für solche Institutionen an. Darüber hinaus ist auch der Staat an diesen Erträgen beteiligt, wenn die zugrunde liegende Forschungsarbeit aus staatlichen Mitteln finanziert wurde.[701] Eine frühzeitige Freisetzung oder das Vorziehen von zukünftigen Einnahmen durch ABS könnte dann vom Staat für neue Forschungsprojekte genutzt werden, wodurch andere Mittel – etwa Steuergelder – anders eingesetzt werden können (siehe zu Schwierigkeiten und Konflikten bei einem solchen Vorgehen insbesondere Kapitel 12.3.).
Als US-Universitäten, die ebenfalls maßgeblich an der Entwicklung von Medikamenten beteiligt waren, seien hier etwa die University of Chicago (Procrit, Epogen), Stanford University (Rituxan, Betaseron) oder die University of California (Humulin) genannt. Die Yale University fällt durch eine besonders hohe Zahl an Beteiligungen bei pharmazeutischen Anwendungen in verschiedenen Entwicklungsstufen auf (siehe dazu auch Anhang Nr. 7). Inwiefern sich deutsche Forschungseinrichtungen – etwa die Max-Planck-Gesellschaft oder Institutionen der Helmholtz-Gesellschaft – über diese Methoden finanzieren könnten, soll in Kapitel 12 diskutiert werden.

6.5. Erfahrungen und Erkenntnisse bei Healthcare ABS und ihre Aussichten in den USA

„Because of the NCFE debacle, issuers of healthcare ABS will face very hard challenges in executing new deals.“[702]

Die geschilderten Vorgänge auf dem Healthcare ABS-Markt der USA haben verschiedene Auswirkungen sowohl im Markt für Verbriefungen allgemein als auch für Strukturen des Gesundheitswesens im Besonderen gehabt. Im ABS-Bereich wurden vor allem die Fragen nach den Gründen des Scheiterns einiger Verbriefungen erörtert und danach die Rollen der beteiligten Parteien neu definiert. So ist besonders als Folge des NCFE-Debakels der ABS-Markt für Healthcare Account Receivables in den USA kaum noch existent, sondern es ist für viele der sog. „Off the run sectors“ noch schwieriger geworden, eine ABS-Finanzierung vorzunehmen.[703] Auch der Aus-

---

700 Vgl. o. V. (2003b), S. B5; Hillery (2004), S. 32.

701 So wird in einem Bericht des „National Institute of Health“ (NIH) auf folgendes hingewiesen: *„Neupogen is manufactured by Amgen using patented technologies for a process and a composition licensed from Memorial Sloan-Kettering Cancer Center (MSKCC). These technologies were developed with NIH grant support.“* NIH (2001), o. S.

702 Adelson/Jacob (2003), S. 17.

703 *„The events of 2002 have made it very hard to sell ABS backed by off-the-run assets. (...) Securitization professionals need to work on solutions to make off-the-run deals more resistant to trouble. Off-the-run sectors will continue having difficulty in executing deals. Investors will have to devote resources to fully understanding structures and collateral before they will be willing to invest in off-the-run deals.“* Adelson/Jacob (2003), S. 30.

fall der Verbriefungen der Leasing-Forderungen von DVI Inc. hat das Gesundheitswesen weiter aus dem Blickfeld der Investoren verdrängt, insbesondere deshalb, weil sich im Bereich der LBS viele Alternativen bieten.

Bei revolvierenden Strukturen – bei denen immer wieder neue Forderungen vom Originator angekauft werden – ist das Ausfallrisiko des die Forderung veräußernden Unternehmens bei Verbriefungen ein ungleich wichtigerer Faktor als bei Transaktionen, bei denen bereits existierende bzw. klar definierte, statische Portfolios verbrieft werden.[704] Hier verliert sich auch teilweise die Grundidee der Securitization, da eine Finanzierung – völlig losgelöst von der Bonität des Originators – nicht mehr stattfindet. Vielmehr wird eine Struktur der forderungsbesicherten Finanzierung künstlich durch den Einbau von „Credit Enhancements“ und „Early Amortization Triggers“ aufgebaut. Da bei revolvierenden Strukturen aber immer wieder neue Forderungen gekauft werden müssen, muss sichergestellt sein, dass ein genügend großer Pool an Forderungen zur Verfügung steht und dieser den ursprünglichen Anforderungen der Transaktion („Eligibility Criteria“) gerecht wird. Durch die Zwischenschaltung eines Unternehmens, das selbst erwerbswirtschaftliche Ziele mit Ankauf und Verbriefung der Forderungen verfolgt – wie NCFE oder Towers –, können Eigeninteressen dieses Unternehmens dazu führen, dass diese Anforderungen nicht immer eingehalten werden. Theoretisch sollte zwar eine teilnehmende Partei der Transaktion, etwa der Treuhänder oder die Rating-Agentur über den Forderungsankauf wachen, in der Praxis stellte sich diese Aufgabe aber als Problem dar, da Zuständigkeiten nicht klar verteilt waren. Grundsätzlich gilt auch, dass je höher die Zahl der teilnehmenden Parteien an einer Finanzierung ist, desto wahrscheinlicher auch das Risiko eines Fehlers oder eines Betruges sein kann: *„The potential for fraud exists in every financial transaction, but it grows as the number of participants in the complexity of a financing increase. Since asset-backed securities tend to involve many parties and complex structures, they demand heightened vigilance against fraud.“*[705]

Der Vorteil einer Verbriefung im Gesundheitswesen liegt – entsprechend der ursprünglichen Idee einer ABS-Finanzierung – im direkten Zugang des Krankenhauses zum Kapitalmarkt, losgelöst von der eigenen Bonität. Grundsätzlich sollten ABS aufgrund ihrer disintermedialen Eigenschaft der traditionellen Kreditfinanzierung oder anderen Kapitalbeschaffungsmaßnahmen überlegen sein (vorausgesetzt, dass eine hohe Forderungsgüte existiert). Durch die Einschaltung einer weiteren Partei, die nicht nur bloße Service-Funktionen, sondern selbst Profit- Ziele verfolgt, wird das Konzept der ABS-Finanzierung mit neuem Risiko behaftet und regelrecht untergraben. Die hohe Bonität der Krankenhausforderungen sollte eben gerade dazu benutzt werden, einen Intermediär, der aufgrund der asymmetrischen Informationsverteilung und zur Verringerung der Transaktionskosten eingesetzt wird, überflüssig zu machen.

Die Erkenntnisse aus den gescheiterten Transaktionen, den grundsätzlichen Schwie-

---

[704] Vgl. Bhattacharya (1996), S. 286.
[705] Buerger (1991), S. 23.

rigkeiten bei der Abtretung von Healthcare Account Receivables, den besonderen Problemen bei der Definition des „True Sale“ und der korrekten Ausgestaltung von SPV führen zu dem Schluss, dass Healthcare Account Receivables Securitization, wie sie bisher in den USA vollzogen wurde, zum einen nicht als Erfolgsmodell für die USA selbst und zum anderen nicht als Vorbild für eine Anwendung in Deutschland gesehen werden können. Letzteres ist aufgrund der doch beträchtlichen Verschiedenheiten des Gesundheitssystems, des Finanzierungssystems und der juristischen Voraussetzungen ohnehin nur bedingt denkbar.
Man muss so heute feststellen, dass das Kranken-Versicherungssystem der USA eigentlich nicht sehr geeignet ist, um entstehende Forderungen in ABS- Transaktionen zu verbriefen. Das liegt einmal an der sehr großen Heterogenität der Schuldner, wobei – erschwerenderweise – nicht einmal die Hälfte aller Krankenhausforderungen staatliche Bonität genießt. Weiterhin existieren dort ein geradezu chaotisches Vergütungssystem und hohe rechtliche Hürden, die es erschweren, die für ABS-Transaktionen eigentlich notwendigen Zahlungsströme zu gewährleisten.
Die Krankenhäuser der USA verfügen außerdem über die Möglichkeit, sich am Kapitalmarkt über „Tax-exempt“-Anleihen günstig finanzieren zu können, so dass der Einsatz von ABS nicht den einzigen Weg zum Kapitalmarkt darstellt. Zwar können ABS für USA-Krankenhäuser prinzipiell eine sinnvolle und wichtige Finanzierungsalternative sein, aber es stehen ihnen eben auch einige erwägenswerte Möglichkeiten wie Leasing, Kredite und auch verhältnismäßig hohe Spendengelder zur Verfügung, wobei über diese Wege Mittel wesentlich einfacher erlangt werden können.

Die Haupterkenntnis, nach der immer noch kurzen Praxis-Erfahrung mit ABS im Gesundheitswesen in den USA, ist die, dass die theoretische Sicherheit der Forderungen aufgrund der komplexen Anforderungen, die es bei ABS-Transaktionen zu erfüllen gilt, nur unter deutlich erschwerten Bedingungen in die Praxis übertragen werden konnte bzw. ABS-Transaktionen im Gesundheitswesen nur unter Ungewissheit und bei hohen zusätzlichen Kosten durchführbar sind.
Das Ergebnis der Verbriefungen im Gesundheitsbereich der USA kann ambivalent ausfallen: Grundsätzlich sind dort Verbriefungen möglich, und es wurden auch einige schon erfolgreich und ohne „Zwischenfälle“ durchgeführt.[706] Für den Großteil der Marktteilnehmer ist bei den derzeitigen Strukturen eine ABS-Finanzierung jedoch nicht ohne weiteres durchführbar, und sie ist auch im Vergleich zu anderen Alternativen eher unattraktiv. Im Hinblick auf den ABS-Markt bzw. im Vergleich mit anderen Verbriefungsarten muss man Healthcare ABS bisher eher als kompliziertes Nischenprodukt mit hohen Ausfallraten bewerten und daher als nicht empfehlenswert ansehen, da es kaum gelungen ist, praxistaugliche Strukturen zu schaffen, die auch – oder insbesondere gerade – im Krisenfall das Vertrauen von Investoren gewinnen.[707]
Eine von der Rating-Agentur Moody’s angegebene Ausfallquote von über 50% bei Healthcare Receivables ABS in den USA für die Zeit von 1993 bis 2004 ist bezeich-

[706] Erfolgreiche Transaktionen waren z. B. zwei Verbriefungen der Beverly Enterprises Inc. aus den Jahren 1994 und 1999 sowie eine Verbriefung der HFG aus dem Jahr 2002. Vgl. Moody’s (1995b), Moody’s (1999) und Moody’s (2003b).

[707] Die wenigen erfolgreichen Transaktionen sind oder waren Spezialfälle, so dass hier nicht von einem grundlegenden Modell der Krankenhausforderungsverbriefung gesprochen werden kann.

nend für das bisherige Scheitern dieser Finanzierungs- bzw. Investitionsform, insbesondere im Vergleich zum Gesamtmarkt, der eine Quote von 0,95% aufweist[708] (vgl. dazu auch das Kapitel 13).

---

[708] Vgl. dazu Moody's (2004b).

7. Asset Securitization in Gesundheitssystemen anderer Länder

Auch in anderen Ländern wurde die Securitization schon im Gesundheitsbereich eingesetzt, jedoch in anderer Art und Weise und noch spezifischer als in den USA. Schon bei den Verbriefungen im Gesundheitssektor der USA war es bisher meist nicht gelungen, eine Standardisierung in irgendeiner Form zu erreichen. Die Lösungen in anderen Ländern sind eher noch spezieller und nicht vergleichbar mit den in den USA in erster Linie emittierten Healthcare Accounts Receivable ABS oder „Medical Equipment“ LBS.
Es handelt sich dabei um Einzelfall-Lösungen, die sowohl auf das jeweilige Finanzierungsproblem als auch auf das spezifische Gesundheitswesen des Landes angewandt wurden. Gleichzeitig muss immer noch berücksichtigt werden, welche Finanzierungsform juristisch im jeweiligen Land umgesetzt werden kann. Bei den im Folgenden betrachteten Fällen im UK, in Italien, in Australien und in Japan wurde der ursprüngliche Pfad der bisher vorgestellten Form der Securitization teilweise verlassen, so dass es i. d. R. zu sog. „Hybrid-Strukturen“ kam, bei denen oftmals die für eine Verbriefung eigentlich typischen Eigenschaften wie „True Sale“ teilweise fehlen. Die folgenden Beispiele sollen Aufschluss darüber geben, welche Formen von ABS bereits im Gesundheitswesen angewandt wurden, auch um anschließend eine Vergleichsbasis für die Prüfung der Frage zu haben, ob diese Art der Finanzierung auch in Deutschland möglich wäre.

7.1. „Whole Business“ ABS im Gesundheitswesen des United Kingdom

Asset Securitization hat in Großbritannien eine lange Tradition und wird schon seit vielen Jahren in verschiedenen Bereichen zur Finanzierung eingesetzt. Vorteilhaft für die schnellere Entwicklung eines ABS/MBS-Marktes waren vor allem die klareren und einfacheren Regeln und Gesetze, die es den Banken und Unternehmen erlaubten, Asset Securitization als Finanzierungsvehikel einzusetzen.[709] In den letzten Jahren fielen vor allem eine Reihe besonders origineller Innovationen auf dem Securitization-Markt des UK auf. Dazu zählt z. B. die Anwendung einer Asset Securitization durch Originatoren wie Newcastle United, einem Fußballverein, der seine zukünftigen Einnahmen durch Tickets verbriefte oder die Verbriefung von Intellectual Property aus dem Musikgeschäft.[710]
Vor allem hat sich in den letzten Jahren auch die „Whole Business Securitization“ (WBS) am Markt etabliert, wenn auch hier die Anzahl der Transaktionen im Vergleich zu den klassischen Bereichen noch immer gering ist. Bei der WBS werden nicht einzelne Vermögensgegenstände als Sicherheit verbrieft, sondern *„the cashflows used to repay the debt to investors are a range of operating revenues generated by the whole business“.*[711]
In Großbritannien gab es mehrere Transaktionen im Gesundheitswesen, die der

709 Vgl. Stone/Zissu (2000), S. 133 - 134; Borrows/Smith (2002), S. 1 - 3.
710 Vgl. Borrows/Smith (2002), S. 3.
711 Borrows/Smith (2002), S. 4. Vgl. auch Ramgarhia et al. (2004), S. 329 - 330.

WBS zugeordnet werden können.[712] Insbesondere die Transaktion der General Healthcare Group (GHG) im Juli 2001 und die Transaktion „UK Hospitals No. 1“ vom Juli 2002 sind hier zu nennen.[713]

Bei den £ 975 Millionen Asset-Backed Notes der GHG Finance Ltd. handelt es sich um die Verbriefung der Einkommensströme aus Darlehen, die 44 Krankenhäusern und 12 psychiatrischen Einrichtungen im Eigentum oder Besitz der GHG gewährt worden waren.[714] Die GHG Finance Ltd. ist das SPV der GHG, eine private Krankenhauskette mit einem „For-Profit“-Status, die über ihre 44 Krankenhäuser 1999 einen Marktanteil von 23,7% des privaten Krankenhausmarktes in Großbritannien hielt. Der Emittent (SPV) der „Asset-Backed Notes“ hat dabei einen bevorrechtigten Anspruch auf nahezu alle („Whole Business“) Vermögensgegenstände der Krankenhauskette, in erster Linie auf die eingehenden Patientenzahlungen, aber auch auf das Immobilien-Portfolio von GHG. Zusätzlich wurden die Senior-Tranchen der Transaktion durch Ambac besichert.[715]

Charakteristisch für WBS ist, dass es dabei keinen True Sale gibt, sondern dass das SPV ein besichertes Darlehen an den Schuldner vergibt; die Refinanzierung erfolgt dann über die Ausgabe von Wertpapieren, die durch das Darlehen besichert sind.[716] Das führt zu dem Problem, dass im Falle der Insolvenz sichergestellt sein muss, dass der Geschäftsbetrieb, aus dem die Wertpapiere „bezahlt“ werden, weitergeführt werden muss. Im angelsächsischen Recht wird dies durch das Konzept des „Administrative Receivership“ gewährleistet, da ein besicherter Gläubiger die Einsetzung eines gewöhnlichen Insolvenzverwalters durch den „Administrative Receiver“ (Zwangsverwalter) erreichen kann, dessen Hauptaufgabe es ist, die Vermögenswerte so zu verwalten, dass die Zahlungen an den besicherten Gläubiger erfolgen.[717] Auch das SPV in einer Whole Business Securitization nimmt andere Aufgaben wahr. Anstatt Forderungen des Originators zu kaufen, wird ein Darlehen an das Unterneh-

---

[712] Da es sich bei WBS um eine „hybride“ Form von ABS handelt, bei der die Bezeichnung mehr auf die Art als auf das verbriefte Vermögen abstellt, ist die Zuordnung zu einer Vermögensklasse oft nicht eindeutig. So wurde etwa 1998 die „Care Homes No. 1 - 3“ zunächst unter „Healthcare“ eingeordnet. Da sie aber – und auch ähnliche Transaktionen – in erster Linie die Miet- und Zinszahlungen von Altenheimen („Nursing Homes“) verbriefte, fiel sie somit in die Kategorie der MBS, unter der sie dann auch von Moody's – als CMBS – eingeordnet wurde. Vgl. Moody's (2004a), S. 7. Siehe auch Ramgarhia et al. (2004), S. 331, die auf eine eindeutige Vermögenszuordnung verzichten.

[713] Jeweils das „Closing Date“ der Transaktion.

[714] *„The transaction is a secured loan structure rather than a true sale of assets to the issuer. The issuer has the benefit of security in the form of first-ranking fixed charges (...), and fixed or floating charges over substantially all the assets of the borrowers. These include ownership of, or leases on, 44 acute hospitals and 12 psychiatric hospitals. (...).“* Standard & Poor's (2001), S. 3. Zur Darstellung der GHG Securitisation Group siehe Anhang Nr. 8.

[715] *„The two triple-A rated Ambac UK wrapped tranches comprise a £ 350m floating rate note with an expected maturity of July 2009, and a £ 150m fixed rate note expected to mature in July 2018. The bonds are backed by revenues from patient fees and a £ 1.1 billion property portfolio that includes General Healthcare's 44 hospitals throughout the UK.“* Ambac (2001), o. S. (Ambac ist eine Spezialversicherungsgesellschaft für Finanzdienstleistungsgeschäfte).

[716] Vgl. Ramgarhia et al. (2004), S. 331 - 332; Stone/Zissu (2000), S. 211; Dittrich/Kölbl-Vogt (2002), S. 180.

[717] Vgl. Ramgarhia et al. (2004), S. 331; Dittrich/Kölbl-Vogt (2002), S. 181. In Deutschland käme es dabei zu Problemen, weshalb es bisher nur eine Transaktion gab, die Teile einer WBS enthielt. Zu den Schwierigkeiten siehe auch Dittrich/Kölbl-Vogt (2002), S. 181 - 183 und Ramgarhia et al. (2004), S. 334.

men gegeben, mit dem gleichzeitig ein Sicherungsrecht an großen Teilen des Vermögens erworben wird. Daraus resultiert die „Secured Loan“-Struktur einer WBS. In den USA würden diese Formen der Finanzierung als „Secured Financings“ klassifiziert werden, weil die Vermögenswerte nicht vom Originator auf das SPV übergegangen sind.[718]

Eine andere WBS-Transaktion aus dem britischen Gesundheitswesen wurde durch die „UK Hospitals No. 1“ vollzogen: Dabei wurde ein Kredit der UK Hospitals No. 1 S. A. an die BUPA Hospitals Limited in Höhe von £ 450 Mio. „verbrieft“. Die BUPA Gruppe war zum Zeitpunkt der Emission mit 34 Kliniken und 1.799 registrierten Betten die zweitgrößte private Krankenhauskette in Großbritannien (nach Marktanteil und registrierten Betten).
Besichert sind die vier „Notes“[719] in erster Linie durch das Immobilien-Portfolio, das durch externe Gutachter auf £ 656,2 Mio. geschätzt wurde.[720] Bezüglich der Rückzahlung der Notes sowie der Zinsen wird angegeben: *„The Borrower's principal source of income is revenue generated from the provision of private acute hospital services by members of the BUPA Securitisation Group.“*[721] Als Sicherheit wird definiert: *„The Borrower's obligations under (…) the Issuer/Borrower Facility Agreement will be secured primarily by members of the BUPA Securitisation Group (…) granting fixed and floating security over all their property, undertaking and assets in favour of the Borrower Security Trustee (…) under the Borrower Debenture (…). Each member of the BUPA Securitisation Group will also guarantee each of the obligations of each other member of the BUPA Securitisation Group under the Borrower Debenture (…).“*[722] Der letzte Zusatz entspricht dabei einer sog. „Cross-Collateralization”, da Ausfälle durch ein Krankenhaus der Gruppe ausdrücklich durch andere Teilnehmer getragen werden.

---

[718] Vgl. Stone/Zissu (2000), S. 211.
[719] Class A1 £ 80 Mio., Class A2 £ 200 Mio., Class B1 £ 50 Mio., Class B2 £120 Mio. Innerhalb der Klasse rangieren die Tranchen jeweils „pari passu“, aber Class B subordiniert zu Class A. Vgl. BUPA (2002), S. 36 - 37.
[720] Vgl. BUPA (2002), S. 217 - 231.
[721] BUPA (2002), S. 5
[722] BUPA (2002), S. 5.

Abbildung 30: Schema der BUPA-Transaktion in Großbritannien

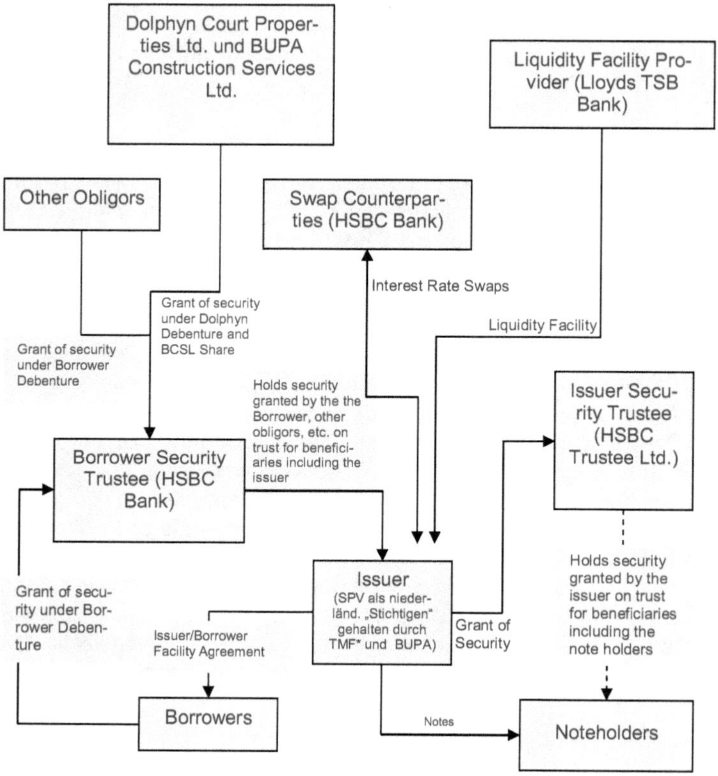

Darstellung nach BUPA (2002), S. 8 unter Verwendung der „Parties' Description", S. 9 - 12. *TMF ist eine Firma, die u. a. auf die Einrichtung von SPV spezialisiert ist.

Bei einem Ausfall der Notes würde auch hier das Prinzip der WBS greifen, sodass die Investoren das Recht hätten, einen „Administrative Receiver" einzusetzen, der zunächst versuchen würde, die Geschäfte so weiterzuführen, dass die Investoren bezahlt werden können. Als letzte Möglichkeit würde die Veräußerung der Kliniken in Betracht gezogen, um die Investorenansprüche zu befriedigen.

Letztlich wird die WBS im UK durch das dortige Konkursrecht gestützt[723], durch das eine „Vertauschung" der Struktur eines besicherten Darlehens zur Einstufung als Verbriefung ermöglicht wird.[724] Wie die „Future Flow Securitization", ist auch die

723 Aber auch für andere Länder wird diskutiert, inwieweit neue Gesetze zur Securitization die Verwendung von WBS möglich machen können. Vgl. Castellani et al. (2002): „Whole business securitisation in Italy – the way ahead?" Siehe auch Ramgarhia et al. (2004), S. 332 - 333, 347.

724 Siehe dazu Stone/Zissu (2000): „U. K. bankruptcy laws enable the secured loan permutation of securitization." S. 211.

WBS ein Konstrukt, bei dem sich der Grundgedanke von ABS etwas verliert: Zwar erwirbt ein Investor eine gewisse Sicherheit, die aber nicht mehr völlig von der Bonität des Originators losgelöst ist. Deshalb erreichen WBS-Transaktionen i. d. R. zunächst auch kein AAA Rating (dies wird nur durch besondere Versicherungsmaßnahmen sichergestellt). So sind etwa die Class A Notes bei der UK Hospitals No 1 mit einem Rating von A und die Class B Notes mit einem Rating von BBB ausgestattet. Die WBS ist ein Sonderfall der Securitization, und es hat bisher – im Vergleich zum gesamten ABS Markt – nur wenige Transaktionen gegeben. Der Krankenhaus-Sektor bietet sich deshalb für WBS an, weil er im Allgemeinen einen konjunkturunabhängigen, stabilen Cash-Flow liefert, ähnlich wie es ihn auch für Kneipen („Pubs“[725]) oder Betreiber privater Autobahnen gibt. Eine genauere Analyse der bisherigen Transaktionen aus dem UK ist im Hinblick auf die sehr eingeschränkte Übertragbarkeit auf Deutschland nicht sinnvoll, da diese spezifische Einzellösungen darstellen. Das Konzept des WBS als solches wird später für Deutschland noch gesondert diskutiert.

7.2. Securitization im Gesundheitswesen Italiens

Die Verwendung der Securitization als Finanzierungsvehikel im Gesundheitswesen der Region Latium zeigt, dass der Forderungsverkauf über den Kapitalmarkt Italiens vielseitig angewandt werden kann. In Italien gibt es unterschiedliche Strukturen, von denen zwei von der Provinz Latium ausgingen und hier besonders betrachtet werden. Es handelt sich dabei um eine Art „Länderfinanzierung“ über ABS, in die der Gesundheitssektor mit einbezogen wird.

Bei der Transaktion „Cartesio, Series 2001 – 2“ wurden Zahlungsströme in Höhe von € 500 Mio. verbrieft[726], die die italienische Regierung nach einem Haushaltsgesetz an die Region Latium für deren Gesundheitsausgaben in den nächsten Jahren zu zahlen hat.[727]

---

725 Vgl. dazu insbesondere Dennis (2004): „Securitisation of UK Pubs“. Diese Vermögensklasse bietet sich im UK an, da viele Pubs zu großen Unternehmen gehören und die Einkommensströme sehr stabil sind.

726 Vgl. o. V. (2001), S. 4.

727 In Italien verlangt die Regierung von den Ländern (Regionen), einen bestimmten Anteil der Gesundheitsausgaben bereitzustellen, für die die Länder später vom Bund Ausgleichszahlungen erhält. In den 1990er Jahren verlangsamten sich jedoch die Kompensationszahlungen, da die italienische Regierung bemüht war, das Haushaltsdefizit des Bundes zu verringern, um die geforderten „Maastricht-Kriterien“ einhalten zu können.

Abbildung 31: Schema der Transaktion „Cartesio, Series 2001 – 2“

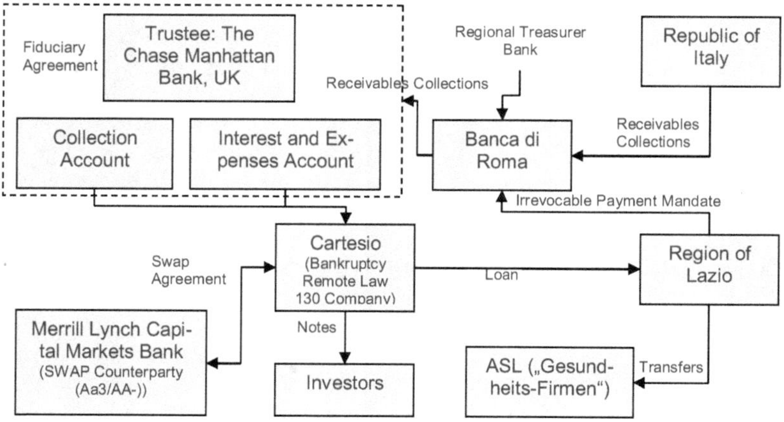

Darstellung nach Merrill Lynch (2001), S. 24 (Da im Original die englischsprachige Terminologie verwandt wird, ist diese hier beibehalten).

Allerdings mangelt es auch dieser Struktur an dem für eine Verbriefung eigentlich charakteristischen „True Sale“. Zwar wäre dies in Italien für öffentliche Anstalten nach dem Securitization Gesetz von 1999 generell möglich[728]; dies hätte aber Konflikte mit anderen Gesetzen verursacht.[729] So vergab das SPV (Cartesio Srl) ein Darlehen an die Region Latium, die die Mittel an die ASL („Aziende Sanitarie Locali“), die örtlichen Gesundheitsdienstleister, weiterleitete. Die Rückzahlung erfolgte aber durch eine direkte Weiterleitung der Regierungszahlungen an die Banca di Roma, die ein unwiderrufliches Zahlungsmandat („Irrevocable Payment Mandate“) von Latium besitzt, welches ihr das Recht einräumt, die Zahlungen der Regierung einzusammeln und an den Treuhänder (Chase Manhattan Bank) weiterzuleiten. Sollten die Zahlungen der Regierung nicht ausreichen oder sich verzögern, muss Latium für die Zahlungen einstehen. Damit sind die Strukturelemente einer Securitization zum Großteil gegeben. Aufgrund des fehlenden zusätzlichen „Credit Enhancements“ für den möglichen Zahlungsausfall – neben der Zahlungsverpflichtung von Latium – erreicht die Struktur aber nur das gleiche Rating wie Latium selbst (A+/Aa3). Die Tranche 1 (Laufzeit 18 Monate) wurde bei der Emission mit 3-Monats EURIBOR + 13 BP gehandelt, die 2. Tranche (Laufzeit 3 Jahre) mit 3-Monats EURIBOR + 18 BP.[730]

Diese Konstruktion beruht auf den Besonderheiten des italienischen Gesundheitssystems, nach denen die Länder („Regionen“) für die Versorgung der ASL aufkommen und – je nach Bevölkerungsdichte – Mittel des Bundes aus dem NHF (National Healthcare Fund) erhalten. Es wurden aber immer mehr Mittel von den Regionen bereitgestellt, als vom Bund zurückbezahlt wurden, was Defizite bei den ASL nach sich zog, die über die Länder finanziert werden mussten. Italien führte daher einige Gesetzesänderungen bzgl. der Gesundheitsfinanzierung durch und stellte den Län-

---

[728] Vgl. Troiano (2001), S. 351 und Castellani et al. (2002), S. 6.

[729] Vgl. SFI (2001), o. S.

[730] Vgl. o. V. (2001a), S. 4.

dern von 2001 bis 2003 € 6,7 Mrd. in Aussicht. Latium konnte über die Verbriefung der Einkommensströme des Bundes eine günstigere Finanzierung erhalten, da Möglichkeiten, neue Kredite aufzunehmen, aufgrund der hohen Verschuldung bereits begrenzt waren bzw. teurer geworden wären, was wohl eine Rating-Herabstufung nach sich gezogen hätte. Zwar sind die Zahlungen durch die Regierung Italiens zugesagt, aber eine Verpflichtung zur Zahlung besteht nicht. Die für die Investoren entscheidende Verpflichtung über die Rückzahlung der ABS kommt von Latium, wodurch das erwähnte Rating von Aa3 nicht überschritten werden kann.

Die zweite Transaktion verbriefte die Zahlungsströme der Leasingraten, die von verschiedenen ASL an das Unternehmen San.Im bezahlt werden. San.Im, im Besitz der Region Latium, hatte 57 Krankenhäuser von 22 ASL gekauft und dann den ASL in einem „Leasing"-Verfahren überlassen („Sale and Leaseback"). Diese Leasing-Raten sind letztlich Verbriefungsgrundlage der Transaktion Cartesio 2003 - 1. Da die Investoren bei Zahlungsausfall jedoch keinen Zugriff auf die Immobilien haben, wird die Struktur nicht – wie sonst bei vergleichbaren Transaktionen – als CMBS klassifiziert. Allerdings erreichen auch diese Wertpapiere deshalb nur die gleiche Rating-Kategorie wie die von Latium (Aa3/A+).
Ohne weiter auf die strukturellen Besonderheiten dieser Transaktionen einzugehen, soll hier an beiden Beispielen veranschaulicht werden, welche Formen und Möglichkeiten der Securitization im Gesundheitswesen Italiens schon angewandt wurden. Durch die besonderen Gesetze und das Gesundheits- und Finanzierungssystem Italiens und die Verschuldung der Region Latium zu diesem Zeitpunkt war es möglich, eine vorteilhafte Finanzierung für die Provinz über Securitization-Strukturen zu erreichen. Grundsätzlich sind diese Verbriefungen immer Einzel-Lösungen mit den jeweiligen besonderen Umständen der Beteiligten. Eine Übertragung dieser Konstrukte auf Deutschland wäre schon aus juristischer Sicht unmöglich; gleichzeitig ist das Gesundheitswesen bzw. das Finanzierungssystem sehr unterschiedlich. Allerdings zeigen diese italienischen Transaktionen und vor allem die Nachfrage, dass es ein großes Interesse der Investoren an diesem Produkt bzw. Marktsegment gibt: *„For a first time transaction of an unusual asset class it appealed to us because it allows us to diversify our portfolio with 3yr floaters linked to Italian government spending."* [731] Dies deckt sich vor allem auch mit den in Kapitel 3.4.1. getroffenen Aussagen, dass innovative Strukturen dazu genutzt werden können, das Portfolio zu erweitern und somit eine bessere Diversifizierung bzw. eine Risiko-Minimierung zu erreichen.

7.3. Healthcare ABS in Australien

Die erste erwähnenswerte große Healthcare ABS-Transaktion Australiens datiert vom Juni 1999 und ähnelt dabei der zweiten italienischen Struktur, den „Sale-and-Leaseback ABS". Auch hier wurden ABS bereits im Gesundheitswesen – und insbesondere bei der Finanzierung von Krankenhäusern – angewandt. Die Firma Mayne Nickless Ltd. besitzt ca. 40 Krankenhäuser bzw. betreibt diese auf Vertragsbasis mit der australischen Regierung, die immer häufiger Krankenhäuser von privaten Unter-

---

731 Aussage eines Investors zur Transaktion Cartesio Series 2001. Siehe o. V. (2001a), S. 4.

nehmen errichten und/oder betreiben lässt und den Unternehmen dafür eine Fix-Miete bezahlt. Im speziellen Fall handelt es sich um die Verbriefung der Zahlungen, die die Firma Mayne Nickless für das Betreiben des Joondalup Health Campus (in Wanneroo) von der westaustralischen Regierung erhält. Verbrieft wurden dabei die halbjährlichen Zahlungen, die aus zwei Quellen stammen. Dies sind zum einen die Fixbeträge der australischen Regierung und zum anderen eine variable Einkommenskomponente, die von einem privaten Krankenhaus bezahlt wird, das auf dem gleichen Campus angesiedelt ist.

Das SPV „Health Care Trust No 1“ emittierte eine A$ 92 Mio. Anleihe[732] mit einem A Rating (S&P).

Abbildung 32: Organisations-Schema des "Joondalup Lease" in Australien (1999 - 2018)

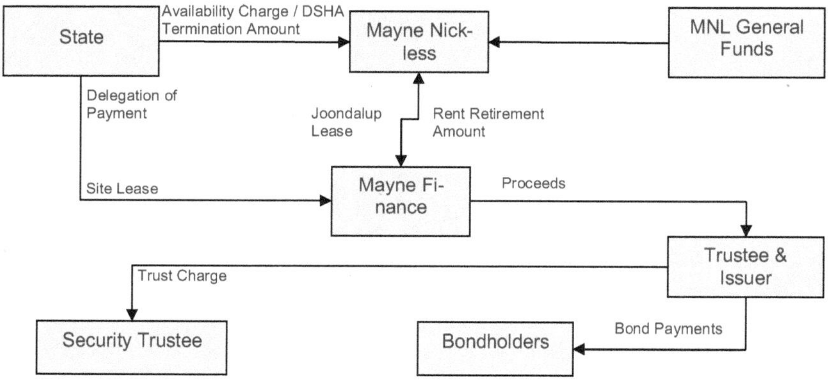

Eigene Darstellung nach Joondalup Health (1999), S. 12 (da im Original die englischsprachige Terminologie verwandt wird, ist diese hier beibehalten).

Die Fix-Beträge der australischen Regierung werden unter dem sog. DHSA (Development & Health Service Agreement) geleistet. Danach verpflichtet sich Mayne Nickless Ltd. gegenüber der west-australischen Regierung zur Betreibung des Krankenhauses. Teil der Verträge ist dabei auch der Leasing-Vertrag, der vorsieht, dass die Mayne Finance das Land („Crown Land“) von der Regierung mietet. In diesem Vertrag ist auch geregelt, dass Mayne Finance der Mayne Nickless das Land überlässt („Sub-lease“).[733] Problematisch ist die Vertragsgestaltung bei dieser Struktur, weil sie kein besseres Rating – und damit niedrigeren Risiko-Aufschlag – erlaubt. Denn verbrieft wurden letztlich die Zahlungen der Mayne Nickless Ltd. an die Mayne Finance Ltd., die diese dann – auch vertraglich verpflichtet – an den Treuhänder weiterleitet. Dadurch kann die Transaktion nicht von dem guten Rating der australischen

---

[732] Laufzeit bis 2018; Floating Rate, Emissionspreis 135 BP über 6-Monats-Referenz-Swap.

[733] Leasing-Geber ist dabei der „Minister for Health of the State of Western Australia“, Leasingnehmer ist Mayne Finance, die Laufzeit beträgt 20 Jahre und die (symbolische) Miete beträgt A$ 10. Der Vertrag legt vor allem fest, wann Mayne Nickless das Recht verliert, das Krankenhaus zu betreiben. Vgl. Joondalup Health (1999), S. 29.

Regierung profitieren, sondern ist auf das A Rating von Mayne Nickless beschränkt[734] (bei der Preisfindung wurde die implizit vorhandene Sicherheit der Regierungszahlungen aber berücksichtigt), sodass die Emission dieser ABS für das Unternehmen günstiger war als eine reine Unternehmensanleihe mit A Rating. Bei dieser Verbriefung handelt es sich daher um ein „Secured Financing", d. h. die Bonds werden – wenn auch indirekt – aus den Zahlungen der west-australischen Regierung beglichen; kommt es aber zu einem Ausfall der Zahlungen, so haben die Gläubiger kein Recht oder keine Möglichkeit, etwaige Sicherheiten zu pfänden oder zu verwerten. Darüber hinaus ist Mayne Nickless auch nicht verpflichtet, andere als die angegebenen Zahlungen an die Mayne Finance zu leisten.[735] Damit unterscheidet sich die Struktur maßgeblich von den WBS des UK. Eine „Vermögenssicherung" liegt daher nur in der Verknüpfung der Zahlungen zu bestimmten Cash-Flows des Unternehmens. Im Insolvenzfall sind die Gläubiger aber nicht besser gestellt. Mayne Nickless gab im Jahresabschluss 1999 an, dass die Mittel von A$ 92 Mio. für Akquisitionen und die Rückführung von Schulden verwendet wurden.[736]

Die Finanzierung wird als besonderer Einnahme-Posten in der Cash-Flow Analyse aufgeführt („Sale of Rental Income"), mit dem Ergebnis, dass die Zahlungsverpflichtungen in der Zukunft – da dann ein „Off-Balance Sheet"-Charakter vorliegt – nicht als Fremdkapitalaufnahme auszuweisen sind. Allerdings müssen die zukünftig abgetretenen Einkommensströme („Rental Payments") ebenfalls aus der Bilanz genommen werden („Write-off of Non-Current Assets").[737] Das Unternehmen selbst macht hinsichtlich der Verwendung dieser Finanzierung nur folgende Angaben: *„To partially satisfy the funding demands to support growth in its health care business, the company intends to use off-balance sheet financing where commercially viable. In the case of „boot" (build, own, operate, transfer) projects, where hospitals will be transferred back to the relevant State Government on expiration of the lease term, off-balance sheet financing is the preferred option of the company."*[738]

Die Emission dieser sog. „Asset-Backed Bonds" hat zwar nach dem Verständnis einer Securitization Mängel, ist aber doch – oder gerade wegen – ihrer Ausgestaltung von besonderem Interesse. Denn die Sicherheit der Investoren beruht letztlich auf der staatlichen Versorgung der west-australischen Einrichtungen im Gesundheitswesen durch die dortige Regierung, was auch bei der Preisfindung berücksichtigt wurde.[739] Unter rechtlichen und wirtschaftsjuristischen Gesichtspunkten wird diese Si-

---

734 Vgl. auch Joondalup Health (1999), S. 11: *„Prospective Bondholders should also note that the rating assigned (...) is dependent on the rating (...) to Mayne Nickless. Any change to the rating of Mayne Nickless will result in a change to the rating of the Bonds."*

735 Es könnte daher der Fall eintreten, dass, sollte die Regierung die Zahlungen – aus welchen Gründen auch immer – einstellen, die Investoren der Bonds ihr Kapital verlieren, obgleich die Mayne Nicklass Company für den Ausfall aufkommen könnte.

736 *„(...) $92 million of proceeds from the securitisation of the rental cash flows of the Joondalup Health Campus enabled the Company to fund the increased expenditure on acquisitions in addition to retiring debt and making a return of capital to shareholders."* Mayne Nickless (1999), S. 22 (Das Fiskaljahr 1999 endete am 4. Juli).

737 Vgl. Mayne Nickless (1999), S. 114.

738 Mayne Nickless (1999), S. 24.

739 *„As it is Mayne Nickless that is obliged to make these payments, irrespective of the activity level at the private facilities, the ultimate credit risk therefore falls back on the company's single-A rating."* P. McEwen zitiert in: SFI (1999), o. S.

cherheit jedoch durch die Einschaltung von Mayne Nickless auf das Rating des Unternehmens heruntergestuft. Die Transaktion ist ein Zeichen dafür, dass eine Unternehmensfinanzierung, die als implizite Sicherheit Regierungszahlungen bietet, durchaus eine neue Möglichkeit auf dem Kapitalmarkt darstellen kann.

7.4. Securitization von „Healthcare Trade Receivables" in Japan

Erste Verbriefungen im Gesundheitswesen Japans werden derzeit durch die heimischen Großbanken durchgeführt. Japan verfügt über ein dem deutschen System ähnliches Gesundheitswesen, bei dem die Bevölkerung teilweise staatlichen Versicherungssystemen oder -einheiten angehört, sich aber auch zusätzlich privat versichert. Allerdings gibt es über 8.000 verschiedene Versicherungsunternehmen. Diese unterstehen entweder der SMHI („Society Managed Health Insurance", Kumiai Kansho Kenko Hoken), der GMHI („Government-Managed Health Insurance", Seifu Kansho Kenko Hoken) oder der CHI („Citizen's Health Insurance", Kokuin Kenko Hoken).[740] Diese Programme werden direkt oder indirekt (über die Präfekturen) von der Regierung geleitet, sodass das Kredit-Rating (vergeben von den Rating-Agenturen) sich an dem nationalen Rating Japans orientiert. Die Regierung übt dabei generell großen Einfluss auf die Gesundheitsversorgung aus und betreibt auch einige Krankenhäuser selbst. Das Gesundheits- und Krankenhaussystem ist aber aufgrund der alternden Gesellschaft und generell langen Krankenhausaufenthalten mit finanziellen Problemen konfrontiert, und so rückt auch in Japan die Einbeziehung des Kapitalmarktes zur Krankenhausfinanzierung immer weiter in den Vordergrund. Dabei spielt – wie in anderen Ländern auch – das Rating eine entscheidende Rolle.[741]
Japan verfügte 2003 über 9.183 Krankenhäuser, die zu über 60% privat organisierten „Medical Organizations" angehören. Der Rest wird von der Regierung, selbständigen Ärzten oder Unternehmen geführt (letztere dienen dann der Versorgung der eigenen Angestellten). Die Rechnungsstellung bzw. Bezahlung der Krankenhaus-Forderungen im Japanischern Krankenhauswesen ist in Abbildung 33 in einer schematischen Übersicht dargestellt:

---

739 *„(...) and it brings into the pricing of the debt the triple-A cashflows from the state government."* M. van Dort zitiert in: SFI (1999), o. S.

740 Vgl. FitchRatings (2003d), S. 2, 4, 6.

741 Vgl. zu japanischen Krankenhaus-Ratings und den Anforderungen vor allem FitchRatings (2005c) und FitchRatings (2003d).

Abbildung 33: Schema-Darstellung des Systems der Krankenhausabrechnungen in Japan

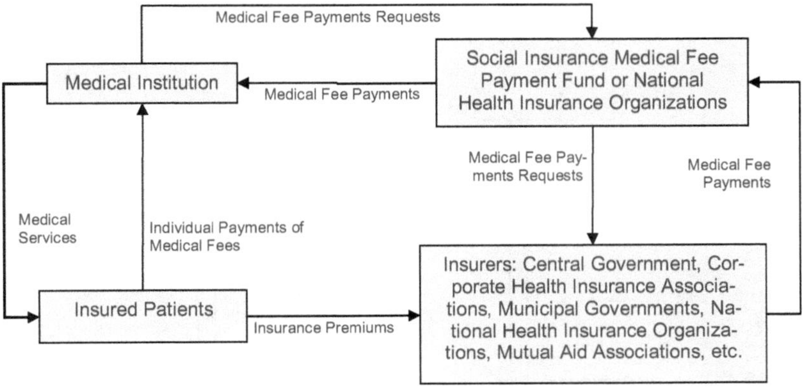

Quelle: Darstellung nach Moody's (2005g), S. 1 (Da im Original die englischsprachige Terminologie verwandt wird, ist diese hier beibehalten).

Die Verbriefung dieser Forderungen ergibt sich dann wie bei entsprechenden Transaktionen in anderen Ländern, z. B. in den USA, und wird in Japan von der Mitsubishi und der Shinsei Bank angeboten. Die Transaktionen verbriefen i. d. R. die Forderungen von vielen verschiedenen Krankenhäusern und Praxen und stellen aus Sicht der Krankenhäuser eine Vorfinanzierung ihrer Forderungen dar:

Abbildung 34: Schematische Darstellung der Healthcare Forderungsverbriefungen in Japan

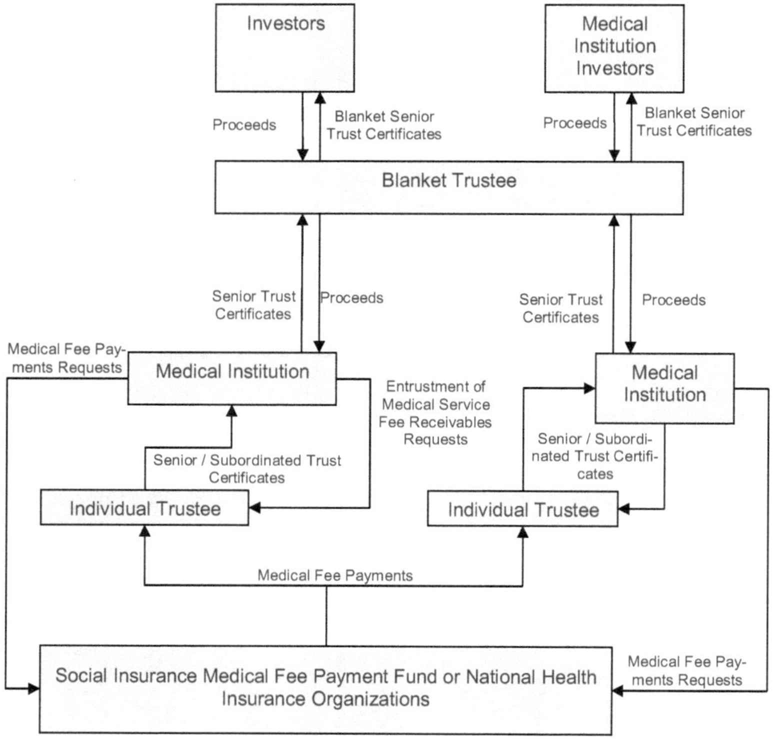

Quelle: Nach Moody's (2005g), S. 5 und Shinsei Bank (2004), o. S. (Da im Original die englischsprachige Terminologie verwandt wird, ist diese hier beibehalten).

Das System funktioniert im Prinzip wie in den USA, jedoch mit dem Unterschied, dass die Banken diese Forderungsverbriefung als Dienstleistung für ihre Kunden anbieten, denen sie auch andere Kredite, Forderungsmanagement, Vermögensverwaltung, usw. offerieren, so dass die Verbriefungen also einen Teil der Kundenfinanzierung darstellten und nicht von einem besonderen Anbieter erbracht werden. So entwickelte die Shinsei Bank 2004 ein Programm, an dem auch kleine Kliniken und Krankenhäuser teilnehmen können: Den Teilnehmern werden Finanzierungen bis zu 80% ihrer Rechnungsstellung aus drei Monaten zur Verfügung gestellt. Die Höhe wird auf der Grundlage der historischen Daten ermittelt.[742]

742 Vgl. Shinsei Bank (2004), o. S. Daten aus diesem Programm oder von teilnehmenden Institutionen waren zum Zeitpunkt des Abschlusses dieser Dissertation nicht verfügbar.

7.5. Zur fehlenden Vergleichbarkeit der ABS-Transaktionen in Gesundheitssystemen außerhalb der USA

Die ABS Strukturen in Gesundheitssystemen anderer Länder sind sehr verschieden. Dies liegt einerseits an der Unterschiedlichkeit der Gesundheitssysteme selbst und andererseits an den verschiedenen Originatoren und ihren Finanzierungszielen. Darüber hinaus müssen vielfach landes-spezifische juristische Rahmenbedingungen und aufsichtsrechtliche Beschränkungen beachtet werden, die die Möglichkeiten des Einsatzes der Securitization oft einschränken.[743] Die aufgeführten Beispiele zeigen jeweils ganz unterschiedliche Finanzierungsformen auf, bei denen Securitization in neuartigen und abgewandelten Formen angewandt wurde. Jede Transaktion sollte dabei maßgeschneidert für die spezielle Ausgangslage des Originators sein, unter Berücksichtigung der vielen Einflussfaktoren, die bei der Gestaltung von ABS beachtet werden müssen. Es ist dabei aber prinzipiell fraglich, inwieweit viele dieser Transaktionen überhaupt noch als Securitization eingestuft werden können. Wie in Kapitel 7.1. beschrieben, sind die WBS-Strukturen des UK in anderen Ländern nicht im gleichen Maß umzusetzen, da hier entscheidende Charakteristika der Securitization nur durch das britische Konkursrecht vorgegeben sind. Auch die Verbriefungen in Italien (Region Latium) und die beschriebenen Transaktionen in Australien sind weder auf andere Länder direkt übertragbar, noch sind sie überhaupt auf andere Gesundheitssysteme anwendbar.

Die Beispiele zeigen jedoch gerade durch ihre Heterogenität, dass für nahezu alle Konstrukte von Gesundheits-, Finanzierungs- und Rechtssystemen eine passende Struktur für eine Verbriefung ausgearbeitet werden kann.

7.6. Begrenzte internationale Erfahrungen bei der Verbriefung von Forderungen im Gesundheitswesen

Das Finanzierungsinstrument ABS im Gesundheitswesen ist international keine Novität und wurde in verschiedener Art und Weise von unterschiedlichen Originatoren in verschiedenen Gesundheitssystemen verwendet. In allen Fällen machten sich die Strukturen dabei die in Kapitel 3.1. vorgestellten Besonderheiten des jeweiligen staatlichen Gesundheitswesens in der einen oder anderen Form zunutze. Während sich die ABS-Strukturen in den USA und in Großbritannien auf die Sicherheit der Zahlungen der – meist staatlichen –Versicherer stütz(t)en, wurden in Italien und Australien die Regierungen bzw. Regierungszuwendungen in die Verbriefung mit einbezogen, da diese auf unterschiedliche Art und Weise für die Zahlung der verbrieften Forderungen aufkommen bzw. implizit oder explizit dafür bürgen. Allerdings beruhen die Erfahrungen Großbritanniens, Italiens und Australiens zum Großteil noch auf Einzelfällen und sind erst wenige Jahre alt. Schwächen in den Strukturen bei ABS treten jedoch häufig erst auf, wenn es zu Zahlungsproblemen kommt, wie dies in den USA zu sehen gewesen ist. Dort ist die Verbriefungspraxis im Gesundheitswesen inzwischen etwa 15 Jahre alt, und dort konnten durch verschiedene Schwierigkeiten, Insolvenzen und Ausfälle wertvolle Erkenntnisse gerade zum Um-

[743] Vgl. Bär (2000), S. 87.

gang mit Krisensituationen gewonnen werden. Derartige Erfahrungen fehlen in anderen Ländern noch so gut wie völlig.
Die Beispiele der fünf Länder zeigen aber deutlich, dass eine Verbriefung – im Sinne der Konstruktion einer Struktur, die Zahlungsströme aus der Entstehung von Forderungen im Gesundheitswesen ableitet – grundsätzlich in ganz verschiedenen Ländern und Organisationsformen des Gesundheitswesens durchführbar ist. Auf den ersten Blick scheinen sich auch in Deutschland Teile aller vorgestellten Beispiele in irgendeiner Form anwenden zu lassen. Besonders nahe liegend ist die Verbriefung von Krankenhausforderungen gegen gesetzliche Krankenversicherer, entsprechend den Healthcare Accounts Receivables ABS der USA. Aber auch Verknüpfungen von Konstruktionen wie der WBS im UK mit staatlicher Beteiligung (wie in Italien oder Australien) sind denkbar. Im folgenden Abschnitt sollen nun die Möglichkeiten der Securitization im deutschen Gesundheitswesen aufgezeigt und dabei entstehende Probleme diskutiert werden. Dies geschieht auch im Rückblick auf die Erkenntnisse aus anderen Ländern, insbesondere den USA.

C. „Asset Securitization" als Finanzierungs-Innovation auf dem Gesundheitsmarkt Deutschland: Mögliche Einsatzfelder und Funktionsweisen, Schwierigkeiten, Chancen und Risiken

Die Erfahrungen in anderen Ländern haben gezeigt, dass die Anwendung von Asset Securitization im Gesundheitswesen immer auf die Gegebenheiten des jeweiligen Gesundheitssystems, der Krankenhausfinanzierung und vor allem auch des Rechtssystems ausgerichtet werden muss. Eine Übertragung von Strukturen auf andere Staaten, wie es bei Verbriefungen von Auto-Krediten oder Wohnungsbaudarlehen i. d. R. üblich ist, ist in diesem Markt nicht ohne weiteres möglich. Länderübergreifend sind hier zwei förderliche Umstände gegeben: Zum einen das grundsätzlich steigende Interesse an ABS (und hier auch an verschiedenen Vermögensklassen) und zum anderen das Interesse an Investitionsmöglichkeiten mit direktem Bezug zum Gesundheitswesen am Zinskapitalmarkt, einen Markt, der bisher nur marginal (vor allem unter Berücksichtigung seiner Größe) am Gesamtkapitalmarkt – auch in Deutschland – vertreten ist.

Die Einsatzfelder und Möglichkeiten von ABS-Aktivitäten in Deutschland können im Wesentlichen aus den beschriebenen Erfahrungen mit solchen Transaktionen in anderen Ländern abgeleitet werden. Dabei kann man vor allem drei größere Einsatzmöglichkeiten ausmachen:

1. Besonders nahe liegend – und daher auch Hauptuntersuchungsgegenstand – ist die Forderungsfinanzierung von Krankenhäusern. Abgeleitet von den Erfahrungen der USA und ähnlichen Finanzierungen aus Japan soll deshalb untersucht werden, inwieweit deutsche Krankenhäuser oder Pflegeeinrichtungen die Verbriefung von Forderungen zur Finanzierung verwenden können.
2. Ebenfalls führen Erfahrungen in den USA zu einer Untersuchung der Verbriefungsmöglichkeiten von Patentrechten (im weitesten Sinn von jeder Art „Intellectual Property") aus der Entwicklung von Verfahren und Arzneimitteln deutscher Forschungseinrichtungen des Gesundheitswesens.
3. Die – noch recht spärlichen – ABS- Beispiele Italiens, Australiens und Großbritanniens führen zu der Frage, inwieweit der Einsatz von ABS im deutschen Gesundheitswesen unter Berücksichtigung einer staatlichen Beteiligung möglich ist, etwa über eine Art der „Whole Business" oder „Future Flow" Securitization ähnliche Form, unter Berücksichtigung des Bestandes von Krankenhäusern im Vermögen von Gebietskörperschaften.

Im Folgenden werden die ABS-relevanten Aspekte des deutschen Gesundheitssystems vorgestellt. Da bei ABS-Strukturen die verschiedenen Arten der möglichen unterschiedlichen Vermögensklassen berücksichtigt werden müssen, ist es notwendig, zunächst sowohl das deutsche Gesundheitssystem als auch die deutsche Krankenhausfinanzierung darzustellen, auch deshalb, weil z. B. die durch ABS gewonnene Liquidität in deutschen Krankenhäusern nur begrenzt verwendet werden kann.

8. Das deutsche Gesundheitswesen – Überblick

Das deutsche Gesundheitswesen besteht in seinen Grundzügen seit 1883, nachdem ein Gesetz zur Krankenversicherung für die Arbeiter verabschiedet worden war.[744] Es folgten dann noch Gesetze zur Alterssicherung und zur Unfallversicherung. Seitdem wurden zwar viele Änderungen am System vorgenommen. Doch blieb – auch nach den Strukturveränderungen der 1970er Jahre – im Zusammenhang mit dem Aufbau des Sozialsystems der Bundesrepublik Deutschland – im Kern erhalten. Danach fußt das deutsche Gesundheitswesen auf mehreren Prinzipien, die sich direkt oder indirekt aus dem Gesetz ableiten. Dazu zählen das Sozialstaatsprinzip, Solidarprinzip (ergänzt durch das Subsidiaritätsprinzip), Bedarfsdeckungsprinzip und das Sachleistungsprinzip.[745] Sie bestimmen die Sozialversicherungslandschaft, und auf ihnen beruht das System der Krankenversicherung mit seinen Beitragsbestimmungen, Versicherungspflichten, den Regularien der Bezahlung und Abrechnung sowie den Rechten und Pflichten der Krankenkassen.

Dieses System muss also als Grundlage für eventuelle ABS-Transaktionen im Gesundheitswesen als vorgegeben angesehen werden. Dabei gilt das Ausmaß der staatlichen Regulierung in Deutschland im internationalen Vergleich als relativ hoch.[746] Eine schematische Übersicht der Beziehungen zwischen den Akteuren wird in Abbildung 35 gegeben:

Abbildung 35: Grundschema der Beziehungen im deutschen Gesundheitssystem

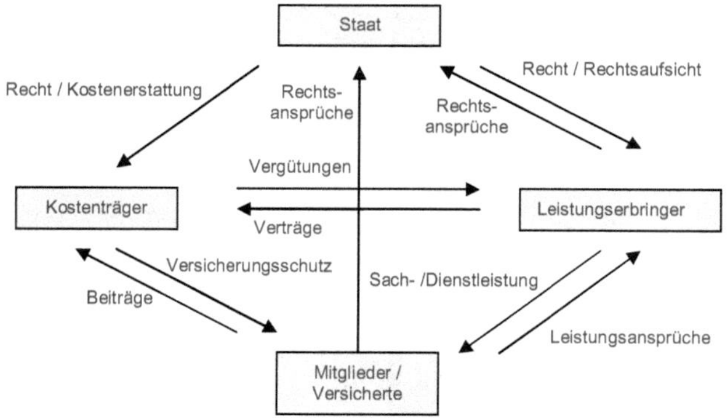

Quelle: Simon (2005), S. 79.

Für eine Finanzierung über ABS sind alle abgebildeten Beziehungen relevant. Insbesondere die Finanzierung der Leistungserbringer – im Folgenden wird dabei auf die Krankenhäuser abgestellt – ist von besonderem Interesse. Hier vollzieht sich in

744 Vgl. Simon (2005), S. 20.
745 Vgl. Simon (2005), S. 51 - 64.
746 Vgl. Simon (2005), S. 70.

Deutschland derzeit in mehreren Bereichen ein Wandel, wobei einige Parallelen zu den beschriebenen Veränderungen Ende der 1980er Jahre in den USA, als dort mit der Finanzierung über ABS im Gesundheitswesen begonnen wurde, zu erkennen sind, insbesondere die Umstellung des Vergütungssystems auf Fallpauschalen.
Inwieweit ABS zur Krankenhausfinanzierung eingesetzt werden können, kann nur nach einer Analyse aller die Finanzierung betreffenden Akteure und Abläufe eines Krankenhauses beantwortet werden. Die in Kapitel 3 beschriebenen Besonderheiten des Gutes bzw. der Ökonomie haben – wie in den USA – besondere Auswirkungen auf die Finanzierung, die Abrechnung, das Controlling sowie die Bilanzierung, und unterliegen auch in Deutschland besonderen Gesetzen und Regulierungen.
Verschiedene Strukturaspekte des Krankenhauswesens in Deutschland und des dazugehörigen Vergütungssystems erscheinen als gute Voraussetzung für den Einsatz von ABS.

8.1. Beteiligte

Die Beteiligten des Gesundheitswesens können in zwei Gruppen eingeteilt werden: die Leistungserbringer – oder unter ABS-Gesichtspunkten die Originatoren – sowie die gesetzlichen Krankenkassen bzw. privat versicherten Patienten als Obligatoren. Als weitere Instanz ist der Staat zu nennen, der massiven Einfluss auf das System ausübt und damit sowohl als immanentes Risiko als auch als Sicherheitsgeber bei Finanzierungen im Gesundheitswesen auftreten kann.

8.1.1. Leistungserbringer: Krankenhäuser und Pflege- und Altenheime als potentielle Originatoren

In Deutschland existierten Ende 2003 2.197 Krankenhäuser mit 541.901 Betten.[747] Der Trend des Krankenhaus- und Bettenabbaus der letzten Jahre hat sich damit weiter fortgesetzt. Daneben gab es im gleichen Jahr 9.743 Pflegeheime, die ca. 700.000 Pflegeplätze bereitstellten.[748] Im Gegensatz zur Krankenhauslandschaft – und entsprechend zur demographischen Entwicklung – ist bei Pflegeheimen ein Anstieg der Heime und Plätze zu beobachten. Sowohl Krankenhäuser als auch Pflegeeinrichtungen können nach bestimmten Kriterien in verschiedene Klassen unterteilt werden. Dabei werden die Art der Trägerschaft, Rechtsform oder Förderstatus unterschieden:

---

747 Vgl. DESTATIS (2005), o. S.

748 Pflegeplätze werden dabei nach Lang- und Kurzeit sowie nach Tages- und Nachtpflege unterschieden, was im Weiteren unberücksichtigt bleibt. Vgl. DESTATIS (2005), o. S.

Abbildung 36: Gliederungskriterien und Ausprägungen deutscher Krankenhäuser und Rehabilitationseinrichtungen

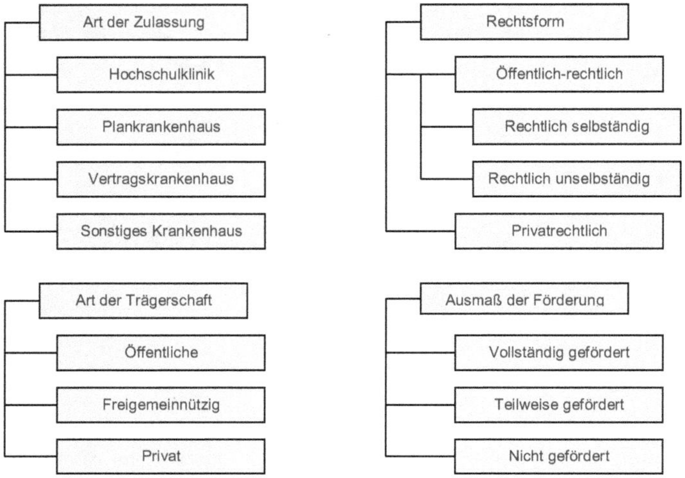

Quelle: DESTATIS (2004), S. 5.

Durch die Abnahme der Krankenhäuser hat sich die Verteilung der Trägerschaft verändert (der Bettenabbau erfolgt weit überwiegend im öffentlichen Sektor), und dieser Trend – so wird allgemein erwartet – wird noch anhalten.[749] Die Art des jeweiligen Trägers ist natürlich u. a. auch für die Finanzierung wichtig, da dieser einen Einfluss auf die Finanzierung hat. Ferner werden auch andere Bereiche, wie Finanzierungsalternativen oder Bilanzierungsvorschriften davon beeinflusst. Abbildung 37 veranschaulicht den Wandel[750] der Trägerschaften im letzten Jahrzehnt:

---

749 Vgl. Knop (2005), S. 11; Graupner (2005), S. 8; o. V. (2005c), S. 16; o. V. (2005d), S. 15; Neubacher (2005), S. 78; o. V. (2004e), S. 16.

750 Siehe für eine aktuelle Datenauswertung insbesondere Simon (2005), S. 188 - 192.

Abbildung 37: Krankenhausentwicklung und Trägerschaft

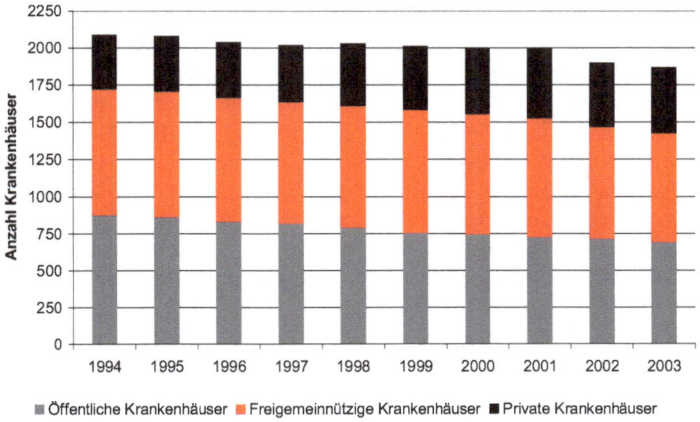

Eigene Darstellung unter Benutzung von Angaben bei DESTATIS (2005), o. S. Die Zahlen berücksichtigen nicht ausgesprochene Spezialkliniken (z. B. Bundeswehrkrankenhäuser, reine psychiatrische oder neurologische Kliniken), weshalb die Zahl unter der zuvor angegeben Zahl von 2.197 (für 2003) liegt.

Abbildung 38: Zahl der Pflegeheime und deren Trägerschaften

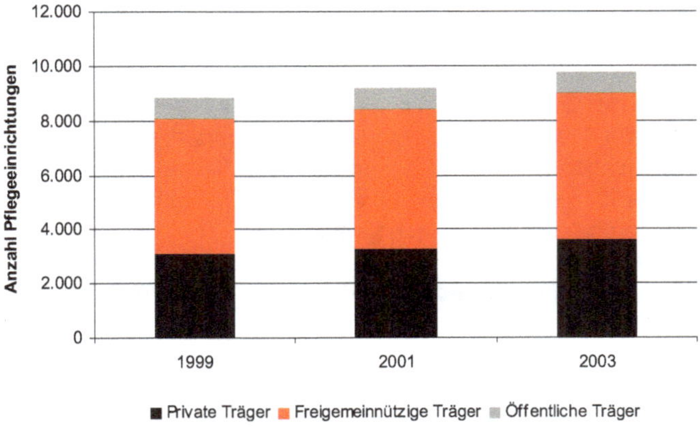

Eigene Darstellung unter Benutzung von Angaben bei DESTATIS (2005), o. S.

Während im Krankenhauswesen eine Abnahme an Häusern (und Betten) zu verzeichnen ist, kann man bei den Pflegeeinrichtungen diesen Trend nicht beobachten. Bei den Pflegehäusern sind allerdings bereits auch viele Häuser in privater Hand.

8.1.2. Kostenträger: Gesetzliche und private Krankenversicherungen

Die Versicherer lassen sich zunächst in gesetzliche und private Versicherungen unterteilen. Eine weitere Aufschlüsselung ist die Unterscheidung der Versicherungsart, also Unfall-, Pflege-, Renten-, und Krankenversicherung. Insgesamt wurden 2003 von diesen Versicherungen € 181.583 Mio. für Leistungen aufgewendet.[751] Dabei gab und gibt es in Deutschland eine sehr große Zahl gesetzlicher Krankenkassen (z. B. im Jahr 2001 insgesamt 396 Kassen), die 70.945.741 Versicherte versorgten.[752] Im gleichen Jahr gab es 50 private Versicherungen[753] mit ca. 7,7 Mio. Versicherten (sog. Krankheitsvollversicherungen). Der Rest der Bevölkerung ist über gemischte Versicherungen oder andere Systeme versorgt wie z. B. über die Beihilfe des Staates für seine Bediensteten (Beamten) oder andere Sondergruppen wie Bundeswehrangehörige.

Die Ausgaben der „staatlichen Träger" (wenn man die gesetzlichen Versicherer darunter einordnet) beliefen sich im Jahr 2003 auf € 179.757 Mio.[754] Berechnet auf die Bevölkerungszahl von 82,6 Mio. ergibt dies öffentliche Gesundheitsausgaben von € 2.176 pro Kopf (siehe auch Abbildung 11). Obgleich die Ausgaben für Gesundheitsleistungen pro Person erheblich geringer sind als in den USA, liegt eine für ABS-Transaktionen entscheidende Komponente – der staatliche Ausgabenanteil – in Deutschland damit sehr hoch.

Die Finanzierung dieses Teils des Gesundheitssystems erfolgt bisher zum überwiegenden Teil über die lohnbezogenen Sozialversicherungsbeiträge, die zu gleichen Teilen von Arbeitnehmern und -gebern geleistet werden. Die Höhe der zu leistenden Beiträge wird durch den jeweiligen Krankenkassensatz bestimmt, der auf die beitragspflichtigen Einnahmen (Lohn), jedoch höchstens bis zur Beitragsbemessungsgrenze (2005: € 3.525 / Monat), aber unabhängig vom individuellen Krankheitsrisiko, erhoben wird. Der durchschnittliche Krankenkassensatz lag 2002 bei 14%.[755] Bei den privaten Kassen wird der Beitrag dagegen „risikoäquivalent kalkuliert"[756], und ist somit z. B. für Ältere oder Frauen (u. a. aufgrund des „Geburtenrisikos" und vor allem wegen der längeren Lebenserwartung) höher. Der Eintritt in eine private Krankenvollversicherung ist jedoch erst bei Überschreiten des Einkommens über die Versicherungspflichtgrenze (2003: € 3.862 / Monat) möglich.

Als für ABS-Transaktionen vorteilhaft ist in Deutschland gegenüber den USA die bundesweite Einheitlichkeit des Systems anzusehen: In Deutschland gibt es weniger

---

751 Alle Gesundheitsausgaben zusammen beliefen sich 2003 auf € 239.703 Mio., eingeschlossen Arbeitgeber sowie öffentliche und private Haushalte. Aufgrund der uneinheitlichen Datenverfügbarkeit der verschiedenen Quellen, sind im Folgenden Daten aus verschiedenen Jahren angeführt. Dies soll genügen, um einen allgemeinen Überblick über das deutsche Gesundheitswesen zu geben.

752 Stichtag: 1. Juni 2001. Direkt „versichert" waren eigentlich weniger Personen. Die Zahl beinhaltet aber alle automatisch Mitversicherten in der gesetzlichen Krankenversicherung (i. d. R. Familienangehörige). Vgl. DESTATIS (2005), o. S.

753 Diese besitzen einen Marktanteil von mehr als 99%, der Rest entfällt auf kleine Spezialversicherungen. Vgl. PKV (2002), S. 7 - 8.

754 Eigene Berechnung (Summe der Ausgaben für die gesetzliche Kranken-, Renten- und Unfallversicherung, der sozialen Pflegeversicherung und der Ausgaben der „öffentlichen Haushalte"); Daten: DESTATIS (2005), o. S. („Gesundheitsausgaben nach Ausgabenträgern" für das Jahr 2003).

755 DESTATIS (2005), o. S.

756 Simon (2005), S. 125.

Alternativen in der Versicherungsart und weniger Anbieter, außerdem ist der Anteil der „Nicht-Versicherten" recht gering. Problematisch im deutschen System ist auf der anderen Seite die hohe Einflussmöglichkeit des Staates, da bei einer Änderung der gesetzlichen Krankenversicherung ca. 90% der Versicherten, d.h. der Bevölkerung betroffen wären. Je nachdem welche Änderungen am System vorgenommen würden, könnte dies große Auswirkungen auf ABS-Transaktionen haben.

8.1.3. Einfluss des Staates

Der Staatseinfluss im Gesundheitswesen ist in Deutschland – wie aber auch in einigen anderen Ländern – sehr groß. Er leitet sich letztlich aus den in Kapitel 3.1. abgeleiteten Besonderheiten des „staatlich geschützten" Gutes Gesundheit ab. Da der Staat sich in der Verantwortung der Bürger sieht und auch einen Teil der Kosten trägt (etwa die Investitionskosten der Krankenhäuser, vgl. Kapitel 9.1.), leitet er daraus das Recht ab, in das System einzugreifen. Einige Gesetze und Verordnungen sind dabei allerdings weniger unter einem „Gesundheitsaspekt" zu verstehen, sondern stehen in einem Zusammenhang mit den bekannten Gesetzen und Verordnungen aus der Versicherungswirtschaft.[757] Andere Gesetze dienen aber auch nur der Änderung oder Ergänzung eines bestehenden Gesetzes.[758] Daneben existieren auch Gesetze der Länder, so gibt es neben dem allgemeinen Krankenhausfinanzierungsgesetz auch die jeweiligen Landeskrankenhausgesetze (LKHG).[759] Außerdem gibt es neben den permanenten Eingriffen in einzelne Bereiche des Gesundheitswesens auch immer wieder große systemische Eingriffe wie etwa das „Gesetz zur Sicherung und Strukturverbesserung der gesetzlichen Krankenversicherung" (Gesundheitsstrukturgesetz – GSG) von 1993 oder das „Gesetz zur Reform der gesetzlichen Krankenversicherung" (Gesundheitsreform 2000)[760], die in viele Bereiche gleichzeitig eingreifen.

8.2. Beziehung Kostenträger – Leistungserbringer

Grundlage von ABS-Finanzierungen im Gesundheitswesen sind die Beziehungen der Beteiligten untereinander, da sie für die Forderungsgenerierung und -begleichung

---

757 Z. B. die „Verordnung über die versicherungsmathematischen Methoden zur Prämienkalkulation und zur Berechnung der Alterungsrückstellung in der privaten Krankenversicherung", vgl. BGBl. I, Jg. 1996, S. 1783 - 1789.

758 Neben dem KHG existier(t)en z. B: „Gesetz zu Übergangsregelungen zur Neuorganisation der vertragsärztlichen Selbstverwaltung und Organisation der Krankenkassen" (KKÜNOG), „Gesetz zur Neuordnung der Krankenhausfinanzierung" (KHNG), „Gesetz zur Änderung des Gesetzes zur wirtschaftlichen Sicherung der Krankenhäuser und zur Regelung der Krankenhauspflegesätze" (KHKG), „Verordnung zur Bestimmung vorläufiger Landes-Basisfallwerte im Fallpauschalensystem für Krankenhäuser für das Jahr 2005" (KFPV 2005), das Krankenkassenverbandsgesetz (KKVerbG) oder das „Gesetz zur Ergänzung und Verbesserung der Wirksamkeit kostendämpfender Maßnahmen in der Krankenversicherung" (KVEG). Einige dieser Gesetze und Verordnungen sind bereits weiter verändert bzw. durch neue Gesetze außer Kraft gesetzt. Diese Beispiele sind nur ein kleiner Teil der bisherigen Gesetze und Verordnungen und zeigen exemplarisch den – z. T. absurd erscheinenden – Einfluss des Staates.

759 Vgl. Franke (2002), S. 21.

760 Vgl. BGBl. I, Jg. 1993, S. 2266 – 2334, und BGBl. I, Jg. 1999, S. 2626 - 2656.

verantwortlich sind. Der Finanzierungs- oder Kostenerstattungsablauf ist relativ komplex, und in ihm spiegeln sich die genannten Prinzipien wider. Der grundlegende Unterschied zu anderen Märkten leitet sich in Deutschland u. a. aus dem Sachleistungsprinzip ab. *„Das Sachleistungsprinzip wird letztlich getragen von der Überzeugung, dass jeder, der krank ist, ohne Rücksicht auf sein Einkommen und seine Zahlungsfähigkeit behandelt werden soll."*[761] Es beruht in der Praxis darauf, dass die Leistungserbringer mit den Krankenkassen Verträge schließen, in denen die „Sachleistungen" für die Versicherten beschlossen werden, für die dann die Krankenhäuser den Kassen Rechnungen stellen:

Abbildung 39: Struktur des Sachleistungsprinzips

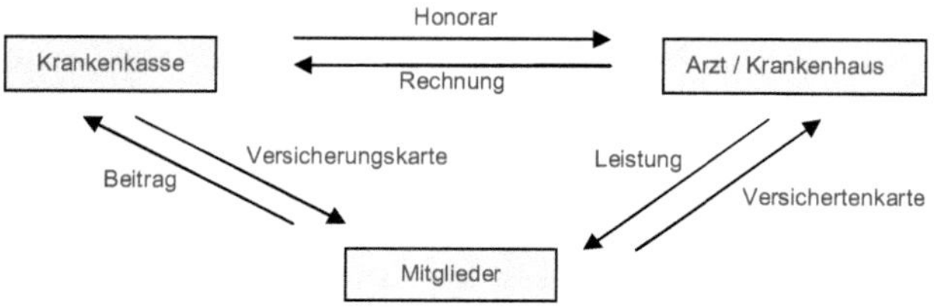

Quelle: Übernommen aus Simon (2005), S. 61.

Letztlich bedeutet es aber auch die Trennung des Leistungsempfängers von der Leistungsbezahlung. Bei den Privatversicherten wird hingegen immer noch überwiegend das Kostendeckungsprinzip angewandt, bei dem der Patient die Kosten zunächst selbst trägt und dann die Rechnung bei seiner Versicherung einreicht, die dann die Kosten je nach Vereinbarung voll oder zum Teil erstattet. Aber auch hier gibt es zunehmend Wege direkter Abrechnung zwischen Leistungserbringer und Krankenkasse. Das Sachleistungsprinzip ist ein wichtiger Bestandteil in den Überlegungen zur Vorteilhaftigkeit der ABS-Finanzierungen, denn auf ihm begründet sich die „Risiko-Arbitrage" zwischen Leistungserbringer, Leistungsempfänger und Kostenträger, also letztlich zwischen der Bonität des Krankenhauses und dem staatlich regulierten Versicherungssystem.[762]

8.3. Systemproblem

Die besonderen Finanzierungswege der Kostenträger und Leistungserbringer sind ein Hauptgrund für die momentanen Finanzierungsschwierigkeiten der Einrichtungen. Da die Betriebskosten der Krankenhäuser über einkommensabhängige Beiträge finanziert werden, die an die relative und absolute Einkommenssituation in Deutschland gekoppelt sind, ist die Einnahmeseite der Kostenträger stark von der Einkommenssituation bzw. der Arbeitslosenquote abhängig. Die notwendigen Investitionen

[761] Simon (2005), S. 60.

[762] Das Sachleistungsprinzip wird jedoch immer häufiger auch deshalb kritisiert, weil es dem Versicherten jeden Anreiz nimmt, sich kostensparend zu verhalten. Vgl. Augurzky et al. (2004a), S. 9.

dagegen werden von den Ländern und Kommunen finanziert und unterliegen damit den wirtschaftlichen bzw. finanziellen Möglichkeiten, die der Staat bei seiner jeweiligen Haushaltsplanung hat. In Zeiten eines wirtschaftlichen Abschwungs mit einer relativ hohen Arbeitslosigkeit sind dann sowohl die Betriebs-kostenträger – aufgrund der fehlenden Beitragszahlungen – als auch die Investitionskostenträger – aufgrund der verminderten Steuerzahlungen – in ihren Zahlungsmöglichkeiten eingeschränkt. Gleichzeitig bleiben die Kosten – aufgrund der Besonderheit des Gutes – unabhängig vom Beschäftigungs- und Lohnniveau mindestens konstant, und auch Erneuerungen – vor allem durch den medizinischen Fortschritt bedingte Investitionen – können aus den in Kapitel 3.1. genannten Gründen nur bedingt ausgesetzt oder vernachlässigt werden.

9. Das deutsche Krankenhauswesen: Finanzierung

Bei der Finanzierung von Krankenhäusern wird grundsätzlich zwischen Betriebs- und Investitionskostenfinanzierung unterschieden, weshalb auch von „dualer Finanzierung" gesprochen wird.[763] Dieses Finanzierungssystem ist im „Gesetz zur wirtschaftlichen Sicherung der Krankenhäuser und zur Regelung der Krankenhauspflegesätze" (Krankenhausfinanzierungsgesetz (KHG) von 1972) festgeschrieben und regelt u. a., dass alle laufenden Kosten – also im weitesten Sinne Betriebskosten – über eine Vergütung durch die Krankenkassen (Kostenträger) finanziert werden, während die Investitionskosten durch die Mittelbereitstellung der Bundesländer erfolgt. Diese Regelungen gelten jedoch nur für die Krankenhäuser, die in den Krankenhausplan aufgenommen wurden.[764] Darüber hinaus existieren einige Sonderregelungen für Hochschulkliniken, die von Bund und Ländern auch über das Hochschulbauförderungsprogramm Mittel erhalten.

Der Krankenhausplan wird von den Ländern im Rahmen einer Bedarfsanalyse erstellt. Zum einen werden hier alle Krankenhäuser aufgenommen, die zur Sicherstellung der Versorgung notwendig sind; zum anderen wird im Rahmen des Investitionsprogrammes geregelt, welche Investitionen vom Land für welche Krankenhäuser vorgenommen werden. Hierbei wird zwischen einer Anlageförderung und einer Pauschalförderung unterschieden.[765] Außerdem ist es für ein Krankenhaus notwendig, in den Krankenhausplan aufgenommen zu werden, um einen Rechtsanspruch auf einen Versorgungsvertrag mit den Krankenkassen zu haben.

Vereinfacht bedeutet diese Form der „verstaatlichten" Finanzierung, dass ein deutsches Krankenhaus, das im Krankenhausplan aufgenommen wurde, eigentlich keinerlei „externe" Finanzierung benötigt. Diese Form der Finanzierung unterscheidet das deutsche System maßgeblich vom US-amerikanischen, in dem die Krankenhäuser die Kosten für Investitionen über die Betriebskosten „mit-erwirtschaften" (dies wird z. T. in den Rückerstattungszahlungen der – staatlichen – Versicherer berücksichtigt, indem z. B. ein Teil der Zinskosten erstattet wird[766]).

9.1. Investitionskosten und -mittel

„Die Fördermittel einzelner Bundesländer sind mittlerweile zu einer Marginalität verkommen."[767]

Die Investitionen der Krankenhäuser in Deutschland sind aufgrund der Finanzierungsform in den vergangenen Jahren stetig zurückgegangen. Da die Länder immer weniger Mittel zur Verfügung hatten, wurden auch im Krankenhauswesen Investitionen gestrichen oder verschoben.[768] Heute ist unbestritten, *„(...) dass die meisten*

---

763 Vgl. Eichhorn (1979a), S. 7; Knappe et al. (2000), S. 25; Thiele (2002), S. 181; Simon (2005), S. 205.

764 Vgl. dazu und zur Entwicklung des Systems u. a.: Eichhorn (1979b), S. 43; Bolsenkötter (1979), S. 12; Thiele (2002), S. 176 - 192; Simon (2005), S. 205 - 206.

765 Vgl. Simon (2005), S. 200 - 201.

766 Vgl. Sloan et al. (1988), S. 29.

767 Neubauer (2002), S. 86.

768 Vgl. zur Entwicklung der KHG-Fördermittel auch Anhang Nr. 9.

Bundesländer keine ausreichenden finanziellen Mittel für den Investitionsbedarf der Krankenhäuser bereitstellen.“[769] Zwischen 1991 und 2003 ist die Investitionsfinanzierung um 21,90% zurückgegangen[770] und man kann feststellen:

„(...) dass die KHG-Fördermittel zwischen den Jahren 1991 und 2003 stark gesunken sind und [nun] unter dem tatsächlichen Bedarf der Krankenhäuser zur Gewährleistung der strukturellen Voraussetzungen für eine bedarfsgerechte Versorgung der Bevölkerung mit Krankenhausleistungen liegen.“[771]

Seit einigen Jahren wird daher auch von einem „Krankenhaus-Investitionsstau“ gesprochen, der auf ca. € 30 - 50 Mrd. geschätzt wird.[772] Auch in Zukunft werden die Investitionsmittel nach Ansicht vieler Krankenhäuser nicht steigen, sondern wahrscheinlich weiter reduziert.[773] Teilweise wird auch die Umstellung auf ein monistisches System diskutiert. Dabei sollen die Kosten für Investitionen über eine Einbeziehung in die Betriebskosten von den Krankenkassen bzw. Patienten getragen werden.[774] Da die Mittel der Länder bei weitem nicht ausreichen, um die nötigen Investitionen zu tätigen, werden auch andere Quellen mit in die Finanzierungsvorstellungen einbezogen; die Finanzierung über Fördermittel ist aber dominierend. Die Herkunft der Fördermittel des Jahres 2004, die für Investitionen verwendet wurden, zeigt Abbildung 40:

769 Knappe et al. (2000), S. 33.

770 DKG (2004), S. 37. An realen Preisen gemessen (2000) betrug der Rückgang in diesem Zeitraum sogar 38,79%.

771 Deutsches Krankenhausinstitut (2005), S. 25.

772 Vgl. Augurzky et al. (2004b), S. 15; Augurzky et al. (2004c), S. 12; Mues/Krämer (2002), S. 17; Mues/Krämer (2001), S. 24; Mihm (2004), S. 13; Oberender et al. (2002), S. 130.

773 Vgl. Deutsches Krankenhausinstitut (2005), S. 28 - 29.

774 Siehe z. B. Hansmeyer/Henke (1997), S. 7, 11 - 14.

Abbildung 40: Herkunft der Krankenhausfördermittel 2004

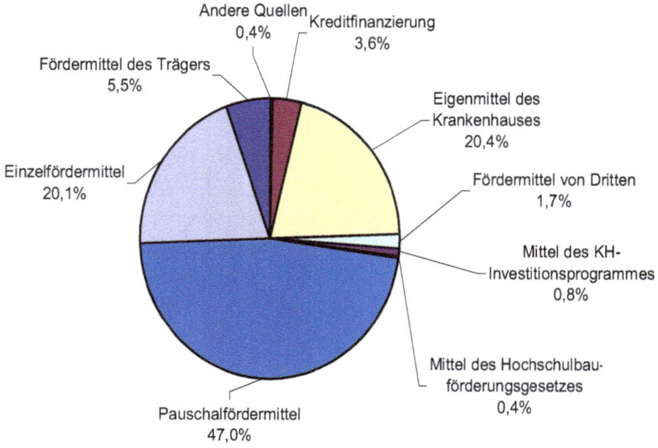

Quelle: Deutsches Krankenhausinstitut (2005), S. 25

Ein besonderes Problem der dualistischen Finanzierung ist, dass die betriebswirtschaftlichen Mehrkosten, die aus der Unterlassung von Investitionen entstehen, nicht von deren Verursachern (Ländern), sondern von den Kostenträgern, d. h. den Krankenkassen getragen werden, sodass der Staat zunächst einen Vorteil aus der Unterlassung zieht: *„Man kann auch sagen, die gesetzliche duale Finanzierung hat sich heimlich auf den Weg zu einer monistischen Finanzierung gemacht.“*[775] Insgesamt steht *„die Investitionsfinanzierung (...) vor einem Scheideweg, mittelfristig ist eine Rückkehr zu der unter ökonomischen Gesichtspunkten sinnvolleren monistischen Finanzierung zu befürworten.“*[776]

9.2. Betriebskosten

Die Betriebskosten werden den Krankenhäusern von den Kostenerstattern – in erster Linie den gesetzlichen Krankenkassen – erstattet. Nach jahrelanger Erstattungspraxis auf Grundlage von Pflegetagen bzw. Pflegesätzen wird das System seit einigen Jahren umgestellt. So wurde mit der GKV-Gesundheitsreform 2000 beschlossen, Fallpauschalen in Form von DRG einzuführen.[777] Diese Umstellung ist eine der größ-

[775] Neubauer (2002), S. 77. Siehe auch Jost (2005), S. 25.
[776] Augurzky (2004b), S. 15. Siehe auch Marbé et al. (2000), S. 184 - 189.
[777] Bei DRGs handelt es sich um Klassifikationen von Fällen, in die die verschiedenen Krankheiten unterteilt werden. Ursprünglich zur Qualitätsbeurteilung in den USA entwickelt, existieren heute in vielen Ländern DRG-Systeme, die ganz unterschiedliche Fallgruppen und Fallgruppenzahlen un-

ten Änderungen in der Krankenhausfinanzierung und wird aufgrund des komplizierten Verfahrens zur Feststellung der „Preise"[778] noch einige Jahre andauern.
Die Umstellung entspricht in weiten Teilen der des USA- Systems der 1980er Jahre. Danach sahen sich die Krankenhäuser teilweise mit massiven Problemen konfrontiert, da die Fallpauschalen nicht den tatsächlichen Aufwand bzw. die echten Kosten erstatten, sondern einen im Voraus festgelegten Durchschnitt.[779] Die Krankenhäuser sind dadurch einem hohen Anpassungsdruck ausgesetzt, und es wird vermutet, dass der Umsatz um bis 25% sinken kann.[780]
Diese Berechnungsart verursacht Druck auf die Krankenhäuser, die Patienten möglichst schnell wieder zu entlassen, da eine längere Liegezeit nicht vergütet wird.[781] Es wird daher davon ausgegangen, dass die Verweildauer in deutschen Krankenhäusern deutlich sinken wird, aber auch, dass immer mehr Operationen ambulant durchgeführt werden: die Zuwachsrate der ambulanten Behandlungen von 2003 auf 2004 betrug 53%.[782] Verstärktes ambulantes Operieren und kürzere Verweildauern müssen dann natürlich wiederum zu Überkapazitäten führen.[783]
Gerade um Patienten schnell behandeln zu können, muss ein Krankenhaus aber hochwertige diagnostische Geräte vorhalten und entsprechende Operationsgeräte einsetzen. Hier zeigt sich auch wieder die Besonderheit des Gutes Gesundheit, die es eigentlich nicht erlaubt, Patienten die neueste Entwicklung im diagnostischen oder therapeutischen Bereich vorzuenthalten. Gleichzeitig erfordert dies auch entsprechend geschultes Personal.[784] Medizinische Hochleistungsgeräte sind sehr kostenintensiv und oft auch schnell durch verbesserte Apparaturen veraltet.[785] In Deutschland wird der derzeitige Investitionsstau in der Medizintechnik auf 10 - 15 Milliarden Euro geschätzt, wobei sich *„die Länder (...) praktisch aus der Großgeräteförderung verabschiedet"*[786] haben.

---

terscheiden. Das deutsche DRG-System (G-DRG) leitet sich von dem australischen System ab. Bei der Aufnahme eines Patienten wird dieser in einer der Hauptdiagnosegruppen eingeteilt und anschließend werden gegebenenfalls verschiedene weitere Nebendiagnosen gestellt, Schweregrade der Erkrankung ermittelt und notwenige „Prozeduren" veranlasst. Die Aufschlüsselung erfolgt nach dem ICD-10-GM (International Classification of Disease, 10. Revision, German Modification) und dem OPS (Operationen- und Prozedurenschlüssel) System. Siehe für ein Beispiel Anhang Nr. 10.

778 Es gibt dabei eigentlich keine „Preise" sondern eben vielmehr ein Preisbildungsverfahren auf der Basis pauschalierter Fallgruppen für Preise, die für eine bestimmte Leistung zu zahlen sind. Siehe dazu auch das Beispiel unter Anhang Nr. 10.

779 Siehe zur Beschreibung des DRG-Verfahrens auch Haubrock (2002), S. 336 - 354; Klauber et al. (2003); Simon (2005), S. 211 - 224, sowie das Beispiel unter Anhang Nr. 10.

780 Vgl. Augurzky et al. (2004c), S. 12.

781 Die Ineffizienz des alten Systems – bei dem die Krankenhäuser die sog. „ teureren ersten Tage" durch die „billigeren" späteren kompensierten – wurde schon lange kritisiert. Siehe z. B. Eichhorn (1979a), S. 7.

782 Vgl. Deutsches Krankenhausinstitut (2005), S. 12. Zu erwähnen bleibt allerdings, dass diese Entwicklung theoretisch zu einer Verlängerung der Verweildauer führen kann, wenn heute einfache Operationen, d. h. solche die die durchschnittliche Verweildauer senken, in den ambulanten Bereich ausgelagert werden.

783 Vgl. Augurzky et al. (2004b), S. 18 und 20.

784 Vgl. Strehl (2002), S. 116.

785 Vgl. Hennersdorf/Kutter (2004), S. 153. So kosten hochauflösende Ultraschallgeräte ca. € 250 Tsd.; für Computertomographen, Kernspintomographen (MRT) oder Positronen-Emissionstomographen müssen bereits mehrere Millionen Euro bezahlt werden.

786 Hans-Fred Weiser (Präsident des Verbands der Leitenden Krankenhausärzte) in Jost (2005), S. 25.

9.3. Krankenhausbilanz

Neben den indirekten Zielen wie z. B. der Gläubigerdiversifikation, werden ABS-Finanzierungen auch deshalb genutzt, um Veränderungen in der Bilanz herbeizuführen, d. h. Finanzkennzahlen zu beeinflussen, um direkt oder indirekt Finanzierungskosten einzusparen (vgl. Kapitel 2.3., 6.1.2. und 6.2.2). In der deutschen Krankenhauslandschaft finden sich auch unter diesem Aspekt Besonderheiten, die durch ihre spezielle Finanzierungsform hervorgerufen werden.
Die Bilanzierung deutscher Krankenhäuser wird durch die „Verordnung über die Rechnungs- und Buchführungspflichten von Krankenhäusern" (KHBV) geregelt. Hieraus ergeben sich einige Besonderheiten der Bilanzierung und der Darstellung der Gewinn- und Verlustrechnung, die durch die Anlage 1 bzw. Anlage 2 des KHBV definiert sind. Darüber hinaus existiert z. B. auch ein verbindlicher Kontenrahmen für die Krankenhäuser (Anlage 4 KHBV).[787]
Diese Sonderregelungen werden vor allem durch die duale Krankenhausfinanzierung und die Fördermittelvergabe sowie durch verschiedene Erlösarten, die in Krankenhäusern anzutreffen sind, verursacht.[788] Außerdem werden die Jahresabschlüsse auch von der jeweiligen Rechtsform oder der Art des Trägers des Krankenhauses beeinflusst.[789] So fällt bei der Aufschlüsselung der verschiedenen Posten der Passivseite insbesondere der Anteil der KHG-Mittel auf.
Solche KHG-Sonderposten werden gebildet, wenn ein Bundesland einem Krankenhaus einen Förderungsantrag bewilligt. Damit entsteht dem Krankenhaus eine „Forderung nach dem KHG", die unter dem Aktivposten C II verbucht wird. Gleichzeitig muss auf der Passivseite eine „Verbindlichkeit nach dem Krankenhausfinanzierungsrecht" gebildet werden. Wenn die Forderung dann der effektiven Investition weicht (Aktivtausch), wird auf der Passivseite ein Tausch der „Verbindlichkeiten nach KHG" in die „Sonderposten aus Fördermitteln nach dem KHG" vorgenommen und dieser wird dann entsprechend der Abschreibung des Investitionsgutes abgeschrieben.[790]
Den Anteil dieser KHG-Mittel verdeutlicht Abbildung 41:

787 Vgl. allgemein zur Krankenhausbuchführung z. B. Thiele (2002), S. 147 - 176.

788 Neben den „Erlösen aus Krankenhausleistungen" (Posten 1, GuV) sind dies z. B. „Erlöse aus Wahlleistungen" (Posten 2) und „Nutzungsentgelte der Ärzte" (Posten 4). Vgl. Anhang 2 der KHBV.

789 Vgl. Graumann/Schmidt-Graumann (2004), S. 140.

790 Auf Einzelheiten bezüglich der Teilfinanzierung über Eigenmittel sei hier verzichtet, ebenso auf Ausführungen hinsichtlich der Regelungen bzgl. der Abschreibung und Wiederveräußerung. Zur Buchung der KHG-Mittel siehe Graumann/Schmidt-Graumann (2004), S. 168 - 169, 181 - 184; Hentze/Kehres (2005), S. 82 - 84, 93 - 96.

Abbildung 41: Krankenhausbilanzen: Passiv-Seite privater und öffentlicher Träger

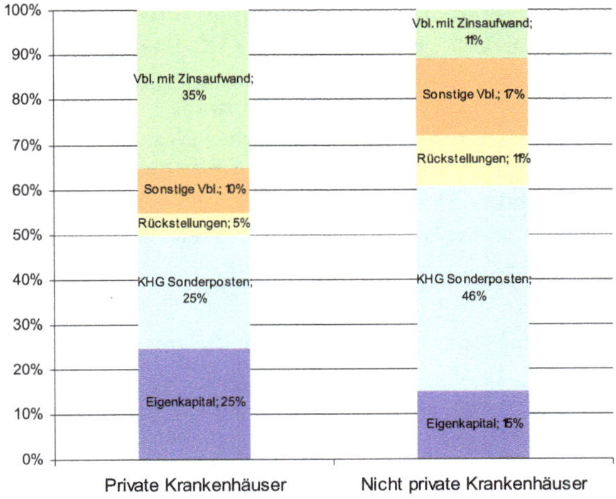

Quelle: Augurzky et al. (2004b), S. 14. Daten AdMed GmbH / RWI Analyse; „Sonstige Vbl." sind überwiegend Verbindlichkeiten aus Lieferung und Leistung.

Die Gesamtheit der Passiva deutscher Krankenhäuser kann daher wie in Abbildung 42 dargestellt werden:

Abbildung 42: Passivseite deutscher Krankenhausbilanzen

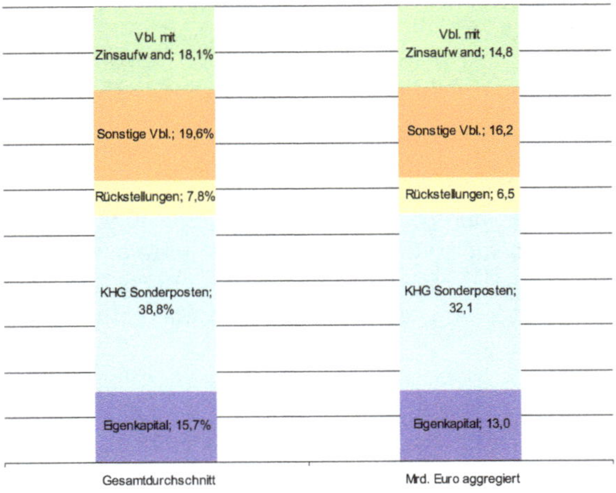

Quelle: Augurzky et al. (2004c), S. 18. Die Unterschiede der Verteilung zwischen „Sonstigen Vbl." und „Vbl. mit Zinsaufwand" im Vergleich zu Abbildung 41 ergeben sich aus einem etwas modifizierten Datensatz. Dies zeigt auch, dass es aufgrund des sehr heterogenen Marktes – je nach Stichprobe – zu anders gelagerten Verteilungen kommen kann.

Die Abbildung 41 und Abbildung 42 verdeutlichen auch, wie stark die KHG-Sonderposten die Bilanzen der Krankenhäuser beeinflussen. Darüber hinaus zeigen sie auch einige Unterschiede zwischen privaten und nicht-privaten Krankenhäusern auf. Dabei wird deutlich, dass der Anteil der „fehlenden“ KHG-Posten bei den Privaten zum Großteil durch mehr Eigenkapital und zinstragendes Fremdkapital finanziert wird – ähnlich einem „gewöhnlichen“ Unternehmen. Der Anteil an „reinem“ Fremd- und Eigenkapital (die KHG-Sonderposten könnten theoretisch auch in Fremd- und Eigenkapital unterschieden werden) spielt für die Verwendungsmöglichkeiten und Auswirkungen von ABS-Finanzierungen eine wichtige Rolle, da z. B. der Anteil des Fremdkapitals, der zurückgeführt werden könnte oder sollte, maßgeblich dadurch beeinflusst wird.

9.4. Beeinflussung der Originatoren: Die Krankenhausträger

In Kapitel 8.1.1. wurde bereits auf die unterschiedlichen Träger- und Rechtsverhältnisse der Krankenhäuser hingewiesen. Je nach Konstellation können hier verschiedene Einflüsse auf die Investitions- und Finanzierungsmöglichkeiten des Krankenhauses entstehen, weshalb zunächst eine kurze Abgrenzung der einzelnen Trägerschaften und etwaiger Besonderheiten vorgenommen werden soll.

9.4.1. Öffentlich-Rechtliche Krankenhäuser

Öffentlich-rechtliche Krankenhäuser sind Einrichtungen, die entweder als Körperschaft, Anstalt bzw. als Stiftung öffentlichen Rechts definiert sind oder als sog. „sonstige Verwaltungsträger“ wie Regie- oder Eigenbetriebe eingestuft werden.[791] Sie werden von der zuständigen Gebietskörperschaft oder von den sog. „Parafisci“ (u. a. Gesetzliche Renten- und Krankenversicherung) getragen. Diese Formen machen einen großen Teil der deutschen Krankenhäuser bzw. der aufgestellten Betten aus.
Ein Krankenhaus, das als Regiebetrieb geführt wird, ist komplett in die Gemeindeverwaltung integriert, d. h. die Entscheidungsträger gehören der Gemeinde an[792] oder werden von ihr bestellt, und der Wirtschaftsplan und Jahresabschluss gehen in den Haushaltsplan der Gemeinde bzw. der zuständigen Gebiets-körperschaft vollständig ein.[793] Der Regiebetrieb ist daher auch ein *„unselbständiger Teil der Kommunalverwaltung“*[794]. Einige Krankenhäuser werden dabei als Netto-Regiebetriebe geführt, bei denen lediglich der Saldo (aus Ertrag und Aufwand) in den Haushaltsplan eingeht.[795]

---

791 Vgl. Rudolf (1995), S. 701 - 705 m. w. N. Von einer Behandlung der Unterschiede zwischen Stiftungen bürgerlichen Rechts, nicht-rechtsfähigen Stiftungen des Verwaltungsrechts und „öffentlichen Stiftungen“ sei hier abgesehen.

792 *„Bei Regiebetrieben des Staates und [bei] Eigenbetrieben der sonstigen Gebietskörperschaften handelt es sich um haushaltsrechtlich und organisatorisch verselbständigte, nicht-rechtsfähige, dekonzentrierte Verwaltungsstellen (...).“* Rudolf (1995), S. 705. Siehe auch Reding (1994), S. 192 - 193.

793 *„Ihre Einnahmen und Ausgaben werden im Haushaltsplan der jeweiligen Gemeinde in einem besonderen (Unter-) Abschnitt veranschlagt.“* Reding (1994), S. 192.

794 Schär (2002), S. 106.

795 Vgl. Schär (2002), S. 107.

Eine dem Regiebetrieb verwandte Rechtsform ist die des Eigenbetriebes. Der Eigenbetrieb stellt (wie auch der Netto-Regiebetrieb) ein Sondervermögen des öffentlich-rechtlichen Haushalts dar und wird außerhalb desselben geführt.[796] Er stellt einen Wirtschaftsplan auf, der im Wesentlichen aus dem Erfolgsplan und dem Vermögensplan besteht. Eigenbetriebe besitzen keine eigene Rechtspersönlichkeit, sondern ihre Entscheidungsträger sind die Gemeinde bzw. der Gemeinderat und die von der Gemeinde bestellte Betriebsleitung. Diese handeln jedoch *„in Planung, Buchführung und Rechnungslegung selbständig."*[797]
Im Jahre 2003 gab es in Deutschland 796 Krankenhäuser in öffentlich-rechtlicher Trägerschaft, wovon 54,1% (bzw. 430) als Regie- oder Eigenbetrieb geführt wurden. Dies entspricht einem Anteil von ca. 19% an der Gesamtzahl der Krankenhäuser. Entscheidend ist jedoch nicht so sehr die Zahl der Einrichtungen sondern vielmehr die Bettenzahl. Hier ergibt sich ein anderes Bild, denn von 499.785 Betten, die zu den „Allgemein-Krankenhäusern" (darin sind auch Hochschulkliniken enthalten) gezählt wurden, befanden sich 265.520 Betten bzw. 53,1% in „öffentlich-rechtlicher Hand".[798] Auf Eigen- und Regiebetriebe entfielen 2003 demnach 143.646 Betten oder ca. 29%, die einer „absoluten" öffentlich-rechtlichen Trägerschaft und Bestimmung (in rechtlich unselbständiger Form) untergeordnet waren. Weitere ca. 40.000 Betten (ca. 15% der öffentlich-rechtlichen) gehörten zu einem öffentlich-rechtlichen Träger in Form einer Stiftung o. ä.
Öffentlich-rechtliche Krankenhäuser, die in einer privatrechtlichen Form betrieben werden (z. B. als GmbH oder gGmbH), sind häufig nur im weiteren Sinn privatisiert (sog. formelle Privatisierung), mit dem Ergebnis, dass sich der Staat nicht ganz aus der Verantwortung zurückzieht (materielle Privatisierung), sondern lediglich die Entscheidungsstrukturen in einem privatrechtlichen Rahmen organisiert sind.[799] Reding (1994) hat es so zusammengefasst: *„(...) Bei der Umwandlung eines Eigenbetriebes in eine Gesellschaft mit einer privaten Rechtsform handelt es sich um keine echte Privatisierung. Hier wird lediglich die öffentlich-rechtliche Form zugunsten einer privatrechtlichen aufgegeben, d. h. sowohl der öffentliche Auftrag wie die öffentliche Trägerschaft ändern sich (...) nicht."*[800]
Dies hat weit reichende Konsequenzen, da insbesondere die öffentliche Trägerschaft die Finanzierungsalternativen, die dem Krankenhaus zur Verfügung stehen, beeinflusst. Eine für ABS-Finanzierungen entscheidende Komponente sind aber gerade diese alternativen Finanzierungsarten und -kosten. Für öffentlich-rechtliche Institutionen – und damit auch für Krankenhäuser in öffentlich-rechtlicher Trägerschaft – wird die Finanzierung maßgeblich durch das Verwaltungsrecht und die damit einhergehende Anstaltslast bzw. Gewährträgerhaftung beeinflusst. Diese bestimmen, dass staatliche Träger die Anstalten mit den notwendigen finanziellen Mitteln ausstatten und für deren Verbindlichkeiten einstehen. Dadurch ergibt sich ein großer Finanzierungsvorteil, da der Staat quasi als Bürge (implizit oder explizit) haftet. So stellen Au-

---

796 Vgl. Reding (1994), S. 193.
797 Reding (1994), S. 193.
798 Vgl. DESTATIS (2005), o. S.
799 Vgl. Reding (1994), S. 194 - 195; Schär (2002), S. 106 - 107. Ein Vorteil ist z. B. die Möglichkeit, aus dem Bundesangestelltentarif auszusteigen. Vgl. zur Entwicklung der Rechtsformänderung und Fusionen deutscher Krankenhäuser auch Buscher (2005), S. 184.
800 Reding (1994), S. 190 - 191.

gurzky et al. (2004c) zu Recht fest: *„Zum Teil übernahm die öffentliche Hand die Funktion eines Bürgen, womit sich die Bonität einer Klinik deutlich erhöhte und sie somit günstig Kredite erhielt."*[801] Die öffentlich-rechtlichen Krankenhäuser können sich dadurch zu sehr guten Konditionen finanzieren, da sie *„prinzipiell auf Grund der (...) Gewährträgerhaftung nicht in Konkurs gehen"*[802] können.[803]
Der Vorteil dieser (impliziten oder expliziten) „Staatshaftung" und die (direkte oder indirekte) Finanzierung über die zuständige Gebietskörperschaft als Träger bringen jedoch auch Nachteile mit sich. Denn sowohl die Finanzierung über Eigenkapital als auch die Möglichkeiten, Verluste auszugleichen, hängen maßgeblich von der Haushaltslage der Gebietskörperschaft ab. Letzteres stellt die Krankenhäuser bzw. ihre Träger vor ein völlig neues politisches Problem, da derzeit die EU-Wettbewerbskommission diese Form der Krankenhausfinanzierung in Deutschland kritisch hinterfragt. Denn der steuerfinanzierte Verlustausgleich kommt nach Ansicht einiger privater Kliniken einer Wettbewerbsverzerrung gleich.[804]

9.4.2. Freigemeinnützige Krankenhäuser

Freigemeinnützige Krankenhäuser haben sog. gemeinnützige Träger wie Kirchengemeinden, Verbände der kirchlichen und freien Wohlfahrtspflege oder karitative Vereinigungen. Dazu zählen u. a. die Krankenhäuser in den Verbänden des Diakonischen Werkes der evangelischen Kirchen, des deutschen Caritasverbandes, des Roten Kreuzes, der Johanniter, des Paritätischen Wohlfahrtsverbandes oder der Arbeiterwohlfahrt. Die freigemeinnützigen Krankenhäuser konnten über lange Zeit hinweg ihre eigene Organisationsform finden, und viele Trägerverbände existieren bereits seit über 100 Jahren. Sie haben zwar nicht den besonderen Status der öffentlich-rechtlichen Krankenhäuser hinsichtlich der Finanzierung, können aber aufgrund ihrer Träger und Traditionen auf andere Vorteile zurückgreifen. Dies sind insbesondere viele ehrenamtliche Mitarbeiter (Die Wertschöpfung von 1,8 Millionen Mitarbeitern in der Freien Wohlfahrtspflege wird auf € 50 Mrd. geschätzt.) und im Vergleich hohe Spendeneinnahmen, die sich aus der gesellschaftlichen Stellung der Träger – hier sind insbesondere die Kirchen, aber auch die Arbeiterwohlfahrtsverbände zu nennen – erklären.[805] Dabei fällt auch auf, dass die freigemeinnützigen Krankenhäuser, obwohl sie durchschnittlich etwas mehr Personal haben als private Krankenhäuser, trotzdem geringere bereinigte Kosten pro Fall hatten[806], und dies, obgleich die Auslastung die schlechteste aller Krankenhauskategorien war. Durch weitere Angebote

---

801 Augurzky (2004c), S. 13. Dieser Finanzierungsvorteil wurde bereits für die Sparkassen und Landesbanken abgeschafft, da er einen Wettbewerbsnachteil für die privaten Banken darstellte.

802 Augurzky (2004b), S. 18.

803 Dieser Vorteil geht – zumindest explizit (bzw. juristisch) – nur dann verloren, wenn das Krankenhaus in Form einer GmbH oder AG geführt wird, da dann nicht mehr das Gemeindevermögen sondern nur das Vermögen der Gesellschaft haftet. Vgl. Reding (1994), S. 195. In der Praxis hält die Gebietskörperschaft aber oft 100% der Anteile (formelle Privatisierung), so dass man zumindest von einer impliziten Anstaltslast, aber auch einer Art Gewährträgerhaftung, ausgehen kann.

804 Vgl. Scheerer (2005), S. 1; o. V. (2005b), S. 7.

805 Vgl. Müschenich (2002), S. 134 - 135.

806 Vgl. Rolland/Rosenow (2004), S. 307 - 310. Öffentlich-rechtliche Krankenhäuser halten – unabhängig von ihrer Rechtsform – mehr Personal (immer verglichen pro 100 Betten) und liegen auch in den Kosten im Schnitt deutlich über den freigemeinnützigen oder privaten Krankenhäusern.

vieler freigemeinnütziger Kliniken wie z. B. Hospize oder Suchtberatungsstellen haben sich viele Krankenhäuser dieser Kategorie eine gute Marktposition zwischen öffentlich-rechtlichen und privaten Krankenhäusern erarbeitet. Jedoch nehmen in den letzten Jahren neben den öffentlich-rechtlichen Krankenhäusern auch die in freigemeinnütziger Trägerschaft ab.

9.4.3. Private kommerzielle Krankenhäuser

In Deutschland existierten im Jahr 2003 insgesamt 545 private Krankenhäuser, wobei nicht-öffentlich-rechtliche Krankenhäuser in privatrechtlicher Rechtsform gemeint sind. Diese privaten Kliniken sind mit durchschnittlich 99 Betten deutlich kleiner als die freigemeinnützigen (231 Betten) oder öffentlich-rechtlichen (365 Betten). Einige dieser Krankenhäuser sind Teil größerer Klinik-Ketten, von denen einige wenige an der Börse notiert sind. Jedoch sind diese Ketten i. d. R. kleiner als vergleichbare Unternehmen in den USA. Die deutschen Krankenhaus-Ketten sind teilweise auf einzelne Bereiche wie den Akutklinik-Markt oder die Rehabilitation spezialisiert. Bekannte Unternehmen sind u. a. Rhön-Klinikum AG, Eifelhöhenklinik AG, Marseille-Kliniken AG, SRH-Kliniken AG, MediClin AG, Paracelsus Kliniken Deutschland GmbH, Asklepios-Kliniken GmbH, Sana GmbH &Co KGaA, Vivantes und HELIOS Kliniken GmbH (letztere wurde 2005 für ca. € 1,5 Mrd. vom Gesundheitskonzern Fresenius erworben). Der Anteil der privat betriebenen Kliniken ist aber immer noch gering, insbesondere wenn man die Bettenzahl berücksichtigt. Im Jahr 2003 waren 46.994 Betten in privaten Krankenhäusern aufgestellt. Dies entsprach ungefähr der Bettenzahl der 35 Hochschulkliniken (Bestand 2002).

Private Krankenhäuser verfolgen erwerbswirtschaftliche Ziele und benötigen eine Konzession nach § 30 Gewerbeordnung. Sie haben aber, solange sie in einem Landeskrankenhausplan aufgenommen sind, auch Anspruch auf KHG-Fördermittel und schließen – wie andere Krankenhäuser – Verträge mit den Krankenkassen ab. Grundsätzlich wird privaten Rechtsformen und insbesondere privaten Krankenhäusern eine größere Effizienz nachgesagt. Vor allem bei den Krankenhausketten wird dabei von einer „Lernkurve“ ausgegangen, die zusammen mit einem betrieblichen Management und mit unternehmerischer Kompetenz zu Wettbewerbsvorteilen führt.[807] Auffällig ist auch, dass private Krankenhäuser zwar Fördergelder in Anspruch nehmen, aber zu einem weitaus geringeren Teil. Neubauer (1999) folgert daraus: *„Private Krankenhäuser nehmen zwar staatliche Fördermaßnahmen (...) dankbar an (...), doch machen sie ihre Investitionen davon nicht abhängig.“*[808] Da Unternehmen, die erwerbswirtschaftliche Ziele verfolgen, zunächst grundsätzlich steuerpflichtig sind und dies auch die Vorteile einer ABS-Finanzierung beeinflusst, soll hier auch kurz auf einige steuerliche Aspekte des Krankenhausmarkts eingegangen werden.

Der Gesetzgeber sieht mehrere Steuererleichterungen für Krankenhäuser vor, die zum Teil für alle Krankenhäuser gelten und zum Teil nur für Krankenhäuser mit gemeinnützigem Status.[809] Dafür wurden teilweise auch spezielle Gesetze geschaffen.

---

[807] Vgl. Neubauer (1999), S. 177 - 179.
[808] Neubauer (1999), S. 178.
[809] Vgl. Henke et al. (2003), S. 17.

Zu nennen ist hier insbesondere § 67 AO, der regelt, wann ein Krankenhaus als Zweckbetrieb einzustufen ist – eine bewusste Abgrenzung zum § 65 AO. Eine Steuervergünstigung leitet sich im Wesentlichen aus der gewählten Rechtsform und der Gemeinnützigkeit (im Sinne der §§ 51 - 68 AO) ab. Im Folgenden wird auf (juristische) Einzelheiten weitgehend verzichtet.[810] Letztlich kann man feststellen, dass alle Krankenhäuser, die den § 67 AO erfüllen[811], von der Gewerbesteuer (siehe dazu § 3 Nr. 20 a) GewStG und § 3 Nr. 6 GewStG (für öffentlich-rechtliche Körperschaften), der Grundsteuer (§ 3 GrStG) und der Umsatzsteuer (§ 4 Nr. 16b UStG)[812] befreit sind.[813] Eine Befreiung von der Körperschaftssteuer (§ 5 Abs. 1 Nr. 9 KStG) gibt es dagegen nur für Krankenhäuser, die gemeinnützig im Sinne der §§ 51 - 68 AO sind, was den privat-kommerziellen Krankenhäusern abgesprochen wird.[814]

9.5. Zwänge zur Erschließung neuer Finanzierungsmöglichkeiten: Erstes Zwischenresumé

Die besonderen Umstände der deutschen Krankenhauslandschaft haben dazu geführt, dass sich die Krankenhäuser über viele Jahrzehnte hinweg nicht um eine eigene Finanzierung „kümmern" mussten. Durch die duale Finanzierung wurden die Betriebskosten von den Krankenkassen – weitgehend problemlos – erstattet und die Investitionskosten über Bund und Länder finanziert. Aufgrund des umfassenden Versicherungsschutzes in Deutschland ist es in deutschen Krankenhäusern auch kaum zu Fällen von „Uncompensated Care" gekommen, also zu Leistungen, die nicht durch einen Versicherungsträger gedeckt waren und vom Krankenhaus selbst finanziert werden mussten. Darüber hinaus wurden und werden Defizite bei öffentlich-rechtlichen Kliniken vom Träger, also i. d. R. der zuständigen Gebietskörperschaft, getragen, ein Umstand, der weder Zwang noch Anreiz schafft, wirtschaftlich hauszuhalten. Fragen der Finanzierung wurden jahrelang vernachlässigt, Kredite wurden

---

810 Siehe dazu insbesondere Henke et al. (2003), S. 14 - 23.

811 Dieser schreibt vor (vereinfacht), dass bei einem Krankenhaus mindestens 40% seiner Pflegetage auf Patienten entfallen müssen, „bei denen nur Entgelte für allgemeine Krankenhausleistungen (...) berechnet werden." § 67 AO.

812 Es haben sich jedoch aufgrund einer veränderten Umsatzsteuerrichtlinie, die seit dem 1. Januar 2005 in Kraft ist, einige Änderungen bei der Krankenhausbesteuerung ergeben. Eine Übersicht hierzu und zu anderen Problemen bietet das „Grundsatzpapier der Deutschen Krankenhausgesellschaft zur steuerrechtlichen Bewertung von Krankenhausleistungen"; vgl. DKG (2005).

813 Vgl. Henke et al. (2003), S. 23. Darüber hinaus sind z. B. Zuwendungen an Krankenhäuser teilweise von der Erbschaftssteuer befreit (§ 13 Abs. 1 Nr. 16 und 17 Erbschaftssteuergesetz).

814 Die steuerliche Behandlung von Krankenhäusern wird durch sich ändernde Rahmenbedingungen zunehmend schwieriger. Grundsätzlich ist ein Krankenhaus nur dann von den genannten Steuern befreit, wenn die erbrachten Leistungen aus ärztlichen und pflegerischen Tätigkeiten entstanden oder diese zu deren Erbringung notwendig waren. Hier entstehen aufgrund der geänderten Rahmenbedingungen immer mehr Probleme. Diese ergeben sich aus verschiedenen „Krankenhaus-Konstruktionen" wie Wahlleistungen, Chefarztbehandlungen, Belegbetten, „integrierter Versorgung" o. ä., die dann in den Rahmen des „wirtschaftlichen Geschäftbetriebes" fallen und damit nicht mehr unter dem § 67 AO subsumiert werden können. Problemfelder sind dabei z. B. Besonderheiten wie etwa eine integrierte Cafeteria, ein Kiosk oder eine Apotheke im Krankenhausbetrieb. Auf die besondere Steuerproblematik soll hier im Folgenden aber nicht weiter eingegangen werden, da sie das eigentliche Thema nur peripher berührt. Die Veränderungen der Abrechnungssysteme und geänderte Umsatzsteuerrichtlinien verursachen aber durchaus ernste Probleme. Siehe hierzu auch DKG (2005).

kaum aufgenommen und wenn, dann um zu „spät eintreffende Fördermittel zu überbrücken."[815] Auch konnten Finanzierungsmittel aufgrund der Gewährträgerhaftung zu sehr günstigen Konditionen erlangt werden. Externe Finanzierungen, insbesondere innovative Finanzierungsmöglichkeiten wie ABS, waren daher zum einen gar nicht notwendig, und zum anderen konzentrierte sich die eigentliche Krankenhausleistung überwiegend auf andere, d. h. vornehmlich medizinische Anforderungen oder Bereiche der Struktur und Logistik. So stellten z. B. noch 2002 Schommer et al. fest: *„Das Finanzmanagement steckt in den meisten deutschen Kliniken noch in den Kinderschuhen. Das ist durchaus verständlich, blickt man auf die Vergangenheit der Selbstkostendeckung sowie die bisherige Vergabepraxis vor allem in kommunal geprägten Sparkassen als Hauptfinanziers."*[816]

In den letzten Jahren wurde jedoch damit begonnen, nach Möglichkeiten Ausschau zu halten, effizienter mit den knappen Ressourcen zu wirtschaften. Ein erster Schritt war der – noch anhaltende – Abbau von Überkapazitäten. Ferner wurde in vielen Krankenhäusern überlegt, wie man durch die Einführung eines Controllings oder durch „Outsourcing" bestimmter Unternehmensbereiche ökonomischer wirtschaften könnte. Insbesondere wurde in den letzten Jahren, vielfach aus schlichter finanzieller Not der Gemeinden und Kommunen, damit begonnen, öffentlich-rechtliche Kliniken in Kapitalgesellschaften umzuwandeln. Gerade für die Suche nach Investitionskapital werden solche Veränderungen der Struktur und der Rechtsformen als hilfreich, teilweise geradezu als Voraussetzung, für die Erschließung neuer Finanzierungsquellen angesehen, da *„private Rechtsformen (...) zum Kapitalmarkt einen deutlich einfacheren Zugang haben."*[817] Dieser Prozess hält weiter an und wird in zunehmendem Maße von der Finanzmisere und der laufenden Umstrukturierung des deutschen Krankenhauswesens beeinflusst.

9.6. Veränderung der Krankenhausfinanzierung

9.6.1. Kreditfinanzierung und „Basel II"

Die Krankenhauslandschaft in Deutschland steht vor bzw. steckt schon in großen Veränderungen. Sowohl die Veränderungen in der Betriebskostenerstattung als auch die unzureichenden Bereitstellungen von Fördermitteln stellen die Häuser vor Schwierigkeiten, die erkennbar mit den bisherigen Finanzierungsmöglichkeiten kaum zu überwinden sind. Deshalb werden andere – bisher im deutschen Krankenhaussystem unübliche – Finanzierungswege immer wichtiger. Andererseits machen derzeit – siehe Abbildung 40 – die genannten Fördermittel immer noch ca. 75% der Investitionsfinanzierung der Krankenhäuser aus.

---

815 Auschra (2003), S. 605.

816 Schommer et al. (2002), S. 200.

817 Strehl (2002), S. 126. Als jüngstes Beispiel sei hier die Zusammenführung und Privatisierung der Universitätskliniken in Marburg und Gießen genannt. Beide Häuser wurden nach der Zusammenführung vom Land Hessen an die Klinik-Kette Rhön-Klinikum AG verkauft. Vgl. o. V. (2005e), S. 11.

Da die Förderung aus staatlichen Mitteln aber immer weiter abnimmt, wird davon ausgegangen, dass der Kreditbedarf der Krankenhäuser massiv ansteigen wird.[818] So sind bereits Konzepte für Häuser erarbeitet worden, *„(...) die teilweise mit Fremdkapital finanziert wurden, deren Kapitaldienst aus den freiverfügbaren Überschüssen bedient wurde."*[819] Und es gilt als sicher, dass *„(...) die Fremdfinanzierung von Investitionen (...) zukünftig eine wesentlich größere Rolle spielen [wird] als bisher. Neue Fremdfinanzierungsformen werden in zunehmendem Maße die Eigenfinanzierung und die Investitionsförderung durch die Länder ergänzen oder ablösen. Der Kreditbedarf wird notwendigerweise wachsen."*[820]
So wird z. B. angenommen (vgl. Abbildung 43), dass sich der Kreditbedarf bis etwa 2010 verdreifacht:

Abbildung 43: Zukünftiger Kreditbedarf deutscher Krankenhäuser

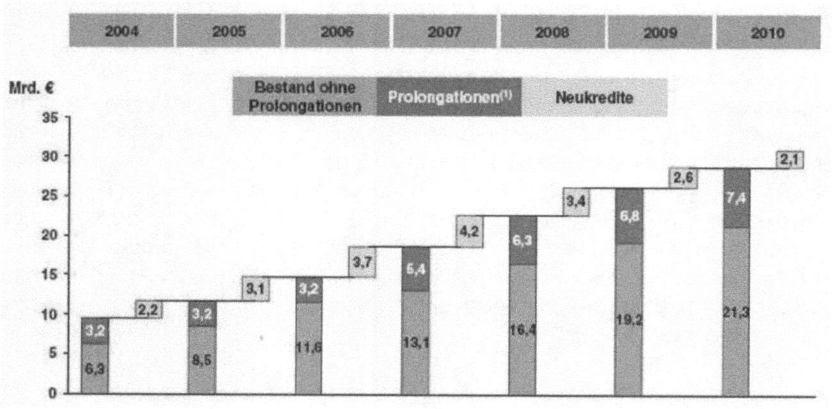

1) Angenommene Laufzeit 3 Jahre.
Quelle: Augurzky et al. (2004b), S. 25; Daten: AdMed GmbH / RWI Analyse.

Jedoch auch hier *„bedarf Fremdkapital im dualen Finanzierungssystem der Refinanzierung aus den laufenden Erträgen und Aufwendungen."*[821] Es ergibt sich damit ein durchaus dem US-amerikanischen System vergangener Jahrzehnte im Gesamtkontext vergleichbares Bild.
Wenn sich auch die Art der Krankenhausfinanzierung im Hinblick auf das Gesamtsystem in den beiden Ländern weiterhin sehr unterscheiden wird, werden deutsche Krankenhäuser immer mehr gefordert sein, die Finanzierungen in Eigenregie zu übernehmen. Viele Investitionen müssen – für deutsche Krankenhäuser in z. T. ungeahntem Ausmaß – eigenständig finanziert werden; gleichzeitig werden die Betriebskosten nicht mehr kostenneutral sondern eben anhand festgelegter Fallpauschalen (DRG) vergütet werden. Daraus ergeben sich zwei Änderungen: Der Anteil der Fremdfinanzierungskosten wird steigen, und Krankenhäuser, die dauerhaft Kosten oberhalb der Fallpauschalenvergütung produzieren, werden langfristig Verluste

818 Vgl. Augurzky et al. (2004b), S. 11; Augurzky et al. (2004c), S. 12.
819 Gronemann/Fuchs (2001), S. 46.
820 Gronemann/Fuchs (2001), S. 46.
821 Strehl (2002), S. 126.

machen. Gerade um letzteres zu vermeiden und auch um für Patienten attraktiv zu bleiben, müssen Investitionen in Infrastruktur und vor allem Medizintechnik mit dem dazugehörigen fachlich qualifizierten Personal erfolgen; diese müssen jedoch zu großen Teilen eigenständig finanziert werden.
Die finanzielle Aufstellung und Ausrichtung wird deshalb auch für deutsche Krankenhäuser immer bedeutender. Deshalb werden eine solide Finanzsituation und das Erreichen eines guten und stabilen Ratings auch für deutsche Krankenhäuser zentrale Bestandteile des Finanzmanagements sein müssen, wie das in den USA bereits üblich ist.
Das Rating wird – wie in Kapitel 6.1. beschrieben – zu großen Teilen durch Finanzkennzahlen beeinflusst und kann durch die Basel II-Vorschriften große Auswirkungen auf die Finanzierung eines Hauses bzw. einer Krankenhauskette haben. Es wird sich deshalb auch in Deutschland die – USA-Krankenhäusern seit langem bekannte – Notwendigkeit ergeben, Investitionen, Finanzierung, Cash-Flow Management bzw. große Teile der Betriebsführung an bestimmten externen Kriterien auszurichten, die durch den Kapitalmarkt bzw. die Banken und Rating-Agenturen vorgegeben und in ihrer Einhaltung überwacht werden. Dass *„in der betriebswirtschaftlichen Betrachtung* [gemeint ist das Finanz- und Investitionsmanagement] *von Krankenhäusern noch Freiräume bestehen“*[822], ist heute eigentlich unbestritten, und bisher unterscheidet sich das Finanzmanagement der Krankenhäuser noch *„erheblich von [dem] andere[r] Branchen.“*[823] Die Veränderungen des Krankenhausmarktes, der Krankenhausfinanzierung und der Kapitalmärkte machen – ähnlich wie in den USA – alternative Finanzierungen wie die durch ABS erforderlich.

9.6.2. Deutsche Krankenhäuser: Rating, Finanzierungssituation und Überlegungen zum ABS-Einsatz

Externe Ratings für deutsche Krankenhäuser sind bisher eher unüblich. Lediglich einige der Klinik-Ketten verfügen über ein externes Rating, wie man es vom Krankenhausmarkt der USA kennt (vgl. Kapitel 5.3.).[824] Auch Bank-interne Ratings sind weitgehend unüblich, da es zum einen bisher keinen Bedarf gab und zum anderen Krankenhäuser nicht ohne weiteres mit den bisherigen Standardverfahren bewertet werden können.[825] Erschwert wird eine Rating-Vergabe auch dadurch, dass die Rechnungslegung in vielen Krankenhäusern bisher nicht besonders „beurteilungsfreundlich“ strukturiert war. Im Gegensatz zu den USA haben deutsche Krankenhäuser bisher auch kaum Anleihen emittiert[826], sodass sich der Kapitalmarkt kaum mit dem Krankenhausmarkt beschäftigt hat. Im Zuge der Basel II-Einführung werden aber auch hier – zumindest die Bank-internen – Ratings Bedeutung erlangen.

---

822 Strelau-Schwoll (1999), S. 858.
823 Strelau-Schwoll (1999), S. 867.
824 Z. B. erlangte die HELIOS Kliniken GmbH im Jahr 2004 ein Rating von Moody's (Baa3) und von S&P (BB+). Die Marseille-Kliniken AG erhielten ein BB- von S&P.
825 Vgl. Gronemann/Fuchs (2001), S. 464; Schommer et al. (2002), S. 202. Ein Ratgeber für NPO-Ratings unter Basel II wurde von der Pax-Bank herausgebracht, in dem die Besonderheiten der NPOs und die Anforderungen an das Rating beschrieben sind. Vgl. Pax-Bank (2003).
826 Die Anleihe der Rhön-Klinikum AG vom 7. Juli 2005 stellt ein Novum dar.

Die Solvenz der deutschen Krankenhäuser wird aber allgemein als schlecht angesehen. Dies zeigt insbesondere die Studie von Augurzky et al. (2004c). Dabei wurden Bilanzen von 212 Kliniken mit Moody's KMV Risk Calc[827] untersucht und die Insolvenzwahrscheinlichkeiten berechnet.[828] Die Berechnung beruhte zum einen auf Bilanzanalysen und zum anderen auf der Betrachtung krankenhaus-spezifischer Einflussfaktoren.

Danach weisen deutsche Krankenhäuser grundsätzlich hohe Insolvenzrisiken auf, die schon heute über dem Durchschnitt liegen.[829] Unter Berücksichtigung der DRG-Konvergenz, des zunehmenden Kampfes um Patienten und des Abbaus der Fördermittel bis 2008 (die dann durch die Krankenhäuser selbst aufgebracht werden) steigt die Insolvenzwahrscheinlichkeit insgesamt auf 2,22%. Berücksichtigt man, dass Banken i. d. R. ab Ausfallwahrscheinlichkeiten von 2,6%, oft aber schon ab 1% keine Kreditzusage machen, werden in der Zukunft dann wohl viele Krankenhäuser vor großen Problemen stehen.[830] Insbesondere öffentlich-rechtliche Krankenhäuser weisen schlechte Zahlen auf und erreichen – je nach Szenario – für eine Insolvenzwahrscheinlichkeit Werte zwischen 2,38% und 3,27%.[831] Es ist daher sogar denkbar, dass einige Krankenhäuser ohne große strukturelle Veränderungen überhaupt keinen Zugang zum Kreditmarkt erhalten werden.

Hat ein Krankenhaus aber keinen Zugang zum Kreditmarkt, bieten ABS jedoch eine Möglichkeit über den Kapitalmarkt – auch ohne eigenes Rating – eine Finanzierung zu vollziehen. Darüber hinaus kann der Einsatz von ABS in deutschen Krankenhäusern dazu verwendet werden, eine Kreditaufnahme zu vermeiden oder bestimmte Finanzkennzahlen positiv zu beeinflussen um eine zukünftige Kreditaufnahme zu erleichtern oder bestehende Kredite zurückzuführen (wodurch offensichtlich ebenfalls einige Kennzahlen positiv verändert würden). An dieser Stelle offenbart sich auch die begrenzte Aussagekraft von theoretischen Arbeiten zur Vor- oder Nachteilhaftigkeit von ABS-Finanzierungen (siehe Kapitel 2.5.2.). Diese unterstellen oftmals sehr praxisferne Gegebenheiten, etwa dass einem Unternehmen alle Kredit- und Kapitalmarktprodukte zur Verfügung stehen.

Wie bereits mehrfach und grundsätzlich besprochen, sind Verbriefungen bei einem direkten Vergleich der Finanzierungskosten i. d. R. teurer als gewöhnliche Unternehmensanleihen oder auch Bankkredite. Ein Vorteil von ABS-Finanzierungen kann dann gegeben sein, wenn die genannten Alternativen nicht oder nur zu schlechten Konditionen zur Verfügung stehen, oder z. B. bei einem Vergleich mit den kalkulatorischen Eigenkapitalkosten.[832] Auch sind im deutschen System der Verwendung von

---

827 Moody's KMV Risk Calc ist ein Verfahren, das auf Grundlagen statistischer Methoden und Rückgriffe auf über 100.000 Jahresabschlüsse von mehr als 20.000 deutschen Mittelständlern, Insolvenzwahrscheinlichkeiten für einen 1-Jahreshorizont in unterschiedlichen Ratingkategorien angibt.

828 Der Datensatz enthält einen relativ guten Querschnitt aller Träger aus allen Ländern. Zu den krankenhaus-spezifischen Einflüssen zählen z. B. die Basisfallwertentwicklung oder der Rückgang der öffentlichen Fördermittel.

829 Vgl. Augurzky et al. (2004c), S. 25 - 26.

830 Vgl. Augurzky et al. (2004c), S. 20.

831 Vgl. Augurzky et al. (2004c), S. 29.

832 Vgl. zu den bisherigen Ausführungen die Vor- und Nachteile von ABS betreffend sowie zu den Auswirkungen auf die kalkulatorischen Eigenkapitalkosten die Kapitel 2.3. (zu allgemeinen Vorteilen), 3.4.4 (zu Überlegungen der ABS-Eigenkapitalkosten bei NPOs), 3.4.5 (zur Entwicklung der Disintermediation und Basel II) sowie 6.1.2. (zur Rating-Verbesserung bei ABS-Finanzierungen von US-Krankenhäusern) und Kapitel 6.2.2. (Beispiel einer ABS-Finanzierung in den USA).

über ABS gewonnenen Mittel teilweise Grenzen gesetzt, da – siehe Abbildung 42 – ein Großteil der Passiva der Krankenhausbilanzen aus KHG-Mitteln besteht, deren Ablösung zum einen gar nicht möglich ist und zum anderen zu keiner Verbesserung der Schuldenbedienung führen würde.

Ein weiteres Problem bei einer Finanzierung über ABS würden auch die Entscheidungsstrukturen eines öffentlich-rechtlichen Krankenhauses darstellen, insbesondere bei Regie- oder Eigenbetrieben. Vor allem von Bankenvertretern wird immer wieder betont, dass die „Basisarbeit" in diesem Markt extrem aufwendig sei, da das Verständnis für finanzierungstechnische Fragen im Allgemeinen anders gelagert bzw. generell unterentwickelt ist – siehe Kapitel 3.4.3. – und ABS in ihrer Strukturierung oft aufwendig und schwer zu verstehen sind.[833] Umgekehrt besteht für Banken das Problem, dass der Gesundheitsmarkt seine eigenen Regeln und Gesetze hat, die von den Banken-Vertretern erst gelernt und verstanden werden müssen. Problematisch ist hier auch die Nicht-Patentierbarkeit von Finanzdienstleistungen[834], da so kein Anreiz für Banken besteht, die schwierige und teure[835] Basisarbeit zu leisten, deren Ergebnisse dann leicht durch andere zu kopieren und abzuschöpfen wären.

Insgesamt gesehen bestehen im Krankenhauswesen – insbesondere im öffentlich-rechtlichen Bereich – starke Defizite in der Finanzplanung sowie in der Kosten- und Leistungsrechnung.[836] Diese lassen sich letztlich auch durch das duale Finanzierungssystem und den damit oft fehlenden Anreiz zur Sparsamkeit bei NPOs begründen.[837] Problematisch sind auch die anders gelagerten Kenntnisse der Krankenhausführung. So folgert Schwartz (1997), dass insgesamt im Non-Profit Bereich des Krankenhaussektors die Entscheidungsträger *„selten über die entsprechenden Fachkenntnisse, die zur Überwachung bzw. Beurteilung der Handlungen (...) notwendig sind"*[838], verfügen. Allerdings ist hier seit Mitte der 1990er Jahre ein gewisser Wandel zu beobachten, und die *„Nutzung betriebswirtschaftlicher Managementinstrumente nimmt im Krankenhaus trägerunabhängig zu."*[839]

9.6.3. Zwänge zur Erschließung neuer Finanzierungsmöglichkeiten: Zweites Zwischenresumé

Die Finanzierung deutscher Krankenhäuser wird sich in den nächsten Jahren ändern bzw. ändern müssen. Die zu erkennende Entwicklung weist eindeutige Parallelen zum USA-System ab Mitte der 1980er Jahre auf. Zwar wird „offiziell" noch eine duale Finanzierung praktiziert und propagiert, die Mittel reichen aber bei weitem nicht aus

---

833 Verschiedene Interviewaussagen. Dies gilt für die USA und für Deutschland gleichermaßen.

834 Vgl. Tufano (1989), S. 214; Dufey (2003), S. 10.

835 *„Investment banks estimate that developing a new financial product requires an investment of \$ 50,000 to \$ 5 million."* Tufano (1989), S. 213. Zwar muss das Instrument ABS nicht neu erfunden werden, aber die grundsätzlich zu klärenden Fragen sowie die Einarbeitung und das Verständnis für den Krankenhausmarkt wären sehr zeit- und kostenintensiv.

836 Vgl. Oberender/Hacker (1999), S. 360.

837 Vgl. insbesondere Schwartz (1997), S. 51 - 58.

838 Schwartz (1997), S. 57. So auch Sachs (1994), S. 109: *„Der bisher als rudimentär zu bezeichnende Entwicklungsstand des Finanzmanagements findet darüber hinaus seinen Ausdruck in der fehlenden Institutionalisierung und Nutzung finanzwirtschaftlicher Instrumente wie einer Finanz- und Liquiditätsplanung oder eines Finanzberichtswesens."*

839 Eichhorn/Greiling (2002), S. 38.

und werden immer mehr durch eigene Mittel der Krankenhäuser ersetzt werden müssen. Insgesamt wird das System marktwirtschaftlicher ausgerichtet werden müssen, weitere öffentlich-rechtliche Krankenhäuser werden in Kapitalgesellschaften umgewandelt werden, zunächst formell und aufgrund der Haushaltslage immer häufiger auch materiell. Kreditaufnahmen werden zunehmen und Krankenhäuser mit neuen Finanzierungsschwierigkeiten konfrontieren, wie dies auch in den USA erkennbar war und ist.

Krankenhäuser müssen sich daher – unabhängig von der Trägerschaft – stärker mit finanzierungsrelevanten Fragestellungen auseinandersetzen und sich um eine solide Finanzierung bzw. gute Ratings bemühen. ABS-Finanzierungen könnten dabei einen Beitrag leisten. Aber insbesondere die Probleme in den USA (vgl. Kapitel 6.3.) haben gezeigt, dass Verbriefungen im Gesundheitswesen kompliziert sind und dabei nur bedingt Finanzierungsvorteile entstehen. Im Folgenden soll deshalb untersucht werden, inwieweit ABS von deutschen Krankenhäusern vor dem Hintergrund des sich wandelnden Systems sinnvoll eingesetzt werden können und wo hierbei Probleme entstehen können.

10. Asset-Backed Securities im deutschen Krankenhaus-System

Der Einsatz von „Healthcare Trade Receivables"-Finanzierungen in Form von ABS-Strukturen ist auch für deutsche Krankenhäuser – nach Vorbild der USA oder den vergleichbaren Ansätzen in Japan – grundsätzlich denkbar. Die Vorgehensweise, d. h. der Aufbau einer ABS-Struktur, kann dabei den beschriebenen Verfahren angelehnt sein. Jedoch sind einige – wichtige – Unterschiede des deutschen Gesundheitssystems und des deutschen Rechtssystems zu beachten. Außerdem sind die finanziellen Vor- und Nachteile deutscher Krankenhäuser anders gelagert. Im Folgenden wird zunächst ein Überblick über den Verbriefungsmarkt in Deutschland gegeben, daran anschließend werden die Möglichkeiten der ABS-Finanzierungen im deutschen Krankenhauswesen erörtert.

10.1. Asset Securitization in Deutschland

Der deutsche Markt für Verbriefungen ist im Vergleich zur internationalen Entwicklung – vor allem in den USA und dem UK – noch sehr unterentwickelt, insbesondere im Vergleich zur Größe der Volkswirtschaft. Mehrere Ursachen können dafür angeführt werden: etwa das relativ gut entwickelte Pfandbriefsystem, das die Verwendung von MBS-Strukturen nicht so notwendig erscheinen lässt wie in anderen Ländern. Ein Hindernis für die Entwicklung eines deutschen ABS-Marktes sind aber auch die regulatorischen und juristischen Probleme, die sich für verschiedene Transaktionsstrukturen als hemmend erweisen können. Eine beträchtliche und rechtliche Hürde war – und ist – die Steuerproblematik, vor allem die Gewerbesteuer im Hinblick auf die Entstehung von deutschen SPVs, Umsatzsteuerfragen bei der Übertragung bzw. beim Verkauf von Forderungen des Originators an das SPV – bzw. vom SPV an die Investoren – oder die Probleme, die sich im Fall einer Insolvenz des Originators durch Aufrechnungsmöglichkeiten des Obligors ergeben können.
Wie bereits in Kapitel 2.2. erwähnt, sind, um den ABS-Markt zu stimulieren und Securitization zu erleichtern, in den vergangenen Jahren verschiedene Gesetzesänderungen durchgeführt worden. So ist es nach der Änderung des Gewerbesteuerrechts durch das Kleinunternehmer-Förderungsgesetz seit dem 1. Januar 2004 möglich, dass deutsche Zweckgesellschaften Kreditforderungen von Banken veräußern können, ohne dass dabei für das SPV Gewerbesteuer anfällt. Für andere Forderungsarten gilt dies jedoch noch nicht.
Eine weitere Gesetzesänderung war 2005 die Erweiterung bzw. Änderung des Kreditwesengesetzes (KWG) (§§ 22 a - 22 o KWG, §1 Abs. 24 - 26 KWG), um eine Übertragung von Forderungen zu erleichtern. Danach können nun Forderungen von sog. Refinanzierungsgesellschaften (resp. Originatoren) an einen sog. Refinanzierungsmittler (Zweckgesellschaft) übertragen werden, wenn sie in einem Refinanzierungsregister eingetragen sind. Denn ein Problem für eine True Sale Verbriefung war bisher, dass bei einer Abtretung einer Forderung, die durch eine Buchgrundschuld besichert war, eine Grundbuchänderung erforderlich war.[840] Diese Änderung hätte im

[840] Vgl. dazu und zu anderen juristischen Schwierigkeiten bei der Forderungsübertragung Fleckner (2004), S. 586 - 588.

jeweiligen Grundbuchamt vor Ort erfolgen müssen, was bei einem Volumen von mehreren tausend Krediten viele Monate dauert und darüber hinaus jeweils eine Mitteilung an den Grundstückseigentümer erfordert, so dass eine Verbriefung dadurch „unwirtschaftlich" würde.[841] Mit diesen Änderungen hat der Gesetzgeber versucht, den geänderten Rahmenbedingungen Rechnung zu tragen. *„Damit wird der besonderen volkswirtschaftlichen Funktion des Kreditwesens Rechnung getragen, (...). Mit dieser Regelung wird auch der Finanzplatz Deutschland gestärkt – im Ausland erfüllen Asset Backed Securities bereits seit langem eine bedeutende Finanzierungsfunktion."*[842]

Der deutsche Verbriefungsmarkt ist aber auch im europäischen Vergleich immer noch stark unterentwickelt, und ein Großteil des ABS-Marktes machen noch Bank-Bank-Geschäft aus, die in Form von synthetischen Transaktionen (vgl. Kapitel 2.1.) vollzogen werden. Dabei dominiert noch immer die Verbriefung von Hypotheken und Autofinanzierungsdarlehen. Auch nach der Gründung der „True Sale Initiative" (TSI) hat sich der Markt nur langsam entwickelt.[843] Im Jahr 2004 gab es am deutschen Markt für langfristige Finanzierungen (Term ABS) 18 Transaktionen mit einem Volumen von € 14,5 Mrd., wovon nur eine von der TSI initiiert war. 2005 stieg die Anzahl der Transaktionen auf 26 mit einem Gesamtvolumen von € 35 Mrd. Deutlich größer ist hingegen der Markt für Asset-Backed Commercial Paper (ABCP), der im Jahr 2005 um 8% auf US$ 63 Mrd. anstieg. Der überwiegende Teil der deutschen Banken betreibt mindestens ein Conduit am Markt, insgesamt waren es 2005 39 ABCP-Programme.[844]

Die – im internationalen Vergleich – bisher geringen Erfahrungen mit ABS (insbesondere aus Sicht der Unternehmen, d. h. hier der Nicht-Banken) stellen insofern ein Problem dar, als sich ohne Standardisierung nur geringe Kostenreduktionen erreichen lassen und die relative Unkenntnis über das Produkt ABS sich nur langsam abbaut und immer noch ein Hemmnis bleibt.

10.2. Das deutsche Gesundheitssystem unter ABS-Gesichtspunkten

Das deutsche Gesundheitssystem scheint für den Einsatz von ABS grundsätzlich gut geeignet. Ein Vorteil, den Gesundheitssysteme generell und auch das deutsche Gesundheitssystem mit sich bringen, ist die relative Gleichverteilung der Umsätze über das Jahr. Dies ist insbesondere für revolvierende Forderungsverbriefungen wichtig, da bei volatilen Umsätzen der Ankauf neuer Forderungen gefährdet wäre, was zu Unregelmäßigkeiten bei den Zinszahlungen führen könnte (siehe Kapitel 2.4.4.). Die in dieser Hinsicht vorteilhafte Entwicklung der Gesundheitsausgaben wurde in Kapitel 3.2. bereits dargestellt.

Ein spezieller Vorteil des deutschen gegenüber dem US-amerikanischen System ist die gesetzliche Krankenversicherung, die ca. 90% der Bevölkerung und damit der Forderungszahler umfasst.[845] Dadurch ist der relative Forderungs-Pool der Kranken-

---

841 Vgl. Boston Consulting Group (2004), S. 6.
842 Gesetzentwurf der Fraktionen SPD und Bündnis 90/Die Grünen (2003), S. 11.
843 Vgl. auch o. V. (2006a), S. 18, 19.
844 Vgl. zur Marktübersicht Moody's (2005a), S. 12.
845 Vorausgesetzt, die Bonität und Solvenz der gesetzlichen Krankenkassen ist entsprechend. Siehe

häuser, aus dem selektiert werden kann, deutlich größer als im USA-System, bei dem die staatlichen Versicherer Medicare und Medicaid nur ca. 50% der Krankenhausforderungen abdecken. Dieser Vorteil wird jedoch dadurch relativiert, dass in Deutschland – verglichen mit den USA – zum einen deutlich niedrigere Gesundheitsausgaben pro Kopf aufgewendet werden und zum anderen, diese sich auf deutlich mehr Betten (pro 1.000 Einwohner) verteilen.
So werden die Ausgaben für Krankenhausbehandlungen in den USA für 1.000 Einwohner auf 2,8 Betten verteilt, während es in Deutschland 6,6 Betten sind.[846] Gepaart mit den höheren Ausgaben für eine Krankenhausbehandlung in den USA führt dies zu deutlich höheren Umsätzen pro US-Krankenhausbett. Für deutsche Krankenhäuser ist es auf der anderen Seite deutlich schwieriger, ein für ABS-Transaktionen annehmbares Forderungsvolumen zu erreichen. Dieses Problem soll kurz an einem Beispiel gezeigt werden.
Wie in Kapitel 6.2.2. erwähnt, erreichte die Mt. Sinai Group im Jahr 2000 mit 2.405 Betten Umsätze aus ihrem operativen Geschäft in Höhe von US$ 1,46 Mrd. Der Klinikverbund Bremen (Gesundheit Nord gGmbH) erreichte 2004 bei 3.132 (Plan-) Betten Umsatzerlöse aus Krankenhausleistungen in Höhe von ca. € 398,7 Mio.[847] Die Umsätze werden jedoch zu einem gewissen Teil auch ambulant erwirtschaftet, wobei dieser Anteil in den USA deutlich höher ist, die Umsätze also nicht nur durch die Bettenanzahl und -auslastung zu erklären sind[848] (lässt man dies jedoch – sowie auch Währungsdifferenzen o. ä. – außer Acht, hieße das, dass der Umsatz 2000 pro „Mt. Sinai-Bett" (ca. US$ 607 Tsd.) um das ca. 4,8-fache größer war, als der Umsatz 2004 pro „Gesundheit Nord Bett" (€ 127 Tsd.). Selbstverständlich sind auch die Kosten in den USA höher. Aber die höheren Ausgaben für Krankenhausleistungen und die damit verbundenen höheren Umsätze pro Person und pro Bett und die entsprechenden Rechnungsforderungen stellen zweifellos einen Vorteil für das Erreichen ABS-relevanter Volumen dar.

10.3. Das deutsche „Durchschnittskrankenhaus"

Die beschriebene Trägervielfalt und unterschiedliche Rechtsformen lassen zwar kaum eine Aussage über das deutsche „Durchschnittskrankenhaus" zu, es lässt sich jedoch eine Art „Mittelwert" aller Krankenhäuser hinsichtlich Bettenzahl, Umsatz und Bilanzsumme bilden. Danach hat das deutsche Durchschnittskrankenhaus 292 Betten.[849] Die durchschnittliche Auslastung wird mit 77,6% angegeben, die Verweildauer beträgt 8,9 Tage, und die bereinigten, d. h. pflegesatzfähigen Kosten[850] lagen bei

---

dazu Kapitel 10.8.1.
846 Daten für 2003. Quelle: OECD Health Data, Oktober 2005.
847 Vgl. Gesundheit Nord (2005), S. 88, 89.
848 Allerdings werden auch für ambulante Behandlungen – je nach Fall – Betten benötigt. So muss für Operationen, die ambulant vorgenommen werden, auch für die Zeit des Aufenthaltes (meist ein halber Tag) ein Bett bereitgestellt werden. In den USA lassen sich jedoch aufgrund der deutlich kürzeren Aufenthaltsdauer von ca. 5 Tagen (im Vergleich zu 8,9 Tagen in deutschen Krankenhäusern) deutlich höhere Umsätze pro Bett/Jahr erzielen.
849 Median. Jahr 2003. Eigene Berechnung. Daten: DESTATIS (2005), o. S.
850 Nach Abzug der Kosten für Forschung, Lehre etc.

durchschnittlich € 3.218[851] Aufgrund des beschriebenen Systems werden hier Kosten dem Umsatz gleichgesetzt; der durchschnittlich erzielbare Jahresumsatz pro Krankenhaus liegt damit bei € 29,9 Mio.[852] Nach Augurzky et al. (2004c) liegt die durchschnittliche Bilanzsumme bei € 37,2 Mio.[853] Damit ergibt sich unter Berücksichtigung von Abbildung 42 eine Durchschnittsbilanz (Passiva) von:

Abbildung 44: Passivseite der Bilanz des deutschen „Durchschnittskrankenhauses"

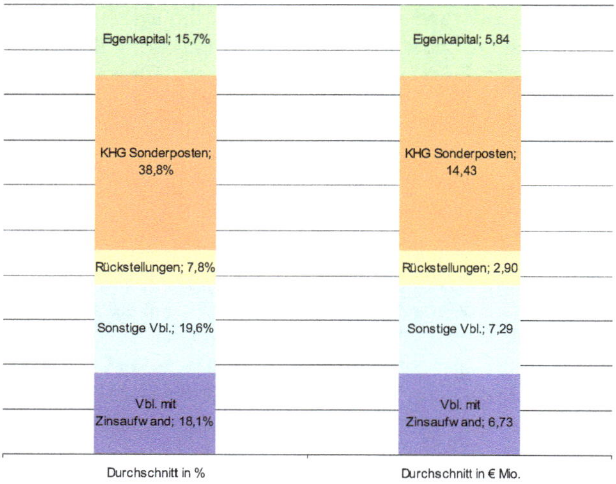

Eigene Darstellung; Daten: Augurzky et al. (2004c), S. 17 und Abbildung 42.

Das Durchschnittskrankenhaus ist somit kaum für die Finanzierung von ABS geeignet, da aufgrund der beschriebenen ABS-Besonderheiten – insbesondere der Transaktionskosten – gewisse Volumen-Mindestgrößen erreicht werden müssen. Mit einem Jahresumsatz von ca. € 30 Mio. errechnet sich ein Monatsvolumen von € 2,5 Mio. oder ca. 777 vollstationären Fällen (€ 2,5 Mio. / € 3.218) (Da der Umsatz bereits über die durchschnittliche Auslastung von 77,6% berechnet wurde, muss dies hier nicht berücksichtigt werden.)[854] Als potentielles Forderungsvolumen wird in der Praxis der Jahresumsatz durch den Portfolioumschlag dividiert. Bei Forderungslaufzeiten von 4 Wochen[855] dreht sich das Portfolio demnach 13-mal; das potentielle Trans-

---

[851] Vgl. Rolland (2005), S. 245 und S. 262; DESTATIS (2005), o. S.

[852] Zum Vergleich siehe auch die Studie von Augurzky et al. (2004c), die aus der Stichprobe von 212 Krankenhäusern einen Gesamtumsatz auf die Grundgesamtheit von € 65 Mrd. berechnen, was bei 2.197 Krankenhäusern einem Durchschnittsumsatz von ca. € 29,6 Mio. entspricht. An anderer Stelle berechnen sie € 29,3 Mio. Der Umsatz eines Krankenhauses ist unter Berücksichtigung von teil-, vor- und nachstationären sowie ambulanten Operationen in Wirklichkeit etwas höher. Er wird darüber hinaus durch ambulante Behandlungen teilweise noch deutlich vergrößert.

[853] Vgl. Augurzky et al. (2004c), S. 17.

[854] Alternativ: Bei einer Verweildauer von 8,9 Tagen berechnen sich 3,37 Fälle im Monat – bei einer Auslastung von 100%. Bei 292 Betten entspricht dies 984 Fällen. Bei der durchschnittlichen Auslastung von 77,6% sind dies 764 Fälle/Monat. Bei einem durchschnittlichen Fallwert von € 3.218 ergibt sich dann ein monatlicher Umsatz von € 2,46 Mio.

[855] Die gesetzliche Zahlungsfrist der Krankenkassen ist eigentlich 14 Tage. Diese wird aber fast nie eingehalten und ist in der Regel deutlich höher. Siehe dazu insbesondere Kapitel 10.7.1.

aktionsvolumen wäre damit € 2,3 Mio. Allerdings ist es unrealistisch, den gesamten Umsatz als verbriefungsfähig zu unterstellen; das eigentliche Volumen, das vom Durchschnittskrankenhaus verbrieft werden könnte, wäre geringer. Hierbei wird ein weiterer Aspekt der ABS-Finanzierung offensichtlich. Die für ein Unternehmen in der Praxis im Allgemeinen unvorteilhaft langen Laufzeiten von Forderungen sind aus ABS-Gesichtspunkten zunächst vorteilhaft, da damit höhere Volumen erzielt werden können.[856] Wichtig ist in erster Linie, dass die Laufzeit weitgehend gleichmäßig verteilt und berechenbar ist.

Heute werden am Kapitalmarkt bzw. am ABS-Markt für die meisten Forderungsklassen auch „Stand-Alone" Lösungen für Volumen von € 25-50 Mio. angeboten. Aber da der Aufwand, in eine neue sog. „Asset Class" einzudringen, ungleich größer und mit Kosten verbunden ist, würde von den meisten Banken für eine neue „Term ABS"-Struktur eher ein Portfolio-Volumen von € 75-100 Mio. verlangt.[857] Mit der oben genannten Berechnungsmethode würde dies einen Jahresumsatz von ca. € 1,0-1,3 Mrd. voraussetzen (Forderungslaufzeit 4 Wochen und damit einem Portfolioumschlag von 13 im Jahr). Bezogen auf ein Krankenhaus müsste dieses (bei den genannten Werten bzgl. Auslastung und Umsatz pro Fall) ca. 9.600 bis 12.850 Betten aufweisen:
9.600 bis 12.850 x 2,62 Fälle/Monat (30 Tage, 8,9 Tage Verweildauer, Auslastung 77,6%) x € 3.218/Fall.[858]
Diese Größenordnung erreicht in Deutschland zurzeit nur die Rhön-Klinikum AG, die zum 30. September 2005 12.222 Betten zählte und im Verlauf des Jahres weitere Kliniken übernahm[859] (Ende des Jahres wurden die Universitätskliniken Marburg/Gießen übernommen). Der erwartete Umsatz für das Jahr 2005 ist auf ca. € 1,4 Mrd. geschätzt worden.[860] Zum 31.12.2004 gab der Konzern Forderungen aus Lieferung und Leistung in Höhe von € 148,5 Mio. an (wertberichtigt). Diese stammen zum überwiegenden Teil aus Forderungen gegen verschiedene Krankenkassen.[861] Tendenziell wären für diesen Klinikverbund damit die Bedingungen für eine ABS-Transaktion gegeben.
In Kapitel 6.2.2. ist eine ABS-Finanzierung am Beispiel der Mt. Sinai Group recht ausführlich beschrieben und diskutiert worden. Diese Art der ABS-Finanzierung wird – in verkürzter Darstellung – mit einer Anleihe, die die Rhön-Klinikum AG im Juli

856 So wurden in der Anfangsphase von ABS-Finanzierungstransaktionen Laufzeiten der Forderungen von mindestens einem Jahr gefordert (vgl. Ohl (1994), S. 138), was aber schon bald durch Transaktionen widerlegt wurde, die Forderungen mit kürzeren Laufzeiten verbrieften.

857 Nach Interviewaussagen liegt das „erwartete" Volumen teilweise auch deutlich höher. Das gilt besonders, wenn nicht erwartet werden kann, dass sich weitere Transaktionen in absehbarer Zukunft ergeben. Dann werden – um die Kosten zu rechtfertigen – Transaktionsvolumen von € 250 Mio. - € 500 Mio. erwartet.

858 Vergleicht man diese Zahlen mit dem Klinikverbund Bremen, decken sich diese Zahlen weitgehend. Der Klinikverbund erreicht mit 25% der Bettenanzahl (3.132 statt 12.850), ca. 30% des „geforderten" Umsatzes (€ 389 Mio. statt € 1,3 Mrd.).

859 Vgl. Rhön-Klinikum AG (2005a), S. 2.

860 Lässt man Währungsdifferenzen unberücksichtigt, fällt hier auf, dass die Mt. Sinai Group mit ähnlichem Umsatz (US$ 1,49 Mrd.), dies mit nur 20% der Bettenkapazität erreicht (Mt. Sinai Group 2.405, Rhön-Klinikum AG 12.222).

861 Vgl. Rhön-Klinikum AG (2005b), S. 86.

2005 emittierte, verglichen.[862] Die Emission der Anleihe belief sich auf € 100 Mio., Laufzeit 5 Jahre, Coupon nominal 3,5% (Abschluss 7. Juli 2005).[863] Moody's bewertete die Anleihe mit Baa2 (siehe Anhang Nr. 11).
ABS-Transaktionen aus dem Krankenhausbereich in Deutschland würden – je nach Struktur – durchaus AAA- oder AA-Ratings erreichen und könnten etwa zu 3M-EURIBOR + einem durchschnittlichen Risikoaufschlag (WA Spread) von 25 – 75 BP platziert werden (Schätzung für das Jahr 2005).[864] Geht man davon aus, dass bei einer solchen ABS-Transaktion entsprechend dem schnelleren Forderungseingang jeden Monat Zinsen gezahlt würden, so müsste das SPV den entsprechenden 1M-EURIBOR + WA Spread an die Investoren weitergeben. Da die Rhön-Klinikum AG steigende Zinsen nicht an die „Kunden" (Patienten bzw. Krankenkassen) weitergeben kann, müsste sich der Konzern, bzw. das SPV, gegen etwaige Zinsrisiken absichern und einen „Payer Swap" abschließen. Der Swap-Satz für den 5-Jahres EURIBOR lag am 1. Juli 2005 bei 2,66%.[865] Dieser Satz gilt jedoch für den Tausch einer Fixzahlung gegen den 6M-EURIBOR. Das SPV müsste daher in einem sog. „Basis Swap" den 6M- in einen 1M-EURIBOR tauschen. Die Kosten hierfür sind ca. 10-15 BP. Das SPV würde demnach an die „Swap Counterparty" 2,66%+Marge (ca. 0,15%) fix zahlen und den 1M-EURIBOR erhalten. Insgesamt würde sich daher eine Zinsbelastung von ca. 3,0% - 3,5% (2,66%+0,15%+WA Spread) ergeben. Hieraus folgt, insbesondere wenn man die Transaktionskosten bzw. die Kosten für Reservekonten und weitere „Credit Enhancements" sowie den ungleich höheren Aufwand von ABS berücksichtigt, dass im Vergleich zur oben genannten Anleihe (3,5%) keine deutlich günstigere Situation entstünde. Darüber hinaus wäre es für eine solche ABS-Transaktion notwendig, dass die Rhön-Klinikum AG ein EDV-System in allen teilnehmenden Krankenhäusern installiert, das in der Lage ist, die abgetretenen Forderungen zu markieren und getrennt zu verwalten (vgl. Kapitel 2.4.5., 4.2. und 10.7.3.).

Dass sich trotz der günstigen ABS-Finanzierung kaum Vorteile durch die Bonitäts-Arbitrage zwischen einer solchen AAA-ABS-Transaktion und dem deutlich schlechteren Baa2-Rating der Rhön-Klinikum AG (bzw. der Anleihe) ergeben, lässt sich teilweise auf die Umstände der Anleihemärkte im Jahr 2005 zurückführen. Die Finanzierungsmöglichkeiten (im Fremdkapitalmarkt) für Unternehmen waren selten so günstig wie im Sommer 2005. Die Zinsen lagen auf einem „historischen Tiefstand"[866] und auch die Risikoaufschläge (Spreads) zwischen Staatsanleihen und Unternehmensanleihen waren niedrig. Der Rendite-Abstand zwischen BBB Unternehmensanleihen („nichtfinanzieller" Kapitalgesellschaften) und AAA Staatsanleihen betrug nur ca. 50

862 Ein Vergleich der Auswirkungen verschiedener Finanzierungen auf die kalkulatorischen Eigenkapitalkosten soll hier nicht erfolgen (siehe dazu das Beispiel in Kapitel 6.2.2. und insbesondere Kapitel 10.6.).

863 Nach einer Pressemitteilung der Rhön Klinikum AG wurden € 110 Mio. emittiert. Vgl. Rhön-Klinikum AG (2005c), o. S.

864 Eine Schätzung ist jedoch schwierig, da es keine vergleichbaren Transaktionen gibt. Der Preis einer Emission würde dabei auch von der Art der Platzierung, dem Volumen, der Laufzeit etc. und der dann herrschenden Marktlage abhängen (Schätzungen nach Aussagen der Interviewpartner und ihren Erfahrungen).

865 Nach ISDA, 5-Jahres-EURIBOR, am 1. Juli 2005.

866 Europäische Zentralbank (2005), S. 42.

BP.[867] Wenn aber Rendite-Abstände zwischen sehr guten und mittleren bzw. schlechten Bonitäten so gering sind, dann kann es – im direkten Kostenvergleich – generell kaum noch einen Vorteil für ABS-Finanzierungen geben. An dieser Stelle sei auch nochmals auf die begrenzten Möglichkeiten der theoretischen Darstellung (vgl. Kapitel 2.5.2.) verwiesen. Es ist gerade bei ABS-Finanzierungen wichtig zu bedenken, welche anderen Finanzierungsformen einem Unternehmen zur Verfügung stehen und welche Kosten diese verursachen.

„Stand-Alone"-Lösungen im Term-ABS-Markt sind natürlich sowohl für das „durchschnittliche" Krankenhaus in Deutschland unmöglich als auch für viele überdurchschnittlich große Kliniken, da die Finanzierungs-Volumen zu gering sind. Da dieses Problem nicht nur bei Krankenhäusern besteht und vor allem bei Verbriefungen von Forderungen mit relativ kurzen Laufzeiten besteht, werden seit vielen Jahren „Conduits" verwendet, die sich über Asset-Backed Commercial Paper (ABCP) finanzieren (vgl. auch dazu auch Kapitel 2.1.).

10.4. „Asset-Backed Commercial Papers"

ABCP-Conduits kaufen auf revolvierender Basis Forderungen unterschiedlicher Unternehmen an (Multi-Seller Conduit) und finanzieren sich über die Ausgabe von Commercial Papers.[868] Die Laufzeit eines Conduits kann dabei variieren und liegt i. d. R. bei ca. 5 Jahren. Wie in Kapitel 7 erwähnt, bieten bereits viele Banken in Deutschland den Unternehmen die Möglichkeit an, sich über eines ihrer ABCP-Conduits zu finanzieren. Je nach Bank und Programm sind auch hier für die Teilnahme bestimmte Volumenanforderungen nötig, und die Bedingungen bezüglich der Separierbarkeit der Forderungen, EDV-Anforderungen und anderen Notwendigkeiten sind vergleichbar mit denen bei ABS-Strukturen in anderen Bereichen.[869] Die Volumen reichen von € 5 Mio. bis ca. € 600 Mio., wobei der Durchschnitt bei öffentlichen Transaktionen mit deutschen Handelsforderungen im Jahr 2004 bei € 75 Mio. (Median) bzw. € 101 Mio. (Mittelwert) lag.[870]

Man stellt auch hier fest, dass das „deutsche Durchschnittskrankenhaus" hier kaum die erforderliche Größe des Forderungsvolumens aufbringt. So lautet denn auch eine Forderung der IKB Bank hinsichtlich ihres ABCP-Programmes: *„Aufgrund der (...) Kosten sind ABS-Transaktionen*[871] *(...) erst ab einem platzierungsfähigen Forderungsvolumen von 10 Mio. EUR sinnvoll darstellbar. Dies erfordert erfahrungsgemäß einen verfügbaren Forderungsbestand von ca. 15 Mio. EUR (...).*"[872]

---

[867] Vgl. Europäische Zentralbank (2005), S. 41 - 43. Das gilt besonders, wenn man bestimmte Effekte, die sich durch Veränderungen der Anleihen der Automobil-Branche ergaben, in dieser Zeit „herausrechnet".

[868] Wie Hommel et al. (2005), S. 50 feststellen, ist *„die Transparenz des ABCP Marktes (...) sehr gering. Da die Platzierung der Commercial Papers nicht unbedingt öffentlich stattfindet, ist die Datenlage in diesem Marktsegment wesentlich schlechter als beispielsweise bei Term-Markt-Transaktionen."*

[869] Zu ABCP-Beispielen vgl. auch Stone/Zissu (2005), S. 149 - 175.

[870] Vgl. Hommel et al. (2005), S. 51 (Daten: Moody's). Wie die Autoren dazu anmerken, ist der Rückgang der Mindestgröße von € 40 Mio. von 2003 auf € 5 Mio. im Jahre 2004 bemerkenswert und wird als Beleg für die Nachfrage nach kleineren Volumen angesehen.

[871] Gemeint sind ABCP.

[872] IKB Deutsche Industriebank (2005), S. 3 - 4.

Aus den Angaben der vorherigen Kapitel lässt sich die Mindestgröße eines Krankenhauses ermitteln, das für die Teilnahme an einem ABCP-Conduit vorgesehen werden kann (unter der Voraussetzung, dass nur Forderungen aus dem stationären Bereich verbrieft werden). Dabei wird davon ausgegangen, dass die Conduit Anforderung bei € 10 Mio. liegt und ca. 75% der Forderungen eines Krankenhauses verbriefungsfähig sind. Dies ergibt einen notwendigen monatlichen Forderungsbestand von ca. € 13,5 Mio. (Es wird unterstellt, dass das Forderungsportfolio des Krankenhauses alle 4 Wochen umgeschlagen wird.)[873] Um € 13,5 Mio. Umsatz im Monat mit der Belegung von vollstationären Fällen zu erreichen, muss ein Krankenhaus bei einem durchschnittlichen Fallwert von € 3.218 und einer Belegungsquote von 2,62 Fällen pro Bett pro Monat ca. 1.600 Betten aufweisen. Diese Zahl lässt bereits erkennen, dass sich das einzelne Krankenhaus auch im ABCP-Bereich nicht gerade für eine Verbriefung anbietet, da selbst Krankenhäuser der Maximalversorgung wie etwa Universitätskliniken nur ca. 1.000 - 1.500 Betten vorhalten. Zu diesem Ergebnis kommen indirekt auch Hommel et al. (2005), S. 59 - 60, da *„der Forderungsbestand dieser ausgewählten Branchen*[874] *(...) gering"* ist. Die Autoren führen dazu weiter an, dass *„insbesondere die Verbriefung von Krankenhausforderungen (...) in Experteninterviews als mögliche interessante Finanzierungsform der Krankenhäuser genannt"*[875] wurde. Das Volumenproblem wird auch an anderer Stelle genannt: *„Bislang scheiterte eine Verbriefung der Forderungen von Krankenhäusern aber vor allem daran, dass die einzelnen Häuser nur ein vergleichsweise geringes Forderungsvolumen aufweisen (...)."*[876] Neben den Klinikketten der Konzerne gibt es aber auch andere Zusammenschlüsse von Krankenhäusern, wie etwa den bereits erwähnten Klinikverbund Gesundheit Nord gGmbH in Bremen, der eine Bettenzahl von 1.600 deutlich überschreitet. Dabei gilt es allerdings zu beachten, dass der einfache Verbund keinesfalls genügt, da erhebliche Anforderungen an die Krankenhäuser hinsichtlich der EDV gestellt würden.

10.5. ABCP-Finanzierung: Direkter Kostenvergleich bei einem Krankenhaus mit öffentlich-rechtlichem Träger

Die Finanzierung über ABCP soll beispielhaft, unter Zuhilfenahme des Klinikverbundes Bremen, verdeutlicht werden (zur Konzernstruktur bzw. der Beteiligungsverhältnisse vgl. Anhang Nr. 12). Mit über 3.000 Betten und einem Jahresumsatz von ca. € 400 Mio. wäre hier die Möglichkeit, an einem ABCP-Programm teilzunehmen, gegeben.

---

873 Die meisten Conduits verlangen demnach auch Jahresumsätze von mind. € 100 Mio., streben aber eher einen Bereich von € 150 Mio. - € 200 Mio. bei den betreffenden Unternehmen an. Vgl. auch Hommel et al. (2005), S. 5 - 6.

874 Gemeint sind die Branchen nach der Klassifikation des Statistischen Bundesamtes. Vgl. auch Hommel et al. (2005): *„Aus den Oberklassen I (Verkehr und Nachrichtenübermittlung), N (Gesundheits-, Veterinär- und Sozialwesen) sowie O (Erbring[ung] sonst[iger] öffentlicher u. persönlicher Dienstleistungen) wurde jeweils nur eine Unterklasse (I: 63.4 Spedition, sonstige Verkehrsvermittlung; N: 85.11 Krankenhäuser; O: 92 Kultur, Sport und Unterhaltung) als verbriefungsfähige Forderungen enthaltend identifiziert."* S. 60.

875 Vgl. Hommel et al. (2005), S. 60.

876 Grillo (2005), S. 5.

Zum 31.12.2004 beliefen sich die Forderungen aus Lieferung und Leistung auf ca. € 87,4 Mio. Man kann davon ausgehen, dass mindestens 85% dieser Forderungen aus Krankenhausleistungen bestanden und somit Forderungen gegen Krankenkassen oder Private darstellten, d. h. insgesamt ca. € 74 Mio. Geht man weiter davon aus, dass ca. 75% davon verbriefungsfähig sind, so ergibt sich ein Volumen von ca. € 55 Mio., das anfänglich zur Verfügung stände. Man kann außerdem feststellen, dass die Forderungslaufzeit (entsprechend den „Days in Accounts Receivable“, siehe dazu insbesondere Kapitel 6.1.1.) mit ca. 79 Tagen deutlich länger als die oben angenommenen 4 Wochen ist.[877]

Im Gegensatz zu Term-ABS ist bei ABCP nicht zu prüfen, bei welchen Konditionen, bzw. bei welchem Rating und Konditionen die CP emittiert werden könnten. Denn grundsätzlich wird vorab geprüft, ob die Forderungen des Unternehmens die Bedingungen des Conduits erfüllen, um die sehr gute Bonität bzw. die sehr günstigen Finanzierungskonditionen des Programms nicht zu gefährden. Zum anderen ergibt sich der Finanzierungsvorteil eines Conduits aus der Heterogenität verschiedener Forderungsarten, die in der statistischen Betrachtung geringe Ausfallraten aufweisen.[878]

Je nach historischen Ausfallraten verlangt das Conduit entsprechende Zahlungen für die Liquiditätsabsicherung und die Bildung entsprechender Reserve-Fonds o. ä., die dann den Liquiditätszufluss an das Krankenhaus bestimmen. Der Krankenhausverbund sieht sich so mit den Kosten konfrontiert, die für eine Teilnahme an einem ABCP-Conduit entstehen und dem Abzug bzw. Diskont, der je nach Einschätzung der Bonität der Forderungen erfolgt. Im Folgenden wird daher davon ausgegangen, dass die Bonität der Krankenhausforderungen als erstklassig angesehen würde. Die Kosten einer Conduit-Nutzung setzen sich zusammen aus[879]:

Fixe Vorabkosten (in Tsd. €):

- Conduit-Nutzung 100 - 250
- Rechtsberatung 100 - 150
- Rating 25 - 75
- Wirtschaftsprüfung 20 - 60

Fixe laufende Kosten (in Tsd. €)

- Management Fees 20 - 30
- Wirtschaftsprüfer 15 - 25

Variable laufende Kosten (Margin Costs)

- Conduit Nutzung 15,0 - 30,0 BP
- Liquiditätslinien 17,5 - 25,0 BP
- Sonstige Kosten 1,5 - 2,5 BP

Eine mögliche Finanzierung könnte ein Volumen von € 50 Mio. vorsehen, bei dem alle 8 Wochen neue Forderungen angekauft würden. Der tatsächliche Forderungs-

---

877 Forderungen aus Lieferung und Leistung * 360 / Umsatzerlöse aus Krankenhausleistungen.
878 Zur Bonität und Zahlungsmoral der deutschen Krankenkassen siehe Kapitel 10.8.
879 Übernommen aus Hommel et al. (2005), S. 35.

umschlag soll hier im Weiteren unberücksichtigt bleiben. Insbesondere die Rechtsberatung, das Rating und die Wirtschaftsprüfung müssten aufgrund der neuen Asset-Klasse und der Komplexität des Gesundheitsmarktes eher als hoch angenommen werden, da die Strukturierung bzw. die Prüfung des Forderungspools eines Krankenhauses als aufwendig betrachtet werden muss. Die fixen Vorabkosten werden daher auf ca. € 480 Tsd. (90% des jeweils oberen Endes der angegebenen Spannen) geschätzt. Auf eine Laufzeit von 5 Jahren entspricht dies ca. € 100 Tsd. pro Jahr. Die fixen laufenden Kosten pro Jahr werden mit € 45 Tsd. angenommen (Mittelwert). In Basispunkten sind dies pro Jahr 9 BP für die fixen laufenden Kosten, 20 BP für die Vorabkosten und 44,5 BP für die variablen laufenden Kosten (Summe der Mittelwerte). Insgesamt errechnen sich so Kosten von 73,5 BP pro Jahr, die auf den EURIBOR-Satz gezahlt werden müssten. Je nach Programm des ABCP-Conduits und der Emissionsart und Häufigkeit entstehen auch Zinsänderungsrisiken, gegen die sich das Conduit und damit letztlich auch das Krankenhaus absichern müssen (letztlich würden die Kosten von Swaps auf die variablen laufenden Kosten umgelegt).

Da ABCP i. d. R. kürzere Laufzeiten als Term-ABS haben und um mögliche Kosten eines Swaps zu berücksichtigen, wird im Folgenden der 2-Jahres-EURIBOR Swap-Satz als Grundlage verwendet, auf den die Kosten von 73,5 BP bezahlt werden. Bei Zahlung des 2-Jahres-EURIBOR Swap-Satzes von 2,2% (1. Juli 2005) ergäben sich somit Gesamtkosten von knapp 3,0%. Aufgrund der Einrichtung von Reservekonten bzw. anderen „Credit Enhancements" gäbe es keine 100% Finanzierung, sondern es würde ein gewisser Diskont auf die € 50 Mio. vorgenommen, der aufgrund der historischen Ausfallraten zu ermitteln bzw. auf der Basis aus einer Schätzung des zu erwartenden Cash In-Flows zu schätzen wäre.[880] An dieser Stelle sei aber auch auf die Aussage von Hommel et al. (2005) hingewiesen: *„(...) dass Kosten für Ausfall- und Dilution-Reserven und Besicherung im Pricing-Modell nicht einzubeziehen sind. Sie mindern die dem Originator zufließende Liquidität und definieren so das Finanzierungsvolumen, die absoluten Kosten beeinflussen sie jedoch nicht. Sie sind damit bedeutsam im Vergleich zweier Verbriefungstransaktionen, nicht aber für den Vergleich mit dem klassischen Bankkredit."*[881]

Fraglich ist jedoch, ob der Klinikverbund Vorteile aus einer ABS-Finanzierung hätte oder sogar auf solche Mittel angewiesen wäre. Denn noch für das Jahre 2004 hat er selbst festgestellt: *„Ein Rahmenkreditvertrag mit der Freien Hansestadt Bremen über TEUR 200.000,0 stellt den laufenden Finanzierungsbedarf der Klinikgesellschaften sicher. Die Inanspruchnahme beträgt TEUR 38.163,8 (= 19,1 %)."*[882] Das bedeutet letztlich, dass sich der Klinikverbund erwartungsgemäß über die günstigen Konditionen der öffentlichen Hand finanzieren kann. Die Umlaufrenditen von Anleihen der öffentlichen Hand lagen am 1. Juli 2005 für Restlaufzeiten von 1-2 Jahren bei 2,04% (für eine Restlaufzeit von 2-3 Jahren bei 2,17%). Grundsätzlich finanzieren sich Krankenhäuser, die von einer kommunalen Trägerschaft profitieren, über deren günstige Konditionen (Kommunalkredite werden dabei bei ca. EURIBOR + 10 - 40

[880] Vgl. Ohl (1994), S. 133 - 136.
[881] Hommel et al. (2005), S. 35.
[882] Gesundheit Nord (2005), S. 88.

BP vergeben).[883] Die genauen Konditionen des Bremer Rahmenkreditvertrages sind nicht bekannt, man kann jedoch davon ausgehen, dass sie deutlich günstiger sind als eine ABCP-Finanzierung. Darüber hinaus ist der gesamte Aufwand erheblich geringer, was unter Berücksichtigung etwaiger Opportunitätskosten, die durch den Mehraufwand im Rahmen einer ABCP-Finanzierung entstünden, nicht zu vernachlässigen ist (vgl. auch Kapitel 2.4.5.).[884]

Solange aber öffentlich-rechtlichen Krankenhäusern eine so günstige Finanzierung über die Träger zur Verfügung steht, sind kaum direkte Kostenvorteile durch ABS- bzw. ABCP-Finanzierungen zu erwarten. Indirekt bzw. unter Einbeziehung der kalkulatorischen Eigenkapitalkosten ergibt sich jedoch ein anderes Bild (vgl. dazu das nachstehende Kapitel). Anders verhält es sich jedoch dann, wenn sich die öffentliche Hand von der Finanzierung zurückzieht und die Krankenhäuser am Kreditmarkt Kapital aufnehmen müssen, wie das etwa schon heute teilweise für Krankenhäuser in freigemeinnütziger oder privater Trägerschaft gilt. Die zu erwartende zunehmende Kapitalknappheit und der große Innovationszwang werden auch bei den öffentlich-rechtlichen Krankenhäusern ein Umdenken erzwingen.

10.6. Direkte und indirekte Kostenbetrachtung eines ABS/ABCP Einsatzes in deutschen Krankenhäusern

Für ein Krankenhaus in privater oder freigemeinnütziger Trägerschaft wären die Konditionen für das ABCP-Programm wie beschrieben. Jedoch sind ihre Konditionen am Kreditmarkt anders. Dabei ist es grundsätzlich sinnvoll, hier ABCP-Finanzierungen mit einem Bankkredit zu vergleichen, da Krankenhäuser aufgrund ihrer geringen Größe i. d. R. keine Möglichkeit haben, Mittel über Kapitalmarktinstrumente – etwa Anleihen – aufzunehmen.

Der volumengewichtete Zinssatz für nicht-finanzielle Kapitalgesellschaften lag im Juli 2005 für Kredite über € 1 Mio. bei 3,82% (Zinsbindung 1 - 5 Jahre).[885] Bei durchschnittlichen Bearbeitungsgebühren von ca. 0,8%[886] ergibt dies eine Gesamtbelastung von ca. 4,6%. Zum Vergleich: Augurzky et al. (2004b) berechnen den Durchschnittszins aller Unternehmen auf 4,6%.[887]

Die Risikomarge für das relative hohe Insolvenzrisiko der Krankenhäuser (vgl. Kapitel 9.6.2.) wird von Augurzky et al. (2004c) auf 0,4% - 0,6%[888] geschätzt, woraus sich

---

[883] Vgl. Schneider (2005), S. 65.

[884] Darüber hinaus können etwaige positive steuerliche Effekte – die durch eine ABS-Finanzierung eventuell zu realisieren wären – hier unberücksichtigt bleiben, da Krankenhäuser – siehe Kapitel 9.4.3. – von der Gewerbesteuer befreit sind. Die Erhöhung der Kreditverbindlichkeiten, die normalerweise aufgrund der 50%-Hinzurechnung zu den Dauerschulden nachteilig ist, besteht hier in dieser Form nicht.

[885] Vgl. Deutsche Bundesbank (2005), o. S.

[886] Hommel et al. (2005), S. 34, geben 0,65% an, Augurzky et al. (2004b), S. 25 gehen von 1,0% aus.

[887] Dies geben die Autoren als durchschnittlichen risikolosen Kreditzinssatz an. Er setzt sich aus dem Durchschnitts-EURIBOR und der Bearbeitungsgebühr von 1% zusammen. Den durchschnittlichen EURIBOR zwischen 2000 und 2004 berechnen die Autoren mit 3,6%. Unklar bleibt hier die genaue Frist; eigene Berechnungen haben hier ergeben: 12-Monats-EURIBOR 3,67% (mit den Mittelwerten der Monatsdurchschnitte Januar 2000 bis Ende 2003) und 3,53% (mit den Mittelwerten der Monatsdurchschnitte Januar 2000 bis einschließlich Mai 2004). Daten: Deutsche Bundesbank (2005), o. S.

[888] Vgl. Augurzky et al. (2004b), S. 25.

eine Gesamtbelastung von ca. 5,1% ergäbe. Über einen längeren Zeitraum und unter Berücksichtigung der Risiko-Margen der Krankenhäuser ergibt dies dann im Vergleich Kreditkosten von durchschnittlich ca. 5,1% (4,6% + 0,5% Risikomarge) im Vergleich zu den Kosten für ABCP in der Höhe von durchschnittlich 4,44% (2-Jahres-EURIBOR Swap Mittelwert 2000 - 2004: 3,7%[889] + ca. 0,74%).[890]
Die Finanzierung über ABCP kann also unter gewissen Bedingungen auch im direkten Vergleich mit einem Bankkredit eine günstige Alternative darstellen. Letztlich bleiben die Finanzierungskonditionen ein individuelles Problem. Sie hängen von der Einschätzung der Bonität des Krankenhauses bzw. der Kette und den aktuellen Kredit- und Zinsmärkten ab, von der Ausgestaltung des ABCP-Programmes und auch von den Interessen, Anforderungen und Vorstellungen des jeweiligen Krankenhauses. Berücksichtigt man die Szenarien, die sich aus der Veränderung der Krankenhausfinanzierung, der Einführung von Basel II und den veränderten Kreditaufnahmemöglichkeiten der Krankenhäuser ergeben[891], kann man davon ausgehen, dass für einen gewissen Teil der Krankenhäuser die Kreditkosten steigen werden oder dass an bestimmte Krankenhäuser überhaupt keine Kredite mehr vergeben werden.[892] Dann ist eine Finanzierungsalternative wie eine ABCP-Maßnahme besonders interessant, da über die Bonität der Forderungsschuldner gute Konditionen erreicht werden können.
Im Folgenden soll auch der Einfluss einer ABCP- bzw. Kreditfinanzierung auf die durchschnittlichen Kapitalkosten untersucht werden. Die Kosten für Eigenkapital sind insbesondere im NPO-Bereich – vgl. auch Kapitel 3.4.4. und 6.2.2 – sehr schwierig zu bestimmen, vor allem da im deutschen Krankenhauswesen letztlich auch die unterschiedlichen Träger – als Eigentümer – berücksichtigt werden müssten. So gehen Augurzky et al. (2004c) bei einer Szenario-Analyse davon aus, dass Eigenkapital-Kosten in Höhe von 6% bestehen, allerdings ohne Begründung und ohne Verweis auf die Trägerstruktur.[893] Darüber hinaus wird in einer weiteren Szenario-Analyse der Autoren – der Zuführung von Eigenkapital durch Nachrangdarlehen – von Kosten bzw. einer geforderten Rendite in Höhe von 15% ausgegangen, was im Vergleich zu 6% Eigenkapital-Kosten unrealistisch erscheint, da die Eigenkapitalgeber als Hauptträger des Risikos eine höhere Renditeforderung stellen müssten.[894]
Unabhängig von der jeweiligen Trägerstruktur, müssen die Eigenkapital-Kosten als sehr hoch eingeschätzt werden. Im Falle von öffentlich-rechtlichen oder freigemeinnützigen Krankenhäusern könnte man sie praktisch als unendlich hoch annehmen, wenn der Träger – etwa die Stadt oder der Verband – kein Eigenkapital mehr zur Verfügung stellen will oder kann. Neue Eigentümer können auch nicht ohne Aufgabe

---

889 Eigene Berechnung nach ISDA. 5Jahres-Swap (gegen 6-Monats-EURIBOR).
890 Legt man den Mittelwert des 1-Jahres Swapsatzes zugrunde, reduzieren sich die Kosten auf 4,16% (3,42% + ca. 0,74% Kosten), mit den „tatsächlichen" EURIBOR Werten auf 4,0% (1M-EURIBOR Mittelwert 2000 - 2004: 3,26% + ca. 0,74% Kosten).
891 Siehe dazu allgemein Kapitel 3.4.5. und für die Situation in Deutschland Kapitel 9.6.
892 Vgl. insbesondere Augurzky et al. (2004b), S. 28 - 32. Augurzky et al. (2004b) berechnen hier Mehrkosten bis zu 42%. Vor allem die steigenden Risikomargen aufgrund der anfallenden Opportunitätskosten bei den Banken, wegen der Einführung von Basel II, verursachen hohe Kreditkosten bei den Krankenhäusern.
893 Vgl. Augzurky et al. (2004c), S. 39 - 40.
894 Darauf weisen Augurzky et al. (2004c), S. 39 - 40 selbst hin.

der bisherigen Eigentümerschaft gewonnen werden.[895] Auch könnte man neue – oder die bisherigen Träger – mit einer entsprechenden Rendite-Aussicht nicht überzeugen, da eine Ausschüttung ohnehin nicht vorgesehen ist und gewinnwirtschaftliche Ziele auch nicht im Vordergrund stehen (vgl. dazu vor allem auch Kapitel 3.4.3. und 6.2.2.). Im Falle eines privaten Krankenhauses ist die Aufnahme von Eigenkapital zwar grundsätzlich einfacher, erscheint aber in der Praxis – etwa bei kleineren Krankenhaus GmbHs – trotzdem schwierig, da sich ein Gesellschafter finden müsste, der die beschriebenen Risiken und Nachteile einer Krankenhausbeteiligung akzeptiert. Eine Renditeforderung wäre daher ähnlich hoch einzuschätzen wie bei NPO-Krankenhäusern der USA (siehe zur Ableitung der Eigenkapitalkosten insbesondere S. 138 - 140).
Ein weiteres Problem bei der Bemessung der Kapitalkosten eines Krankenhauses, ergibt sich aus der Höhe der KHG-Fördermittel, die nach § 5 Abs. 3 KHBV als „Sonderposten aus Fördermitteln nach dem KHG" bilanziert werden. Im Durchschnitt (vgl. Abbildung 42) entfallen 38,8% der Passiva auf diese Sonderposten (bei nichtprivaten sind es sogar 46%, vgl. Abbildung 41). Die Einordnung oder Abgrenzung dieser Mittel als EK oder FK ist dabei kaum möglich, denn *„der Sonderposten ist (...) ein Mischposten, der sowohl Eigen- wie Fremdkapitalcharakter aufweist."*[896]

Je nachdem von welcher Krankenhausbilanz und Finanzierung man ausgeht, kann man also verschiedene Szenarien betrachten. Im Folgenden werden 4 Szenarien betrachtet, deren Ergebnisse in Tabelle 20 zusammenfassend dargestellt sind. Die Verteilung zwischen Eigen- und Fremdkapital ergibt sich aus der Durchschnittsbilanz (Abbildung 41 bzw. Abbildung 44). Eigenkapital-Kosten wurden grundsätzlich mit 13,5% angenommen. Die Finanzierung über ABCP erfolgt – ähnlich dem Beispiel in Kapitel 6.2.2. – zu 97% über Fremd- und zu 3% über Eigenmittel.[897]

---

[895] Vgl. Grotowski (2004), S. 182 - 183: *„Beide Maßnahmen* [gemeint sind Venture Capital und Kapitalerhöhung] *können jedoch von öffentlichen oder freigemeinnützigen Krankenhäusern gar nicht oder nur eingeschränkt ins Auge gefasst werden. Hier könnte eine Eigenmittelzuführung entweder durch den Krankenhausträger oder durch neue Gesellschafter erfolgen. Sollten die neuen Gesellschafter dann eine Mehrheit an dem Krankenhaus erwerben, käme diese Finanzierung faktisch einem Verkauf gleich."*

[896] Graumann/Schmidt-Graumann (2002), S. 146, und § 247 Abs. 3, § 281 HGB.

[897] Den Berechnungen liegt – wie bereits in Kapitel 6.2.2. – die Erwartung zugrunde, dass mit der Aufnahme weiteren Kapitals auch die anderen Kapitalanteile erhöht werden, da sich sonst die Kapitalstruktur und damit die gesamte Finanzierungssituation des Unternehmens verändern würde. Vgl. Rosenthal/Ocampo (1988), S. 94, 234 - 235; Bär (2000), S. 322.

Im ersten Szenario werden die KHG-Fördermittel prozentual in die Berechnung des WACC einbezogen, wobei ihre Kosten k_{KHG} mit 1%[898] bewertet wurden. Die Berechnung des WACC erfolgte also analog nach Kapitel 3.4.4. mit:

$$WACC^1 = \frac{k_{EK} \times EK + k_{FK} \times FK + k_{KHG} \times KHG}{EK + FK + KHG}$$

[1]: Steuern wurden nicht berücksichtigt (sind aber im Krankenhauswesen auch zu vernachlässigen, siehe Kapitel 9.4.3).

Bei der ABCP-Finanzierung wurden die 97%, die nicht über Eigenkapital finanziert werden, entsprechend den Anteilen der Ausgangsbilanz auf das Fremdkapital und die KHG-Mittel aufgeteilt, so dass dann 52,35% auf „reines" Fremdkapital und 44,65% auf KHG-Mittel entfallen. Dies ergibt bei einer ABCP-Finanzierung für die durchschnittlichen Kapitalkosten (unter Berücksichtigung der KHG-Mittel im Fremdfinanzierungsanteil)[899]:

$$WACC\ (off\ bal) = \frac{13{,}5\% * 3 + 4{,}44\% * 52{,}35 + 1{,}0\% * 44{,}65}{3 + 52{,}35 + 44{,}65} = 3{,}18\%$$

Für eine herkömmliche Kreditfinanzierung ergibt das:

$$WACC\ (on\ bal) = \frac{13{,}5\% * 15{,}7 + 5{,}1\% * 45{,}5 + 1{,}0\% * 38{,}8}{15{,}7 + 45{,}5 + 38{,}8} = 4{,}83\%$$

Aufgrund der relativ niedrigen Kapitalkosten für KHG-Mittel sind auch die durchschnittlichen Kosten erwartungsgemäß relativ gering. Die ABCP-Finanzierung schneidet einerseits wegen der etwas günstigeren FK-Finanzierung und andererseits wegen der Einsparung der teureren EK-Kosten besser ab.

Tabelle 20: Szenarien eines Kostenvergleichs (Kredit- und ABCP-Finanzierung) bei deutschen Krankenhäusern

Szenario	1	2	3	4
		KHG auf EK und FK verteilt		
	mit KHG	KHG EK-Anteil 20%	KHG EK-Anteil 80%	ohne KHG
WACC (off bal.)	3,18%	4,71%	4,71%	4,71%
WACC (on bal.)	4,83%	7,07%	9,03%	7,54%

Eigene Darstellung und Berechnung.

898 Diese können als Opportunitätskosten für die Einwerbung von Geldern verstanden werden.

899 WACC (off bal): Durchschnittliche Kapitalkosten bei Verbriefung (ABCP); WACC (on bal): durchschnittliche Kapitalkosten bei Kreditfinanzierung.

Im zweiten und dritten Szenario werden die KHG-Mittel „vorab" zu den Eigenkaptal- und Fremdkapital-Mitteln addiert und mit den entsprechenden Kapitalkosten bewertet. Dies führt erwartungsgemäß zu einem starken Anstieg der Kapitalkosten, insbesondere bei einer herkömmlichen Kreditfinanzierung. Da bei der ABCP-Finanzierung die EK/FK-Finanzierungsquote aufgrund des „Off-Balance Sheet" Charakters nicht beeinflusst wird, steigen die Kosten hier nur einmalig aufgrund des höheren Fremdkapital-Anteils (da nun zusätzlich die KHG-Mittel mit dem Fremdkapital-Satz berechnet werden). Im Weiteren sind die Kosten aber unabhängig von einer Zurechnung der KHG-Mittel. Die KHG-Mittel machen sich jedoch bei einer „On-Balance Sheet" Finanzierung deutlich bemerkbar, sodass bei einem hohen Eigenkapital-Anteil der Bilanz eine Kreditfinanzierung teurer wird (Anstieg der Kosten von Szenario 2 auf 3).
Im vierten Szenario wurden die KHG-Mittel herausgerechnet und Eigen- und Fremdkapital anteilig verändert (EK-Quote 29,1%). Die ABCP-Finanzierung bleibt dann wie in den Szenarien 2 und 3 davon unberührt.
Man kann dabei feststellen, dass eine Finanzierung über ABCP deutliche Vorteile bei einem Kapitalkostenvergleich bringen kann. Grundsätzlich sind die Kapitalkosten eines Krankenhauses unter Berücksichtigung der KHG-Fördermittel gering.[900] Aber vor dem Hintergrund der Mittel-Verknappung der öffentlichen Hand und einer generellen Abnahme der Fördermittel, einem Wegfall der Gewährträgerhaftung für kommunale Krankenhäuser, der Anwendung von Basel II in den Banken, schlechten Ratings und höheren Kreditkosten kann man davon ausgehen, dass die Kapitalkosten in Zukunft eine größere Rolle im Krankenhauswesen spielen und daher auch stärker in das Blickfeld des Managements rücken. Die Situation der deutschen Krankenhäuser spiegelt momentan am ehesten das Szenario 1 wider; das wahrscheinlichste Zukunfts-Szenario – ohne Fördermittel – entspräche dann dem Szenario 4. Die Einsparung von Kapitalkosten bei einer Finanzierung über ABCP ist hierbei nicht zu vernachlässigen; in der Praxis müssten jedoch die deutlich höheren Kosten des Aufwands als interne Opportunitätskosten mit berücksichtigt werden (vgl. Kapitel 2.4.5.).

Neben dem direkten Kostenvergleich ist es für die Entscheidung zu einer Finanzierung über ABS bzw. ABCP wichtig, wie die jeweilige Liquidität eingesetzt wird. Auch in dieser Hinsicht ergeben sich aufgrund der Besonderheiten der Krankenhausfinanzierung und Rechnungslegung in Deutschland Unterschiede zu herkömmlichen Unternehmen in anderen Bereichen. Wie beschrieben, kann die gewonnene Liquidität unterschiedlich verwendet werden, so etwa für Investitionen, zur Ablösung bestehender Kredite oder dem Abbau anderer Verbindlichkeiten.
Betrachtet man den Aufbau einer durchschnittlichen Krankenhausbilanz (vgl. Abbildung 44) fällt auf, dass aufgrund des hohen Anteils an Sonderposten wenige Verbindlichkeiten mit Zinsaufwand bestehen und auch der Anteil der sonstigen Verbindlichkeiten gering ist. Eine Ablösung von Verbindlichkeiten ist daher nur begrenzt möglich oder sinnvoll, und es kommt dadurch auch nicht zu einer nennenswerten Bilanzverkürzung. Nach Augurzky et al. (2004c) können durch den Abbau von Forderungen einige Finanz-Kennzahlen der Krankenhäuser verbessert werden, was die Insolvenz-Wahrscheinlichkeit verringert und somit das Rating erhöht.[901] Einige Fi-

[900] Dies vor allem, wenn man die KHG-Mittel mit einem Kapitalkostensatz von 0% ansetzen würde.
[901] Vgl. Augurzky et al. (2004c), S. 36 - 37. Dies wird dort für den Forderungsabbau durch „Factoring"

nanzkennzahlen, die durch ABS i. d. R. verändert werden, und auch bestimmte krankenhausspezifische Kennzahlen sind bereits ausführlich in den Kapiteln 2.3., 6.1.2. und 6.2.2. beschrieben worden. Im Folgenden sollen deshalb nur einige der Kennzahlen von Moody's KMV Risk Calc (vgl. Fußnote Nr. 827) erwähnt werden, das auch zur Analyse der Krankenhäuser bei Augurzky et al. (2004c) verwendet wurde. Die folgenden Verhältnisse werden durch den Einsatz von ABS direkt oder indirekt (bei Ablösung von Verbindlichkeiten) positiv beeinflusst:[902]

Tabelle 21: Durch Verbriefungen beeinflussbare Kennzahlen

Net Indebtness (Nettoverschuldungsquote):	$\dfrac{\text{Total Current Liabilities - Cash \& Equivalents – Short Term Securities}}{\text{Total Assets}}$
Equity Ratio (Eigenkapitalquote):	$\dfrac{\text{Total Equity + 50\% Special Item with Equity Character - Intangible Assets}}{\text{Total Assets - Intangible Assets - Cash Equivalents - Short Term Securities - Land \& Building}}$
Debt Coverage (Finanzkraft):	$\dfrac{\text{Cash Flow - Other Taxes}}{\text{Provisions + Total Liabilities + 50\% Special Item with Equity Character - Advances from Customers}}$
EBITD-ROI (Rentabilität):	$\dfrac{\text{Net Income + Interest and Expenses + Taxes on Income + Depreciation}}{\text{Total Assets}}$

Quelle: Modifizierte Darstellung nach H.E.A.T Mezzanine (2005), S. 38 (vgl. auch Augurzky et al. (2004c), S. 52).

Private Krankenhäuser haben aufgrund der im Durchschnitt etwas veränderten Passiva-Seite (vgl. Abbildung 41) mehr Möglichkeiten, bestehende Verbindlichkeiten abzulösen und somit die Finanzkennzahlen zu beeinflussen. Es lassen sich zwar – wie in anderen Unternehmen auch – durch die Ablösung von Verbindlichkeiten Zinsen sparen, im Krankenhaus sind diese aber aufgrund der Fördermittelvergabe – je nach Klinik – mitunter noch gering. Bei der zu erwartenden Kürzung der Fördermittel und steigender Kreditnachfrage werden die Zinsbelastungen aber deutlich zunehmen, und es könnten sich dann positive Effekte aus einer Verbriefung ergeben.
Zwar erfordern die erstmaligen Vorbereitungen zur Teilnahme einer ABCP-Struktur bzw. die Etablierung eines solchen Programms viel Zeit und Aufwand, sie kann dann jedoch regelmäßig dazu eingesetzt werden, Liquiditätsprobleme zu mindern und damit die Aufnahme von kurzfristigen Darlehen oder die Ausschöpfung von Kreditlinien zu vermeiden. In erster Linie könnten die durch ABCP/ABS-Finanzierungen gewonnenen Mittel dazu eingesetzt werden, neue Investitionen – etwa in der Medizintechnik zu tätigen – was dann einem Aktivtausch gleichkäme, wobei auch die Debitorenlaufzeit verkürzt würde. So könnte etwa im Beispiel-Fall des Klinikverbunds Bremen, bei einer anfänglichen Abtretung von € 50 Mio., die Laufzeit von knapp 80 Tagen auf ca. 35 Tage verringert werden (berechnet als: Forderungsbestand x 365 / Jahresum-

gezeigt.

902 Zur Bestimmung eines Ratings verwendet Moody's KMV Risk Calc u. a. auch 9 Kennzahlen. Vgl. H.E.A.T Mezzanine (2005), S. 36 - 40; Augurzky et al. (2004c), S. 32 - 33 und S. 52.

satz), so dass nicht mehr zuviel Kapital in den Forderungen gebunden ist. Bei einer Umverteilung der Liquidität bzw. Forderungen in Anlagevermögen muss jedoch beachtet werden, dass dies teilweise die Liquiditätsgrade (2. und 3. Grad) verschlechtern kann.[903] So können auch andere Finanzkennzahlen durch ABS-Maßnahmen zu Ungunsten des Krankenhauses verändert werden (vgl. Kapitel 6.1.2.), weshalb eine pauschale Aussage bzw. Feststellung über die beste Verteilung der Mittel nicht gemacht werden kann.

10.7. Forderungsbestand, Zweckgesellschaft und Abtretung

10.7.1. Forderungsbestand und Eigenheiten der Forderungen

Die bisher getroffenen Aussagen beruhen auf der Vorstellung, dass Forderungen der Sozialversicherungssysteme in Deutschland und insbesondere die des Krankenversicherungswesens eine extrem hohe Bonität genießen. Darüber hinaus ist es für die Anwendung von ABS- oder ABCP-Strukturen zunächst erforderlich, dass Forderungen über einen bestimmten Zeitraum bestehen, da bei zu kurzer Forderungslaufzeit eine Verbriefung nicht möglich wäre. Eine Verbriefung auf Seiten der Krankenkassen (etwa der Arbeitgeber-Beiträge) ist deshalb nicht wirtschaftlich, weil sich bei einem Forderungs-Management, das zu Forderungslaufzeiten von maximal 15 Tagen führt, keine sinnvollen ABS-Finanzierungsmöglichkeiten ergeben.[904]
Nach der Rahmenempfehlung des § 112 SGB V (der die meisten Länder folgen) soll eine Krankenkasse eine Rechnung innerhalb von 14 Tagen nach Rechnungseingang bezahlen. Dies geschieht nahezu nie, mit der Folge, dass 94,4% der Krankenhäuser teilweise massive Verzögerungen und Zahlungsverweigerungen beklagen.[905] Der Forderungsbestand in deutschen Krankenhäusern ist dabei je nach Krankenhaus verschieden und auch die Forderungsreichweite variiert stark.
Hier wurden Werte zwischen 39,6 Tage (MediClin) und 73 Tage (Städtisches Krankenhaus Dresden) ermittelt.[906] Bei großen Ketten wie der HELIOS GmbH und der Rhön-Klinikum AG errechnen sich Forderungsreichweiten von 46,9 Tagen (HELIOS) und 51,2 Tagen.[907] Man kann wohl davon ausgehen, dass Krankenhäuser, die im Besitz von Klinik-Ketten als Unternehmen geführt werden, durchschnittlich niedrigere Forderungsreichweiten als solche in kommunaler Trägerschaft haben.
Die gesamten Außenstände deutscher Krankenhäuser, d. h. alle, die noch innerhalb der Zahlungsfristen liegen zzgl. der Zahlungsverzögerungen und -verweigerungen, konnten für das Jahr 2004 (bis August) auf € 7,9 Mrd. geschätzt werden (2.197

---

[903] Vgl. zur Berechnung Perridon/Steiner (2004), S. 563.
[904] Aussage eines Interviewpartners.
[905] Deutsches Krankenhausinstitut (2004), S. 3 - 4.
[906] Vgl. MediClin AG (2005), S. 32 - 34 und eigene Berechnungen. Für das Städtische Klinikum Dresden-Friedrichstadt vgl. Schneider (2005), S. 57.
[907] Vgl. HELIOS Kliniken GmbH (2005a), S. 114, Rhön-Klinikum AG (2005b), S. 67 - 68, eigene Berechnungen. Die HELIOS Kliniken GmbH weist in einer Pressemitteilung zum ersten Quartal explizit auf eine verbesserte Forderungsreichweite hin: *„Die Forderungsreichweite liegt mit 42,5 Tagen über 4 Tage besser als zum Ende des Vorjahrs."* HELIOS Kliniken GmbH (2005b), Pressemitteilung, o. S.

Krankenhäuser mit durchschnittlich € 3,6 Mio. Außenständen).[908]

Abbildung 45: Außenstände deutscher Krankenhäuser

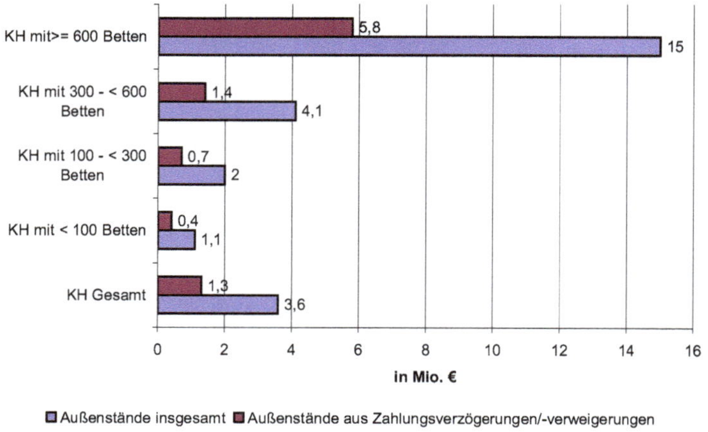

Quelle: Leicht modifiziert nach Blum et al. (2004), S. 990.

Beim „Durchschnittskrankenhaus“ (vgl. Kapitel 10.3.) entspräche dies 12% des Jahresumsatzes bzw. dem ca. 1,5-fachen des Monatsumsatzes. Krankenhäuser, die über mehr als 600 Betten verfügen, weisen Außenstände von über € 15 Mio. im Durchschnitt auf. Somit lässt sich feststellen, dass in deutschen Krankenhäusern durchaus – für das einzelne Krankenhaus signifikante – Forderungsbestände existieren. Die Forderungsreichweiten würden dabei auch für Verbriefungen ausreichen.

10.7.2. Zweckgesellschaft

Ein entscheidendes Kriterium für die Etablierung einer ABS-Struktur ist die juristisch einwandfreie Abtretung der Forderungen an eine Zweckgesellschaft. Die Erfahrungen in den USA haben vor allem gezeigt, dass es hierbei – insbesondere im „Healthcare“ Bereich – zu Problemen kommen kann (vgl. Kapitel 6.3). Wie in Kapitel 2.4.1. und Kapitel 4.2. bereits erwähnt, müssen in einer ABS-Transaktion die Forderungen rechtlich und technisch vom Originator abgetrennt und auf die Zweckgesellschaft übertragen werden. Dabei entstehen je nach nationaler Jurisdiktion einige Probleme, die bereits bei der Rechtsform- und der Standortwahl der Zweckgesellschaft beginnen. In Deutschland war die Ansiedelung einer inländischen Zweckgesellschaft bis vor kurzem allein schon wegen der steuerlichen Schwierigkeiten nicht vorstellbar[909], und in der Praxis wurde bislang bei nahezu allen Transaktionen ein

[908] Vgl. Deutsches Krankenhausinstitut (2004), S. 5.

[909] Vgl. Paul (1994), S. 241 - 242; Ihle (1996), S. 91 - 92, 98; Reudelhuber (1998), S. 76, 85; Gehring (1999), S. 188; Klüwer (2001), S. 163. Denn aufgrund gesetzlicher bzw. juristischer Einordnungen fiel die Tätigkeit einer für die ABS-Transaktionen notwendigen Zweckgesellschaft, unabhängig von ihrer Rechtsform, letztlich immer unter die Definition eines Gewerbebetriebes und war somit ge-

SPV mit Sitz im Ausland[910] eingeschaltet.[911] Wie bereits erwähnt, hat der Gesetzgeber in den letzten Jahren begonnen, Erleichterungen[912] für die Verbriefung von Handelsforderungen zu schaffen. Für ABS-Finanzierungen mit Krankenhausforderungen und inländischen SPVs reichen diese Änderungen aber noch nicht aus. Da eine ABS-Struktur grundsätzlich auch über eine ausländische Zweckgesellschaft aufgebaut werden kann, sei im Folgenden auf weitere Ausführungen zu diesem Thema verzichtet. Solche Umstände können aber in der Praxis durchaus zu einigen Problemen führen, da es mitunter sehr schwierig ist, deutschen Mittelständlern oder im vorliegenden Fall einem Krankenhaus-Manager (eventuell sogar einem vom Gemeinderat „bestellten" Krankenhausleiter) zu erklären, warum „seine" Forderungen an eine Zweckgesellschaft – etwa mit Sitz auf den Cayman Islands – verkauft werden müssen, damit die ABS-Struktur der deutschen Steuerproblematik ausweichen könne.[913]

---

werbesteuerpflichtig. Vgl. zur Gewerbesteuerpflicht bzw. zum Begriff der Dauerschulden: Zenthöfer/Leben (2002), S. 154 - 158, und allgemein zur Gewerbesteuer Reding/Müller (1999), S. 323 - 327. Bzgl. SPVs siehe Gehring (1999), S. 186 - 187. Grund hierfür war die Bemessungsgrundlage für die Gewerbe-Ertragssteuer, nach der dem körperschaftlichen Gewinn die Hälfte der Dauerschuldzinsen hinzugerechnet wird (vgl. auch Kapitel 10.1), so dass bei einem deutschen SPV Gewerbesteuern angefallen wären. Vgl. zu dieser Problematik sowie zur Umsatzsteuer-Problematik des Service-Leisters (also hier des Krankenhauses) und der Zweckgesellschaft insbesondere Hommel et al. (2005), S. 1, 26 - 31.

910 Hier wurden dann sog. „Steuer-Oasen" gewählt wie z. B. die „Cayman Islands", Jersey, Delaware, Bermudas; vgl. Ohl (1994), S. 296; Klüwer (2001), S. 165 - 166; Bär (2000), S. 105.

911 Vgl. Hommel et al. (2005), S. 1; Klüwer (2001), S. 165 - 166 und Kapitel 10.1. Eine kritische Stellungnahme zu diesen sog. „Offshore"-Zentren findet sich insbesondere bei Bongard (2001), S. 243 - 246.

912 Vgl. insbesondere die erwähnten Gesetzesänderungen hinsichtlich der Gewerbesteuer im Zuge des Kleinunternehmer-Förderungsgesetzes und die Schaffung eines Refinanzierungsregisters (siehe Kapitel 2.1. und 10.1.). Einer vollständigen Befreiung der SPV von der Gewerbesteuer stehen Bedenken im Wege, dass im Falle einer Ausweitung der Finanzierung über ABS aufgrund der Ablösung von Dauerschulden eine generelle Verminderung des Gewerbesteueraufkommens zu verzeichnen wäre. Vgl. Hommel et al. (2005), S. 1, 40, 96 und 101 - 136 zur Berechnung möglicher Effekte. Zu den bisherigen Änderungen bemerkte der Gesetzgeber hinsichtlich eines Steuerausfalls: *„Bislang dürften derartige Geschäfte wegen der gewerbesteuerlichen Hinzurechnung im Inland nur im Ausnahmefall getätigt worden sein. Daher entstand kein nennenswertes Gewerbesteueraufkommen. Durch die beabsichtigte Steuerbefreiung wird insoweit auf nicht erzielbare Steuermehreinnahmen verzichtet."* Gesetzentwurf der Fraktionen SPD und Bündnis 90/DIE GRÜNEN (2003), S. 8 (dort Fußnote Nr. 2). Man kann jedoch davon ausgehen, dass es aufgrund der Gewerbesteuerbefreiung der Krankenhäuser bei Verbriefungstransaktionen – mit ohnehin geringen Möglichkeiten der Ablösungen von Verbindlichkeiten bzw. „Dauerschulden" – nicht zu einem erheblichen Gewerbesteuerausfall käme.

913 Dies wurde von Interviewpartnern sowohl für Deutschland als auch für die USA (bei etwas anders gelagerten Problemen) bestätigt.

10.7.3. Forderungsabtretung: Rechtliche und technische Separationsmöglichkeit

„The problem really then comes with the administrative burden; to try and deal with this to keep someone satisfied that they got an accurate picture on where you stand. That's a kind of a hidden cost.“[914]

Zwei grundlegende Voraussetzungen, die bei der Verbriefung von Forderungen (über ABS oder ABCP) erfüllt sein müssen, sind die rechtliche und technische Möglichkeit, die Forderungen vom Originator an das SPV zu veräußern bzw. zu übertragen.
Die juristisch einwandfreie Abtretung von Forderungen („wirksam“ und „unanfechtbar“) muss auch im Krankenhaus-Bereich zunächst nach den bekannten Formen erfolgen.[915] Dabei wird der Forderungsverkauf vom Originator an das SPV durch einen Kaufvertrag nach § 433 BGB vollzogen. Die Übertragung der Forderungen vom Zedenten (Originator) auf den Zessionar (SPV) findet nach § 398 BGB (als sog. „Mantelzession“) statt, wobei zwei grundlegende Bedingungen zu erfüllen sind: Die Forderungen müssen bestimmbar[916] – nach Inhalt, Höhe usw. – und abtretbar sein. Die Bestimmbarkeit kann bei ABS-Transaktionen i. d. R. als gegeben angesehen werden[917] und stellt auch bei Forderungen aus dem Gesundheitswesen zunächst keine Schwierigkeit dar.[918] Schwieriger ist aber die Klärung der Abtretbarkeit. Sie erfolgt im Normalfall in Form einer stillen Zession, d. h. der Schuldner zahlt weiter an den Zedenten, der als „Servicer“ fungiert und die Zahlungen – ebenfalls durch Vertrag geregelt – direkt auf ein Treuhandkonto weiterleitet.[919]
Der Abtretung können jedoch bestimmte Gründe entgegenstehen. Diese können sich zum einen aus § 399 BGB ergeben, also durch einen zwischen Schuldner und Originator vertraglich geregelten Ausschluss einer Abtretung.[920] Darüber hinaus dürfen die Forderungen nicht unpfändbar sein (§ 400 BGB) oder ihren Leistungsinhalt durch Abtretung verändern (§ 399 BGB). Unwirksam wäre die Abtretung z. B. auch, wenn dabei gegen die Schweigepflicht (§ 203 Abs. 1 Nr. 1 StGB) verstoßen würde. Dies kann bei Forderungen, die dem Bankgeheimnis unterliegen, der Fall sein[921] und ist

---

914 Aussage eines Interviewpartners bzgl. des Aufwandes der Datenaufbereitung bei der Forderungsabtretung in den USA.

915 An dieser Stelle sei angemerkt, dass die folgenden Ausführungen lediglich einen groben Überblick über die Struktur liefern und keine juristische Abhandlung zur Forderungsabtretung im ABS-Geschäft darstellen können. Zu juristischen Betrachtungen bzgl. ABS-Strukturen insbesondere siehe Klüwer (2001), Gehring (1999), Willburger (1996), Gögler (1996) und Fleckner (2004).

916 Vgl. Klüwer (2001), S. 118.

917 Vgl. Gehring (1999), S. 144; Bartelt (1999), S. 13.

918 Dabei können auch zukünftige Forderungen abgetreten werden. Vgl. dazu allgemein Stürner: (1997), S 379 (Rn. 9), sowie insbesondere Gehring (1999), S. 144 - 145 und Klüwer (2001), S. 116 - 119.

919 Siehe zur Problematik der Forderungsübertragung und zur Frage der Unterschiede zwischen verschiedenen Forderungsarten Fleckner (2004), S. 586 - 588.

920 Es sei aber angemerkt, dass *„gemäß § 354a Satz1 HGB vereinbarte Abtretungsverbote nicht zur Unwirksamkeit einer Abtretung einer Geldforderung [führen] (...) falls es sich bei dem Schuldner um eine juristische Person öffentlichen Rechts (...) handelt.“* Klüwer (2001), S. 117. Zur Stellung der gesetzlichen Krankenkassen siehe auch Kapitel 10.8.1.

921 Vgl. dazu und zur Besprechung eines Urteils bzgl. der Probleme des Bankgeheimnisses und Datenschutzes bei ABS-Transaktionen Rinze/Heda (2004) sowie Gehring (1999), S. 145 m. w. N.

bei der Abtretung von Krankenhausforderungen wegen der ärztlichen Schweigepflicht vielfach auch gegeben.[922]

Im Fall einer Krankenhausverbriefung würde daher zwischen dem Krankenhaus und dem SPV im Rahmen einer Mantelzession ein Vertrag geschlossen, der die – auch revolvierende – Übertragung von Forderungen vorsieht. Zunächst lässt das deutsche Recht eine wirksame Abtretung wegen der damit einhergehenden Verletzung der ärztlichen Schweigepflicht nicht zu. Eine Forderung kann nur dann abgetreten werden, wenn der Betroffene ausdrücklich darüber informiert wurde und eingewilligt hat.[923]

Damit jedoch für eine Abrechnung zwischen Krankenhaus und Krankenkasse keine Einwilligung der Patienten benötigt wird, werden die Daten zur Wahrung des Sozialgeheimnisses (§ 35 SGB I und § 78 SGB X) verschlüsselt übertragen. Die Art und Weise der Datenweitergabe vom Krankenhaus zur Krankenkasse wird durch das jeweilige LKHG bestimmt, ist aber vor allem auch durch § 301 Abs. 1 SGB V vorgegeben. Für die in den Sozialgesetzbüchern vorgesehene Datenweitergabe zu Abrechnungszwecken benötigt ein deutsches Krankenhaus demnach keine besondere Einwilligung des Patienten, da es damit nur der gesetzlich festgelegten Übermittlungspflicht nachkommt.[924]

Zwar würde das Krankenhaus im Rahmen einer ABS-Transaktion als „Servicer" weiterhin den Forderungseinzug übernehmen, die Forderung muss aber rechtlich an die Zweckgesellschaft übertragen sein, d. h. eine Abtretung nach § 398 BGB ist zwingend erforderlich, weshalb eine Einwilligung des Patienten notwendig wird. Dies ist bei der Abrechnung von Privatpatienten bereits gängige Praxis, die häufig über eine privatärztliche Verrechnungsstelle vollzogen wird (unter der Voraussetzung, dass der Patient zuvor generell zugestimmt hat).

Im Streitfall, d. h. wenn die Krankenkasse nicht zahlen würde, müsste das SPV einen Vertreter mit der Eintreibung der Forderungen beauftragen, d. h. im Normalfall den „Servicer", der in diesem Fall wiederum das Krankenhaus wäre. Darüber hinaus wäre eine Offenlegung von Daten nicht zwingend erforderlich, da auch über einen verschlüsselten Fall verhandelt werden kann.[925]

Die „Vermögensbesicherung" ist jedoch nur dann von substantiellem Wert, wenn die abgetretenen Sicherheiten bei Insolvenz des Originators allein den Erwerbern der ABS *„als Haftungsmasse zur Verfügung stehen."*[926] Damit die Ansprüche des SPV nicht der Vollstreckungssperre (§§ 89, 90 InsO) – dem deutschen „Pendant" zum

[922] Daneben werden in der juristischen Literatur weitere Probleme bzgl. der Forderungsabtretung angeführt, die im Fall einer Transaktion beachtet werden müssen. Darunter fallen z. B. Fragen nach dem verlängerten Eigentumsvorbehalt oder der notwendigen Einhaltung des Bundesdatenschutzgesetzes.

[923] Vgl. Franke (2002), S. 32. Für eine Entscheidung zur Abtretung honorarärztlicher Forderungen siehe BGH NJW 1996, 775.

[924] Vgl. Gebauer (2001), S. 1117. Die Übermittlung der Patientendaten vom Krankenhaus an die Krankenkasse beinhaltet einige Schwierigkeiten. Siehe dazu weiterführend: Kuhla (2002) und zum Themenkomplex des Datenschutzes, Dokumentation, Einsicht und Herausgabe von Unterlagen im Krankenhaus siehe auch Deutsch (1999), S. 250 - 269.

[925] Vgl. Kusserow/Dietrich (1997), S. 1794.

[926] Fleckner (2004), S. 568 und der Autor schließt an: *„Dies zu erreichen gestaltet sich je nach Art des Sicherungsgegenstandes sehr aufwendig."*

„Automatic Stay“ der USA (§ 362 BC, vgl. Kapitel 6.2.4. und 6.3.) – unterliegen[927], müssen unterschiedliche Anforderungen beachtet werden und verschiedene Bedingungen durch die Vertragsgestaltung der ABS-Transaktion erfüllt sein.
Im deutschen Recht bzw. nach deutscher Rechtsprechung kann man einige Schwierigkeiten identifizieren, die bei ABS-Transaktionen im Falle einer Insolvenz des Originators von Bedeutung wären. Zu nennen sind dabei in erster Linie die Form der Übertragung der Sicherheiten und das Risiko der Einstufung des Forderungsverkaufes als Darlehensgewährung anstelle der Anerkennung als Kaufvertrag („True Sale“)[928]. Sowohl die Übertragung der Forderungen als auch die Einstufung des Vertrages zwischen Originator und SPV sind für die Bestimmung der Befriedigungsansprüche von Gläubigern (hier dem SPV) in der Insolvenz von Bedeutung.[929]
Im deutschen Insolvenzrecht wird bei Ansprüchen der Gläubiger – die geltend machen, einen bevorrechtigten Anspruch auf bestimmte Vermögensgegenstände zu haben – vor allem zwischen Absonderungsrechten (§§ 50 - 52 InsO) und Aussonderungsrechten (§ 47 InsO) unterschieden (darüber hinaus existieren auch Ersatzaussonderungsrechte (§ 48 InsO) sowie Masseansprüche (§ 53 InsO)). Vereinfacht dargestellt bedeutet ein Recht auf Aussonderung den Anspruch zur „Herauslösung“ der Forderungen aus der Insolvenzmasse, d. h. die Forderungen können durch das SPV selbst verwertet werden. Bei der Absonderung steht dem SPV lediglich eine vom Insolvenzverfahren abgesonderte Befriedigung zu, aber *„anders als bei der Aussonderung gehört der Gegenstand (...) zur Insolvenzmasse und unterliegt der Verwaltung und Verwertung durch den Insolvenzverwalter.“*[930] Für ABS-Transaktionen sollte daher möglichst sichergestellt werden, dass das SPV ein Aussonderungsrecht an den Sicherheiten erlangt.

In der Praxis ergeben sich weitere Schwierigkeiten, da i. d. R. der Forderungseinzug durch den Originator stattfindet. In der Insolvenz ergibt sich dann das Problem, dass die eingehenden Mittel der abgetretenen Forderungen, die auf einem Konto des Ori-

---

927 Vgl. Klüwer (2001), S. 143; Fleckner (2004), S. 586 bzw. zur früheren Konkursordnung Gehring (1999), S. 170 - 173.

928 Auf die Sicherstellung der Anerkennung der Vereinbarung als Kaufvertrag soll nicht weiter eingegangen werden. Entscheidende Faktoren sind ein wirksamer Kaufvertrag (vgl. dazu den Eingang des Kapitels) sowie der Ausschluss der Übernahme des Bonitätsrisikos (Delkredererisiko) durch den Originator. Hier ist in erster Linie zu beachten, dass der Kaufpreis (bzw. jegliche Formen der Risikoreserven) keine erhebliche Verlagerung des Ausfallrisikos auf den Originator zur Folge hat (die deutsche Rechtsprechung orientiert sich hier i. d. R. an den Einstufungen zwischen „echtem“ und „unechtem“ Factoring). Das Veritätsrisiko, d. h. das Risiko, dass die übertragenen Forderungen tatsächlich bestehen, kann jedoch beim Originator verbleiben. Vgl. Klüwer (2001), S. 134 - 137; Fleckner (2004), S. 591 - 594.

929 Vgl. Fleckner (2004), S. 591. Dabei entstehen grundsätzlich einige juristische Schwierigkeiten, siehe dazu Klüwer (2001), S. 130 - 152; Fleckner (2004), S. 591 - 598. Hier zeigt sich auch die Bedeutung der notwendigen Insolvenzfestigkeit der Zweckgesellschaft. Denn wird die Organisation des SPV nicht ordnungsgemäß durchgeführt, d. h. kann die Zweckgesellschaft auch zum Konsolidierungskreis des Krankenhauses gezählt werden, dann fällt das SPV auch in die Insolvenzmasse (und mit ihr der Anspruch an die Forderungen). Vgl. Fleckner (2004), S. 586; Klüwer (2001), S. 131.

930 Creifelds (2002), S. 16. Vgl. dazu insbesondere Fleckner (2004), S. 586 - 591, 593 - 594. Zur Aussonderung (§ 47 InsO) siehe Eickmann (2005), S. 314 - 318, zur Absonderung und Verwertung beweglicher Sachen (§§ 165, 166 InsO) siehe Landfermann (2005), S. 929 - 943. Darüber hinaus ist auch der Kostenabzug bei der Absonderung zu berücksichtigen. Vgl. dazu § 170 i. V. m. § 171 InsO sowie Fleckner (2004), S. 591; Klüwer (2001), S. 139.

ginators bzw. hier des Krankenhauses eingehen, damit zunächst Teil der Insolvenzmasse werden. Außerdem besteht hier grundsätzlich die Gefahr, dass dann nicht mehr zwischen Mitteln aus abgetretenen und nicht abgetretenen Forderungen unterschieden werden kann.

Bei ABS-Transaktionen in Deutschland wird daher in der Praxis i. d. R. für solche Forderungen ein Konto des „Servicers“ (also des Originators) eingerichtet, das an das SPV verpfändet wird. Dies muss dem Schuldner der Forderung auch nicht angezeigt werden, es kann lediglich die Mitteilung über eine neue bzw. andere Kontoverbindung erforderlich sein. So kann das Problem des „Commingling Risk“ (vgl. Kapitel 2.4.5., 4.2. und 6.3.) vermieden werden. Gleichzeitig wird i. d. R. festgehalten, dass die Inkassolizenz des Originators spätestens mit der Stellung des Insolvenzantrags erlischt. Durch diese Konstruktion wird sichergestellt, dass bei Eintritt eines Konkurses des Originators die auf dem Konto bereits eingegangenen und noch zu erwartenden Gelder, nicht in die Insolvenzmasse (hier des Krankenhauses) fallen.[931]

Jedoch ergeben sich im Gesundheitswesen einige spezielle Schwierigkeiten. So gibt es in den USA auf diesem Gebiet teilweise erhebliche Probleme hinsichtlich der Forderungszahlungen, da eine Zahlung der staatlichen Versicherer auf Konten außerhalb des Einzugsbereiches des Krankenhauses nicht möglich ist (vgl. Kapitel 6.2.3.). Auch im deutschen Krankenhauswesen ergeben sich Probleme, weil die beschriebene Verpfändung eines Kontos bzw. die Einrichtung eines solchen Kontos im Krankenhauswesen nicht ohne weiteres vollzogen werden kann. Denn im deutschen Krankenhausabrechnungswesen wird zwischen den gesetzlichen Krankenkassen und den Krankenhäusern ein sog. Institutionen-Kennzeichen (IK) verwendet. So regelt das Sozialgesetzbuch explizit: *„Die Krankenkassen verwenden im Schriftverkehr, einschließlich des Einsatzes elektronischer Datenübertragung oder maschinell verwertbarer Datenträger beim Datenaustausch, für Maßnahmen zur Qualitätssicherung und für Abrechnungszwecke mit den anderen Trägern der Sozialversicherung und der Bundesagentur für Arbeit sowie mit ihren Vertragspartnern einschließlich deren Mitgliedern bundeseinheitliche Kennzeichen.“*[932] Durch diese IK sind die verschiedenen Daten verknüpft: *„Das IK beinhaltet neben dem Namen und der Adresse insbesondere die Bankverbindung des Leistungserbringers und stellt somit ein zentrales Element bei der Leistungsabrechnung dar.“*[933]

Es ist daher äußerst fraglich, ob es möglich wäre, dass ein Krankenhaus ein zweites Konto zu Abrechnungszwecken eröffnen kann, auf das die Sozialversicherungsträger dann die Beträge der abgetretenen Forderungen überweisen. Dazu müsste bei jeder

---

931 Formaljuristisch bedeutet dies, dass alle Forderungen, die der Originator dann noch einzieht, einen „unberechtigten Einzug“ darstellen (der mit der „unberechtigten Veräußerung“ des § 48 InsO gleichzusetzen ist, vgl. dazu Eikmann (2005), S. 319 (Rn. 3)) und das SPV dann eine Ersatzaussonderung verlangen kann, solange die Forderungen von der Masse noch zu unterscheiden sind. Vgl. Klüwer (2001), S. 138. An dieser Stelle wird auch die Bedeutung eines sog. „Back-up“ Servicers ersichtlich, da der Forderungseinzug in der Praxis nicht vom SPV selbst vollzogen werden könnte. So Morrison (2001b), S. 219: *„The Rating Agencies will almost always require that some person not affiliated with the initial Servicer agree to become the Servicer in the event of a Servicer Termination of the initial Servicer. Frequently, the entity serving as trustee (...) will take on this responsibility.“* Bei einem Versäumnis des Inkassoentzuges hat das SPV kein Ersatzaussonderungsrecht sondern nur einen Anspruch auf Auskehr des Erlöses und unterliegt damit der Vollstreckungssperre. Vgl. Klüwer (2001), S. 144.

932 § 293 Abs. 1 SGB V.

933 DKG (2002), o. S.

Abrechnung einer abgetretenen Forderung die entsprechende Krankenkasse – zusätzlich zur Zahlungsaufforderung nach dem Standardverfahren – davon benachrichtigt werden, dass es sich um eine Forderung handelt, deren Begleichung auf ein anderes als das eingetragene IK-Konto erfolgen soll. Dies hätte einen hohen administrativen Aufwand zur Folge, der darüber hinaus nicht mehr nur beim Originator läge, sondern an den Schuldner weitergegeben würde, was letztlich einer offenen Zession gleichkäme, eigentlich ein Zustand, der gerade bei ABS-Transaktionen vermieden werden kann und sollte. Vor allem würden auch die EDV-Abteilungen bzw. die Abrechnungs-Software der Krankenhäuser und Krankenkassen vor neue große und kostenreiche Schwierigkeiten gestellt.[934]

Ausweichen könnte man diesem Problem eventuell mit einer Struktur, wie sie auch in den entsprechenden Transaktionen in den USA verwendet wurde und wird, der „Double Lock-Box" (vgl. Kapitel 6.2.3). Die Krankenkassen würden dabei alle Forderungen an das bekannte IK-Konto des Krankenhauses leisten. Dann müssten täglich die Mittel der abgetretenen Forderungen auf ein zweites Konto transferiert werden, das zuvor an die Zweckgesellschaft (SPV Nr. 1) verpfändet wurde. Von dieser Zweckgesellschaft würden die Forderungen dann an die eigentliche Zweckgesellschaft des Conduit (SPV Nr. 2) übertragen, an die auch die Forderungen anderer Originatoren übertragen werden (vgl. Abbildung 46).

[934] Die EDV-Probleme waren u. a. auch ein Grund für das frühzeitige Scheitern eines ABS-Einsatzes einer großen Klinik-Kette. Zur Komplexität der Verbriefungs-Software siehe Damaske (2005).

Abbildung 46: Schema eines möglichen Struktur-Systems von Krankenhausforderungsverbriefung in Deutschland

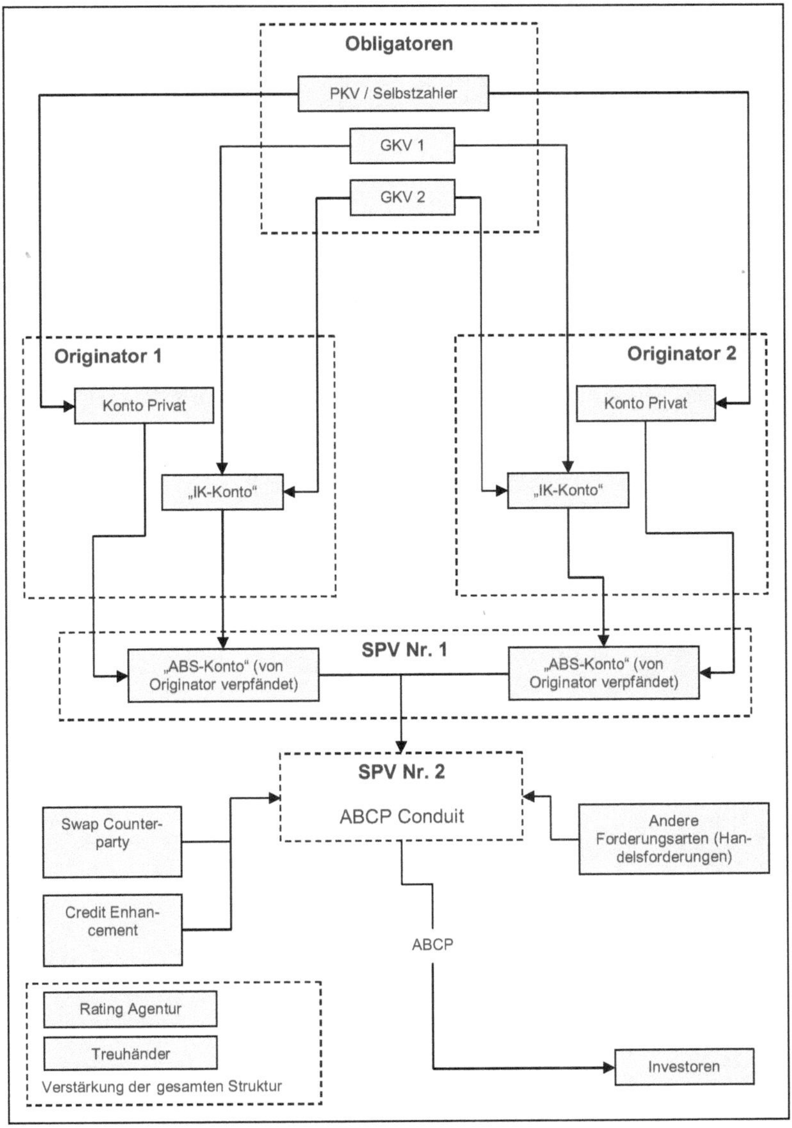

Eigene Darstellung. Zur Erläuterung siehe Text. Die Abkürzungen: APCP: Asset-Backed Commercial Paper; GKV: Gesetzliche Krankenversicherung; IK: Institutionenkennzeichen (eines Krankenhauses); SPV: Special Purpose Vehicle (Zweckgesellschaft).

Jedoch würde diese Struktur den strengen Anforderungen einer ABS-Transaktion noch nicht ganz gerecht, da hier die gleichen Risiken wie in den USA drohen (vgl.

zum „Scheitern“ der US-amerikanischen Healthcare ABS-Transaktionen und den juristischen Schwierigkeiten insbesondere Kapitel 6.3.).

Denn in Deutschland wäre das IK-Konto eines Krankenhauses zunächst Bestandteil der Insolvenzmasse und sämtliche Zahlungsanweisungen an andere Konten würden zumindest vorübergehend vom Insolvenzverwalter eingestellt. Somit stünde eine ABS-Struktur exakt vor den Problemen, wie sie in den USA bei Verbriefungen aus dem Krankenhausbereich aufgetreten sind (in Kapitel 6.3.). Diese rechtlichen Probleme wären also für Deutschland noch grundsätzlich zu klären. In jedem Fall müsste zwischen Zweckgesellschaft und Originator vertraglich festgelegt werden, dass die Inkassoerlaubnis des Originators mit der Eröffnung des Insolvenzverfahrens erlischt, da sonst die Trennung der abgetretenen von den anderen Vermögenswerten auf dem IK-Konto nicht mehr gewährleistet wäre.[935] In einem solchen Fall ist von erheblichen Zahlungsverzögerungen auszugehen, mit der Folge, dass die ABS-Investoren nicht ordnungsgemäß bedient werden könnten.
Inwieweit es bei Rechtsstreitigkeiten über bereits abgetretene Forderungen eines Krankenhauses oder allgemein im Zuge eines Insolvenzverfahrens zu besonderen Ergebnissen in der Rechtsprechung wegen ethischer Fragen käme – etwa dass ein insolventes Krankenhaus weiterhin auf die Mittel aus den eingehenden Forderungen angewiesen sei, um die Versorgung der Patienten zu gewährleisten, kann hier nicht beantwortet werden. Nach den Erfahrungen, die in den USA gemacht wurden, würde eine Struktur, bei der rechtliche Schwierigkeiten im Vorfeld nicht zu großenteils sicher geklärt werden können, wohl kaum ein gutes Rating erhalten, da selbst bei einem späteren juristischen Erfolg der Ablauf der Transaktion massiv gestört und von Unsicherheit begleitet sein würde.

Unabhängig von der jeweiligen Gestaltung der Forderungszahlung können weitere Probleme dadurch entstehen, dass in jedem Fall vor der Abtretung – und während des revolvierenden Ankaufs – eine Forderungsauswahl getroffen werden muss:

---

935 Vgl. Klüwer (2001), S. 138. Es ergeben sich hier ähnliche Schwierigkeiten wie in den USA. Zu einer rechtlichen Diskussion siehe insbesondere Klüwer (2001), S. 115 - 153.

Das Krankenhaus müsste aus dem Forderungs-Pool die Forderungen filtern, die den sog. „Eligibility Criteria" entsprechen. So müssten z. B. folgende Fragen bejaht werden:

- Wurde die Leistung, die den Forderungen zu Grunde liegt, schon erbracht?
- Liegt eine Einverständniserklärung des Patienten vor?
- Ist der Schuldner (Krankenkasse) nicht in Verzug?
- Ist das kritische Volumen der Einzelforderung erfüllt?
- Ist die Rechnung frei von Zu- oder Sonderzahlungen des Patienten (volle Übernahme der Krankenkasse)?
- Liegt kein Sonderfall vor? Hierzu gehören z. B.:
  - ein DRG-Fall, der unter- oder oberhalb der Grenzverweildauer (GVWD)[936] liegt;
  - eine nicht-kategorisierte MDC oder DRG;
  - eine MDC-Gruppe oder DRG, die in der Vergangenheit oft zu Zahlungsverweigerungen oder -verzögerungen führte;
  - ein Sozialversicherungsträger, der oft Zahlungsverweigerungen oder -verzögerungen verursacht;
  - „Überlieger"[937]
- Entsprechen die Krankenkassen oder andere Forderungsschuldner den Bonitätsanforderungen der ABS-Struktur?
- Besteht eine Einigung mit dem entsprechenden Sozialversicherungsträger über eine gesonderte Zahlungsweise?

Allein das automatische „Markieren" (auch als „Flagging" bezeichnet, vgl. Kapitel 4.2.) dieser Anforderungen bzw. die Selektion der für eine ABS-Transaktion in Frage kommenden Forderungen, würde enorme (EDV-)Kosten verursachen. Gleichzeitig hat diese Selektion auch zur Folge, dass man keinen Generalvertrag mit einer Krankenkasse über die Zahlungen schließen kann, da nicht alle Forderungen für die Abtretung an das SPV in Frage kommen. Berücksichtigt man ferner die Volumenanforderungen von ABS-Transaktionen, die i. d. R. einen Zusammenschluss von mehreren Krankenhäusern erfordern, so sollten alle teilnehmenden Krankenhäuser über

---

936 Die Grenzverweildauer (GVWD) bezeichnet eine Zeitspanne (in Tagen), die für einen bestimmten Fall zur Behandlung vorgesehen ist. Wird diese unterschritten, wird der Patient also früher als erwartet entlassen, erhält das Krankenhaus den vorgesehenen „DRG-Betrag" abzüglich eines Abschlages. Wird die GVWD überschritten erhält das Krankenhaus einen Zuschlag. Vgl. dazu auch das Beispiel in Anhang Nr. 10.

937 „Überlieger" sind Patienten, die zum Jahreswechsel im Krankenhaus stationär behandelt werden. Da es sich dabei um „unfertige" Leistungen handelt und es möglich ist, dass sich die jeweilige DRG-Klassifikation bzw. Bezahlung am 1. Januar ändert, werden solche Überlieger oft gesondert abgerechnet.

die gleiche Forderungsverwaltung und -selektion verfügen, da diese vom Treuhänder gemeinsam überwacht werden müssen.
Die rechtliche und technische Separation der Forderungen erscheint zwar möglich, jedoch erscheint der Aufwand dafür sehr hoch. Dieser administrative Aufwand[938] und die etwaigen Kosten der Krankenkassen können eine vom Originator nicht zu beeinflussende Störung der Verbriefung darstellen und nur durch weitere Zahlungen beseitigt werden.
Problematisch ist auch, dass die Anpassung von EDV-Systemen relativ aufwendig sein kann. So kostete die Einführung eines modernen Computersystems mit entsprechender Software, das für die Finanzierung über eine „Forderungsverpfändung" in den USA benötigt wurde (bei der Forderungsauswahl würde ähnlich verfahren) das Krankenhaus mehrere Millionen Dollar. Da jedoch die Einführung eines neuen Systems aufgrund des Zusammenschlusses mehrer Krankenhäuser ohnehin geplant war, waren die Mehrkosten für ein – hinsichtlich der Forderungsevaluierung verbessertes – System letztlich kein gewichtiger Hinderungsgrund.[939] Deutsche Krankenhäuser investieren zwar vermehrt in IT- und EDV-Lösungen[940], dabei stehen aber bisher überwiegend Anschaffungen neuer medizinisch-technischer EDV-Programme oder die Entwicklung und Einführung EDV-gestützter Dokumentationssysteme im Vordergrund.[941] Zwar wurde im Klinikbereich in den vergangenen Jahren sehr viel für „allgemeine EDV" ausgegeben[942], dies muss aber im Zusammenhang mit der Vorbereitung zur Umstellung auf das DRG-System gesehen werden. Die EDV-Anforderung stellt eine durchaus große Hürde für die sinnvolle Anwendung von ABS-Finanzierungen im Krankenhaus dar, da sie sowohl direkte Kosten für neue Systeme und Software als auch indirekte Kosten – etwa für Schulungen – verursacht.

10.8. Schuldnerstruktur und -bonität

Die Finanzierung über ABS setzt eine hohe Bonität der Forderungsschuldner voraus. Diese muss nicht spezifisch für jeden einzelnen Schuldner ermittelt werden, sondern kann bei der Verbriefung vieler verschiedener, in einem möglichst großen heterogenen Forderungs-Pool von vergangenen Ausfallraten ausreichend geschätzt werden.
Im Konsumenten-Bereich („Consumer Assets"), vor allem bei der Verbriefung von Automobil-, Kredit-, oder Hypotheken-Finanzierungen, bestehen diese Pools aus mehreren 1.000 bis über 10.000 einzelnen Forderungen mit einer ähnlich hohen Zahl an Schuldnern. Dabei wird neben den historischen Ausfallraten und vorzeitigen oder

---

938 Diese „Administrative Burden" wurde auch von den Interviewpartnern in den USA als eines der größten Probleme dargestellt (siehe dazu auch das Eingangszitat des Kapitels).

939 Nach einigen Interviewaussagen (hier wurde ein u. a. übrigens ein neues System der Siemens AG eingeführt).

940 Vgl. Deutsches Krankenhausinstitut (2005), S. 28.

941 Vgl. Buscher (2005), S. 183. So z. B. die Investition des Universitätsklinikums Aachen in ein SAS-gesteuertes IT-System („Business Intelligence Software"), das benötigt wurde, um überhaupt eine Verknüpfung zwischen den Einzelkliniken herzustellen und ein verbessertes Berichtswesen zu schaffen. Vgl. o. V. (2005f), S. 18. Dadurch konnte aber auch das Abrechnungswesen verbessert werden, weil die DRG-Klassifikation schneller und genauer funktioniert und das tägliche Abrechnungsvolumen von € 1 Mio. so effizienter verwaltet wird. Allerdings nimmt das Klinikum mit dieser Lösung bisher eine Ausnahmeposition ein. Vgl. Universitätsklinikum Aachen (2005), o. S.

942 Vgl. Deutsches Krankenhausinstitut (2002), S. 20.

verzögerten Zahlungen die geographische und demographische Streuung in die Portfolio-Analyse einbezogen. Letztere ist bei der Verbriefung rein kommerzieller Forderungen nicht notwendig, dafür sind hier aber wegen der höheren Einzelvolumen und der meist geringeren Anzahl der Forderungen auch bestimmte Analysen („Stress Tests") bzgl. der Konzentration der Branchen oder des Klumpenrisikos erforderlich.

Die Verbriefung von Krankenhausforderungen in Deutschland fällt letztlich formell in die Kategorie der „Commercial Assets". Zwar sind die Einzelforderungen vom Volumen her eher gering und zahlenmäßig hoch, die Anzahl der Schuldner aber ist meist klein. Im Rahmen von Conduit-Strukturen würde die Beimischung von Forderungen aus dem Gesundheitsbereich i. d. R. sicherlich eine Verbesserung darstellen, da sie das Forderungsportfolio weiter diversifizieren würde. Bei einer Verbriefung von Krankenhausforderungen kann auch eine Form des geographischen Risikos entstehen. Zwar gibt es einige Krankenkassen, die bundesweit agieren und deren Mitglieder auch über das gesamte Bundesgebiet verteilt sind, ein anderer Teil jedoch, insbesondere die AOKs (Allgemeine Ortskrankenkassen), versichern zu einem sehr hohen Anteil die Bevölkerung der unmittelbaren Umgebung (vgl. § 143 SGB V (Bezirk der Ortskrankenkassen)), ähnlich auch die Betriebskrankenkassen (BKK). Da die Versicherten zum größten Teil Krankenhäuser der unmittelbaren Umgebung aufsuchen, ergibt sich dann bei der Verbriefung ein geographisches Risiko hinsichtlich der Forderungsschuldner. Im Zusammenhang mit den im Folgenden zu beschreibenden Bonitätsfragen kann dieses geographische Klumpenrisiko jedoch vernachlässigt werden. Die Erfahrungen aus ABS-Transaktionen in den USA haben zumindest gezeigt, dass hohe Schuldnerkonzentrationen kaum ein Hindergrundsgrund für ABS-Transaktionen waren, da auch hier die Bonität der zumeist staatlichen Schuldner im Vordergrund stand.

10.8.1. Gesetzliche Krankenversicherung

Eine Einschätzung der Bonität der gesetzlichen Krankenversicherung ist kompliziert. Mit Hinblick auf ABS-Transaktionen sind im Wesentlichen zwei Bereiche zu unterscheiden: die Liquidität und die Solvenz. Grundsätzlich ist dabei auch zwischen Theorie und Praxis zu unterscheiden, d. h. letztlich zwischen rechtlichen Forderungen und praktischer Handhabung. Dies bezieht sich zum einen auf das Verhalten der Sozialversicherungsträger bzgl. ihrer dispositiven Liquidität, also der Sicherung der jederzeitigen Zahlungsfähigkeit, und zum anderen auf die Mechanismen im Fall der Insolvenz.

Wie in Kapitel 3.1. und 8.1.3 erläutert, ist die Sicherstellung der Gesundheitsversorgung ein wichtiger Baustein der sozialen Fürsorge des Staates.[943] Diese wird in Deutschland u. a. über das in Kapitel 8.2. beschriebene Sachleistungsprinzip hergestellt, das dazu beitragen soll, den Leistungserbringern Gewissheit zu vermitteln,

[943] Dies folgt auch aus Artikel 20 Abs. 1 GG (Sozialstaatsprinzip).

dass ihre Leistungen immer vergütet werden, unabhängig vom Vermögen und der Leistungsfähigkeit des Patienten. Im Gegenzug verpflichten sie sich, die erforderliche Behandlung zu gewährleisten.
Da die Sozialversicherung eine öffentliche Aufgabe ist, stellt der Staat sicher, dass die Kostenträger – hier die Krankenkassen – auch über die Möglichkeit verfügen, für die Behandlung der Patienten aufzukommen. Dies geschieht zum großen Teil über die Bestimmungen des Sozialgesetzbuches (SGB), insbesondere durch das SGB IV (Vermögensrecht) und das SGB V (u. a. die Liquiditätsbestimmungen, hier vor allem durch das 8. Kapitel („Finanzierung") §§ 220 - 274). Letzteres regelt sowohl wer welche Beiträge in welcher Höhe (Beitragssatz) zu entrichten hat als auch den Risikostrukturausgleich zwischen den Krankenkassen.

Folgt man einigen Bestimmungen, so erscheint es theoretisch kaum möglich, dass eine Krankenkasse in ernsthafte Liquiditätsschwierigkeiten gerät. So legt etwa der Grundsatzparagraph für die Finanzierung im SGB fest:

„Ergibt sich während des Haushaltsjahres, dass die Betriebsmittel der Krankenkasse einschließlich der Zuführung aus der Rücklage und der Inanspruchnahme eines Darlehens aus der Gesamtrücklage zur Deckung der Ausgaben nicht ausreichen, sind die Beiträge zu erhöhen. Muss eine Krankenkasse, um ihre Leistungsfähigkeit zu erhalten oder herzustellen, dringend ihre Einnahmen vermehren, hat der Vorstand zu beschließen, dass die Beiträge bis zur satzungsmäßigen Neuregelung erhöht werden; der Beschluss bedarf der Genehmigung der Aufsichtsbehörde. Kommt kein Beschluss zustande, ordnet die Aufsichtsbehörde die notwendige Erhöhung der Beiträge an."[944]

Im Gegensatz zur privaten Versicherungswirtschaft basiert das System der gesetzlichen Sozialversicherung auf dem Umlageprinzip, mit der Folge, dass die Sozialversicherungsträger (SVT) kein Vermögen anhäufen, *„sondern der Volkswirtschaft nur die Kapitalmenge entziehen, die sie zur Erfüllung ihrer Aufgaben aktuell benötigen."*[945] So soll sichergestellt werden, dass die Krankenkassen zum einen nicht zu hohe Beiträge einfordern um die Mittel zu thesaurieren bzw. selber anzulegen, und zum anderen verdeutlicht es ihre Funktion als „Durchlaufstelle", die die Mittel für die Krankenfürsorge nur verwaltet. Damit aber gewährleistet ist, dass die Krankenkassen immer über ausreichend Mittel verfügen, fordern §§ 260 Abs. 3 und 261 Abs. 1 i. V. m. Abs. 5 SGB V eine ständige Liquidität. Im Zusammenhang mit dem Vermögensrecht der SGB IV und SGB V – aus denen sich ein Kreditaufnahmeverbot ergibt, das nur in Ausnahmefällen verletzt werden darf[946] – kann man daraus folgern, dass die Krankenkassen immer über genügend Liquidität verfügen.

---

944 § 220 Abs. 2 SGB V. Gleichzeitig regelt der Paragraph auch, dass überschüssige Einnahmen zur Beitragssenkung zu verwenden sind (vgl. § 220 Abs. 3 und Abs. 4 SGB V). Die Aufsichtsbehörde ist das Bundesversicherungsamt, das die Aufsicht über bundesunmittelbare Träger und Einrichtungen der Sozialversicherung führt.

945 Rösner (2003), S. 4.

946 Vgl. BVA (2003a), S. 11.

In der Praxis wird die Einhaltung der betreffenden Gesetze und Anlagevorschriften vom Bundesversicherungsamt (BVA) überwacht. Reichen die Mittel, d. h. die Beiträge nicht aus, um die Ausgaben zu decken, so sind die Kassen dazu verpflichtet, die Beiträge zu erhöhen (s. o. Zitat des § 220 Abs. 2 SGB V). Eine etwas vereinfachte Schlussfolgerung wäre demnach, dass die SVT oder hier die Krankenkassen bei Beachtung des Gesetzes überhaupt nicht in Liquiditätsschwierigkeiten geraten können, da sofort gegengesteuert werden müsste. In der Praxis konnten in dieser Hinsicht bisher keine gravierenden Probleme beobachtet werden, obgleich das Anlageverhalten und die Kreditaufnahme der Krankenkassen diskutiert und vom BVA in kritischen Berichten überwacht werden.[947]

Probleme könnten bei einer Krankenkasse dann auftreten, wenn etwa Beitragszahler ausfallen, z. B. wegen Insolvenz oder aufgrund übermäßig hoher Risiken (d. h. Gesundheitskosten) des eigenen Versicherten-Pools. Letzteres wird jedoch über den Finanz- und Risikostrukturausgleich zwischen den verschiedenen SVT ausgeglichen (§§ 265 - 269). Können Unternehmen ihre Sozialleistungen nicht mehr bezahlen und sind die Arbeitnehmer aufgrund dessen auch nicht in der Lage, ihren Arbeitnehmeranteil zu zahlen, liegt also Insolvenz bzw. Arbeitslosigkeit vor, dann werden in Anspruch genommene Leistungen entweder von den Krankenkassen erstattet, die dann einen Anspruch auf Kostenerstattung haben (§ 264 SGB V), oder die Kosten werden im Rahmen der Sozialhilfe beglichen. Hier regelt im Wesentlichen SGB XII (Sozialhilfe, insbesondere §§ 47 - 52) die Übernahme von Kosten durch die Krankenkassen und deren Anspruch auf Kostenerstattung gegen den Träger der Sozialhilfe (in erster Linie die Gemeinden und Kommunen, siehe dazu § 3 SGB XII).

Die Ausrichtung des Sozialsystems folgt damit der Maxime, dass die gesetzliche Krankenversicherung als Minimalbasis der Erstattung medizinischer Forderungen gesichert bleiben muss. So werden sogar absehbare Risiken, d. h. zu erwartende Mehrbelastungen der gesetzlichen Krankenversicherung, etwa durch Umstellungen des Leistungskataloges oder auch durch Ausgleichzahlungen des Bundes per Gesetz begrenzt. Der Staat beteiligt sich u. U. direkt an den Ausgaben der SVT. Beispielsweise werden für das Jahr 2006 nach § 221 Abs. 1 SGB V über das Bundesversicherungsamt € 4,2 Mrd. an die Krankenkassen gezahlt (im Jahre waren es 2005, € 2,5 Mrd.).

In der Wirklichkeit wiesen die Krankenkassen in den vergangen Jahren jedoch schon mehrfach zum Teil erhebliche Defizite auf und versuchten deshalb, Zahlungen an die Krankenhäuser so lang wie möglich zu verzögern, was teilweise zu hohen Außenständen bei den Kliniken geführt hat (vgl. auch Kapitel 10.7.1). Durch die Reformen im Gesundheitswesen kam es im Jahr 2004 jedoch wieder zu einem Überschuss von ca. € 4 Mrd.[948] Inwieweit sich die Zahlungsmoral der Krankenkassen dadurch verbessern wird, bleibt abzuwarten.

Zwar sind verlängerte Forderungslaufzeiten für ABS-Transaktionen grundsätzlich kein Hinderungsgrund, aber innerhalb einer Transaktion sind verspätete Zahlungseingänge wie Zahlungsverweigerungen natürlich ein Negativfaktor. Insbesondere die

[947] Vgl. z. B. zwei Rundschreiben des Bundesversicherungsamtes unter BVA (2003b) und BVA (2003c).

[948] Vgl. BMGS (2005), o. S.

größeren Krankenhäuser, die am ehesten für ABS-Finanzierungen geeignet wären, sind von der verschlechterten Zahlungsmoral betroffen.[949] Dabei werden derzeit Zahlungen zum überwiegenden Teil (79,8%) mit der Begründung verweigert oder verzögert, der Medizinische Dienst der Krankenkassen (MDK) müsste zur Überprüfung eingeschaltet werden.[950] Auffällig sind aber die Entwicklung der Zahlungsverweigerungen, die in den letzten Jahren abgenommen hat, und der deutliche Rückgang der anhängigen Klagen vor den Sozialgerichten.[951] Dabei lassen sich in Bezug auf die Häufigkeit von Rechtsstreitigkeiten bei Krankenhaus-Forderungen schon seit Jahren auch erhebliche geographische Unterschiede feststellen.[952] Solche rechtlichen Auseinandersetzungen werden von den Krankenhäusern zunehmend wegen der direkten Konfrontation mit den Krankenkassen und wegen der langwierigen Prozesse vermieden. Dieses Verhalten wäre innerhalb einer ABS-Transaktion jedoch nicht zu akzeptieren, da sich das Krankenhaus im Rahmen des „Servicer"-Vertrages dazu verpflichtet, die Forderungen ordnungsgemäß einzuziehen. Dazu würde letztlich auch eine gerichtliche Auseinandersetzung zählen.

Eine Besonderheit des Gesundheitswesens wirkt sich hier besonders hemmend aus und veranlasst auch die Krankenhäuser, auf gerichtliche Auseinandersetzungen zu verzichten. Denn im Gegensatz zu anderen Wirtschaftssektoren können sie zukünftige Geschäfte mit säumigen Schuldnern nicht ausschließen, werden also immer wieder mit denselben Krankenkassen zu tun haben, somit eher versuchen, eine außergerichtliche Einigung zu erzielen. Jedoch könnten Forderungen von Kostenträgern, die häufiger zu Zahlungsverweigerungen oder Zahlungsverzögerungen führen, sowie schwierige DRG-Fälle auch von vornherein aus der Forderungsabtretung ausgeschlossen werden, wodurch sich solche Probleme verringern ließen (siehe „Eligibility Criteria" in Kapitel 10.7.3.). Besondere Schwierigkeiten in Deutschland ergeben sich dabei vor allem aufgrund der noch nicht vorhandenen Daten zum DRG-Abrechnungssystem.

Für ABS-Transaktionen ist es in erster Linie entscheidend, dass die historischen Forderungsverweigerungen und -ausfälle dokumentiert sind und mit Hilfe von statistischen Verfahren bewertet werden können. Insgesamt erscheint jedenfalls die Liquidität und Zahlungsbereitschaft der Krankenkassen unter ABS-Gesichtspunkten positiv, wäre aber im konkreten Fall jeweils durch eine historische Datenauswertung zu überprüfen. Ein besonderer Vorteil des Gesundheitswesens ist außerdem eine gewisse „Konjunktur-Unabhängigkeit", d. h., dass Forderungsausfälle und -verweigerungen kaum aufgrund einer schlechteren Wirtschaftslage steigen würden (vgl. auch Kapitel 3.1. und 3.2.). Andererseits muss es als grundsätzliches politisches Risiko und als Schwachpunkt des lohnabhängigen Sozialversicherungswesens in Deutschland gesehen werden, dass das in Kapitel 8.3. angesprochene Systemproblem bei einer Verschlechterung der Konjunktur dazu führt, dass weniger Arbeitnehmer in die Krankenkassen einzahlen, was zu finanziellen Schwierigkeiten führen könnte, die nicht mehr staatlich kompensiert werden.

---

[949] Vgl. Blum et al. (2004), S. 992 und Kapitel 10.7.1.

[950] Die Krankenkassen sind jedoch berechtigt und teilweise auch verpflichtet, Kontrollen durchzuführen (§ 275 SGB V).

[951] Vgl. Blum et al. (2004), S. 991 - 992.

[952] Vgl. Franke (2002), S. 48.

Theoretisch ließe sich aus der gesicherten Liquiditätsversorgung der Krankenkassen und ihres vorgeschriebenen Verhaltens hinsichtlich ihres Vermögens eigentlich auch eine absolute Solvenz ableiten. Da in der Praxis – allein schon aus finanz- und betriebswirtschaftlichen Gründen – die Krankenkassen jedoch sowohl einen Teil ihrer Mittel am Kapitalmarkt investieren und zugleich Kredite aufnehmen sowie Kreditlinien vereinbaren (und auch in Anspruch nehmen), besteht doch eine gewisse Insolvenzgefahr.
Als öffentlich-rechtliche Körperschaften mit Selbstverwaltung sind die Krankenkassen unabhängige Unternehmen, die der Aufsicht der Länder unterstehen. Nach § 12 InsO ist die Eröffnung eines Insolvenzverfahrens über das Vermögen einer juristischen Person des öffentlichen Rechts zwar nicht zulässig (§ 12 Abs. 1 Satz 2 InsO), jedoch gelten bundesunmittelbare juristische Personen des öffentlichen Rechts und auch öffentlich-rechtliche Krankenkassen im Allgemeinen als durchaus insolvenzfähig.[953] Die juristischen Fragen nach Insolvenzfähigkeit sollen hier jedoch vernachlässigt werden, denn vielmehr stellt sich *„von Seiten der Gläubiger (...) die Frage, ob Dritte für die Schulden der juristischen Person des öffentlichen Rechts aufkommen (...).“*[954]

Im Fall der Insolvenz bleibt eine Haftung bestehen, für die – je nach Kassenart – die Unternehmen, die Landesverbände, die Länder oder der Bund haften bzw. für deren Verbindlichkeiten aufkommen. Dies wird für die verschiedenen Kassen in erster Linie durch das 6. Kapitel des SGB V (insbesondere §§ 143 - 206 SGB V) geregelt.[955] Dabei gibt es eine Art „Wasserfallprinzip“, wonach – z. B. bei Betriebskrankenkassen – im Fall des nicht ausreichenden Vermögens zunächst die Betriebe und dann der Landesverband der Betriebskrankenkassen haften. Besteht kein Landesverband oder gehört die Kasse keinem Landesverband an, hat der Bundesverband aufzukommen (§ 155 SGB V). Für die AOKs und Innungskrankenkassen gelten ähnliche Bestimmungen, für Bundesknappschaft, See-Krankenkasse und Landwirtschaftliche Krankenkasse haftet der Bund.[956] Auf eine detaillierte Behandlung der Haftungsbestimmungen sei hier verzichtet.[957]
Sowohl die Länder als auch der Bund verfügen über hervorragende Bonität. Die gesetzlichen Krankenkassen können daher als insolvenzfest betrachtet werden, jedoch gibt es von den Rating-Agenturen bisher keine Einschätzung dazu. Bisherige Insolvenzen oder Schließungen von Krankenkassen, bei denen die Verbindlichkeiten nicht von einer übergeordneten Instanz beglichen wurden, sind nicht bekannt. Anzumerken bleibt auch, dass eine ABS-Transaktion aufgrund dieser Haftungsverhältnisse nie ein besseres Rating als das des Bundes oder gegebenenfalls auch des Landes erreichen kann (sog. „Sovereign Ceiling“).

Die von Sopranzetti (1999) beschriebene Güte, d. h. geforderte Bonität von Forderungen (vgl. Kapitel 2.5.2.), sowie die empirischen Erfahrungen (vgl. Kapitel 2.5.3.)

---

[953] Vgl. Kirchhof (2005), S. 104 (Rn. 5).
[954] Gundlach et al. (2001), S. 778.
[955] Vgl. auch Gundlach et al. (2001), S. 779.
[956] Siehe dazu und zur Haftung der Länder und des Bundes insbesondere Gundlach et al. (2001), S. 778 - 780; Engelsing (1999), dort insbesondere S. 195.
[957] Siehe dazu insbesondere Gundlach et al. (2001). Die Autoren diskutieren jedoch eher die spezifische Zuständigkeit im Fall der Insolvenz, also ob Land oder Bund haften.

hinsichtlich einer hohen Forderungsbonität können im deutschen Gesundheitswesen für die gesetzlichen Krankenkassen als gegeben betrachtet werden. Eine Verbriefung von Krankenhausforderungen beruht letztlich auf der hohen Bonität der Obligatoren, d. h. in Deutschland für ca. 90% aller Forderungen auf der Bonität der gesetzlichen Sozialversicherungsträger und hier in erster Linie der Krankenkassen.

10.8.2. Private Krankenversicherung und Selbstzahler

Der Forderungsbestand der Krankenhäuser, der sich direkt gegen Patienten bzw. die privaten Krankenkassen richtet, liegt durchschnittlich – entsprechend dem privat versicherten Bevölkerungsanteil – bei knapp 10%. In vielen Krankenhäusern ist es bereits üblich, dass solche Forderungen über eine privatärztliche Verrechnungsstelle abgerechnet werden, die Forderung damit also bereits abgetreten ist. Eine schriftliche Einwilligung des Patienten ist dafür aber in jedem Fall erforderlich und wird zum überwiegenden Teil auch gegeben.[958]
In den ABS-Transaktionen der USA wurden Forderungen gegen private Versicherungsunternehmen oder vom Patienten privat zu zahlende Forderungen nur bis zu einem gewissen Grad in den Forderungs-Pools berücksichtigt. Auch in Deutschland wäre ein solches Vorgehen eher wahrscheinlich, da durch die Hinzunahme privater Forderungsschuldner eine – unter ABS-Gesichtspunkten – neue Vermögensklasse, nämlich „Consumer Assets", mit in den Forderungspool aufgenommen würden. Zwar eignen sich diese Forderungen grundsätzlich für Verbriefungen, aber nur, wenn durch eine sehr große Menge an Schuldnern eine *„Risikoevaluation relativ einfach mittels versicherungsmathematischer Methoden durchgeführt werden"*[959] kann. Dies ist aber bei der Hinzunahme einiger privater Forderungsschuldner – und insbesondere falls direkt mit der Versicherung abgerechnet wird – nicht gegeben.
Die durch die hohe Bonität der gesetzlichen Krankenkassen erreichte Güte des Forderungs-Pools würde so eventuell vermindert, wodurch ein Teil des Kostenvorteils bei einer ABS-Transaktion verloren ginge. Darüber hinaus wäre die Einbringung privater Forderungen ein weiterer Aufwand für die EDV, da hier zwischen den nicht abgetretenen Forderungen, den an eine privat-ärztliche Verrechnungsstelle gerichteten und den an ein SPV abgetretenen Forderungen getrennt werden müsste.

Forderungen von Privatpatienten, die direkt mit der privaten Krankenversicherung abgerechnet werden, würden in einer ABS-Transaktion wie Forderungen gegen ein Versicherungsunternehmen bewertet, wobei die entsprechenden Modelle und Vergangenheitsdaten der spezifischen Branche zur Bonitätsbewertung herangezogen würden. Bonitäts-verbessernd wirken sich hier die Auflagen des Versicherungsaufsichtgesetzes (VAG) aus, insbesondere § 53c VAG und § 12a VAG, die die Bildung von Eigenkapitalrücklagen für die Versicherung und Altersrückstellungen für die Versicherten vorschreibt. Darüber hinaus werden auch die privaten Versicherungsunter-

[958] Vgl. Franke (2002), S. 33.
[959] Bär (2000), S. 191. Dies würde ähnlich einer Prüfung eines Forderungsbestandes von Autoleasing-Forderungen oder Kreditkarten-Forderungen erfolgen, jedoch sicherlich mit einer Anpassung, die eine bessere Bonität der Schuldner – aufgrund der Versicherungspflichtgrenze – jeweils berücksichtigen würde.

nehmen vom Bundesversicherungs-Aufsichtsamt bzgl. ihrer Solvabilität geprüft (dies erfolgt ähnlich der Bewertung bei Lebensversicherern und berücksichtigt u. a. die Eigenkapitalquote, die Quote für Beitragsrückerstattung und die Überschussverwendungsquote).[960] Im Gegensatz zu Lebensversicherungen können Krankenversicherer nach der Beitragsanpassungsklausel (§ 12b Abs. 2 VAG) gegebenenfalls auch die Beiträge in den laufenden Verträgen erhöhen[961]; jedoch darf dies nur erfolgen, wenn die medizinischen Kosten steigen und nicht aufgrund eines schlechten Kapitalergebnisses.
So hat sich die Solvenz der privaten Krankenversicherer zwar in den letzten Jahren – aufgrund der Kapitalmarktentwicklung – merklich verschlechtert, kann aber immer noch als sehr gut eingeschätzt werden. Die Gründung eines Sicherungsfonds („Medicator AG"), der für den Fall einer Insolvenz geschaffen wurde, ist dabei insgesamt als bonitäts-verbessernd einzustufen.[962] Bisher musste in diesem Bereich aber noch keine Insolvenz aufgefangen werden.
Innerhalb von Verbriefungen würden private Forderungen nur eine untergeordnete Rolle spielen, sie würden aber, wie Forderungen gegen gesetzliche Krankenkassen, wahrscheinlich auch eine sehr gute Bonitätsbewertung erfahren. Je nach Krankenhaus und Standort könnten hier jedoch hohe Klumpenrisiken auftreten, wenn nur wenige private Versicherungsgesellschaften im Forderungspool enthalten wären.

10.9. Resumé: Das Potential von ABS-Forderungsfinanzierungen deutscher Krankenhäuser

Eine Finanzierung deutscher Krankenhäuser über ABS oder ABCP kann unter rein finanzierungstechnischen Aspekten eine sinnvolle Ergänzung der Kapitalbeschaffung darstellen, besonders für Krankenhäuser, die keinen Finanzierungsvorteil durch staatliche Garantien genießen. Aufgrund der derzeit – noch – verbreiteten Finanzierung über Fördermittel ist der Einsatz von ABS zur Bilanzsteuerung jedoch nur bedingt sinnvoll.

Angesichts sinkender Fördermittel und einer vorhersehbaren erhöhten Kreditnachfrage sowie wegen der Einführung von Basel II werden deutsche Krankenhäuser aber darauf angewiesen sein, in Zukunft auch bzw. vermehrt den Kredit- und Kapitalmarkt in Anspruch zu nehmen, wobei dann die jeweiligen Anforderungen dieser Märkte zu berücksichtigen sind. In diesem veränderten Finanzierungsumfeld wird sich die gesamte Finanzierung der Krankenhäuser verändern und diese werden die

---

960 Vgl. PKV (2005), S. 49 - 50, 93.

961 Vgl. FitchRatings (2003e), S. 5, 9, 14.

962 In einer ausführlichen Analyse bewertete FitchRatings 2003 die meisten der privaten Krankenversicherungsgesellschaften. Dabei wurden auf der Grundlage der Geschäftsberichte 2002 umfassende Berechnungen zur Solvabilität, Eigenmittelausstattung und anderer Kennzahlen gemacht. FitchRatings kam dabei zu dem Ergebnis, dass sieben Gesellschaften die Anforderungen teilweise nicht erfüllen, allerdings hängt dies auch davon ab, ob Markt- oder Buchwerte zur Grundlage gemacht werden. Darüber hinaus konnten etwaige Anpassungen der Gesellschaften, die nach dem Abschluss 2002 erfolgten, von FitchRatings nicht berücksichtigt werden. Siehe dazu und zur Einschätzung der Solvenz und Bonität der privaten Krankenversicherer insbesondere FitchRatings (2003e).

finanzwirtschaftlichen Kennzahlen verstärkt im Auge behalten müssen. ABS-Finanzierungen können dann eingesetzt werden, um Innovationen und Investitionen vorzunehmen, um bestimmte Finanzkennzahlen zu beeinflussen, Kreditaufnahmen zu erleichtern oder zu umgehen, und gegebenenfalls auch um eine gewisse Heterogenität der Gläubigerstruktur herzustellen.

Das deutsche Gesundheitssystem ist für den Einsatz von ABS zur Krankenhausfinanzierung grundsätzlich gut geeignet. Die Versicherungsstruktur mit den zum überwiegenden Teil gesetzlichen Krankenkassen und ihrem einheitlichen Leistungskatalog liefert – zusammen mit der neuen DRG-Kostenerstattungsmethode – eine ideale Voraussetzung für ABS-Transaktionen, da dadurch eindeutige Forderungsbestimmungen und -beträge ausgemacht werden können. Die hohe Bonität der Versicherer würde bei einem Forderungsverkauf zu sehr guten Finanzierungskonditionen am Kapitalmarkt führen, jedoch ist die „staatliche Sicherheit" der gesetzlichen Krankenkassen bisher noch nicht am Finanzmarkt bewertet worden. Diese Bonitäts-Arbitrage zwischen dem Krankenhaus als Forderungsverkäufer und den Krankenkassen als Forderungsschuldner bietet den Kliniken eine Finanzierungsmöglichkeit über den Kapitalmarkt, die sonst nicht denkbar wäre. Insbesondere die sehr limitierten und teuren Möglichkeiten einer Eigenkapitalfinanzierung weisen auf ABS-Finanzierungen als eine wertvolle Finanzierungsalternative hin.

Bei der Betrachtung der Anwendung und Umsetzung von ABS-Finanzierungsmaßnahmen ergeben sich jedoch beachtliche Zweifel an den tatsächlichen Möglichkeiten des Einsatzes von ABS im deutschen Krankenhauskapitalmarkt. Der beträchtliche Aufwand bei ABS-Finanzierungen, die erheblichen Kosten sowie die immer noch hohen Volumen-Anforderungen des ABS- und ABCP-Marktes bedeuten, dass die Verbriefung sinnvoll nur in großen Krankenhäusern oder – besser – in Klinikketten und -Verbünden eingesetzt werden kann. Unabhängig davon würden sich bei einer Umsetzung große technische und juristische Probleme bei der Forderungsabtretung ergeben, die in jedem Fall sehr große Anforderungen an die IT und EDV der Krankenhäuser stellen. Die Voraussetzungen für einen ABS-Einsatz, d. h. das Erreichen eines Finanzierungskostenvorteils einerseits und die Möglichkeiten der operativen Umsetzung einer ABS-Finanzierung andererseits, sind derzeit wohl – noch – ausschließlich durch Krankenhäuser in privaten Rechtsformen und unter privater Trägerschaft gegeben. Der Anteil solcher Häuser ist jedoch – insbesondere unter Berücksichtigung der Bettenzahl – noch gering.

Diese ungünstige Gesamt-Ausgangssituation wird u. a. auch noch durch die allgemeine Unterentwicklung des deutschen ABS-Marktes, eine fehlende ABS-Gesetzgebung und die Nicht-Schützbarkeit von Bank-Dienstleistungen weiter verschlechtert, so dass derzeit die Entwicklung eines Marktes für Krankenhaus-ABS unwahrscheinlich ist. Das Potenzial von ABS-Finanzierungen in der Zukunft ist jedoch nicht zu übersehen, vor allem, sobald der Finanzierungsdruck auf die Krankenhäuser – durch eine bundesweit einheitliche Anwendung des DRG-Systems (ca. 2008), den Wegfall von Fördermitteln und Gewährträgerhaftung sowie angesichts notwendiger Investitionen – weiter zunimmt und sich damit der Finanzierungsvorteil für ABS erhöht. Das folgende Zitat – 1995 auf das Gesundheitssystem der USA bezogen – trifft so ca. 10 Jahre später auf die Situation der deutschen Krankenhäuser zu:

„Although securitization transactions can be complex, they may provide increased financial flexibility to providers as they prepare for continuing change in the health-care industry.“[963]

---

[963] Folk/Roest (1995), S. 74.

11. „Whole Business" und „Future Flow" Securitization: ABS-Transaktionen unter Einbezug von Kliniken im Besitz von Gebietskörperschaften

Wie in Kapitel 8.1.1. beschrieben, befinden sich große Teile des Krankenhausmarktes noch in staatlicher Hand oder unter staatlicher Kontrolle. Ausgehend von den Beispielen Großbritanniens, Italiens und Australiens soll hier im Folgenden untersucht werden, inwieweit eine an die „Whole Business"- bzw. „Future Flow"-Securitization angelehnte Konstruktion in Deutschland von Gebietskörperschaften – unter Berücksichtigung des spezifischen Gesundheitswesens – zur Finanzierung eingesetzt werden kann.
Die Whole Business Securitization wird im UK im Klinikbereich bereits erfolgreich angewandt (vgl. Kapitel 7.1.). In Italien konnten in einigen Regionen bereits aufgrund der Besonderheiten des dortigen Gesundheitssystems günstige Finanzierungsstrukturen geschaffen werden, und auch in Australien wurden staatliche Stellen mit in Verbriefungen des Gesundheitssystems einbezogen. Eine Kombination dieser Finanzierungen unter Hinzunahme der Ideen der „Future Flow"-Verbriefungen könnte in Deutschland darin bestehen, dass Bundesländer – aber eventuell auch Kommunen, die über Krankenhäuser in ihrem Vermögen verfügen – sich bzw. bestimmte Aktivitäten oder Investitionen über eine Verbriefung finanzieren.

Der für deutsche Gebietskörperschaften entscheidende Vorteil bei einer Finanzierung über ABS ist dabei allerdings nicht in den direkten Kosten zu finden, denn aufgrund ihres hohen Ratings werden den meisten Bundesländern hervorragende Konditionen an den Kapitalmärkten gewährt. Der Vorteil von ABS liegt auf der Länderebene vielmehr vor allem in der bilanzbefreienden Eigenschaft der ABS-Finanzierung, die es den Ländern ermöglicht, sich so ohne Belastung des Haushaltes zu finanzieren, und dass – wie auch bei anderen Unternehmen – dabei die Möglichkeit besteht, Verbindlichkeiten zurückzuführen und so Finanzierungskosten zu senken.
Diese Vorteile waren auch maßgeblich bei den Verbriefungen der Bundesrepublik Deutschland bei den bisherigen ABS-Transaktionen. Dies war einmal die Verbriefung der Forderungen, die gegen die Bundespost-Nachfolgeunternehmen in Höhe von € 8 Mrd. bestanden (Ansprüche des Bundes-Pensions-Service gegen die Post, Deutsche Telekom und Postbank, auf Bezahlung von Beamtenpensionen[964]). Die zweite Transaktion („Aries"-Transaktion) betraf die ca. € 5,5 Mrd. Verbriefung eines Teils der Forderungen gegen Russland. Weitere Gründe, die für eine ABS-Finanzierung von Staaten bzw. Gebietskörperschaften sprechen, sind die bereits angesprochenen indirekten Motive (vgl. Kapitel 2.3.).

Problematisch bei einer Verbriefung von Vermögen des Staates bzw. von Gebietskörperschaften ist die Einordnung einer solchen Transaktion unter Eurostat[965]-

[964] Die sog. „German Postal Pension Securitisation"-Transaktion. Mit der Privatisierung der ehemaligen Postunternehmen verpflichteten sich diese, einen Teil der Beamtenpensionen in der Zukunft zu übernehmen. Die Transaktion half zwar, das Defizit des Haushaltes bzw. die Nettokredit-Aufnahme niedriger zu halten, jedoch müssen in Zukunft alle Pensionszahlungen allein vom Bund aufgebracht werden.

[965] Eurostat ist Teil des Europäischen Statistischen Systems (ESS), durch das verschiedene Beg-

Gesichtspunkten. Denn wird keine bilanzbefreiende Eigenschaft festgestellt, d. h. kein Verkauf der Vermögenswerte, dann wird der Kapitalzufluss einer solchen Finanzierung wie eine Kreditaufnahme behandelt. Die Eurostat-Richtlinie 95 regelt u. a., wann eine Verbriefung als Schuldenaufnahme („Government Borrowing“) zu bewerten ist, oder wann ihr eine bilanzbefreiende Wirkung zugesprochen werden kann.[966]

Obgleich die Länder kein echtes „Einkommen“ aus den Beteiligungen am Gesundheitswesen beziehen, so stellen die Krankenhäuser doch durchaus „Vermögen“ der Länder dar. Deshalb soll die Anwendung einer Verbriefung im Gesundheitswesen unter Einbeziehung einer Gebietskörperschaft einmal am Beispiel Baden-Württembergs und seiner Universitätskliniken dargestellt werden. Um die mögliche Ausgestaltung und den Effekt einer solchen Finanzierung zu veranschaulichen, ist es zunächst notwendig, den Status der Baden-Württembergischen Universitätskliniken zu beschreiben.

Im Zuge der Verabschiedung des Baden-Württembergischen Universitätsklinika-Gesetzes (UKG) wurden die genannten Kliniken zum 1. Januar 1998 von unselbständigen Landesbetrieben (§ 26 LHO) in rechtsfähige Anstalten öffentlichen Rechts gewandelt; alle Rechte und Pflichten sowie das Betriebsvermögen wurden dabei übernommen. Die Grundstücke und Rechte an den Grundstücken verblieben jedoch beim Land und werden den Kliniken unentgeltlich überlassen (§ 1 Abs. 2 UKG). Das Land hat weiterhin die Rechtsaufsicht über die Kliniken[967]; die Umstellung ermöglicht jedoch eine bessere Eigenverantwortlichkeit der Kliniken. Die Universitätskliniken werden demnach im Beteiligungsbericht des Landes Baden-Württemberg auch als Teil des Landesvermögens ausgewiesen.[968]
Die Finanzierung von Universitätskliniken ist sehr komplex, da hier mehrere Vorschriften zum Tragen kommen, was durch die Verknüpfung der Institution Krankenhaus mit ihrem Status als Hochschule begründet ist. Mehrere Arten von Fördermitteln, Zuschüsse und andere Zuwendungen sind an der Finanzierung beteiligt. Neben den Krankenhauserlösen bekommen Universitätskliniken Mittel über die Hochschulbauregeln und -gesetze, aus den Landesinvestitionen für Krankenhäuser, aus Zuschüssen des Landes für die Universität und aus Drittmitteln, wie z. B. der Deutschen Forschungsgemeinschaft, der Max-Planck-Gesellschaft oder der Europäischen Union. Darüber hinaus werden einige Personalkosten durch das Land getragen, etwa wenn es sich um Ärzte mit Status eines Hochschullehrers handelt oder auch bei einigen Verwaltungsstellen. Die grundlegenden Vorschriften im Aufgabenbereich der Universitätskliniken sowie ihre Finanzierungsrechte und -pflichten sind im UKG des Landes Baden-Württemberg zusammengefasst.
Danach erstellen die Kliniken und die medizinischen Fakultäten jeweils einen eige-

---

riffsdefinitionen, der Aufbau und die Vorgehensweise bei den statistischen Erhebungen etc. in den Mitgliedstaaten der EU vorgenommen werden.

966 Vgl. EU (2003). Um der Zunahme der Verbriefungen gerecht zu werden und weil dieses Problem immer häufiger auftaucht, existiert hierfür mittlerweile ein eigener Abschnitt in den Eurostat-Richtlinien: „ESA 95 manual on government deficit and debt; Securitisation operations undertaken by general government (Part V)“.

967 Vgl. Baden-Württemberg (2005a), S. 4, und zur Rechtsaufsicht Gern (2001), S. 65 (Rn. 38), S. 450 (Rn. 435).

968 Vgl. Baden-Württemberg (2005b), S. 88 - 96 Beteiligungsbericht. Darüber hinaus zählen auch neun psychiatrische Einrichtungen zum Landesvermögen.

nen Jahresabschluss nach den bekannten Vorschriften im Sinne der doppelten Buchführung und unter der Berücksichtigung der in Kapitel 9.3. beschriebenen Besonderheiten für Krankenhäuser. Außerdem erstellen sie Wirtschafts-, Investitions- und Finanzpläne, die – in reduzierter Form – in den Haushalt einfließen. Darin werden auch die Zuschüsse für Investitionsmaßnahmen aufgeführt[969] (diese sind im Krankenhauswesen zum überwiegenden Teil in den Aktiva unter dem Posten „Forderungen nach dem Krankenhausfinanzierungsrecht" zu finden) und etwaige Jahresfehlbeträge veranschlagt bzw. ausgeglichen. Allerdings erfolgt der Ausgleich eines Fehlbetrages zuerst über die Bilanz, d. h. über das Vermögen des Krankenhauses. Erst wenn dieses nicht mehr ausreicht, um die Verbindlichkeiten zu begleichen, greift die Gewährträgerhaftung nach § 2 UKG. Aufgrund dieses Haftungsverhältnisses regelt das UKG auch, inwieweit die Universitätskliniken sich finanzieren.
Gemäß § 6 Abs. 1 UKG *„deckt das Universitätsklinikum (...) seine Kosten mit den für seine Leistungen vereinbarten oder festgelegten Vergütungen (...)."* Darüber hinaus vereinbart das Klinikum mit der Universität Zuschüsse für Forschung und Lehre (§ 6 Abs. 2 i. V. m. § 7 Abs. 2 UKG) und erhält Mittel aus dem Staatshaushalt für Investitionsmaßnahmen und andere betriebsnotwendige Kosten (§ 6 Abs. 3 UKG). Grundsätzlich sind die Kliniken in ihrer Entscheidung über die Art und Weise der Finanzierung frei; es gibt aber besondere Bestimmungen über die Inanspruchnahme von Krediten (§ 6 Abs. 4 UKG). Da das Land letztlich als Gewährträger haftet, ist es ihm auch vorbehalten, die Risiken einer Kreditaufnahme einzuschränken. Überschüsse verwenden die Universitätskliniken nach Beschluss des Aufsichtsrates, wobei die Mittel zum überwiegenden Teil für Bau- und Instandhaltungsmaßnahmen verwendet werden.[970]

Es wäre somit theoretisch denkbar, dass das Land Baden-Württemberg eine ABS-Transaktion im Sinne einer WBS durchführt, wobei das Vermögen „Universitätskliniken" verbrieft würde. Mit einem Gesamtumsatz von ca. € 1,15 Mrd. setzen die Universitätskliniken dieses Landes pro Jahr etwa soviel um wie die britische GHG (der Vergleich von Ertragszahlen ist aufgrund der unterschiedlichen Struktur und Zielsetzung der Krankenhäuser nicht sinnvoll). Vergleichbar mit den in Kapitel 7.1. beschriebenen Transaktionen aus dem UK könnte hier eine Anleihe in der Größenordnung von € 500 Mio. - € 1 Mrd. liegen und Laufzeiten von bis zu 20 Jahren oder mehr haben. Allerdings müssten die Universitätskliniken einer solchen Transaktion zustimmen, da sie sich, abgesehen von einigen Einschränkungen, selbst verwalten und auch für ihre Finanzierung zunächst selbstverantwortlich sind.
Bei einer WBS handelt es sich – vgl. Kapitel 4.1.2. und 7.1. – nicht mehr um eine klassische Verbriefung mit einem „True Sale", sondern vielmehr um ein Darlehen, das durch die „gesamten" Vermögenswerte bzw. erwarteten „Future Flows" des Unternehmens besichert ist. Da somit auch keine bestimmten Forderungen abgetreten werden, sollen hier die Überlegungen zum Portfolio-Bestand bzw. zum Portfolioumschlag vernachlässigt werden. Wie beschrieben werden die Anleihen über das „Who-

[969] Dabei ist jedoch zwischen staatlichen Hochbaumaßnahmen und Zuschüssen durch das Wissenschaftsministerium zu unterscheiden, da diese in zwei unterschiedlichen Landeshaushaltsplänen geführt werden.
[970] Vgl. Baden-Württemberg (2003), S. 3.

le Business" besichert, d. h. die Investoren haben den bevorrechtigten Anspruch zur Begleichung ihrer Forderungen gegen nahezu sämtliche Forderungen und Vermögensgegenstände der Kliniken („Whole Business"). Dies wären hier in erster Linie die Krankenkassenforderungen, es müssten aber auch die Rechte auf eine Verwertung der Immobilien oder Grundstücke mit eingeschlossen werden.[971] Im Insolvenzfall würde dann – nach britischem Recht (siehe Kapitel 7.1.) – ein besonderer Insolvenzverwalter eingesetzt („Administrative Receiver"), der das insolvente Unternehmen entweder weiterführt oder die Vermögensgegenstände veräußert, und zwar so, dass die besicherten Gläubiger zuerst bedient werden können. Wie beschrieben, lässt sich das Zustandekommen bisheriger WBS nur aus dem britischen Insolvenzrecht ableiten[972]; daher wird hierzu im Folgenden eine etwas abgewandelte Struktur dargestellt. Eine Abtretung der Rechte an den Grundstücken durch die Kliniken ist nicht möglich, da dies dem § 63 Abs. 2 LHO entgegenstünde, nach dem ein Land keine Vermögenswerte veräußern darf, wenn diese zur Erfüllung der Aufgaben des Landes benötigt werden.[973] Dies kann bei vier Universitätskliniken, die im Krankenhausplan des Landes zur Sicherstellung der Gesundheitsversorgung mit dem Status der Maximalversorgung aufgenommen sind, zunächst als gegeben angesehen werden (letztlich wäre hier eine Änderung auch politisch kaum durchsetzbar).

In einer ABS-Struktur ergäbe sich die Sicherheit für Investoren dann allein aus den Forderungen gegen die Krankenkassen und nicht – wie bei einer WBS – durch einen Zugriff auf die gesamten „Operating Assets".[974] Im Insolvenzfall bedeutet das, dass der Insolvenzverwalter – der nicht von besicherten Gläubigern bestellt werden kann – über die Fortführung, Zerschlagung oder Auflösung des Unternehmens eigenständig entscheidet – mit der Folge, dass die *„Investoren einer WBS das volle Risiko tragen, das mit einer Insolvenz des „verbrieften" Schuldners verbunden wäre."*[975]
Somit handelt es sich hierbei vielmehr um eine „Whole Future Flow" Securitization, bei der die Ansprüche der Investoren nur durch die Entstehung zukünftiger Forderungen besichert sind.[976] Eine solche Sicherheit ist aber nur dann sinnvoll und wertvoll, wenn feststeht, dass der Krankenhausbetrieb auch im Fall der Insolvenz fortgeführt werden kann. Dazu merken Dittrich/Kölb-Vogt (2002) an: *„So müssen (...) die Geschäftstätigkeiten, aus denen die Erträge zur Bedienung der im Rahmen der WBS emittierten Anleihen fließen sollen, isoliert werden, damit sie den Investoren auch im Falle einer Insolvenz zur Verfügung stehen."*[977] Da aber im Fall eines Krankenhauses die Geschäftstätigkeit zur Generierung von Krankenkassenforderungen der Krankenhausbetrieb selbst ist und dieser den Investoren nicht zur Verfügung gestellt wer-

---

971 *„The rating agencies attach considerable importance to a detailed property analysis and the valuation of the underlying portfolio in sizing and rating WBS debt."* Ramgarhia et al. (2004), S. 339.
972 Ramgarhia et al. (2004), S. 332.
973 Vgl. im Zusammenhang mit Verbriefungen Brand/Hoffman (2005), S. 8.
974 Vgl. Batchvarov et al. (2004), S. 21.
975 Dittrich/Kölb-Vogt (2002), S. 181.
976 Die Abtretung zukünftiger Forderungen ist möglich, solange diese bestimmbar sind (vgl. dazu auch Kapitel 10.7.3.). Eine hinreichende Bestimmung der zukünftigen Vermögenswerte lässt sich im Krankenhauswesen aus dem DRG-System ableiten (dazu müssten dann im Voraus festgelegte ICDs, MDCs oder DRGs definiert werden). Die im Vergleich zu anderen Wirtschaftsbereichen geradezu beispiellose Konjunktur-Unabhängigkeit sowie die durch das DRG-System leicht bestimmbare Höhe der Forderungen, wären ideal für eine WBS-Struktur geeignet.
977 Dittrich/Kölb-Vogt (2002), S. 182.

den kann, muss sichergestellt werden, dass der Klinikbetrieb auch im Insolvenzfall weitergeführt wird. In dieser Beziehung muss auch hier wieder auf die Besonderheit des Gesundheitswesens und die beschriebenen Abhängigkeitsverhältnisse der Universitätskliniken vom Land verwiesen werden.

Zwar lässt sich der Krankenhausbetrieb nicht abtrennen und in eine neue Gesellschaft übertragen, die im Insolvenzfall den Investoren zufiele; das ist aber in diesem speziellen Fall auch nicht notwendig. Mehrere Gesetze, insbesondere das UKG, regeln die Finanzierung der Universitätskliniken, so dass eine Überschuldung recht unwahrscheinlich ist. Sollte es dennoch zur Insolvenz kommen, so wird diese durch die Gewährträgerhaftung des Landes letztlich abgewendet, d. h. die Fortführung des Krankenhausbetriebes ist gewährleistet.

Dann muss aber sowohl für die Beurteilung der Sicherheit der Transaktion als auch hinsichtlich der Einstufung als „Government Borrowing" oder als echte Securitization (vgl. ESA 95 Teil V), immer noch die Frage nach dem Status der Transaktion für den Fall einer „Insolvenz des Landes" beantwortet werden. Denn dann würden die Universitätskliniken in die „Insolvenzmasse" des Landes fallen bzw. die Gewährträgerhaftung wäre nicht mehr gegeben. Die Beantwortung dieser - eher theoretischen – Frage soll hier durch einen Verweis auf das Bundesstaatsprinzip nach Art. 20 GG (und „durch viele Bestimmungen des GG konkretisiert"[978]) sowie den Länderfinanzausgleich (horizontal und vertikal) Art. 107 Abs. 2 GG) erfolgen. Die Insolvenz eines Landes kann danach ausgeschlossen werden, denn *„es besteht eine Pflicht aller Glieder der bundesstaatlichen Gemeinschaft, in dem Fall, dass ein Glied sich in einer extremen Haushaltsnotlage befindet (…), ihm mit dem Ziel der haushaltswirtschaftlichen Stabilisierung (…) Hilfe zu leisten, damit es zur (…) Beachtung seiner verfassungsrechtlichen Verpflichtungen befähigt wird."*[979] Vor allem der Länderfinanzausgleich dient auch dazu, die Finanz- oder Leistungsschwäche eines Landes rechtzeitig auszugleichen.[980] Abbildung 47 stellt die betreffenden Beziehungen und Abhängigkeiten in diesem Bundesland bzw. die mögliche Ausgestaltung einer solchen Transaktion schematisch dar:

978 Jarass/Pieroth (2004), S. 532, Rn 16.

979 Jarass/Pieroth (2004), S. 533 - 534 (Rn. 19) (Fettdruck nicht übernommen). Siehe hierzu auch den Verweis auf eine Entscheidung des Bundesverfassungsgerichtes (BVerfGE 86, 148/246f).

980 Vgl. dazu vor allem die Ausführung von Jarass/Pieroth (2004) zu Art. 107 GG, S. 1199 - 1205. (hier insbesondere Rn. 6 - 11).

Abbildung 47: „Whole Future Flow"-Securitization unter Einbeziehung der Universitätskliniken eines Bundeslandes (Baden-Württemberg)

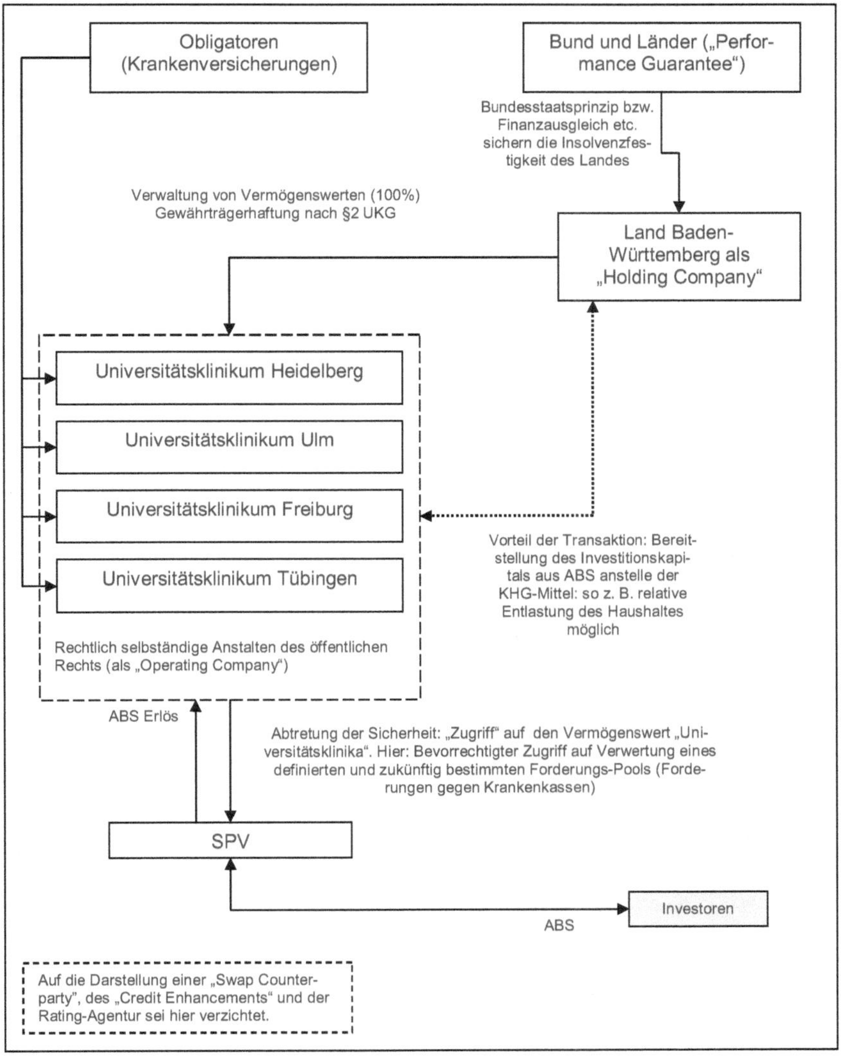

Eigene Darstellung in Anlehnung an das grundsätzliche WBS-Konzept von Ramgarhia et al. (2004), S. 332, 333, 335, und Dittrich/Kölb-Vogt (2002), S. 181.

Diese Strukturierung sieht also vor, dass eine Anleihe aus bestimmten Forderungen – z. B. klassifiziert nach dem DRG-System – bedient würde. Die Investoren hätten einen bevorrechtigten Anspruch auf diese Zahlungen. Das Land und letztlich der Bund gewährleisten die Fortführung des Krankenhausbetriebes. Das Risiko der Investoren besteht allein im Zahlungsausfall der Kostenträger, d. h. Krankenkassen. Erst wenn nicht genügend Forderungen gegen solvente bzw. liquide Schuldner bestehen, käme es zu einem Ausfall oder zu Verzögerungen der Anleihen.

Ein Ansatz um das potentielle Volumen einer Anleihe zu bestimmen, erfolgt in der Praxis bei WBS-Strukturen über ein sog. „EBITDA Multiple“ (Volumen der Anleihe / EBITDA). Übliche bzw. akzeptable Werte für dieses Vielfache werden bei WBS-Transaktionen im Healthcare-Bereich mit 5,7 - 7,3 x EBITDA angegeben.[981]
Die Berechnung des EBITDA der vier Universitätskliniken würde jedoch zum einen den Rahmen dieser Arbeit weit übersteigen und ist zum anderen ohne die vollständigen Jahresabschlüsse bzw. Bilanzen gar nicht möglich. Eine einfache Abschätzung erfolgt daher aus dem Jahresüberschuss plus Abschreibungen aus dem Gesamtumsatz der Universitätskliniken und den Daten von Augurzky et al. (2004c). Danach ergibt sich bei durchschnittlich 5,8% Cash-Flow[982] auf einen Umsatz von € 1,15 Mrd. ein absoluter „EBI(T)DA-Wert“ von € 66,7 Mio. Mit einem „Multiple“ von 6,5 ergäbe dies ein WBS-Gesamtvolumen von ca. € 430 Mio.

Bei WBS-Strukturen wird von den Rating-Agenturen grundsätzlich großer Wert auf die langfristige Entwicklung des Unternehmens gelegt, sodass oft Vergangenheitsdaten über 10 - 15 Jahre bei gleichzeitigem Durchlaufen eines makroökonomischen Zyklus verlangt werden. Da für die Bedienung der Anleihen nicht ein bestimmtes Forderungs-Portfolio maßgeblich ist, sondern die finanzielle Entwicklung des gesamten Unternehmens, werden auch sog. „Stress Tests“[983] durchgeführt und sog. „Financial Covenants“ festgelegt, d. h. Verhältniszahlen definiert (z. B. Werte für das DSCR), die bei Nicht-Erfüllung i. d. R. eine vorzeitige Auflösung der Struktur oder das Einleiten anderer Maßnahmen vorsehen.[984]

Die zu zahlenden Risikoaufschläge („Spreads“) sind bei WBS i. d. R. etwas höher als bei anderen ABS, da auch das Risiko höher ist. Für typische WBS-Strukturen mit Laufzeiten von 25 Jahren werden für die oberste Tranche (Laufzeit ca. 10 Jahre) 90 - 125 BP über den entsprechenden Referenzzinssatz angegeben. Insbesondere bei WBS und je nach unternehmerischer Tätigkeit ist auch der Abschluss eines Swaps wichtig: *„Since businesses using WBS as a refinancing tool usually have a relatively stable cash flow profile which does not necessarily vary with the level of interest rates in the economy, it is important to hedge the interest rate exposure of any floating-rate notes issued (...).“*[985] Zur Abschätzung der Zins-Höhe wurde in der folgenden

---

981 Vgl. Ramgarhia et al. (2004), S. 337 - 338.

982 Summe aus Jahresüberschuss und Abschreibungen. Vgl. Augurzky et al (2004c), S. 18 - 19 (Steuern sind zu vernachlässigen).

983 Dazu zählt z. B. auch ein „Recessionary Stress“ Test, der gemacht wird, *„(...) to test the robustness and resilience of the WBS structure in periods of economic difficulties.“* Ramgarhia et al. (2004), S. 339.

984 Vgl. zur Strukturanalyse von WBS insbesondere Pfister (2004), S. 377 - 382 sowie FitchRatings (2004b), S. 2, 4 - 5; ferner Ramgarhia et al. (2004), S. 337 - 338, 341 - 343.

985 Ramgarhia et al. (2004), S. 344. Da aber der ausstehende Betrag kontinuierlich sinkt, wird die Absicherung über einen sog. „Flexi-Swap“ vollzogen, bei dem vereinbart ist, dass der dem Swap zugrunde liegende Nominalbetrag angepasst werden kann. Vgl. dazu Ramgarhia et al. (2004), S. 344 - 345. Eine andere Bezeichnung ist „Amortizing Swap“. Siehe dazu Eckl et al. (1991), S. 94.

Tabelle 22 vereinfacht eine Tranche mit einer 20-jährigen Laufzeit unterstellt. Als „Swap-Level“ wurde der 20-Jahre EURIBOR-Swapsatz gewählt, auf den eine Risiko-Marge in Höhe von 100 BP addiert wurde (vgl. dazu auch die Anmerkungen unter 4. in der Tabelle). Diese Tabelle soll lediglich einige Größenordnungen verdeutlichen:

Tabelle 22: Übersicht einer fiktiven "Whole Future Flow" Verbriefung im Krankenhausbereich am Beispiel der Universitätskliniken Baden-Württembergs

Zu den einzelnen Abschnitten siehe auch die untenstehenden Erläuterungen zu den jeweiligen Randnummern

1	Gesamtzahl der Betten der Universitätskliniken Baden-Württemnergs	5.800
	Stationäre Fallzahlen (Gesamt)	204.887
	Pflegetage	1.605.649
	Durchschnittliche Verweildauer (Tage/Fälle)	7,8
2	Durchschnittlicher Erlös in € (bei Gewichtung der Fallzahlen, Berücksichtigung der Basisfallwerte und des jeweiligen CMI)	4.331
3	Durchschnittlicher Erlös pro Bett p. a. (Erlös pro Fall x 365 / 7,8 x 77,6% Auslastung)	157.282
	Damit ermittelte Gesamterlöse	912.236.399
4	Volumen ABS in €	450.000.000
	Laufzeit (Jahre)	20
	Zinssatz p. a.	4,9%
	Zins+Tilgung (Annuität) in €	35.803.628
	- dafür notwendige Fälle p. a.	8.266
	- dafür notwendige Betten p. a. (77,6% Auslastung)	228
	- Bettenanzahl in % der Gesamtzahl	3,92%
5	Pro Universität (bei Gleichverteilung der Betten)	
	- Zins- und Tilgung p. a. in €	8.950.907
	- Notwendige Betten p. a. (77,6% Auslastung)	57
	- Belastung pro Bett p. a. in € (auf Gesamtheit einer Klinik)	6.173

Eigene Berechnungen (minimale Abweichungen ergeben sich aufgrund von Rundungen).

1: Daten: Baden-Württemberg (2005b), S. 88 - 89, 91, 93, 95. Die durchschnittliche Krankenhaus-Verweildauer erscheint hier niedriger als die bundesweite Angabe von 8,9 Tagen, weil hier keine psychiatrischen Fälle berücksichtigt sind.

2: Der durchschnittliche Erlös pro Fall wurde über den sog. Case-Mix-Index (CMI) und die Fallzahlen ermittelt. Der CMI beschreibt die Schwere der Fälle einer Klinik in einem bestimmten Zeitraum (meist einem Jahr). Er wird berechnet, indem die Summe über die Fallzahlen aller DRG (jeweils multipliziert mit ihrem Kostengewicht[986]) gebildet wird. Dividiert man diesen Case-Mix-Wert durch die Anzahl der Fälle, erhält man den CMI. Der CMI ist in gewisser Weise ein Ausdruck dafür, welchen „Schweregrad" die Behandlungen in einem Krankenhaus durchschnittlich haben. Wenn der (theoretische) Durchschnitt in Deutschland 1,0 beträgt, bedeutet ein CMI über 1,0 demnach, dass das Krankenhaus durchschnittlich „schwerere" Fälle behandelt. Die CMI-Werte für die baden-württembergischen Universitätskliniken liegen erwartungsgemäß hoch, d. h. zwischen 1,26 (Universitätsklinik Ulm) und 1,33 (Universitätsklinik Heidelberg). Der angegebene Erlös wurde unter Berücksichtigung des CMI (Daten: Klauber et al. (2005), S. 339, 343, 344) und der Fallzahlen der Krankenhäuser (Daten: Baden-Württemberg (2005b), S. 89, 91, 93, 95) ermittelt und stellt hier eine Schätzung dar (siehe dazu auch 3).

3: Mit dem durchschnittlichen Erlös pro Fall (siehe 2) errechnet sich ein Erlös pro Bett p. a. mit ca. € 157 Tsd. Der Gesamterlös der 4 Universitätskliniken wäre damit ca. € 912 Mio. Dies erscheint vor dem Hintergrund der Angaben zu den „Erlösen aus Krankenhausleistungen" der Universitätskliniken (Daten: Baden-Württemberg (2005b), S. 89, 91, 93, 95), die in der Summe bei ca. € 990 Mio. liegen, eine annehmbare Schätzung, da ambulante Leistungen in obiger Rechnung nicht berücksichtigt worden sind.

4: Bei einer ABS-Emission in Höhe von € 450 Mio., einem Zinssatz von 4,9% und einer gewöhnlichen Annuitätenzahlung müssten ca. 8.300 Fälle bzw. die Erlöse dieser Fälle für Zins- und Tilgungszahlungen verwendet werden. Dafür würde der Jahresumsatz – bei einer Verweildauer von 7,8 Tagen und einer Auslastung von 77,6% – von 228 Betten benötigt.
Der Zinssatz entspricht dem Mittelwert zwischen Januar und November 2005 der ISDA für einen 20-jährigen EURIBOR Swap plus einem Spread von 100 BP. Transaktionskosten wurden nicht berücksichtigt.

5: Bei gleich großen Kliniken würde dies zu den aufgeführten Belastungen führen.

---

[986] Kostengewicht oder auch Relativgewicht bezeichnet den Schweregrad einer Erkrankung in einem DRG-System. Das Kostengewicht multipliziert mit dem Basisfallwert ergibt den Betrag, den die Krankenkasse dem jeweiligen Krankenhaus für eine bestimmte Behandlung zu zahlen hat.

Eine solche Transaktion – sofern sie technisch und letztlich juristisch überhaupt zu arrangieren wäre – ist nur dann sinnvoll, wenn das den Universitäten zufließende Kapital nicht als Schuldenaufnahme des Landes („Government Borrowing") bewertet wird. Sonst wäre es zumindest für die Bundesländer günstiger, sich über eine herkömmliche Anleihe zu finanzieren. Der Vorteil bei einer Anerkennung als Verbriefung wäre die bilanzbefreiende, d. h. haushaltsentlastende Wirkung.

Die bereits erwähnte Richtlinie ESA 95 Teil V gibt die grundlegenden Bedingungen für die Anerkennung einer Transaktion als echte Verbriefung vor. Sie zielt dabei vor allem auch auf die wirtschaftliche Übertragung des Risikos und nicht nur auf die juristische Vertragsgestaltung ab.

Ein Risiko-Transfer liegt danach nicht vor, wenn das SPV weniger als 85% des Wertes für die Forderungen bezahlt hat oder die Gebietskörperschaft Garantien o. ä. abgegeben hat, Verbindlichkeiten des SPV zu übernehmen. D. h., falls die Eingänge der Forderungen der erworbenen Vermögenswerte nicht ausreichen, um die emittierten Schuldverschreibungen zu bedienen, darf das Land dafür nicht aufkommen.[987] Diese Anforderung kann in der oben beschriebenen Struktur erreicht werden. Dazu müsste sowohl das Risiko als auch die Möglichkeit des zusätzlichen Gewinns aus dem Erlös der definierten Forderungen den Investoren zugeschrieben werden.[988]

Eine andere Bedingung für die Anerkennung als Securitization ist, dass die verkauften Vermögensgegenstände oder deren zukünftige Einnahmen vor der Transaktion zum Haushalt gezählt wurden:

„To be treated as the sale of an asset, a necessary condition is that the receipts must be derived from a non-financial asset (like revenue from the asset and its further resale) or from a financial asset (like interest and reimbursement of loans) that exists in the government's balance sheet before the arrangement starts. Securitisation of any other future receipts, not attached to pre-existing assets, would imply the classification of the transaction as government borrowing."[989]

Man kann hier zwar auch argumentieren, dass die Erträge der Universitätskliniken durchaus zum Haushalt des Landes gezählt werden können, denn die Anleihe des SPV verbrieft die Rechte an einem definierten Teil der Krankenhausforderungen für die nächsten Jahre, die sonst den Kliniken und damit einem Vermögensteil des Landes zugestanden hätten, auch wenn das Land auf Erträge verzichtet und sie den Krankenhäusern überlässt. Umgekehrt würden fortwährende Verluste auch durch das Land aufgefangen, zuerst in Form der Aufzehrung des vom Land bereitgestellten Eigenkapitals, dann über die Gewährträgerhaftung.

Das Risiko, das hier verbrieft wird, ist – wirtschaftlich betrachtet – ein möglicher Zahlungsausfall der Krankenkassen, der von den Kliniken, die Teile des Vermögens des Landes sind, auf die Investoren übergeht. Eine Garantie-Absicherung des Landes gegen einen etwaigen Ausfall der Zahlungsströme oder Insolvenz des SPVs gäbe es nicht, sondern nur die Sicherstellung der Fortführung der Krankenhäuser. Vereinfacht betrachtet kann man sagen, dass das Land einen Teil seines Vermögens verbrieft,

---

[987] Vgl. EU (2003), S. 9 - 10.

[988] Dies wird auch als „Deferred Purchase Price" (DPP) Problem bezeichnet. Das Land als Originator kann ein DPP vereinbaren, jedoch muss ein Großteil des Risikos, sowie die Möglichkeit eines Gewinns, zum überwiegenden Teil beim SPV verankert sein. Vgl. dazu vor allem EU (2003), S. 15 - 16, 19 - 20.

[989] EU (2003), S. 8.

nämlich das „Whole Business“ oder den „Whole Future Flow“ der Universitätskliniken. Es liegt also auch hier ein Aktivtausch vor, indem Anrechte auf Vermögensteile des Landes gegen Liquidität getauscht werden.

Ein Teil der gewonnenen Liquidität wäre jedoch den Universitätskliniken zuzuführen, da diese aufgrund der Zins- und Tilgungszahlungen offensichtlich höher belastet würden. Darüber hinaus könnten aufgeschobene Investitionen vorgenommen oder Verbindlichkeiten des Landes zurückgeführt werden. Inwieweit dann die Krankenhäuser in Zukunft darauf angewiesen wären, Kredite zur Aufrechterhaltung ihres Betriebes aufzunehmen, würde von der Höhe der jeweiligen Forderungsabtretung sowie der Ausgestaltung der ABS-Transaktionen abhängen. Etwaige Verluste wären letztlich wieder vom Land zu tragen.
Ob eine solche Struktur als Securitization oder „Government Borrowing“ eingestuft würde, könnte nur im Einzelfall – und letztlich unter genauer Kenntnis der juristischen und wirtschaftlichen Besonderheiten – geklärt werden. Wäre etwa im Voraus abzusehen, dass der Landeshaushalt aufgrund anfallender Defizite der Krankenhäuser nach einer solchen Transaktion belastet würde, würde der Mittelzufluss trotz eines eigentlichen Risikotransfers zur Einstufung als Kreditaufnahme führen und hätte damit einen bilanzverlängernden Effekt.

Eine weitere grundlegende Voraussetzung für ABS-Transaktionen bei Gebietskörperschaften ist, dass die Unternehmen der Gebietskörperschaft – also hier die Krankenhäuser – die Rechnungslegung über die doppelte Buchführung abwickeln und nicht über die Kameralistik, da bei letzterer keine ausreichende Bewertung des Vermögens möglich ist.[990] Eine Finanzierung über das „Whole Business“ der zum Vermögen der Gebietskörperschaft zählenden Krankenhäuser ist allerdings nur möglich, wenn ein ausreichendes Volumen generiert werden kann und die Transaktion die Finanzkraft des Krankenhauses nicht zu sehr einschränkt. Grundsätzlich sind solche Finanzierungen vor allem für vermeintlich finanzschwächere Kommunen sinnvoll, wenn diese über kein oder nur ein schlechtes Rating verfügen und ihnen dadurch ein Kapitalmarktzugang verwehrt ist.[991]

---

[990] Vgl. Brand/Hoffman (2005), S. 10.
[991] Vgl. Brand/Hoffman (2005), S. 15.

12. Verbriefung von „Intellectual Property Rights“ im Gesundheitswesens durch deutsche Forschungseinrichtungen: Das Problem der kritischen Masse

„Securitizing royalty revenues should (...) become an increasingly important liquidity tool for academic and non-profit institutions with active technology transfer programs.“[992]

Beispiele und Ergebnisse von Verbriefungen der Lizenzeinnahmen gesicherten geistigen Eigentums von Kliniken und Forschungseinrichtungen wurden in Kapitel 6.4. für die USA beschrieben, und Verbriefungen in diesem Bereich wird generell eine wachsende Bedeutung zugemessen. Die Beispiele zeigen, dass diese „Asset Class“ durchaus in Betracht zu ziehen ist, obwohl es bisher nur wenige ABS-Transaktionen gab. Inwieweit deutsche Kliniken und Forschungseinrichtungen auch solche Transaktionen planen und durchführen könnten und ob dabei besonderer Schwierigkeiten auftauchen könnten, soll hier geprüft werden.

12.1. Grundlagen und Schwierigkeiten der Patentierung im Bereich medizinischer Forschung

Die Fragen, die bei der Sicherung von Patenten generell und insbesondere im Fall von Forschungseinrichtungen aufgeworfen werden, wurden hier im Blick auf mögliche ABS-Transaktionen bisher nur am Rande betrachtet. Es handelt sich hier aber um ein zentrales Problem, da sich Lizenzeinnahmen oder Gebühren für geistiges Eigentum nur durch Patente sichern lassen. Betrachtet man die Richtlinien und gesetzlichen Bestimmungen zur Patentvergabe, sieht sich hier – gerade im biologisch-medizinischen Bereich – insbesondere die Grundlagenforschung mit einem besonderen Problem konfrontiert.
Die Definition des Art. 52 Europäisches Patentübereinkommen (EPÜ) sieht eine Patenterteilung nur für Erfindungen, nicht aber für Entdeckungen vor. So wird in Art. 52 Abs. 2 EPÜ ausgeführt:

„Europäische Patente werden für Erfindungen erteilt, die neu sind, auf einer erfinderischen Tätigkeit beruhen und gewerblich anwendbar sind.

Als Erfindungen im Sinn des Absatzes 1 werden insbesondere nicht angesehen:

a) Entdeckungen sowie wissenschaftliche Theorien und mathematische Methoden; (...).“[993]

I. d. R. werden die Erkenntnisse, auf denen Entwicklungen von Verfahren und Medikamenten beruhen, in der Grundlagenforschung gewonnen. Dabei handelt es sich oft um einen Erkenntnisgewinn, dessen Bedeutung für die Diagnose oder die Therapie einer Krankheit noch nicht zu erkennen ist. In der reinen Grundlagenforschung ist

---

992 Borod/Hutton (2003), S. 60.
993 Art. 52 Abs. 2 EPÜ.

das primäre Ziel auch die Erkenntnis selbst; Möglichkeiten einer gezielten Anwendung und Weiterentwicklung sind sekundär bzw. ein willkommenes „Abfallprodukt". Beispiele hierfür sind die Entdeckungen von bestimmten Molekülklassen (Proteine, Lipide, Nukleinsäuren), bestimmte Gensequenzen, Hormone, Erkenntnisse zu Strukturen und Funktionen der Zellbestandteile oder zu bestimmten Wirkstoffen und -weisen). Etwas spezifischer, aber auch noch Teil der Grundlagenforschung ist die Suche nach Mechanismen einer Krankheitsentstehung oder Forschung nach Gründen für die Entstehung spezifischer krankhafter Zustände, ihrer Erkennung, Prävention und Therapie. Nach den oben genannten Bestimmungen sind solche Erkenntnisse nicht patentierbar, und die mögliche Tragweite und Anwendbarkeit einer Entdeckung ist meist auch nicht sogleich zu sehen.[994] Vor allem die geforderte „gewerbliche Anwendbarkeit" ist im Entdeckungsstadium oft noch nicht zu sehen.[995]

Diese grundsätzliche Schwierigkeit der Patentierung wird außerdem durch die Bestimmung verstärkt, dass nur eine offenkundige „Neuheit" patentierbar ist.[996] Die wird in Art. 54 EPÜ näher bestimmt; danach wird als neu eingestuft, was *„nicht zum Stand der Technik"* gehört. Art. 54 Abs. 2 EPÜ definiert diesen Stand der Technik wie folgt:

„Den Stand der Technik bildet alles, was vor dem Anmeldetag der europäischen Patentanmeldung der Öffentlichkeit durch schriftliche oder mündliche Beschreibung, durch Benutzung oder in sonstiger Weise zugänglich gemacht worden ist."[997]

Diese Definition erschwert eine Patentanmeldung in der Grundlagenforschung, bzw. stellt die Forscher vor ein generelles Dilemma: Da Forschungseinrichtungen bzw. ihre Mitarbeiter zum überwiegenden Teil durch staatliche Gelder oder andere Fördermittel finanziert werden, dient gemeinhin die Veröffentlichung von Ergebnissen als Nachweis bzw. als „Rechtfertigung" für die öffentliche Finanzierung auch in der Zukunft. Auch um wissenschaftliche Anerkennung zu gewinnen und die persönliche Förderung zu rechtfertigen, Berufungen oder Anstellungen zu erlangen ist die Priorität der Forschungseinrichtungen und ihrer Mitarbeiter, eine frühe bzw. zügige Publikation.[998] In jüngster Zeit werden finanzielle Zuwendungen auch immer häufiger von der Zahl der Publikationen und der Anzahl ihrer Zitierungen abhängig gemacht, da darin ein Nachweis der Bedeutung der Arbeit gesehen wird.[999]

---

994 Ein bekanntes Beispiel dafür ist die Geschichte des Verlaufs der Entwicklung des ersten HIV-Medikamentes (AZT bzw. Zidovudin). Es kam 1987 auf den Markt, aber die Grundlage, auf der es beruht, geht auf die Synthese des AZT-Moleküls im Jahre 1964 zurück, d. h. ca. 20 Jahre bevor das HI-Virus überhaupt identifiziert wurde. Vgl. zu dieser Geschichte und zur Problematik der Medikamentenentstehung Angell (2004), S. 21 - 36.

995 Zur Bestimmung der „gewerblichen Anwendbarkeit" siehe Art. 57 EPÜ.

996 Theoretisch voraussagbare Erfindungen sind wegen ihrer „Obviousness" eben nicht patentierbar, und ein großer Teil der rechtlichen Patentstreitigkeiten betrifft diesen Punkt.

997 Art. 54 Abs. 2 EPÜ.

998 Siehe zur dieser Problematik – auch im internationalen Vergleich – insbesondere den Bericht des Bundesministeriums für Bildung und Forschung (BMBF), 2001, S. 24 - 35.

999 Dazu werden vielfach die sog. „Citation Indices" herangezogen wie etwa der „Science Citation Index" bzw. der „Journal Citation Report". Diese Bewertungsmethode ist jedoch sehr fragwürdig, da die Bewertung über den „Impact Factor", der nur die letzten zwei Jahre berücksichtigt, viel zu kurz erscheint und außerdem bestimmte Zeitschriften keine Beachtung finden. Gerade manche bahnbrechenden Entdeckungen werden in ihrer Bedeutung und ihrem Anwendungswert erst nach

Mit der Veröffentlichung geht die Erkenntnis oder Entwicklung jedoch in den „Stand der Technik“ über und ist von einer späteren Patentierung ausgeschlossen.[1000] Das Patentrecht der USA berücksichtigt dieses Problem schon lange und räumt den Forschern eine sog. „Neuheits-Schonfrist“ („Grace Period“) ein, die es erlaubt, auch 12 Monate nach einer Veröffentlichung noch ein Patent anzumelden.[1001] Auch Möglichkeiten einer „provisorischen“ Patentanmeldung sind in den USA gegeben. Patentanmeldungen sind u. a. auch deshalb an Forschungsinstitutionen und Universitäten der USA deutlich häufiger als in Deutschland.[1002]
Obgleich die Grundlagenforschung zum überwiegenden Teil die „Grundlage“ für die Suche nach und die Entwicklung von Medikamenten stellt, ist sie so hinsichtlich einer Patentanmeldung in einer ungünstigen Position.[1003] Zwar verfügen diese Forscher über Entdeckerqualität und über das fachliche „Know-how“, aber ihnen fehlen meist die Kenntnisse, die Mittel und die Zeit, die eine Patentanmeldung erforderten. Insbesondere internationale Patentanmeldungen und -streitigkeiten können außerdem sehr teuer sein.[1004] Da die Forschungseinrichtungen i. d. R. nicht die Möglichkeiten haben, eine Erkenntnis selbst zur Anwendung zu bringen, und um die Schwierigkeiten der Patenteinreichung zu vermindern, sind in den vergangenen beiden Jahrzehnten immer mehr Patent- und Verwertungsagenturen (PVA) entstanden. Diese sollen den Austausch zwischen Forschung und Industrie verbessern und geeignete Partner zusammenführen. Kooperationen sehen dann meist vor, dass der industrielle Partner bei der Lizenzierung die Nutzungsrechte erhält und dafür Einmalzahlungen („Down-Payments“), sog. „Milestone“-Zahlungen für das Erreichen bestimmter Ziele sowie Zahlungen aus den Verkaufserlösen leistet.

---

vielen Jahren erkannt.

1000 Dieses Problem wurde auch in einer Studie des Bundesministeriums für Bildung und Forschung beschrieben: *„Die empirischen Untersuchungen in Deutschland und den USA haben gezeigt, dass in beiden Ländern in Hinblick auf die kommerzielle Verwertung von Forschungsergebnissen der gleiche grundlegende Zielkonflikt besteht: Die wissenschaftliche Zielsetzung der breiten Diskussion und raschen Veröffentlichung von Forschungsergebnissen trifft auf das patentrechtliche Erfordernis, Erfindungen vor der Anmeldung zum Patent geheim zu halten.“* BMBF (2001), S. 7.

1001 Vgl. BMBF (2001), S. 30; Erselius (2004), S. 17.

1002 Vgl. BMBF (2001), S. 36 - 41. Weiterhin wird eine Patentanmeldung in Deutschland an Hochschulen durch das Arbeitnehmer-Erfindungsgesetz (ArbEG) beeinflusst. Dieses bestimmt u. a., dass ein Arbeitnehmer die Erfindung zunächst seinem Dienstherren anbieten muss (§ 42 Abs. 1 ArbEG). Siehe zur „Neuheits-Schonfrist“ und zur Patentaktivität deutscher Forschungseinrichtungen auch Schwägerl (2006), S. 38. Da durch das ArbEG dem Erfinder weitgehend die Entscheidung über die Anwendung bzw. Verwertung „seiner“ Erfindung genommen ist, besteht teilweise nur ein geringer Anreiz sich weiter zu engagieren.

1003 Vgl. Erselius (2004), S. 99. Um dieses zu verbessern, wird zunehmend auch in Deutschland und in Europa generell über die Einführung einer Neuheits-Schonfrist diskutiert. Vgl. BMBF (2002), o. S.

1004 So mussten von der „Max-Planck-Innovation“, der Firma zur Verwertung von Erfindungen in der Max-Planck-Gesellschaft (vgl. dazu auch Kapitel 12.2.1.), für die Verteidigung der Erfindung „FLASH“ – einem Verfahren, das bei der Kernspintomographie eingesetzt wird und Max-Planck-Innovation seit 1992 ca. € 120 Mio. Einnahmen einbrachte – vier Gerichtsverfahren wegen Patentverletzungen angestrebt werden, davon zwei in den USA und zwei in Deutschland. Vgl. Max-Planck-Innovation (2005a), S. 9.

12.2. Beispiele von Patent- und Lizenzeinnahmen deutscher Forschungseinrichtungen und Möglichkeiten ihrer Verbriefung

Eine Forschungseinrichtung, der Lizenzeinnahmen zur Verfügung stehen, kann diese entweder verkaufen oder verbriefen; jedoch lassen sich nach Aussagen verschiedener Interviewpartner in den USA – zunächst unter außer Acht lassen aller Probleme – bei einer Verbriefung höhere Einnahmen erzielen, da diese Anlageform im Wesentlichen mit einer Fremdkapitalfinanzierung verglichen wird, während der Kauf wie eine Eigenkapitalgabe bewertet wird:
„Two basic structures: One is you are going to sell a piece of it or all of it, the other is securitizing it. The securitizing route tends to give you a higher return than an investor group, because the investor groups want more return themselves. (...) The problem, however, is that the whole transaction has to be rated by the public rating agencies. So it becomes a fairly complex transaction.“[1005]

Die Grundstruktur einer Verbriefung von Lizenzeinnahmen folgt dabei den beschriebenen ABS-Strukturen, wie man an folgender Abbildung erkennen kann (auf die Darstellung der Sicherungsmaßnahmen wurde verzichtet):

Abbildung 48: Möglichkeit einer Struktur zur Verbriefung von „Intellectual Property“ (IP)

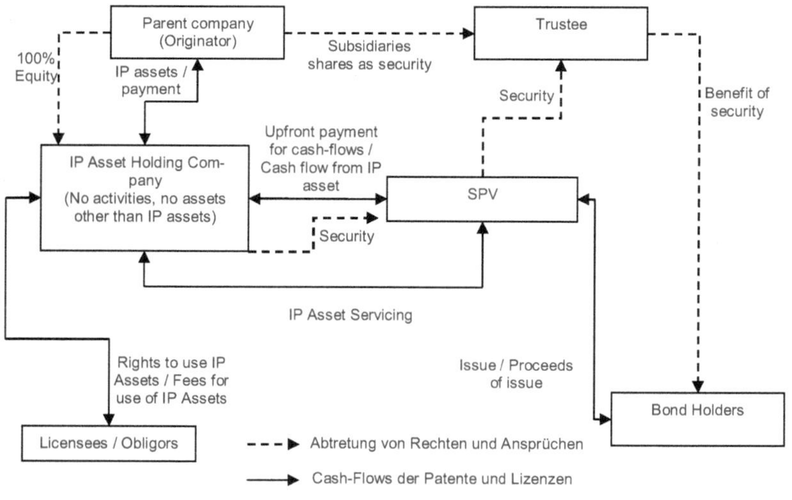

Vereinfachte Darstellung nach Lovells (2002), S. 12 (Da im Original die englischsprachige Terminologie verwandt wird, ist diese hier beibehalten).

Jedoch ist die Verbriefung von IP aufgrund der Komplexität der zugrunde liegenden Vermögensgegenstände oft schwierig, und insbesondere die „Due Diligence“ ist ex-

[1005] Interviewaussage eines Finanzvorstandes einer medizinischen Forschungseinrichtung.

trem aufwendig. In der Praxis wird dabei auch auf ein ganz eigenes Problem aufmerksam gemacht, das durch den „persönlichen Bezug“ des Erfinders entsteht: *„The owners of IP rights almost have an emotive attachment to them. Their owners are often their creators and the value of the IP has a close bearing to the value or worth of their owner. Relinquishing this ownership (selling the assets into an orphan SPV structure), as is the requirement of a typical off-balance sheet true sale type securitisation, is a matter which needs to be addressed when structuring an IP securitisation as certain originators may not be enthusiastic about this. It may prove to be too large a bridge for some originators to cross.“*[1006]

Bei der Verbriefung von Einkommensströmen aus Lizenzen einer Forschungseinrichtung oder Universität, bei der darüber hinaus geregelt ist, wieviel Prozent Einrichtung und Mitarbeiter jeweils erhalten, kann dieses Problem der geistigen Urheberschaft im Sinne einer „persönlichen“ Beziehung zur speziellen Erfindung aber vernachlässigt werden.

Die Verbriefung von Lizenzeinnahmen ist nur möglich, wenn die für ABS notwendigen Volumen erreicht werden. Inwieweit deutsche Forschungseinrichtungen an der Entwicklung von Produkten, wie Medikamenten oder medizinischen Verfahren beteiligt sind, und wie daraus Lizenzeinnahmen erwirtschaftet werden bzw. werden können, soll im Folgenden an zwei Beispielen gezeigt werden.

Man kann in Deutschland verschiedene Forschungsförderungsgesellschaften unterscheiden; die zwei bekanntesten sind die Max-Planck-Gesellschaft (MPG) und die vornehmlich durch BMBF-Mittel finanzierten Forschungszentren unter dem Dach der Helmholtz-Gemeinschaft, die zurzeit 15 Forschungszentren umfasst. Außerdem gibt es noch die Forschungsinstitutionen der Leibniz-Gemeinschaft und die Fraunhofer-Gesellschaft. Letztere ist jedoch mehr in der angewandten Forschung tätig und arbeitet bereits eng mit der Industrie zusammen. Zuletzt sind auch hier die Universitäten, besonders die Universitätskliniken zu nennen. Ihre Bedeutung in der Medikamentenentwicklung liegt jedoch zum Großteil in der Durchführung klinischer Studien, die oft erst weit nach einer Patentanmeldung durchgeführt und durch die pharmazeutische Industrie finanziert werden. Ergebnisse daraus lassen sich i. d. R. nicht patentieren, da sie von der Entwicklerfirma bereits gesichert wurden. Allerdings ergeben sich manchmal besondere Entdeckungen im Rahmen von Studien, die als sog. „Second Medical Use“ bezeichnet werden. Dies bezeichnet die Anwendung eines Medikamentes zur Behandlung einer Krankheit, für die das Medikament ursprünglich nicht gedacht war. Ein Beispiel dafür („Gaboxadol“) wird im folgenden Kapitel beschrieben.

12.2.1. Max-Planck-Gesellschaft

Die Max-Planck-Gesellschaft umfasst über 80 Einrichtungen (Max-Planck-Institute; MPI), von denen 30 unter die Sektion „Biologisch-medizinisch“[1007] gezählt werden.

Die Max-Planck-Gesellschaft hat zur besseren Verknüpfung der Wissenschaft mit

---

[1006] Lovells (2002), S. 11.

[1007] Dazu zählen die Forschungsgebiete: Entwicklungs- und Evolutionsbiologie/Genetik, Immun- und Infektionsbiologie/Medizin, Kognitionsforschung, Mikrobiologie/Ökologie, Neurobiologie, Pflanzenforschung sowie Struktur- und Zellbiologie.

der Wirtschaft, insbesondere zur besseren Auswertung- und Verwertung von Forschungsergebnissen die sog. Technologietransferstelle „Garching Innovation GmbH" gegründet.[1008] Dazu führt die Gesellschaft das Folgende an: *„Sie berät die Institute bei der Entstehung und Sicherung von Erfindungen, organisiert das Zusammenwirken von Erfindern und Patentanwälten, informiert die Industrie über neue Patente und verhandelt die Lizenzbedingungen. Das aus den Verträgen eingeworbene Geld fließt an die Max-Planck-Gesellschaft."*[1009]

Aufgrund der besonderen Strukturerfordernisse von ABS-Finanzierungen (vgl. Kapitel 2.4.5., 4.2. und 6.4.) sollten für die Verbriefung von Lizenzeinnahmen entsprechend hohe Einkünfte vorhanden sein, wenn möglich aus Medikamentenverkäufen von Produkten, die bereits seit einigen Jahren am Markt sind. Die Lizenzeinnahmen, die Max-Planck-Innovation in den letzten Jahren erzielte, reichen dafür kaum aus, wie die folgende Abbildung 49 verdeutlicht:

Abbildung 49: Erfindungen, Verträge und Lizenzeinnahmen der Max-Planck-Innovation

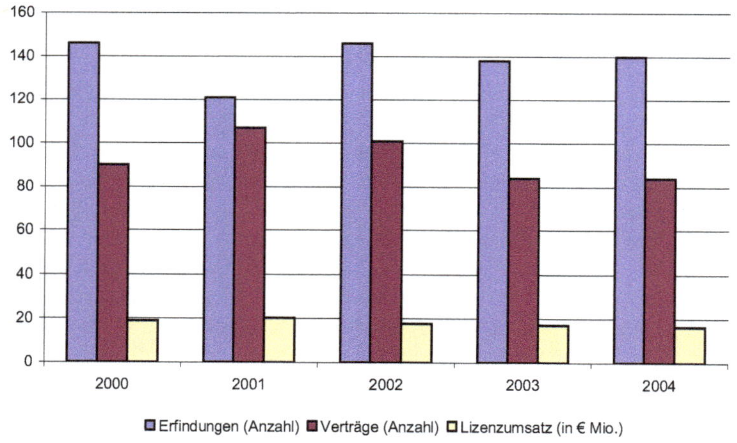

Eigene Darstellung; Daten: Max-Planck-Innovation GmbH (Rubrik: Firmenprofil; Zahlen, Daten, Fakten).

Die Einnahmen aller Lizenzen liegen demnach jährlich bei nur knapp € 20 Mio. Ohne die Verbriefungsfähigkeit zu überprüfen, kann man hier bereits feststellen, dass das Volumen zu klein ist. Nicht berücksichtigt sind hier Einnahmen, die bei der Veräußerung von Unternehmen (bzw. „Spin-Offs") entstehen. Dies sind jedoch zum einen bisher sehr wenige und zum anderen auch überwiegend nicht für Verbriefungen geeignet.

[1008] Diese wurde 1970 als Garching Instruments gegründet und später in Max-Planck-Innovation GmbH umbenannt.

[1009] Max-Planck Innovation (2005b), o. S.

In der Zukunft kann Max-Planck-Innovation höhere Lizenzeinnahmen vor allem für eine Entdeckung im MPI für Psychiatrie erwarten. Deren Forscher fanden heraus, dass ein Wirkstoff, der bereits als Anti-Epileptikum („Gaboxadol") anerkannt ist, auch noch dazu verwendet werden kann, Schlafstörungen zu lindern. Dieses „Second Medical Use" Patent wurde 1995 angemeldet, und 1999 wurde eine Lizenz zur Weiterentwicklung an die dänische Firma Lundbeck vergeben[1010] (Lundbeck erhielt dabei die Globalrechte). Diese Firma führte vorklinische Entwicklungen durch und erteilte 2004 Merck & Co. den Auftrag zur Weiterentwicklung und späteren Vermarktung von „Gaboxadol" mit den Rechten der Einführung des Medikaments auf dem US-amerikanischen und dem japanischen Markt. Zurzeit befindet sich das Medikament in der Entwicklungsphase III; die erwartete Einführung ist für das Jahr 2008 geplant. Der von Merck & Co. geschätzte Weltmarkt für Gaboxadol liegt bei ca. US$ 3 Mrd. Lundbeck erhielt bisher Einmalzahlungen von US$ 70 Mio. und hat Anspruch auf bis zu US$ 200 Mio. bis zur tatsächlichen Einführung.[1011] Danach ist Lundbeck an den Verkaufszahlen beteiligt und dadurch wiederum auch Max-Planck-Innovation, die ca. 5% des Umsatzes erhalten.[1012] Erweist sich die Schätzung von Merck & Co. als richtig, wären dies Einnahmen für die MPG in Höhe von US$ 150 Mio. pro Jahr.
Theoretisch wäre eine Verbriefung in dieser Größenordnung möglich, jedoch muss man hier auch die Verteilung der Mittel berücksichtigen. Denn nach dem Standardvertrag der Max-Planck-Innovation zwischen allen Beteiligten werden 30% der Lizenzeinnahmen an den Erfinder, 37% an das MPI des Erfinders und 33% an die MPG bezahlt. Die MPG würde demnach ca. US$ 50 Mio. pro Jahr erhalten, dies natürlich nur bei entsprechenden Verkaufszahlen. Betrachtet man das Beispiel der Yale Universität (vgl. Kapitel 6.4.), dann sind Größenordnungen von jährlichen Patenteinnahmen von etwa € 30 Mio. für eine Verbriefung ausreichend.[1013]

1010 Vgl. Stein-Gerlach (2004), S. 34.

1011 Vgl. Lundbeck (2004), S. 32 (Annual Report 2003)

1012 Vgl. Ramge (2005), S. 26. Dies erscheint eine realistische Schätzung. Wie in Kapitel 6.4. beschrieben, erhielt die Yale Universität 7% für das Patent auf Zerit (dies war aber auch eine echte Innovation und kein „Second Medical Use" Patent).

1013 Bei einer der bekanntesten Verbriefungen (den „Bowie Bonds", bei der der Pop-Sänger David Bowie die zukünftigen Einnahmen aus den Verkäufen seiner bereits erschienen Musik-Alben verkaufte), lag das Emissionsvolumen bei ca. US$ 55 Mio. für eine 10-jährige Anleihe. Vgl. o. V. (1997), S. 110.

Abbildung 50: Mögliches Schema einer IP-Verbriefung der Max-Planck-Gesellschaft

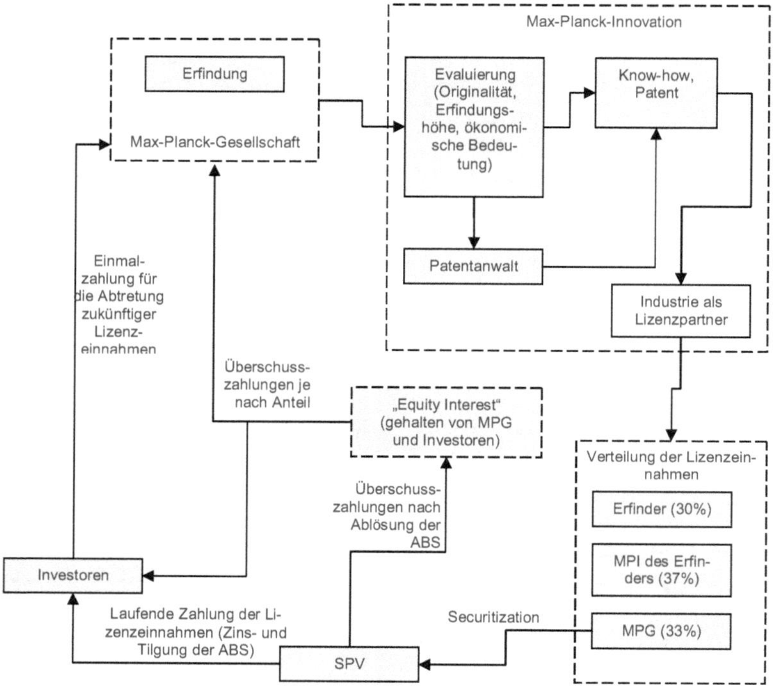

Eigene Darstellung als Erweiterung der Darstellung von Max-Planck-Innovation GmbH (Rubrik: Service für Erfinder, Aufgaben und Service von Max-Planck-Innovation).

Eine ABS-Struktur könnte dann ähnlich dem Beispiel der Yale Universität aufgebaut sein (vgl. Kapitel 6.4.), wonach die Lizenzeinnahmen erst dafür verwendet werden, die regulären Zins- und Tilgungszahlungen zu leisten und Überschüsse über einen sog. „Equity Interest", der von der MPG und Investoren gehalten würde, auszuschütten.

Wie die Beispiele in Kapitel 6.4. gezeigt haben, ist jedoch die Verbriefung eines einzelnen Einkommensstroms aus Lizenzeinnahmen für die Bereitstellung von Patenten zu riskant, so dass hier eigentlich stets über ein „Pooling" nachgedacht werden müsste. Die MPG könnte dann (vgl. das Beispiel des MSKCC, Kapitel 6.4) die zu erwartenden Einkommensströme an eine Gesellschaft abtreten, die diesen Lizenz-Pool verbrieft. Dafür müssten aber i. d. R. bereits für einige Jahre Verkaufszahlen vorliegen.

12.2.2. Helmholtz-Zentren

Von den 15 Helmholtz-Zentren sind allein 10 an 6 Programmen beteiligt, die sich mit Fragestellungen aus Gesundheit und Medizin beschäftigen. Hier sind vor allem das Deutsche Krebsforschungszentrum (DKFZ) und das Max-Delbrück Zentrum (MDC) für Molekulare Medizin zu nennen. Forschungszentren, die sich z. T. mit medizinischen Problemen beschäftigen, sind das Forschungszentrum Karlsruhe (FZK), die Gesellschaft für Schwerionenforschung, das Helmholtz-Zentrum für Infektionsforschung (HZI) und das Forschungszentrum für Umwelt und Gesundheit (GSF). Die vier großen Programme „Krebsforschung", „Herz-Kreislauf- und Stoffwechselerkrankungen", „Funktion und Dysfunktion des Nervensystems" und „Infektion und Immunität" nehmen dabei mit 76% den größten Teil des ca. € 350 Mio. Etats (nur Bereich Gesundheit) der Helmholtz-Gemeinschaft ein.[1014]
Die Helmholtz-Gemeinschaft und ihre Forschungszentren haben noch keine der Max-Planck-Innovation GmbH vergleichbare Technologietransfer-Stelle. Die Organisationszentren bzw. deren Mitarbeiter sind deshalb darauf angewiesen, Forschungsergebnisse bzw. patentrelevante Erfindungen und Ergebnisse selbständig – mit Unterstützung verschiedener Drittparteien – zur Patentanmeldung zu bringen, soweit dies überhaupt möglich ist. Die Helmholtz-Gemeinschaft weist zwar auf die jährlich über 500 Patentanmeldungen und 30 Ausgründungen hin, die aus ihren Zentren hervorgehen; jedoch belaufen sich die Einnahmen aus diesen Aktivitäten auf gerade einmal ca. € 12 Mio. pro Jahr[1015], was für ABS-Transaktionen selbst als „Pool" zu wenig ist. In den letzten Jahren werden zwar verstärkt Anstrengungen unternommen dieses Problem zu beseitigen, jedoch bisher ohne ein einheitliches Gesamtkonzept. Zwar weisen sie auch Einnahmen aus Lizenzen auf, jedoch ebenfalls nicht in verbriefungsrelevanter Höhe. So erzielte das DKFZ (1997 – 2006) aus ca. 347 Patentfamilien und 182 Lizenzabkommen und Verträgen nur Einnahmen in Höhe von € 11,5 Mio.[1016]

Dennoch können natürlich auch in der Helmholtz-Gemeinschaft Entdeckungen und Erfindungen gemacht werden, aus denen Patente entstehen, die – allein oder mit anderen in einem „Pool" – die „kritische Größe" für eine ABS-Transaktion erreichen. Wichtig dabei sind i. d. R. „Kernprojekte", die hohe kommerzielle Einnahmen eines potentiellen Lizenznehmers erwarten lassen und als Kernstück eines „Pools" von lizenzfähigen Patenten dienen könnten.

Die folgende Abbildung 51 stellt als ein solches mögliches Beispiel die Entwicklung von Erkenntnissen aus der Grundlagenforschung bis zur Entstehung eines Produkts, in diesem Fall eines Vakzins, dar, auch um die relativ langen Zeitspannen des Forschungsfortschritts in diesem Bereich zu verdeutlichen. Die Darstellung bildet nur einen kleinen Abchnitt des Weges ab, den das Konzept eines Impfstoffes gegen bestimmte Typen des Humanen Papilloma Virus (HPV) zurückgelegt hat. Insbesondere

---

[1014] Vgl. Helmholtz-Gemeinschaft (2005a), S. 25. Der Gesamtetat belief sich im Jahr 2005 auf ca. € 2,25 Mrd.
[1015] Vgl. Helmholtz-Gemeinschaft (2005b), o. S.
[1016] Gemäß Auskunft des DKFZ.

die komplexen Patent- und Lizenzvereinbarungen zwischen den beteiligten Forschungsinstitutionen, Universitäten, Kliniken und Unternehmen, die jeweils nur für bestimmte Vorgehensweisen für einzelne HPV-Stämme gültig sind, können nicht in einem einfachen Schema dargestellt werden. Einige HPV-Stämme sind für die Entstehung des Gebärmutterhalskrebses (Zervixkarzinom) verantwortlich, der weltweit zweithäufigsten Krebsart bei Frauen.[1017]

[1017] Zur Geschichte der HPV-Forschung siehe z. B. Gissmann (2006): „Linking Human Papillomaviruses to cervical cancer: a long and winding road."

Abbildung 51: Zeitlicher Ablauf eines Erkenntnisgewinns und der Anwendung in der pharmazeutischen Industrie am Beispiel der Forschung an menschlichen Papilloma-Viren (HPV)

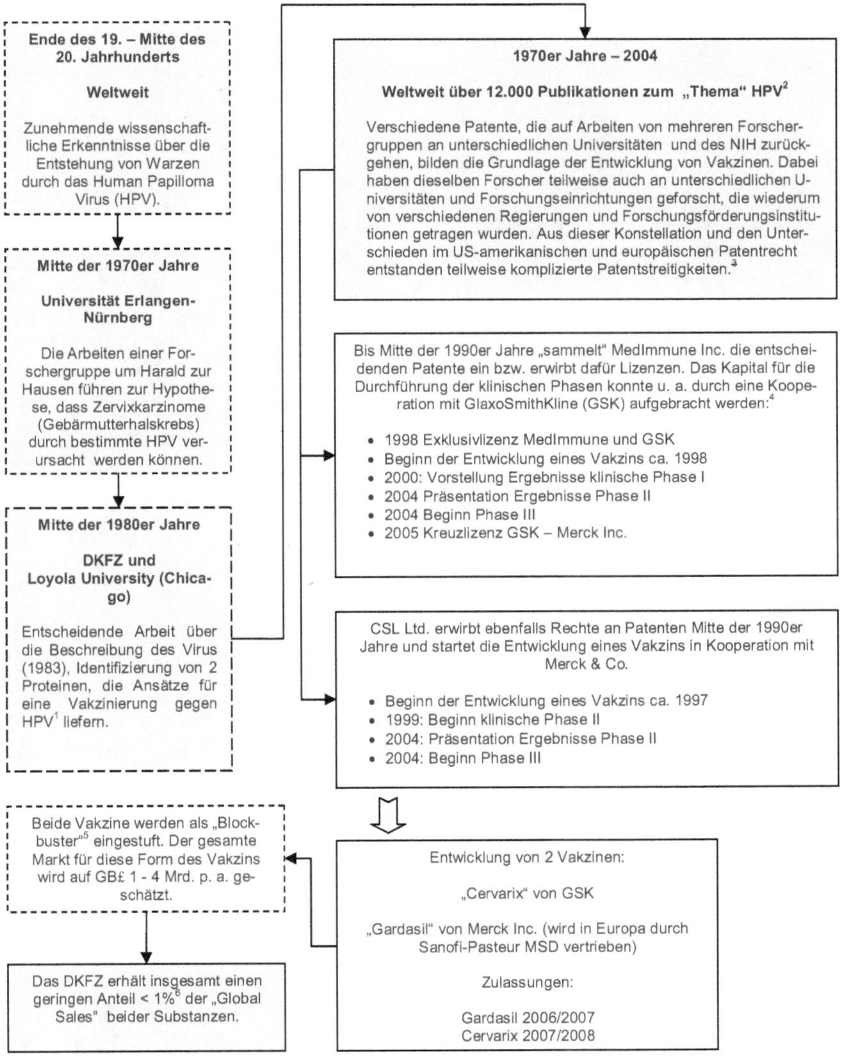

Eigene Darstellung. Siehe zu den Fußnoten innerhalb der Abbildung die Erklärungen der folgenden Seite. Informationen über die Entwicklung der Forschung um das HPV sind von Gissmann (2006) und Peto/zur Hausen (1986) übernommen.

Fußnoten zu Abbildung 51:

1 Es gibt viele verschiedene HPV Stämme. Zwei davon – HPV 16 und 18 – sind in erster Linie (d. h. zu ca. 75%) für die Entstehung von malignen Tumoren verantwortlich. Ein Vakzin soll auch HPV 6 und HPV 11 mit abdecken.

2 Vgl. Joura (2006), S. 3.

3 *„There are competing claims to intellectual property in the HPV field, but Merck is confident that the claims will not delay our program." Merck & Co. Annual Report (2004), S. 9.*[1018]

4 *„GSK is responsible for the final development of the product, as well as regulatory, manufacturing, and marketing activities. In exchange for exclusive worldwide rights to the Company's HPV technology, GSK agreed to provide the Company with an up front payment, equity investment and research funding (substantially all received and recognized prior to 2002), as well as potential developmental and sales milestones and royalties on any product sales."* MedImmune (2005), S. 52. Die Zahlungen beliefen sich bis 2002 auf ca. US$ 85 Mio., vgl. MedImmune (2001), S. 38 - 39.

5 Als „Blockbuster" wird ein Medikament (aber z. B. auch ein Film) bezeichnet, wenn es mehr als 1 Mrd. Euro bzw. Dollar Umsatz erlöst.

6 Genauere Zahlen unterliegen dem Vertragsgeheimnis. Der Anteil beruht auf Verhandlungen über komplizierte Patentsachverhalte und -streitigkeiten, die vor allem zwischen der Loyola University (Chicago), MedImmune Inc., MediGene AG und dem National Institute of Health (NIH) verhandelt wurden (vgl. dazu auch die Mitteilung des NIH 2005 im Fed. Reg., Vol. 70, S. 23881).

Für eine Diskussion der Verbriefungsmöglichkeiten der Lizenzeinnahmen des DKFZ aus Patenten im Zusammenhang mit dem HPV sei auf das folgende Kapitel 12.3. verwiesen.

12.3. Wirtschaftliche Überlegung und Zusammenfassung

Eine Verbriefung von Lizenzeinnahmen aus den Entwicklungen von Medikamenten, Vakzinen, diagnostischen und therapeutischen Verfahren o. ä. ist in Deutschland zurzeit nur als besondere Aktion, d. h. als „Ausnahme" vorstellbar, da es meist schon an dem nötigen Volumen der Einnahmen fehlt. Lediglich einzelne Einnahmenströme – etwa die genannten Lizenzeinnahmen der Max-Planck-Innovation aus dem Verkauf von Gaboxadol – kämen theoretisch für eine Verbriefung in Betracht.

Die Verbriefung von Lizenzeinnahmen aus diesem Bereich ist für deutsche Forschungsinstitutionen so schwierig, weil ihre eventuell zu erwartenden prozentualen

---

1018 Dazu stellt MedImmune (2001) auf S. 40 im Jahresbericht Folgendes fest: *„In 1996, the Company entered into a Material Transfer Agreement and a Confidentiality Agreement with MediGene AG ("MediGene") relating to human papillomavirus vaccine ("HPV") technology in which the Company had a potential interest. In 1997, the Company learned information that caused it to believe that such technology had been developed by employees of Loyola University of Chicago ("Loyola"). As a result, the Company acquired from Loyola a license to patent applications directed to such technology. The Company granted to GlaxoSmithKline a sublicense under the Loyola license. In 1998, MediGene AG initiated a legal action against Loyola University of Chicago and the Company in the U.S. District Court for the Northern District of Illinois alleging, among other things, breach of contract and tortious interference by the Company with MediGene's alleged contractual and prospective business relationships with Loyola and GlaxoSmithKline. The claims relate to human papillomavirus vaccine technology allegedly covered by contracts between MediGene and the Company and by a license agreement from Loyola to the Company, under which the Company granted a sublicense to GlaxoSmithKline. MediGene claims monetary damages from the Company and ownership of the patents in question, as well as rescission of the Company's license agreement from Loyola or rights as a third-party beneficiary thereof. In November 2000, MedImmune and Loyola moved for summary judgment seeking dismissal of all claims. In December 2000, the District Court granted partial summary judgment in favor of the defendants and reserved ruling on the remaining claims pending additional briefing and a hearing scheduled for March 12, 2001. Following that hearing, on March 15, 2001, the District Court granted summary judgment in favor of MedImmune and Loyola on all remaining claims."*

Anteile der Verkaufserlöse bzw. des Umsatzes i. d. R. gering sind. Eine Umsatzbeteiligung von 5% eines „Blockbusters"[1019] würde zwar ein Volumen von € 50 Mio. ergeben; diese Glücksfälle sind jedoch selten.[1020] Gleichzeitig müssen für die Verbriefung der Lizenzeinnahmen eines Medikamentes oder eines anderen Produktes zwei weitere Bedingungen erfüllt sein:

Erstens muss es sich um ein Produkt handeln, das schon länger – d. h. ca. 3 - 5 Jahre – verkauft wird.[1021] Denn nur wenn genug Vergangenheitsdaten über Verkaufszahlen vorliegen, können überhaupt sinnvolle Prognosen gemacht werden. Darüber hinaus ist der Markteinsatz mit zunehmender Dauer Beweis dafür bzw. bietet Sicherheit, dass keine unerwarteten Nebenwirkungen o. ä. auftreten, die zu einem Verkaufs-Stopp führen könnten.

Die zweite Bedingung steht der ersten jedoch in gewisser Weise entgegen, denn es wird für eine Verbriefung auch verlangt, dass das Produkt durch ein Patent abgesichert ist, das noch für ca. 10 Jahre Exklusivität bzw. Patentschutz besitzt. Denn nur darauf können sich Verkaufsprognosen stützen. Allerdings sinken die Umsätze eines Medikamentes i. d. R. in den letzten Jahren vor Auslaufen des Patentes aufgrund verschiedener Verdrängungseffekte.[1022]

Da die gesamte Laufzeit eines Patentes aber grundsätzlich auf 20 Jahre beschränkt ist[1023], ist es in vielen Fällen nicht wahrscheinlich, dass ein für eine Verbriefung günstiges „Zeitfenster" erreicht wird.[1024] Denn geht man i. d. R. davon aus, dass allein 5 – 10 Jahre zwischen Patentanmeldung und tatsächlicher Einführung eines Präparates verstreichen, verkürzt sich die maximale Restlaufzeit des Patentes damit auf nur 10 – 15 Jahre.[1025] Um die Entwicklung der Verkaufszahlen zu beobachten bzw. um die nötigen Vergangenheitsdaten für eine Verbriefung bereitstellen zu können, vergehen i. d. R. mindestens weitere 2 - 3 Jahre, so dass sich die mögliche Restlaufzeit oft auf ca. 10 Jahre oder sogar weniger verkürzt.

[1019] Als Blockbuster wird ein Medikament (aber auch ein Film) bezeichnet, wenn es mehr als 1 Mrd. Euro bzw. Dollar Umsatz bringt.

[1020] Vgl. BMBF (2001), S. 20: *„Wie erfolgreich die Lizenzierungsaktivitäten sind, hängt jedoch auch von glücklichen Zufällen und nicht nur von einer konsequenten Patentierungsstrategie ab. Viele Patente bringen keine oder nur sehr geringe Erträge und gestiegene Patentierungsaktivitäten gehen oftmals mit einer abnehmenden Patentqualität und entsprechend abnehmendem kommerziellen Erfolg der Patente einher."* Siehe dort auch Fußnote 8: *„Deutsche Beispiele für solche Glücksfälle sind der Kernspintomograph der Max-Planck-Gesellschaft (...)."*

[1021] Nach den Aussagen einiger Interviewpartner sind die Rating-Agenturen hier sehr genau und akzeptieren weder kürzere Betrachtungszeiträume noch orientieren sie sich an „vergleichbaren" Werten.

[1022] Dies könnte z. B. die Einführung eines neuen Medikamentes sein, das auf einem anderen Patent beruht oder die Entwicklung eines Impfstoffes durch den dann eine Erkrankung verhindert und ein Medikament somit nutzlos wird, oder eine technische Innovation, die den Einsatz von Medikamenten ersetzt oder vermindert, oder auch ein verändertes Verhalten der Gesellschaft mit der Folge, dass bestimmte Krankheiten seltener auftreten. Vgl. auch Dorris/Wilkes (2004), S. 105. Vgl. allgemein zu „Termination Events" bei Patenten vgl. Bell (2002), S. 89. Siehe dazu auch die tatsächlichen Verkaufszahlen bei der IP-Verbriefung der Yale Universität (Kapitel 6.4.).

[1023] Vgl. Dorris/Wilkes (2004), S. 103 - 104. In einzelnen Fällen kann die Laufzeit verlängert werden, aber nicht in dem Maße, dass die „Marketing Period" länger als 14 Jahre wäre.

[1024] Dies unterscheidet z. B. auch die Rechte an technische Erfindungen von den künstlerischen Urheberrechten, die 70 Jahre bestehen. Eine Verbriefung im Musik- und Filmgeschäft ist daher aussichtsreicher.

[1025] Vgl. für den Zeitpunkt der Entscheidung über eine Patentanmeldung Breyer et al. (2003), S. 434 - 440.

Bei dieser zeitlichen Einigung verbleiben also meist nur wenige Jahre für eine ABS-Finanzierung, die andererseits bei IP-Transaktionen aufgrund der äußerst hohen Transaktionskosten eine Laufzeit von ca. 6 - 8 Jahren aufweisen sollte.[1026]

Betrachtet man etwa das Beispiel der – möglichen – HPV-Einnahmen des DKFZ aus dem Vakzinierungsprogramm, wird offensichtlich, dass die Projektion einer Verbriefungsstruktur hier äußerst schwierig wäre und frühestens ab dem Jahr 2010 erfolgen könnte. Zunächst müsste der Verkauf der Vakzine beobachtet werden und darüber hinaus müsste festgestellt werden, ob in diesem Fall – Cervarix und Gardasil z. B. sind teilweise Konkurrenz-Produkte – die Verkaufserlöse aufgrund der Marktkonkurrenz beeinträchtigt würden.

Auch wenn sich eine Verbriefung aus den zu erwartenden Cash-Flows konstruieren ließe, müssten für eine Umsetzung noch andere Umstände gegeben sein. So ist die Verbriefung der Lizenzeinnahmen eines einzelnen Medikamentes – insbesondere seit den Problemen bei der Verbriefung der Erlöse aus Zerit (vgl. Kapitel 6.4.) – in der Praxis kaum umzusetzen. Dieses Problem wurde auch bei den Überlegungen zu einer Verbriefung einer USA-Universität genannt: *„(...) and the (...) problem we have is: We have a single drug."* Und weiter: *„what these guys* [damit waren die Bankenvertreter und Rating-Agenturen gemeint] *like to do is to package things up."*[1027]

Der größte Vorteil der Verbriefung von Lizenzeinnahmen liegt im Vorziehen der Cash-Flows.[1028] Das Vorziehen der Cash-Flows ist jedoch verhältnismäßig teuer, da die Käufer die erwarteten Zahlungen mit einer meist erheblichen Diskontrate bewerten werden.[1029] Es ist daher grundsätzlich fraglich, inwieweit Forschungseinrichtungen durch Vorziehen der Einnahmen bei einer gleichzeitigen Diskontierung letztlich geholfen würde. So auch die Aussage eines Interviewpartners: *„The offers to buy the intellectual property revenue stream that we currently own (...) were so deeply discounted that we would have to give up too much income to protect this risk – and we just didn't see that."*[1030]

Es müsste also im Einzelfall geprüft werden, wozu die vorgezogenen Einnahmen verwendet werden sollen. Da es sich dabei i. d. R. im Rahmen von ABS-Transaktionen um ca. € 100 Mio. oder mehr handelt, müsste – im Falle einer „Single Seller"-Transaktion – ein konkretes Groß-Projekt geplant sein wie etwa im Beispiel der Yale Universität der Bau eines neuen Gebäudes (vgl. Kapitel 6.4.). Obgleich eine solche „Eigenfinanzierung" durch die Forschungseinrichtung eigentlich als positiv zu bewerten wäre, würde sie wahrscheinlich aus politischen Gründen intern meist abgelehnt, weil derartige Maßnahmen als „Zuwendungsmittel mindernd" gelten, also die Gefahr besteht, dass der Staat dann Forschungsmittel bzw. die öffentliche Förderung

---

[1026] Dies bezieht sich zwar auf „Legal Final Maturity", d. h. die ABS wären im Regelfall früher bezahlt (etwa nach 4 - 6 Jahren), aber das Patent muss auf jeden Fall über die „Legal Final Maturity" hinaus gültig sein.

[1027] Interviewaussage.

[1028] Fishman (2003), S. 6: *„From the seller's standpoint, liquidity is achieved from a pool of IP whose value otherwise may not be realized for years."*

[1029] Vgl. Fishman (2003), S. 6 bzw. Kapitel 6.4.

[1030] Aussage eines Interviewpartners aus dem USA-Krankenhausbereich. Mit dem Diskont und dem Risiko war hier der Abschlag gemeint, den die Rating-Agenturen vornehmen um dem Risiko eines Sinken der Verkaufszahlen vorzubeugen und der Struktur ein hohes Rating zuzuteilen (siehe dazu auch das Beispiel der Yale Universität, Kapitel 6.4.).

(etwa von Baumaßnahmen) an „bedürftigere“ Einrichtungen vergibt. Diese Vorgänge und Überlegungen sind in den USA jedoch seltener als in Deutschland zu erkennen, da sich dort die meisten Forschungseinrichtungen – auch die Universitäten – zu einem größeren Anteil selbst finanzieren.
Im Gegensatz dazu wird z. B. beim DKFZ eine ganz spezielle Finanzierung bzw. Rechnungslegung angewandt. Als Stiftung des öffentlichen Rechts, die zu 90% vom Bund und zu 10% vom Land getragen wird, unterliegt die Forschungseinrichtung einer modifizierten Darstellung des Jahresergebnisses bzw. der Bilanz. Denn *„das Jahresergebnis weist (...) grundsätzlich keinen Gewinn oder Verlust aus, da den Aufwendungen – aufgrund der Bilanzierung der Ausgleichsansprüche – Erträge in gleicher Höhe gegenüberstehen.“* [1031] Ein Vorziehen von Einnahmen wäre für das DKFZ insofern also gar nicht sinnvoll, da dadurch zunächst nur die notwendigen Ausgleichsansprüche des Bundes oder Landes verringert würden.
Sinnvoll könnte eine Verbriefung vor allem dann sein, wenn der Staat Mittel für ein Projekt bewilligt, die Forschungseinrichtung aber einen Teil der Mittel selber aufbringen muss. Hier könnte es dann auch lohnend sein, einen hohen Diskont auf die zukünftigen Lizenzeinnahmen hinzunehmen, wenn dadurch Forschungsgelder des Staates gesichert werden.

Für eine Verbriefung von Patent- oder Lizenzeinnahmen sollten also möglichst die folgenden Gegebenheiten erfüllt sein; jedoch sind einzelne Gesichtspunkte jeweils nicht zwingend für eine erfolgreiche Verbriefung:

[1031] DKFZ (2004), Anlage III, S. 1.

Abbildung 52: Begünstigende Gegebenheiten für eine IP-Verbriefung in Deutschland

Patent- oder Lizenzeinnahmen von über € 30 Mio. p. a. Möglicherweise ist eine Verbriefung aber auch dann nur durch ein „Pooling" mit anderen Patentverbriefungen erreichbar.
Verkauf des Medikamentes, Vakzins etc. erfolgt bereits seit 3- 5 Jahren.
Die Verkaufszahlen der ersten Jahre sind konstant oder steigend und die Prognosen für die nächsten Jahre sind positiv.
Der Patentschutz läuft noch mindestens 7 - 10 Jahre. Es sind keine neuen Medikamenten-Entwicklungen bekannt, die den zukünftigen Verkauf beeinträchtigen könnten.
Die Diskontierung und Aufgabe von zukünftigen Einnahmen muss vertretbar sein: • Es existiert ein Projekt, das nicht ohne das Vorziehen der Einnahmen verfolgt werden kann. • Die Einnahmen vermindern nicht die Zuwendung anderer Mittel (bzw. nur geringfügig).
Die Patente und Lizenzeinnahmen können rechtlich und technisch übertragen bzw. abgetreten werden.
Es sind keine patentrechtlichen Risiken abzusehen, z. B. dass das Patent angefochten wird. Es bestehen keine wirtschaftspolitischen Risiken wie z. B. extreme Preisregulierungen, Zwang zur kostenlosen Abgabe des Medikamentes (etwa an Entwicklungsländer) oder dergleichen.

Eigene Darstellung.

Bisher wurde noch nicht auf die besonderen rechtlichen Schwierigkeiten und Risiken einer IP-Verbriefung eingegangen und eine ausführliche Diskussion würde den Rahmen dieser Arbeit sicher übersteigen. Man kann feststellen, dass die rechtlichen Hürden bei IP-ABS-Transaktionen aufgrund des Vermögensgegenstandes besonders hoch sind. Bell (2002) hat das so begründet: *„Since the underlying asset is almost always itself the creature of complex legal statutes, international conventions and case law.“*[1032] In diesem Zusammenhang sei auch erwähnt, dass einige Interviewpartner auf die Schwierigkeiten des Verkaufes von IP-ABS hingewiesen haben. Ihrer Ansicht nach sind sowohl die „Future Flow“-Charakteristik einer IP-Struktur als auch die meist juristisch komplizierte Struktur den potentiellen Investoren teilweise nur schwer zu vermitteln. Diese Komplexität bzw. der Zeitaufwand schlägt sich letztlich sowohl in den Transaktionskosten als auch in den Risiko-Aufschlägen auf die ABS selbst nieder.

[1032] Bell (2002), S. 94.

13. Risiken von ABS-Transaktionen im Gesundheitswesen

„The healthcare field itself is just right for fraud to begin with."[1033]

Asset-Backed Securities gelten – immer noch – als risikoarm, auch wenn seit ihrem nun mehr als 20-jährigen Bestehen eine Reihe von Ausfällen zu verzeichnen waren.[1034] Die Beispiele der US-amerikanischen Verbriefungen (vgl. Kapitel 6.3.) haben gezeigt, dass auch im Gesundheitswesen schon ABS im Wert von einigen Milliarden US$ ausgefallen sind. Ausgehend vom Scheitern der beschriebenen Transaktionen sollen im Folgenden die besonderen Risiken von ABS im Gesundheitswesen genannt werden.
Zwischen 1993 und 2004 (1. Halbjahr) nannte Moody's (2004b) eine Ausfallquote[1035] bei „Healthcare Receivables ABS" in den USA von 51,79% (ausgefallenes Volumen im Verhältnis zum emittierten Volumen). Diese Rate steht der durchschnittlichen Ausfallrate aller Arten von ABS im gleichen Zeitraum von 0,95% gegenüber.[1036] Dabei wurden insgesamt 10.635 ABS erfasst. Die hohe Ausfall- bzw. Herabstufungsrate im Gesundheitsbereich lässt sich dabei vor allem auf das Scheitern von NCFE und Towers zurückführen (siehe Kapitel 6.3. und auch Anhang Nr. 2, hier auch zu den Ausfällen im Bereich „Medical Equipment Leasing").

Die Ursachen des Scheiterns von Towers und NCFE sind vielfältig und werfen vor allem auch grundsätzliche Fragen nach den Risiken der Asset Securitization auf. Diese können zunächst in zwei Gruppen eingeteilt werden: die Asset- bzw. Collateral-Risken und die sog. Securitization-Risiken. Während die erste Risikoart sich unmittelbar aus den zu verbriefenden Vermögensgegenständen ableitet, gehören der zweiten Gruppe die Struktur-, Cash-Flow-, Rechts- und regulatorischen Risiken an, die überwiegend in der Komplexität der Verbriefungstechnik ihre Ursache haben.[1037]
Betrachtet man den Fall von NCFE, dann stellt man fest, dass nahezu alle sog. Securitization-Risiken zum Tragen kamen, während die Risiken, die sich direkt aus den Forderungen ableiten lassen, nicht zu Ausfällen führten (ähnliches gilt aber auch für Towers). Die drei übergeordneten Problemfelder, die bei NCFE zu den größten Schwierigkeiten führten, waren die Sicherstellung des True Sale, die Bewertung der Aktiva im Sinne des „Fair Value" und die korrekte „Asset Identification".
Bär (2000) macht insgesamt 13 mögliche Risiken aus, die sich allgemein aus einer ABS-Struktur und den rechtlichen Rahmenbedingungen ergeben. Davon wurden bei NCFE mindestens 9 zu realen Problemen und trugen zur Krise bei[1038]:

1033 Antwort eines Interviewpartners auf die Frage, warum bisher verhältnismäßig viele ABS-Ausfälle gerade im Healthcare-Bereich auftraten.

1034 Vgl. vor allem Adelson/Bartlett (2004); Moody's (2004b).

1035 Definiert als „Impairment", d. h. Herabstufung auf Ca oder C, aber nicht notwendigerweise schon Ausfall. Jedoch ist dies oft gleichbedeutend mit einem Ausfall, oder es können nur noch kleine Anteile der Anleihen bezahlt werden.

1036 Vgl. Moody's (2004b), S. 9.

1037 Für eine ausführliche Darstellung der Risiken von ABS-Transaktionen siehe insbesondere Bär (2000), S. 193 - 206, dort vor allem Abbildung 5/1 auf S. 196.

1038 Vgl. Bär (2000), S. 196, 198 - 199.

- Insolvenzrisiko des Originators bzw. SPV,
- Operationales Treuhänder- und Servicer- Risiko,
- Transfer-Risiko des Servicers,
- Vermischung der verbrieften Forderungen (Commingling Risk),
- Betrug (Verkauf nicht existenter Forderungen, Fälschung von Berichten, Veruntreuung von Geldern),
- Rechtliche Schwierigkeiten bei der Übertragung der Aktiva (Übertragung zu Minderwerten),
- (Zwischenzeitliche) Aberkennung bzw. Re-Charakterisierung des Verkaufs als Verpfändung, Konsolidierung des SPV,
- Ungenügende rechtliche Dokumentation,
- Falsche Zusagen und Gewährleistungen des Originators, Kommentare in Revisionsberichten und Gutachten.

Das grundlegende Problem – sowohl bei Towers als auch bei NCFE – waren letztlich aber doch die betrügerischen Vorgehensweisen der Unternehmen in vielen Belangen. Ein Teil des Ausfalls hätte aber vermieden werden können, wenn einige der Absicherungsmechanismen, die jeder ABS-Transaktion zugrunde liegen sollten, eingehalten bzw. kontrolliert worden wären. Allerdings ergibt sich dabei ein grundlegendes Problem, denn so folgerte schon Bär (2000): *„Während die Asset-Risiken aufgrund von Vergangenheitsdaten mittels mathematisch-statistischer Methoden relativ genau ermittelt werden können, sind es vor allem die Securitization-Risiken, welche den strukturierenden Parteien am meisten Kopfzerbrechen bereiten. (...) Solche Risiken sind meist nur schwer identifizierbar, können sehr weitreichende Konsequenzen haben und werden den beteiligten Parteien meist erst bei deren Eintreten bewusst.“*[1039] Diese Aussage beschreibt die Gefahr, wie sie in den genannten ABS-Transaktionen des US-amerikanischen Gesundheitswesens zur Realität geworden ist. Viele der möglichen Schäden sind eingetreten, und die Frage danach war, welche Versäumnisse den Wirtschaftsprüfern, Rating-Agenturen, den Treuhändern[1040], Banken, Juristen und anderen Beteiligten anzulasten waren. Vor allem die Rolle der Treuhänder und Rating-Agenturen wurde diskutiert[1041], aber auch die Notwendigkeit einer stringenten juristischen Ausgestaltung von zukünftigen Verträgen.[1042]

[1039] Bär (2000), S. 199.

[1040] Bei der Aufarbeitung des NCFE-Falls durch den Konkursverwalter wurde auch festgestellt, dass es zwischen den SPVs NPF XI und NPF XII zu zahlreichen Transaktionen kam, mit denen jahrelang der Eintritt eines sog. „Minimum Reserve Requirement Defaults“ verhindert wurde. Dabei wurden monatlich (teilweise sogar wöchentlich) Gelder zwischen den beiden SPVs einerseits und den einzelnen Konten des jeweiligen SPVs andererseits hin- und her verschoben. Eine Folge: *„(...) in the aggregate, there were more than $ 8 billion of such transactions during the four years prior to the Petition Date, (...).“* In re National Century Financial Enterprises, Inc., Case No. 02-65235 (2004), Final Disclosure Statement, S. 39.

[1041] Vgl. dazu Kaplan/Wickouski (2003), S. 29 - 30, 56; Macaulay (2004), S. 268.

[1042] Vgl. Spradling (2003), S. 59 - 64. Bei den Interviews zu diesem Fall wurden von verschiedenen Interviewpartnern interessanterweise die Verantwortung und die Schuld verschiedenen Beteiligten zugewiesen. Rating-Agenturen machen in erster Linie NCFE und die Wirtschaftsprüfer sowie die Treuhänder dafür verantwortlich, da sie auf deren Informationen angewiesen sind. Banken machen sowohl die Treuhänder verantwortlich (solange sie selber nicht zu den treuhandführenden Banken gehörten) als auch die undurchsichtige und unzureichende Ausgestaltung der Verträge zwischen den Krankenhäusern und NCFE sowie zwischen NCFE und den SPVs. Juristen sahen oft Banken in der Schuld, da nach ihrer Meinung das „Business Model“ selbst, d. h. die Art der Be-

Obgleich bei den genannten Betrugsfällen in den USA die Probleme nicht durch den Ausfall der Forderungen, eine schlechte Schuldnerstruktur, andere Bonitätsrisiken oder durch Liquiditäts- oder ähnlichen Risiken entstanden, und man zunächst zu dem Ergebnis kommen kann, dass die spezifischen Forderungen des Gesundheitswesens nichts mit diesem Desaster zu tun hatten, so muss dies auf den zweiten Blick doch etwas relativiert werden. Denn ein Teil der Probleme ist indirekt doch auf die Besonderheiten des Gesundheitswesens zurückzuführen, worauf auch viele der Interviewpartner hinwiesen, wie das Eingangszitat dieses Kapitels verdeutlicht. Die immanente Gefahr, die dem Gesundheitswesen zu eigen ist, liegt in der relativen Undurchsichtigkeit des gesamten Systems, seiner Finanzierung und der vielen Sonder- und Ausnahmeregelungen.
Aufgrund der besonderen Abtretungsschwierigkeiten bei Forderungen des Gesundheitswesens – in den USA z. B. durch die Struktur einer doppelten „Lock-Box" – sind das Servicing und die Rolle des Treuhänders deutlich erschwert, und das „Commingling Risk" ist höher als bei anderen Transaktionen. Insbesondere die Schwierigkeit der Berechnung des wahren Wertes der Forderungen des Gesundheitswesens, das mangelnde Verständnis sowie – im Vergleich zu anderen Aktiva – die schlechten Kontroll- und Prüfmöglichkeiten der Investoren, Banken und Rating-Agenturen bei der Evaluierung des Asset-Pools sind wohl ein besonders großes Problem der Verbriefung von „Healthcare Accounts Receivables".
Darüber hinaus genießen die Teilnehmer der Gesundheitssysteme auch im Fall der selbstverschuldeten Zahlungsunfähigkeit, einer Insolvenz oder selbst bei Korruption eine Sonderstellung, die sich nicht zuletzt aus den in Kapitel 3.1. beschriebenen Umständen ableitet: *„Many different types of fraud involved with hospitals or other healthcare providers filing fraudulent claims and (…) in many cases getting away with it."*[1043] Die Undurchsichtigkeit des Gesundheitswesens hat denn auch nach Einschätzung mehrerer Experten ihren eigenen großen Anteil an der zurzeit noch herrschenden Zurückhaltung in der Finanzierung durch externe Investoren.

Bei ABS-Transaktionen aus dem deutschen Gesundheitswesen würden sich insbesondere Schwierigkeiten aus den „Securitization-Risiken" ergeben, da sehr viele Unwägbarkeiten in einer Transaktion enthalten wären. Jedoch könnten – obwohl Gesundheits- und Rechtssysteme sehr unterschiedlich sind – einige Fehler der Transaktionen in den USA von vornherein vermieden werden. Nach den Vorkommnissen im USA-Markt könnten sich bei dem Verkauf von ABS mit Forderungen aus dem Gesundheitswesen Deutschlands jedoch besondere Probleme dadurch ergeben, dass die Investoren eventuell überzogene Risikoaufschläge verlangen würden. Nach Interviewaussagen ist aber nicht klar, inwieweit Investoren Erfahrungen aus dem Scheitern von NCFE und Towers auf die Transaktionen anderer Länder übertragen würden. Dies könnte erst beim Vollzug einer entsprechenden Transaktion abgeschätzt werden.

---

rechnungen der Forderungen, „Advance Rates", Reservekonten etc. eine schlechte Struktur aufwies.

[1043] Aussage eines Interviewpartners.

Einige Risiken, die besonders in den USA zu Schwierigkeiten führen, wie etwa die Bewertung der Forderung (NCV), sollten in Deutschland jedoch kein besonderes Problem darstellen. Damit könnte zumindest der administrative Aufwand, der vor allem auch für die Aufbereitung der Daten zur Überwachung des Risikos betrieben werden muss, vermindert werden.
Spezielle Risiken, die sich in Deutschland aus dem Gesundheitswesen ergeben, liegen vor allem in einer – politisch herbeigeführten – Veränderung des Systems, die ABS-Transaktionen betreffen könnte, etwa wenn Abrechnungsarten oder -vorschriften geändert werden. Hier muss berücksichtigt werden, dass z. B. eine weitere einengende Änderung des Datenschutzrechts gravierende Auswirkungen auf die Abtretung oder den Verkauf der Forderungen eines Krankenhauses haben könnte. Zwar lassen sich in den Transaktionsdokumenten einige „Trigger Events" definieren, die eine vorzeitige Auflösung einer Struktur festlegen; im konkreten Fall können sich dann u. U. aber große Schwierigkeiten ergeben, da sich wohl kaum eindeutige Definitionen für solche Systemänderungen festlegen lassen. Auch lassen sich im Vorfeld kaum alle juristischen Bedenken ausräumen; so ist es z. B. noch eine Zeitlang fraglich, welche Auswirkungen etwa die Insolvenz eines Originators – bzw. des Krankenhauses – auf eine Transaktion haben kann.[1044]

[1044] In der Praxis werden daher sog. „Opinion Letters" durch die Juristen abgegeben. Dazu Flägel (2005), S. 197: *„Diese Opinion Letters gehören zu den intellektuell anspruchsvollsten Dokumenten einer Securitization und erfordern wegen des mit ihnen einhergehenden Haftungsrisikos eine präzise Analyse und Ausgestaltung der Transaktionsdokumente (...)."*

14. Zusammenfassung

Der Finanzierungsprozess Asset Securitization wird weltweit in zunehmendem Maße in der Unternehmensfinanzierung angewandt und Asset-Backed Securities (ABS) wurden in einigen Ländern auch schon in Bereichen des Gesundheitswesens erfolgreich eingesetzt. Ausgehend von der internationalen Zunahme von Verbriefungen und der sich abzeichnenden generellen Notwendigkeit neuer Finanzierungsformen im deutschen Gesundheitswesen sind in der vorliegenden Arbeit einige Strukturen von Verbriefungen in ausländischen Gesundheitssystemen – insbesondere dem der USA – untersucht und Möglichkeiten einer Anwendung ähnlicher Verfahren im deutschen Gesundheitssystem geprüft worden.

Zuerst werden die grundsätzlichen Ziele und Strukturen von ABS-Transaktionen vorgestellt und sowohl ihre theoretischen Begründungen als auch empirische Erkenntnisse dargelegt, gefolgt von einer makroökonomischen Betrachtung der im Gesundheitswesen vorliegenden „Cash-Flows" unter ABS-Gesichtspunkten. Anschließend werden die Teilnehmer des „Gesundheitsmarktes" vorgestellt und ihre Besonderheiten – hier mit Fokus auf Non-Profit Organisationen (NPO) – hinsichtlich der Finanzierungsweisen aufgezeigt. Unter der aus der Literatur abgeleiteten Annahme einer eigenkapital-sparenden Wirkung von ABS wird aber auch auf Schwierigkeiten der Eigenkapitalbewertung von NPOs hingewiesen, die zu Problemen bei der Einschätzung möglicher Vor- und Nachteile bei ABS-Finanzierungen von NPOs in Gesundheitssystemen führen können.
Zum Ende des ersten Abschnitts (A) werden die für ABS-Finanzierungen im Gesundheitswesen geeigneten Forderungsklassen identifiziert und es wurde ein Überblick über den international noch kleinen „Healthcare"-ABS-Markt gegeben.

Im zweiten Abschnitt (B) werden verschiedene ABS-Strukturen ausländischer Gesundheitsmärkte vorgestellt und diskutiert. Da bisher die meisten Verbriefungen im Gesundheitsmarkt der USA durchgeführt wurden, waren die Strukturen und Mechanismen des dortigen Gesundheits- bzw. Kapitalmarkts ein Hauptuntersuchungsgegenstand. Insbesondere die Verbriefungen von Handelsforderungen (speziell Rechnungen) der Krankenhäuser wurden eingehend untersucht und an einem konstruierten Beispiel werden die Vor- und Nachteile von ABS-Finanzierungen für einen Krankenhauskomplex der USA diskutiert. Darüber hinaus werden die Schwierigkeiten der rechtlichen und technischen Separation der Forderungen und der entsprechenden Zahlungsströme aufgezeigt und anhand einiger konkreter ABS-Ausfälle im US-Markt erläutert. Ein weiterer Schwerpunkt ist die kritische Analyse der Möglichkeiten einer Verbriefung von Lizenzeinnahmen aus „geistigem Eigentum" („Intellectual Property", IP), das der medizinischen Forschungstätigkeit von Universitäten, Krankenhäusern oder Forschungseinrichtungen entstammt. Hier werden als besondere Beispiele ABS-Transaktionen der Yale University in New Haven (CT) und des Memorial Sloan-Kettering Cancer Center in New York vorgestellt, wobei auf die Schwierigkeit der Bewertung der Zahlungsströme besonders hingewiesen wird. Denn grundsätzlich wird die Bewertung der Zahlungsströme bei IP-Verbriefungen als eines der größten Hindernisse bei ABS-Transaktionen in den USA angesehen.
Als ein besonders großes Problem bei Verbriefungen im Gesundheitsmarkt der USA werden Schwierigkeiten bei Verbriefungen von „Healthcare Receivables" geschildert,

bei denen es zu einigen großen Ausfällen von ABS und zu spektakulären Betrugsfällen kam. Dies führt zu der Erkenntnis, dass zwar Forderungen des Gesundheitssystems nicht generell als ungeeignet für Verbriefungen anzusehen sind, dass jedoch in den USA die Bewertung von Krankenhausforderungen und die juristischen Eigenheiten – insbesondere die der Forderungsabtretung und -durchsetzung – ABS-Transaktionen in diesem Sektor zum einen kompliziert und zum anderen kostspielig machen. Grundsätzliche Hindernisse für eine breitere Anwendung von ABS zu Finanzierungszwecken im Gesundheitswesen sind außerdem die hohen Forderungsvolumen, die für ABS-Transaktionen im Sinne einer „Stand-Alone"-Transaktion benötigt, jedoch von kaum einem Krankenhaus erreicht werden. Daneben sind auch die direkt zu erzielenden Finanzierungsvorteile in den USA teilweise gering, da vor allem den Krankenhäusern auch andere Finanzierungsmöglichkeiten offen stehen. Zu nennen sind hier insbesondere die „Municipal Bonds", die aufgrund ihrer steuerbefreienden Eigenschaft für die Investoren deutlich günstiger am Kapitalmarkt emittiert werden können als andere zinstragende Fremdfinanzierungsinstrumente und eben auch die meisten ABS.
Auch für IP-Verbriefungen ergeben sich in den USA einige Probleme. So macht der meist hohe Diskontierungsfaktor IP-Verbriefungen für viele Einrichtungen unattraktiv. Ebenfalls hinderlich ist hier oft der hohe Aufwand für die „Due Diligence", also die Überprüfung aller für eine Transaktion notwendigen Dokumente und Abtretungsvereinbarungen, der viel Zeit beansprucht, Fachkenntnisse erfordert und hohe Transaktionskosten verursacht. Dazu darf nicht übersehen werden, dass auch in den USA der Bereich der ABS-Transaktionen keineswegs durch klares juristisches Regelwerk gesichert ist.
Spätestens seit den großen Ausfällen bei Krankenhaus-Forderungsverbriefungen in den USA kann dort seit 2002 von einem „Healthcare" ABS-Markt eigentlich nicht mehr gesprochen werden: Seit den Anfängen von ABS (1985) gab es zwar immer wieder Verbriefungen im Gesundheitsbereich und es wurden auch einige Transaktionen erfolgreich durchgeführt, ein funktionierender, etablierter Markt ist jedoch bis heute nicht entstanden.

Zum Schluss dieses Abschnitts werden ABS-Transaktionen im Gesundheitsbereich anderer Ländern wie Großbritannien, Italien, Australien und Japan vorgestellt. Diese zeigen insgesamt auch wieder, dass der Einsatz von Verbriefungen in diesem Bereich zwar grundsätzlich möglich ist, die Form der Verbriefung jedoch stark vom jeweiligen Gesundheitssystem und der Gesetzgebung abhängig ist. So sind die „Whole Business"-Verbriefungsstrukturen Großbritanniens in Deutschland aufgrund der anders gelagerten Gesetzgebung derzeit kaum aufzubauen und Transaktionen wie sie etwa in Italien und Australien durchgeführt wurden, könnten in Deutschland schon wegen der anderen Struktur des Gesundheitssystems nicht zustande kommen.

Insgesamt zeigen die Erfahrungen bei Verbriefungen in Gesundheitssystemen des Auslands, dass sowohl die Umstände des Finanzierung suchenden Unternehmens als auch die Wahl der passenden ABS-Konstruktion bzw. deren Umsetzung in hohem Maße von den jeweiligen Gegebenheiten des Gesundheits- und Rechtssystems eines Landes abhängig und nur in Teilaspekten von einem Land auf ein anderes übertragbar sind.

Ausgehend von den Erfahrungen des Auslands wurden im dritten Abschnitt (C) drei Einsatzmöglichkeiten von ABS-Finanzierungen im deutschen Gesundheitswesen diskutiert: Die Krankenhausforderungs-Verbriefung, Möglichkeiten einer der „Whole Business"-Struktur ähnlichen Form und die Verbriefung von IP durch medizinische Forschungseinrichtungen. Hauptuntersuchungsgegenstand ist dabei die Möglichkeit der Verbriefung von Krankenhausforderungen.

Das Gesundheitswesen in Deutschland und insbesondere der Krankenhaussektor befinden sich in einer Phase des strukturellen Umbruchs und sehen sich zunehmend mit Finanzierungsschwierigkeiten konfrontiert. Eine der größten Veränderungen ist derzeit sicherlich die bundesweite Einführung eines einheitlichen Fallpauschalensystems (Diagnosis Related Groups). Der dadurch entstehende Kostendruck, die erkennbar abnehmende Investitionsfinanzierung durch die Bundesländer, steigende medizinische Kosten für Innovationen sowie ein zunehmender Konkurrenzdruck von Krankenhäusern und Gesundheitsdienstleistern anderer EU-Länder führen bereits jetzt – und in Zukunft vermehrt – zur Konsolidierung sowie zu vermehrtem Wettbewerb und stellen die Branche vor wachsende finanzwirtschaftliche Probleme.
ABS-Finanzierungen könnten auch in Deutschland in bestimmten Situationen sinnvoll zur Finanzierung von Krankenhäusern sowie für Investitionen und Forschungsleistungen eingesetzt werden. Das deutsche Gesundheitswesen scheint mit seiner Sozialversicherungsstruktur der gesetzlichen Krankenkassen, die für ca. 90% der gesamten Krankenhausbehandlungen aufkommen, eigentlich gut für ABS-Transaktionen geeignet. Auch die Bonität der Forderungsschuldner muss als besonders gut beurteilt werden, weshalb die zu fordernden Zinsaufschläge bei deutschen „Healthcare"-ABS-Transaktionen sehr niedrig wären.
Die durch den Einsatz von ABS-Finanzierungen in deutschen Krankenhäusern zu erzielenden möglichen Effekte hängen dabei jedoch stark von den Umständen des spezifischen Einzelfalls ab. Je nach Finanzierungsalternativen – die wiederum auch von der Trägerstruktur beeinflusst werden – können sich durchaus Vorteile gegenüber konventionellen Finanzierungen wie z. B. der Kreditfinanzierung ergeben. Etwaige Vorteile sind jedoch aufgrund der bisher relativ niedrigen Kapitalkosten der Krankenhäuser insgesamt noch gering. So ist z. B. die Rückführung von Verbindlichkeiten aufgrund des hohen Anteils der Mittel, die gemäß dem Krankenhausfinanzierungsgesetz bereitgestellt werden, nur bedingt möglich, und eine dadurch mögliche Entlastung des Schuldendienstes fällt nur gering aus, ebenso eine damit einhergehende Gewerbesteuerminderung, da die meisten Krankenhäuser von dieser Steuer befreit sind.

Besonders problematisch für die Verbreitung eines Einsatzes von ABS im deutschen Krankenhauswesen sind die bisher geringen Forderungsvolumen der Krankenhäuser, die für eine „Term" ABS-Transaktion und auch für viele der Asset-Backed Commercial Paper (ABCP) -Programme zu niedrig sind. Selbst große Krankenhauskomplexe erreichen derzeit kaum die erforderlichen Finanzierungsvolumen, wie an einer exemplarisch-hypothetischen Modellbetrachtung demonstriert wird. Für eine Verbriefung nachteilig ist auch die derzeit unklare Stellung der gesetzlichen Krankenversicherer hinsichtlich ihrer Insolvenzfähigkeit bzw. die Frage, inwieweit in der Realität

bei Insolvenz eines Originators (Krankenhauses) die Ansprüche potentieller ABS-Investoren auf Zahlung der Forderungen durchzusetzen wären, wenn die betriebliche Fortführung eines Krankenhauses davon abhängig ist. Inwieweit der Vollzug eines Insolvenzverfahrens bei einem Krankenhaus von dem bei anderen Insolvenzverfahren abweicht, ist derzeit noch eine ganz eigene Risikofrage des Gesundheitswesens, deren Antwort in erster Linie vom ethisch-moralischen Verständnis der Gesellschaft und von der gesetzlichen Garantie der Gesundheit als hochrangiges Gut bestimmt wird. Genau dieses Dilemma hat auch in den USA zu Schwierigkeiten bei ABS-Transaktionen geführt.
ABS-Finanzierungen wären außerdem mit hohen technischen Anforderungen an das Krankenhaus bzw. dessen EDV-System verbunden, das in der Lage sein müsste, Forderungen rechtlich und technisch zu separieren und auf revolvierender Basis an das „Special Purpose Vehicle“ (SPV) zu übertragen. Eine Anpassung dieser Systeme und die Schulung des Personals ist jedoch meist mit hohen Kosten verbunden und stellt somit ein Hindernis für ABS-Transaktionen dar.

Eine Verbriefung zukünftiger Forderungen eines Krankenhauses, das im Besitz einer Gebietskörperschaft ist (im Sinne einer „Whole Future Flow“ Securitization), wäre zwar derzeit theoretisch denkbar, würde in der Praxis aber nur bedingt zu finanziellen Vorteilen führen, da wohl nur in Ausnahmefällen mit einer Anerkennung als „Off-Balance Sheet“-Finanzierung von Eurostat zu rechnen wäre. Grundsätzlich ist auch hier die Erreichung eines „kritischen Volumens“ ein Problem, da die Größenordnungen, die für eine Finanzierung einer Gebietskörperschaft (Land, Gemeinde) aufgebracht werden müssen, ungleich höher – und im Zuge einer Forderungsfinanzierung durch staatliche Krankenhäuser – nur in wenigen Fällen zu erreichen sind.

Ebenfalls zwar theoretisch denkbar sind auch in Deutschland Verbriefungen im IP-Bereich, die durch Patente oder Lizenzen des medizinisch-pharmazeutischen Forschungsbereichs besichert sind. Jedoch lassen sich auch hier die gleichen Schwierigkeiten wie bei in anderen Ländern bereits durchgeführten ABS-Transaktionen absehen, vor allem dass diese derzeit nur unter rechtlich ungünstigen Bedingungen umzusetzen wären und sich wohl aufgrund eines – wegen des erwarteten Risikos – hohen Diskonts die Frage nach der Vorteilhaftigkeit stellt. Das größte Problem ist jedoch der grundsätzliche Mangel an geeigneten Vermögenswerten und der – noch – fehlende „Leidensdruck“. Da die Forschungseinrichtungen überwiegend staatlich finanziert sind, fehlt i. d. R. der Anreiz, alternative Finanzierungswege zu beschreiten.

Es bleibt somit festzustellen, dass ABS als Finanzierungsmittel im Gesundheitswesen auf verschiedene Art und Weise in einigen Ländern eingesetzt wurde und es auch Möglichkeiten gibt, das Finanzinstrument ABS auf dem deutschen Gesundheitsmarkt anzuwenden. Dabei sind verschiedene Teilnehmer des Gesundheitswesens als Originatoren in Betracht zu ziehen und mögliche ABS-Strukturen könnten unterschiedliche Formen annehmen.

Angesichts einiger Besonderheiten des deutschen Gesundheitswesens führen die internationalen Erfahrungen im Hinblick auf mögliche ABS-Finanzierungen zu einer Reihe kritischer Schlussfolgerungen: Die deutsche Sozialversicherungs- und Krankenhausstruktur sowie die politische Gewährleistung des Gemeingutes Gesundheit sind zweifellos als positiv im Sinne einer hohen Bonität der Forderungsschuldner und einer Absicherung der Originatoren anzusehen. Jedoch führt diese hohe Sicherheitsleistung des Staates – bis hin zur Übernahme von Krankenhausschulden – andererseits dazu, dass derzeit Bank- bzw. Sparkassen-Kredite zu sehr günstigen Konditionen zu erhalten sind (hier mögen allerdings die Forderungen des neuen Baseler Akkords (Basel II) nach einer größeren Eigenkapitalhinterlegung der Banken bereits zu einer beträchtlichen Verteuerung der Kredite führen). Hemmend für Entscheidungen zu ABS-Finanzierungen sind derzeit auch noch viele Besonderheiten des staatlichen Schutzes von Institutionen des Gesundheitswesens, vor allem die Befreiung von der Gewerbesteuer, so dass ein sonst wichtiger Vorteil von ABS-Finanzierungen, die steuerliche Entlastung, nicht ins Gewicht fällt. Auch die – gewohnten – staatlichen (Mit-)Finanzierungen von Investitionen lassen ABS-Transaktionen als weniger günstige Finanzierungsform erscheinen. Wegen dieser hohen Absicherung durch den Staat fällt auch eine mögliche Bilanzverbesserung durch eine ABS-Finanzierung kaum ins Gewicht. Zweifellos das größte Hemmnis für ABS-Transaktionen in Deutschland sind die fehlende Notwendigkeit und das fehlende finanzwirtschaftliche Denken im deutschen Gesundheitswesen.

Anhangverzeichnis

Anhang Nr. 1: Klassifikation der Ratingsymbole

S&P / Fitch	**Moody's**		**Beschreibung nach Moody's. Die Beschreibungen der anderen Agenturen sind jedoch ähnlich.**
		Investment Grade Rating	Moody's rating symbols for Issuer Ratings are identical to those used to indicate the credit quality of long-term obligations.
AAA	Aaa		Obligations rated Aaa are judged to be of the highest quality, with minimal credit risk.
AA+	Aa1		Obligations rated Aa are judged to be of high quality and are subject to very low credit risk.
AA	Aa2		
AA-	Aa3		
A+	A1		Obligations rated A are considered upper-medium grade and are subject to low credit risk.
A	A2		
A-	A3		
BBB+	Baa1		Obligations rated Baa are subject to moderate credit risk. They are considered medium-grade and as such may possess certain speculative characteristics.
BBB	Baa2		
BBB-	Baa3		
BB+	Ba1	Non-Investment Grade Rating / Speculative Rating	Obligations rated Ba are judged to have speculative elements and are subject to substantial credit risk.
BB	Ba2		
BB-	Ba3		
B+	B1		Obligations rated B are considered speculative and are subject to high credit risk.
B	B2		
B-	B3		
CCC+			Obligations rated Caa are judged to be of poor standing and are subject to very high credit risk.
CCC	Caa		
CCC-			
CC	Ca		Obligations rated Ca are highly speculative and are likely in, or very near, default, with some prospect of recovery of principal and interest.
C	C		Obligations rated C are the lowest rated class of bonds and are typically in default, with little prospect for recovery of principal or interest.
D	--		Default

Eigene Darstellung nach Unterlagen der Rating-Agenturen (da im Original die englischsprachige Terminologie verwandt wird, ist diese hier beibehalten).

Anhang Nr. 2: Verzeichnis von teilweise oder vollständig ausgefallenen ABS im „Healthcare"-Bereich der USA

Unternehmen	Serie	Datum der Emission	Vol. in US$ Mio.
Towers Financial Corporation		1990	56,5
Towers Financial Corporation		1991	41,5
Towers Financial Corporation		1991	50,0
Towers Financial Corporation		1992	24,5
Towers Financial Corporation		1992	24,5
NPF VI	2002-1	27.02.02	250,0
NPF VI	1998-2	10.08.98	125,0
NPF VI	1998-4	02.11.98	50,0
NPF XII	2001-1	20.03.01	300,0
NPF XII	2001-2	21.06.01	250,0
NPF XII	2001-3	31.10.01	150,0
NPF XII	2001-4	16.11.01	150,0
NPF XII	2002-1	29.05.02	250,0
NPF XII	1999-1	10.03.99	100,0
NPF XII	1999-2	28.06.99	350,0
NPF XII	1999-3	24.11.99	200,0
NPF XII	2000-2	13.10.00	275,0
NPF XII	2000-3	19.12.00	150,0
DVI Receivables VIII LLC	1999-1	21.07.99	237,3
DVI Receivables X LLC	1999-2	25.10.99	262,1
DVI Receivables XI LLC	2000-1	08.05.99	276,4
DVI Receivables XII LLC	2000-2	13.11.00	258,6
DVI Receivables XIV LLC	2001-1	08.05.01	315,3
DVI Receivables XV LLC	2003-1	16.05.03	451,2
DVI Receivables XVI LLC	2001-2	05.11.01	406,0
DVI Receivables XVII LLC	2002-1	03.05.02	441,1
DVI Receivables XVIII LLC	2002-2	08.11.02	487,0

Eigene Zusammenstellung nach Angaben bei : Adelson/Bartlett (2004), S. 42 - 51.

Zum Ausfall der „Equipment Leasing ABS" von DVI sei hier auch folgendes zitiert:

„DVI went into bankruptcy on 26 August 2003 (DVI, Inc., Current Report on Form 8-K (26 Aug 2003). In October, the bankruptcy court appointed R. Todd Neilson (of Neilson Elggen LLP) to be the "examiner" in the proceedings. Neilson delivered a nearly 200-page report in early April (…). The report accuses DVI of serious improprieties in connection with its securitization of medical equipment leases. In particular, it alleges that DVI consciously (i) double pledged assets, (ii) used ineligible or "out-of-compliance" collateral to obtain advances from Fleet, the provider of one of its main credit lines, and (iii) practiced "round-trip financing." Neilson asserts that DVI engaged in fraudulent activity from 1999 through May 2003." Adelson/Bartlett (2004), S. 29.

Anhang Nr. 3: Einwirkungen auf Krankenhäuser in den USA

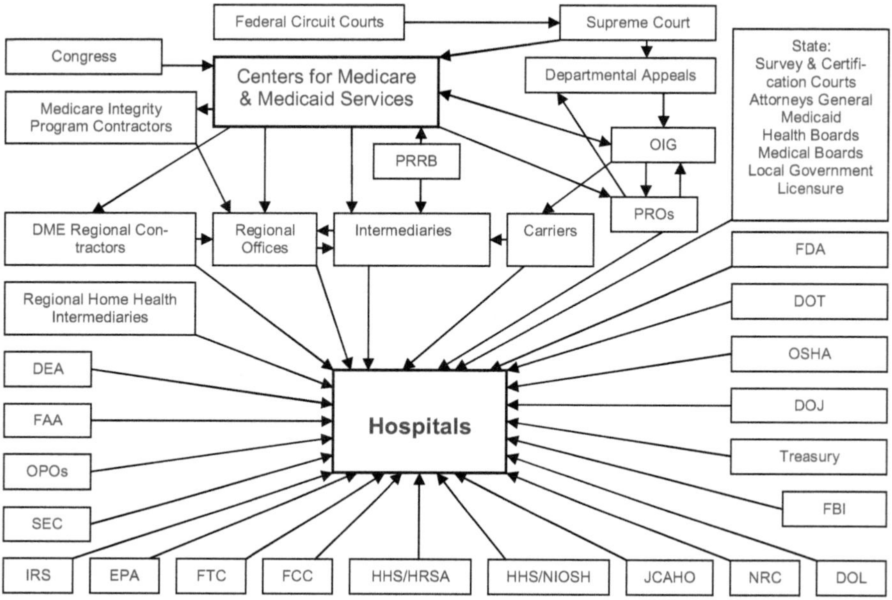

Quelle: AHA (2002b), S. 6. Auf weitere Ausführung über die verschiedenen Stellen und ihre Einflüsse oder Erklärungen zum Beziehungsgeflecht sei hier verzichtet. Die Abkürzungen in alphabetischer Reihenfolge:

DEA	Drug Enforcement Association
DOJ	Department of Justice
DOL	Department of Labor
DOT	Department of Transportation
EPA	Environmental Protection Agency
FAA	Federal Aviation Association
FBI	Federal Bureau of Investigation
FDA	Food & Drug Administration
FTC	Federal Trade Commission
HHS/HRSA	Health and Human Services/Health Resources and Services Administration
HHS/NIOSH	Health and Human Services/National Institute for Occupational Safety and Health
IRS	Internal Revenue Service
JCAHO	Joint Council on Accreditation of Healthcare Organizations
NRC	National Research Council
OIG	Office of the Inspector General
OPOs	Organ Procurement Organizations
OSHA	Occupational Safety and Health Administration
PROs	Peer Review Organizations
PRRB	Provider Reimbursement Review Board
SEC	Securities and Exchange Commission

Anhang Nr. 4: Bilanz der Mt. Sinai Obligated Group (Jahresende 2000)

Assets	Dec 31, 2000 (in US$ Thousands)	**Liabilities and net assets**	Dec 31, 2000 (in US$ Thousands)
Current Assets:		Current liabilities:	
Cash and cash equivalents	2.382	Accounts payable and accrued expenses, including construction liabilities	174.739
Patient accounts receivable, less allowances for uncollectibles (2000: US$ 69.442)	266.625	Accrued salaries and related liabilities	72.345
Marketable securities	89.882	Accrued interest payable	22.647
Assets limited as to use	98.628	Accrued support to NYU School of Medicine	19.015
Due from related organizations, net	31.439	Current portion of long-term debt	8.443
Inventories	30.276	Other current liabilities	18.090
Other current asstes	58.850	Total current liabilities	315.279
Total current assets	578.082		
		Long-term debt, less current portion	703.950
		Accrued support to NYU School of Medicine	41.946
Long-term investments:		Accrued pension and postretirement benefits	44.250
		Reserve for self-insurance liabilities	13.941
Marketable securities, other investments and alternative investments	156.308	Other liabilities	80.247
Real estate	17.379	Total Liabilities	1.199.613
Assets limited as to use	60.262		
Self-insurance trust assets	13.668	Commitments and contingencies:	
Other assets	28.904	Net asstes:	
Deffered financing costs	15.855	Unrestricted	330.736
Due from related organization	8.962	Temporarily restricted	45.270
Property, plant and equipment, net	750.896	Permenently restricted	54.697
		Total net assets	430.703
	1.630.316	Total liabilities and net assets	1.630.316

Quelle: DASNY (2002), Appendix B1, Combined Financial Statements S. 2 -3. Von den sog. „Marketable Securities“ wurden 196,4 Mio. identifiziert, die als liquide eingestuft werden können.[1045] Auf eine Übersetzung der Begriffe wurde verzichtet, da sie im Original – nach US-amerikanischer Rechungslegung – verständlicher bleibt. Siehe für die Gewinn- und Verlustrechnung den folgenden Anhang Nr. 5.

Anhang Nr. 5: Gewinn- und Verlustrechnung der Mt. Sinai Obligated Group (verkürzt)

Operating revenue	(in US$ Thousands)
Net patient service revenue	1.457.402
Investment income and net realized gains on sales of securities	27.688
Contributions	32.263
Other revenue	71.295
Net assets released from restrictions for operations	28.460
Total operating revenue	1.617.108
Expenses	
Salaries and wages	761.376
Employee benefits	157.662
Supplies and other	441.140
Depreciation and amortization	95.370
Interest	47.872
Bad debts	57.534
Total expenses before unusual item	1.560.954
Excess of operating revenue over expenses before unusual item, discontinued operations and other change in unrestricted net assets	56.154

Quelle: DASNY (2002), Appendix B1, Combined Financial Statements S. 4.

[1045] Vgl. dazu DASNY (2002), Appendix B, Combined Financial Statements, S. 16, 17.

Anhang Nr. 6: Berechnung der Advance Rate anhand der „Dynamic Reserve" Berechnungen von FitchRatings

Die dynamische Reserve nach FitchRatings (2001b) setzt sich aus der Summe der sog. „Loss Reserve" + „Dilution Reserve" + „Carrying Cost Reserve" zusammen, die sich – je nach Änderung des Portfolios – anpassen.[1046] Mit steigenden Ausfallraten steigt damit auch der Anspruch an die Höhe der Reserve. Zur Berechnung werden die Daten des Portfolios (Ausfälle bzw. „Dilution") zugrunde gelegt sowie ein sog. „Rating Multiplier" mit einbezogen. Dieser ist umso höher, je besser das angestrebte Rating einer Transaktion bzw. Tranche ist. Zur Vereinfachung wurde im Beispiel in Kapitel 6.2.2. eine einzige Kennzahl für Ausfall, „Dilution" und Kostenreserve berechnet, deren Ergebnis die „Advance Rate" also die Höhe der Auszahlung an das Krankenhaus bestimmt und sich damit als: 100% abzgl. des Over-Collateralization-Wertes. Die Berechnung der Over-Collateralization wird im Folgenden erläutert[1047]:

Spalte 1	2	3	4	5	6	7	8
Monat	Rating Multiplier[1]	Verlust[2]	4-Monats Durschnitt von Spalte 3[3]	Ausfallquote (12-Monats Hoch von Spalte 4)[4]	Standard-abweichung (12-Monate von Spalte 3)[5]	Volatilitäts-faktor (Spalte 6 x 1,96)[6]	Wert der Over-Collateralization ((Spalte 2 x 5 x) + 10 + 1%*); Min. 6%)
36	2,25	1,97%	3,07%	3,07%	1,17%	2,29%	10,20%
37	2,25	1,14%	2,46%	3,07%	1,19%	2,33%	10,25%
38	2,25	3,69%	2,77%	3,07%	1,27%	2,48%	10,40%
39	2,25	2,88%	2,42%	3,07%	1,27%	2,49%	10,41%
40	2,25	4,94%	3,16%	3,16%	1,39%	2,72%	10,83%
41	2,25	1,87%	3,34%	3,34%	1,37%	2,69%	11,22%
42	2,25	4,74%	3,61%	3,61%	1,29%	2,53%	11,65%
43	2,25	0,55%	3,02%	3,61%	1,42%	2,78%	11,89%
44	2,25	0,10%	1,81%	3,61%	1,54%	3,03%	12,14%
45	2,25	3,22%	2,15%	3,61%	1,53%	3,00%	12,11%
46	2,25	1,12%	1,24%	3,61%	1,59%	3,11%	12,23%
47	2,25	0,76%	1,30%	3,61%	1,56%	3,07%	12,18%
48	2,25	0,27%	1,34%	3,61%	1,66%	3,25%	12,36%

* Hier wird 1% pauschal für Kosten addiert. In der Praxis wird über die Berechnung einer "Carrying Cost Reserve" ein "Puffer" geschaffen, der sowohl Kosten als auch sich eventuell ändernde Zinssätze berücksichtigt.

[1]: Der Rating Multiplier von 2,25 ist der Wert, den FitchRatings für Tranchen mit einem AA-Rating anwendet (zum Vergleich: AAA: 2,5; A: 2,0). [2]: Verlust des Vormonats bezogen auf den Forderungsbestand des Vormonats (in Prozent). [3]: Da keine Vergangenheitsdaten zur Verfügung standen, erfolgte die Berechnung wie angegeben erst ab dem 4. Monat. Davor wurden die Daten aus Spalte 3 direkt übernommen. [4]: Diese Abgrenzung soll die zeitlichen Verzögerung berücksichtigen der Forderungszahlungen berücksichtigen. [5]: Dient der Berechnung des Volatilitätsfaktors. [6]: Mit dem Vielfachen (hier 1,96) der Standardabweichung lässt sich ein symmetrisches Intervall um den Erwartungswert einer Zufallsvariable bilden.[1048] Der Wert 1,96 entspricht dabei einem Konfidenzintervall von 95%. D. h., dass man zu 95% davon ausgehen kann, dass der Verlust nicht größer als „XY" Prozent sein wird. Das soll die Investoren davor schützen, dass nach einer relativ verlustfreien Zeit plötzlich ein unerwartet hoher Verlust auftritt, der zu Ausfällen der ABS führen würde.

[1046] Vgl. FitchRatings (2001b), S. 7. Die Summe dieser Komponenten ergibt dann den prozentualen Betrag, der als „Required Credit Enhancement" für den jeweiligen Monat festgelegt wird. Darin sind sowohl Ausfälle als auch die sog. „Dilution" berücksichtigt.

[1047] Die Daten entstammen dem Beispiel des Kapitels 6.2.2. Beispielhaft wurden hier 12 Monate ausgewählt, um die Berechnung der Advance Rate (wie sie in dem Beispiel vorgenommen wurde) zu demonstrieren. Berechnet in Anlehnung an FitchRatings (2001b), S. 7 - 10.

[1048] Vgl. dazu Leiner (1995), S. 118; Leiner (1996), S. 159.

Anhang Nr. 7: Pharmaceutical Patent „Pipeline“ der Yale University (New Haven, CT, USA)

Agent	Partner	Indication	Stage	Patent Expiration
Zerit	Bristol-Myers Squibb	HIV / AIDS	Marketed	December 2007
Zerit XR	Bristol-Myers Squibb	HIV / AIDS	Approved	December 2007
Emtriva	Gilead	Hepatits B	Phase III	Pending
Pexelizumab	Alexion	Inflammation from Cardiopulmonary Bypass	Phase III	December 2015
Clevudine	Bukwang / Eisai	Hepatits B	Phase III	January 2017
Cloretazine	Vion	Acute Myelogenous Leukemia	Phase III	October 2010
SPD-503	Shire	Attention Deficit Hyperactivity Disorder	Phase III	December 2015
Troxatyl	Structural GenomiX	Acute Myelogenous Leukemia	Phase II/III	October 2015
Troxatyl	Structural GenomiX	Pancreatic Cancer	Phase II	October 2015
Triapine	Vion	Leukemia	Phase II	October 2010
Triapine	Vion	Lung Cancer	Phase II	October 2010
Triapine	Vion	Metastatic Pancreatic Cancer	Phase II	October 2010
Elvucitabine	Achillion	Hepatitis B	Phase II	July 2010
Elvucitabine	Achillion	HIV / AIDS	Phase II	July 2010
Cloretazine	Vion	Recurrent Gliomas	Phase II	October 2010
Cloretazine	Vion	Chronic Lymphocytic Leukemia	Phase I/IIa	October 2010
PHY906	Phytoceutia	Chemotherapy/Diarrhea	Phase I/IIa	Pending
TAPET	Vion	Solid Tumors	Phase I	No apps filed
AAV for CNS	Avigen, Neurologix	Parkinson's Disease	Phase I	January 2018
XL 784	Exelixis	Cancer	Phase I	June 2016
XL 784	Exelixis	Diabetic Neuropathy	Phase I	June 2016
PR-171	Proteolix	Hematological and Solid Tumor Cancers	Phase I	December 2010
IPdR	Hana Bioscienes	Cancer	Phase I	October 2015

Quelle: Yale Office of Cooperative Research (Stand: 7. September 2005).

Anhang Nr. 8: General Healthcare Group Struktur Diagramm

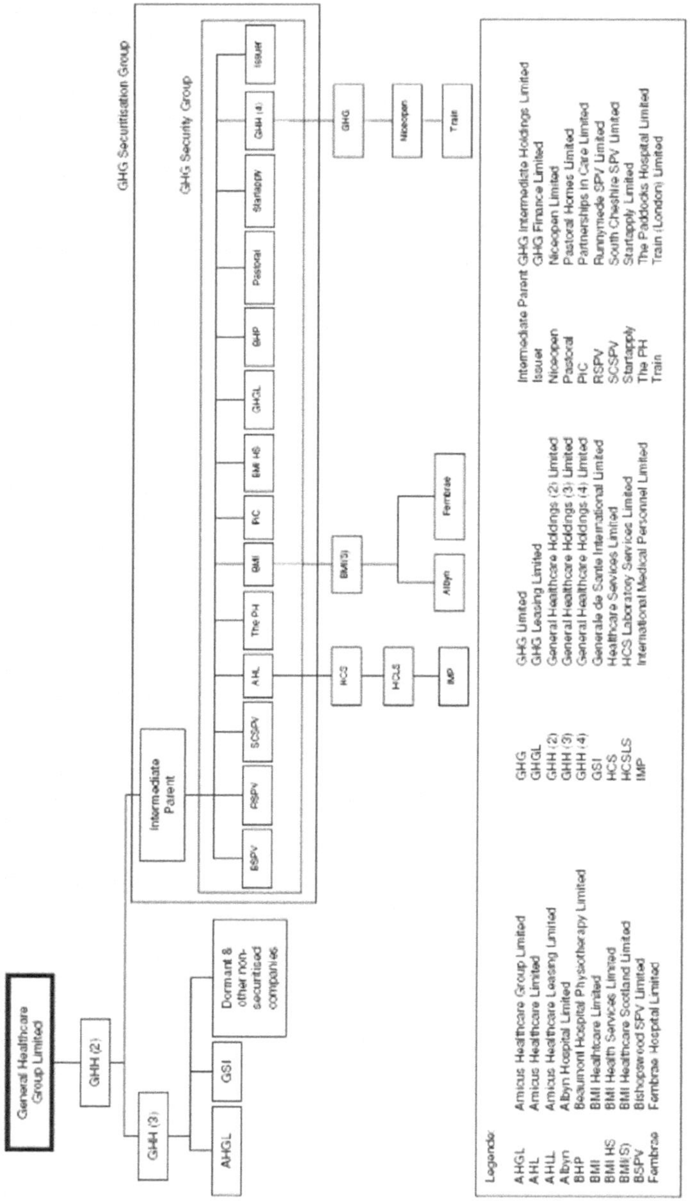

Quelle: Leicht modifiziert nach GHG Finance Limited (2004), S. 9 (das Emissionsprospekt ist zwar für andere (spätere) Emissionen verfasst, die GHG Gruppe war aber auch für die Emission des Jahres 2001 entsprechend beschrieben.

Anhang Nr. 9: Entwicklung der Länderausgaben zur Krankenhausfinanzierung nach dem KHG (Gesamtdeutschland)

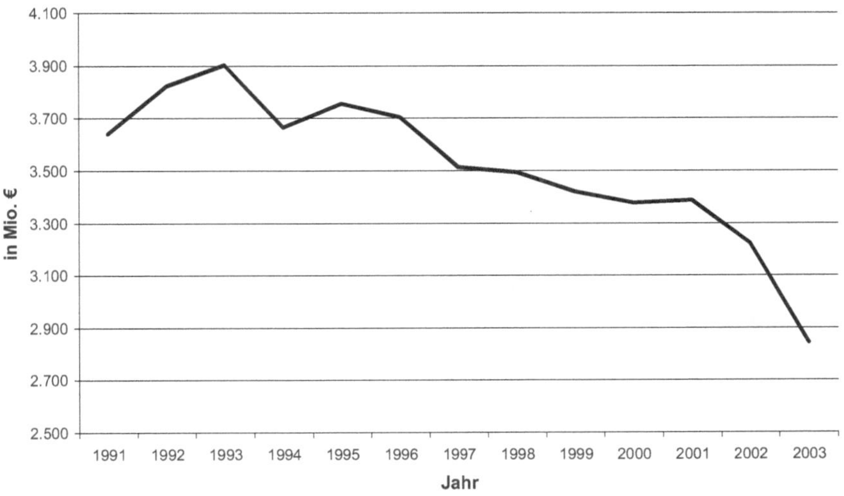

Eigene Darstellung unter Verwendung der Daten der DKG (2004), S. 65 (Werte in jeweiligen Preisen des Jahres).

Anhang Nr. 10: Beispiel für eine DRG-Kodierung in Deutschland

Das folgende Beispiel soll eine Kodierung unter dem DRG-Verfahren zeigen. Das Beispiel wurde aus dem Leitfaden „Deutsche Kodierrichtlinien, Version 2005" ausgewählt und über das öffentlich zugängliche „Gruppierungssystem" der „DRG Research Group" der Westfälischen Wilhelms Universitätsklinik Münster kodiert.[1049] Als Basisfallwert wurde € 2.700 eingegeben (ein bundeseinheitlicher Wert wird erst zum Abschluss des DRG-Preisbildungsverfahrens (voraussichtlich 2008) verfügbar sein).[1050] Das Beispiel zeigt die Kodierung für folgenden Fall (als Verweildauer wurden 14 Tage gewählt, was über dem Durchschnitt von 9,4 für diese Klassifikation liegt):

Vorzeitige Zwillingsgeburt in der 35. Woche, der erste Zwilling wird durch Extraktion aus Beckenendlage, der zweite durch eine „klassische Sectio" (transisthmischen Querschnitt) bei Geburtshindernis durch Querlage entbunden.

Hauptdiagnose:	*O64.8*	*Geburtshindernis durch sonstige Lage-, Haltungs- und Einstellungsanomalien*
Nebendiagnose(n):	*O32.5*	*Betreuung der Mutter bei Mehrlingsschwangerschaft mit Lage- und Einstellungsanomalie eines oder mehrerer Feten*
	O30.0	*Zwillingsschwangerschaft*
	O60.1	*Vorzeitige Entbindung*
	O09.5!	*Schwangerschaftsdauer, 34 bis 36 vollendete Wochen*
	Z37.2!	*Zwillinge, beide lebendgeboren*
Prozedur(en):	*5-727.1*	*Spontane und vaginale operative Entbindung bei Beckenendlage, assistierte Entbindung mit Spezialhandgriffen*
	5-740.1	*Klassische Sectio caesarea, sekundär*[1051]

Auf detaillierte Ausführungen zu den einzelnen Feldern sei hier verzichtet. Im Wesentlichen werden vom Arzt die medizinisch relevanten Daten der Person und die entsprechenden Diagnosen sowie Prozeduren eingegeben. Das System ermittelt daraufhin die Kostengewichte und die Grenzverweildauer (GVWD). In diesem Beispiel würde das Krankenhaus für einen Aufenthalt zwischen 3 und 19 Tagen das gleiche Entgelt beziehen (vgl. Graphik der nachfolgenden Seite).

[1049] Vgl. Universitätsklinikum Münster (2005).

[1050] Der von der Deutschen Krankenhausgesellschaft ermittelte durchschnittliche Wert lag 2003 bei € 2.630, was hier als Richtgröße genügen soll.

[1051] Deutsche Kodierrichtlinie (2005), S. 123.

Geschlecht:	weiblich	**Alter:**	32 **Jahre,** **Tage**
Aufnahmegew.:	**Gramm**	**Behandlung:**	unfreiwillig
Verweildauer:	14 **Tage,** kein Tagesfall	**Beatmungszeit:**	**Stunden**
Entlassungsart:	Behandlung regulär beendet		
Diagnosen:	O64.8 O32.5 O30.0 O60.1 O09.5! Z37.2!		
(ICD-10-GM-2005)			
Prozeduren:	5-727.1 5-740.1		
(OPS301-2005)			
Basisfallpreis:	2700 **€**	G-DRG 2005/2006	Gruppieren / Neuer Fall

Gruppierungsergebnis (GDRG2006)

MDC	**14**	Schwangerschaft, Geburt und Wochenbett
DRG	**O01C**	Sectio caesarea ohne mehrere komplizierende Diagnosen, Schwangerschaftsdauer > 33 vollendete Wochen oder mit komplizierender Diagnose, Schwangerschaftsdauer 26 bis 33 vollendete Wochen oder ohne komplizierende Diagnose, Schwangerschaftsdauer bis 33 vollendete Wochen
PCCL	**0**	Status: normale Gruppierung (GetDRG-Grouper 2005/06)

Verweildauer	aktuelle VWD:	**14**	1. Tag Abschlag:	**2**	1. Tag Zuschlag:	**20**
	mittl. VWD (arith.):	**9.4**	untere GVWD:	**3**	obere GVWD:	**19**
Kostengewicht	Basiskostengewicht:	1,263	**eff. Kostengewicht:**	**1,263**	(Zuschlag: 0)	
Entgelt	Basisentgelt:	3410,10 €	**eff. Entgelt:**	**3410,10 €**	(Zuschlag: 0,00 €; Basisfallpreis: 2700,00 €)	

Diagnosen (ICD-10-GM-2005)

<>	O64.8	Geburtshindernis durch sonstige Lage-, Haltungs- und Einstellungsanomalien	N	0	Gültig
<>	O32.5	Betreuung der Mutter bei Mehrlingsschwangerschaft mit Lage- und Einstellungsanomalie eines oder mehrerer Feten	J	0	Gültig
<>	O30.0	Zwillingsschwangerschaft	J	0	Gültig
<>	O60.1	Vorzeitige Entbindung	N	0	Gültig
<>	O09.5!	Schwangerschaftsdauer: 34 bis 36 vollendete Wochen	N	0	Gültig
<>	Z37.2!	Zwillinge, beide lebendgeboren	N	0	Gültig

Prozeduren (OPS301-2005)

<>	5-727.1	Entbindung aus Beckenendlage und instrumentelle Entbindung: Spontane und vaginale operative Entbindung bei Beckenendlage: Assistierte Entbindung mit Spezialhandgriffen	N	NOP	gültig
<>	5-740.1	Sectio caesarea und Entwicklung des Kindes: Klassische Sectio caesarea: Sekundär	J	OP	gültig

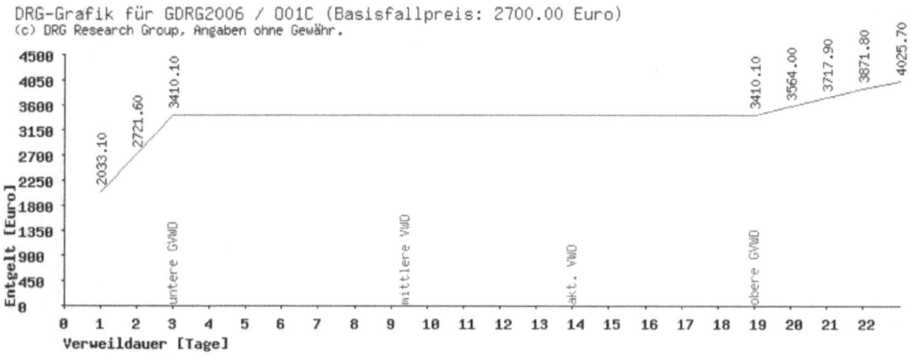

Angabe der Quelle: „Dieser Webgrouper nutzt die Grouping Engine GetDRG der Gesellschaft für den Einsatz offener Systeme mbH (GEOS)."

Quelle: Berechnet mit und übernommen vom Gruppierungssystem der Universitätsklinik Münster.

Anhang Nr. 11: Übersicht der Rhön-Klinikum AG Anleihe (Auszug)

Credit	Rhoen-Klinikum AG
Outlook of Credit	Rating(s) under Review, 22 DEC 2005
CUSIP/ISIN	XS0223996835
Coupon	3.5
Maturity	7 JUL 2005
Debt Type	Eurobonds
Original Face Amount	EUR 100.00 mil.
Seniority	Senior Unsecured
Sale Date	30 JUN 2005
Current Rating	Baa2
Rating Date	16 JUN 2005

Quelle: Moody's (2005h), Issuer Summary, Rating.

Anhang Nr. 12: Konzernstruktur der Gesellschaft Gesundheit Nord

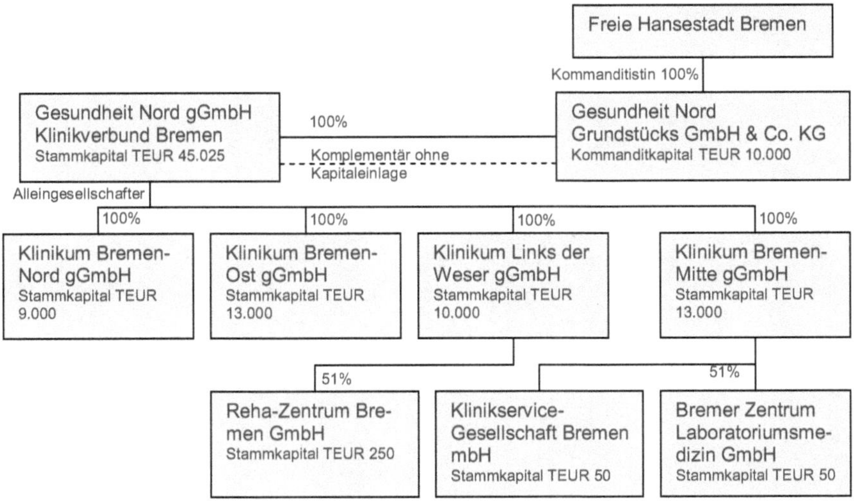

Quelle: Leicht modifizierte Darstellung nach Gesundheit Nord (2005), S. 7.

Literaturverzeichnis

(Angaben zu einigen Online-Ressourcen bzw. Internet-Quellen sind am Ende des Verzeichnisses aufgeführt.)

Adell, J./Truan, R. (1998): Spain; Glennie, D. G./de Bouter, E. C./Luke, R. D. (Hrsg.): Securitization; Kluwer Law International, The Hague, London, Boston, S. 137 - 149.

Adelson, M./Bartlett, E. (2004): ABS Credit Migrations 2004; Nomura Fixed Income Research, Nomura International Securities, New York, 7. Dezember.

Adelson, M./Hoyt, E. (2002): Healthcare ABS Primer; Nomura Fixed Income Research, Nomura International Securities, New York, 18. Oktober.

Adelson, M./Jacob, D. (2003): Report from Arizona: Selected Sessions of the February 2003 Securitization Conferences; Nomura Fixed Income Research, Nomura International Securities, New York, 18. Februar.

AHA (2002a): The State of Hospitals' Financial Health; AHA White Paper, American Hospital Association, Washington D.C. (Siehe auch Online-Ressourcen am Ende des Literaturverzeichnisses).

AHA (2002b): Cracks in the Foundation: Averting a Crisis in America's Hospitals; American Hospital Association, Washington D.C., August (Siehe auch Online-Ressourcen am Ende des Literaturverzeichnisses).

Akerlof, G. A. (1970): The market for "Lemons": Quality uncertainty and the market mechanism; Quarterly Journal of Economics, Bd. 84, S. 488 - 500.

Albach, H. (1988): Kosten, Transaktionskosten und externe Effekte im betrieblichen Rechnungswesen; Zeitschrift für Betriebswirtschaft, 58. Jg., Nr. 11, S. 1143 - 1170.

Althaus, T. (2003): Verbriefung in Deutschland aus Sicht einer Ratingagentur; Zeitschrift für das gesamte Kreditwesen, Nr. 12, S. 632 - 638.

Altrock, F./Rieso, S. (1999): Why Asset Backed Securities? Die Betriebswirtschaft, Vol. 59, Heft 2, S. 279 - 283.

Ambac (2001): AMBAC UK Backs First European Securitization of Private Hospital Revenues; Ambac Insurance Corp., Pressemitteilung, 8. August, New York.

Ambery, R. (2002): Current Issues in Commercial Property Securitisation; Borrows, J. (Hrsg.): Current Issues in Securitisation, Sweet & Maxwell, S. 31 - 48.

Amelung, V.-E./Schumacher, H. (2004): Managed Care – neue Wege im Gesundheitsmanagement, 3. Aufl., Gabler Verlag Wiesbaden.

AMGEN (2005): Annual Report 2004, SEC-Filing 10-K, Washington D.C.

Angell, M. (2004): The Truth About the Drug Companies. How they deceive us and what to do about it. Random House, New York.

Arbeitskreis „Finanzierung" der Schmalenbach-Gesellschaft (1992): Asset Backed Securities – ein neues Finanzierungsinstrument für deutsche Unternehmen? Zeitschrift für betriebswirtschaftliche Forschung, Bd. 44, Nr. 6, S. 495 - 530.

Arendt, C./Kölbl-Vogt, J. (2002): Allroundtalent: Der Asset-Backed-Securities-Markt boomt; Frankfurter Allgemeine Zeitung, 17. September, Nr. 216, S. B8.

Asset Sales Report (2000): NCFE Investigated Amid Charges of Fraud; Asset Sales Report, 22. Mai, Vol 14, No. 21, S. 1 und 7 - 9.

Auerbach, D./Roth, T. (2003): Erwerb von ABS und Credit-Linked-Notes durch institutionelle Investoren; Zeitschrift für Wirtschaft- und Bankrecht, 57. Jg., Nr. 5, S. 232 - 237.

Augurzky, B./Berhanu, S./Göhlmann, S./Krolop, S./Liehr-Griem, A./Schmidt, C. M./Tauchmann, H./Terkatz, S. (2004a): Strukturreformen im deutschen Gesundheitswesen; RWI Materialien, Heft 8.

Augurzky, B./Krolop, S./Engel, D./Schmidt, C. M./Terkatz, S. (2004c): Insolvenzrisiken von Krankenhäusern – Bewertung und Transparenz unter Basel II. Eine Analyse aktueller und zukünftiger Ratings von deutschen Krankenhäusern und Handlungsoptionen zu deren Verbesserung; RWI Materialien, Heft 15.

Augurzky, B./Krolop, S./Liehr-Griem, A./Schmidt, C. M./Terkatz, S. (2004b): Das Krankenhaus, Basel II und der Investitionsstau; RWI Materialien, Heft 13.

Auschra, R. (2003): Damit es kein böses Erwachen gibt. Cash-Management vor dem Hintergrund der aktuellen Veränderungen im Bankwesen; Krankenhaus Umschau, Nr. 7, S. 604 - 606.

Avery, A. E. (2001): Strategic Choices in Asset Sales; Fabozzi, F. J. (Hrsg): Accessing Capital Markets through Securitization, F. J. Fabozzi Associates New Hope, Pennsylvania, S. 121 - 140.

Baden-Württemberg (2003): Große Anfrage der CDU und Antwort der Landesregierung. Zukunft der Universitätsklinika in Baden-Württemberg; Landtag von Baden-Württemberg, 13. Wahlperiode, Drucksache 13 / 2748, 17. Dezember.

Baden-Württemberg (2005a): Staatshaushaltsplan 2005/06. Einzelplan Nr. 14, Ministerium für Wissenschaft, Forschung und Kunst; Finanzministerium Baden-Württemberg, Stuttgart.

Baden-Württemberg (2005b): Beteiligungsbericht 2005 des Landes Baden-Württemberg. Staatliche Beteiligungen an Unternehmen des privaten und öffentlichen Rechts 2005; Finanzministerium Baden-Württemberg, Stuttgart.

Bär, H. P. (2000): Asset Securitisation: Die Verbriefung von Finanzaktiven als innovative Finanzierungstechnik und neue Herausforderung für Banken, 3. Aufl., Verlag Paul Haupt, Bern, Stuttgart, Wien.

Baron, N. D. (1998): The Role of Rating Agencies in the Securitization Process; Kendall, L. T./Fishman, M. J. (Hrsg.): A Primer on Securitization, 3. Aufl., MIT Press, Cambridge, S. 81 - 90.

Bartelt, N. (1999): Asset-Backed Securities: Ein Produkt für deutsche Banken, 1.Aufl. Dt. Univ. Verlag Gabler, Wiesbaden.

Barth, A./Klein, J. (2002): Spielregeln. Die Grundstruktur von Asset-Backed-Securities-Transaktionen; Bankinformation und Genossenschaftsforum, Heft 4, S. 2 - 6.

Batchvarov, A./Collins, J./Davies, W. (2004): Mechanics of Securitisation; Fabozzi, F. J./Choudhry, M. (Hrsg.): The Handbook of European Structured Finance Products; John Wiley & Sons, Hoboken, New Jersey, S. 19 - 55.

Baums, T./Wymeersch, E. (1996): Asset-backed Securitization in Europe; Kluwer Law International, The Hague, London, Boston.

Beck, D. (1992): Informationswirtschaft im Klinikum. Entwicklung eines Kennzahlensystems für den Leistungsvergleich; Buchholz, W./ Eichhorn, P. (Hrsg.): Wirtschaftliche Führung von Krankenhäusern, Schriften zur öffentlichen Verwaltung und öffentlichen Wirtschaft, Bd. 63, 1. Aufl., Nomos Verlagsgesellschaft, Baden-Baden, S. 273 - 296.

Bell, I. (2002): Securitisation of Intellectual Property Rights; Borrows, J. (Hrsg.): Current Issues in Securitisation, Sweet & Maxwell, S. 83 - 94.

Benenda, N. L. (2003): Estimating Cost of Capital Using Bottom-Up Betas; CPA Journal, The CPA in Industry, Mai, Vol. 73, S. 66 - 73.

Benner, W. (1988): Asset Backed Securities – eine Finanzinnovation mit Wachstumschancen? Betriebswirtschaftliche Forschung und Praxis, Jg. 40, Nr. 5, S. 403 - 417.

Benveniste, L. M./Berger, A. N. (1987): Securitization with Recourse – An Instrument that Offers Uninsured Bank Depositors Sequential Claims; Journal of Banking and Finance, Bd. 11, S. 403 - 424.

Bernadi-Schenkluhn, B. (1992): Westeuropäische Gesundheitssysteme im Vergleich; Bernadi-Schenkluhn, B./Alber, J. (Hrsg.): Westeuropäische Gesundheitssysteme im Vergleich, Bundesrepublik Deutschland, Schweiz, Frankreich, Italien, Großbritannien; Schriften des Max-Planck-Instituts für Gesellschaftsforschung, Bd. 8, S. 177 - 321.

Bhattacharya, A. K. (1996): Early Amortization Triggers; Bhattacharya, A. K./Fabozzi, F. J. (Hrsg.): Asset-Backed Securities; 1. Aufl. Prudential Securities Inc. und F. J. Fabozzi Associates, New Hope, Pennsylvania, S. 285 - 289.

Bhattacharya, A. K./Fabozzi, F. J. (1996): The Expanding Frontiers of Asset Securitization; Bhattacharya, A. K./Fabozzi, F. J. (Hrsg.): Asset-Backed Securities; 1. Aufl. Prudential Securities Inc. und F. J. Fabozzi Associates, New Hope, Pennsylvania, S. 1 - 20.

Bieg, H./Krämer, G. (2001): Derivate und Risikomanagement sind die neuen Herausforderungen; Frankfurter Allgemeine Zeitung, 1. Oktober, Nr. 228, S. 31.

Bigus, J. (2000): Finanzierung über Factoring und Finanzierung über Asset-Backed-Securities im Vergleich; Wirtschaftswissenschaftliches Studium, 29. Jg., Heft 8, S. 465 - 467.

Black, F. (1993): Beta and Return; The Journal of Portfolio Management, Fall, S. 8 - 18.

Blankart, C. B. (2003): Öffentliche Finanzen in der Demokratie. Einführung in die Finanzwissenschaft; 5. Aufl., Verlag Vahlen, München.

Blum, K./Müller, U./Offermans, M./Schilz, P. (2004): Zahlungsverzögerungen und Zahlungsverweigerungen durch die gesetzlichen Krankenversicherungen; Das Krankenhaus, Nr. 12, S. 989 - 992.

Blum, L./DiAngelo, C. (1996): Structuring Efficient Asset-Backed Transactions; Bhattacharya, A. K./Fabozzi, F. J. (Hrsg.): Asset-Backed Securities; S. 237 - 267.

Blumenstyk, G. (2001): Turning Patent Royalties Into a Sure Thing; The Chronicle of Higher Education, 5. Oktober, Online Ausgabe, ohne Seite.

BMBF (2001): Zur Einführung der Neuheitsschonfrist im Patentrecht – ein USA-Deutschland-Vergleich bezogen auf den Hochschulbereich. Schlussbericht; Auftragnehmer: VDI-Technologiezentrum Düsseldorf in Kooperation mit der GBI mbH, Berlin, Herausgeber: BMBF, Referat für Öffentlichkeitsarbeit, Bonn (Siehe dazu auch die Angabe der Online-Ressourcen am Ende des Literaturverzeichnisses).

BMBF (2002): Bundesforschungsministerium für Neuheitsschonfrist im europäischen Patentrecht; Bundesministerium für Bildung und Forschung, Pressemitteilung Nr. 71, 9. April (Siehe dazu auch die Angabe der Online-Ressourcen am Ende des Literaturverzeichnisses).

BMGS (2005): Krankenkassen mit 4 Mrd. Euro Überschuss; Pressemitteilung, Nr. 36, 2. März, Berlin.

Bolsenkötter, H. (1979): Krankenhausfinanzierung und Krankenhausrechnungslegung; Eichhorn, P. (Hrsg.): Krankenhäuser als Unternehmen; Zeitschrift für öffentliche und gemeinwirtschaftliche Unternehmen, Beiheft 2, S. 12 - 22.

Bongard, K. (2001): Wirtschaftsfaktor Geldwäsche. Analyse und Bekämpfung; Diss. Univ. Kassel, 1. Aufl. Deutscher Universitätsverlag, Wiesbaden.

Boot, A./Thakor, A. V. (1993): Security Design; Journal of Finance, Vol. 48, S. 1349 - 1378.

Borgman, R. H. (1994): Asset-Backed Securities: The Determinates of Yield Spreads; Diss. University of Florida.

Borod, R. S. (2004): What is the future of life settlement and intellectual property securitization? Asset Securitization Report, ABS East 2004 Conference, Conference Daily, Thomson Media, 14. Oktober.

Borod, R. S./Hutton, H. J. (2003): Securitising new asset classes; Global Securitisation and Structured Finance 2003, Globe White Page, London, S. 57 - 62.

Borod, R. S./Hutton, H. J. (2004): US: securitising new asset classes – IP and wind revisited; Global Securitisation and Structured Finance 2004, Globe White Page, London, S. 74 - 80.

Borrows, J./Smith, H.(2002): Introduction; Borrows, J. (Hrsg.): Current Issues in Securitisation, Sweet & Maxwell, S. 1 - 4.

Boston Consulting Group (2004): Optimale staatliche Rahmenbedingungen für einen Kreditrisikomarkt/Verbriefungsmarkt für Kreditforderungen und -risiken in Deutschland; Gutachten im Auftrag des Bundesministeriums der Finanzen, Projektnummer 16/03, The Boston Consulting Group GmbH, 30. Januar.

Brand, S./Hofman, F. (2005): Standpunkt September 2005. Asset Backed Securities für die öffentliche Hand in Deutschland; Lazard Asset Management (Deutschland) GmbH, Frankfurt am Main.

Brealy, R. A./Myers, S. C. (2000): Principles of Corporate Finance; 6. Aufl., McGraw-Hill.

Breyer, F./Zweifel, P./Kifmann, M. (2003): Gesundheitsökonomie; 4. Aufl., Springer-Verlag Berlin Heidelberg New York.

Brillen, A. (2003): Unter vier Augen. Banken bleibt nur die Vermittlungsrolle: Bei Asset Backed Commercial Papers wenden sich Kapitalsuchende direkt an Investoren; Frankfurter Allgemeine Zeitung, 23. September, Nr. 221, S. B3.

Bristol-Myers Squibb (2004): Form 10-K, Annual Report 2003; Securities and Exchange Commission, Washington D. C.

Bristol-Myers Squibb (2005): Form 10-K, Annual Report 2004, Securities and Exchange Commission, Washington, D. C.

Buerger, T. V (1991): The Risks of Asset-Backed Securities: Lessons from the History; Shaw, Z. (Hrsg.): International Securitisation. The scope, development and future outlook for asset-backed finance; Stockton Press, New York.

BUPA (2002): Preliminary Offering Circular UK Hospitals No 1 S. A.; Europrospectus (Datenbank), Version: 12. Juni.

Buscher, F. (2005): Bericht zur Lage der Krankenhäuser in Deutschland bei der Einführung der Fallpauschalen; Das Krankenhaus, Nr. 3, S. 180 - 185.

Büschgen, H.-E. (1979): Produktion in der Kreditwirtschaft; Kern, W. (Hrsg.): Handwörterbuch der Produktionswirtschaft, Poeschel, Stuttgart, S. 992 - 998.

Busse, R./Wörz, M. (2003): Marktorientierung von Krankenhäusern: Ein Überblick über Reformen im europäischen Vergleich; Arnold, M./Klauber, J./Schellschmidt, H. (Hrsg.): Krankenhaus-Report 2002, Schattauer, S. 21 - 30.

BVA (2003a): Grundlagen und Entwicklungen des Vermögensrechtes in der Sozialversicherung und Aufsichtspraxis; Online-Datenbank des Bundesversicherungsamtes, Kategorie: Dokumente zum Vermögensrecht (Siehe dazu auch die Angabe der Online-Ressourcen am Ende des Literaturverzeichnisses).

BVA (2003b): Finanzierung der gesetzlichen Krankenkassen; Rundschreiben 23. Dezember, Online-Datenbank des Bundesversicherungsamtes, Kategorie: Dokumente zum Vermögensrecht (Siehe dazu auch die Angabe der Online-Ressourcen am Ende des Literaturverzeichnisses).

BVA (2003c): Kreditaufnahme durch Krankenkassen; Rundschreiben 31. Januar, Online-Datenbank des Bundesversicherungsamtes, Kategorie: Dokumente zum Vermögensrecht (Siehe dazu auch die Angabe der Online-Ressourcen am Ende des Literaturverzeichnisses).

Caliebe, G. (2000): Asset-Backed-Securities-Transaktionen und ihre Vereinbarkeit mit dem Rechtsberatungsgesetz; Betriebs-Berater, 55. Jg., Heft 47, S. 2369 - 2380.

Carlstrom, C. T./Samolyk, K. A. (1993): Examining the Microfoundations of Market Incentives for Asset-Backed Lending; Federal Reserve Bank of Cleveland, Economic Review, Bd. 29, Nr. 1, S. 27 - 38.

Castellani, E./Scott, G./Sennhauser, S./Angelelli, C. (2002): Whole Business Securitization in Italy – the way ahead? Freshfields Bruckhaus Deringer, Structured Finance, Publications, Oktober.

Chan, L. K./Lakonishok, J. (1993): Are the Reports of Beta's Death Premature? The Journal of Portfolio Management, Summer, S. 51 - 61.

Christenfeld, A. M./Melzer, S. W. (1997): Fighting Fraud: What Every Secured Lender Should Know (Part I); New York Law Journal, Vol. 217, Nr. 63, 6. Februar, Online Ausgabe (www.law.com/ny) o. S.

Coenenberg, A. G. (2005): Jahresabschluss und Jahresabschlussanalyse. Betriebswirtschaftliche, handelsrechtliche, steuerrechtliche und internationale Grundsätze – HGB, IFRS und US-GAAP; 20. Aufl. Schäfer Poeschel Verlag, Stuttgart.

Cohen, M. C./Kaplan, H. L. (1997): The Role of the Trustee in Securitization Transactions; Kravitt, J. P. (Hrsg.): Securitization of Financial Assets, 2. Aufl., Aspen Law & Business Publishers, Juni1997 Supplement, S. 9-1 - 9-33.

Conine, T. E./Tamarkin, M. (1985): Divisional Cost of Capital Estimation: Adjusting for Leverage; Financial Management, Vol. 12, S. 54 - 58.

Cook, K./Della Sala, F. J. (1998): The Role of the Trustee in Asset-Nacked Securitization; Fabozzi, F. (Hrsg.): Issuer Perspectives on Securitization, 1. Aufl. Frank J. Fabozzi Associates New Hope, Pennsylvania, S. 151 - 162.

Creifelds, C. (2002): Rechtswörterbuch; Begründet von Carl Creifelds. Herausgegeben von Klaus Weber, 17. Aufl., Verlag C. H. Beck, München.

Damaske, M. (2005): Verbriefungssoftware – noch in den Kinderschuhen! Zeitschrift für das gesamte Kreditwesen, 58 Jg., Heft 18, S. 1005 – 1007.

Danielewsky, M./Lehmann, A. (2003): Die UNCITRAL-Konvention über die internationale Forderungsabtretungen und die Auswirkungen auf Asset-Backed-Securities-Transaktionen; Zeitschrift für Wirtschaft- und Bankrecht, 57. Jg., Nr. 5, S. 221 - 230.

DASNY (2000): Offering Circular Mt. Sinai Health Obligated Group Revenue Bonds, Series 2000; Dormitory Authority of the State of New York, New York (Siehe dazu auch die Angabe der Online-Ressourcen am Ende des Literaturverzeichnisses).

DASNY (2002): Re-Offering Circular Mt. Sinai Health Obligated Group Revenue Bonds, Series 2000; Dormitory Authority of the State of New York, New York (Siehe dazu auch die Angabe der Online-Ressourcen am Ende des Literaturverzeichnisses).

DASNY (2005): Dormitory Authority of the State of New York, Annual Report 2004; New York (Siehe dazu auch die Angabe der Online-Ressourcen am Ende des Literaturverzeichnisses).

De Felice, G./Guelpa, F./Dal Colle, A. (1999): Securitisation: Potential within the Italian Financial System; Economic & Financial Review, Vol. 6, Heft 3, S. 111 - 145.

DeMarzo, M. P./Duffie, D. (1999): A liquidity-based model of security design; Econometrica, Vol. 67, S. 65 - 99.

Dennis, A. (2004): Securitisation of UK Pubs; Fabozzi, F. J./Choudhry, M. (Hrsg.): The Handbook of European Structured Finance Products; John Wiley & Sons, Hoboken, New Jersey, S. 389 - 409.

Dentz, M. (2005): Asset-Backed Securitisation, Finanzierungsalternative für den Mittelstand; Finance-Studien, F.A.Z.-Institut, Frankfurt am Main.

DESTATIS (2004): Grunddaten der Krankenhäuser und Vorsorge- oder Rehabilitationseinrichtungen 2002; Fachserie 12 / Reihe 6.1, 19. November, Statistisches Bundesamt Wiesbaden.

DESTATIS (2005): Gesundheitsberichterstattung; Online-Datenbank des Statistischen Bundesamtes zur Gesundheitsberichterstattung des Bundes (Siehe Online-Ressourcen am Ende des Literaturverzeichnisses).

Deutsch, E. (1999): Medizinrecht. Arztrecht, Arzneimittelrecht und Medizinprodukterecht; 4. Aufl. Springer Verlag Berlin Heidelberg New York.

Deutsche Bank (2005): Accounting for Securitisation under IAS, What it means for European structured finance; Global Markets Research, Securitisation, 27. April.

Deutsche Bundesbank (2005), Online-Datenbank (Siehe dazu auch die Angabe der Online-Ressourcen am Ende des Literaturverzeichnisses).

Deutsche Kodierrichtlinie (2005): Deutsche Kodierrichtlinien. Allgemeine und spezielle Kodierrichtlinien für die Verschlüsselung von Krankheiten und Prozeduren; Deutsche Krankenhausgesellschaft, Spitzenverbände der Krankenkassen, Verband der privaten Krankenversicherung, Institut für das Entgeltsystem im Krankenhaus (abrufbar unter: www.g-drg.de).

Deutsches Krankenhausinstitut (2002): Krankenhaus Barometer. Frühjahrsumfrage; Deutsches Krankenhausinstitut e. V., Düsseldorf, August.

Deutsches Krankenhausinstitut (2004): Krankenhaus Trends. Zahlungsverzögerungen und Zahlungsverweigerungen durch die Gesetzlichen Krankenkassen. Erhebung September 2004; Deutsches Krankenhausinstitut e. V., Düsseldorf, Oktober.

Deutsches Krankenhausinstitut (2005): Krankenhaus Barometer. Umfrage 2005; Deutsches Krankenhausinstitut e. V., Düsseldorf, November.

Diamond, D. W. (1991): Monitoring and Reputation: The Choice between Bank Loans and Directly Placed Debt; Journal of Political Economy, Bd. 99, Nr. 4, S. 689 - 721.

Dittrich, K./Kölbl-Vogt, J. (2002): Whole Business Securitisation – ein neues Refinanzierungskonzept in Deutschland; Die Bank, Heft 3, S. 180 - 183.

DKFZ (2004): Bericht. Deutsches Krebsforschungszentrum, Stiftung des öffentlichen Rechts des Landes Baden-Württemberg, Heidelberg. Prüfung des Jahresabschlusses zum 31. Dezember 2003 und des Lageberichts für das Geschäftsjahr 2003; PricewaterhouseCoopers Deutsche Revision, 9. Juni, Frankfurt am Main.

DKG (2002): Institutionskennzeichen nach § 293 SGB V; Online Bibliothek, Mitteilung EDV & Statistik, Rubrik Diverses, 17. Dezember, Berlin, o. S. (Siehe dazu auch die Angabe der Online-Ressourcen am Ende des Literaturverzeichnisses).

DKG (2004): Krankenhausfinanzierung und -planung. Bestandsaufnahme zur Krankenhausplanung und Investitionsfinanzierung in den Bundesländern; Deutsche Krankenhausgesellschaft, Dezernat II, November, Berlin (Siehe dazu auch die Angabe der Online-Ressourcen am Ende des Literaturverzeichnisses).

DKG (2005): Grundsatzpapier der Deutschen Krankenhausgesellschaft zur steuerrechtlichen Bewertung von Krankenhausleistungen; 9. März, Berlin (Siehe dazu auch die Angabe der Online-Ressourcen am Ende des Literaturverzeichnisses).

Dorendorf, B. (2003a): Der Risikotransfer über Verbriefungen bietet für alle Marktteilnehmer Vorteile; Frankfurter Allgemeine Zeitung, 24. April, Nr. 95, S. 23.

Dorendorf, B. (2003b): Komplizierte Struktur der Verbriefungen schreckt nur noch wenig; Frankfurter Allgemeine Zeitung, 22. Mai, Nr. 118, S. 22.

Dorendorf, B. (2004): Der europäische Markt für Verbriefungen wächst kräftig; Frankfurter Allgemeine Zeitung, 9. Januar, Nr. 7, S. 21.

Dornhofer, J./Rutan, E. (2004): Rating Trade Receivables Transactions; Fabozzi, F. J./Choudhry, M. (Hrsg.): The Handbook of European Structured Finance Products; John Wiley & Sons, Hoboken, New Jersey, S. 273 - 290.

Dorris, M. S. (2003): The Securitization of Drug Royalties: A New Elixir? Global Securitisation and Structured Finance 2003, Globe White Page, London, S. 79 - 84.

Dorris, M. S./Wilkes, L. M. (2004): Pharmaceutical royalties: a new securitisation frontier; Global Securitisation and Structured Finance 2004, Globe White Page, London, S. 102 - 107.

Dries, V. (2005): Eine Zäsur für den Anleihemarkt; Frankfurter Allgemeine Zeitung, Nr. 106, 9. Mai, S. 32.

Dufey, G. (2003): Finanzinnovationen; Knobloch, A./Kratz, N. (Hrsg.): Neuere Finanzprodukte – Anwendung, Bewertung, Bilanzierung; Verlag Vahlen München, S. 4 - 18.

Dufey, G./Giddy, I. (1981): Innovation in the International Financial Markets; Journal of International Business Studies, Fall 1981, S. 33 - 51.

Dugan, A. (1990): Finding a way through the maze; Euromoney, April, S. 97 - 100.

Eckl, S./Robinson, J. N./Thomas, D. C. (1991): Financial Engineering. A Handbook of Derivative Products; Basil Blackwell, Cambridge, Massachusetts.

Edwards, D. (2001): Patent Backed Securitization: Blueprint For a New Asset Class; Gerling NCM Credit Insurance, Inc., 3. Januar, unter: (http://www.securitization.net/knowledge/ articles.asp?id=349). Letzte Abfrage 5. Dezember 2005).

Eichhorn, P. (1979a): Krankenhäuser als Unternehmen; Zeitschrift für öffentliche und gemeinwirtschaftliche Unternehmen, Beiheft 2, S. 1 - 11.

Eichhorn, P. (1979b): Preisbildung im Krankenhaus nach dem Kostendeckungsprinzip; Zeitschrift für öffentliche und gemeinwirtschaftliche Unternehmen, Beiheft 2, S. 39 - 55.

Eichhorn, P./Greiling, D. (2002): Das Krankenhaus als Unternehmen; Arnold, M./Klauber, J./Schellschmidt, H. (Hrsg.): Krankenhaus-Report 2002, Schwerpunkt: Das Krankenhaus im Wettbewerb, Schattauer, Stuttgart, S. 31 - 41.

Eickmann, D. (2005): §§ 35 - 102 InsO; Heidelberger Kommentar zur Insolvenzordnung; 4. Aufl., C. F. Müller Verlag, Heidelberg, S. 279 - 484.

Eisele, F./Neus, W. (2003): Asset-Backed Securities, Informationsasymmetrien und Regulierung; Knobloch, A./Kratz, N. (Hrsg.): Neuere Finanzprodukte – Anwendung, Bewertung, Bilanzierung; Verlag Vahlen München, S. 233 - 263.

Engelen, K. (1965): Die Finanzierung und das Factoring von Buchforderungen in den Vereinigten Staaten von Amerika; Bankwirtschaftliche Sonderveröffentlichungen des Instituts für Bankwirtschaft und Bankrecht an der Universität Köln, Abteilung für Bankwirtschaft, Bd. 5.

Engelsing, F. (1999): Zahlungsunfähigkeit von Kommunen und anderen juristischen Personen des öffentlichen Rechts: Vollstreckung und finanzielle Einstandspflicht; Schmidt-Aßmann, E./Schoch, F. (Hrsg.), Schriften zum deutschen und europäischen Kommunalrecht, Band 10, Richard Boorberg; Verlag Berlin, Hannover, Dresden.

Erselius, J. R. (2004): Patentschutz für biotechnologische Erfindungen – der aktuelle Stand in Europa und USA; Masterarbeit, Fachbereich Betriebswirtschaft, Fachhochschule Deggendorf.

EU (2003): ESA 95 manual on government deficit and debt. Securitisation operations undertaken by general government (Part V); Methods and Nomenclatures, Office for Official Publications of the European Communities, Luxembourg.

EU (2005): VERORDNUNG (EG) Nr. 809/2004 der Kommission vom 29. April 2004 zur Umsetzung der Richtlinie 2003/71/EG des Europäischen Parlaments und des Rates betreffend die in Prospekten enthaltenen Angaben sowie die Aufmachung, die Aufnahme von Angaben in Form eines Verweises und die Veröffentlichung solcher Prospekte sowie die Verbreitung von Werbung; Amtsblatt der Europäischen Union (Deutsch), 18. Juli.

Europäische Zentralbank (2005): Monatsbericht September, Deutsch; Europäische Zentralbank, Frankfurt am Main.

Evans, M. (2003): Why German trade tax changes don't go far enough; International Financial Law Review, 3. Juli; S. 24 - 25.

Fahrholz, B. (1998): Neue Formen der Unternehmensfinanzierung: Unternehmensübernahmen, Big ticket-Leasing, Asset Backed- und Projektfinanzierungen; die steuer- und haftungsrechtliche Optimierung durch Einzweckgesellschaften (Single Purpose Companies), dargestellt anhand von Beispielsachverhalten, 1. Aufl., C.H. Beck Verlag, München.

Fama, E. F./French, K. R. (1992): The Cross-Section of Expected Stock Returns; The Journal of Finance, Vol. 47, Nr. 2, S. 427 - 465.

Feldkamp, F. L. (1999): Comment. Frederick L. Feldkamp of Foley & Lardner, Chicago reviews the US securitization developments and suggests some possible limits; International Financial Law Review, August, S. 9 - 10.

Ferconio, S./Lane, M. R. (1991): Financing maneuvers; Two opportunities to boost a hospital's working capital; Journal of Healthcare Financial Management, Nr. 45, S. 74 - 80.

Fink, L. (1998): The Role of Pension Funds and Other Investors in Securitized Debt Markets; Kendall, L./Fishman, M. (1998): A Primer on Securitization; MIT Press, Cambridge, Massachusetts, S. 117 - 127.

Finkler, S. A. (2001): Financial management for public, health, and not-for-profit organizations; Prentice Hall, Upper Saddle River, NJ.

Fishman, E. A. (2003): Securitization of IP Royalty Streams: Accessing the Landscape; Technology Access Report, September, S. 6 - 7.

FitchRatings (1997): Rating Healthcare Receivables; Fitch Research, Public Finance, Municipal Structured Finance, Special Report, 2. Oktober.

FitchRatings (1998): Rating Guidelines for Health Care Receivables; Fitch Corporate Finance, Health Care Special Report, 20. April.

FitchRatings (2000a): Shifting Investment and Debt Portfolios of Hospitals and Health Care Systems; Fitch Public Finance, Health Care, Special Report, 9. Oktober.

FitchRatings (2000b): Rating Securities Backed by Future Financial Cash Flows; Fitch Structured Finance, International Special Report, 25. September.

FitchRatings (2001a): Rating Equipment Lease Securitizations; Fitch Structured Finance, Asset-Backed Special Report, 2. Februar.

FitchRatings (2001b): Rating Trade Receivables Securitizations; European Structured Finance, Criteria Piece, Januar.

FitchRatings (2002): HFG Healthco-4, LLC; Structured Finance, Asset-Backed, New Issue, 22. Juli.

FitchRatings (2003a): The Portuguese Securitisation Law; Structured Finance, Structured Finance Special Report, 30. September.

FitchRatings (2003b): 2003 Median Ratios for Nonprofit Hospitals and Health Care Systems; Fitch Public Finance, Health Care Special Report, 6. August.

FitchRatings (2003c): Beverly Enterprises, Inc.; Fitch Corporate Finance, US and Canada, Credit Update, 24. September.

FitchRatings (2003d): Rating Guidelines for Japanese Hospitals; International Public Finance, Special Report, 23. Mai.

FitchRatings (2003e): Private deutsche Krankenversicherer. Traditionell schwache Kapitalausstattung weiter verringert; Versicherung, Spezial Report, Deutschland, 22. Dezember.

FitchRatings (2004a): 2004 Nonprofit Hospitals and Health Care Systems Forecast; Fitch Public Finance, Health Care Special Report, 15. Januar.

FitchRatings (2004b): Criteria for Whole Business Securitisation; Structured Finance, Whole Business/Europe, Criteria Report, 28. Januar.

FitchRatings (2005a): For-Profit Hospital Operator Sector: 2005 Outlook; Corporate Finance, US and Canada, Special Report, 5. Januar.

FitchRatings (2005b): Global Asset-Backed Commercial Paper: 2004 Review and 2005 Outlook; Structured Finance, Asset-Backed Special Report, 3. Februar.

FitchRatings (2005c): A Ratings Primer for Japanese Hospitals; International Public Finance, Health Care, Special Report, 8. Juli.

Flägel, P. (2005): Asset Securitization und insolvenzrechtliche Probleme in den USA; Recht der Internationalen Wirtschaft, Heft 3, S. 194 - 197.

Flaum, D. B./Klyman, M. L. (2000): Health Care Receivables Securitization: Structuring Issues and Future Trends; Commercial Lending Review, Vol. 13, Nr. 3, S. 25 - 29.

Fleckner, A. M. (2004): Insolvenzrechtliche Risiken bei Asset Backed Securities; Zeitschrift für Wirtschaftrecht, 25. Jg., Heft 13, S. 585 - 598.

Folk, M. D./Roest, P. R. (1995): Converting accounts receivable into cash; Healthcare Financial Management, September, S. 74 - 77.

Franke, U. (2002): Asset-Backed Securities - Eine Möglichkeit zur Krankenhausfinanzierung auch in Deutschland? Diplomarbeit Universität Heidelberg.

Fries, T. (2003): Unternehmensbewertung von Krankenhäusern; Arbeitsberichte zum Management im Gesundheitswesen, Kuntz, L. (Hrsg.), Nr. 3, Univ. Köln.

Früh, A. (1995): Asset Backed Securities / Securitization am Finanzplatz Deutschland; Betriebs Berater, Heft 3, S. 105 - 109.

Gapenski, L. C. (1993): Hospital Capital Structure Decisions: Theory and Practice; Health Services Management Research, Vol. 6, Nr. 4, S. 237 - 247.

Gebauer, C. A. (2001): § 301 SGB V oder: Geld nur gegen Daten? Krankenhaus Umschau, Nr. 12, S. 1117 - 1120.

Gehring, B. (1999): Asset-Backed Securities im amerikanischen und deutschen Recht, Bank- und kapitalmarktrechtliche Schriften des Instituts für Bankrecht Köln, Bd. 11, Verlag C.H. Beck.

Gern, A. (2001): Kommunalrecht Baden-Württemberg; 8. Aufl., Nomos Verlagsgesellschaft Baden-Baden.

Gesetzentwurf der Fraktionen Bündnis 90/Die Grünen (2003): Entwurf eines Gesetzes zur Förderung und zur Verbesserung der Unternehmensfinanzierung (Kleinunternehmerförderungsgesetz); Deutscher Bundestag, 15. Wahlperiode, Drucksache 15/537, 11. März.

Gesundheit Nord (2005): Jahresbericht 2004, Gesundheit Nord, Klinikverbund Bremen.

GHG Finance Limited (2004): £ 578,360,000 Secured Notes of GHG Finance Limited, Offering Circular; Barclays Capital, Morgan Stanley, 7. Oktober.

Gissmann, L. (2006): Linking Human Papillomaviruses to cervical cancer: a long and winding road; Campo MS: Papillomavirus Research: From Natural History To Vaccines and Beyond; 2006 Caister Academic Press, Norwick UK, S. 3 - 11.

Glennie, D. G./de Bouter, E. C./Luke, R. D. (1998): Securitization; Kluwer Law International, The Hague, London, Boston.

Gögler, C. (1996): Asset-Backed-Securities. Darstellung der US-amerikanischen Praxis, rechtliche Rahmenbedingungen für die Übertragung des Konzeptes auf die Bundesrepublik Deutschland sowie Beurteilung aus Sicht der Beteiligten; Diss. Univ. Tübingen, Europäische Hochschulschriften: Reihe 5, Bd. 1896, Verlag Peter Lang.

Gorton, G./Pennacchi, G. G. (1995): Banking and Loan Sales: Marketing Non-Marketable Assets; Journal of Monetary Economics Vol. 35, S. 389 - 411.

Graumann, M./Schmidt-Graumann, A. (2002): Rechnungslegung und Finanzierung der Krankenhäuser, Luchterhandverlag, Neuwied, Kriftel.

Graupner, H. (2005): Die neuen Gesundheitskonzerne; Süddeutsche Zeitung, 2. August, Nr. 176, S. 8.

Greenbaum, S. I./Haywood, C. F. (1971): Secular Changes in the Financial Services Industry; Journal of Money, Credit and Banking, Bd. 3, Nr. 2, S. 571 - 589.

Greenbaum, S. I./Thakor, A. V. (1987): Bank Funding Modes – Securitization versus Deposits; Journal of Banking and Finance, Bd. 11, S. 379 - 401.

Greenbaum, S. I./Thakor, A. V. (1995): Contemporary Financial Intermediation, Dryden Press.

Grillo, E. (2005): Innovatives Finanzierungsinstrument schützt deutsche Krankenhäuser vor Geldnöten; Verlagsbeilage Handelsblatt, Journal Mittelstand, 13. Juni, S. 5.

Gronemann, J./Fuchs, R. (2001): „Basel II“ ist auch eine Herausforderung für Kliniken; Führen & Wirtschaften, Nr. 5, Jg. 18, S. 464 - 467.

Gross, M. J./Larkin, R. F./McCarthy, J. H. (2000): Financial and accounting guide for not-for-profit organizations; Wiley nonprofit law, finance, and management series, 6. Aufl., Wiley, New York.

Grossekettler, H. (1999): Öffentliche Finanzen; Bender, D. (Hrsg.): Vahlens Kompendium der Wirtschaftstheorie und Wirtschaftspolitik, Bd. 1, 7. Aufl., Verlag Franz Vahlen München, S. 519 - 672.

Grotowski, T. (2004): Unternehmen Krankenhaus – Paradigmenwechsel in der Krankenhausfinanzierung/Public-Private Partnership; Krankenhaus Umschau, Nr. 3, S. 182 - 184.

Gundlach, U./Frenzel, V./Schmidt, N. (2001): Die Haftung des Landes gemäß § 12 II InsO; Neue Zeitschrift für Verwaltungsrecht, Heft 07, S. 778-780.

H.E.A.T Mezzanine (2005): Hybrid Equity Access Trust, Capital Market Refinancing of Mezzanine Capital for German Mid-Cap Corporates, HSBC Trinkaus & Burkhardt, August.

Hansmann, H. B. (2000): The Ownership of Enterprise; The Belknap Press of Harvard University, Cambridge, MA.

Hansmeyer, K.-H./Henke, K.-D. (1997): Zur zukünftigen Finanzierung von Krankenhausinvestitionen; Diskussionspapier 1997/15 Technische Universität Berlin.

Harner, P. E./Lane, M./Marriott, V. J. (2003): Situation Report: National Century Financial Enterprises, Inc.; Ergebnisbericht, vorgestellt an der 4. Konferenz über „Healthcare Transactions" (31. März - 1 April), 1. April, The Fairmont Hotel, Chicago.

Harrell, C. E./Folk, M. D. (1994): Financing American Health Security: The Securitization of Healthcare Receivables; The Business Lawyer, Vol. 50, S. 47 - 97.

Hartmann-Wendels, T./Pfingsten, A./Weber, M. (2000): Bankbetriebslehre, 2. Aufl. Springer Verlag Berlin, Heidelberg.

Haubrock, M. (2002): Krankenhausfinanzwirtschaft; Haubrock, M./Schär, W. (Hrsg.): Betriebswirtschaft und Management im Krankenhaus; 3. Aufl., Verlag Hans Huber, Bern, S. 304 - 356.

Häusermann, B. T. (1973): Forfaitierungsgeschäfte im Dienste der mittelfristigen Exportfinanzierung, Verlag Paul Haupt Bern und Stuttgart.

Haverkarte, G. (1999): Verantwortung für Gesundheit als Verfassungsproblem; Häfner, H. (Hrsg.): Gesundheit – unser höchstes Gut? Sitzungsbericht Nr. 4 der Heidelberger Akademie der Wissenschaften – Mathematisch-naturwissenschaftliche Klasse, Springer Verlag, S. 119 - 143.

Hay, J. (2002): Glamour and Substance; Structured Finance International, Issue 21, Juli/August, Online Ausgabe, o. S.

Healthcare Financial Management Association (2003): How are Hospitals Financing the Future? Acces to Capital in Health Care Today; Financing the Future Report 1, HFMA & PricewaterhouseCoopers, Westchester.

Healthcare Financial Management Association (2004a): How are Hospitals Financing the Future? The Future of Capital Access; Financing the Future Report 4, HFMA & PricewaterhouseCoopers, Westchester.

Healthcare Financial Management Association (2004b): How are Hospitals Financing the Future? Core Competencies in Capital Planing; Financing the Future Report 5, HFMA & PricewaterhouseCoopers, Westchester.

Hearn, T. S. (1992): The role of the trustee; Corporate Finance Special Supplement; Securitisation, Euromoney; September, S. 36 - 41.

Heimann, R./Kramer, E. M. (2002): Grundsätzliches zu synthetischen ABS; Bankinformation und Genossenschaftsforum, Heft 4, S. 6 - 11.

HELIOS Kliniken GmbH (2005a): Geschäftsbericht 2004; Fulda / Stuttgart, 11. April.

HELIOS Kliniken GmbH (2005b): Pressemitteilung; Fulda, 17. Mai.

Helmholtz-Gemeinschaft (2005a): Helmholtz-Gemeinschaft 2005: Programme – Zahlen – Fakten; Helmholtz-Gemeinschaft (Siehe dazu auch die Angabe der Online-Ressourcen am Ende des Literaturverzeichnisses).

Helmholtz-Gemeinschaft (2005b): Helmholtz-Gemeinschaft. Wir über uns, Zahlen, Daten Fakten; Online Ressource (Siehe dazu auch die Angabe der Online-Ressourcen am Ende des Literaturverzeichnisses).

Henke, K.-D./Berhanu, S./Mackenthun, B. (2003): Die Zukunft der Gemeinnützigkeit von Krankenhäusern; Diskussionspapier 2003/14, Technische Universität Berlin.

Hennersdorf, A./Kutter, S. (2004): Diagnose Gefrorene Bilder; Wirtschaftswoche, Nr. 48, 18. November, S. 152 - 156.

Hentze, J./Kehres, E. (2005): Buchführung und Jahresabschluss in Krankenhäusern; 2. überarbeitete Aufl., Verlag W. Kohlhammer.

Herman, M. J. (1998): Hospital Finance; Journal of Health Care Finance, Vol. 24, Heft 4, S. 22 - 26.

Hermida, A. T. (1996): Spain; Baums, T./Wymeersch, E. (Hrsg.): Asset-backed Securitization in Europe; Kluwer Law International, The Hague, London, Boston, S. 207 - 226.

Herzlinger, R. E./Krasker, W. S. (1987): Who Profits from Nonprofits? Harvard Business Review, Vol. 65, Nr. 1, S. 93 - 106.

Heshmat, X. (1992): Estimating the Cost of Capital for Nonprofit Hospitals; Journal of health and human resources administration, Vol. 14, Heft 4, S. 465 - 473.

Hill, C. A. (1996): Securitization: A Low-Cost Sweetener For Lemons; Washington University Law Quarterly, Winter, S. 1061 - 1120.

Hillery, J. S. (2004): Securitization of Intellectual Property: Recent Trends from the United States; Washington CORE, März.

Hommel, U./Schmittat, J./Petersen, M./Altenkirch, G. (2005): Verbriefung von Unternehmens-, Factoring- und Leasingforderungen in Deutschland; Studie im Auftrag der True Sale International GmbH, vorgestellt am 14. April in Berlin.

Hsu, L./Mohebbi, C. (1996): Credit Enhancement in ABS-Structures; Bhattacharya, A. K./Fabozzi, F. J. (Hrsg.): Asset-Backed Securities, 1. Aufl. Prudential Securities Inc. und F. J. Fabozzi Associates New Hope, Pennsylvania, S. 277 - 283.

Hsu, L./Mohebbi, C. (2001): Credit Enhancement in ABS-Structures; Fabozzi, F. J. (Hrsg): Accessing Capital Markets through Securitization, F. J. Fabozzi Associates New Hope, Pennsylvania, S. 35 - 39.

Huber, W. (1998): Austria; Glennie, D. G./de Bouter, E.C./Luke, R. D. (Hrsg.): Securitization; Kluwer Law International, The Hague, London, Boston, S. 13 - 26.

Ihle, G. C. (1996): Germany; Baums, T./Wymeersch, E. (Hrsg.): Asset-backed Securitization in Europe; Kluwer Law International, The Hague, London, Boston, S. 87 - 98.

IKB Deutsche Industriebank (2005): Mittelstandsfinanzierung im Fokus: Asset Securitisation für den Mittelstand – Finanzoptimierung durch Forderungsverbriefung; IKB Information, Bereich Volkswirtschaft, Juni.

Jarass, H. D./Pieroth, B. (2004): Grundgesetz für die Bundesrepublik Deutschland. Kommentar; 7. Aufl. Verlag C. H. Beck München.

Jaschinski, S./Schielke, J. E. (2003): Asset Backed Securities (ABS) für den Mittelstand – Vision oder Realität? Zeitschrift für das gesamte Kreditwesen, Nr. 12, S. 644 - 645.

Jensen, M. C. (1986): Agency Costs of Free Cash Flow, Corporate Finance and Takeovers; The American Economic Review, Papers and Proceedings, Vol. 76, Nr. 2, S. 323 - 329.

Jensen, M. C. (1988): Takeovers: Their Causes and Consequences; The Journal of Economic Perspectives, Vol. 2, Nr. 1, S. 21 - 48.

Jensen, M. C./Meckling, W. H. (1976): Theory of the Firm: Managerial Behavior, Agency Costs and Ownership Structure; Journal of Financial Economics, Bd. 3, S. 305 - 360.

Joondalup Health (1999): Health Care Trust No.1, Information Memorandum, A$ 92,000,000 Asset Backed Bonds, Joondalup Health Campus, Wanneroo; Westpac Banking Corporation, Juni.

Jost, S. (2005): Reparieren statt investieren; Süddeutsche Zeitung, 23. Mai, Nr. 116, S. 25.

Kaplan, H. L./Wickouski, S. (2003): Health Care Financing and Securitization after National Century; American Bankruptcy Institute Journal, Ausgabe Mai, S. 28 - 29, 56.

Karr, R./Richter, G./Shook, R. J./Tsai, L. (1996): Credit Card Receivables; Bhattacharya, A. K./ Fabozzi, F. J. (Hrsg.): Asset-Backed Securities, 1. Aufl. Prudential Securities Inc. und Frank J. Fabozzi Associates New Hope, Pennsylvania, S. 63 - 83.

Kathmeyer, T. (1994): Das Konzept der "Managed Competition" in der Krankenversicherungsreform der USA und seine Übertragbarkeit auf das deutsche Gesundheitssystem; Diplomarbeit Univ. Konstanz.

Kendall, L. T. (1998): Securitization: A New Era in American Finance; Kendall, L. T./Fishman, M. J. (Hrsg.): A Primer on Securitization; 3. Aufl., MIT Press, S. 1 - 29.

Ketkar, S./Ratha, D. (2001): Securitization of Future Flow Receivables: A Useful Tool for Developing Countries; International Monetary Fund, Policy Research Working Paper No. WPS 2582, 4. Dezember.

Kickbusch, I. (1999): Der Gesundheitsbegriff der Weltgesundheitsorganisation; Häfner, Heinz (Hrsg.): Gesundheit – unser höchstes Gut? Sitzungsbericht Nr. 4 der Heidelberger Akademie der Wissenschaften – Mathematisch-naturwissenschaftliche Klasse, Springer Verlag, S. 275 - 286.

Kincaid, T. J. (1993): Selling accounts receivable to fund working capital; Healthcare Financial Management, Vol. 47, S. 26 - 32.

Kirchhof, H.-P. (2005): §§ 1 - 34 InsO; Heidelberger Kommentar zur Insolvenzordnung; 4. Aufl., C. F. Müller Verlag, Heidelberg, S. 7 - 278.

Klauber, J./Robra, B.-P./Schellschmidt, H. (Hrsg.) (2003): Krankenhaus-Report 2003. Schwerpunkt: G-DRGs im Jahre 1; 1. Aufl., Schattauer, Stuttgart.

Klauber, J./Robra, B.-P./Schellschmidt, H. (Hrsg.) (2005): Krankenhaus-Report 2005. Wege zur Integration; Schattauer, Stuttgart.

Klee, K. N./Butler, B. C. (2002): Asset-Backed Securitization, Special Purpose Vehicles and Other Securitization Issues; Uniform Commercial Code Law Journal, Vol. 35, Part 2, S. 23 - 68.

Klüwer, A. C. (2001): Asset-Backed Securitisation, Grundlagen und ausgewählte Rechtsfragen eines Finanzierungsmodells aus der Perspektive des deutschen und des US-amerikanischen Rechts; Rechtswissenschaftliche Forschung und Entwicklung, Bd. 668, zugl. Diss. Univ. Kiel.

Knappe, E./Neubauer, G./Seeger, T./Sullivan, K. (2000): Die Bedeutung von Medizinprodukten im deutschen Gesundheitswesen; Studie im Auftrag von HIMA (Washington, USA), EUCOMED/EDMA (Brüssel) und BVMed, Berlin.

Knop, C. (2005): Die Zukunft ist privat – Wettbewerb am Krankenhausmarkt; Frankfurter Allgemeine Zeitung, 11. November, Nr. 263, S. 11.

Kotecha, M. K. (1998): The Role of Financial Guarantees in Asset-Backed Securities; Fabozzi, F. J. (Hrsg.): Issuer Perspectives on Securitization, 1. Aufl. F. J. Fabozzi Associates New Hope, Pennsylvania, S. 93 - 107.

Kroll, M. J. (1993): Securitisation – Arbitrage in der Unternehmensfinanzierung; Umwandlung illiquider in liquide Finanzaktiven; Der Schweizer Treuhänder, Nr. 10, S. 759 - 765.

Kuhla, W. (2002): Übermittlung von Patientendaten durch das Krankenhaus an gesetzliche Krankenkassen gemäß § 66 SGB V bzw. § 116 SGB V; Das Krankenhaus, Vol. 6, S. 474 - 476.

Küpper, I. (2002): Asset Backed Securities als innovative Form der Refinanzierung kleiner und mittelgroßer Leasinggesellschaften; Mitteilungen und Berichte Nr. 31, Forschungsinstitut für Leasing an der Univ. Köln, zugleich Diplomarbeit Univ. Köln.

Kusserow, B./Dittrich, K. (1997): Rechtsprobleme bei Asset-Backed Securities Transaktionen deutscher Kreditinstitute unter besonderer Berücksichtigung datenschutzrechtlicher Aspekte; Zeitschrift für Wirtschafts- und Bankrecht, Wertpapiermitteilungen, S. 1786 - 1798.

Landfermann, H.-G. (2005): §§ 165 - 173; Heidelberger Kommentar zur Insolvenzordnung; 4. Aufl., C. F. Müller Verlag, Heidelberg, S. 929 - 970.

Lang , L./Poulsen, A./Stulz, R. (1995): Asset sales, firm performance, and the agency costs of managerial discretion; Journal of Financial Economics, Bd. 37, S. 3 - 37.

Lankers, C. (1997): Erfolgsfaktoren von Managed Care auf europäischen Märkten; Wissenschaftliches Institut der AOK, 1. Aufl., Bonn.

Larkin, H. (1988): Days in accounts receivable are likely to go up; Hospitals, Vol. 62, S. 34.

Laternser, S. (1997): Konzept, Struktur und Bewertung von kollateralisierten Anleihen (Asset-backed securities); Diss. Univ. St. Gallen, Verlag Paul Haupt.

Lehman Brothers (2004): Health Care Facilities. 2004 Industry Outlook; Lehman Brothers Equity Research, September

Leiner, B. (1995): Grundlagen statistischer Methoden; R. Oldenbourg Verlag, München, Wien.

Leiner, B. (1996): Einführung in die Statistik; 7. Aufl., R. Oldenbourg Verlag, München, Wien.

Lerbiger, P. (1987): Asset Backed Securities am US-Kapitalmarkt; Die Bank, Nr. 6, S. 310 - 314.

Li, Y. (2003): Three essays on testing and application of financial theories; PhD Thesis, University of Pennsylvania.

Lintner, J. (1965): The Valuation of Risk Assets and the Selection of Risky Investments in Stock Portfolios and Capital Budgets; Review of Economics and Statistics, Vol. 47, Nr. 1, S. 13 - 37.

Litten, R./Cristea, S. (2003): Asset Backed Securities in Zeiten von Basel II – Die geplante Eigenkapitalunterlegung nach dem Basler ABS-Arbeitspapieren; Zeitschrift für Wirtschaft- und Bankrecht, 57. Jg, Nr. 5, S. 213 - 221.

Littich, E. (2002): Finanzierung von NPOs; Badelt, C. (Hrsg.): Handbuch der Nonprofit Organisation. Strukturen und Management, 3. Aufl., Schäffer-Poeschel Verlag Stuttgart, S. 361 - 380.

Littich, E.(2003): Instrumente für das Finanzmanagement in NPOs; Eschenbach, R./Horak, C. (Hrsg.): Führung der Nonprofit Organisation. Bewährte Instrumente im praktischen Einsatz, 2. Aufl., Schäffer-Poeschel Verlag Stuttgart, S. 175 - 214.

Lockwood, L. J./Rutherford, R. C./Herrera, M. J. (1996): Wealth effects of asset securitization; Journal of Banking and Finance, Bd. 20, S. 151 - 164.

Lohneiß, H. (2002): Die stille Revolution in der Unternehmensfinanzierung; Frankfurter Allgemeine Zeitung, 3. Juni, Nr. 125, S. 25.

Lovells (2002): Intellectual property securitisation: a new asset class for Japan? Client Note, November.

Löwe, M. (2003): Rechnungslegung von Nonprofit-Organisationen: Anforderungen und Ausgestaltungen unter der Berücksichtigung der Regelungen in Deutschland, USA und Großbritannien, Band 15, Schriftenreihe des Instituts für Betriebswirtschaftliche Steuerlehre der Universität der Bundeswehr Hamburg, Erich Schmidt Verlag.

Lucas, J./Zimmermann, T. (1996): Equipment Lease-Backed Securities; Bhattacharya, A. K./ Fabozzi, F. J. (Hrsg.): Asset-Backed Securities, 1. Aufl. Prudential Securities Inc. und Frank J. Fabozzi Associates New Hope, Pennsylvania; S. 147 - 166.

Luke, R. D./Burke, L. F. (1998): United States; Glennie, D. G./de Bouter, E. C./Luke, R. D. (Hrsg.): Securitization; Kluwer Law International, The Hague, London, Boston, S. 205 - 224.

Lundbeck (2004): Annual Report 2003; 10. März, Valby, Kopenhagen.

Macaulay, S. J. (2004): US: the role of the securitisation trustee; Global Securitisation and Structured Finance 2004, Globe White Page, London, S. 264 - 268.

Mansky, T. (2000): Grundlagen der fallorientierten Leistungsbewertung im Krankenhausvergleich und im Entgeltsystem: Bewertungsmodule des DRG-Systems am Bespiel der Medicare Versicherung; Litsch, M./ Sieben, G. (Hrsg.): Der Krankenhausbetriebsvergleich. Ein Instrument auf dem Weg zu leistungsorientierten Preisen im Krankenhausmarkt; Springer Verlag Berlin, S. 147 - 192.

Marbé, W./Muschter, W./Lohfert, C. (2000): Monistik verändert die Strukturen; Krankenhaus Umschau, Nr. 3, S. 184 - 189.

Margolies, D. R./Sollins, H. L./Jones, G. F. (2002): Financing Healthcare Receivables; Wong, J. J./Leichtling, M. A./Dubin, B. A. (Hrsg.): Commercial Finance Guide, Volume 1, Lexis Nexis, Mathew Bender, S. 13-1 - 13-27.

Maßmann, J. (2003): Nonprofits: Analyse, Entwicklung und Rechtspolitik; Ökonomische Analyse des Rechts, Bd. 3, Michael Adams (Hrsg.), Verlag Peter Lang, Diss. Univ. Hamburg 2002.

Max-Planck-Innovation (2005a): Garching Information; Nr. 1 März/April 2005, Online Publikation, München (Siehe dazu auch die Angabe der Online-Ressourcen am Ende des Literaturverzeichnisses).

Max-Planck-Innovation (2005b): Firmenprofil, Max-Planck-Innovation, Auftrag; Online Ressource unter: www.garching-innovation.de/de/firmenprofil/gi/auftrag.html.

Mayne Nickless (1999): Annual Report 1999 (Fiskaljahr: 5. Juli 1998 - 4. Juli 1999); Mayne Nickless, KPMG, 28. September.

McNamee, M. (2004): Your Mortgage was His Bond. The bond trader turned home loans into tradable securities; Business Week, 29. November, Nr. 3910, S. 18.

McPherson, N./Fasanella, T. (2000): Healthcare Receivable Backed ABS; Fabozzi, F. J. (Hrsg): Investing in Asset-Backed Securities, F. J. Fabozzi Associates, New Hope, Pennsylvania, S. 211 - 221.

MediClin AG (2005): Geschäftsbericht 2004; 8. März, Frankfurt am Main.

MedImmune (2001): Annual Report 2000; PricewaterhouseCoopers, 25. Januar, Virginia.

Merrill Lynch (2001): Region of Lazio, Cartesio Series 2001-2; Investoren-Präsentation, Nizza, 19 - 20 März.

Messina, P. (2004): New horizons for the Italien securitization market; Global Securitisation and Structured Finance 2004, Globe White Page, London, S. 333 - 337.

Mihm, A. (2004): „Die Insolvenzgefahr für Krankenhäuser ist größer als je zuvor"; Interview mit Wolfgang Pföhler; Frankfurter Allgemeine Zeitung, 23. November, Nr. 274, S. 13.

Modigliani, F./Miller, M. H. (1958): The Cost of Capital, Corporate Finance and the Theory of Investment; American Economic Review, Bd. 48, Nr. 3, S. 261 - 297.

Moody's (1993a): Health Care Receivables Securitization: An Outline of the Issues; Moody's Global Credit Research, Structured Finance, Special Report, 8. Oktober.

Moody's (1993b): Seller/Servicer Fraud and the Towers Situation; Structured Finance, Special Report, Juni.

Moody's (1995a): An Anatomy of Issues Associated With Health Care Receivables Securitization; Moody's Global Credit Research Structured Finance, Special Report, 19. Mai.

Moody's (1995b): Beverly Funding Corporation, Variable Rate Health Care Notes, Series 1994-A; Moody's Global Credit Research, New Issue Report, 10. März.

Moody's (1996): Asset-Backed Commercial Paper: Understanding the Risks; Moody's Global Credit Research, Structured Finance, Special Report, 15. August.

Moody's (1999): Beverly Funding Corporation, Health Care Receivables Backed Notes, Series 1999-A; Moody's Structured Finance, New Issue Report, 3. September.

Moody's (2000a): An Updated Approach to Rating Not For-Profit Health Care Organizations. Ratings Are Not Determined Algebraically; Municipal Credit Research, Rating Methodology, September.

Moody's (2000b): The Lognormal Method Applied to ABS Analysis; International Structured Finance, Rating Methodology, 27. Juli.

Moody's (2001a): 2000 Year in Review and 2001 Outlook: Esoteric Asset-Backed Securities; Structured Finance, Special Report, 19. Januar.

Moody's (2001b): Highlands County Health Facility Authority, Adventist Health System/Sunbelt, Inc. Accounts Receivables Program; Moody's Structured Finance, New Issue Report, 16. Februar.

Moody's (2001c): National Century Financial Enterprises, Inc., Sponsor NPF XII, Inc., Health Care Receivables Securitization Program Notes, Series 2001-1, Class A and Class B; Structured Finance, New Issue Report, 1. Juni.

Moody's (2002a): 2001 Review and 2002 Outlook: Esoteric Asset-Backed Securities – Some Areas Grow While Others Sag; Structured Finance, Special Report, 24. Januar.

Moody's (2002b): Moody's Approach to Rating Trade Receivables Backed Transactions; International Structured Finance, Rating Methodology, 8. Juli.

Moody's (2002c): Revised Article 9: The Benefits Are Many, But Diligence Is Warranted; Moody's Structured Finance, Special Report, 3. Mai.

Moody's (2003a): New York Health Care: A Perennial Challenge; Moody's Global Credit Research, Special Report, Dezember.

Moody's (2003b): Healthcare Finance Group, Inc., Program Manager, Health Care Receivables Backed Notes, Series 2002-1; Moody's Structured Finance, New Issue Report, 10. Juni.

Moody's (2004a): 2003 Review and 2004 Outlook. EMEA Whole Business Securitisation: Still Poised For Growth; Moody's International Structured Finance, Special Report, 27. Januar.

Moody's (2004b): Default & Loss Rates of Structured Finance Securities; Moody's Global Credit Research, Special Comment, Dezember.

Moody's (2004c): 2003 Review and 2004 Outlook: Esoteric Asset Backed Securities; Structured Finance, Special Report, 16. Januar.

Moody's (2005a): Rückblick 2004/Ausblick 2005. Strukturierte Finanzierungen in Deutschland, Österreich und der Schweiz: Wachstumspotential und neue Herausforderungen; Moody's International Structured Finance, Special Report, 12. Januar.

Moody's (2005b): 2004 Review and 2005 Outlook. EMEA Structured Finance: Continued Vigour in 2004 Backed by Structural Innovation and Strong Performance, But Modest Growth Expected for 2005; Moody's International Structured Finance, Special Report, 25. Januar.

Moody's (2005c): 2004 Review and 2005 Outlook. EMEA ABCP Market: Regulatory and Accounting Changes Herald a New Era; Moody's International Structured Finance, Special Report, 17. Januar.

Moody's (2005d): 2005 First Half Review and Second Half Outlook; Moody's International Structured Finance, Special Report, 19. Juli.

Moody's (2005e): 2004 Review and 2005 Outlook: Esoteric Asset-Backed Securities; Structured Finance, Special Report, 13. Januar.

Moody's (2005f): 2004 Review and 2005 Outlook. EMEA ABS: Solid Growth in 2004; Moody's International Structured Finance, Special Report, 18. Januar.

Moody's (2005g): Moody's Approach to Rating Medical Service Fee Receivables in Japan; Moody's International Structured Finance, Special Report, 1. Juli.

Moody's (2005h): Rhoen-Klinikum AG, Current Rating List, 16. Juni 2005; Online Datenbank, o. S.

Morrison, K. P. (2001a): Observations on Effecting Your First Asset-Backed Securities Offering; Fabozzi, F. J. (Hrsg): Accessing Capital Markets through Securitization, Frank J. Fabozzi Associates New Hope, Pennsylvania, S. 41 - 61.

Morrison, K. P. (2001b): Glossary of Frequently Used Terms in Asset Securitization; Fabozzi, F. J. (Hrsg): Accessing Capital Markets through Securitization, F. J. Fabozzi Associates New Hope, Pennsylvania, S. 210 - 239.

Mues, L./Krämer, M. (2001): Life Science – Gesunde Erträge, Sal. Oppenheim Research, 7. September.

Mues, L./Krämer, M. (2002): Akut-Krankenhausmarkt Deutschland – DRG´s Beschleunigen Marktumbruch, Sal. Oppenheim Research, 3. Mai.

Mühlenkamp, H. (2000): Die Rolle von Managed Care im US-amerikanischen Gesundheitswesen – Aktuelle Entwicklungen und gegenwärtige Erkenntnisse; Universität Hohenheim, Institut für Haushalts- und Konsumökonomik, Stuttgart.

Müschenich, M. (2002): Freigemeinnützigkeit im Wettbewerb der Krankenhausträger; Arnold, M./Klauber, J./Schellschmidt, H. (Hrsg.): Krankenhaus-Report 2002, Schattauer Verlag, S. 131 - 136.

Myers, S. C. (1977): Determinants of corporate borrowing; Journal of Financial Economics, Bd. 5, S. 147 - 176.

Myers, S. C./Majluf, N. S. (1984): Corporate Financing and Investment Decisions When Firms Have Information that Investors Do Not Have; Journal of Financial Economics, Bd. 13, S. 187 - 221.

NCFE (2001): Private Placement Memorandum; Credit Suisse First Boston, The Shattan-Group, Juni 2001.

Neubacher, A. (2005): Geiz ist gesund; Der Spiegel, 17. September, Nr. 38, S. 78 - 80.

Neubauer, G. (1999): Private im Vormarsch! Umstrukturierung des deutschen Krankenhausmarktes; Krankenhaus Umschau, Nr. 3, S. 175 - 179.

Neubauer, G. (2002): Zur Zukunft der dualen Finanzierung unter Wettbewerbsbedingungen; Arnold, M./Klauber, J./Schellschmidt, H. (Hrsg.): Krankenhaus-Report 2002, Schattauer, S. 71 - 91.

NIH (2001): NIH Response to the Conference Report Request for a Plan to Ensure Taxpayers' Interests are Protected; US Department of Health and Human Services, National Institutes of Health, Office of Technology Transfer, Juli, Rockville.

Norris, F. (1997): 3 Law Firms Agree to Pay $8 Million to Avoid Law Suits; New York Times, 24. Juli, Section D, S. 5.

Nuscheler, R. (2005): On Competition and Regulation in Health Care Systems; Finanzwissenschaftliche Schriften, Bd. 112, Diss. Freie Univ. Berlin 2003, Verlag Peter Lang.

O. V. (1997): Bowie für Börsianer. Er verkauft seine Kreativität per Anleihe – und kassiert damit 55 Millionen Dollar. Das Modell Bowie könnte im Showgeschäft Schule machen; Der Spiegel, Nr. 18, S. 110.

O. V. (2000): NCFE Investigated Amid Charges of Fraud; Asset Sales Report, 22. Mai, Vol. 14, Nr. 21, S. 1, 7 - 9.

O. V. (2001): Europe Reports / Region of Lazio; MCM Structured Finance Monitor, Vol. 249, Nr. 4, S. 4.

O. V. (2002a): BioPharma deal to begin rapid-AM; Asset Securitization Report, 11. November, Vol. 2, Nr. 44, S. 1 und 3.

O. V. (2003a): Öffentliche Banken fordern zügig ABS-Gesetz; Frankfurter Allgemeine Zeitung, 13. Mai, Nr. 110, S. 12.

O. V. (2003b): Company News/Deals; BioCentury, Vol. 12, Nr. 5, S. B5.

O. V. (2004a): Stark sieht keine Kreditklemme; Frankfurter Allgemeine Zeitung, 2. Februar, Nr. 27, S. 15.

O. V. (2004b): Company News: Court Approves National Century's Liquidation Plan; New York Times, 17. April, Section C, S. 4.

O. V. (2004c): BioPharma Royalty: S&P Junks Sr. Notes Due to Low Royalty Revenues; Troubled Company Reporter, 8. November, Vol. 8, Nr. 244, Online Ausgabe, o. S.

O. V. (2004d): Royalty Pharma Acquires a Portion of Memorial Sloan-Kettering Cancer Center's U.S. Royalty Interest in Neupogen/Neulasta; Press Release, Memorial Sloan-Kettering Cancer Center, New York, 22. Januar.

O. V. (2004e): Der Markt für Kliniken ist zum Käufermarkt geworden; Frankfurter Allgemeine Zeitung, 13. Dezember, Nr. 291, S. 16.

O. V. (2005a): ABS-Fonds bahnen sich einen Weg aus der Nische. Durch Forderungen gedeckte Wertpapiere kommen für Privatanleger in Reichweite; Frankfurter Allgemeine Zeitung, 9 Juli, Nr. 157, S. 19.

O. V. (2005b): Krankenhausfinanzierung. Am längeren Hebel; Handelsblatt, 12. Juli, Nr. 132/28, S. 7.

O. V. (2005c): Deutsche Krankenhäuser vor großen Umwälzungen; Frankfurter Allgemeine Zeitung, 4. April, Nr. 77, S. 16.

O. V. (2005d): Hessen setzt Maßstäbe in der Privatisierung von Universitätskliniken; Frankfurter Allgemeine Zeitung, 4. Januar, S. 15.

O. V. (2005e): Rhön erwirbt das erste privatisierte Uniklinikum; Frankfurter Allgemeine Zeitung, 19. Dezember, Nr. 295, S. 11.

O. V. (2005f): Das Ende des babylonischen Sprachgewirrs. Die Aachener Universitätsklinik hat mit modernen Softwarelösung ihre Daten im Griff und macht Gewinn; Frankfurter Allgemeine Zeitung, 30. August, Nr. 201, S. 18.

O. V. (2006a): Verbriefungen in Deutschland werden immer populärer; Frankfurter Allgemeine Zeitung, 13. Januar, Nr. 11, S. 21.

O. V. (2006b): Dresdner Bank verkauft Mittelstandskredite; Frankfurter Allgemeine Zeitung, 5. Januar, Nr. 4, S. 19 und weiterführend S. 18.

O'Neal, M. (2002): Behind a Lender's Crash, Bravado and Risk; New York Times, 26. November, Section C, Column 2, Business/Financial Desk, S. 1.

Oberender, P. O./Hacker, J. (1999): Entwicklungsszenario für Krankenhäuser – „Das wettbewerbsorientierte Krankenhaus 2010"; Braun, G. (Hrsg.): Handbuch Krankenhausmanagement – Bausteine für eine moderne Krankenhausfinanzierung, Schäffer-Poeschel, Stuttgart, S. 343 - 365.

Oberender, P./Ecker, T. (2002): Wieviel ist mein Haus wert? Bewertung von Kliniken: Grundprinzip und Anwendungsmöglichkeiten; Krankenhaus Umschau, Nr. 10, S. 854 - 856.

Oberender, P./Hacker, J./Schommer, R. (2002): Krankenhäuser und Kapitalmarkt; Führen & Wirtschaften im Krankenhaus, Nr. 2, S. 130 - 134.

Ohl, H.-P. (1994): Asset-Backed Securities: ein innovatives Instrument zur Finanzierung deutscher Unternehmen, 1. Aufl., Gabler, Wiesbaden.

Okabe, R. M. (1998): The Impact of Asset Securitization: A Perspective for Investors; Journal of Applied Corporate Finance, Vol. 11, Nr. 1, S. 97 - 108.

Oldag, A. (2005): Teure Kranke; Süddeutsche Zeitung, 29. März, Nr. 71, S. 23.

Palia, D./Sopranzetti, B. J. (2004): Securitizing Accounts Receivable; Review of Quantitative Finance and Accounting, Vol. 22, Heft 1, S. 29 - 38.

Pallarito, K. (1992a): Securities backed by healthcare receivables; Modern Healthcare, Vol. 22, Heft 37, S. 96 - 100.

Pallarito, K. (1992b): Receivables financing continues to evolve; Modern Healthcare, Vol. 22, Heft 45, S. 40 - 42.

Pallarito, K. (1993): Healthcare securitization emerges as a trend; Modern Healthcare, Vol. 24, Heft 44, S. 54 - 56.

Paul, S. (1994): Bankintermediation und Verbriefung. Neue Chancen und Risiken für Kreditinstitute durch Asset Backed Securities? Diss. Univ. Bochum, Gabler Verlag.

Paul, S./Fehr, P. (1996a): Hypothekenpfandbrief versus MBS - Konkurrenz oder Komplementarität? (I); Die Bank, Vol. 6, S. 351 - 356.

Paul, S./Fehr, P. (1996b): Hypothekenpfandbrief versus MBS - Konkurrenz oder Komplementarität? (II); Die Bank, Vol. 7, S. 404 - 407.

Pauly, M. V. (1987): Nonprofit Firms in Medical Markets; American Economic Association (AEA) Papers and Proceedings, Vol. 77, No. 2, S. 257 - 262.

Pax-Bank (2003): NPO-Rating Basel II. Ratgeber zum Rating für Non-Profit-Organisationen; Pax-Bank eG, (www.paxbank.de).

Perridon, L./Steiner, M. (2004): Finanzwirtschaft der Unternehmung; 13. Aufl., Verlag Vahlen, München.

Peterek, K. (2003): ABS-Transaktionen im internationalen Konzern. Die steuerliche Wirkung der Verlagerung von Asset-backed-Securities-Einkünften auf ausländische Tochtergesellschaften; Management, Rechnungslegung und Unternehmensbesteuerung, Bd. 16, Erich Schmidt Verlag.

Peters, M. (1995): Asset-Backed-Securities; Zeitschrift für das gesamte Kreditwesen, Nr. 15, S. 750 - 753.

Peto, R./zur Hausen, H. (Hrsg.) (1986): Viral Etiology of Cervical Cancer; 21. Banbury Report, Banbury Center of Cold Spring Harbor Laboratory.

Pfister, B. (2004): Credit Analysis of Whole Business Securitisations; Fabozzi, Frank J./Choudhry, Moorad (Hrsg.): The Handbook of European Structured Finance Products; John Wiley & Sons, Hoboken, New Jersey, S. 373 - 388.

Phelps, C. E. (1997): Health Economics, 2. Aufl., Addison-Wesley Educational Publishers Inc.

Pica, V. T./Bhattacharya, A. K. (1996): The Securitization of Health-Care Receivables; Bhattacharya, A. K./Fabozzi, F. J. (Hrsg.): Asset-Backed Securities, 1. Aufl. Prudential Securities Inc. und F. J. Fabozzi Associates New Hope, Pennsylvania S. 179 - 186.

PKV (2002): Die private Krankenversicherung: Zahlenbericht 2001/2002; Verband der privaten Krankenversicherung e. V., Köln.

Polleit, T. (2005): Der Staat spielt Ponzi; Frankfurter Allgemeine Zeitung, 4. Mai, Nr. 77, S. 28.

Ponton, K. T./Sandrick, K. M. (2002): Positioning hospitals for improved access to capital; Healthcare Financial Management, Vol. 56, S. 52 - 58.

Providence (2005): Consolidated Financial Statements – December 31, 2003 and 2004; Providence Health Systems, 25. Februar.

Ramgarhia, A./Muminoglu, M./Pankratov, O. (2004): Whole Business Securitisation; Fabozzi, F. J./ Choudhry, M. (Hrsg.): The Handbook of European Structured Finance Products; John Wiley & Sons, Hoboken, New Jersey, S. 329 - 347.

Ramge, T. (2005): Das Zauberwort – Internationale Forscher woollen etwas Nützliches, deutsche den Nobelpreis; brand eins, Ausgabe Nr, 2, Februar, S. 24 - 30.

Ranieri, L. (1998): The Origins of Securitization, Sources of its Growth, and its Future Potential; Kendall, Leon/Fishman, Michael (1998): A Primer on Securitization; MIT Press, Cambridge, Massachusetts, S. 31 - 43.

Reding, K. (1994): Anmerkungen zur aktuellen Diskussion der Privatisierung kommunaler Leistungen; Postlep, R.-D. (Hrsg.): Aktuelle Fragen zum Föderalismus: ausgewählte Probleme aus Theorie und Politik; Metropolis-Verlag, Marburg, S. 187 - 204.

Reding, K./Müller, W. (1999): Einführung in die Allgemeine Steuerlehre; 1. Aufl., Verlag Vahlen, München.

Reinhardt, U. E. (2000): The Economics of For-Profit and Not-For-Profit Hospitals; Health Affairs, Vol 19, Nr. 6, S. 178 - 186.

Reudelhuber, E. (1998): Germany; Glennie, D. G./de Bouter, E. C./Luke, R. D. (Hrsg.): Securitization; Kluwer Law International, The Hague, London, Boston; S. 75 - 88.

Rezmer, A./Cünnen, A. (2003): Fondshäuser bieten für Profis reine ABS-Fonds; Handelsblatt, 7. November, Nr. 215, S. 32.

Rhön-Klinikum AG (2005a): Zwischenbericht 3. Quartal 2005; unter: www.rhoen-kliniken.de.

Rhön-Klinikum AG (2005b): Geschäftsbericht 2004; unter: www.rhoen-kliniken.de.

Rhön-Klinikum AG (2005c): Pressemitteilung 30. Juni; unter: www.rhoen-kliniken.de.

Riddiough, T. J. (1997): Optimal Design and Governance of Asset-Backed Securities; Journal of Financial Intermediation, Vol. 6, S. 121 - 152.

Rinze, J. P./Klüwer, A. C. (1998): Securitisation – praktische Bedeutung eines Finanzierungsmodells; Betriebs Berater, 53. Jg., Heft 34, S. 1697 - 1704.

Rinze, J. P./Klüwer, A. C. (2000): Securitisation und das Rechtsberatungsgesetz; Betriebs Berater, 55. Jg., Heft 49, S. 2483 - 2487.

Rinze, J./Heda, K. (2004): Non-Performing Loan und Verbriefungs-Transaktion: Bankgeheimnis, Datenschutz, § 203 StGB und Abtretung; Zeitschrift für Wirtschafts- und Bankrecht, 58. Jg., S. 1557 - 1566.

Roever, A. W. (1998): The Joy of Securitization: Understanding Securitization and Its Appeal; Fabozzi, F. (Hrsg.): Issuer Perspectives on Securitization, 1. Aufl. Frank J. Fabozzi Associates New Hope, Pennsylvania, S. 1 - 16.

Rolland, S. (2005): Grund- und Kostendaten der Krankenhäuser 2003; Klauber, J./Robra, B.-P./Schellschmidt, H. (Hrsg.): Krankenhaus-Report 2005, Schwerpunkt: Wege zur Integration, Schattauer, Stuttgart, S. 237 - 263.

Rolland, S./Rosenow, C. (2004): Statistische Krankenhausdaten: Grund- und Kostendaten der Krankenhäuser 2002; Klauber, J./Robra, B.-P./Schellschmidt, H. (Hrsg.): Krankenhaus-Report 2004, Schwerpunkt: Qualitätstransparenz, Schattauer, Stuttgart, S. 291 - 310.

Rosar, M. (2000): Asset-Backed Securities: Chancen und Risiken einer derivativen Finanzinnovation; Diss. 1999, Univ. Trier, Shaker Verlag Aachen.

Rosenberg, H.(1994): The Amazing Towers Financial Affair; Institutional Investor, Vol. 28, Nr. 6, S. 126 - 141.

Rosenblatt, M. (1998): Accounting for Securitizations Under FASB 125; Issuer Perspectives on Securitization, 1. Aufl. F. J. Fabozzi Associates New Hope, Pennsylvania, S. 109 - 135.

Rosenblatt, M./Johnson, J./Mountain, M. (2005): Securitization Accounting; Deloitte & Touche USA LLP, Financial Services, 7. Aufl., 21. Juli.

Rosenthal, J. A./Ocampo, J. M. (1988): Securitization of Credit. Inside the New Technology of Finance; John Wiley & Sons, New York.

Rösner, G. (2003): Vermögensanlage nach SGB IV unter Berücksichtigung aktueller Prüffeststellungen und Entwicklungen, Mitschrift Vortrag Heidelberg, 3. Juni, Online-Datenbank des Bundesversicherungsamtes, Kategorie: Dokumente zum Vermögensrecht (Siehe dazu auch die Angabe der Online-Ressourcen am Ende des Literaturverzeichnisses).

Ross, S. (1976): The Arbitrage Theory of Capital Asset Pricing; Journal of Economic Theory, Vol. 13, Nr. 3, S. 341 - 360.

Ross, S. (1989): Institutional Markets, Financial Marketing and Financial Innovation; Journal of Finance, Bd. 44, Nr. 3, S. 541 - 556.

Rothfuss, A. M. (1997): Das Gesundheitswesen in den USA. Reformoptionen für die Bundesrepublik Deutschland? 1. Aufl., Cuvillier Verlag Göttingen.

Rudolf, W. (1995): Verwaltungsorganisation; Erichsen, H.-U. (Hrsg.): Allgemeines Verwaltungsrecht, 10. Aufl., De Gruyter, Berlin, S. 684 - 737.

Ruff, D. S. (2003): Security Interest in Patents and Trademarks; Mayer Brown & Row, 8. August, unter: (www.securitization.net/knowledge/articles.asp?id=349). Letzte Abfrage: 5. Dezember 2005.

Sachs, I. (1994): Handlungsspielräume des Krankenhausmanagements. Bestandsaufnahme und Perpektiven; Gabler Verlag, Wiesbaden, Diss. (1993) Freie Universität Berlin.

Salathé, G. R. (1994): Reducing Health Care Costs Through Hospital Accounts Receivable Securitization; Virgina Law Review, Vol. 80, S. 549 - 576.

Sarrailhé, P. (1998): France; Glennie, D. G./de Bouter, E. C./Luke, R. D. (Hrsg.): Securitization; Kluwer Law International, The Hague, London, Boston; S. 65 - 74.

Schäfer, W. (2004): Wirtschaftswörterbuch Englisch - Deutsch, Band I und II; 7.Aufl., Verlag Vahlen.

Schär, W. (2002): Übertragung exemplarischer betriebswirtschaftlicher Aspekte des Krankenhausbereiches; Haubrock, M. /Schär, W. (Hrsg.): Betriebswirtschaft und Management im Krankenhaus; 3. Aufl., Verlag Hans Huber, Bern, S. 102 - 117.

Scheerer, M. (2005): EU prüft Hilfen für staatliche Kliniken; Handelsblatt, 12. Juli, Nr. 132/28, S. 1.

Scherff, D. (2003): ABS-Anleihen könnten für Anleger interessant werden; Frankfurter Allgemeine Sonntagszeitung, 27. April, Nr. 17, S. 43.

Schmidt, M. G. (1999): Die Gesundheitsausgaben und die Staatsquote; Häfner, H. (Hrsg.): Gesundheit – unser höchstes Gut? Sitzungsbericht Nr. 4 der Heidelberger Akademie der Wissenschaften – Mathematisch-naturwissenschaftliche Klasse, Springer Verlag, S. 287 - 330.

Schmidt, R. H./Terberger, E. (1999): Grundzüge der Investitions- und Finanzierungstheorie, 4. Auflage, Gabler Wiesbaden.

Schneider, M. (1999): Gesundheitssysteme im internationalen Vergleich: Trends und Strukturen; Häfner, H. (Hrsg.): Gesundheit – unser höchstes Gut? Sitzungsbericht Nr. 4 der Heidelberger Akademie der Wissenschaften – Mathematisch-naturwissenschaftliche Klasse, Springer Verlag, S. 205 - 231.

Schneider, M./Biene-Dietrich, P./Gabanyi, M./Hofmann, U./Huber, M./Köse, A./Sommer, J. H. (1993): Gesundheitssysteme im internationalen Vergleich, Ausgabe 1992. Laufende Berichterstattung zu ausländischen Gesundheitssystemen; Beratungsgesellschaft für angewandte Systemforschung (BASYS), Augsburg.

Schneider, U. (2005): Asset Backed Securities für kommunale Unternehmen – untersucht am Beispiel eines kommunalen Krankenhauses; Leipzig, 16. August, Diplomarbeit Hochschule Merseburg (FH).

Schommer, R./Wambach, M./Wunderlich, D. (2002): Fit für das Rating? Vertrauen in die Bonität des Unternehmens Krankenhaus steigern; Krankenhaus Umschau, Nr. 3, S. 199 - 202.

Schulenburg, J.-M., Graf von der/Greiner, W. (2000): Gesundheitsökonomik; Mohr Siebeck, Tübingen.

Schwägerl, C. (2006): Neuheitsschonfrist; Frankfurter Allgemeine Zeitung, 15. Februar, Nr. 39, S. 38.

Schwartz, A. (1997); Informations- und Anreizprobleme im Krankenhaussektor: eine institutionenökonomische Analyse; Diss. (1996) München; Dt. Universitäts-Verlag Gabler, Wiesbaden.

Seibert, A./Plohr, G. (2001): Asset Securitization: ein Chamäleon unter den Finanzierungsformen; Die aus dem amerikanischen Finanzsystem seit langem bekannte Tendenz zur Verbriefung gewinnt in Europa immer mehr an Bedeutung; Börsenzeitung, 10. Oktober, Nr. 193, S. B5.

Sen, S./Lawler, J. P. (1995): Securitizing receivables offers low-cost financing option; Healthcare Financial Management, Vol. 49, Nr. 5, S. 32 - 37.

Sengera, J. (2002): Verbriefung – und Disintermediation? Die Bank, Bd. 4, S. 238 - 242.

SFI (1999): Mayne Nickless adds a hospital to Australia's ABS mix; Structured Finance International, 25. Juni, Issue 12, News in brief, Online-Ausgabe, o. S. (Siehe dazu auch die Angabe der Online-Ressourcen am Ende des Literaturverzeichnisses).

SFI (2001b): Lazio borrows Eu500m with deficit ABS; Structured Finance International,17. Februar, Issue 94, Online-Ausgabe, o. S. (Siehe dazu auch die Angabe der Online-Ressourcen am Ende des Literaturverzeichnisses).

Sharpe, W. F. (1964): Capital Asset Prices: A Theory of Market Equilibrium under Conditions of Risk; The Journal of Finance, Vol. 19, Nr. 3, S. 425 - 442.

Shen, Y.-C. (2003): The effect of financial pressure on the quality of care in hospitals; Journal of Health Economics, Vol. 22, S. 243 - 269.

Shinsei Bank (2004): Shinsai Bank Annouces Securitization Program for Medical Receivables; Press Release, Tokyo, 1. Oktober.

Shortell, S. M. (1993): Foreword; Aday, L. A./Begley, C. E./Lairson, D. R./Slater, C. H. (Hrsg.): Evaluating the Medical Care System. Effectiveness, Efficiency, and Equity, Ann Arbor, S. IX - X.

Siegert, T./Hühn, G. (2003): Neue Wege der Unternehmensfinanzierung. Herausforderungen für das unternehmerische Finanz-Management / Antwort auf die Entwicklung der internationalen Kapitalmärkte; Frankfurter Allgemeine Zeitung, 18. August, Nr. 190, S. 18.

Siegle, J. (2004): Sack voll Rechnungen; Der Spiegel, 27. Dezember, Nr. 53, S. 45.

Silber, W. (1983): The Process of Financial Innovation; American Economic Review, Bd. 73, Nr. 2, S. 89 - 95.

Simon, M. (2005): Das Gesundheitssystem in Deutschland – Eine Einführung in Struktur und Funktionsweise; 1. Aufl. Verlag Hans Huber.

Singer, D. (2001): Securitization Basics; Fabozzi, F. J. (Hrsg): Accessing Capital Markets through Securitization, F. J. Fabozzi Associates New Hope, Pennsylvania, S. 13 - 24.

Skarabot, J. (2001): Asset Securitization and Optimal Asset Structure of the Firm; European Financial Management & Marketing Association, Lugano Meetings, 21. März.

Sloan, F. A. (1998): Commercialism in nonprofit hospitals; Weisbrod, B. A. (Hrsg.): To Profit or Not to Profit: The Commercial Transformation of the Nonprofit Sector; Cambridge University Press, S. 151 - 168.

Sloan, F.A./Valvona, J./Hassan, M. (1988): Cost of Capital to the Hospital Sector; Journal of Health Economics, Vol. 7, Nr. 1, S. 25 - 45.

Sopranzetti, B. J. (1998): The Economics of Factoring Accounts Receivable; Journal of Economics and Business, Bd. 50, S. 339 - 359.

Sopranzetti, B. J. (1999): Selling accounts receivable and the underinvestment problem; Quarterly Review of Economics and Finance, Bd. 39, S. 291 - 301.

Spiegel, M. (1989): Selling accounts receivable can improve cash-flow; Healthcare Financial Management; Nr. 43, S. 40 - 46.

Spiegel, M. (1991): Securitization is wave of future for hospitals; Patient Accounts, Nr. 14, S. 3.

Spradling, M. (2003): Structuring a Sound Securitization of Healthcare Receivables; Healthcare Financial Management, Nr. 57, S. 58 - 64.

Standard & Poor's (1996): Equipment Lease-Backed Securitization Market Overview; Structured Finance, Special Report Equipment Leasing, April, S. 43 - 65.

Standard & Poor's (1999): Special Considerations for Health Care Receivable-Backed Transactions; Trade Receivables Criteria, Standard & Poor's Structured Finance, S. 33 - 40.

Standard & Poor's (2001): GHG Finance Ltd.; New Issue Report, 13. August, London.

Standard & Poor's (2004a): U.S. Not-For-Profit 2004 Health Care Systems Medians; Standard & Poor's Research, 10. Juni.

Standard & Poor's (2004b): Legal Criteria for U.S. Structured Finance Transactions, Standard & Poor's Structured Finance, April.

Stein-Gerlach, M. (2004): Discoveries, Patents, Licenses. Technology Transfer for the Max Planck Society; Präsentation 29. Oktober, Garching Innovation GmbH, München.

Stone, C. A./Zissu, A. (2000): Securitization: The Transformation of Illiquid Financial Assets into Liquid Capital Market Securities. Examples from the European Market; Financial Markets, Institutions & Instruments, Vol. 9, Nr. 3/4, S. 133 - 278.

Stone, C. A./Zissu, A. (2005): The Securitization Markets Handbook. Structures and Dynamics of Mortgage- and Asset-Backed Securities; 1. Aufl., Bloomberg Press, Princeton.

Stöttner, R. (1998): Investitions- und Finanzierungslehre. Eine praxisorientierte Einführung mit Fallbeispielen; Campus Verlag, Reihe Betriebswirtschaft & Management, Bd. 5.

Strehl, R. (2002): Privatisierungswelle im deutschen Gesundheitswesen? Arnold, M./Klauber, J./Schellschmidt, H. (Hrsg.): Krankenhaus-Report 2002, Schattauer Verlag, S. 113 - 129.

Strehlau-Schwoll, H. (1999): Innovatives Investitions- und Finanzmanagement; Braun, G. (Hrsg.): Handbuch Krankenhausmanagement – Bausteine für eine modernere Krankenhausfinanzierung, Schäffer-Poeschel, Stuttgart, S. 857 - 869.

Stürner, R. (1997): §§ 362 - 432 BGB; Jauering, O. (Hrsg.): Bürgerliches Gesetzbuch, 8. Aufl., Verlag C. H. Beck München, S. 355 - 420.

Süchting, J./Boening, D. (1971): Der personale Produktions- und Verkaufsprozess von Bankleistungen; Bank-Betrieb, Bd. 11, Heft 10, S. 364 - 370.

Swift, L. D./Chervokas, L. W. (2002): Legal Opinions on Security Interests Under Article 9 of the Uniform Commercial Code: An Overview; Wong, J. J./Leichtling, M. A./Dubin, B. A. (Hrsg.): Commercial Finance Guide, Volume 2, Lexis Nexis, Mathew Bender, S. 27-1 – 27-87.

Technology Alliance Study Group (2005): The Effect of Washington's Ethic Law on Public University Technology Transfers; Technology Alliance Study Group, Februar, Seattle.

The Bond Market Association (1998): An Investor's Guide to Asset-Backed Securities; New York, Washington (Siehe dazu auch die Angabe der Online-Ressourcen am Ende des Literaturverzeichnisses).

The Bond Market Association (1999): European Securitisation; New York, Washington (Siehe dazu auch die Angabe der Online-Ressourcen am Ende des Literaturverzeichnisses).

Thiele, G. (2002): Pflegewirtschaftslehre für das Krankenhaus, 1.Aufl., Hüthig Verlag Heidelberg.

Thomas, H. (1999): A preliminary look at gains from asset securitization; Journal of International Financial Markets, Institutions & Money, Bd. 9, S. 321 - 333.

Thomson Financial (2004): New Issue Volume 2003. Health Care; The Bond Buyer/Thomson Financial, New York, S. 139 - 145.

Toepffer, J. (1997): Krankenversicherung im Spannungsfeld von Markt und Staat: das Beispiel der USA und seine Implikationen für Funktion und Gestaltung eines marktwirtschaftlich orientierten Krankenversicherungssystems; Schriften zur Gesundheitsökonomie, Diss. Universität Erlangen-Nürnberg.

Troiano, S. (2001): Das italienische Gesetz zur Regelung der Securitization (legge 30 aprile 1999, n. 130) Privatrechtliche Aspekte; Zeitschrift für europäisches Privatrecht, S. 336 - 357.

Tufano, P. (1989): Financial Innovation and First-Mover Advantages; Journal of Financial Economics, Vol. 25, S. 213 - 240.

Turwitt, M. (1999): Asset-backed Finanzierungen und handelsbilanzielle Zuordnung; Diss. Univ. Bamberg (1998), Gabler Verlag, Wiesbaden.

U. S. Congress (1995): Hospital Financing in Seven Countries; Office of Technology Assessment, OTA-BP-H-148, Washington, DC: U.S. Government Printing Office, Mai.

Universitätsklinikum Aachen (2005): Pressemitteilung Juni, o. S. (www.ukaachen.de).

Universitätsklinikum Münster (2005): Medizincontrolling / DRG Research Group; unter: http://drg.uni-muenster.de/index.php?menu=WebGroup (Letzte Abfrage: 20. März, 2006).

Van Horne, J. (1985): Of Financial Innovation and Excesses; Journal of Finance, Bd. 40, Nr. 3, S. 621 - 631.

Van Ngo, M. (2002): Agency Costs and the Demand and supply of Secured Debt and Asset Securitization; Yale Journal on Regulation, Bd. 19, Nr. 2, S. 413 - 470.

Vandell, R. F. (1981): Is beta a useful measure of security risk? The Journal of Portfolio Management, Winter, S. 23 - 31.

Veatch, W. S. (2002): General Intangibles and Intellectual Property as Collateral; Wong, J. J./Leichtling, M. A./Dubin, B. A. (Hrsg.): Commercial Finance Guide, Volume 2, Lexis Nexis, Mathew Bender, S. 16-1 - 16-13.

Von Boehm-Bezing, C.-L. (1999): Neuere Entwicklungen in der Unternehmensfinanzierung – Die Rolle der Verbriefung aus Kunden und Bankensicht, Mitschrift des Vortrags anlässlich des Stuttgarter Bank-Seminars der VWA, 1. März.

Wachovia (2003): Wachovia Creates International Future Flow Securitization Team; Pressemitteilung, 30. Juli, o. S.

Wagner, W. H. (1994): Ten Myths and Twenty Years of Betas; The Journal of Portfolio Management, Fall, S. 79 - 81.

Wallander, W. L./Rochelle, M./Kinz, R. B. (2004): Chapter 11 Bankruptcy Issues; Wong, J. J./Leichtling, M. A./Dubin, B. A. (Hrsg.): Commercial Finance Guide, Volume 2, Lexis Nexis, Mathew Bender, S. 35-1 - 35-112.

Walter, T. (2004): Umsatzsteuer und Asset Backed Securitisation – Auswirkungen der Factoring-Rechtsprechung des EuGH; Betriebs Berater, 59. Jg., Heft 3, S. 136 - 139.

Weaver, K./Witten, S./Xu, E. (2000): Overview of ABS Portfolio Management; Fabozzi, F. J. (Hrsg): Investing in Asset-Backed Securities, F. J. Fabozzi Associates, New Hope, Pennsylvania, S. 1 - 15.

Weil, P. H. (1996): Asset-Based Lending. A Practical Guide to Secured Financing; 3. Aufl., Practising Law Institut, New York.

Wendel, V. (2001): Controlling in Nonprofit-Unternehmen des stationären Gesundheitssektors; Diss. Univ. Mannheim, Schriften zur öffentlichen Verwaltung und öffentlichen Wirtschaft, Bd. 170, 1. Aufl., Nomos Verlag Baden-Baden.

WestLB (2000): BioPharma Royalty Trust („BRT"); Credit Research, New Issue Report, 22. August.

Whelan, S. T. (2004): Asset Securitization; Wong, J. J./Leichtling, M. A./Dubin, B. A. (Hrsg.): Commercial Finance Guide, Volume 1, Lexis Nexis, Mathew Bender, S. 1-1 – 1-46.

WHO (1946): Preamble to the Constitution of the World Health Organization as adopted by the International Health Conference, New York, 19 - 22 Juni; unterzeichnet 22. Juli 1946 durch Vertreter von 61 Staaten (Official Records of the World Health Organization, Nr. 2) und in Kraft seit 7. April 1948.

Wiese, T. (1998): Steuerliche Behandlung von Securitisations; Betriebs-Berater, 53. Jg., Heft 34, S. 1713 - 1720.

Willburger, A. (1996): Asset Backed Securities im Zivil- und Steuerrecht; Diss. Univ. Konstanz.

Wöhe, G./Bilstein, J. (2002): Grundzüge der Unternehmensfinanzierung, 9. Auflage, Verlag Franz Vahlen München.

Wolf, B./Hill, M./Pfaue, M. (2003): Strukturierte Finanzierungen; Projektfinanzierung, Buy-out-Finanzierungen, Asset-Backed-Strukturen, Schäfer-Poeschel Verlag.

Wolfe, S. (2000): Structural effects of asset-backed securitization; The European Journal of Finance, Vol. 6, S. 353 - 369.

Wulfken, J. (1993): Ausgewählte rechtliche Probleme bei der Strukturierung von Securitisations;. Henssler, M. /Kolbeck, T./Moritz, H. W. /Rehm, H. (Hrsg.): Europäische Integration und globaler Wettbewerb, Verlag Recht und Wirtschaft Heidelberg, S. 365- 376

Zenthöfer, W./Leben, G. (2002): Körperschaftsteuer und Gewerbesteuer; 12. Aufl., Schäffer-Poeschel.

Zimmermann, T./Burell, L. (1996): Auto Loan-Backed Securities; Bhattacharya, A. K./ Fabozzi, F. J. (Hrsg.): Asset-Backed Securities, 1. Aufl., Prudential Securities Inc. und Frank J. Fabozzi Associates New Hope, Pennsylvania, S. 85 - 102.

Online-Ressourcen / Internet-Quellen:

Organisation / Firma	Web-Adresse / Internet-Link
American Hospital Association (AHA)	www.aha.org/aha/index.jsp
British Bankers Association (BBA)	www.bba.org.uk
Bundesministerium für Bildung und Forschung (BMBF)	www.bmbf.de
Bundesversicherungsamt (BVA)	www.bva.de
Deutsche Bundesbank	www.bundesbank.de
Deutsche Krankenhausgesellschaft (DKG)	www.dkgev.de
Dormitory Authority of the State of New York (DASNY)	www.dasny.org
Federal Reserve Board - Statistical Releases	www.federalreserve.gov www.federalreserve.gov/releases/
FitchRatings	www.fitchratings.com
Garching Innovation GmbH / Max-Planck-Innovation GmbH	www.garching-innovation.de www.max-planck-innovation.de
Helmholtz-Gemeinschaft - Publikationen	www.helmholtz.de www.helmholtz.de/de/Publikationen.html
International Swaps and Derivatives Association (ISDA)	www.isda.org
Moody's Investor Service	www.moodys.com
Standard & Poor's	www.standardandpoors.com
Statistisches Bundesamt Deutschland - Gesundheitsberichterstattung	www.destatis.de www.gbe-bund.de
Structured Finance International (SFI)	www.ew-sfi.com
The Bond Markets Association	www.bondmarkets.com

SPRINGER NATURE

GPSR Compliance

The European Union's (EU) General Product Safety Regulation (GPSR) is a set of rules that requires consumer products to be safe and our obligations to ensure this.

If you have any concerns about our products, you can contact us on ProductSafety@springernature.com

In case Publisher is established outside the EU, the EU authorized representative is:

Springer Nature Customer Service Center GmbH
Europaplatz 3
69115 Heidelberg, Germany

FSC
www.fsc.org
MIX
Papier | Fördert
gute Waldnutzung
FSC® C083411

Kolibri 360 GmbH
Ferdinand-Jühlke-Straße 7
99095 Erfurt, Deutschland
produktsicherheit@kolibri360.de